MATHEMATIK
ALLGEMEINE HOCHSCHULREIFE

WIRTSCHAFT UND VERWALTUNG | KLASSE **11**

Von:

Rolf Schöwe

Jost Knapp

Volker Klotz

unter Mitarbeit der Verlagsredaktion

Beratung:

Dr. Michael Funcke

Andreas Höing

Cornelsen

Dieses Buch enthält Materialien und Aufgaben anderer Bücher der Cornelsen Schulverlage. An diesen waren neben den zuvor genannten Personen beteiligt:
Garnet Becker
Sandra Bödeker
Juliane Brüggemann
Dr. Michael Funke
Andreas Höing
Christa Hermes
Wolfgang Jüschke
Hildegard Michael
Kathrin Rüsch
Paul Vaßen
Susanne Viebrock

Verlagsredaktion: Marielle Kaufmann
Redaktion: Stefan Giertzsch, Werder (Havel)
Redaktionelle Mitarbeit: Angelika Fallert-Müller, Groß-Zimmern
Bildredaktion: Gertha Maly
Illustration: Dietmar Griese, Laatzen
Grafik: Da-TeX Gerd Blumenstein, Leipzig; Martin Frech, Tübingen
Umschlaggestaltung: EYES-OPEN, Berlin
Layout: Da-TeX Gerd Blumenstein, Leipzig
Technische Umsetzung: medienfrech.de, Tübingen

www.cornelsen.de

1. Auflage, 3. Druck 2021

Alle Drucke dieser Auflage können im Unterricht nebeneinander verwendet werden.

Druck und Bindung: Livonia Print, Riga

ISBN 978-3-06-451018-0 (Schülerbuch)
ISBN 978-3-06-451022-7 (E-Book)

Vorwort

Dieses Mathematikbuch wendet sich an Schülerinnen und Schüler der Sekundarstufe II, die die Allgemeine Hochschulreife in einer Schulform mit dem Schwerpunkt Wirtschaft anstreben (Wirtschaftsgymnasium/Fachgymnasium Wirtschaft). Die mathematischen Inhalte sind deshalb so weit wie möglich an wirtschaftswissenschaftlichen und kaufmännischen Problemstellungen orientiert. Parallel zu der in den Bildungsplänen geforderten systematischen Behandlung der mathematischen Gegenstände werden die volks- und betriebswirtschaftlichen Begriffe mindestens so umfassend erläutert, dass Schülerinnen und Schüler auch ohne Vorkenntnisse aus der Ökonomie die anwendungsbezogenen Probleme mathematisch modellieren und lösen können. Fächerübergreifende Lerninhalte können dadurch in verständlicher Weise mathematisiert werden, ohne dass die Systematik und die Logik der Mathematik verloren gehen.

Ein besonderes Augenmerk der Didaktik und Methodik dieses Buches gilt dem in Bildungsplänen geforderten Kompetenzerwerb der Schülerinnen und Schüler sowie der Handlungsorientierung: Auf der Startseite jedes Kapitels sind die schwerpunktmäßig zu erwerbenden Kompetenzen ebenso vermerkt wie die ökonomischen Anwendungen. Offene Aufgabenstellungen auf den Startseiten, in den Übungen oder im Lehrtext bieten in besonderem Maße Möglichkeiten zum Kompetenzerwerb.

In diesem Buch unterstützt der von vielen Bildungsplänen geforderte Einsatz grafikfähiger Taschenrechner (GTR) bzw. von Computer-Algebra-Systemen (CAS) den Kompetenzerwerb der Schülerinnen und Schüler. In vielen Beispielen begleiten GTR-Darstellungen den Rechenweg. Dabei werden Rechner von *Casio* und *Texas Instruments* sowie *GeoGebra* gleichmäßig eingesetzt. Im Anhang des Buches erfolgt auf 21 Seiten eine Erläuterung der wichtigsten Befehle der drei Systeme.

Während die Übungsaufgaben grundsätzlich für den GTR-/CAS-Einsatz konzipiert sind, werden Aufgaben, die ausdrücklich ohne jegliche Hilfsmittel bewältigt werden sollen, extra durch das Zeichen „oHiMi" ausgewiesen. Sie dienen der Vorbereitung auf diejenigen Abituraufgaben, die ohne Hilfsmittel bearbeitet werden müssen.

Das Buch für die Jahrgangsstufe 11 beginnt mit dem einführenden Kapitel „Von Daten zu Funktionen" und führt dann über die Funktionenlehre zur Differenzialrechnung. Eine Fülle von Übungsaufgaben dient der Festigung und der Vertiefung des Gelernten und soll zur Übertragung auf andere Problemstellungen anregen.
An dieses Buch schließt sich dann der Band für die Jahrgangsstufen 12 und 13 mit der Vertiefung der Differenzialrechnung, der Integralrechnung, der Stochastik und der Linearen Algebra an.

Das Buch soll für den Lernenden ein Lernbuch und für den Lehrenden ein Lehrbuch sein: Die mathematischen Inhalte werden in jedem Abschnitt durch eine Vielzahl von Beispielrechnungen in kleine Einheiten zerlegt.
Einerseits können so die Lernenden die Problemlösungen durchschauen und selbstständig mit dem Buch arbeiten. Andererseits wird den Lehrenden eine solide Basis geboten, systematisch Mathematik anwendungsbezogen und problemorientiert zu unterrichten, sodass die geforderten Kompetenzen von den Schülerinnen und Schülern erworben werden können.

Wir danken unserem Kollegen Volker Klotz für seine aufwendige Arbeit beim Einsatz der GTR- und CAS-Hilfsmittel und der Verlagsredaktion für die gute Zusammenarbeit.

Rolf Schöwe, Jost Knapp

Inhaltsverzeichnis

Betriebsoptimum
Wirtschaftlichkeit
Umsatzrentabilität
optimale Losgröße
optimale Bestellmenge
Minimalkostenkombination
Haushaltsgleichgewicht

degressive Abschreibung
Zinseszinsrechnung
Rentenrechnung
Annuitätentilgung

3 Einführung in die Differenzialrechnung

Durchschnittskosten
Grenzkosten
Grenzerlös
Grenzgewinn

Gewinnmaximum bei
ertragsgesetzlichen
Kostenverläufen
Übergang vom degressiven
zum progressiven
Kostenverlauf

Anhang

Im Buch wurden folgende Hilfsmittel (zur Berechnung und Darstellung) verwendet:
- TI-nspire™ CX und TI-nspire™ CX CAS (Version: 3.9, eingetragene Warenzeichen von Texas Instruments)
- Casio fx-CG20 (Version: 2.0)
- GeoGebra (Version: 5.0)

Grundlagen

Zahlen und Zahlenmengen

Die **Menge der natürlichen Zahlen** $\mathbb{N}$ besteht aus den Zahlen 0, 1, 2, 3, usw.

$$\mathbb{N} = \{0;\ 1;\ 2;\ 3;\ \ldots\}$$

Nehmen wir das Element 0 aus der Menge $\mathbb{N}$ heraus, dann erhalten wir die Menge $\mathbb{N}\backslash\{0\}$.

▶ Entsprechendes gilt auch für die folgenden Zahlenmengen.

$$\mathbb{N}\backslash\{0\} = \{1;\ 2;\ 3;\ \ldots\}$$

Wird die Menge der natürlichen Zahlen um die Menge der negativen Zahlen erweitert, so erhalten wir die **Menge der ganzen Zahlen** $\mathbb{Z}$.

$$\mathbb{Z} = \mathbb{N} \cup \{x \,|\, -x \in \mathbb{N}\}$$
$$= \{\ldots;\ -3;\ -2;\ -1;\ 0;\ 1;\ 2;\ 3;\ \ldots\}$$

Alle Zahlen, die als Brüche dargestellt werden können, lassen sich auch zu einer Menge zusammenfassen. Sie bilden die **Menge der rationalen Zahlen** $\mathbb{Q}$.

$$\mathbb{Q} = \left\{ x \,\Big|\, x = \frac{p}{q},\, p \in \mathbb{Z},\, q \in \mathbb{N}\backslash\{0\} \right\}$$

Alle endlichen und alle periodischen Dezimalzahlen lassen sich als Brüche darstellen. Somit gehören auch diese Dezimalzahlen zu der Menge $\mathbb{Q}$.

$$2{,}306 = \frac{2306}{1000} = \frac{1153}{500} \in \mathbb{Q}$$
$$0{,}111\ldots = 0{,}\overline{1} = \frac{1}{9} \in \mathbb{Q}$$
$$0{,}0111\ldots = 0{,}0\overline{1} = \frac{1}{90} \in \mathbb{Q}$$
$$0{,}0101\ldots = 0{,}\overline{01} = \frac{1}{99} \in \mathbb{Q}$$
$$0{,}0909\ldots = 0{,}\overline{09} = \frac{1}{11} \in \mathbb{Q}$$

Alle Dezimalzahlen, die nicht periodisch oder endlich sind, heißen **irrationale Zahlen**.

Beispiele für irrationale Zahlen:
$\sqrt{2},\ -\sqrt{3},\ \sqrt{11},\ \lg 2,\ \pi,\ e$

Diese Zahlen lassen sich nicht durch Brüche darstellen, kommen aber beim Rechnen vor. Beispielsweise führt die Gleichung $x^2 = 2$ zu den Lösungen $x_1 = \sqrt{2}$ und $x_2 = -\sqrt{2}$ und der Flächeninhalt A eines Kreises mit dem Radius r ist $A = \pi r^2$.

$$x^2 = 2$$
$$\Rightarrow x_1 = \sqrt{2} \text{ und } x_2 = -\sqrt{2}$$

Erweitern wir die Menge der rationalen Zahlen um die Menge der irrationalen Zahlen, dann erhalten wir die **Menge der reellen Zahlen** $\mathbb{R}$.

Die Menge $\mathbb{R}$ enthält „alle" Zahlen, mit denen wir arbeiten.

▶ $\mathbb{R}_0^+$ ist die Menge der positiven reellen Zahlen inklusive der 0.

Übungen

1. Zu welchen Mengen gehören folgende Zahlen? Welche Zahlen sind irrational?

a) $1{,}\overline{6}$ c) 0 e) $\sqrt{5}$ g) 67 i) $\frac{4}{\sqrt{6}}$ k) $11^{\frac{1}{2}}$

b) -2 d) $0{,}2$ f) π h) $\frac{1}{7{,}2}$ j) $\sqrt{5^3}$ l) $1{,}23456789$

2. Schreiben Sie als rationale Zahl in Form eines Bruchs.

a) $0{,}\overline{8}$ b) $3{,}\overline{21}$ c) $-2{,}56\overline{7}$ d) $0{,}239\overline{2}$ e) $-4{,}2378\overline{5}$ f) $8{,}76\overline{546}$

G

Rechnen mit Brüchen

Ein **Bruch** $\frac{a}{b}$ besteht aus seinem **Zähler** a über dem Bruchstrich und seinem **Nenner** b unter dem Bruchstrich. Vertauschen wir Zähler und Nenner eines Bruches, dann erhalten wir den **Kehrwert**: $\frac{b}{a}$ ist der Kehrwert von $\frac{a}{b}$.

$$\frac{2}{3}\nearrow \text{Zähler}$$
$$\searrow \text{Nenner}$$

Der Kehrwert von $\frac{2}{3}$ ist $\frac{3}{2}$.

Addition und Subtraktion

Brüche mit gleichem Nenner heißen gleichnamig. Diese addieren oder subtrahieren wir, indem wir die Zähler addieren bzw. subtrahieren. Der Nenner bleibt gleich.

$$\frac{5}{7} - \frac{2}{7} = \frac{5-2}{7} = \frac{3}{7} \quad \blacktriangleright \text{ Brüche sind gleichnamig}$$

Brüche, die nicht gleichnamig sind, müssen wir gleichnamig machen, d.h. auf denselben Nenner bringen.
Dazu bestimmen wir ihren Hauptnenner und erweitern sie dann entsprechend.

$$\frac{5}{6} + \frac{1}{8} + \frac{3}{10} - \frac{2}{9} - \frac{5}{12} + \frac{7}{40}$$

Zur Berechnung des Hauptnenners wird jede Nennerzahl in Primfaktoren zerlegt. Der Hauptnenner ist das **kleinste gemeinsame Vielfache (kgV)** aller Nenner; das ist das Produkt der höchsten in ihrer Primfaktorzerlegung auftretenden Potenzen.

$$
\begin{aligned}
6 &= 2 \cdot \quad\quad 3 \quad\quad\quad\quad = 2 \cdot 3 \\
8 &= 2 \cdot 2 \cdot 2 \quad\quad\quad\quad\quad = 2^3 \\
10 &= 2 \cdot \quad\quad\quad\quad 5 = 2 \cdot \quad\quad 5 \\
9 &= \quad\quad\quad 3 \cdot 3 \quad\quad = \quad\quad 3^2 \\
12 &= 2 \cdot 2 \cdot \quad 3 \quad\quad\quad = 2^2 \cdot 3 \\
40 &= 2 \cdot 2 \cdot 2 \cdot \quad 5 = 2^3 \cdot \quad 5 \\
& \quad\quad 2^3 \cdot \quad\quad 3^2 \cdot 5 = \mathbf{360} \quad \blacktriangleright \text{Hauptnenner}
\end{aligned}
$$

$\blacktriangleright \text{kgV}(6; 8; 10; 9; 12; 40) = 360$

Wenn der Hauptnenner gefunden ist, muss jeder Bruch in der Summe auf den Hauptnenner erweitert werden. Dafür werden Zähler *und* Nenner mit dem gleichen Faktor multipliziert, sodass im Nenner der Hauptnenner steht.

$$\frac{5}{6} = \frac{5 \cdot 60}{6 \cdot 60} = \frac{300}{360}$$

Nach Erweiterung der Brüche auf den Hauptnenner 360 lässt sich die Summe leicht berechnen, wobei das Ergebnis noch gekürzt werden sollte.

$$\frac{300}{360} + \frac{45}{360} + \frac{108}{360} - \frac{80}{360} - \frac{150}{360} + \frac{63}{360} = \frac{286}{360} = \mathbf{\frac{143}{180}}$$

[oHi Mi] **Übungen**

Berechnen Sie und kürzen Sie das Ergebnis.

a) $\frac{5}{6} + \frac{7}{3}$

b) $-\frac{1}{2} + \frac{5}{2} - \frac{3}{8}$

c) $\frac{1}{4} + \frac{5}{8} + \frac{11}{24}$

d) $-\frac{7}{12} + \frac{2}{3} - \frac{1}{6}$

e) $\frac{3}{4} + \frac{5}{9} + \frac{18}{25} - \frac{4}{75} + \frac{3}{100} - \frac{17}{36}$

f) $\frac{36}{49} - \frac{13}{98} + \frac{17}{21} - \frac{7}{42} + 1\frac{3}{28} + \frac{11}{12} - \frac{19}{84}$

g) $\frac{3}{4} + \frac{5}{8} + \frac{2}{5} - \frac{1}{9} + \frac{1}{3} - \frac{11}{25} + \frac{17}{50} - \frac{4}{15} + \frac{13}{24} - \frac{17}{45} + \frac{12}{175}$

h) $2\frac{2}{3} - \frac{1}{6} + \frac{5}{18} - \frac{4}{9} + \frac{2}{15} - 1\frac{2}{45} + 2\frac{9}{10}$

i) $1\frac{3}{4} - \frac{5}{98} - 1\frac{1}{7} + 2\frac{3}{8} + 1\frac{4}{21} - \frac{31}{42} + 3\frac{11}{36} - \frac{5}{84} + 1\frac{11}{63}$

j) $\frac{1}{x^2 - x} - \frac{x^2}{x+1}$

Multiplikation und Division

Brüche werden miteinander multipliziert, indem man Zähler mit Zähler und Nenner mit Nenner multipliziert.

$$\frac{3}{5} \cdot \frac{2}{7} = \frac{3 \cdot 2}{5 \cdot 7} = \frac{6}{35}$$

Brüche werden mit einer ganzen Zahl multipliziert, indem man die ganze Zahl mit dem Zähler des Bruches multipliziert und den Nenner beibehält.

$$\frac{3}{5} \cdot 2 = \frac{3 \cdot 2}{5} = \frac{6}{5}$$

Zwei Brüche werden dividiert, indem man den ersten Bruch mit dem Kehrwert des zweiten Bruchs multipliziert.

$$\frac{3}{5} : \frac{2}{7} = \frac{3}{5} \cdot \frac{7}{2} = \frac{21}{10}$$

Bevor Brüche miteinander multipliziert oder durcheinander dividiert werden, sollten gemischte Zahlen in unechte Brüche verwandelt werden.

$$2\frac{3}{4} \blacktriangleright \text{ gemischte Zahl}$$
$$= 2 + \frac{3}{4} = \frac{8}{4} + \frac{3}{4}$$
$$= \frac{11}{4} \blacktriangleright \text{ unechter Bruch}$$

Anschließend können wir mit den üblichen Regeln rechnen.

$$3\frac{1}{4} \cdot 2\frac{2}{3} = \frac{13}{4} \cdot \frac{8}{3} = \frac{26}{3} = 8\frac{2}{3}$$
$$5\frac{2}{7} \cdot 6 = \frac{37}{7} \cdot 6 = \frac{37 \cdot 6}{7} = \frac{222}{7}$$

Wenn wir so früh wie möglich kürzen, ersparen wir uns Rechenarbeit.

$$2\frac{3}{4} : 3\frac{1}{2} = \frac{11}{4} : \frac{7}{2} = \frac{11}{\underset{2}{\cancel{4}}} \cdot \frac{\cancel{2}^{1}}{7} = \frac{11}{14}$$

Achtung:
Gemischte Zahlen dürfen nicht verwechselt werden mit der Multiplikation von Bruch und Zahl!

$$2\frac{3}{4} = \frac{11}{4} \neq \frac{6}{4} = 2 \cdot \frac{3}{4}$$

Übungen

1. Multiplizieren Sie die Brüche und kürzen Sie das Ergebnis.

a) $\frac{1}{2} \cdot \frac{2}{3}$

b) $\frac{5}{7} \cdot \frac{3}{6}$

c) $\frac{7}{8} \cdot \frac{4}{5}$

d) $2\frac{1}{4} \cdot \frac{3}{9}$

e) $1\frac{2}{3} \cdot 1\frac{1}{5}$

f) $\frac{9}{8} \cdot 5\frac{1}{3}$

g) $4\frac{1}{7} \cdot 8\frac{2}{5}$

h) $3 \cdot \frac{25}{9} \cdot \frac{3}{5}$

2. Führen Sie die Division aus und kürzen Sie das Ergebnis.

a) $\frac{1}{3} : \frac{1}{4}$

b) $\frac{5}{7} : \frac{3}{7}$

c) $\frac{7}{9} : \frac{2}{5}$

d) $\frac{8}{3} : \frac{2}{9}$

e) $5\frac{2}{3} : \frac{2}{9}$

f) $1\frac{2}{7} : 2\frac{1}{4}$

g) $3\frac{3}{11} : \frac{9}{7}$

h) $\frac{\frac{3}{7} \cdot \frac{1}{2}}{\frac{4}{5}}$

3. Berechnen Sie.

a) $\frac{25}{3} \cdot \left(\frac{14}{35} : \frac{3}{5} \right)$

b) $\left(\frac{25}{3} \cdot \frac{14}{35} \right) : \frac{3}{5}$

c) $\left(\frac{25}{3} : \frac{14}{35} \right) : \frac{3}{5}$

d) $\frac{25}{3} : \left(\frac{14}{35} : \frac{3}{5} \right)$

4. Wandeln Sie die Dezimalzahlen in Brüche um und kürzen Sie.

a) $0{,}2$

b) $0{,}4$

c) $0{,}1$

d) $1{,}2$

e) $1{,}3$

f) $4{,}4$

g) $0{,}14$

h) $0{,}001$

i) $1{,}234$

j) $-3{,}25$

k) $2{,}5$

l) $0{,}5$

G

Rechnen mit Potenzen und Wurzeln

Eine **Potenz** a^n besagt, dass eine Zahl a mit sich selbst n-mal multipliziert wird.
Die Zahl a heißt **Basis**, die Zahl n **Exponent**.

Für $a \neq 0$ wird definiert: $a^0 = 1$.
Für $a \in \mathbb{R}\backslash\{0\}$ und $n \in \mathbb{N}\backslash\{0\}$ wird die Potenz $a^{-n} = \frac{1}{a^n}$ definiert.

Für $a \in \mathbb{R}_0^+$ und $r \in \mathbb{N}\backslash\{0\}$ ist die Potenz $a^{\frac{1}{r}}$ als $\sqrt[r]{a}$ (r-te **Wurzel** aus a) definiert, wobei $\sqrt[1]{a} = a$ gesetzt wird.

$$\underset{\text{Basis}}{a}\overset{\text{Exponent}}{\vphantom{a}^{n}} = \underbrace{a \cdot a \cdot \ldots \cdot a}_{n \text{ Faktoren}} \quad \blacktriangleright a \in \mathbb{R}; n \in \mathbb{R}; a^0 = 1$$

$$a^{-n} = \frac{1}{a^n} \quad \blacktriangleright a \in \mathbb{R}\backslash\{0\}; n \in \mathbb{N}\backslash\{0\}$$

Beispiel: $2^{-3} = \frac{1}{2^3} = \frac{1}{8}$

$$a^{\frac{1}{r}} = \sqrt[r]{a} \quad \blacktriangleright a \in \mathbb{R}_0^+; r \in \mathbb{N}\backslash\{0\}$$

Beispiel: $8^{\frac{1}{3}} = \sqrt[3]{8} = 2$

Potenzgesetze

Zwei Potenzen mit gleicher Basis werden multipliziert oder dividiert, indem man die Exponenten addiert bzw. subtrahiert und die gemeinsame Basis beibehält.

Zwei Potenzen mit gleichen Exponenten werden multipliziert oder dividiert, indem man die Basen multipliziert bzw. dividiert und den gemeinsamen Exponenten beibehält.

Eine Potenz wird potenziert, indem man die Exponenten multipliziert und die Basis beibehält.

Potenzen können nur dann addiert und subtrahiert werden, wenn sie in der Basis *und* im Exponenten übereinstimmen.

Für alle $a, b \in \mathbb{R}\backslash\{0\}$ und $r, s \in \mathbb{Z}$ gilt:

1. $a^r \cdot a^s = a^{r+s}$; $a^r : a^s = a^{r-s}$
Beispiele: $3^2 \cdot 3^3 = 3^{2+3} = 3^5 = 243$
$ 3^2 : 3^5 = 3^{2-5} = 3^{-3} = \frac{1}{3^3} = \frac{1}{27}$

2. $a^r \cdot b^r = (a \cdot b)^r$; $a^r : b^r = (a : b)^r$
Beispiel: $2^3 \cdot 3^3 = (2 \cdot 3)^3 = 6^3 = 216$

3. $(a^r)^s = a^{r \cdot s}$
Beispiel: $(2^3)^4 = 2^{3 \cdot 4} = 2^{12} = 4096$

$5a^6 + 2a^6 = 7a^6$
$5x^2 - 2x^2 = 3x^2$
$3a^5 + b^5 = 3a^5 + b^5$
$a^n + b^m = a^n + b^m$

▣ Übungen

1. Berechnen Sie folgende Potenzen.

a) 3^4 c) $3^{\frac{1}{4}}$ e) $(-3)^4$ g) $\frac{7^2}{8}$ i) $\left(\frac{11}{12}\right)^2$ k) $-\left(\frac{11}{12}\right)^{-2}$

b) $-3^{\frac{1}{4}}$ d) $(-3)^{-4}$ f) $(-3^2)^3$ h) $-\frac{3}{4^2}$ j) $-\left(\frac{2}{3}\right)^2$ l) $\left(\frac{8}{27}\right)^{\frac{1}{3}}$

2. Fassen Sie die Terme soweit wie möglich zusammen. Geben Sie die Ergebnisse ohne negative Exponenten an.

a) $2^2 + a^2$ d) $a^2 + a^{-2}$ g) $3a^2 \cdot 4a^{-5}$ j) $(5a)^2$ m) $2^3 : 2^2$ p) $a^2 : a^6$
b) $a^2 + b^2$ e) $3a^2 \cdot 4a^5$ h) $-3a^2 \cdot 4a^{-5}$ k) $5a^{-2}$ n) $5^7 : 5^4$ q) $(a \cdot b)^3 : a^2$
c) $a + a^2$ f) $(a+b)^2 - (a-b)^2$ i) $3a^{-2} \cdot 4a^{-5}$ l) $a^4 \cdot 3a^n$ o) $a^6 : a^2$ r) $a^2 : (a \cdot b)^3$

3. Wandeln Sie die folgenden Wurzeln in Potenzen um.

a) $\sqrt[3]{4}$ c) $\sqrt{7}$ e) $\sqrt[6]{5^3}$ g) $\sqrt[3]{a^5}; a \geq 0$ i) $\sqrt{(a \cdot b)^3}; a, b \geq 0$

b) $\sqrt[5]{3}$ d) $\sqrt[3]{2^2}$ f) $\sqrt[8]{a^3}; a \geq 0$ h) $\sqrt[3]{a^2 \cdot b^4}; a, b \geq 0$

Der Term einer **Wurzel** $\sqrt[n]{a}$ besteht aus dem **Radikanden** a ($a \geq 0$) und dem **Wurzelexponenten** n.
Ein anderes Wort für „Wurzel ziehen" ist „Radizieren".

Das Radizieren ist die Umkehrung des Potenzierens.

Wurzelexponent $\searrow \sqrt[n]{a}$ ▶ $a \in \mathbb{R}_0^+$; $n \in \mathbb{N} \backslash \{0\}$
$\nwarrow$ Radikand

$$\left(\sqrt[n]{a}\right)^n = a = \sqrt[n]{a^n}$$

Wurzelgesetze

Zwei Wurzelterme mit gleichen Wurzelexponenten werden multipliziert, indem man die Radikanden multipliziert und das Produkt radiziert.

Zwei Wurzelterme mit gleichen Wurzelexponenten werden dividiert, indem man die Radikanden dividiert und den erhaltenen Quotienten radiziert.

Ein Wurzelterm wird potenziert, indem man den Radikanden potenziert und die Potenz dann radiziert.

Eine Wurzel wird radiziert, indem man die Wurzelexponenten multipliziert und mit diesem Produkt als Wurzelexponenten die Wurzel aus dem Radikanden des inneren Wurzelzeichens zieht.

Man kann den Wurzelexponenten und den Exponenten des Radikanden eines Wurzelterms mit derselben natürlichen Zahl multiplizieren, ohne dass sich der Wert des Wurzelterms ändert.

Die n-te Wurzel aus a ($a \geq 0$, $n \in \mathbb{N}\backslash\{0\}$) lässt sich auch als Potenz schreiben.

Für alle $a, b \in \mathbb{R}_0^+$ und $n, m, k \in \mathbb{N}\backslash\{0\}$ gilt:

1. $\sqrt[n]{a} \cdot \sqrt[n]{b} = \sqrt[n]{a \cdot b}$
Beispiel: $\sqrt[3]{9} \cdot \sqrt[3]{3} = \sqrt[3]{9 \cdot 3} = \sqrt[3]{27} = 3$

2. $\sqrt[n]{a} : \sqrt[n]{b} = \sqrt[n]{a : b}$
Beispiel: $\sqrt[3]{81} : \sqrt[3]{3} = \sqrt[3]{81 : 3} = \sqrt[3]{27} = 3$

3. $\left(\sqrt[n]{a}\right)^m = \sqrt[n]{a^m}$
Beispiel: $\left(\sqrt[3]{3}\right)^6 = \sqrt[3]{3^6} = \sqrt[3]{729} = 9$

4. $\sqrt[m]{\sqrt[n]{a}} = \sqrt[m \cdot n]{a}$
Beispiel: $\sqrt[3]{\sqrt[2]{64}} = \sqrt[3 \cdot 2]{64} = \sqrt[6]{64} = 2$

5. $\sqrt[n \cdot k]{a^{m \cdot k}} = \sqrt[n]{a^m}$
Beispiel: $\sqrt[3 \cdot 5]{3^{6 \cdot 5}} = \sqrt[3]{3^6} = \sqrt[3 \cdot 1]{3^{3 \cdot 2}} = 9$

$\sqrt[n]{a} = a^{\frac{1}{n}}$ ▶ $a \geq 0$, $n \in \mathbb{N}\backslash\{0\}$
Beispiel: $\sqrt[4]{17} = 17^{\frac{1}{4}}$

⌂Hi Mi Übungen

1. Drücken Sie die Wurzelgesetze 1. bis 5. als Gleichungen mit Potenzen aus.

2. Berechnen Sie die folgenden Wurzelterme für alle $a, b \in \mathbb{R}_0^+$.

a) $\sqrt{2} \cdot \sqrt{2}$

b) $\sqrt{6} \cdot \sqrt{54}$

c) $3\sqrt{5} \cdot 2\sqrt{0{,}2}$

d) $\sqrt[3]{8} \cdot \sqrt[4]{16}$

e) $\sqrt[3]{9} \cdot \sqrt[3]{3}$

f) $5\sqrt{2{,}45} \cdot 6\sqrt{5}$

g) $\sqrt{32a + 48b}$

h) $2\sqrt{9a} + 3\sqrt{a}$

i) $\sqrt{49a} - 2\sqrt{16a}$

j) $\sqrt{9a^2b} \cdot \sqrt{4a^2b}$

k) $\sqrt{\sqrt{81a}}$

l) $\sqrt[3]{\sqrt[8]{27b}}$

3. Wandeln Sie die Terme in Aufgabe 2 in Potenzen um und wenden Sie die Potenzgesetze an. Vergleichen Sie Ihr Ergebnis mit dem Ergebnis aus Aufgabe 2.

G

Absolutbetrag

Der **Betrag** einer reellen Zahl a ist ihr Zahlenwert, falls $a \geq 0$, bzw. der Zahlenwert ihrer Gegenzahl, falls $a < 0$ ist.
Man bezeichnet für $a \in \mathbb{R}$ den Betrag von a mit $|a|$.

$$|a| = \begin{cases} a, & \text{falls } a > 0 \\ 0, & \text{falls } a = 0 \\ -a, & \text{falls } a < 0 \end{cases}$$

Beispiele:
$|1{,}23| = 1{,}23$
$|-1{,}23| = 1{,}23$

Eigenschaften des Absolutbetrags:
$|a| = 0 \iff a = 0$
$|a| \geq 0$
$|-a| = |a|$
$|a \cdot b| = |a| \cdot |b|$

$|-5| = |5| = 5 \geq 0$
$|3 \cdot (-2)| = |3| \cdot |-2| = 3 \cdot 2 = \mathbf{6}$

Rechnen mit Klammern und binomische Formeln

Wir multiplizieren zwei Klammern, indem wir jeden Summanden der ersten Klammer mit jedem Summanden der zweiten Klammer multiplizieren.

$(2x + y)(4x - 3)$
$= 2x \cdot 4x + 2x \cdot (-3) + y \cdot 4x + y \cdot (-3)$
$= 8x^2 - 6x + 4xy - 3y$

Die **binomischen Formeln** vereinfachen das Ausmultiplizieren (von links nach rechts gelesen) bzw. das Faktorisieren (von rechts nach links gelesen).

$(a + b)^2 = a^2 + 2ab + b^2$ ▶ 1. binomische Formel
Beispiel: $(x+3)^2 = x^2 + 2 \cdot x \cdot 3 + 3^2 = x^2 + 6x + 9$

$(a - b)^2 = a^2 - 2ab + b^2$ ▶ 2. binomische Formel
Beispiel: $(1-a)^2 = 1^2 - 2 \cdot 1 \cdot a + a^2 = 1 - 2a + a^2$

Die 3. binomische Formel erleichtert auch das Kopfrechnen, falls sich ein Produkt wie nebenstehend darstellen lässt.

$(a + b) \cdot (a - b) = a^2 - b^2$ ▶ 3. binomische Formel
Beispiele: $(x+3) \cdot (x-3) = x^2 - 3^2 = x^2 - 9$
$23 \cdot 17 = (20 + 3) \cdot (20 - 3)$
$= 20^2 - 3^2 = 400 - 9 = \mathbf{391}$

Übungen

1. Schreiben Sie ohne Betragsstriche und berechnen Sie das Ergebnis.
a) $|-4|$ b) $|3{,}5| - |-0{,}5|$ c) $|2| \cdot |-2|$ d) $-|2| \cdot |2|$ e) $\left|6 - \frac{12}{2}\right|$

2. Welche Zahlen lassen sich für x einsetzen, damit die Ungleichung bzw. Gleichung stimmt?
a) $|x| \geq 2$ b) $|-2x| \leq 8$ c) $|x - 4| = 5$ d) $|x + 2| = 4$ e) $|x + 3| \leq 4$ f) $|-2x - 8| \geq x + 4$

3. Berechnen Sie folgende Terme. Nutzen Sie – wenn möglich – die binomischen Formeln.
a) $(a + b) \cdot (-a + b)$
b) $(7x + 3a) \cdot (3x + 7a)$
c) $(a + 2b)^2$
d) $(3 - 4a) \cdot (3 - 4a)$
e) $(a \cdot \sqrt{2} - 3b)^2$
f) $(-3 + 1b) \cdot (3 - 1b)$
g) $\left(\frac{1}{4}x + \frac{2}{3}y\right) \cdot (x + y)$
h) $\left(\frac{2}{3} + \frac{1}{5}b\right) \cdot \left(\frac{1}{5}b - \frac{2}{3}\right)$
i) $\left(\frac{4}{7}a - \frac{3^2}{4}b\right)^2$
j) $\left(-\frac{\sqrt{7}}{2^3}a - \frac{3^{-2}}{2}b\right)^2$
k) $(-\sqrt{a} + \sqrt{b})^2$
l) $(-\sqrt{a} - \sqrt{b}) \cdot (2\sqrt{a} + 2\sqrt{b})$

4. Verwandeln Sie folgende Terme mithilfe der binomischen Formeln in Produkte.
a) $x^2 + 4x + 4$
b) $x^2 - 25$
c) $a^2 + 6ab + 9b^2$
d) $16 - 24a + 9a^2$
e) $9a^2 + 9ab + 2{,}25b^2$
f) $0{,}25a^2 - 25b^2$
g) $81 - 49a^2$
h) $0{,}25a^2 - ab + b^2$

Dreisatz

Beim direkten **Dreisatz** sind die **Verhältnisse** einander zugeordneter Zahlen bzw. Werte immer gleich (quotientengleich).

Es liegt also die Situation vor: „je mehr von Größe A, desto mehr von Größe B".

▶ Der direkte Dreisatz heißt deswegen auch Dreisatz mit proportionaler Zuordnung.

Ist eine Größe gesucht, können wir folgenden Rechenweg anwenden:

Gegebenes Zahlenpaar
Schluss auf 1 Einheit
Schluss auf das Gesuchte

$5\,\ell$ Benzin kosten $8\,€$ ▶ Wertepaar $(5\,\ell\,|\,8\,€)$

Quotient: $\frac{8\,€}{5\,\ell} = 1{,}60\,\frac{€}{\ell}$

$12\,\ell$ Benzin kosten $19{,}20\,€$ ▶ Wertepaar $(12\,\ell\,|\,19{,}20\,€)$

Quotient: $\frac{19{,}20\,€}{12\,\ell} = 1{,}60\,\frac{€}{\ell}$

Gesucht: Preis für $14\,\ell$ Benzin

$$
\begin{array}{r}
:5 \\
\cdot 14
\end{array}
\left(
\begin{array}{rr}
5 & 8{,}00 \\
1 & 1{,}60 \\
14 & 22{,}40
\end{array}
\right)
\begin{array}{l}
:5 \\
\\
\cdot 14
\end{array}
$$

Prozentrechnung

In der **Prozentrechnung** vergleichen wir zwei Größen miteinander, indem der **Prozentwert** W ins Verhältnis zum **Grundwert** G gesetzt wird. Dieses Verhältnis drücken wir dann als **Prozentsatz** $p\,\%$ aus.

Mit der **Grundformel** berechnen wir den Prozentwert W aus dem Prozentsatz $p\,\%$ und dem Grundwert G.

$\frac{W}{G} = \frac{p}{100}; \quad \frac{p}{100} = p\,\%$

Beispiel:
Prozentwert $W = 30$; Grundwert $G = 150$:
$\frac{30}{150} = \frac{20}{100} = 0{,}2 = 20\,\% = p\,\%$

Grundformel:
$W = p\,\% \cdot G = \frac{p}{100} \cdot G$

Beispiel:
$p\,\% = 15\,\% = 0{,}15;\ G = 120$
$W = 0{,}15 \cdot 120 = 18$

Durch Umstellen der Grundformel erhalten wir die Formeln, um den Grundwert G und den Prozentsatz $p\,\%$ berechnen zu können.

$G = \frac{W \cdot 100}{p}; \quad p\,\% = \frac{p}{100} = \frac{W}{G}$

Übungen

1. 24 Orangen kosten $7{,}20\,€$.
   Ermitteln Sie den Preis für 9 (13; 16) Orangen.

2. Ein halbes Dutzend Flaschen Wein kosten $30\,€$.
   Ermitteln Sie den Preis für 2 (4; 7) Flaschen Wein.

3. Frau Müller zahlt eine Rechnung über $128{,}74\,€$ unter Abzug von $2{,}5\,\%$ Skonto.
   Ermitteln Sie den Überweisungsbetrag.

4. Bei einem Räumungsverkauf wird ein Herrenanzug zum Preis von $420\,€$ um $147\,€$ herabgesetzt.
   Ermitteln Sie den Prozentsatz.

5. Ein Textileinzelhändler wirbt damit, dass alle Waren um $15\,\%$ herabgesetzt sind.
   Ermitteln Sie den ursprünglichen Preis, wenn der Rabatt auf einen Artikel $14{,}25\,€$ beträgt.

G

Koordinatensystem und Wertetabelle

Ein **Koordinatensystem** besteht aus 4 Quadranten. Die waagerechte Achse heißt **Abszissenachse** (x-Achse), die senkrechte Achse **Ordinatenachse** (y-Achse).

In das Koordinatensystem können wir Wertepaare als Punkte eintragen, z.B. (3|2) oder (−4|−1).

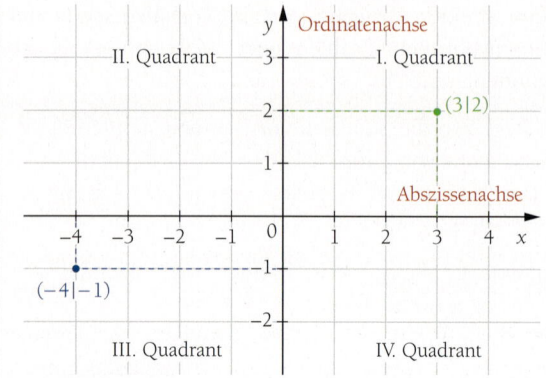

Beispiel:

An der Frankfurter Wertpapierbörse wurde die „ABC-Aktie" zu nebenstehenden Kursen notiert. Dabei ist jedem Börsentag genau ein Kurs in € zugeordnet. Börsentag und zugehöriger Kurs bilden in dieser Reihenfolge ein **geordnetes Paar**. In diesem Beispiel existieren sieben solche Paare.

Diese Paare können in einer **Wertetabelle** aufgeführt oder als Punkte in einem rechtwinkligen **Koordinatensystem** gedeutet werden.

Im I. Quadranten eines Koordinatensystems tragen wir die Kurse gegen die Börsentage ab und erhalten einzelne Punkte, den **Graphen**.

Wertetabelle

Börsentag	1	2	3	4	5	6	7
Kurs in €	2	4	1	3	5	5	4

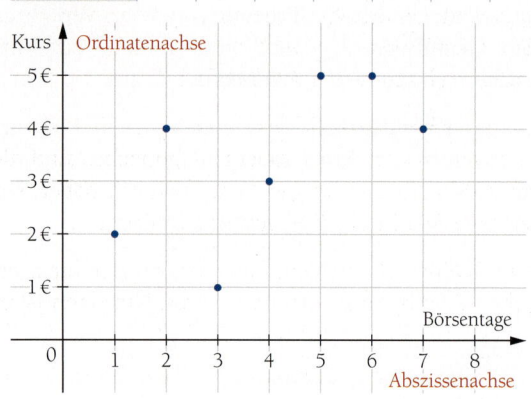

Übungen

1. Tragen Sie die Wertepaare der nebenstehenden Wertetabelle als Punkte in ein Koordinatensystem ein.

x	−2	−1	0	1	2	3	4	5	6
y	15	8	3	0	−1	0	3	8	15

2. Übertragen Sie die eingezeichneten Punkte in eine Wertetabelle.

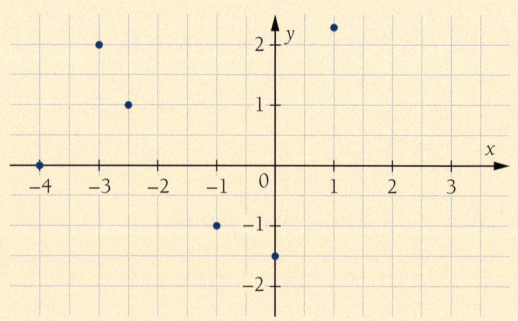

Lineare Gleichungen und Ungleichungen

Bei der nebenstehenden **linearen Gleichung** ist eine reelle Zahl für x gesucht, die die Gleichung erfüllt. Die Lösung dieser Gleichung erfolgt mithilfe von **Äquivalenzumformungen**. Dabei müssen wir auf *beiden* Seiten der Gleichung dieselben Rechenschritte durchführen.

$$\begin{aligned}
& 5x - 8 = 7x + 4 && |-7x + 8 \\
\Leftrightarrow\quad & -7x + 5x - 8 + 8 = -7x + 7x + 4 + 8 \\
\Leftrightarrow\quad & \qquad\qquad -2x = 12 && |:(-2) \\
\Leftrightarrow\quad & \qquad\qquad x = \tfrac{12}{-2} = \mathbf{-6}
\end{aligned}$$

Bei linearen Gleichungen „bringen" wir üblicherweise alle „x-Terme" auf eine Seite der Gleichung, die Zahlen auf die andere Seite.

Bei einer linearen Ungleichung können wir genauso vorgehen, erhalten aber nicht nur eine Lösung.
Achtung: Bei der Multiplikation oder Division mit einer negativen Zahl dreht sich das Relationszeichen um!

$$\begin{aligned}
& 5x - 8 < 7x + 4 && |-7x + 8 \\
\Leftrightarrow\quad & \quad -2x < 12 && |:(-2) \\
\Leftrightarrow\quad & \quad\; x > -6
\end{aligned}$$

▶ Alle reellen Zahlen, die größer als -6 sind, lösen die Gleichung.

Bevor wir eine **Bruchgleichung** lösen, müssen wir die Zahlen ausschließen, für die die Nennerterme 0 sind. Sie gehören nicht zum **Definitionsbereich** D der Bruchgleichung. ▶ $D = \mathbb{R} \setminus \{-3{,}5; 0\}$

$$\begin{aligned}
& \frac{4x + 11}{2x + 7} = \frac{2}{x} + 2 && ▶\ D = \mathbb{R}\setminus\{-3{,}5; 0\} \\[4pt]
\Leftrightarrow\quad & \frac{4x + 11}{2x + 7} = \frac{2x + 2}{x} && ▶\ \text{Hauptnenner } x \cdot (2x + 7) \\[4pt]
\Leftrightarrow\quad & \frac{x \cdot (4x + 11)}{x \cdot (2x + 7)} = \frac{(2x + 2) \cdot (2x + 7)}{x \cdot (2x + 7)} && |\cdot x \cdot (2x + 7) \\[4pt]
\Leftrightarrow\ & x \cdot (4x + 11) = (2x + 2) \cdot (2x + 7) \\[4pt]
\Leftrightarrow\quad & 4x^2 + 11x = 4x^2 + 18x + 14 && |-4x^2 - 18x \\[4pt]
\Leftrightarrow\quad & \qquad -7x = 14 \\[4pt]
\Leftrightarrow\quad & \qquad\quad x = \mathbf{-2}
\end{aligned}$$

Bruchgleichungen lösen wir, indem wir die Bruchterme auf beiden Seiten gleichnamig machen und die Zähler miteinander vergleichen. Praktisch haben wir dann die Brüche „über Kreuz" multipliziert.

$-2 \in D$

Zum Schluss überprüfen wir noch, ob der für x errechnete Wert ein Element von D ist. Nur dann ist er auch eine Lösung der Bruchgleichung.

▶ $x = -2$ ist Lösung.

Übungen

1. Lösen Sie die folgenden Gleichungen und machen Sie die Probe.
Bestimmen Sie ggf. die jeweiligen Definitionsbereiche.

a) $3x + 4 = 16$

b) $1{,}5x - 7 = 0{,}5$

c) $2{,}5x + 2 = 4x + 5$

d) $4 - (3{,}5x + 2) = x - 7$

e) $(2x + 4) \cdot (x - 3) = (x - 1) \cdot (2x - 12)$

f) $(-x - 2) \cdot (3x - 5) = (-3x + 1) \cdot (x + 3)$

g) $\dfrac{4}{x - 3} = \dfrac{12}{x + 1}$

h) $\dfrac{3x + 4}{x} - \dfrac{2x}{x + 1} = 1$

i) $\dfrac{x + 2}{2x - 5} = \dfrac{2x + 4}{4x - 10}$

j) $\dfrac{-2x + 3}{-x + 0{,}5} = \dfrac{-6x + 3}{-3x - 0{,}5}$

k) $\dfrac{x - 1}{x - a} + \dfrac{x + 1}{x - b} = 2$

l) $\dfrac{6x - 7}{x^2 - 20x + 91} = \dfrac{5}{x - 13} - \dfrac{7}{x - 7}$

2. Lösen Sie die folgenden Ungleichungen und machen Sie die Probe.

a) $2x - 14 > 22$

b) $1{,}5x - 9 < 7{,}5$

c) $-6x - 3 < 4x + 7$

d) $12 - (3x + 2) < x - 6$

e) $(2x - 1) \cdot (2x + 5) > (-x - 1) \cdot (-4x + 6)$

f) $(-2x - 2) \cdot (3x - 5) > -6x \cdot (x + 3)$

G

Lineare Gleichungssysteme

Sollen wir zwei lineare Gleichungen mit zwei Variablen x und y lösen, so spricht man von einem **linearen Gleichungssystem** (LGS) mit zwei Variablen.

Das LGS lässt sich lösen, indem aus den zwei Gleichungen mit zwei Variablen durch beliebige Elimination einer der beiden Variablen (hier: y) eine Gleichung mit einer Variablen entsteht, die bequem gelöst werden kann.

▸ lineare Gleichung

$$
\begin{array}{lll}
\text{I} & 2x + 3y = 2 \\
\text{II} & 5x + 2y = 27
\end{array}
$$

Dies geschieht z.B. mittels des **Additionsverfahrens**, das eine Anpassung der einzelnen Gleichungen verlangt. Hier wird die I. Gleichung mit 2 und die II. Gleichung mit -3 multipliziert, damit bei Addition beider Gleichungen die Variable y wegfällt. Dann können wir die Variable x berechnen.

$$
\begin{array}{lll}
\text{I} & 2x + 3y = 2 & \mid \cdot 2 \\
\text{II} & 5x + 2y = 27 & \mid \cdot (-3)
\end{array}
$$

$$
\begin{array}{ll}
2 \cdot \text{I} & 4x + 6y = 4 \\
-3 \cdot \text{II} & -15x - 6y = -81 \\
\hline
& -11x = -77 \qquad \mid : (-11) \\
& x = 7
\end{array}
$$

Anschließend bestimmen wir den Wert für die zweite Variable: Wir setzen z.B. in der II. Gleichung 7 für x ein und lösen diese Gleichung dann nach y auf.

Einsetzen von 7 in Gleichung II liefert:
$$
\begin{array}{ll}
5 \cdot 7 + 2y = 27 \\
35 + 2y = 27 & \mid - 35 \\
2y = -8 & \mid : 2 \\
y = -4
\end{array}
$$

Die **Probe** in beiden Ausgangsgleichungen bestätigt die errechneten Werte für x und y als Lösung des linearen Gleichungssystems.

Probe z.B. in I:
$$
2 \cdot 7 + 3 \cdot (-4) = 2
$$
$$
2 = 2 \quad ▸ \text{wahre Aussage}
$$
Lösungen: $x = 7$; $y = -4$

Die Lösung des Gleichungssystems können wir auch grafisch veranschaulichen. Die beiden Gleichungen beschreiben Geraden im Koordinatensystem. Die gemeinsame Lösung entspricht den Koordinaten des **Schnittpunkts** beider Geraden.

Die Gleichungen für diese Geraden erhalten wir, indem wir die Ausgangsgleichungen I und II jeweils nach y auflösen:

$$
\begin{array}{lll}
\text{I} & 2x + 3y = 2 & \Leftrightarrow y = -\frac{2}{3}x + \frac{2}{3} \\
\text{II} & 5x + 2y = 27 & \Leftrightarrow y = -\frac{5}{2}x + \frac{27}{2}
\end{array}
$$

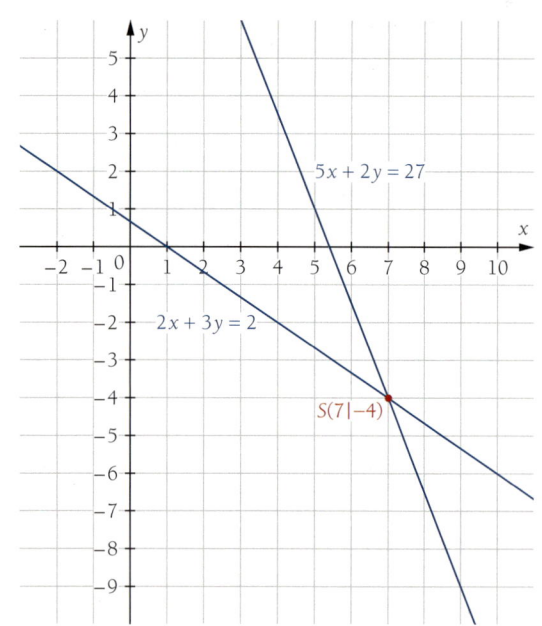

Bei einem linearen Gleichungssystem mit *drei* Variablen x, y und z lösen wir in einem ersten Schritt eine der Variablen aus zwei Gleichungen heraus (hier x).

$$\begin{array}{lll} \text{I} & 2x + 3y + 4z = 12 & |\cdot(-2) \\ \text{II} & 4x - y + 2z = 14 & \\ \text{III} & 2x - 4y - 3z = -2 & \end{array} \quad |\cdot(-1)$$

Die beiden Gleichungen, in denen dann nur noch y und z enthalten sind, behandeln wir dann in einem zweiten Schritt so wie in einem Gleichungssystem mit zwei Variablen:

$$\begin{array}{l} 2x + 3y + 4z = 12 \\ -7y - 6z = -10 \quad |\cdot(-1) \\ -7y - 7z = -14 \end{array}$$

Wir eliminieren y in der letzten Gleichung und erhalten so eine Gleichung, in der nur noch eine Variable existiert (hier z).
Diese letzte Gleichung lösen wir nach der verbliebenen Variablen auf.

$$\begin{array}{l} 2x + 3y + 4z = 12 \\ -7y - 6z = -10 \\ -z = -4 \Rightarrow z = 4 \end{array}$$

Der erhaltene Wert 4 ist Teil der Lösung und kann in eine der Gleichungen mit zwei Variablen eingesetzt werden (hier y und z).
Die so entstandene Gleichung enthält nur noch die Variable y und wird nach dieser aufgelöst.

$$\begin{array}{l} -7y - 6\cdot 4 = -10 \\ -7y - 24 = -10 \\ -7y = 14 \Rightarrow y = -2 \end{array}$$

Die Werte für y und z setzen wir in eine der Gleichungen mit drei Variablen ein.
Diese Gleichung besitzt dann nur x als letzte Variable und kann nach dieser aufgelöst werden.

$$\begin{array}{l} 2x + 3\cdot(-2) + 4\cdot 4 = 12 \\ 2x + 10 = 12 \\ 2x = 2 \Rightarrow x = 1 \end{array}$$

Zuletzt können wir die Lösungen für das lineare Gleichungssystem angeben.

$$x = 1;\ y = -2;\ z = 4$$

Übungen

1. Bestimmen Sie die Lösungsmengen der linearen Gleichungssysteme.

a) $\begin{array}{l} 3x + 2y = 1 \\ 4x + 5y = -1 \end{array}$

b) $\begin{array}{l} 5x - 2y = 0 \\ 7x - 3y = 1 \end{array}$

c) $\begin{array}{l} -9x + 11y = 6 \\ 13y - 7x = 10 \end{array}$

d) $\begin{array}{l} \frac{x}{2} + \frac{y}{3} = 6 \\ \frac{x}{4} + \frac{y}{2} = 5 \end{array}$

e) $\begin{array}{l} \frac{x+1}{6} + \frac{2y+3}{9} = 1 \\ \frac{2x+3}{4} + \frac{2y+1}{4} = 2 \end{array}$

f) $\begin{array}{l} \frac{2x-3y}{4} + \frac{4x+3y}{3} = 5 \\ \frac{6x-y}{10} - \frac{7x-2y}{5} = -3 \end{array}$

g) $\begin{array}{l} 2x + 4y + 3z = 1 \\ 4x + 6y + 7z = -5 \\ -6x - 10y - 6z = -8 \end{array}$

h) $\begin{array}{l} 3x + 5y + 4z = 2 \\ -x + 10y + 6z = -8 \\ 6x - 5y + 2z = 10 \end{array}$

i) $\begin{array}{l} 3x + 2y - z = 1 \\ 2x - 4z = 0 \\ x + 2y + 2z = 2 \end{array}$

j) $\begin{array}{l} 4x + 6y + 8z = 28 \\ 2x + 2y + 2z = 10 \\ 3x - 2y - 3z = 7 \end{array}$

k) $\begin{array}{l} 2x - 5y - 3z = -3 \\ -3x - 2y + 4z = -3 \\ -7x + 4y + 7z = 11 \end{array}$

l) $\begin{array}{l} x + y - z = 2 \\ x - y + z = 1 \\ -x + y - z = 0 \end{array}$

2. Ermitteln Sie grafisch jeweils den Schnittpunkt der beiden Geraden, die durch die beiden linearen Gleichungen in Übung 1 a) und 1 b) gegeben sind.

G

Quadratische Gleichungen

Grundsätzlich sollten **quadratische Gleichungen** zuerst in ihre **Normalform** gebracht werden, wenn wir sie lösen wollen. Dabei muss der Faktor vor x^2 zur 1 werden und alle Zahlen und Variablen müssen sich auf einer Seite der Gleichung befinden.

Die Lösungen einer quadratischen Gleichung in der Normalform können wir auf verschiedene Weisen bestimmen:

$$
\begin{aligned}
&2x^2 - 16x \quad\quad = 18 \quad\quad | -18 \\
\Leftrightarrow\ &2x^2 - 16x - 18 = 0 \quad\quad | :2 \\
\Leftrightarrow\ &\ \ x^2 - \ 8x - \ 9 = 0
\end{aligned}
$$

▶ quadratische Gleichung in Normalform

Quadratische Ergänzung

Dieses Verfahren nutzt hier die 2. binomische Formel, von „rechts nach links".

Schreiben wir den Term $x^2 - 8x$ in der Form $x^2 - 2 \cdot x \cdot 4$, so entspricht er den ersten beiden Summanden der 2. binomischen Formel $a^2 - 2 \cdot a \cdot b$.

Aus dieser Darstellung wird deutlich, dass 4 die Zahl für b sein muss. Der so bestimmte Wert für b wird noch **quadriert** ($b^2 = 4^2$) und zu dem Term $x^2 - 8x$ **ergänzt** (▶ Quadratische Ergänzung).

Damit können wir diesen Gesamtterm nach der 2. binomischen Formel zum Quadrat eines Binoms umformen.

$$
\begin{aligned}
&x^2 - 8x \quad\quad - 9 = 0 \\
&a^2 - 2ab \quad\quad + b^2 = (a-b)^2 \quad \text{▶ 2. binomische Formel}\\
&a^2 - 2 \cdot a \cdot b - \ 9 = 0 \\
&\quad\uparrow \quad\quad\quad \uparrow \\
&x^2 - 2 \cdot x \cdot 4 - \ 9 = 0 \quad\quad | +9 \\
&a^2 - 2 \cdot a \cdot b + b^2 = 9 + b^2 \quad \text{▶ quadratische Ergänzung } 4^2\\
&\quad\uparrow \quad\quad \uparrow\ \uparrow \quad\ \uparrow \\
&x^2 - 2 \cdot x \cdot 4 + 4^2 = 9 + 4^2 \quad \text{▶ quadratische Ergänzung } 4^2
\end{aligned}
$$

$$
\begin{aligned}
\Rightarrow\ &x^2 - \quad 8x + 16 = 25 \quad \text{▶ 2. binomische Formel}\\
\Leftrightarrow\ &\quad\quad\quad (x-4)^2 = 25 \quad | \sqrt{}\\
\Leftrightarrow\ &x - 4 = -5 \ \text{oder}\ x - 4 = 5 \\
\Leftrightarrow\ &x = -1 \ \text{oder}\ x = 9
\end{aligned}
$$

Lösungen: $x_1 = \mathbf{-1}$ und $x_2 = \mathbf{9}$

p-q-Formel

Löst man die allgemeine quadratische Gleichung in Normalform $x^2 + px + q = 0$ mithilfe der quadratischen Ergänzung, so erhält man die ***p-q*-Formel**.

$$
x^2 + px + q = 0
$$
$$
\Rightarrow x_{1,2} = -\frac{p}{2} \pm \sqrt{\left(\frac{p}{2}\right)^2 - q}
$$
$$
\Rightarrow x_1 = -\frac{p}{2} + \sqrt{\left(\frac{p}{2}\right)^2 - q} \ \text{und}
$$
$$
x_2 = -\frac{p}{2} - \sqrt{\left(\frac{p}{2}\right)^2 - q}
$$

Wichtig ist bei der Anwendung der *p-q*-Formel, dass wir sie nur bei einer Gleichung in Normalform anwenden dürfen – und dass wir ganz besonders auf Vorzeichenfehler achten müssen.

Beispiel:
$$
\begin{aligned}
&3x^2 - 12x - 36 = 0 \quad\quad | :3 \\
&\ \ x^2 - \ 4x - 12 = 0 \quad\quad \text{▶ Normalform}
\end{aligned}
$$
$$
\begin{aligned}
x_{1,2} &= -\frac{-4}{2} \pm \sqrt{\left(\frac{-4}{2}\right)^2 + 12} \quad \text{▶ } p = -4;\ q = -12\\
&= 2 \pm \sqrt{(-2)^2 + 12} \\
&= 2 \pm \sqrt{16}
\end{aligned}
$$

Anmerkung:

Die quadratische Gleichung $x^2 + px + q = 0$ besitzt nur dann Lösungen, falls $\left(\frac{p}{2}\right)^2 - q \geq 0$ gilt. Nur in diesem Fall lässt sich aus dem Term $\left(\frac{p}{2}\right)^2 - q$ die Wurzel ziehen.

Lösungen:
$$
\begin{aligned}
x_1 &= 2 + 4 \quad \text{und} \quad x_2 = 2 - 4 \\
x_1 &= \mathbf{6} \quad\quad\ \text{und} \quad x_2 = \mathbf{-2}
\end{aligned}
$$

Linearfaktorzerlegung

Die quadratische Gleichung $x^2 - 4x - 12 = 0$ können wir auch als $(x - 6) \cdot (x + 2) = 0$ schreiben. Dabei haben wir die Normalform in **Linearfaktoren** zerlegt. Liegt eine quadratische Gleichung in Form einer **Linearfaktorzerlegung** vor, dann können wir aus dieser Form die Lösung unmittelbar entnehmen. Hierbei benutzen wir den **Satz vom Nullprodukt**: Ein Produkt ist genau dann 0, wenn wenigstens einer der Faktoren 0 ist.

$$x^2 - 4x - 12 = (x - 6) \cdot (x + 2)$$

$$x^2 - 4x - 12 = 0$$
$$\Leftrightarrow (x - 6) \cdot (x + 2) = 0$$
$$\Rightarrow (x - 6) = 0 \text{ oder } (x + 2) = 0$$

Lösungen:
$$x_1 = \mathbf{6} \text{ und } x_2 = \mathbf{-2}$$

Satz von Vieta

Der **Satz von Vieta** bringt die Koeffizienten p und q der quadratischen Gleichung $x^2 + px + q = 0$ mit deren Lösungen x_1 und x_2 in Zusammenhang.

Um den Satz von Vieta herzuleiten, zerlegen wir den Term $x^2 + px + q$ in seine Linearfaktoren $(x - x_1) \cdot (x - x_2)$. Dann erhalten wir p und q in Abhängigkeit von x_1 und x_2.

$$p = -(x_1 + x_2)$$
$$q = x_1 \cdot x_2$$

$$x^2 + px + q = (x - x_1) \cdot (x - x_2)$$
$$= x^2 - (x_1 + x_2) \cdot x + x_1 \cdot x_2$$
$$\Rightarrow p = -(x_1 + x_2)$$
$$q = x_1 \cdot x_2$$

Der Satz von Vieta ist hilfreich, wenn wir die Lösungen einer quadratischen Gleichung in Normalform durch Probieren bestimmen wollen. Auch für die Probe ist „Vieta" hilfreich.
Bei $x^2 + 2x - 8 = 0$ muss für die Lösungen x_1 und x_2 gelten: $-2 = x_1 + x_2$; $-8 = x_1 \cdot x_2$.
Erhoffen wir uns ganzzahlige Lösungen, dann kommen wir durch Probieren schnell auf die Lösungen $x_1 = -4$ und $x_2 = 2$.

$$x^2 + 2x - 8 = 0$$
$$\Rightarrow -2 = x_1 + x_2; \; -8 = x_1 \cdot x_2$$
Lösungen:
$$x_1 = \mathbf{-4} \text{ und } x_2 = \mathbf{2}$$

Übungen

1. Lösen Sie die folgenden quadratischen Gleichungen mithilfe der quadratischen Ergänzung und überprüfen Sie Ihr Ergebnis durch Berechnung mit der p-q-Formel.

a) $x^2 + 6x + 9 = 0$

b) $x^2 - 4x - 5 = 0$

c) $x^2 + 2x - 3 = 0$

d) $x^2 + 8 = 6x$

e) $x^2 - 10 = -3x$

f) $x^2 + 2,5x - 6 = 0$

g) $2x^2 + 6x - 20 = 0$

h) $0,5x^2 - 2x - 2,5 = 0$

i) $0,5x^2 + 3,5x + 5 = 0$

j) $\frac{1}{3}x^2 + x - \frac{10}{3} = 0$

k) $\frac{5}{6}x^2 + \frac{25}{6}x - 5 = 0$

l) $\frac{2}{3}x^2 + x + \frac{1}{3} = 0$

m) $2x^2 - 2 = 4x^2 + 5x - 9$

n) $2x \cdot (-0,5x + 1) = -x + 5$

o) $0,5x^2 - 4 = 8x \cdot (-0,25x + 1)$

2. Lösen Sie die folgenden quadratischen Gleichungen, indem Sie den Term auf der linken Seite der Gleichung zunächst in Linearfaktoren zerlegen. Machen Sie die Probe.

a) $x^2 + x = 0$ b) $5x^2 - 10x = 0$ c) $0,2x^2 - 3x = 0$ d) $2,4x^2 + 12x = 0$

3. Ermitteln Sie die Lösungen der quadratischen Gleichungen unter Anwendung des Satzes von Vieta.

a) $x^2 - 10x + 25 = 0$ b) $x^2 - 3x - 10 = 0$ c) $x^2 - 3x + 2 = 0$ d) $x^2 + 4x - 21 = 0$ e) $x^2 + 7x + 12 = 0$

G

Summenzeichen

Das **Summenzeichen** $\sum$ (griechischer Großbuchstabe **Sigma**) wird in der Mathematik verwendet, wenn eine Summe aus vielen Summanden gebildet wird, die einer Regelmäßigkeit folgen. Das Zeichen wird dann für eine abkürzende Schreibweise für die Summenbildung genutzt.

Sollen beispielsweise die ersten 10 natürlichen Zahlen summiert werden, dann können wir die ausgeschriebene Summe durch das Summenzeichen abkürzen. Nach dem Summenzeichen steht, was summiert werden soll. Dabei ist i die „Laufvariable". Unter dem Summenzeichen wird angegeben, welchen Wert die Laufvariable als erstes annimmt. Über dem Summenzeichen steht, bis wohin sie läuft.

$$1 + 2 + 3 + 4 + 5 + 6 + 7 + 8 + 9 + 10 = \sum_{i=1}^{10} i$$

Sprechweise: „Summe über i für i von 1 bis 10."

Auch die Summe der ersten 8 Quadratzahlen können wir abgekürzt schreiben.

$$\sum_{i=1}^{8} i^2 = 1^2 + 2^2 + 3^2 + 4^2 + 5^2 + 6^2 + 7^2 + 8^2$$

Sprechweise: „Summe über i^2 für i von 1 bis 8."

Neben der Abkürzung von Summen mit vielen konkreten Zahlen, verwendet man das Summenzeichen bei den **Summenformeln**:

Summe der ersten n natürlichen Zahlen
$1 + 2 + 3 + 4 + 5 + \ldots + n$

$$\sum_{i=1}^{n} i = \frac{n(n+1)}{2}$$

Summe der ersten n Quadratzahlen:
$1^2 + 2^2 + 3^2 + 4^2 + 5^2 + \ldots + n^2$

$$\sum_{i=1}^{n} i^2 = \frac{n(n+1)(2n+1)}{6}$$

Summe der ersten n Kubikzahlen:
$1^3 + 2^3 + 3^3 + 4^3 + 5^3 + \ldots + n^3$

$$\sum_{i=1}^{n} i^3 = \frac{n^2(n+1)^2}{4}$$

Summe der ersten k ungeraden Zahlen:
$1 + 3 + 5 + 7 + 9 + 11 + \ldots + (2k - 1)$

$$\sum_{i=1}^{k} (2i - 1) = k^2$$

Summe der ersten k geraden Zahlen:
$2 + 4 + 6 + 8 + 10 + \ldots + 2k$

$$\sum_{i=1}^{k} 2i = k^2 + k$$

---

oHi/Mi Übungen

1. Schreiben Sie die Summen mit dem Summenzeichen. Bestimmen Sie die Summe.
a) $1 + 2 + 3 + 4 + 5 + 6 + 7 + 8 + 9 + 10 + 11 + 12$
b) Summe der ersten 20 Quadratzahlen
c) $1 + 3 + 5 + 7 + 9 + 11 + 13 + 15 + 17 + 19 + 21$
d) $2 + 4 + 6 + 8 + 10 + 12 + 14 + 16 + 18 + 20 + 22 + 24$
e) Summe der ersten 10 Kubikzahlen
f) Summe der natürlichen Zahlen von 30 bis 70

2. Berechnen Sie die Summen.

a) $\sum_{i=1}^{100} i$ b) $\sum_{i=1}^{50} 2i$ c) $\sum_{i=1}^{50} (2i - 1)$ d) $\sum_{i=51}^{100} i$ e) $\sum_{i=1}^{100} i^2$ f) $\sum_{i=10}^{21} i^3$

Grafikfähige Taschenrechner (GTR) und Computer-Algebra-Systeme (CAS)

G

GTR und CAS unterstützen Sie beim Erforschen mathematischer Zusammenhänge und beim Lösen mathematischer Probleme. Die folgenden Seiten sollen Ihnen helfen, sich mit Ihrem Gerät vertraut zu machen.

CA Casio fx-CG20

Der Casio fx-CG20 ist ein grafikfähiger Taschenrechner, der sich am Bedienkonzept eines wissenschaftlichen Taschenrechners orientiert. Je nach Aufgabenstellung werden unterschiedliche Anwendungen z.B. zur Darstellung von Graphen, für statistische Berechnungen, der Darstellung statistischer Daten, zum Lösen von Gleichungen usw. angeboten. Das zentrale Element der Bedienung ist dabei das Startfenster, das **Hauptmenü**, das jederzeit mit der Taste MENU erreicht werden kann.

Im Hauptmenü MENU können die verschiedenen **Anwendungen** aufgerufen werden. Die Navigation erfolgt mit den Cursor-Tasten. Alternativ kann eine Anwendung direkt über die zugeordnete Ziffer bzw. den zugeordneten Buchstaben aufgerufen werden.

Eine Anwendung wird mit MENU wieder verlassen.

Das zweite zentrale Bedienelement sind die **Funktionstasten** F1 bis F6. Damit werden die auf dem Bildschirm eingeblendeten **Untermenüs** und **Befehle** aufgerufen.

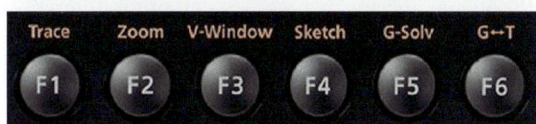

Die Option-Taste OPTN blendet je nach Anwendung zusätzliche Befehle ein. In der **Run-Matrix**-Anwendung kann beispielsweise der Absolutbetrag über OPTN, NUMERIC (F4), Abs (F1) eingegeben werden.

Wählen Sie die Anwendung Run-Matrix, um einfache Rechnungen, wie z.B. $\frac{6}{7} + \frac{1}{3}$, $\sqrt{10}$ oder $|-4|$, durchzuführen.

Innerhalb einer Anwendung gelangen Sie von einer Anzeige (z.B. Grafikfenster) zur vorhergehenden Anzeige (z.B. Eingabe einer Funktionsvorschrift) mit der Taste EXIT.

▶ Erstreckt sich ein Menü über mehrere Seiten, kann mit dem ▷-Symbol (F6) umgeblättert werden.

Übersicht der wichtigsten Anwendungen:

Run-Matrix (1)	Der „Taschenrechner": Neben den üblichen Berechnungen werden z.B. auch die numerische Differenziation und Integration sowie die Matrizenrechnung unterstützt.
Statistik (2)	Statistikanwendung: Erfassen, Auswerten und Darstellen von Daten.
Tab. Kalk. (4)	Tabellenkalkulation: Erfassen und Erstellen von Daten.
Graph (5)	Grafikanwendung: Darstellen und Auswerten von Funktionsgraphen.
Dyna Graph (6)	Dynamische Grafikanwendung: Dynamische Darstellung von Funktionen mit Parametern.
Tabelle (7)	Erstellen von Wertetabellen für Funktionen.
Gleichung (A)	Numerisches Lösen von Gleichungen und Gleichungssystemen.

G

TI | TI-*n*spire CX und TI-*n*spire CX CAS

Der TI-*n*spire CX ist ein grafikfähiger Taschenrechner, der sich am Bedienkonzept eines Computers orientiert. Der TI-*n*spire CX CAS ist ein Computeralgebrasystem, welches neben numerischen auch symbolische Rechenverfahren anbietet. Der TI-*n*spire CX CAS kann somit z.B. Gleichungen algebraisch lösen oder mit Parametern in Funktionen umgehen.

Bei der Bedienung wird grundsätzlich zwischen der Arbeit mit dem **Scratchpad** und der Arbeit in **Dokumenten** unterschieden, was sich auf dem **Hauptbildschirm** widerspiegelt. Dieser Startbildschirm kann jederzeit mit der Taste ⌂on erreicht werden.

Das **Scratchpad** [▥] ist geeignet für schnelle Berechnungen und für Visualisierungen zwischendurch.

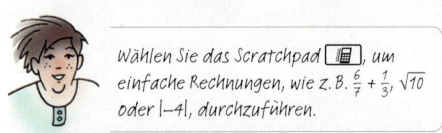

Wählen Sie das Scratchpad [▥], um einfache Rechnungen, wie z.B. $\frac{6}{7} + \frac{1}{3}$, $\sqrt{10}$ oder $|-4|$, durchzuführen.

Bei komplexeren Aufgabenstellungen sollten **Dokumente** verwendet werden. Ein Dokument beschreibt eine oder mehrere Aufgaben (Probleme), die aus mehreren Seiten mit mehreren **Anwendungen** bestehen können. Unser Beispieldokument besteht aus zwei Problemen. Im Problem 1 kommen die Anwendungen Lists & Spreadsheet sowie auf zwei Seiten Data & Statistics zum Einsatz.

Einem Dokument werden Anwendungen über den Hauptbildschirm ⌂on, über das doc▾-Menü oder einfach mit der Taste ⌐+page⌐ (ctrl+doc▾) hinzugefügt.

Innerhalb einer Anwendung können alle vorhandenen Befehle aus dem **Menü** (Taste menu) ausgewählt werden.
Die Navigation im Menü erfolgt über das Touchpad oder schneller durch Eingabe der Ziffern oder Buchstaben. Durch Eingabefelder navigieren Sie am schnellsten mit der tab-Taste.

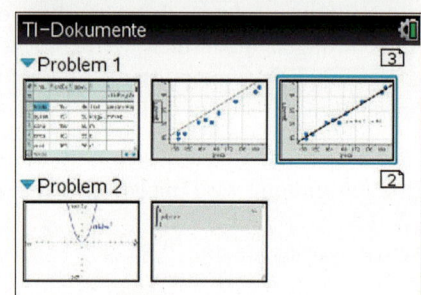

▶ Die Taste doc▾ öffnet ein Menü mit wesentlichen Befehlen zur Verwaltung eines Dokuments.

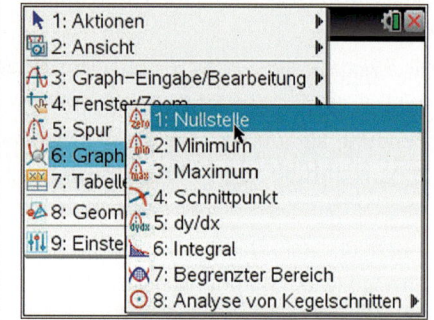

Übersicht der Anwendungen:

Calculator	Der „Taschenrechner": Hier können die meisten Berechnungen durchgeführt werden.
Graphs	Darstellung, Bearbeitung und Auswertung von Graphen.
Geometry	Dynamische geometrische Konstruktionen.
Lists & Spreadsheet	Tabellenkalkulation zum Erfassen und Erstellen von Daten.
Data & Statistics	Darstellung und Auswertung von Daten.
Notes	Textverarbeitung: Es können auch mathematische Vorgänge und Berechnungen eingebettet werden.
Vernier DataQuest™	Daten von externen Sensoren können erfasst, dargestellt und bearbeitet werden.

GG GeoGebra

GeoGebra ist eine dynamische Mathematiksoftware mit einer Vielzahl an Anwendungen im Bereich der Geometrie, Algebra, Analysis und Statistik. Wir betrachten hier GeoGebra für Desktop Computer, es werden aber auch weitere Versionen z. B. für Tablets angeboten.
Der gesamte Befehlsumfang von GeoGebra wird in **Ansichten** aufgeteilt, die unterschiedliche Anwendungsgebiete der Software abdecken. Normalerweise werden gleichzeitig mehrere Ansichten eingeblendet.

Standardmäßig öffnet sich GeoGebra mit der **Algebra**- und der **Grafik**-Ansicht. Hier können Funktionen und geometrische Objekte untersucht und dargestellt werden. Daneben sind weitere Ansichten z.B. für **CAS** und **3D-Grafik** vorhanden.

Die **Werkzeugleiste** stellt die vorhandenen Werkzeuge (Befehle) dar. Jede Ansicht verfügt über eine eigene Werkzeugleiste.

Die Eingabe erfolgt in der **Eingabezeile**. Die Eingabehilfe bietet einen Überblick und eine Beschreibung der vorhandenen Befehle. Zusätzliche Unterstützung ist im Menü unter **Hilfe** zu finden.

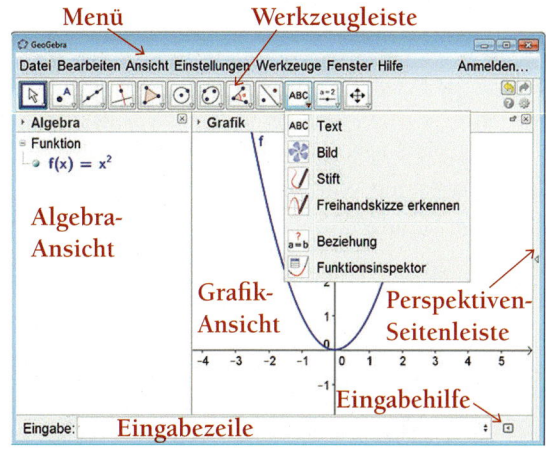

In der Einabezeile können Sie auch einfache Rechnungen, wie z.B. $\frac{6}{7} + \frac{1}{3}$ oder $\sqrt{10}$, eingeben. Eine übersichtlichere Darstellung der Eingabe und der Lösung einfacher Rechnungen bietet die CAS-Ansicht.

▶ In der Werkzeugleiste werden ähnliche Werkzeuge in Gruppen zusammengefasst.

GeoGebra kann an die Bedürfnisse einer Aufgabenstellung durch **Perspektiven** angepasst werden. Die Perspektiven spiegeln typische Anwendungsfälle wider und blenden die dazu benötigten Ansichten ein. In der CAS-Perspektive werden beispielsweise die CAS-Ansicht und die **Grafik**-Ansicht eingeblendet.

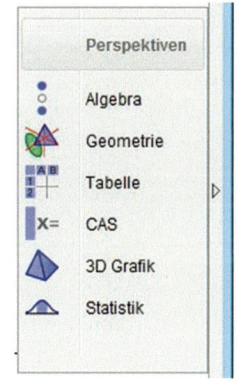

▶ Die Auswahl einer Perspektive erfolgt über die Perspektiven-Seitenleiste. Alternativ können über den Menüeintrag **Ansicht** Ansichten individuell ein- bzw. ausgeblendet werden.

Übersicht der wichtigsten Ansichten:

Algebra	Algebraische Ausdrücke werden angezeigt, können formatiert und bearbeitet werden. Die grafische Darstellung erfolgt in der **Grafik**-Ansicht.
Grafik	Darstellung, Bearbeitung und Auswertung von Graphen. Mithilfe der Werkzeugleiste können geometrische Konstruktionen erstellt werden.
3D-Grafik	Darstellung und Auswertung von 3D-Figuren, Ebenen, Geraden und Punkten.
CAS	Symbolische Rechenverfahren für Gleichungen und Formeln mit unbekannten Variablen. Die Ansicht besteht aus Zeilen in denen die Eingabe sowie die Ausgabe erfolgt.
Tabelle	Tabellenkalkulation zum Erfassen und Berechnen von Daten.

Übungen

Ü

Setzen Sie sich mit Ihrem Rechner bzw. Ihrer Software auseinander, indem Sie die folgenden Aufgaben bearbeiten. Nutzen Sie ggf. Ihr Handbuch oder recherchieren Sie im Internet und überprüfen Sie das Ergebnis durch Kopfrechnen bzw. „händisches" Rechnen.

1. Grundrechenarten und Brüche
   a) $123 \cdot 45{,}5 =$
   b) $8 \cdot (-653) =$
   c) $\frac{2}{3} + \frac{5}{8} =$
   d) $1\frac{6}{7} + \frac{2}{5} =$
   e) $-4 \cdot 2 + 1 =$
   f) $-3 \cdot 5 - (-8) =$
   g) $\frac{1}{4} \cdot \left(-\frac{4}{7}\right) + \frac{2}{5} =$
   h) $2\frac{1}{3} - 4 \cdot \left(-\frac{5}{6}\right) =$

2. Potenzen und Wurzeln
   a) $12^2 =$
   b) $7^3 =$
   c) $\sqrt{784} =$
   d) $\sqrt[4]{1296} =$
   e) $\sqrt{-2} =$
   f) $(-5)^2 + 6 =$

3. Darstellung von Brüchen
   a) $\frac{2}{3} \cdot \sqrt{2} =$
   b) $\frac{-4}{\frac{10}{3}} =$
   c) Beurteilen Sie Ihre Ergebnisse und die Darstellung durch Ihren Rechner.
   d) Wandeln Sie die Ergebnisse in einen Bruch oder in eine Dezimalzahl um.

4. Ermitteln Sie die Ergebnisse.
   a) Verdoppeln Sie die Zahl Fünf und addieren Sie 7.
   b) Subtrahieren Sie 6 von der Zahl 33 und multiplizieren Sie das Ergebnis mit 4.
   c) Quadrieren Sie die Zahl minus Siebzehn und addieren Sie 4.
   d) Verdreifachen Sie den Bruch $\frac{4}{7}$ und subtrahieren Sie 3.
   e) Setzen Sie -5 in den Term $2x^2 + 4$ ein.
   f) Berechnen Sie $-x^2 + 5$ mit $x = 3$.

5. Kreiszahl π und Absolutbetrag
   a) $\pi \cdot 5 =$
   b) $|-4| =$
   c) $|\pi^2 - 10| =$

6. Winkelfunktionen
   a) $\sin(20) =$
   b) $\cos^{-1}(0) =$
   c) Stellen Sie das Winkelmaß Ihres GTR/CAS auf Gradmaß (auf Bogenmaß) um und wiederholen Sie die Aufgaben a) und b).

Für die folgenden Aufgaben finden Sie Hilfestellungen im Anhang – für Casio fx-CG20 ab Seite 272, für TI-*n*spire CX und TI-*n*spire CX CAS ab Seite 279 sowie für GeoGebra ab Seite 286.

7. Lösen Sie die Gleichungen.
   a) $2x + 7 = 0$
   b) $x^2 - 4 = 0$
   c) $x^2 + 4x - 21 = 0$
   d) $3x + 4 = 16$
   e) $(2x + 4) \cdot (x - 3) = (x - 1) \cdot (2x - 12)$
   f) $0{,}5x^2 - 4 = 8x \cdot (-0{,}25x + 1)$

8. Lösen Sie die linearen Gleichungssysteme.
   a) $3x + 2y = -1$
      $4x + 5y = 1$
   b) $4x + 5y = 32$
      $y = 5x - 11$
   c) $x + 2y + 3z = 1$
      $5x + 6y - 7z = 2$
      $9x + 10y + 11z = 3$
   d) $x + y + z = 4$
      $x + y = -2$
      $y + z = 3$

9. Erstellen Sie die Graphen der durch die Gleichung gegebenen Funktionen.
   a) $f(x) = 2x - 3$
   b) $f(x) = x^2$
   c) $f(x) = -2x^2 + 3x - 4$
   d) $f(x) = \frac{x+1}{-3x+4}$

10. Erstellen Sie für die Funktionen aus 9a) und 9b) je eine Wertetabelle. Die Tabellen sollen von $x = -2$ bis $x = 5$ mit einer Schrittweite von 1 dargestellt werden.

Die Fly Bike Werke GmbH stellt Fahrräder her. Sie vertreibt neben Fahrrädern auch Fahrradteile und Fahrradzubehör. Gegründet wurde die Fly Bike Werke GmbH von Jan Ullmann als sogenannte Ein-Mann-GmbH. Mit der Zeit und durch Rationalisierung der Fertigungsmethoden wuchs das Unternehmen. Deshalb trat Anfang 2001 sein alter Freund Björn Ries als Gesellschafter in die GmbH ein. Seitdem wächst die Fly Bike Werke GmbH weiter, jedoch werden durch veraltete Produktionsanlagen fehlerhafte Fahrräder hergestellt. Die Folge sind Reklamationen. Zunehmend leidet so die Kundenzufriedenheit.

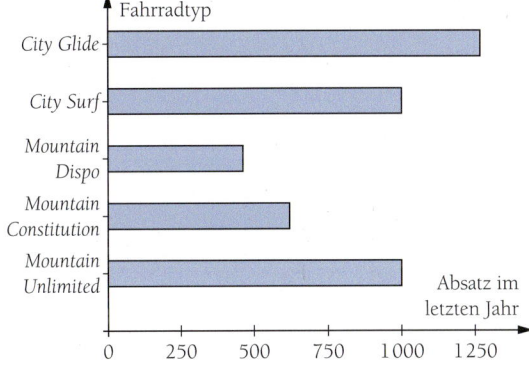

Fahrradtyp	Anzahl der Reklamationen im letzten Jahr
City Glide	100
City Surf	20
Mountain Dispo	12
Mountain Constitution	15
Mountain Unlimited	100

Die Fly Bike Werke GmbH erwirtschaftete im letzten Jahr Gewinn. Davon soll ein Teil für die Erneuerung der Produktionsanlagen genutzt werden. Jeder Fahrradtyp wird auf einem eigenen Montageband hergestellt. Das Geld soll sinnvoll investiert werden.

► Aufgabe 1 auf Seite 35

Kompetenzen

- Daten angemessen darstellen, beschreiben und interpretieren

- Absolute und relative Häufigkeiten berechnen

Anwendungen

- Aufbereitung von Produktionszahlen und Personaldaten

- Bestimmung zugehöriger Kennzahlen

1.1   Aufbereitung und Darstellung statistischer Daten

Millionen einzelner Daten werden täglich gesammelt, zusammengefasst, beschrieben und analysiert. Letztendlich erhofft man sich, daraus Rückschlüsse auf die Eigenschaften der Bereiche zu gewinnen, aus denen die Daten stammen. Diese Erkenntnisse können dann wiederum als Grundlage für zukünftige Entscheidungen dienen.

In der Regel wird nicht die komplette **Grundgesamtheit** untersucht, sondern nur eine **Stichprobe**. Eine Stichprobe sollte eine repräsentative Teilmenge der Grundgesamtheit sein.

1.1.1   Grundbegriffe

 Merkmale und Merkmalsausprägungen

An einer weiterführenden Schule fanden Aufnahmegespräche statt. Dabei wurden die Schülerinnen und Schüler nach ihrem Alter gefragt und gebeten, ihre letzte Zeugnisnote im Fach Mathematik zu nennen. Die erhobenen Daten wurden in nebenstehender **Urliste** zusammengefasst.

Die 20 Schülerinnen und Schüler bilden zusammen die Grundgesamtheit der statistischen Erhebung. In diesem Beispiel ist die Stichprobe gleich der Grundgesamtheit. Jede einzelne Schülerin und jeder einzelne Schüler ist im Hinblick auf die **Merkmale** „Geschlecht", „Mathematiknote" und „Alter" ein **Merkmalsträger**.

Die Merkmale selbst kommen in verschiedenen **Merkmalsausprägungen** vor:

Merkmal	Merkmalsausprägungen
Geschlecht:	männlich, weiblich
Mathematiknote:	1, 2, 3, 4, 5
Alter:	15, 16, 17, 18, 19

Nr.	Name	Geschlecht	Note	Alter
1	Alberts	m	2	15
2	Baal	m	3	16
3	Ballert	w	3	15
4	Bluhm	w	4	16
5	Boukoudi	w	4	17
6	Brestel	m	2	18
7	Castorp	w	2	16
8	Choubrok	w	3	15
9	Crest	m	5	17
10	Demiran	w	4	16
11	Droste	w	4	17
12	Estoban	m	3	16
13	Ewers	m	3	15
14	Franke	m	2	16
15	Hellmich	w	3	17
16	Janosz	m	1	18
17	Kleinert	m	1	19
18	Kranich	w	3	16
19	Lipschitz	w	5	16
20	Nowak	w	4	17

Man unterscheidet zwischen **qualitativen** und **quantitativen** Merkmalen.
- **Qualitative Merkmale** werden unterschieden in solche, bei denen die Merkmalsausprägungen in eine natürliche Reihenfolge gebracht werden können (**ordinale Skala**), und jene, bei denen die Merkmalsausprägungen nicht abgestuft werden können (**nominale Skala**).
- **Quantitative Merkmale** lassen sich durch Zahlen ausdrücken, welche einer Reihenfolge unterliegen. Die Abstände zwischen den Zahlenwerten sind interpretierbar (**metrische Skala**).

Merkmal	Merkmalsausprägung	Art des Merkmals	Art der Skala
Mathematiknote	1, 2, 3, 4, 5	qualitativ	ordinal
Geschlecht	männlich, weiblich	qualitativ	nominal
Alter	15, 16, 17, 18, 19	quantitativ	metrisch

▶ Bei Schulnoten ist eine „1" zwar besser als eine „2", aber nicht doppelt so gut.
Somit ist das Merkmal „Mathematiknote" nicht metrisch, sondern ordinal skaliert.

Grundbegriffe statistischer Erhebungen:
- Die Personen oder Objekte, über die man eine Aussage machen möchte, bilden die **Grundgesamtheit**. Die **Stichprobe** ist die tatsächlich untersuchte Teilmenge der Grundgesamtheit.
- Die Elemente der Grundgesamtheit sind **Merkmalsträger** hinsichtlich bestimmter **Merkmale**.
- Die Merkmale besitzen verschiedene **Ausprägungen**.
- Bei **quantitativen Merkmalen** werden die Merkmalsausprägungen durch Zahlen oder Größen beschrieben und in einer **metrischen Skala** erfasst.
- Bei **qualitativen Merkmalen** werden die Merkmalsausprägungen durch Namen oder Eigenschaften beschrieben. Können die Merkmalsausprägungen in eine Rangordnung gebracht werden, dann erfasst man sie in einer **Ordinalskala**, ansonsten in einer **Nominalskala**.

Bei einer Meinungsumfrage sollen sich 1000 Passanten zu folgenden Fragen äußern:

„Wie lange nutzen Sie das Internet wöchentlich?"

„Nutzen Sie das Internet überwiegend privat oder überwiegend beruflich?"

„Verfügen Sie für Ihren Internetzugang über eine Flatrate – ja oder nein?"

a) Geben Sie die Grundgesamtheit, die Merkmalsträger, die Merkmale und deren Ausprägungen an.

b) Welche Merkmale sind quantitativ, welche qualitativ? Begründen Sie.

Übungen zu 1.1.1

1. Handelt es sich um quantitative oder qualitative Merkmale? Begründen Sie.

a) Größe eines Klassenzimmers

b) Preis einer Ware

c) Lackfarbe eines Pkws

d) Zufriedenheit von Kunden

e) Anzahl Sitzplätze

f) Aktienkurs

g) Familienstand

h) Stärke von Erdbeben auf der Richterskala

2. Geben Sie je drei quantitative und qualitative Merkmale aus folgenden Bereichen an.

a) Landwirtschaft

b) Technik

c) Dienstleistungsgesellschaft

3. Entscheiden Sie, in welcher Art von Skala die folgenden Merkmalsausprägungen ausgedrückt werden können.

a) Geburtsjahr: 1994, 1995, 1996, 1997

b) Fruchtgehalt von Orangensaft: 20 %, 30 %, 40 %, 50 %, …, 100 %

c) Interesse am Fußball: sehr groß, groß, gering, kein Interesse

d) Lieblingsfarbe: blau, rot, gelb, grün

4. Geben Sie zu den Skalen je drei Merkmale an.

a) Metrische Skala

b) Nominalskala

c) Ordinalskala

5. Ermitteln Sie in Ihrer Klasse das Geschlecht, das Alter, die Nationalität, die Schuhgröße, die Haarfarbe und die Konfession Ihrer Mitschülerinnen und Mitschüler.

a) Erläutern Sie anhand Ihres Untersuchungsergebnisses die Begriffe Merkmalsträger und Merkmale.

b) Welche Merkmale sind quantitativ und welche qualitativ? Begründen Sie.

c) Entscheiden Sie, welche der Merkmale sich in einer Nominalskala, einer Ordinalskala bzw. in einer metrischen Skala erfassen lassen.

1.1.2 Häufigkeiten und ihre Darstellungen

Absolute und relative Häufigkeiten

Der erste Schritt bei der Aufbereitung der Daten besteht darin, die **Häufigkeit** festzustellen, mit der ein Merkmal eine bestimmte Ausprägung annimmt. Die Häufigkeit kann in absoluten Zahlen angegeben werden oder als relativer Anteil am Umfang der Stichprobe.

② Absolute und relative Häufigkeit

Der Vertriebsleiter einer Einzelhandelskette ließ in zwei Essener Filialen *A* und *B* die Kunden befragen, wie zufrieden sie mit dem Warenangebot sind. Um die Kosten der Umfrage niedrig zu halten, wurden lediglich Stichproben gemacht: Während einer Stunde wurde jeder zweite Kunde gefragt, ob er „sehr zufrieden (☺☺)", „zufrieden (☺)", „unzufrieden (☹)" oder „sehr unzufrieden (☹☹)" sei.

Die Gesamtzahl der befragten Kunden, der sogenannte Stichprobenumfang, fiel dabei in beiden Filialen verschieden groß aus: In Filiale *A* wurden 180 Kunden, in Filiale *B* hingegen 270 Kunden nach ihrer Meinung gefragt. ▶ Tabelle

	absolute Häufigkeit H				
	☺☺	☺	☹	☹☹	Summe
A	90	54	25	11	180
B	108	72	63	27	270

Untersuchen Sie das Ergebnis im Hinblick auf den unterschiedlichen Stichprobenumfang.

In Filiale *B* waren deutlich mehr Kunden (108) „sehr zufrieden" mit dem Warenangebot als in Filiale *A* (90). Der Vergleich dieser beiden **absoluten Häufigkeiten** *H* lässt aber außer Betracht, dass in den Filialen unterschiedlich viele Personen befragt wurden. In *A* waren 90 von 180 befragten Kunden sehr zufrieden, in *B* waren es 108 von 270 Kunden.

Die **relativen Häufigkeiten** *h*, bei denen man die absoluten Häufigkeiten ins Verhältnis zum Stichprobenumfang *n* setzt, eignen sich für einen Vergleich besser. Deshalb ist die Tabelle der relativen Häufigkeiten aussagekräftiger.

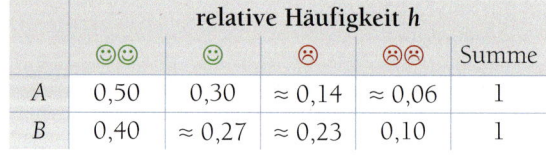

$$A: h(\text{☺☺}) = \frac{H(\text{☺☺})}{n} = \frac{90}{180} = 0{,}50 = 50\,\%$$
$$B: h(\text{☺☺}) = \frac{H(\text{☺☺})}{n} = \frac{108}{270} = 0{,}40 = 40\,\%$$

	relative Häufigkeit h				
	☺☺	☺	☹	☹☹	Summe
A	0,50	0,30	≈ 0,14	≈ 0,06	1
B	0,40	≈ 0,27	≈ 0,23	0,10	1

Die relative Häufigkeit ist höchstens 1.

Die **Summe der absoluten Häufigkeiten** jeder einzelnen Filiale ist immer gleich der Anzahl aller Merkmalsträger, also gleich dem Stichprobenumfang.
Die **Summe der relativen Häufigkeiten** jeder einzelnen Filiale ist immer 1, also 100 %.

- **Absolute Häufigkeit** $H(x_i)$ einer Merkmalsausprägung x_i:
  Anzahl der Merkmalsträger mit dieser Merkmalsausprägung.
- **Relative Häufigkeit** $h(x_i)$ einer Merkmalsausprägung x_i:
  Anteil der Merkmalsträger mit dieser Merkmalsausprägung am Umfang der Stichprobe:
  $$h(x_i) = \frac{H(x_i)}{n} = \frac{\text{absolute Häufigkeit der Merkmalsausprägung } x_i}{\text{Stichprobenumfang}}$$

oHi Mi Fertigen Sie für die Merkmale Geschlecht, Note und Alter aus Beispiel 1 von Seite 26 jeweils eine Tabelle an, in der die absoluten und relativen Häufigkeiten der Merkmalsausprägungen aufgelistet sind.

Grafische Darstellungen

Mit Grafiken lassen sich Häufigkeiten in vielfältiger Weise veranschaulichen. Jede Darstellungsart hat ihre speziellen Vorteile.

Stab- und Säulendiagramm

In der JoRo GmbH werden von Montag bis Freitag Displays für Handys produziert. Der Betriebsleiter vermutet, dass sich Störungen im Produktionsablauf montags besonders häufen. Deshalb erfasst er vier Wochen lang täglich die Anzahl der Störungen:

Woche	1. Woche					2. Woche					3. Woche					4. Woche				
Wochentag	Mo	Di	Mi	Do	Fr	Mo	Di	Mi	Do	Fr	Mo	Di	Mi	Do	Fr	Mo	Di	Mi	Do	Fr
Anzahl	2	0	0	1	1	3	1	1	0	1	2	1	1	0	1	2	1	0	1	1

Stellen Sie das Ergebnis übersichtlich dar.

Zunächst zählen wir die Anzahlen der Störungen an den einzelnen Wochentagen zusammen.

▶ absolute Häufigkeit

Stellt man die Häufigkeiten z.B. durch senkrechte Stäbe oder Säulen dar, erhält man ein **Stabdiagramm** bzw. **Säulendiagramm**.

Tag	Anzahl (absolute Häufigkeit)
Mo	9
Di	3
Mi	2
Do	2
Fr	4

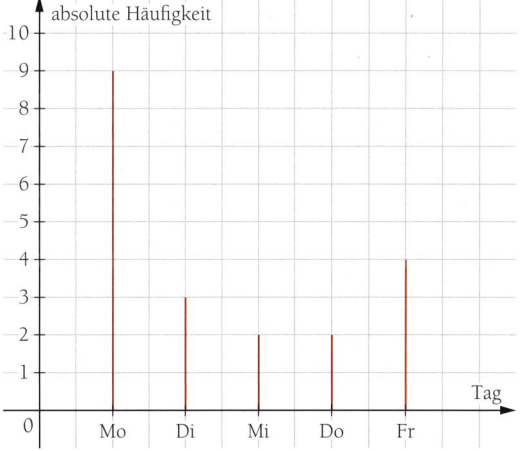

▶ Stabdiagramm   ▶ Säulendiagramm

Die Grafiken belegen, dass der Betriebsleiter Recht hat. Die Störungen häufen sich montags.

1. Beschreiben Sie, wie sich in Beispiel 3 die Anzahl der Störungen im Laufe der Woche verändert und nennen Sie mögliche Ursachen dafür.

2. Veranschaulichen Sie die Höhen folgender Berge durch ein geeignetes Säulendiagramm:
   Brocken 1140 m, Vesuv 1270 m, Zugspitze 3000 m, Ätna 3300 m, Montblanc 4800 m.

4 **Balkendiagramm**

Der Bedarf an Handy-Displays ist im letzten Jahr extrem angestiegen. Die JoRo GmbH aus Beispiel 3 hat beschlossen, nun auch samstags und sonntags zu produzieren.

Nachdem der 7-Tage-Betrieb schon einige Wochen läuft, möchte der Betriebsleiter prüfen, ob sich die Verteilung der Störungen auf die einzelnen Wochentage verändert hat. Dafür erfasst er wieder täglich die Anzahl der Störungen, diesmal aber nur drei Wochen lang. In der Tabelle hält er in der unteren Zeile auch noch einmal die Ergebnisse für den 5-Tage-Betrieb fest.

1. Woche							2. Woche							3. Woche							4. Woche						
Mo	Di	Mi	Do	Fr	Sa	So	Mo	Di	Mi	Do	Fr	Sa	So	Mo	Di	Mi	Do	Fr	Sa	So	Mo	Di	Mi	Do	Fr	Sa	So
1	2	0	0	2	0	1	1	0	1	3	0	0	2	1	1	2	0	1	2	0	–	–	–	–	–	–	–
2	0	0	1	1	–	–	3	1	1	0	1	–	–	2	1	1	0	1	–	–	2	1	0	1	1	–	–

Stellen Sie beide Ergebnisse übersichtlich in einem Diagramm dar.

Zunächst zählen wir wieder die Anzahlen der Störungen an den einzelnen Wochentagen zusammen.

▶ absolute Häufigkeit

Da die Störungen einmal vier Wochen lang und einmal nur drei Wochen lang erfasst wurden, sind die absoluten Anzahlen nicht vergleichbar. Wir berechnen deshalb die relativen Häufigkeiten, indem wir jeweils die Anzahl der Störungen pro Wochentag durch die Anzahl aller Störungen teilen.

Tag	absolute Häufigkeit		relative Häufigkeit	
	5-Tage	7-Tage	5-Tage	7-Tage
Mo	9	3	0,45	0,15
Di	3	3	0,15	0,15
Mi	2	3	0,1	0,15
Do	2	3	0,1	0,15
Fr	4	3	0,2	0,15
Sa	–	2	–	0,1
So	–	3	–	0,15
Summe	20	20	1	1

Zur Darstellung der Häufigkeiten wählen wir diesmal waagerechte Balken.

Im **Balkendiagramm** kann man zwei Datensätze leicht miteinander vergleichen und Beschriftungen gut unterbringen.

Schnell sehen wir, dass die Verteilung der Störungen auf die einzelnen Wochentage im 7-Tage-Betrieb weniger schwankt als im 5-Tage-Betrieb. Außerdem treten trotz längerer Betriebszeit nicht mehr Störungen auf.

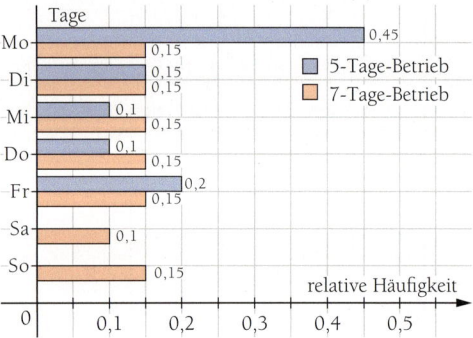

Die Verbindungen zwischen den Punkten dienen nur der Führung des Auges. Es handelt sich nicht um exakte Verläufe.

5 **Liniendiagramm**

Bei Aktienkursen interessiert man sich nicht nur für den zu einem bestimmten Zeitpunkt erreichten Wert, sondern auch für die Kursentwicklung. Die in regelmäßigen (kleinen) Abständen gewonnenen Daten werden deshalb in einem **Liniendiagramm** dargestellt. Dadurch können Trends gut abgelesen oder vorhergesagt werden.

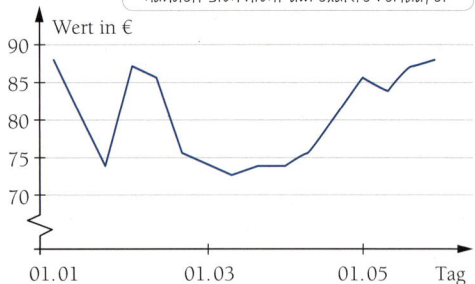

Kreis- und Kuchendiagramm

6

Die JoRo GmbH ist in Produktionssparten gegliedert, die selbstverantwortlich wirtschaften. Die Tabelle gibt den Umsatz jeder Sparte im Jahr 2014 in Tausend € an.

Sparte	Verkehrstechnik (V)	Medizintechnik (M)	Haushaltstechnik (H)	Kommunikations-technik (K)	Anlagentechnik (A)
Umsatz	24 832	33 861	8335	10 589	35 749

Stellen Sie übersichtlich dar, welchen Anteil die Sparten jeweils am Gesamtumsatz haben.

Der Gesamtumsatz der JoRo GmbH beträgt 113 366 Tausend €.
Zunächst berechnen wir für die einzelnen Sparten den jeweiligen Anteil am Gesamtumsatz.
Zum Beispiel gilt für Sparte V:
24 832 Tausend € von 113 366 Tausend € sind

$\frac{24832}{113366} \approx 0{,}22 = 22\,\%$.

Sparte	Anteil	Winkelgröße
V	22 %	79°
M	30 %	108°
H	7 %	25°
K	9 %	32°
A	32 %	115°

▶ Da die Werte gerundet sind, beträgt die Summe der Winkelgrößen statt 360° (Vollkreis) hier nur 359°.

Zur Veranschaulichung von Anteilen an der Gesamtheit (100 %) eignen sich vor allem **Kreisdiagramme** und **Kuchendiagramme**.

Im Kreis- bzw. Kuchendiagramm entspricht dem Anteil von 22 % eine bestimmte Winkelgröße: 22% von 360° (Vollkreis) sind $0{,}22 \cdot 360° \approx 79°$.

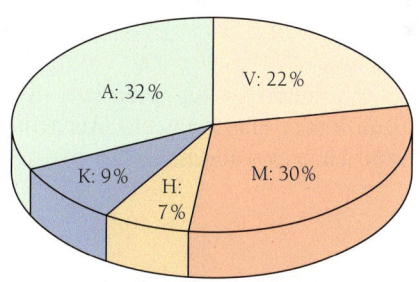

Einfacher geht es mit dem GTR oder CAS.
Geben Sie die Umsätze in eine Liste bzw. Tabelle ein. Anschließend können die Daten als Kreisdiagramm dargestellt werden.

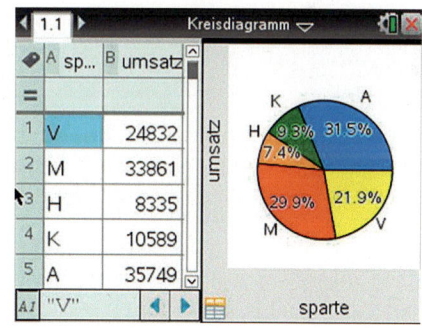

▶ **TI** Eingabe über Lists & Spreadsheet.

Stellen Sie die Sitzverteilung im NRW-Landtag in einem Kreisdiagramm dar.

SPD	CDU	Grüne	FDP	Piraten
99	67	29	22	20

▶ Ergebnis der Wahl vom 13. Mai 2012

Bei quantitativen Merkmalen fasst man oft verschiedene Merkmalsausprägungen zu Klassen zusammen. Deren Häufigkeiten stellt man mithilfe von Rechtecken in einem **Histogramm** dar. Die Flächeninhalte der Rechtecke entsprechen dabei den Häufigkeiten.

(7) Histogramm mit gleicher Klassenbreite

In einer Rechtsanwaltskanzlei sind 15 Rechtsanwälte verschiedenen Alters beschäftigt:

Anwalt	A	B	C	D	E	F	G	H	I	J	K	L	M	N	O
Alter	28	55	29	47	53	38	40	42	67	63	61	35	70	43	55

Bilden Sie für das Merkmal „Alter" sinnvolle Altersklassen, geben Sie die zugehörigen absoluten Häufigkeiten an und stellen Sie diese in einem Histogramm dar.

Mit einem GTR/CAS wird das Histogramm erstellt.

In der Darstellung haben wir die sinnvolle Klasseneinteilung von 10 Jahren gewählt.

Alter	26 bis 35	36 bis 45	46 bis 55	56 bis 65	66 bis 75
abs. Häufigkeit	3	4	4	2	2

Wählen wir immer dieselben Klassenbreiten (hier: 10 Jahre), dann haben alle Rechtecke des Histogramms eine gleich lange Grundseite (hier: 10 LE).

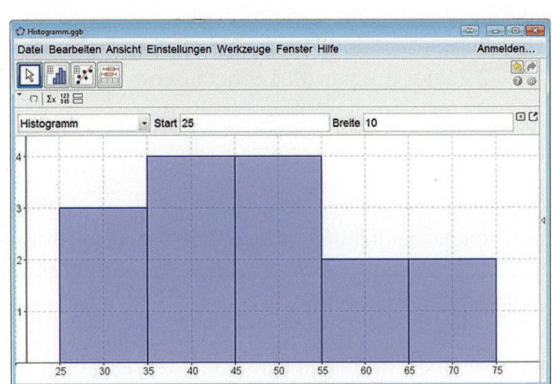

▶ GG Eingabe der Daten in der Tabelle und Wahl des Werkzeugs **Analyse einer Variablen**.

(8) Teilsummen von Häufigkeiten

Geben Sie die Anzahl der Anwälte an, die bis zu 35, 45, 55, 65 bzw. bis zu 75 Jahre alt sind. Stellen Sie die Anteile grafisch dar.

Die Teilsummen der relativen Häufigkeiten werden entsprechend addiert:

$h(26 \leq x \leq 35) = \frac{3}{15} = $ **20 % bis zu 35 Jahre**

$h(26 \leq x \leq 45) = h(26 \leq x \leq 35) + h(36 \leq x \leq 45)$
$= \frac{3}{15} + \frac{4}{15} = \frac{7}{15} \approx $ **47 % bis zu 45 Jahre**

$h(26 \leq x \leq 55) = h(26 \leq x \leq 45) + h(46 \leq x \leq 55)$
$= \frac{7}{15} + \frac{4}{15} = \frac{11}{15} \approx $ **73 % bis zu 55 Jahre**

$h(26 \leq x \leq 65) = h(26 \leq x \leq 55) + h(56 \leq x \leq 65)$
$= \frac{11}{15} + \frac{2}{15} = \frac{13}{15} \approx $ **87 % bis zu 65 Jahre**

$h(26 \leq x \leq 75) = h(26 \leq x \leq 65) + h(66 \leq x \leq 75)$
$= \frac{13}{15} + \frac{2}{15} = \frac{15}{15} = $ **100 % bis zu 75 Jahre**

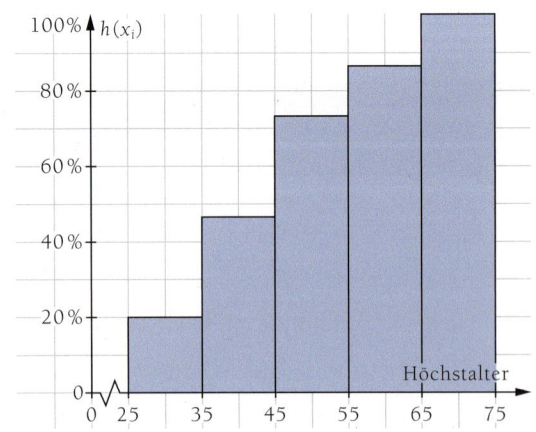

Die Summe aller relativen Häufigkeiten ist immer 1.

Bei unterschiedlichen Klassenbreiten ist besonders darauf zu achten, dass die Flächeninhalte den Häufigkeiten entsprechen. Es gilt: $\text{Rechteckhöhe} = \frac{\text{Klassenhäufigkeit}}{\text{Klassenbreite}}$.

Histogramm mit unterschiedlichen Klassenbreiten

⑨

Erstellen Sie bezüglich des Merkmals „Alter" der Rechtsanwälte ein Histogramm mit den folgenden Klassen: „26 bis 40 Jahre", „41 bis 60 Jahre" und „61 bis 70 Jahre".

Die veränderte Klasseneinteilung führt zu einer neuen Tabelle für die absoluten Häufigkeiten.

Alter	26–40	41–60	61–70
abs. Häufigkeit	5	6	4
Rechteckbreite	15	20	10
Rechteckhöhe	$\frac{1}{3}$	0,3	0,4

GTR
CAS

Die Breite jedes einzelnen Rechtecks entspricht nun der zugehörigen Altersspanne. So ist beispielsweise das Rechteck zur Klasse „26 bis 40 Jahre" genau 15 Einheiten breit. ▶ Tabelle

Die Höhe eines Rechtecks ergibt sich nach der Formel $\text{Höhe} = \frac{\text{absolute Häufigkeit}}{\text{Klassenbreite}}$.

Damit muss die Höhe des 1. Rechtecks $\frac{5}{15} = \frac{1}{3}$ betragen, die des 2. Rechtecks $\frac{6}{20} = 0,3$ und die Höhe des 3. Rechtecks $\frac{4}{10} = 0,4$. ▶ Tabelle
Multiplizieren wir Breite und Höhe eines Rechtecks, so ergibt sich wieder die absolute Häufigkeit (z.B. für das 1. Rechteck $15 \cdot \frac{1}{3} = 5$).
Da das Produkt aus Breite und Höhe auch den Flächeninhalt angibt, entspricht der Flächeninhalt also tatsächlich der Häufigkeit.

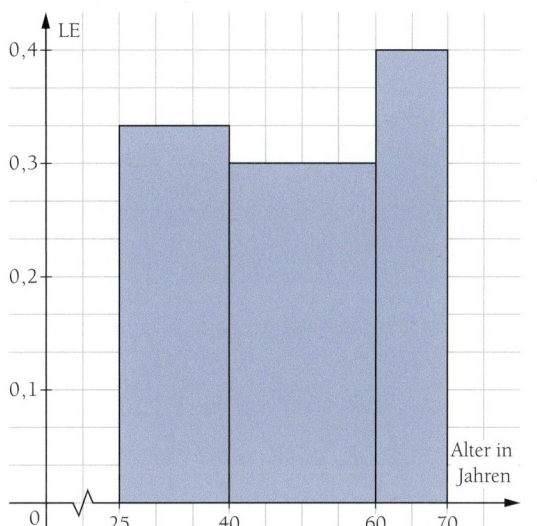

Die folgende Tabelle gibt an, welche Zeit die Teilnehmer eines Volkslaufs für die Laufstrecke benötigt haben.

Zeit in Stunden	2 bis 2,5	über 2,5 bis 3	über 3 bis 3,5	über 3,5 bis 4	über 4 bis 4,5
Teilnehmerzahl	240	600	510	90	60

a) Stellen Sie die relativen Häufigkeiten in einem Histogramm dar.
b) Bestimmen Sie, wie viel Prozent der Teilnehmer höchstens 2,5h, 3h, 3,5h, 4h bzw. 4,5h für den Volkslauf benötigten.

Übungen zu 1.1.2

1. Von 50 Teilnehmern an der Abiturprüfung erreichten 4 ein „sehr gut", 12 ein „gut", 18 ein „befriedigend", 10 ein „ausreichend", 5 ein „mangelhaft" und 1 ein „ungenügend".
Ermitteln Sie die relativen Häufigkeiten der Prüfungsergebnisse und stellen Sie diese jeweils in einem Stab- und Säulendiagramm dar.

2. Das Musiklabel „JamLee Records" teilt am Ende des Jahres seinen Gewinn von 1 500 000 € anteilig an seine vier Künstler auf. Künstler „FlowH8" bekommt $\frac{1}{3}$ des Gewinns, die Gruppe „Woohop" $\frac{4}{15}$, das Duo „Lil'n'Claay" und die Sängerin „MowPow" je $\frac{1}{5}$.
Das Label will in einem Jahresbericht die Gewinnverteilung grafisch darstellen. Erstellen Sie dafür ein Kreisdiagramm.

3. Der Pinzgauer Zuchtverband veröffentlichte die untenstehende statistische Aufstellung über den Milchertrag der steierischen Milchkühe pro Jahr.

Milchertrag in Litern von … bis unter …	Anzahl Kühe
0–2000	0
2000–2500	25
2500–3000	16
3000–3500	10
3500–4000	55
4000–4500	370
4500–5000	502
5000–5500	922
5500–6000	313
6000–6500	205
6500–7000	612
7000–7500	48
7500–8000	22

a) Erstellen Sie ein Histogramm aus den Daten in der Tabelle.
b) Für die Veröffentlichung der statistischen Aufstellung muss aus Gründen der Übersichtlichkeit eine gröbere Klasseneinteilung gewählt werden. Der Milchertrag soll in Tausender-Schritten unterteilt werden. Erstellen Sie das Histogramm.
c) Nennen Sie Vor- und Nachteile der Darstellungen aus a) und b).

4. Der Staatswald am Niederrhein ist von der Raupenart „Nonne" befallen. Zur Bekämpfung des Nonnenbefalls werden zwei Mittel entwickelt: ein chemisches und ein biologisches Mittel. Diese Mittel werden zwei Wochen lang an je 15 gleichmäßig von Nonnen befallenen Baumstämmen getestet. Danach wird an den 30 Baumstämmen die Rinde nach Nonnenbefall untersucht.
Für die Mittel ergaben sich folgende Anzahlen der Eier pro Baumstamm:
- Chemisches Mittel: 234, 12, 54, 89, 254, 158, 9, 75, 50, 46, 187, 112, 16, 129, 265
- Biologisches Mittel: 28, 47, 124, 136, 86, 47, 42, 8, 19, 38, 94, 12, 15, 46, 57

Beurteilen Sie die Wirksamkeit der Mittel. Bereiten Sie die Daten für eine Ökologie-Zeitschrift auf.

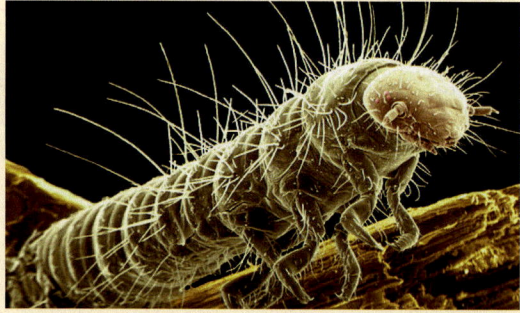

a) Stellen Sie die Anzahlen der Bäume, die von einer unterschiedlichen Anzahl von Eiern befallen sind, für die beiden Mittel in je einem Histogramm dar.
b) Vergleichen Sie die Histogramme.
c) Beurteilen Sie die Wirksamkeit der Mittel.

Vermischte Übungen zu 1.1

1. Analysieren Sie die Situation auf S. 25 und entscheiden Sie, in welches Montageband der Gewinn investiert werden soll.

2. Ein Mathematikkurs hat insgesamt 100 Menschen zwischen 16 und 25 Jahren zu ihrem täglichen Medienkonsum befragt. Aus den erhobenen Daten erstellte der Kurs folgendes Diagramm:

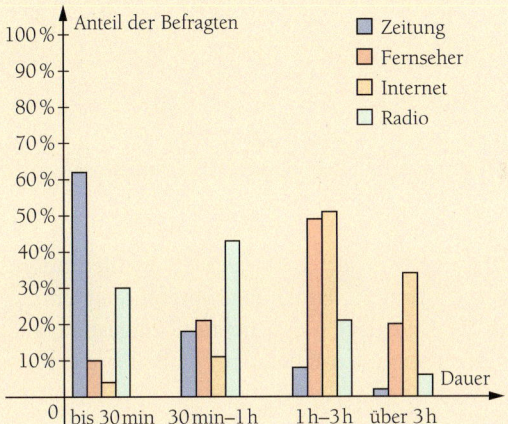

a) Beschreiben und interpretieren Sie das Diagramm.
b) Führen Sie die gleiche Umfrage durch mit mindestens fünf Menschen zwischen 25 und 50 Jahren. Stellen Sie Ihre erhobenen Daten in einem Diagramm dar.
c) Diskutieren Sie in der Klasse Ihre Ergebnisse und stellen Sie die gesamten Daten in einem Diagramm dar.

3. In der Tabelle rechts oben ist das Ergebnis der Bundestagswahl vom 22. September 2013 wiedergegeben (Anzahlen der gültigen Zweitstimmen und der Sitze im Bundestag).

Partei	Zweitstimmen	Sitze
CDU/CSU	18 165 446	311
SPD	11 252 215	193
Die Linke	3 755 699	64
Grüne	3 694 057	63
Sonstige	6 859 439	–

Berechnen Sie die relative Häufigkeit für beide Zahlenreihen und veranschaulichen Sie die Häufigkeiten durch geeignete Diagramme. Vergleichen Sie die beiden Ergebnisse und interpretieren Sie die Abweichungen.

4. Der Bundesverband Informationswirtschaft, Telekommunikation und Neue Medien e.V. (BITKOM) veröffentlichte für die Jahre 2010 bis 2014 im Rahmen einer Pressemitteilung die untenstehende Grafik.
Vergleichen Sie die Absatz- mit den Umsatzzahlen und interpretieren Sie das Ergebnis.

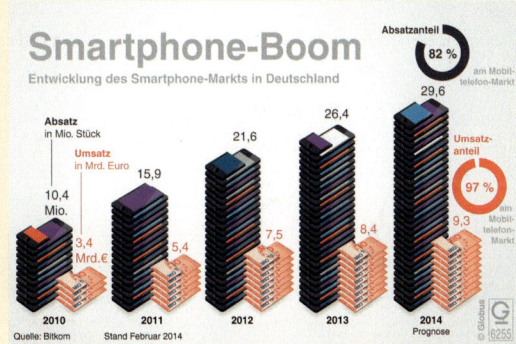

5. Die folgende Tabelle enthält die Inflationsraten (IR) der Jahre 2006 bis 2011.

Jahr	2006	2007	2008	2009	2010	2011
IR	1,6 %	2,3 %	2,6 %	0,4 %	1,1 %	2,3 %

a) Recherchieren Sie die Inflationsraten der Jahre 1992 bis 2005. Stellen Sie die Daten zusammen mit den Daten aus der Tabelle in einem geeigneten Diagramm dar.
b) Recherchieren Sie, wie die Inflationsrate gemessen wird und geben Sie ein Beispiel für eine Messung an.
c) Nennen Sie Gründe für eine Inflation sowie für die Schwankungen der Inflationsrate.

6. Die Notenspiegel der ersten 3 Mathematikklausuren von 22 Schülerinnen und Schülern in der Jahrgangsstufe 11 sind in der folgenden Tabelle aufgelistet.

	1	2	3	4	5	6
1. Klausur	3	8	6	4	1	–
2. Klausur	–	4	5	7	5	1
3. Klausur	1	5	6	6	3	1

Stellen Sie die Noten jeweils in einem Säulendiagramm, Kreisdiagramm und Liniendiagramm dar. Vergleichen Sie die Darstellungen bezüglich ihrer Eignung für den gegebenen Datensatz.

7. Hannes, Auszubildender zum Automobilkaufmann, fertigt für seinen Ausbilder ein Kreisdiagramm an, aus dem die Anzahl der Pkws pro Haushalt hervorgehen soll. Der Ausbilder ist mit der Grafik nicht zufrieden.
Nennen Sie Nachteile der gewählten Darstellung und machen Sie einen Verbesserungsvorschlag.

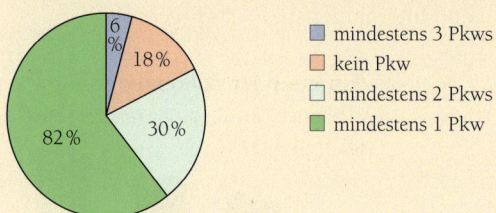

- ▨ mindestens 3 Pkws
- ▨ kein Pkw
- ▢ mindestens 2 Pkws
- ▨ mindestens 1 Pkw

8. Der Automobil-Club Deutschland (ACD) warb mit folgender Grafik für einen beschleunigten Ausbau des Straßennetzes. ▶ Angaben in 1000 Pkws

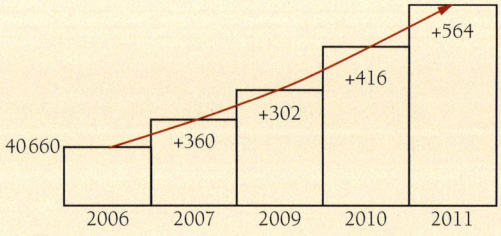

Vergleichen Sie das Diagramm mit den untenstehenden Zahlen des Statistischen Bundesamts über den Pkw-Bestand in Deutschland. Beurteilen Sie beide Darstellungen.

2006	2007	2008	2009	2010	2011
40 660	41 020	41 184	41 322	41 738	42 302

▶ Angaben in 1000 Pkws

9. Die folgenden Grafiken geben jeweils den Verlauf der Post-Aktie über die Zeit wieder.

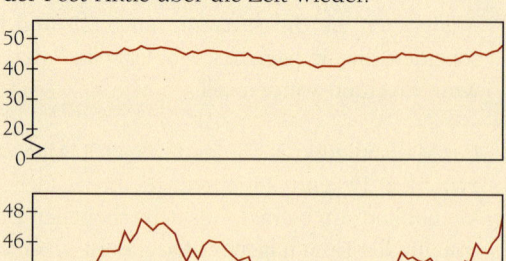

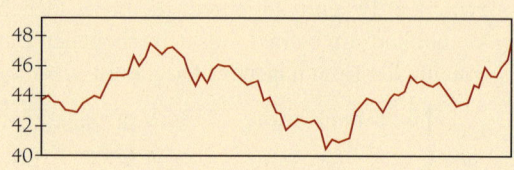

a) Erklären Sie, wie es zu den unterschiedlichen Verläufen derselben Aktie kommt.
b) Für welchen Zweck sind die Darstellungen jeweils geeignet?

10. Im Börsenblatt „Börse aktuell" wurde in der Ausgabe vom 16. Januar eine Verkaufsempfehlung für die Aktie der PharmChem AG ausgesprochen und mit der untenstehenden Grafik für die Kursentwicklung begründet.
Beurteilen Sie diese Verkaufsempfehlung.

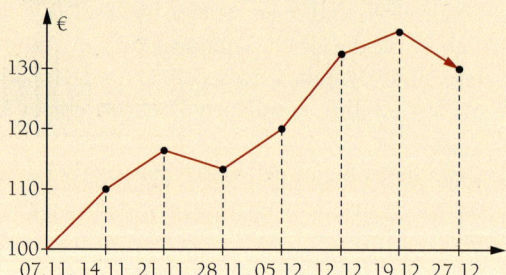

11. Das Personal der Fly Bike Werke besteht aus 12 Arbeitern, 26 Angestellten und 2 Auszubildenden.
a) Stellen Sie die prozentualen Anteile der Mitarbeiter in einer geeigneten Grafik dar.
b) Der Gesetzgeber überlegt, eine Auszubildendenquote von 7 % bezogen auf die gesamte Belegschaft einzuführen.
Wie viele Auszubildende müsste das Unternehmen einstellen, um die Quote zu erfüllen? Stellen Sie die neue Mitarbeiterverteilung grafisch dar.
c) Diskutieren Sie über die Einführung einer Auszubildendenquote.

Ich kann ...

... quantitative von quali-
tativen Merkmalen unter-
scheiden und ihre Merkmals-
ausprägungen benennen.
▶ Test-Aufgabe 1

Quantitatives Merkmal:
  Alter
Ausprägung:
  15, 16, 17, 18, 19 Jahre
Qualitatives Merkmal:
  Familienstand
Ausprägung:
  ledig, verheiratet, verwitwet

Quantitative Merkmale haben als
Ausprägung Zahlen oder Größenwerte.

Qualitative Merkmale haben als
Ausprägung Eigenschaften.

... absolute und relative
Häufigkeiten bestimmen.
▶ Test-Aufgaben 1, 2

„4 von 20 Schülern haben die
Note 2."
Absolute Häufigkeit: 4
Relative Häufigkeit:
$\frac{4}{20} = 0{,}2 = 20\,\%$

Absolute Häufigkeit:
So oft tritt die Merkmalsausprägung auf

Relative Häufigkeit:
Setzt die absolute Häufigkeit ins Verhältnis
zum Stichprobenumfang: $\frac{\text{absolute Häufigkeit}}{\text{Gesamtanzahl}}$

... absolute und relative
Häufigkeiten durch Diagramme
veranschaulichen.
▶ Test-Aufgaben 3, 4

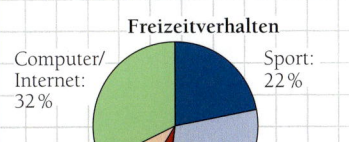

Kreisdiagramm:
Besonders geeignet für relative
Häufigkeiten

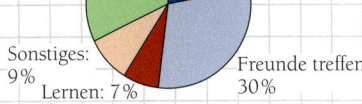

Säulen- oder Balkendiagramm:
Geeignet für absolute und relative
Häufigkeiten

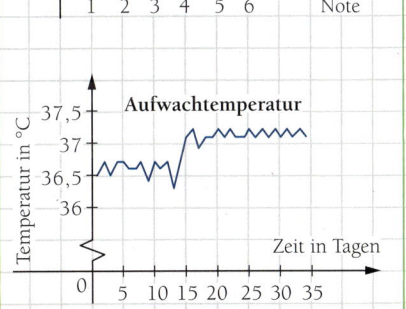

Liniendiagramm:
Geeignet für Verläufe und Entwicklungen

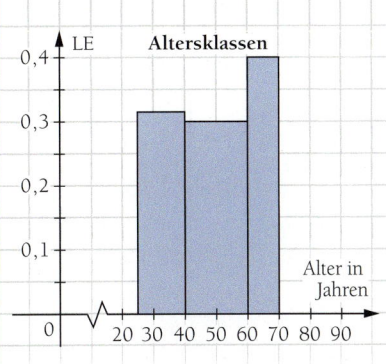

Histogramm:
Flächeninhalt der Rechtecke entspricht
der Häufigkeit

Test zu 1.1

1. Mäuse werfen in der Regel zwischen 4 und 10 Junge. In einem Zuchtbetrieb wurden bei einer Stichprobe folgende Anzahlen festgestellt: 4, 5, 6, 11, 8, 4, 7, 8, 10, 9, 9, 6, 5, 6, 8, 7, 10, 3, 12, 6.

a) Bestimmen Sie den Umfang n der Stichprobe und die Anzahl der Merkmalsausprägungen. Nennen Sie die Merkmalsart.

b) Legen Sie für die absolute Häufigkeit und für die relative Häufigkeit der Merkmalsausprägungen jeweils eine Tabelle an.

c) Veranschaulichen Sie die absolute Häufigkeit durch ein geeignetes Diagramm.

2. Eine Klasse erfasste in einer Umfrage die Anzahl der aktiven Handys pro Haushalt. Die nebenstehende Grafik stellt das Ergebnis dar.

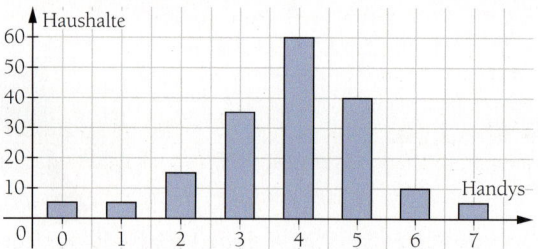

a) Wie viele Haushalte wurden befragt?

b) Wie viele Haushalte hatten maximal zwei Handys?

c) Wie viele Haushalte hatten mehr als zwei Handys?

d) Berechnen Sie jeweils die relativen Häufigkeiten.

3. Aus den Veröffentlichungen des Bundesministeriums für Umwelt, Naturschutz und Reaktorsicherheit erhalten Sie folgende Zahlen für die Jahre 2006 bis 2011:

Höhe der Solarstromerzeugung (Photovoltaik) in GWh:

2006	2007	2008	2009	2010	2011
2220	3075	4420	6583	11683	19000

Höhe der Stromerzeugung durch erneuerbare Energien in GWh:

2006	2007	2008	2009	2010	2011
71657	88238	92989	94618	104326	121939

Stellen Sie beide Tabellen in einer Grafik dar. Vergleichen Sie die jährlichen Anteile der Solarstromerzeugung an der Stromerzeugung durch erneuerbare Energien.

4. Auf einem Versuchsgelände wurden die Höhen von neunjährigen Kiefern gemessen. Das Ergebnis der Messung ist in der folgenden Tabelle festgehalten:

Höhe in cm von … bis unter …	55–75	75–95	95–115	115–135	135–155	155–175	175–195	195–215	215–235	235–255	255–275
Anzahl	2	0	4	8	17	27	30	20	10	5	2

Erstellen Sie ein Histogramm und ein Diagramm der Teilsummen.

5. Im Börsenblatt „Börse aktuell" wurde in der Ausgabe vom 16. Januar dazu geraten, die Aktie der Stahl AG zu kaufen.

Begründet wurde die Empfehlung mit der nebenstehenden Grafik für die Kursentwicklung.

Beurteilen Sie diese Kaufempfehlung.

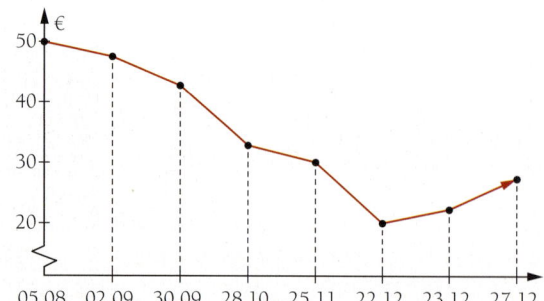

Auf der letzten Abteilungsleiterbesprechung der Fly Bike Werke GmbH wurde von Herrn Gerland, dem Leiter der Vertriebsabteilung, angeregt, ein zusätzliches Fahrradmodell in das Produktionsprogramm aufzunehmen. Dieses Modell soll insbesondere ältere Menschen ansprechen. Herr Gerland dachte dabei an ein superleichtes Trekkingrad, das ohne große Mühe sowohl in Bussen und Bahnen, als auch auf Fahrradträgern von Pkws transportiert werden kann. Einzelhändler hatten ihm mehrfach berichtet, dass eine große Nachfrage nach solchen Rädern besteht.

Der Geschäftsführer, Herr Peters, zeigte sich sehr interessiert und beauftragte Herrn Gerland, die Endverbraucherpreise von ähnlichen Modellen zu recherchieren. Die anderen Abteilungsleiter wurden gebeten, bis zur nächsten Sitzung eine Kostenabschätzung für ein solches Fahrrad vorzulegen.

Bei der heutigen Zusammenkunft der Abteilungsleiter legt Herr Gerland das Ergebnis seiner Recherche vor. Danach werden in 10 ausgewählten Einzelhandelsläden vergleichbare sehr leichte Trekkingräder zu folgenden Endverbraucherpreisen verkauft:

525,90 €; 569,50 €; 589,90 €; 619,00 €; 649,90 €; 665,00 €; 735,95 €; 749,90 €; 759,95 €; 799,00 €.

Herr Gerland meint, dass die Fly Bike Werke gute Absatzchancen hätten, wenn sie das geplante Modell zu einem Durchschnittspreis anbieten könnten. Er gibt aber zu bedenken, dass in den genannten Preisen 19 % Umsatzsteuer enthalten sind und dass die Fly Bike Werke ihre Einzelhändler zu Preisen beliefert, die in der Regel 70 % des empfohlenen Nettokaufpreises betragen.

Der Leiter der Abteilung Produktion berichtet, dass die Produktionskosten eines so leichten Trekkingrades auf 352 € geschätzt wurden.

Herr Peters muss nun entscheiden, ob unter diesen Umständen das Trekkingrad in die Produktionspalette übernommen werden soll.

▶ Aufgabe 1 auf Seite 53

Kompetenzen

- Daten mithilfe von Lage- und Streuungsmaßen vergleichen und beurteilen

- Arithmetisches Mittel, Median, Modus sowie Spannweite, Varianz und Standardabweichung berechnen

Anwendungen

- Preisentwicklung

- Mittlere Inflationsrate

- Bevölkerungswachstum

1.2 Deutung und Bewertung von Daten

Die Daten einer statistischen Erhebung enthalten eine Vielzahl an Informationen. Je nachdem, für welche Eigenschaften der Grundgesamtheit man sich interessiert, sind einige Informationen wichtig, andere nebensächlich. Um die entscheidenden Informationen aus den Daten herauszufiltern, benutzt man **Kennzahlen**. Diese lassen sich unterscheiden in **Lagemaße**, die die Daten „im Mittel" beschreiben, und **Streuungsmaße**, die angeben, welchen Schwankungen die Daten unterliegen und wie weit sie um das Mittel streuen.

1.2.1 Lagemaße

 Arithmetisches Mittel und Median

Eine große Elektrohandelskette verkauft in einer Filiale in Essen und in einer zweiten Filiale in Köln Navigationsgeräte. Beide Filialen beschäftigen hauptsächlich Aushilfskräfte. Diese werden je nach Bedarf eingesetzt. Die Geschäftsführerin Frau Ott hat vor, für eine der beiden Filialen eine feste Arbeitsstelle einzurichten. In welcher, möchte sie vom Absatz abhängig machen. Sie vergleicht deshalb die monatlichen Absatzzahlen des letzten Jahres. Allerdings liegen aus Essen keine Absatzzahlen für den Oktober vor.
Ermitteln Sie, für welche Filiale sich Frau Ott entscheiden soll.

Monat	Jan	Feb	März	April	Mai	Juni	Juli	Aug	Sept	Okt	Nov	Dez
Essen	220	205	210	220	225	210	210	210	230	—	235	300
Köln	170	180	210	220	210	210	200	180	200	220	200	500

Die Absätze sind in den beiden Säulendiagrammen noch einmal veranschaulicht.

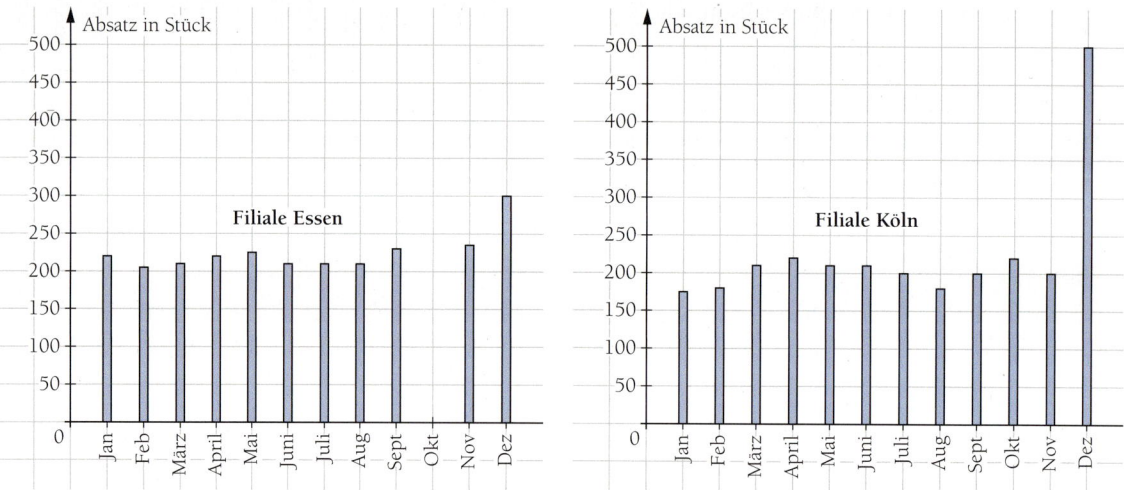

Um die Geschäftstätigkeit der beiden Filialen besser vergleichen zu können, analysiert Frau Ott das Zahlenmaterial der beiden Filialen.
Frau Ott ermittelt zunächst den durchschnittlichen Monatsabsatz beider Filialen im letzten Jahr.

- Dafür addiert sie die Monatsabsätze einer Filiale und erhält so deren Jahresabsatz.

Jahresabsatz:

Essen: 220 + 205 + ... + 235 + 300 = **2475**
Köln: 170 + 180 + ... + 200 + 500 = **2700**

Die Jahresabsätze dividiert Frau Ott durch die Anzahl der Monate, für die Absatzzahlen vorliegen, also 12 für Köln und 11 für Essen. Das Ergebnis ist das sogenannte **arithmetische Mittel** x_{aM}. Es gibt den Durchschnittswert über die 12 bzw. 11 Monate an.
Beide Filialen haben im Durchschnitt 225 Navigationsgeräte monatlich verkauft.

Durchschnittlicher Absatz pro Monat:

Essen: $x_{aM} = \frac{2475}{11} = \mathbf{225}$

Köln: $x_{aM} = \frac{2700}{12} = \mathbf{225}$

▶ Häufig wird statt der Abkürzung x_{aM} auch $\overline{x}$ verwendet.

GTR CAS

Im Hinblick auf den durchschnittlichen Monatsabsatz unterscheiden sich die beiden Filialen nicht voneinander. Und doch gibt es einen wesentlichen Unterschied:
Während die Essener Filiale über das Jahr einen relativ gleichmäßigen Monatsabsatz erwirtschaftet, konzentriert sich der Absatz der Kölner Filiale auffallend auf den Monat Dezember. Das sollte bei der Fragestellung der Geschäftsführerin nach der Personalverteilung berücksichtigt werden.
Um andere – und unter dieser Fragestellung sinnvollere – Informationen aus den Daten zu gewinnen, ordnet Frau Ott die Absätze jeder Filiale zunächst ihrer Größe nach. Dabei ergeben sich die folgenden zwei Säulendiagramme mit aufsteigend angeordneten Säulen.

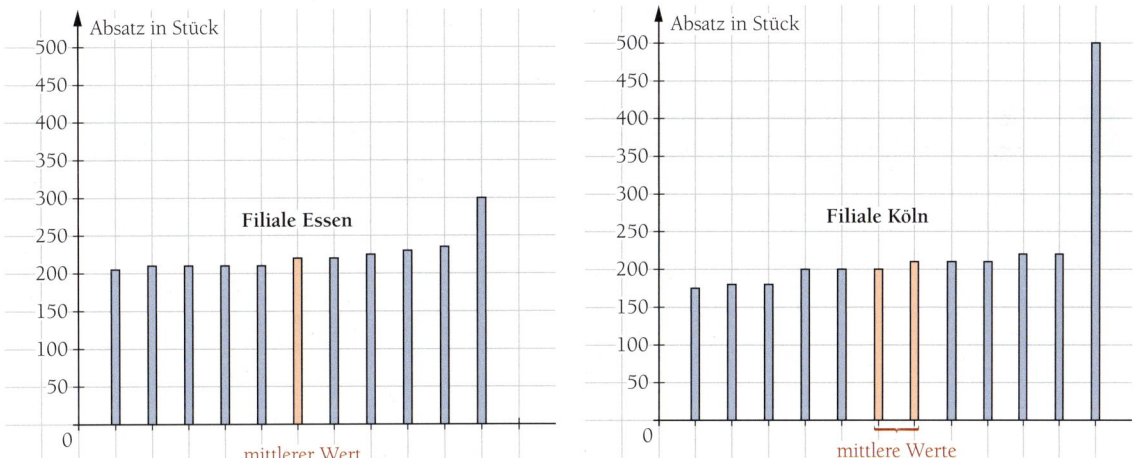

Für einen aussagekräftigen Vergleich wählt Frau Ott für jede Filiale den Absatz, der in der Mitte der aufsteigend sortierten Monatsabsätze liegt. Dies ist der sogenannte **Median** oder **Zentralwert**.

| Essen | 205 | 210 | 210 | 210 | 210 | **220** | 220 | 225 | 230 | 235 | 300 | – |
| Köln | 170 | 180 | 180 | 200 | 200 | **200** | **210** | 210 | 210 | 220 | 220 | 500 |

▶ geordnete Absätze

Für die Filiale in Essen nimmt der Wert an der 6. Stelle den zentralen Wert ein. Der Median liegt somit bei 220 verkauften Navigationsgeräten.
Für die Filiale in Köln ist eine gerade Anzahl an Werten vorhanden. Das heißt, dass kein Absatz genau in der Mitte liegt. Daher nimmt Frau Ott als Median den Durchschnitt der Werte an der 6. und 7. Stelle. Für Köln beträgt der Median 205 verkaufte Navigationsgeräte.

Median:

Essen: $x_{Med} = \mathbf{220}$

Köln: $x_{Med} = \frac{200 + 210}{2} = \mathbf{205}$

▶ Häufig wird statt der Abkürzung x_{Med} auch $\tilde{x}$ verwendet.

GTR CAS

Während der „Absatzausreißer" der Kölner Filiale (500 Stück im Dezember) große Ausirkungen auf das arithmetische Mittel hat, wird er vom Median nicht weiter berücksichtigt.

Frau Ott ermittelt schließlich noch den **Modus** x_{Mod} oder **Modalwert** der Absätze. Das ist derjenige Absatz, der in der jeweiligen Filiale am häufigsten vorkommt.

In Essen beträgt der Modus 210.
Für Köln existiert kein eindeutiger Modus, da sowohl 200 Stück als auch 210 Stück gleich oft vorkommen und alle anderen Absätze weniger oft. Hier bezeichnet man beide Werte als Modus.

Modus:

Essen: $x_{Mod} = 210$
Köln: $x_{Mod} = 200$, $x_{Mod} = 210$

Frau Ott kann die Absätze nun hinsichtlich dreier Eigenschaften miteinander vergleichen: Hinsichtlich des monatlichen Durchschnittsabsatzes sind beide Filialen identisch. Die Auswertung von Median und Modus zeigt dagegen, dass die Essener Filiale vergleichsweise ausgeglichener und konstanter wirtschaftet. Die Geschäftsführerin Frau Ott erwägt deshalb, die feste Arbeitsstelle in der Essener Filiale einzurichten.

▸ Diese Entscheidung trifft Frau Ott unter der Annahme, dass der Oktober in Bezug auf die Absatzzahlen für die Essener Filiale keinen Ausreißer darstellt.

② Lagemaße mit GTR/CAS

Berechnen Sie die Mittelwerte und Mediane aus Beispiel 1 mithilfe Ihres GTR/CAS.

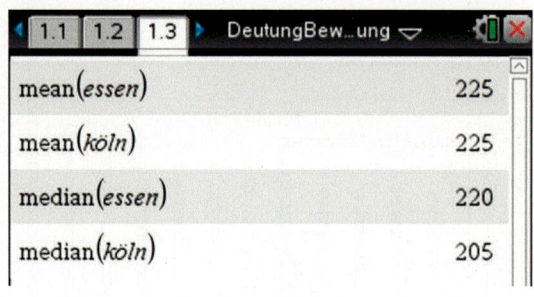

▸ TI Eingabe der Daten in **Lists & Spreadsheet**. Lagemaße im **Calculator** berechnen.

▸ GG Eingabe der Daten in der Tabelle. Lagemaße im **CAS-Fenster** berechnen.

• Das **arithmetische Mittel** x_{aM} gibt den Durchschnitt aller n Zahlenwerte x_i an:
  $$x_{aM} = \frac{x_1 + x_2 + \dots + x_n}{n}$$ ▸ Statt x_{aM} wird häufig die Abkürzung $\overline{x}$ verwendet.
• Der **Median** x_{Med} oder **Zentralwert** liegt in der Mitte der nach ihrer Größe geordneten Zahlenwerte. Ist die Anzahl n der Zahlenwerte eine gerade Zahl, dann wird der Durchschnitt der beiden mittleren Werte genommen. ▸ Statt x_{Med} wird häufig die Abkürzung $\tilde{x}$ verwendet.
• Der **Modus** x_{Mod} oder **Modalwert** gibt an, welcher Zahlenwert am häufigsten vorkommt.

Vor drei Monaten eröffnete Herr Kallus einen Kiosk. Für eine Geschäftsanalyse listet er seine ersten 13 Wochenumsätze (in €) auf und berechnet das arithmetische Mittel, den Median und den Modalwert.

Woche	1	2	3	4	5	6	7	8	9	10	11	12	13
Umsatz	1600	1900	2125	2200	2425	2500	2500	2650	2825	2650	2650	3050	3100

Interpretieren Sie das Zahlenmaterial im Hinblick auf den Geschäftserfolg.

Geometrisches Mittel

Unterliegen Messwerte einem Wachstumsprozess, so interessiert man sich häufig weniger für den Durchschnitt der absoluten Werte als für die **durchschnittliche Veränderungsrate** der Werte.

Wenn z.B. ein Schüler die Anzahl seiner Englischvokabeln im 1. Schuljahr vervierfacht und danach nochmal verdoppelt, dann ist man geneigt zu sagen, dass er sie durchschnittlich verdreifacht hat (das arithmetische Mittel aus 4 und 2 ist 3).
Eine Verdreifachung der Vokabelanzahl pro Schuljahr bedeutet aber *neunmal* so viele Vokabeln nach zwei Jahren. In Wirklichkeit sind es aber nur *achtmal* so viele Vokabeln.

Beispiel für 10 anfänglich bekannte Vokabeln:
1. Jahr: $4 \cdot 10$ Vokabeln = 40 Vokabeln
2. Jahr: $2 \cdot 40$ Vokabeln = **80 Vokabeln**

▶ $x_{\mathrm{aM}} = \frac{4+2}{2} = 3$ (durchschnittliche Verdreifachung)

⇒ 1. Jahr: $3 \cdot 10$ Vokabeln = 30 Vokabeln
2. Jahr: $3 \cdot 30$ Vokabeln = **90 Vokabeln**

Das arithmetische Mittel liefert hier also nicht den richtigen Durchschnittswert für die Steigerungsrate. In diesem Fall ist das **geometrische Mittel** das angemessene Lagemaß.

Geometrisches Mittel

Ein Unternehmen erzielt in den letzten 5 Jahren für ein Produkt Absatzsteigerungen von 10 %, 20 %, 25 %, 10 % und zuletzt 5 %.
Ermitteln Sie die durchschnittliche jährliche Absatzsteigerung in Prozent.

Die durchschnittliche prozentuale Steigerung $p\,\%$ muss so groß sein, dass der Wachstumsfaktor $q = 1 + p\,\%$, angewendet über einen Zeitraum von 5 Jahren, zu demselben Ergebnis führt wie die **hintereinander geschalteten Wachstumsfaktoren der einzelnen Jahre**:

$q_1 = 1 + 10\,\% = 1{,}1$
$q_2 = 1 + 20\,\% = 1{,}2$
$q_3 = 1 + 25\,\% = 1{,}25$
$q_4 = 1 + 10\,\% = 1{,}1$
$q_5 = 1 + 5\,\% = 1{,}05$

Bezeichnet A_0 den Absatz vor fünf Jahren, so erzielt das Unternehmen gegenwärtig einen Absatz von $A_0 \cdot q_1 \cdot q_2 \cdot q_3 \cdot q_4 \cdot q_5$.
Bei einer gleichbleibenden Steigerung würde sich der gegenwärtige Absatz nach der Formel

$A_0 \cdot q \cdot q \cdot q \cdot q \cdot q = A_0 \cdot q^5$ berechnen.

Es gilt also: $A_0 \cdot q_1 \cdot q_2 \cdot q_3 \cdot q_4 \cdot q_5 = A_0 \cdot q^5$
bzw. $q_1 \cdot q_2 \cdot q_3 \cdot q_4 \cdot q_5 = q^5$

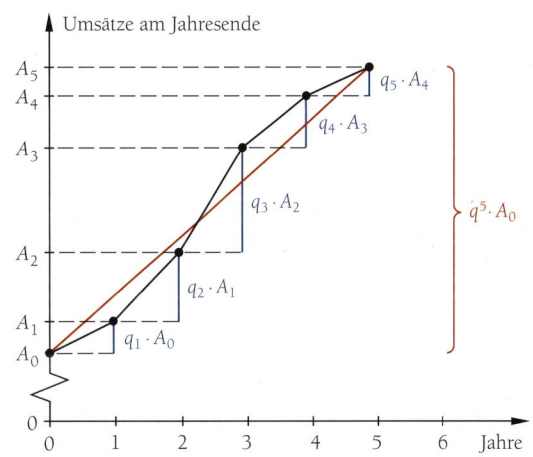

Durchschnittlicher Wachstumsfaktor q

$$q^5 = q_1 \cdot q_2 \cdot q_3 \cdot q_4 \cdot q_5$$
$$q = \sqrt[5]{q_1 \cdot q_2 \cdot q_3 \cdot q_4 \cdot q_5}$$
$$= \sqrt[5]{1{,}1 \cdot 1{,}2 \cdot 1{,}25 \cdot 1{,}1 \cdot 1{,}05} = 1{,}13766$$
$$\rightarrow p\,\% \approx 13{,}8\,\%$$

Die 5. Wurzel aus dem Produkt der 5 Wachstumsfaktoren ergibt dann den durchschnittlichen Wachstumsfaktor und wird **geometrisches Mittel** genannt. Durch Subtraktion von 1 auf beiden Seiten der Gleichung erhält man das durchschnittliche prozentuale Wachstum von etwa 13,8 % pro Jahr.

4 Geometrisches Mittel

Jeweils zum 31. 12. eines Jahres veröffentlicht die Stadt Düsseldorf ihre Einwohnerzahlen. Die Tabelle zeigt die Zahlen ab dem 31. 12. 2007.

Jahr	2007	2008	2009	2010	2011	2012	2013
Einwohner	585 054	586 850	587 158	588 169	590 667	593 057	597 102

Prognostizieren Sie die Einwohnerzahlen von Düsseldorf zum 31. 12. 2014, indem Sie zunächst die Zahlen der letzten 6 Jahre und danach die Zahlen der letzten 3 Jahre zugrunde legen.

Der durchschnittliche Wachstumsfaktor q_6 der letzten 6 Jahre lässt sich als 6. Wurzel aus dem Produkt der 6 Jahreswachstumsquotienten berechnen. Da paarweise 5 Faktoren im Zähler und Nenner sich kürzen lassen, berechnen wir also die 6. Wurzel aus dem Quotienten der letzten Einwohnerzahl aus 2013 und der ersten Zahl aus 2007 (analog q_3).
Man erkennt, dass die Einwohnerzahlen von Düsseldorf in den letzten 3 Jahren stärker gestiegen sind als in den letzten 6 Jahren.

Das Produkt aus erster Einwohnerzahl (2007) und dem Änderungsfaktor q^{6+1} ergibt die prognostizierte Einwohnerzahl am 31. 12. 2014 (analog q^{3+1} auf der Basis von 3 Jahren).

Durchschnittlicher Wachstumsfaktor q_6 (6 Jahre):

$$q_6 = \sqrt[6]{\frac{586850}{585054} \cdot \frac{587158}{586850} \cdot \frac{588169}{587158} \cdot \frac{590667}{588169} \cdot \frac{593057}{590057} \cdot \frac{597102}{593057}}$$

$$= \sqrt[6]{\frac{597102}{585054}} \approx 1{,}00340 \qquad \blacktriangleright \text{Kürzen}$$

$$\Rightarrow p\,\% \approx \mathbf{0{,}34\,\%} \qquad \blacktriangleright \text{geometrisches Mittel}$$

Durchschnittlicher Wachstumsfaktor q_3 (3 Jahre):

$$q_3 = \sqrt[3]{\frac{597102}{588169}} \approx 1{,}00504$$

$$\Rightarrow p\,\% \approx \mathbf{0{,}504\,\%} \qquad \blacktriangleright \text{geometrisches Mittel}$$

Prognostizierte Einwohnerzahl zum 31. 12. 2014:
Basis 6 Jahre: $E_6 = 585054 \cdot 1{,}0034^7 \approx \mathbf{599121}$
Basis 3 Jahre: $E_3 = 588169 \cdot 1{,}00504^4 \approx \mathbf{600116}$

Das **geometrische Mittel** x_{gM} gibt die **durchschnittliche Änderungsrate** bei Wachstumsprozessen an.
$x_{gM} = \sqrt[n]{q_1 \cdot q_2 \cdot q_3 \ldots q_n}$, wobei q_1, q_2, ..., q_n n Änderungsfaktoren sind.

Vom 31. 12. 2004 bis zum 31. 12. 2011 veröffentlicht der „Landesbetrieb Information und Technik Nordrhein-Westfalen" folgende Einwohnerzahlen der Stadt Gelsenkirchen:

Jahr	2004	2005	2006	2007	2008	2009	2010	2011
Einwohner	270 109	268 102	266 772	264 765	262 063	259 744	257 981	256 652

Berechnen Sie die durchschnittliche Änderungsrate der Einwohnerzahlen von Gelsenkirchen in diesen 7 Jahren, prognostizieren Sie die Einwohnerzahl zum 31. 12. 2014 und vergleichen Sie sie mit der tatsächlichen Einwohnerzahl zu diesem Zeitpunkt.

Übungen zu 1.2.1

1. Ein Produzent von Fahrradtachometern lässt seine Produkte regelmäßig vom TÜV auf Genauigkeit überprüfen. Die Stichproben der letzten drei Monate ergaben für eine Sollgeschwindigkeit von $25\,\frac{km}{h}$ nebenstehende Werte (in $\frac{km}{h}$).

März	25,2	25,4	25,0	24,8	24,9
	25,0	25,0	26,0	25,0	24,9
April	25,0	25,0	25,3	25,9	25,8
	24,8	24,6	25,7	25,0	25,2
Mai	25,4	25,2	25,2	25,3	24,8
	24,9	25,4	26,0	25,8	25,8

Ergibt sich aus den Testreihen ein Anlass, den Produktionsprozess zu überdenken? Ziehen Sie für Ihre Entscheidung das arithmetische Mittel, den Median und den Modus für die einzelnen Monate heran.

1

2. Die Müller GmbH führt für ihre Betriebe in Siegen und Dortmund eine Krankenstatistik: Im vergangenen Jahr hatten die neun Angestellten in Siegen 6, 6, 4, 8, 6, 10, 8, 0 bzw. 6 krankheitsbedingte Fehltage und die zehn Angestellten in Dortmund 2, 4, 2, 10, 8, 12, 0, 20, 0 bzw. 2 Fehltage bei jeweils 220 Arbeitstagen. Bestimmen Sie die durchschnittliche Anzahl von Fehltagen in Prozent für Siegen und für Dortmund.

3. In einer Familie sind der Vater 42 Jahre und die vier Kinder 18, 16, 14 und 10 Jahre alt. Das Durchschnittsalter der Familie beträgt 24 Jahre.
Ermitteln Sie, um wie viele Jahre die Mutter älter ist als ihr Mann.

4. Ein Unternehmen erwägt, fünf neuen Mitarbeitern je einen Dienstwagen zur Verfügung zu stellen. 30 Mitarbeiter fahren bereits einen Dienstwagen, deren durchschnittlicher Kraftstoffverbrauch 9,5 Liter pro 100 km beträgt. Durch den Kauf der 5 Neuwagen soll der Durchschnittsverbrauch aller Dienstwagen um mindestens 0,5 Liter pro 100 km gesenkt werden.
Geben Sie den Durchschnittsverbrauch an, den die 5 Neuwagen höchstens haben dürfen.

5. Das Unternehmen *rentaman* wirbt um Arbeitskräfte mit der Aussage, dass der Durchschnittsverdienst ihrer Mitarbeiter 45 € pro Stunde betrage.
Diskutieren Sie, mit welchem Mindeststundenlohn Bewerber rechnen können.

6. Ein Unternehmen hatte in den letzten Jahren folgende Umsätze:

Jahr	2004	2005	2006	2007	2008	2009	2010	2011	2012	2013	2014
Umsatz in Mio €	98	127	159	196	235	254	279	335	402	450	513

Berechnen Sie die durchschnittliche Umsatzsteigerung (in %) mithilfe des geometrischen Mittels.

7. Seit der Einführung des Euro im Jahre 2002 bis zum Jahr 2013 betragen die jährlichen Inflationsraten 1,4 %, 1,1 %, 1,6 %, 1,6 %, 1,5 %, 2,3 %, 2,6 %, 0,3 %, 1,1 %, 2,1 %, 2,0 % und 1,5 %.
Berechnen Sie die durchschnittliche Inflationsrate.

8. Berechnen Sie, um wie viel Prozent sich der Reallohn im Durchschnitt über die 12 Jahre verändert hat.

Jahr	2002	2003	2004	2005	2006	2007	2008	2009	2010	2011	2012	2013
Lohnerhöhung (nominal)	1,5 %	1,1 %	0,5 %	0,3 %	0,8 %	1,5 %	3,1 %	0,1 %	2,7 %	3,3 %	2,5 %	1,4 %
Inflationsrate	1,4 %	1,1 %	1,6 %	1,6 %	1,5 %	2,3 %	2,6 %	0,3 %	1,1 %	2,1 %	2,0 %	1,5 %

9. Ein Start-up-Unternehmen der IT-Branche war Ende des Jahres 2009 an die Börse gegangen. Zu diesem Zeitpunkt betrug der Börsenwert des Unternehmens ca. 10 Millionen Euro.
Am Ende der nächsten 5 Jahre hatte sich der Börsenwert ungefähr auf 15 Millionen Euro (2010), 30 Millionen Euro (2011), 60 Millionen Euro (2012), 150 Millionen Euro (2013) und 300 Millionen Euro (2014) erhöht.
a) Veranschaulichen Sie den Börsenwert des Unternehmens grafisch.
b) Vergleichen Sie das arithmetische Mittel der prozentualen Steigerung des Börsenwertes mit dem prozentualen Durchschnitt, der sich aus dem geometrischen Mittel ergibt.

1

1.2.2   Streuungsmaße

Nicht in allen Fällen beschreiben die Lagemaße die Eigenschaften, die man bei einer statistischen Erhebung untersuchen möchte. So ist zum Beispiel für eine politische Partei die Erkenntnis, dass das Durchschnittsalter ihrer Wähler bei 40 Jahren liegt, nicht hilfreich bei der Ausrichtung eines Wahlkampfs. Denn es könnte bedeuten, dass die Wähler in allen Altersgruppen relativ gleichmäßig verteilt sind, oder, dass die Partei ausschließlich von Personen mittleren Alters gewählt wird. Um derartige Unterschiede bei der Auswertung von Daten sichtbar zu machen, werden die Daten mithilfe von **Streuungsmaßen** beschrieben.

   Streuungsmaße

Die Geschäftsführerin Frau Ott aus Beispiel 1 (Seite 40) möchte genauer in Erfahrung bringen, wie gleichmäßig in den beiden Filialen die Navigationsgeräte im Verlauf des Jahres verkauft werden. Dazu ermittelt sie die **Spannweite**, die **mittlere lineare Abweichung**, die **Varianz** und die **Standardabweichung** der Absätze beider Filialen.

Die **Spannweite** ist die Differenz zwischen dem größten und dem kleinsten Zahlenwert.
In Essen beträgt die Spannweite 95 Stück und in Köln 330 Stück.

Spannweite:

Essen: $300 - 205 = \mathbf{95}$
Köln: $500 - 170 = \mathbf{330}$

Um die **mittlere lineare Abweichung** d_{aM} vom arithmetischen Mittel x_{aM} zu berechnen, bilden wir zunächst von allen Werten einzeln die Differenz zum arithmetischen Mittel. Dann addieren wir die Beträge dieser Differenzen und dividieren die Summe durch die Anzahl n der Zahlenwerte.
In Essen beträgt die mittlere lineare Abweichung etwa 16 Stück und in Köln etwa 46 Stück.

▶ Die durch „…" dargestellten Werte stehen in der Tabelle auf der nächsten Seite.

Mittlere lineare Abweichung:

Essen: ▶ $x_{aM} = 225$
$$d_{aM} = \tfrac{1}{11} \cdot (|220 - 225| + \dots + |300 - 225|)$$
$$= \tfrac{1}{11} \cdot (5 + \dots + 75) = \tfrac{180}{11} \approx \mathbf{16{,}36}$$

Köln: ▶ $x_{aM} = 225$
$$d_{aM} = \tfrac{1}{12} \cdot (|170 - 225| + \dots + |500 - 225|)$$
$$= \tfrac{1}{12} \cdot (55 + \dots + 275) = \tfrac{550}{12} \approx \mathbf{45{,}83}$$

Die **Varianz** s^2 (oder auch **mittlere quadratische Abweichung** vom arithmetischen Mittel) gibt ebenfalls an, wie weit die Werte durchschnittlich vom Mittelwert abweichen. Im Unterschied zur mittleren linearen Abweichung wird als Maß der Abweichung allerdings das Quadrat der Differenz zum Mittelwert genommen. Dadurch fallen „Ausreißer", die sich weit vom Mittelwert entfernen, mehr ins Gewicht.

Die Varianz beträgt für Essen etwa 645 Stück^2 und für Köln etwa 7108 Stück^2.

▶ Durch das Quadrieren ändert sich auch die Einheit.

Varianz:

Essen: ▶ $x_{aM} = 225$
$$s^2 = \tfrac{1}{11} \cdot \left((220 - 225)^2 + \dots + (300 - 225)^2\right)$$
$$= \tfrac{1}{11} \cdot \left((-5)^2 + \dots + 75^2\right)$$
$$= \tfrac{7100}{11} \approx \mathbf{645{,}45}$$

Köln: ▶ $x_{aM} = 225$
$$s^2 = \tfrac{1}{12} \cdot \left((170 - 225)^2 + \dots + (500 - 225)^2\right)$$
$$= \tfrac{1}{12} \cdot \left((-55)^2 + \dots + 275^2\right)$$
$$= \tfrac{85\,300}{12} \approx \mathbf{7108{,}33}$$

Die **Standardabweichung** s (auch **Streuung** genannt) ist die positive Wurzel aus der Varianz. Im Vergleich zur Varianz hat sie den Vorteil, dieselbe Einheit wie die Zahlenwerte zu besitzen, dabei aber ebenfalls „Ausreißer" gut zu berücksichtigen.

Die Standardabweichung beträgt in der Filiale in Essen etwa 25 Stück und in Köln etwa 84 Stück.

Standardabweichung: $s = \sqrt{s^2}$

Essen: $s \approx \sqrt{645{,}45} \approx \mathbf{25{,}41}$
Köln: $s \approx \sqrt{7108{,}33} \approx \mathbf{84{,}31}$

In der Tabelle werden die Werte für alle Maßzahlen noch einmal systematisch zusammengefasst.

Essen			Köln		
Absatz x_i	absolute Abweichung vom Mittelwert $d_{aM} = |x_i - x_{aM}|$	Quadrat der Abweichung vom Mittelwert $(x_i - x_{aM})^2$	Absatz x_i	absolute Abweichung vom Mittelwert $d_{aM} = |x_i - x_{aM}|$	Quadrat der Abweichung vom Mittelwert $(x_i - x_{aM})^2$
220	5	25	170	55	3025
205	20	400	180	45	2025
210	15	225	210	15	225
220	5	25	220	5	25
225	0	0	210	15	225
210	15	225	210	15	225
210	15	225	200	25	625
210	15	225	180	45	2025
230	5	25	200	25	625
–	–	–	220	5	25
235	10	100	200	25	625
300	75	5625	500	275	75625
Summe = 2475 $\big)$:11 $x_{aM} = 225$	Summe = 180 $\big)$:11 $d_{aM} \approx 16$	Summe = 7100 $\big)$:11 $s^2 \approx 645$	Summe = 2700 $\big)$:12 $x_{aM} = 225$	Summe = 550 $\big)$:12 $d_{aM} \approx 46$	Summe = 85300 $\big)$:12 $s^2 \approx 7108$
▶ arithmetisches Mittel	▶ mittlere lineare Abweichung	▶ mittlere quadratische Abweichung (Varianz) $s = \sqrt{s^2} \approx 25{,}41$ ▶ Streuung	▶ arithmetisches Mittel	▶ mittlere lineare Abweichung	▶ mittlere quadratische Abweichung (Varianz) $s = \sqrt{s^2} \approx 84{,}31$ ▶ Streuung

In beiden Filialen werden durchschnittlich 225 Geräte pro Monat verkauft. In Essen ist der Absatz aber gleichmäßiger über das Jahr verteilt. Hier wäre die feste Arbeitsstelle sinnvoller.

Je gleichmäßiger die Werte verteilt sind, desto geringer ist die Streuung.

Streuungsmaße
- Die **Spannweite** ist die Differenz zwischen dem größten und dem kleinsten Zahlenwert.
- Die **mittlere lineare Abweichung** d_{aM} vom arithmetischen Mittel ist die durchschnittliche absolute Abweichung vom arithmetischen Mittel:

$$d_{aM} = \frac{1}{n} \cdot (|x_1 - x_{aM}| + |x_2 - x_{aM}| + \ldots + |x_n - x_{aM}|) = \frac{1}{n} \cdot \sum_{i=1}^{n} |x_i - x_{aM}|$$

- Die **Varianz** s^2 oder **mittlere quadratische Abweichung** vom arithmetischen Mittel ist der Durchschnitt der quadrierten Abweichungen vom arithmetischen Mittel:

$$s^2 = \frac{1}{n} \cdot ((x_1 - x_{aM})^2 + (x_2 - x_{aM})^2 + \ldots + (x_n - x_{aM})^2) = \frac{1}{n} \cdot \sum_{i=1}^{n} (x_i - x_{aM})^2$$

- Die **Standardabweichung** s oder Streuung ist die Quadratwurzel aus der Varianz:

$$s = \sqrt{s^2} = \sqrt{\frac{1}{n} \cdot \sum_{i=1}^{n} (x_i - x_{aM})^2}$$

Streuungsmaße mit GTR/CAS

In einem Betrieb werden auf einer Maschine Drahtstifte der Länge 100 mm produziert. Aufgrund zahlreicher Kundenreklamationen wird die Maschine nachjustiert. Vor und nach der Umstellung wird je eine Stichprobe genommen, bei der 1000 Drahtstifte auf ihre Länge hin untersucht werden. Die absoluten Häufigkeiten der gemessenen Längen sind in den beiden Tabellen angegeben.
Berechnen Sie das arithmetische Mittel, die Varianz und die Standardabweichung beider Stichproben mithilfe Ihres GTR/CAS. Beurteilen Sie die Güte der beiden Stichproben.

Stichprobe vor der Umstellung der Maschine:

Länge x_i in mm	95	96	97	98	99	100	101	102	103	104
absolute Häufigkeit $H(x_i)$	20	40	100	120	160	200	100	30	90	140

Im GTR/CAS geben wir die gemessenen Längen und deren absolute Häufigkeiten ein. Wir lassen das arithmetische Mittel, die Varianz und die Standardabweichung berechnen. Für das **arithmetische Mittel** erhalten wir $x_{aM} = 100{,}03$ mm, was nur geringfügig von der geforderten Länge von 100 mm abweicht.
Die **Standardabweichung** s liegt bei ca. **2,44 mm**. In unserem Beispiel wird die Varianz s^2 nicht angezeigt. Wir quadrieren die Standardabweichung und erhalten eine Varianz von ca. 5,95 mm^2.

```
            Rad Norm1 d/c Real    Rad Norm1 d/c Real
      List 1  List 2  Li  1-Variable
SUB   Länge   Hi          x̄    =100.03
 1       95        20     Σx   =100030
 2       96        40     Σx²  =1.0011E+07
 3       97       100     σx   =2.43907769
 4       98       120     sx   =2.44029814
                          n    =1000
```

▸ CA Eingabe der Längen in der Anwendung **Statistik**. Für die Berechnung (**1-Var**) muss unter **Set** definiert werden, welche Liste für die Längen und welche für die absoluten Häufigkeiten verwendet werden sollen.

Nach der Nachjustierung der Maschine wird eine zweite Stichprobe von 1000 Drahtstiften genommen:

Länge x_i in mm	95	96	97	98	99	100	101	102	103	104
absolute Häufigkeit $H(x_i)$	0	0	20	100	190	410	140	90	40	10

Bei der nachjustierten Maschine erhalten wir weiterhin ein arithmetisches Mittel von **100,03 mm**, aber mit ca. **1,34 mm** eine geringere Standardabweichung.

```
         Rad Norm1 d/c Real
1-Variable
x̄    =100.03
Σx   =100030
Σx²  =1.0007E+07
σx   =1.33757242
sx   =1.33824171
n    =1000            ↓
```

Der Vergleich beider Standardabweichungen ergibt, dass die Messwerte der zweiten Stichprobe weniger stark um das arithmetische Mittel 100,03 mm streuen als die Messwerte der ersten Stichprobe. Die Nachjustierung der Maschine wird daher als erfolgreich angesehen.

 In der Tabelle steht das Ergebnis der letzten Klassenarbeit. Vergleichen Sie den Erfolg der Mädchen mit dem der Jungen auf der Grundlage der arithmetischen Mittel und der Standardabweichungen.

Note	1	2	3	4	5	6
Mädchen	0	3	8	1	1	2
Jungen	1	0	8	2	3	1

Übungen zu 1.2.2

1. Ein Marktforschungsinstitut führt für einen Hersteller von Aluminiumleitern im Ennepe-Ruhr-Kreis eine Preiserhebung im Einzelhandel durch.

Das Institut ermittelt, dass Haushaltsleitern zu folgenden Preisen angeboten werden: 30, 32, 38, 45, 45, 59, 60, 60, 60, 60, 60, 65, 65, 65, 69, 69, 70, 72, 75, 75, 79, 80, 80, 88, 99.

▶ alle Preise auf volle Euro gerundet

Berechnen Sie die Preisspanne und die Preisschwankung um den Durchschnittspreis.

2. Berechnen Sie die Varianz und die Standardabweichung einerseits für die ersten 10 geraden Zahlen (beginnend bei 2) und andererseits für die ersten 10 ungeraden Zahlen.

Erläutern Sie, warum sowohl die Varianzen als auch die Standardabweichungen jeweils gleich groß sind.

3. Ändert sich Ihre Entscheidung über den Produktionsprozess der Fahrradtachometer (Übung 1, Seite 44), wenn auch die Standardabweichung berücksichtigt wird?

4. Zeigen Sie anhand der Beobachtungswerte 1, 1, 1, 2, 3, 4, 4, 5, 5, 15, dass bei einer kleinen Anzahl von Beobachtungswerten ein „Ausreißer"
a) das arithmetische Mittel und
b) die Varianz erheblich verzerren kann.

5. Zeigen Sie
a) anhand eines selbstgewählten Beispiels,
b) allgemein,
dass die Summe der Abweichungen der Beobachtungswerte von ihrem Mittelwert gleich null ist.

6. Das nachstehende Diagramm gibt die Entwicklung von drei Aktien im Jahr 2014 wieder.

Empfehlen Sie als Aktienhändler Ihren Klienten eine Verkaufs- bzw. Kaufstrategie. Vergleichen Sie die Aktien hinsichtlich ihres Wertes im Jahr 2014.

Sie sind Aktionär und wollen gern mehr Geld in Aktien investieren.
a) Beschreiben Sie die Entwicklung der Aktien. Wann hatte sich ein Aktienkauf bzw. -verkauf gelohnt?
b) Vergleichen Sie die Aktien hinsichtlich ihres Wertes im Jahr 2014. Bestimmen Sie dazu die durchschnittliche Punktzahl der einzelnen Aktien für das Jahr.
c) Vergleichen Sie die Aktien hinsichtlich ihres Risikos. Bestimmen Sie dazu die Standardabweichung der Punktzahl.

1.2.3 Boxplots

Insbesondere beim Vergleich von Messreihen interessiert man sich dafür, wie dicht beieinander z.B. die mittleren 50 % der Werte liegen. Dazu teilt man die Datenmenge in vier Bereiche, die sogenannten **Quartile**, deren einzelne Größen nach dem Muster im folgenden Beispiel berechnet werden.

7 Quartile

Die Tabelle zeigt die monatlichen Umsätze eines Einzelhändlers im vergangenen Jahr.

Monat	Jan	Feb	März	April	Mai	Juni	Juli	Aug	Sept	Okt	Nov	Dez
Umsatz	230	230	210	210	210	190	200	200	230	230	260	300

▶ Umsatz in 1000 €

Bestimmen Sie die Quartile und stellen Sie diese anschaulich dar.

Zur Quartilsbestimmung wird der Umsatz (in 1000 €) des Einzelhändlers in aufsteigender Reihenfolge angeordnet.
Der Median ist stets das 2. Quartil (Q_2), er ist der Wert in der Mitte der geordneten Zahlen.
Die durch das 2. Quartil entstandenen Hälften haben beide die gleiche Anzahl von Werten, müssen aber (bezogen auf die Spannweite) nicht gleich groß sein. Beide Bereiche werden noch einmal auf dieselbe Art in zwei Hälften unterteilt, in deren Mitte dann das 1. Quartil (Q_1) bzw. das 3. Quartil (Q_3) liegen. Zwischen dem 1. und 3. Quartil liegen nun 50 % aller Merkmalswerte.

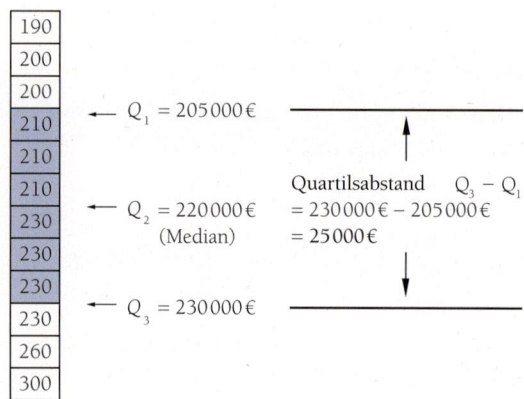

▶ Je kleiner der Quartilsabstand ist, desto mehr Werte liegen nah beim Median.

Die Differenz zwischen dem 1. und 3. Quartil heißt **Quartilsabstand** und beträgt in diesem Fall 25 000 €. Der minimale und der maximale Wert, die Spannweite, der Median, das 1. und 3. Quartil und der Quartilsabstand können übersichtlich in einem sogenannten **Boxplot** dargestellt werden.

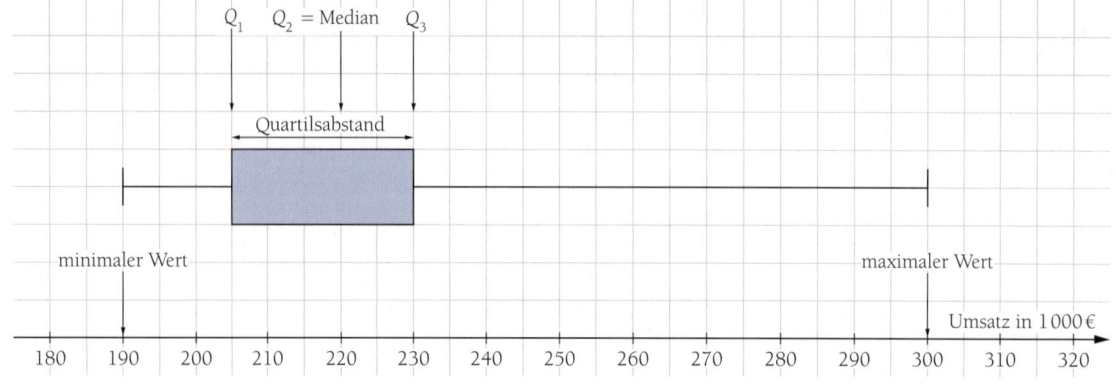

An dem Boxplot kann man erkennen, in welchem Intervall die 50 % der Umsätze liegen, nämlich zwischen dem 1. Quartil $Q_1 = 205\,000$ € und dem 3. Quartil $Q_3 = 230\,000$ €. Der Quartilsabstand beträgt 25 000 €.

Vergleichende Boxplots

Ein Landwirt möchte seinen Bestand an Milchvieh erhöhen. Zu seinen vorhandenen Kühen passen am besten die niedersächsische „Schwarz-Bunte" (SB) und die „Steirische Milchkuh" (SM). Den Ausschlag für seine Entscheidung soll der Fettgehalt der Milch geben. Um darüber Aufschluss zu gewinnen, misst er den Fettgehalt von jeweils 20 zufällig ausgewählten Kühen beider Rassen.

In der folgenden Tabelle sind die Ergebnisse bereits der Größe nach geordnet dargestellt.

	1	2	3	4	5	6	7	8	9	10	11	12	13	14	15	16	17	18	19	20
SB	3,6	3,6	3,6	3,6	3,6	3,7	3,7	3,7	3,9	4,0	4,0	4,3	4,3	4,3	4,4	4,5	4,8	4,8	4,9	4,9
SM	3,4	3,4	3,4	3,6	3,8	3,8	3,8	3,8	3,9	3,9	3,9	4,0	4,4	4,5	4,6	4,6	4,6	4,6	4,6	5,2

▶ Angaben des Fettgehalts in Prozent

Der Landwirt möchte vermeiden, dass seine Entscheidung von denjenigen Kühen aus der Stichprobe beeinflusst wird, die einen außergewöhnlich hohen oder niedrigen Fettanteil in ihrer Milch haben. Daher möchte er nur die mittleren Messwerte berücksichtigen. Wählen Sie ein geeignetes Verfahren, das die Überlegungen des Landwirts berücksichtigt. Helfen Sie dem Landwirt bei seiner Entscheidung.

Mit dem GTR oder CAS kann je ein Boxplot der beiden Messreihen erstellt werden. Dafür müssen die Daten im GTR oder CAS wie gewohnt eingegeben werden. Die Darstellung des Boxplots erfolgt als besonderes Diagramm.

GTR
CAS

Der Quartilsabstand ist bei beiden Züchtungen gleich groß: 50 % der Messwerte liegen jeweils in einem 0,8 % breiten Bereich. Die mittleren Messwerte haben also bei beiden Rassen eine ähnlich große Streuung.

Bei der Steirischen Milchkuh liegen die mittleren 50 % der Messwerte allerdings in einem höheren Bereich, nämlich zwischen 3,8 % und 4,6 % Fettgehalt. Dagegen liegen die mittleren Messwerte der Schwarz-Bunten zwischen den niedrigeren Werten 3,65 % und 4,45 %.
Wir raten dem Landwirt, sich für die Steirische Milchkuh (SM) zu entscheiden, weil bei dieser Züchtung die mittleren 50 % der Werte in einem höheren Bereich liegen als bei der SB-Kuh.

SB $Q_2 = 4\,\%$; **SM** $Q_2 = 3,9\,\%$

Quartilsabstand:
SB | $Q_3 - Q_1 = 4,45\,\% - 3,65\,\% = \mathbf{0,8\,\%}$
SM | $Q_3 - Q_1 = 4,6\,\% - 3,8\,\% = \mathbf{0,8\,\%}$

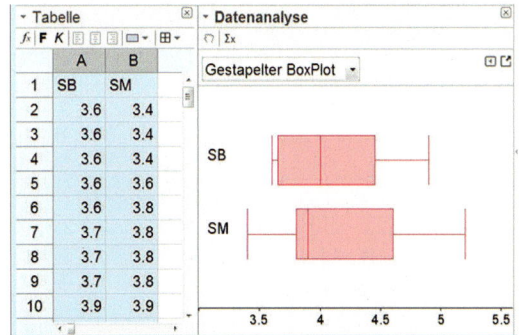

▶ **GG** Eingabe der Daten in die Tabelle und Wahl des Werkzeugs **Analyse mehrerer Variablen**.

Übungen zu 1.2.3

1. Ein Industrieunternehmen plant die Anschaffung eines Fertigungsautomaten. Zwei Automaten A und B stehen zur Wahl, die in einem 15-stündigen Probelauf getestet werden. Die Testreihen geben die produzierten Stückzahlen pro Stunde wieder. Legen Sie für beide Automaten einen Boxplot an und vergleichen Sie beide im Hinblick auf die Entscheidung, einen der Automaten anzuschaffen.

Stunde	1	2	3	4	5	6	7	8	9	10	11	12	13	14	15
Automat A	25	28	32	35	35	35	34	34	33	30	28	24	23	22	20
Automat B	30	30	30	32	32	32	32	32	31	30	30	28	28	27	26

2. In den beiden Mathematikkursen M1 und M2 der Jahrgangsstufe 12 wurde die gleiche Klausur geschrieben. Die Ergebnisse der Arbeiten sind in der Tabelle aufgeführt.

Punkte	0	1	2	3	4	5	6	7	8	9	10	11	12	13	14	15
M1	1	0	2	0	1	4	1	3	3	4	1	1	2	1	0	0
M2	0	2	2	2	0	2	2	4	2	5	0	0	0	1	2	1

Wägen Sie auf der Grundlage eines Boxplots die Leistungsfähigkeit der beiden Kurse gegeneinander ab.

3. Die Anmeldezahlen der städtischen Kindergärten einer Kleinstadt wurden statistisch erfasst. Lesen Sie die Informationen aus dem folgenden Boxplot ab.

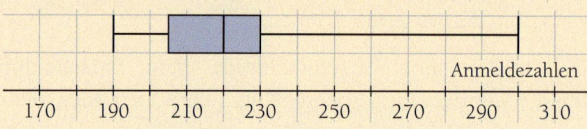

4. Die beiden Sportler Tom und Alex üben Kugelstoßen. Die Boxplots verdeutlichen ihre Ergebnisse bei elf Versuchen.

a) Lesen Sie alle verfügbaren Informationen aus dem Boxplot ab.

b) Vergleichen Sie die beiden Sportler. Wen sollte der Trainer beim Wettkampf aufstellen?

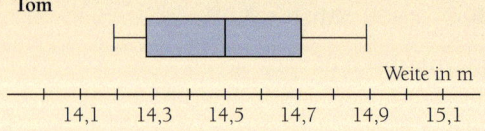

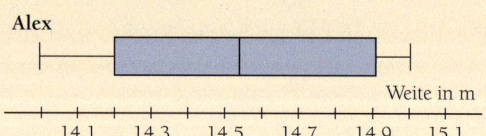

5. Erstellen Sie zu den folgenden vier Zahlenreihen jeweils einen Boxplot. Ordnen Sie Ihre Boxplots den dargestellten Diagrammen für die jeweilige absolute Häufigkeit zu. Vergleichen Sie die Zahlenreihen bezüglich ihrer Streuungsmaße Spannweite, Standardabweichung und Quartilsabstand.

	1	2	3	4	5	6	7	8	9	10	11	12	13	14	15	16	17	18	19	20
A	1	4	7	12	1	1	3	2	14	18	6	8	6	13	12	13	14	15	7	8
B	22	23	27	29	30	20	27	27	22	23	23	25	25	26	24	24	26	26	30	25
C	25	21	30	30	23	22	21	25	25	28	26	24	23	30	27	25	29	25	25	28
D	10	18	1	7	8	9	11	12	11	10	10	9	18	16	16	3	4	10	15	15

a)
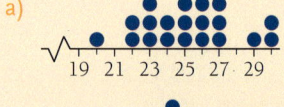

b)
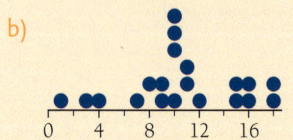

c)
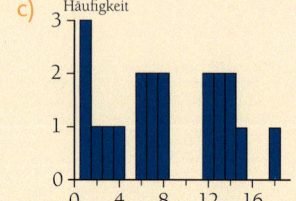

d)
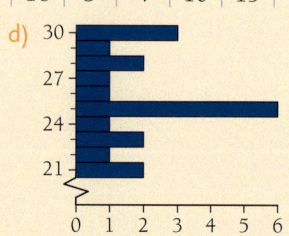

Vermischte Übungen zu 1.2

1. Entscheiden Sie für Hr. Peters von S. 39, ob das Rad in die Produktionspalette übernommen werden soll.

2. Der Schulleiter des Karl-Schiller-Berufskollegs bittet die Mathematiklehrerin Frau Lübbeke um eine Übersicht über die Ergebnisse der von ihr korrigierten Prüfungsarbeiten im Fach Mathematik, getrennt nach Kurs A und Kurs B. Daraufhin legt ihm Frau Lübbeke die folgende Liste vor:

A	48	60	82	63	32	74	78	115	93	20	88	86	80	70	38	39	62	65	67	93	99	66
B	89	75	58	86	59	87	50	105	74	49	66	60	90	112	91	35	94	24	72	67	69	

Mit dieser ungeordneten Übersicht ist der Schulleiter nicht zufrieden. Er bittet um eine Aufbereitung der Daten und um die Angabe der Spannweite, des Medians, des Modalwertes, des arithmetischen Mittels sowie der Standardabweichung.

a) Führen Sie die notwendigen Berechnungen aus.

b) Fertigen Sie jeweils eine Notenübersicht an und stellen Sie die Häufigkeiten in einem Säulendiagramm dar.

Note	1	2	3	4	5	6
Punkte	103–120	85–102	67–84	49–66	25–48	0–24

c) Vergleichen Sie die Leistungen der beiden Kurse. Äußern Sie sich zur Aussagekraft der beiden Modalwerte.

3. Die Stadt Essen erwägt, in der Nähe einer Schule eine Fußgängerampel zu errichten. Sie lässt deshalb durch die Polizei die Geschwindigkeit der vorbeifahrenden Kraftfahrzeuge messen.
Die Ergebnisse der Radarüberwachung sind in der Tabelle zusammengefasst.

km/h	31–35	36–40	41–45	46–50	51–55	56–60	61–65
Anzahl	15	38	64	86	70	26	21

Geben Sie der Stadt Essen eine Empfehlung zur Notwendigkeit der Fußgängerampel. Unterstützen Sie Ihre Aussagen grafisch.

a) Wählen Sie eine geeignete grafische Darstellung der Werte.

b) Berechnen Sie das arithmetische Mittel und die Standardabweichung. *Tipp:* Wählen Sie jeweils die Mitte der Klassenbreiten.

c) Beurteilen Sie, ob die beiden Maßzahlen für eine Entscheidung geeignet sind.

4. Ein Marmeladenhersteller möchte eine zusätzliche Abfüllanlage für 450-g-Gläser kaufen. Die Anlage gilt als frei von Mängeln, wenn unter anderem bei der Befüllung das arithmetische Mittel exakt 450 g ist und die Standardabweichung höchstens 0,5 % beträgt. Eine Stichprobe lieferte folgende Werte (▶ in Gramm):
450, 454, 452, 452, 446, 448, 448, 451, 452, 456, 450, 447, 450, 450, 451, 444, 447, 453, 449, 450.
Ermitteln Sie, ob der Hersteller der Anlage mit einer Reklamation rechnen muss.

5. Die Handelsvertreter Arkan (A) und Bartsch (B) rechnen ihre Monatsumsätze eines halben Jahres mit einem ihrer Auftraggeber ab. Sie erhalten für das halbe Jahr 30 % ihres durchschnittlichen Umsatzes. Übersteigt ein Monatsumsatz das arithmetische Mittel um mehr als die Standardabweichung, dann erhalten sie zusätzlich die Hälfte dieses Mehrbetrags als Prämie.
Berechnen Sie jeweils die Provision der beiden Vertreter Arkan und Bartsch auf der Grundlage der folgenden Umsatztabelle.

	Jan	Feb	Mär	Apr	Mai	Jun
A	15	22	34	18	28	21
B	18	20	25	25	28	22

▶ Angaben in 1000 €

6. Die folgende Tabelle listet die wöchentlichen Taschengeldbeträge der jeweils 22 Schülerinnen und Schüler beider Eingangsklassen eines Wirtschaftsgymnasiums auf.

	1	2	3	4	5	6	7	8	9	10	11	12	13	14	15	16	17	18	19	20	21	22
A	10	15	12	11	11	9	8	8	10	10	12	15	14	15	11	11	12	10	8	8	9	11
B	8	15	10	20	20	15	8	9	15	18	15	18	16	20	20	12	13	20	10	10	18	16

a) Fertigen Sie eine nach Taschengeldbeträgen geordnete Übersicht an. Vergleichen Sie beide Klassen mithilfe aller Ihnen bekannten Lage- und Streuungsmaße und äußern Sie sich jeweils zu deren Aussagekraft.

b) Beurteilen Sie die Taschengeldsituation anhand jeweils eines Säulendiagramms und eines Boxplots.

7. Der Finanzvorstand einer Aktiengesellschaft mit 3100 Mitarbeitern legt der Hauptversammlung folgende Gehaltsstatistik vor:

Gehalt in € von … bis unter …	Anzahl der Mitarbeiter dieser Gehaltsgruppe
1000–1400	400
1400–1600	500
1600–1800	500
1800–2000	600
2000–2500	600
2500–3000	400
3000–5000	100

Für die bevorstehenden Gehaltsverhandlungen wird dem Betriebsrat eine leicht veränderte Aufstellung vorgelegt:

Gehalt in € von … bis unter …	Anzahl der Mitarbeiter dieser Gehaltsgruppe
1000–1400	400
1400–1600	500
1600–1800	500
1800–2000	600
2000–2500	600
2500–5000	500

Berechnen Sie für beide Aufstellungen jeweils das arithmetische Mittel der Mittelwerte der Gehaltsgruppen (1200, 1500, 1700, …).
Interpretieren Sie das Ergebnis.

8. Für die Berechnung der Varianz als Maß für die Streuung der Beobachtungswerte müssen die Quadrate ihrer Abweichungen vom Mittelwert addiert werden. Zeigen Sie, dass sich die Summe der (nicht quadrierten) Abweichungen der Beobachtungswerte von ihrem Mittelwert nicht als Streuungsmaß eignet.

9. Die Fluggesellschaft „SkyLine" bietet Personenflüge (P) und Frachtflüge (F) an. In Zukunft möchte sie zu den Marktführern gehören. Dazu plant „SkyLine", sich in einer der beiden Flugformen zu spezialisieren, um dort in neue Technologien zu investieren.
In der folgenden Tabelle sind die Gewinne der zwei Flugformen von 2010 bis 2014 festgehalten (alle Angaben in Milliarden).

	2010	2011	2012	2013	2014
P	2,8	0,2	1,2	2,5	2,3
F	2,2	1,0	0,9	2,5	2,5

Vergleichen Sie die wirtschaftliche Situation der beiden Flugformen über den gesamten Zeitraum anhand der Gewinne.

a) Berechnen Sie für beide Flugformen jeweils den durchschnittlichen Gewinn über die fünf Jahre. Vergleichen Sie die Ergebnisse.

b) Berechnen Sie die Standardabweichung der Gewinne je Flugform und interpretieren Sie Ihr Ergebnis.

Ich kann ...

... das **arithmetische Mittel** x_{aM} berechnen.

▶ Test-Aufgaben 1, 2

Noten einer Klassenarbeit:

1	2	3	4	5	6
2	4	10	6	2	1

$$x_{aM} = \frac{2 \cdot 1 + 4 \cdot 2 + 10 \cdot 3 + 6 \cdot 4 + 2 \cdot 5 + 1 \cdot 6}{25}$$
$$= 3{,}2$$

Arithmetisches Mittel:
Durchschnittswert (alle Werte zusammenzählen und durch die Gesamtanzahl teilen)

$$x_{aM} = \frac{x_1 + x_2 + \ldots + x_n}{n}$$

... den **Modalwert** x_{Mod} **(Modus)** bestimmen.

▶ Test-Aufgabe 1

Die Note 3 ist der Modalwert.

Modalwert:
Wert, der am häufigsten vorkommt

... den **Median** x_{Med} bestimmen.

▶ Test-Aufgabe 1

Körpergewicht von 6 Schülern (in kg):

A	B	C	D	E	F
64	66	52	56	61	57

Sortiert: 52, 56, 57, 61, 64, 66

$$x_{Med} = \frac{57 + 61}{2} = 59$$

Median:
Wert in der Mitte eines nach Größe geordneten Datensatzes (bei zwei mittleren Werten deren arithmetisches Mittel bilden)

... die **Spannweite** ermitteln.

$66 - 52 = 14$

Spannweite:
Differenz zwischen größtem und kleinstem Wert

... die **Varianz** s^2 und die **Standardabweichung** s **(Streuung)** berechnen.

▶ Test-Aufgabe 3

Quartalsgewinne eines Unternehmens:

Quartal	1	2	3	4
Gewinn in Mio. €	8	7	12	13

$x_{aM} = 10$

$$s^2 = \frac{1}{4} \cdot \left((8-10)^2 + (7-10)^2 + (12-10)^2 + (13-10)^2\right)$$

$$= 6{,}5$$

$$s = \sqrt{6{,}5} \approx 2{,}55$$

Standardabweichung:
Gibt die durchschnittliche Streuung um das arithmetische Mittel an

Varianz: $s^2 = \frac{1}{n} \cdot \sum_{i=1}^{n} (x_i - x_{aM})^2$

Standardabweichung: $s = \sqrt{s^2}$

... einen **Boxplot** erstellen.

▶ Test-Aufgabe 5

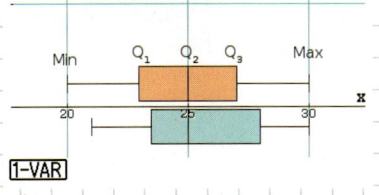

Boxplot:
zeigt anschaulich die Verteilung von Daten:
– Spannweite (*Max – Min*)
– Median (Q_2)
– Bereich in dem sich die mittleren 50 % der Daten befinden (zwischen Q_1 und Q_3)

Test zu 1.2

1. Bestimmen Sie das arithmetische Mittel, den Median und den Modalwert folgender Datensätze, soweit dies möglich ist.

a) Kaltmiete pro m² in €: 8; 10; 9,50; 7,50; 8; 9; 11,50; 7,50; 8

b) Anzahl Fehltage: 4, 6, 8, 2, 0, 15, 14, 4, 9, 5, 0, 2, 2

c) Lieblingsfarbe: lila, rot, grün, grün, gelb, türkis, pink, rot, rot

2. Der Camping-Ausrüster „Be free" soll demnächst verkauft werden. Die Interessenten erhalten zur Einschätzung des Unternehmens unter anderem eine grafische Darstellung der Quartalsgewinne der letzten drei Jahre.

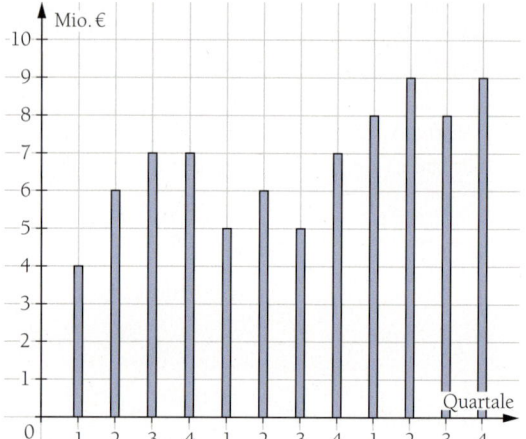

a) Berechnen Sie jeweils den durchschnittlichen Gewinn der 1., 2., 3. und 4. Quartale. Interpretieren Sie das Ergebnis.

b) Bestimmen Sie jeweils den durchschnittlichen Gewinn für das 1., 2. und 3. Jahr. Beurteilen Sie die Gewinnentwicklung über die Jahre.

c) Vergleichen Sie die Ergebnisse aus a) und b) mit dem durchschnittlichen Gewinn über alle drei Jahre.

3. Beim Weitsprung wurden von Eva und Paula folgende Sprungweiten in Metern erfasst.

Eva	6,89	6,54	7,02	6,82	6,67	6,96
Paula	6,54	5,82	6,93	7,15	6,63	6,83

Nächste Woche findet ein landesweiter Wettkampf statt. Der Trainer muss entscheiden, wen er antreten lässt. Beurteilen Sie die sportlichen Leistungen der Mädchen und geben Sie eine Empfehlung an den Trainer ab. Berücksichtigen Sie dabei auch die Standardabweichung.

4. Im letzten Jahr betrug der durchschnittliche Umsatz eines Eisladens 8050 € pro Monat. Die Tabelle zeigt die monatlichen Umsätze (in €). Die Angabe für den Juni ist allerdings abhanden gekommen.

Jan	Feb	Mär	Apr	Mai	Jun
5050	4120	5600	6700	8340	???
Jul	**Aug**	**Sep**	**Okt**	**Nov**	**Dez**
13 500	14 190	10 400	5300	4080	5650

Bestimmen Sie den Umsatz im Juni.

5. Die Eheleute Hannes und Berit Richter bestellen häufig Pizza, Hannes beim Pizza-Blitz (PB), Berit beim Pizza-Pfeil (PP). Beide notieren jedes Mal, wie viele Minuten zwischen Bestellung und Lieferung vergehen:

PB	28	29	25	30	36	35	38	37	38	31	24	32	33
PP	27	32	32	34	29	29	36	33	36	36	29	30	33

Hannes behauptet, dass es unter dem Zeitaspekt vernünftig sei, immer beim Pizza-Blitz zu bestellen. Nehmen Sie zu der Behauptung Stellung.

1 Von Daten zu Funktionen

1.3 Einführung in die Funktionen

Die Fly Bike Werke GmbH verwendet bei der Produktion des Mountainbikes *Unlimited* Federgabeln eines fremden Herstellers. Die Federgabeln werden über die Fahrradteile International GmbH bezogen. In den letzten Jahren hat die Fahrradteile International GmbH die Preise ständig erhöht.

Der Geschäftsführer der Fly Bike Werke GmbH, Herr Peters, möchte daher prüfen, ob er die Federgabeln günstiger beziehen kann. Er beauftragt Frau Nemitz-Müller, sich für die Federgabel „Race V" verschiedene Angebote einzuholen. Frau Nemitz-Müller erhält folgende Angebote:

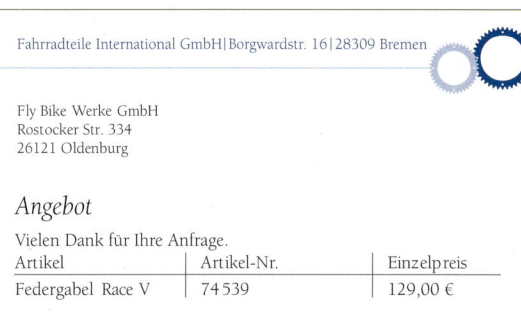

Fahrradteile International GmbH | Borgwardstr. 16 | 28309 Bremen

Fly Bike Werke GmbH
Rostocker Str. 334
26121 Oldenburg

Angebot

Vielen Dank für Ihre Anfrage.

Artikel	Artikel-Nr.	Einzelpreis
Federgabel Race V	74 539	129,00 €

Lieferzeit: vier Wochen; lieferbar frei Haus, einschließlich Verpackung.
Wir freuen uns, von Ihnen zu hören.

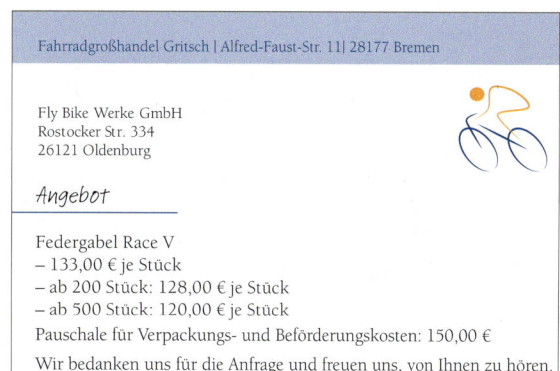

Fahrradgroßhandel Gritsch | Alfred-Faust-Str. 11 | 28177 Bremen

Fly Bike Werke GmbH
Rostocker Str. 334
26121 Oldenburg

Angebot

Federgabel Race V
– 133,00 € je Stück
– ab 200 Stück: 128,00 € je Stück
– ab 500 Stück: 120,00 € je Stück
Pauschale für Verpackungs- und Beförderungskosten: 150,00 €

Wir bedanken uns für die Anfrage und freuen uns, von Ihnen zu hören.

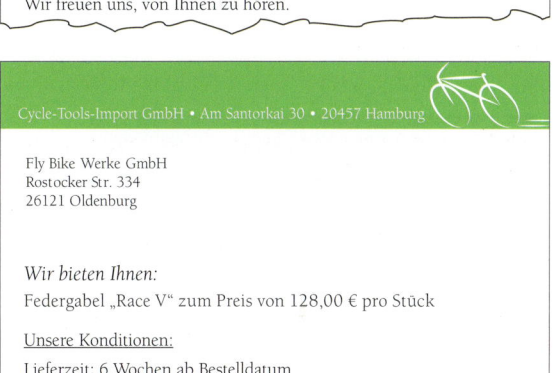

Cycle-Tools-Import GmbH • Am Santorkai 30 • 20457 Hamburg

Fly Bike Werke GmbH
Rostocker Str. 334
26121 Oldenburg

Wir bieten Ihnen:
Federgabel „Race V" zum Preis von 128,00 € pro Stück

Unsere Konditionen:

Lieferzeit: 6 Wochen ab Bestelldatum.
Lieferkosten: 80,00 € je angefangene 100 Stück.

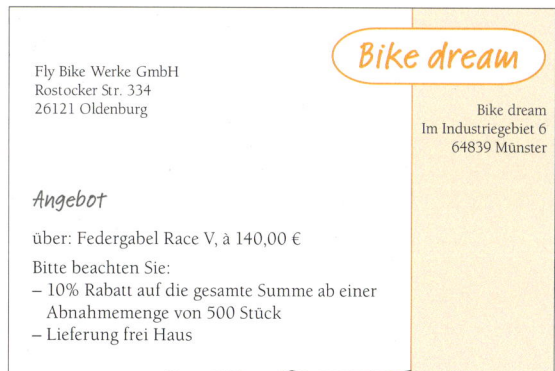

Bike dream

Fly Bike Werke GmbH
Rostocker Str. 334
26121 Oldenburg

Bike dream
Im Industriegebiet 6
64839 Münster

Angebot

über: Federgabel Race V, à 140,00 €

Bitte beachten Sie:
– 10% Rabatt auf die gesamte Summe ab einer Abnahmemenge von 500 Stück
– Lieferung frei Haus

Frau Nemitz-Müller bereitet die Angebote für Herrn Peters auf und möchte ihm eine Empfehlung für verschiedene Produktionsmengen aussprechen.

▶ Aufgabe 7 auf Seite 74

Kompetenzen

- Zuordnungen beschreiben und darstellen sowie Funktionen erkennen
- Realitätsbezogene Zusammenhänge mathematisch beschreiben

Anwendungen

- Aufstellen von Trendgeraden sowie Kosten- und Preis-Absatz-Funktionen

1.3 Einführung in die Funktionen

Ein Ziel vieler statistischer Erhebungen und Messreihen ist es, herauszufinden, ob zwischen zwei Merkmalen ein Zusammenhang besteht, z.B. zwischen Größe und Gewicht eines Menschen oder zwischen Einkommen und Konsumverhalten.

1.3.1 Zuordnungen

 Zuordnung

In einem Sportverein werden die Körpergröße und das Körpergewicht von 10 Mädchen gemessen und aufsteigend nach der Größe in einer Tabelle festgehalten.

Name	Größe x	Gewicht y
Frieda	157 cm	48 kg
Aysun	157 cm	50 kg
Dana	159 cm	50 kg
Britta	163 cm	55 kg
Annika	165 cm	56 kg
Sarah	167 cm	55 kg
Laura	169 cm	59 kg
Pia	174 cm	64 kg
Marie	180 cm	68 kg
Hanna	181 cm	70 kg

Veranschaulichen Sie den Zusammenhang zwischen Größe und Gewicht in einem Koordinatensystem.

Für jedes Mädchen erhalten wir ein Wertepaar $(x|y)$. Hierbei steht x für die Ausprägung des Merkmals „Größe" und y für die Ausprägung des Merkmals „Gewicht".

Jeder Körpergröße ist also ein Gewicht zugeordnet. Man spricht allgemein von einer **Zuordnung**. Eine Zuordnung kann sowohl in einer Tabelle als auch in einem Koordinatensystem dargestellt werden.

Im Koordinatensystem bilden die 10 Wertepaare eine *Punktwolke* im ersten Quadranten. Dabei wird deutlich, dass die Zuordnung einen **Trend** wiedergibt: Je größer eines der 10 Mädchen ist, desto schwerer ist es.

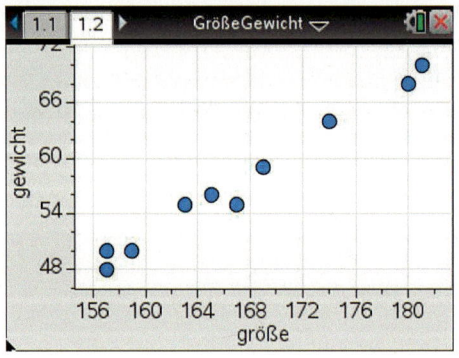

▶ TI Eingabe der Daten in **Lists & Spreadsheet**. Die Darstellung erfolgt unter **Data & Statistics**.

Im 19. Jahrhundert versuchte der französische Anthropologe und Arzt Paul Broca (1824–1880) diesen Trend mathematisch zu formulieren. Er entwickelte eine Formel, nach der das Gewicht y einer „normalgewichtigen" Frau linear von ihrer Körpergröße x abhängt. Brocas Formel lautet $y = 0,9x - 90$.

▶ für Männer: $y = x - 100$

Trendgerade

Legen Sie nach der Formel von Broca, $y = 0{,}9x - 90$, eine Wertetabelle für Wertepaare $(x|y)$ mit $x \in [155; 185]$ an, bei der die Werte für x (beginnend mit 155 cm) jeweils um 5 cm steigen. Übertragen Sie die Wertepaare als Punkte in das Koordinatensystem zu der Punktwolke aus Beispiel 1. Verbinden Sie diese Punkte und interpretieren Sie die Formel von Broca.

Die Formel von Broca ist eine **Zuordnungsvorschrift** in Form einer Gleichung. Sie ordnet jeder Körperlänge ein Körpergewicht zu.

Eine solche Zuordnungsvorschrift ist eine weitere Möglichkeit, eine Zuordnung darzustellen.

Der Graph der Zuordnung ist eine Gerade, die den bekannten Trend wiedergibt: Je größer ein Mädchen ist, desto mehr wiegt es.

Allerdings liegt die Gerade vollständig oberhalb der Punktwolke. Sie gibt also die tatsächliche Beziehung zwischen Größe und Gewicht der zehn Sportlerinnen nur sehr unvollkommen wieder.

x (cm)	155	160	165	170	175	180	185
y (kg)	49,5	54	58,5	63	67,6	72	76,5

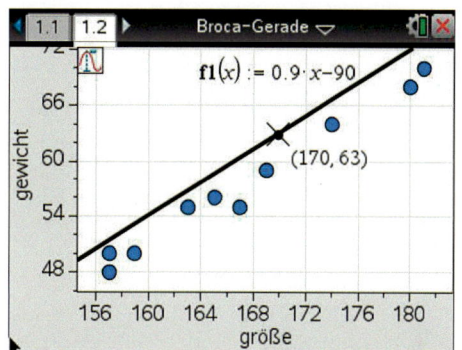

▶ TI Darstellung der Daten unter **Data & Statistics**. Einfügen einer Geraden durch den Menüpunkt **Analysieren, Funktion zeichnen**.

Die Broca-Gerade aus Beispiel 2 ist eine grafische Darstellung der Zuordnung. Den Werten auf der x-Achse werden dabei Werte auf der y-Achse zugeordnet.

Die Gerade spiegelt den sachlichen Zusammenhang wider: Jeder Körpergröße wird ein Gewicht zugeordnet. Der Körpergröße 170 cm wird z. B. das Gewicht 63 kg zugeordnet. Die Zahlenmenge, aus der die Zahlen für x genommen werden, heißt **Ausgangsmenge** A der Zuordnung.

Die **Zielmenge** Z der Zuordnung ist der Vorrat an möglichen Zahlen für die Variable y.

▶ Eine Zuordnung ordnet *jeder* Zahl der Ausgangsmenge mindestens eine Zahl der Zielmenge zu. Umgekehrt muss nicht jede Zahl der Zielmenge auch tatsächlich angenommen werden. Die Zielmenge haben wir deshalb als „Vorrat" bezeichnet.

Ausgangs- und Zielmenge

Wählen Sie für die durch die Formel von Broca, $y = 0{,}9x - 90$, gegebene Zuordnung zwischen Körpergröße und Gewicht eine sinnvolle Ausgangsmenge und Zielmenge.

Die durch die Formel gegebene Zuordnung ist für kleine Körpergrößen nicht sinnvoll.

Ein kleines Mädchen von z. B. 60 cm Größe hätte sonst ein (unmögliches) Gewicht von −36 kg.

Eine sinnvolle Wahl für die **Ausgangsmenge** ist z. B. $A = \{x \mid 150 \leq x \leq 190\}$.

$y = 0{,}9x - 90$ ▶ Beispiel 2

$x = 60$ **(cm)**

$y = 0{,}9 \cdot 60 - 90 = -36$ (kg)

$x = 150$ **(cm)**

$y = 0{,}9 \cdot 150 - 90 = 45$ (kg)

$x = 190$ **(cm)**

$y = 0{,}9 \cdot 190 - 90 = 81$ (kg)

Da ein Körpergewicht niemals negativ sein kann, sind die positiven reellen Zahlen $\mathbb{R}^+$ eine mögliche **Zielmenge**. Da der kleinsten Körperlänge ($x = 150$) das geringste Gewicht ($y = 45$) und der größten Körperlänge ($x = 190$) das höchste Gewicht ($y = 81$) zugeordnet sind, kann als Zielmenge aber auch $Z = \{y \mid 45 \leq y \leq 81\}$ gewählt werden.

- Bringt man zwei Merkmale in Beziehung zueinander, dann handelt es sich um eine **Zuordnung**.
- Zuordnungen können durch Tabellen, Wertepaare $(x|y)$, Punkte im Koordinatensystem und durch Zuordnungsvorschriften dargestellt werden.
- Die Zahlenmenge, aus der die Zahlen für x genommen werden, heißt **Ausgangsmenge** A der Zuordnung. Die Zahlen für die Variable y liegen in der **Zielmenge** Z der Zuordnung.

 Auf die Frage eines Produzenten, wie viele Mengeneinheiten (ME) Obst ein Großhändler ihm abkaufen wolle, antwortete dieser: „1 ME zum Preis von 9 Geldeinheiten (GE) pro ME oder 2 ME zum Preis von 8 GE/ME oder 3 ME zum Preis von 7 GE/ME oder 4 ME zum Preis von 6 GE/ME."

a) Stellen Sie die Zuordnung des Preises zur Menge in einer Tabelle dar und veranschaulichen Sie den Zusammenhang zwischen Menge x und Preis y im Koordinatensystem.

b) Verbinden Sie die Punkte im Koordinatensystem und geben Sie dazu eine sinnvolle Ausgangsmenge und die Zielmenge an. Entwickeln Sie eine Zuordnungsvorschrift, die die Abhängigkeit des Preises von der Menge x verdeutlicht.

Übungen zu 1.3.1

1. Veranschaulichen Sie die drei Zuordnungen im Koordinatensystem.

a)

x	−2	−1	0	1	2
y	2	1	2	3	4

b)

x	2	2	2	2	2
y	−2	−1	0	1	2

c)

x	−1	0	1	1	2
y	2	1	2	3	4

d)

x	−2	−1	0	1	2
y	4	1	0	1	4

2. Drücken Sie die vier Zuordnungen jeweils als Wertetabelle aus.

a)
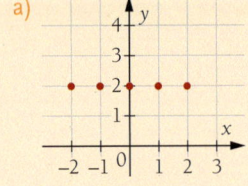

b)
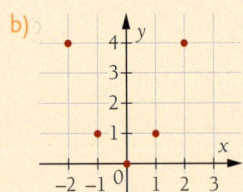

c)
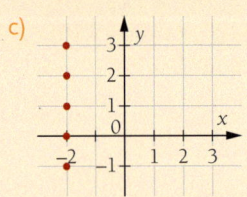

d)
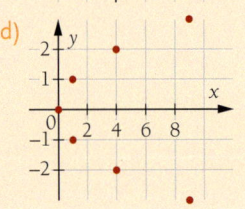

3. Gegeben sind die Ausgangsmenge $A = \{2; 3; 4\}$ und die Zielmenge $Z = \{1; 2; 3; \ldots; 16\}$. Den Elementen der Menge A werden die Elemente der Menge Z nach verschiedenen Vorschriften zugeordnet. Die Zuordnung erfolgt so, dass

a) die Elemente von Z größer sind als die Elemente von A;

b) die Elemente von Z kleiner sind als die Elemente von A;

c) die Elemente von A gleich den Elementen von Z sind;

d) die Elemente von Z das Quadrat der Elemente von A sind;

e) die Elemente von Z das Doppelte der Elemente von A sind;

f) die Elemente von Z um 1 größer sind als die Elemente von A.

Stellen Sie die Zuordnungen jeweils in einer Wertetabelle und anschließend jeweils im Koordinatensystem dar.
Finden Sie zu jeder Zuordnung eine Vorschrift in Form einer Gleichung oder einer Ungleichung.

4. Bei der Prozentrechnung wird u.a. anhand des Prozentsatzes der Prozentwert ermittelt.
Gehen Sie von einem Grundwert von 450 € aus, geben Sie Ausgangs- und Zielmenge an und formulieren Sie fünf Zuordnungen. Stellen Sie diese Zuordnungen im Koordinatensystem dar.

5. Ordnen Sie die vier Wertetabellen den Sachverhalten a) bis d) zu. Zeichnen Sie die zugehörigen Graphen.

x	0	1	2	3	4	5	6	7	8	9	10
y_1	0	400	800	1200	1600	2000	2400	2800	3200	3600	4000
y_2	0	20	40	60	80	100	120	140	160	180	200
y_3	0	45	80	105	120	125	120	105	80	45	0
y_4	0	6,80	7,60	8,40	9,20	10	10,80	11,60	12,40	13,20	14

a) Abhängigkeit des zurückgelegten Weges y von der Zeit x bei einer konstanten Geschwindigkeit von $20\,\frac{m}{s}$.

b) Kosten y einer Taxifahrt bei einem Grundpreis von 6 € und einem Preis von 0,80 € pro Kilometer in Abhängigkeit von den gefahrenen Kilometern x.

c) Höhe y eines Gegenstandes, der mit einer Anfangsgeschwindigkeit von $50\,\frac{m}{s}$ senkrecht nach oben geworfen wird in Abhängigkeit von der Zeit x.

d) Herstellungskosten y für ein Gut, dessen Stückkosten 400 € betragen, in Abhängigkeit von der hergestellten Stückzahl x.

6. Die Grafik zeigt die weltweite Bevölkerungsentwicklung der letzten 60 Jahre.

a) Wie viele Menschen lebten im Jahre 2000?

b) Wann lebten erstmals über 5 Milliarden Menschen auf der Erde?

c) Beschreiben Sie die Bevölkerungsentwicklung in den letzten 60 Jahren.

d) Geben Sie eine begründete Prognose an, wie viele Menschen im Jahr 2050 leben werden.

e) Recherchieren Sie die Bevölkerungsentwicklung in Deutschland und stellen Sie diese für die letzten 60 Jahre dar.

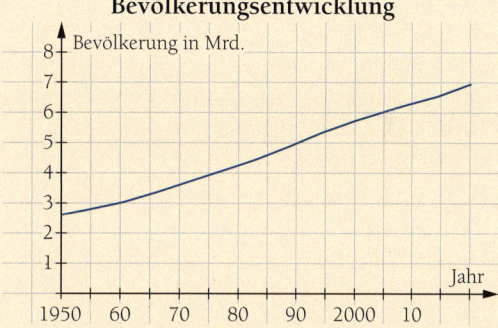

Bevölkerungsentwicklung

7. Das menschliche Darmbakterium *Escherichia coli* verdoppelt seine Anzahl unter Idealbedingungen in Laborkulturen in etwa 30 Minuten. Eine Kultur wird mit 10 Bakterien angesetzt. Für einen Versuch werden mindestens 10 000 Bakterien benötigt.

Wann kann der Versuch frühestens durchgeführt werden?

Ordnen Sie in einer Tabelle der Zeit die entsprechende Anzahl der Bakterien zu.

a) Stellen Sie die Anzahl der Bakterien in Abhängigkeit der Zeit im Koordinatensystem dar und verbinden Sie die einzelnen Punkte.

b) Lesen Sie ab, zu welchem Zeitpunkt 10 000 Bakterien vorhanden sind.

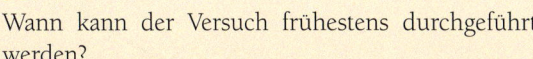

1.3.2   Lineare Regression und Korrelationskoeffizient

Mit der Broca-Geraden aus dem Beispiel 2 wurde zwar der Trend „je größer desto schwerer" aufgezeigt, die Trendlinie verläuft aber vollständig außerhalb der Punktwolke. Wir suchen deshalb eine Trendgerade, die die tatsächliche Beziehung zwischen Größe und Gewicht bei den 10 beobachteten Mädchen besser wiedergibt. Man kann eine solche Gerade natürlich „nach Augenmaß" bestimmen oder aber man nutzt ein mathematisches Verfahren, die **lineare Regression**.

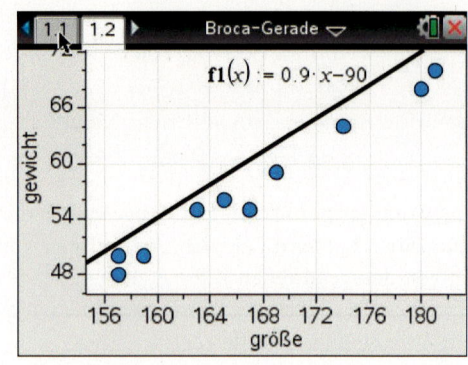

▶ TI Darstellung der Daten unter **Data & Statistics**.

4   Regressionsgerade mit dem GTR/CAS

Veranschaulichen Sie die Daten und bestimmen Sie die Gleichung der Regressionsgeraden, die den Zusammenhang zwischen der Körpergröße und dem Gewicht optimal beschreibt.

	A name	B größe	C gew...	D	E
=					
1	Frieda	157	48		
2	Aysun	157	50		
3	Dana	159	50		
4	Britta	163	55		
5	Annika	165	56		
6	Sarah	167	55		
7	Laura	169	59		
8	Pia	174	64		
9	Marie	180	68		
10	Hanna	181	70		

A name

Nachdem die Rohdaten der 10 Mädchen des Sportvereins in den GTR bzw. in das CAS eingegeben wurden, können wir diese schnell veranschaulichen. Legt die Darstellung wie hier nahe, dass der Zusammenhang zwischen den beiden Größen (hier Körpergröße und Gewicht) durch eine Gerade beschrieben werden kann, wählt man die lineare Regression. Diese liefert die Gleichung der gesuchten Regressionsgeraden: $y = 0{,}86\,x - 86{,}20$.

▶ Werte gerundet

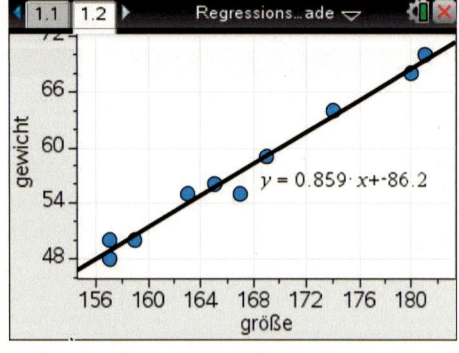

▶ TI Einfügen der Regressionsgeraden durch den Menüpunkt **Analysieren, Regression**.

Den Berechnungen, die durchgeführt werden, um die Regressionsgerade zu finden, liegt eine ziemlich kompliziert aussehende Formel zugrunde. Diese soll hier nicht detailliert hergeleitet werden, aber immerhin kann man das Prinzip recht einfach veranschaulichen:

Die Gerade beschreibt den Zusammenhang dann optimal, wenn die gegebenen Punkte möglichst wenig von ihr abweichen. Unter dem Abstand eines Punktes zur Geraden versteht man dabei nicht den kürzesten Abstand, sondern den Abstand in senkrechter Richtung. Hat die gesuchte Gerade die Gleichung $y = mx + n$ (m und n müssen bestimmt werden), so beträgt der Abstand eines beliebigen Punktes $(x_i | y_i)$ genau $|y_i - (mx_i + n)|$.

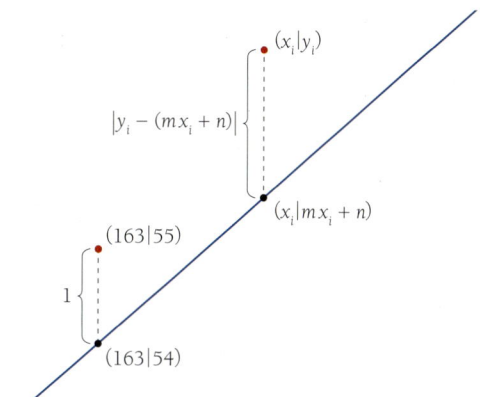

Ähnlich wie bei der Standardabweichung wird auch hier die Summe der Quadrate der Abweichungen als Maßstab herangezogen. Anschaulich entspricht diese Summe der Gesamtfläche der roten Quadrate in der rechten Abbildung.

▶ Durch das Quadrieren der Abstände werden weiter entfernt liegende Punkte stärker gewichtet.

Die Aufgabe besteht also darin, Werte für m und n zu bestimmen, für die die Summe

$$\sum_{i=1}^{n} (y_i - (mx_i + n))^2$$

den kleinsten Wert annimmt.

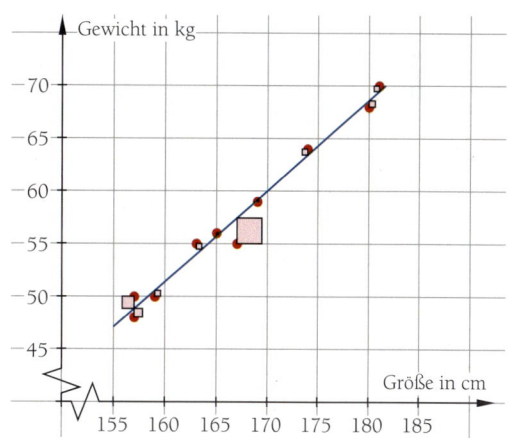

Mit Verfahren, wie z.B. der Differenzialrechnung, die Sie erst später kennenlernen, kann man m und n eindeutig bestimmen:

$$m = \frac{\sum_{i=1}^{n} (x_i - x_{aM}) \cdot (y_i - y_{aM})}{\sum_{i=1}^{n} (x_i - x_{aM})^2} \quad \text{und} \quad n = y_{aM} - \frac{\sum_{i=1}^{n} (x_i - x_{aM}) \cdot (y_i - y_{aM})}{\sum_{i=1}^{n} (x_i - x_{aM})^2} \cdot x_{aM}$$

▶ x_{aM} ist das arithmetische Mittel der Werte $x_1, x_2, ..., x_n$
  y_{aM} ist das arithmetische Mittel der Werte $y_1, y_2, ..., y_n$

Damit lautet die Gleichung für die optimale Gerade $y = \dfrac{\sum_{i=1}^{n} (x_i - x_{aM}) \cdot (y_i - y_{aM})}{\sum_{i=1}^{n} (x_i - x_{aM})^2} \cdot (x - x_{aM}) + y_{aM}$

▶ Der Punkt $(x_{aM} | y_{aM})$ ist der Schwerpunkt der Punktwolke.

Als Maß dafür, wie stark n Messpunkte um die Regressionsgerade streuen, benutzt man den sogenannten

Korrelationskoeffizienten. $r = \dfrac{\sum_{i=1}^{n} (x_i - x_{aM}) \cdot (y_i - y_{aM})}{\sqrt{\sum_{i=1}^{n} (x_i - x_{aM})^2 \cdot \sum_{i=1}^{n} (y_i - y_{aM})^2}}$

Der Korrelationskoeffizient kann Werte zwischen -1 und 1 annehmen.

5 Interpretation des Korrelationskoeffizienten

Untersuchen Sie den Zusammenhang zwischen dem Wert des Korrelationskoeffizienten r und der Verteilung der Punkte um die Regressionsgerade.

Datenreihe 1

x	3	4	5	6	8	10
y	4,5	6	7,5	9	12	15

Datenreihe 2

x	3	4	5	6	8	10
y	4	3	5	7	8	11

Datenreihe 3

x	1	3	4	7	9	10
y	5	4	1	2	5	6

Datenreihe 4

x	12	9	8	6	4	3
y	1	2	4	7	8	9

Zeichnen Sie dazu zunächst die vier Datenreihen in vier verschiedene Koordinatensysteme.

Berechnen sowie zeichnen Sie dann jeweils die lineare Regressionsgerade und notieren Sie jeweils die Gleichung der Regressionsgeraden sowie das im GTR/CAS angegebene r.

Datenreihe 1:

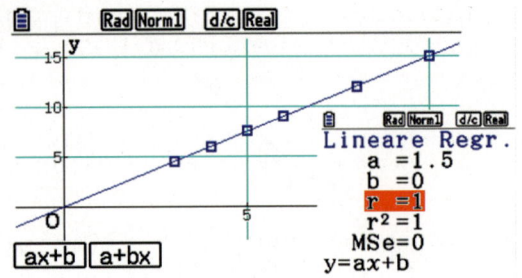

$r = 1$: Die Punkte liegen alle auf der Regressionsgeraden. Die Gerade steigt.

Datenreihe 2:

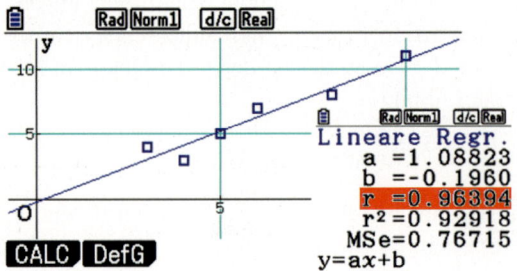

$r = 0,96$: Die Punkte liegen sehr nah an der Regressionsgeraden. Die Gerade steigt.

Datenreihe 3:

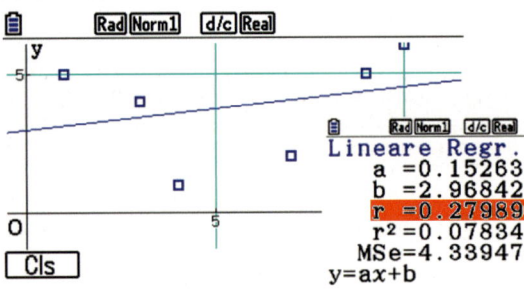

$r = 0,28$: Die Punkte streuen sehr stark um die Regressionsgerade. Die Gerade steigt.

Datenreihe 4:

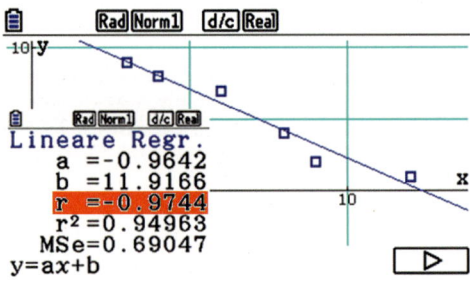

$r = -0,97$: Die Punkte liegen sehr nah an der Regressionsgeraden. Die Gerade fällt.

Je besser der Zusammenhang der Größen x und y durch eine Gerade beschrieben werden kann, desto dichter liegt der Wert von r bei 1 oder −1.
Ist r positiv, steigt die Regressionsgerade. Der Zusammenhang ist dann positiv (je mehr …, desto mehr …).
Ist r negativ, fällt die Regressionsgerade und der Zusammenhang ist negativ (je mehr …, desto weniger …).

Korrelation bedeutet übersetzt aus dem Lateinischen „Wechselbeziehung".

Mathematisch bedeutet das, dass die Stärke des linearen Zusammenhangs umso größer ist, je näher r an 1 bzw. -1 herankommt, wobei die Regressionsgerade für $r > 0$ steigt (je mehr …, desto mehr …) und für $r < 0$ fällt (je mehr …, desto weniger …).

▶ Über die Kausalität (Frage nach der Ursache und Wirkung) kann keine Aussage gemacht werden.

$|r|$	Stärke des linearen Zusammenhangs
$|r| < 0{,}2$	schwach
$0{,}2 \leq |r| < 0{,}4$	niedrig
$0{,}4 \leq |r| < 0{,}7$	mäßig
$0{,}7 \leq |r| < 0{,}9$	hoch
$0{,}9 \leq |r|$	sehr hoch

Korrelationskoeffizient bestimmen

Beurteilen Sie anhand des Korrelationskoeffizienten für die Messwerte aus Beispiel 1 die Güte der zugehörigen Regressionsgeraden aus Beispiel 4.

Für den Korrelationskoeffizienten erhält man ungefähr den Wert $r = 0{,}99$.

Der Korrelationskoeffizient liegt in diesem Fall sehr nahe an 1 und damit ist die Korrelation als „sehr hoch" anzusehen. Anschaulich bedeutet das, dass die Regressionsgerade den Verlauf der Messpunkte sehr gut annähert.

Wir können daraus folgern, dass zwischen der Körpergröße und dem Gewicht tatsächlich ein annähernd linearer Zusammenhang angenommen werden darf, der durch die Gleichung der Regressionsgeraden $y = 0{,}86\,x - 86{,}2$ beschrieben ist.

Mithilfe einer **Regressionsgeraden** (**Trendgeraden**) kann man einen linearen Zusammenhang zwischen zwei Merkmalen X und Y beschreiben. Die Regressionsgerade ist eine Gerade, die durch eine Punktwolke $(x_i|y_i)$, $i = 1, 2, …, n$ im Koordinatensystem gelegt wird und dabei die folgenden beiden Eigenschaften erfüllt:

- Die Gerade geht durch den Schwerpunkt $(x_{aM}|y_{aM})$ der Punktwolke.
- Die Summe der Quadrate der Abweichungen der Punktwolke von der Geraden ist minimal.

Die **Gleichung der Regressionsgeraden** lautet $y = \dfrac{\sum\limits_{i=1}^{n}(x_i - x_{aM}) \cdot (y_i - y_{aM})}{\sum\limits_{i=1}^{n}(x_i - x_{aM})^2} \cdot (x - x_{aM}) + y_{aM}$.

Der **Korrelationskoeffizient** $r = \dfrac{\sum\limits_{i=1}^{n}(x_i - x_{aM}) \cdot (y_i - y_{aM})}{\sqrt{\sum\limits_{i=1}^{n}(x_i - x_{aM})^2 \cdot \sum\limits_{i=1}^{n}(y_i - y_{aM})^2}}$ ist ein Maß dafür, wie stark die Messpunkte $(x_i|y_i)$

um ihre Regressionsgerade streuen. Je näher der Wert für $|r|$ an 1 liegt, desto stärker ist der lineare Zusammenhang, desto besser ist die Annäherung durch die Regressionsgerade.

Ist $r > 0$, dann steigt die Gerade, ist $r < 0$, dann fällt sie.

Für eine Kapitalanlage möchte Frau Lübbeke u. a. die Beziehung zwischen dem Umsatz und dem Gewinn der Pharma AG untersuchen. Deshalb will sie die Regressionsgerade ermitteln und deren Güte mithilfe des Korrelationskoeffizienten beurteilen. Dafür legt sie die folgenden Angaben zugrunde (Umsatz und Gewinn in Millionen €).

Jahr	2005	2006	2007	2008	2009	2010	2011	2012	2013	2014
Umsatz	500	600	800	1000	1300	1500	1600	1700	1900	2000
Gewinn	18	27	40	60	91	112,5	128	153	190	200

Übungen zu 1.3.2

1. Vor jeder Einführung eines neuen Produkts wird ein Marktforschungsinstitut mit einer Umfrage bei potentiellen Kunden beauftragt, um die mögliche Nachfrage des Produkts in Abhängigkeit vom Preis bei diesen Kunden herauszufinden.

Preis in GE/ME	5	10	15	20	25	30	35	40	45
Nachfrage in ME	15	15	14	14	13	12	11	11	8

Preis in GE/ME	50	55	60	65	70	75	80	85	90
Nachfrage in ME	7	6	5	4	4	4	3	2	0

a) Ermitteln Sie die Gleichung der Regressionsgeraden.
b) Beurteilen Sie die Güte der linearen Annäherung mithilfe des Korrelationskoeffizienten.

2. In einem Unternehmen wurden zu verschiedenen Ausbringungsmengen die Herstellungskosten festgehalten:

Ausbringungsmenge in ME	1	2	3	4	5	6	7	8	9
Kosten in GE	325	341	359	378	397	420	442	462	481

Ausbringungsmenge in ME	10	11	12	13	14	15	16	17
Kosten in GE	502	516	536	562	580	599	630	648

a) Ermitteln Sie anhand der Regressionsgeraden, mit welchen Kosten das Unternehmen rechnen muss, wenn die Produktionsmenge auf 20 ME erhöht werden soll.
b) Beurteilen Sie auf der Grundlage des Korrelationskoeffizienten, ob die Regressionsgerade eine gute Näherung des Kostenverlaufs liefert.

3. Rex White ist der momentan angesagteste Star der Musikszene. Seine Agentur kann sich vor Autogrammwünschen kaum retten. Um einen Überblick zu gewinnen, werden die eingehenden E-Mails in einem Zeitraum von 2 Wochen stichpunktartig gezählt (in der Tabelle ist die Gesamtzahl der E-Mails an dem jeweiligen Tag einschließlich der vorhergehenden E-Mails angegeben).

Tag	1	2	5	8	10	11	14
Anzahl E-Mails	24 000	58 500	105 000	189 000	255 000	276 500	345 500

a) Bereiten Sie die Daten in einem Koordinatensystem auf und ermitteln Sie die Gleichung der Regressionsgeraden.
b) Beurteilen Sie auf der Grundlage des Korrelationskoeffizienten, ob die Regressionsgerade eine gute Näherung liefert.

4. In einem Betrieb wurde der Zusammenhang zwischen der Bandgeschwindigkeit der Produktionsanlage (in m pro Sekunde) und der Fehlerquote (in Prozent der gefertigten Stücke) untersucht. Das Ergebnis der Untersuchung gibt die Tabelle wieder.

Geschwindigkeit in $\frac{m}{s}$	0,2	0,3	0,4	0,5	0,7	0,8	0,9	1,0
Fehlerquote in %	1	2	3	5	8	10	15	25

a) Ermitteln Sie aufgrund der Regressionsgeraden die Fehlerquote bei einer Bandgeschwindigkeit von $0,6\frac{m}{s}$.
b) Beurteilen Sie Ihre Prognose unter a) auf der Grundlage des Korrelationskoeffizienten.

5. Nach Angaben des Statistischen Bundesamtes hat sich die Zahl der Verkehrstoten von 1991 bis 2013 folgendermaßen entwickelt. ▶ Als Unfalltoter gilt, wer bis 30 Tage nach dem Unfall an den Folgen des Unfalls stirbt.

Jahr	1991	1992	1993	1994	1995	1996	1997	1998	1999	2000	2001	2002
Unfalltote	11 300	10 631	9949	9814	9454	8758	8549	7792	7772	7503	6977	6842

Jahr	2003	2004	2005	2006	2007	2008	2009	2010	2011	2012	2013
Unfalltote	6613	5842	5361	5091	4049	4477	4152	3648	4009	3606	3339

a) Stellen Sie die Daten in einem geeigneten Koordinatensystem dar.
b) Ermitteln Sie die Gleichung der Regressionsgeraden und beurteilen Sie deren Eignung.
c) Berechnen Sie mithilfe der Gleichung der Regressionsgeraden die Daten für die Jahre 2014 bis 2020. Vergleichen Sie die Daten mit den – soweit vorhanden – realen Daten.
d) Beurteilen Sie den Nutzen und die Grenze der Beschreibung der Daten mithilfe Ihrer Regressionsgeraden.
e) Der höchste Stand an Verkehrstoten war 1970 mit 21 332 (West- und Ostdeutschland). Berechnen Sie mithilfe Ihrer Regressionsgeraden den Stand von 1970 und vergleichen Sie ihn mit dem realen Wert.

6. Der 5-Jahresplan eines Unternehmens sah eine Gewinnsteigerung vor, wie sie in der Grafik veranschaulicht ist.
Die roten Punkte geben den Ist-Wert der letzten 10 Halbjahre wieder (in GE).

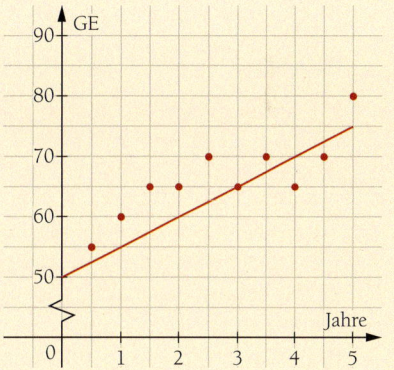

a) Tragen Sie den Durchschnittsgewinn nach Plan (Soll-Wert) und den tatsächlichen Durchschnittsgewinn (Ist-Wert) in die Grafik ein.
b) Berechnen Sie die mittlere lineare Abweichung und die Standardabweichung für die Ist-Werte.
c) Ermitteln Sie die Gleichung der Regressionsgeraden und beurteilen Sie deren Eignung.

7. Der Deutsche Wetterdienst (DWD) ermittelt jedes Jahr die durchschnittliche Temperatur für Deutschland. Dazu werden die Durchschnitte von vielen Wetterstationen und stündlichen Temperaturwerten ermittelt. Die folgende Tabelle gibt die jährliche Durchschnittstemperatur (in °C) für Deutschland in den Jahren von 1971 bis 2013 wieder.

Jahr	1971	1972	1973	1974	1975	1976	1977	1978	1979	1980	1981	1982	1983	1984	1985
Ø-Temperatur	8,4	7,8	8,2	8,8	8,9	8,5	8,7	7,8	7,7	7,6	8,2	8,9	9,0	8,0	7,4

Jahr	1986	1987	1988	1989	1990	1991	1992	1993	1994	1995	1996	1997	1998	1999	2000
Ø-Temperatur	7,9	7,4	9,1	9,5	9,5	8,4	9,4	8,5	9,7	8,9	7,2	8,9	9,1	9,5	9,9

Jahr	2001	2002	2003	2004	2005	2006	2007	2008	2009	2010	2011	2012	2013		
Ø-Temperatur	9,0	9,6	9,4	8,9	9,0	9,6	9,9	9,5	9,2	7,9	9,6	9,1	8,7		

a) Stellen Sie die Daten in einem Punktdiagramm dar und beschreiben Sie die Entwicklung.
b) Ermitteln Sie die Gleichung der Regressionsgeraden und den Korrelationskoeffizienten.
c) Interpretieren Sie den Zusammenhang der Daten mithilfe des Korrelationskoeffizienten.
d) Erläutern Sie die Bedeutung der Steigung der Regressionsgeraden im Sachzusammenhang.
e) Berechnen Sie die zu erwartende Temperatur in den Jahren 2030 und 2050.

8. Die neben stehenden Tabellen geben die Daten zu einer linearen Regression mit dem angegebenen Korrelationskoeffizienten wieder.
Ergänzen Sie die fehlenden Daten.

$r = 1$		$r = -1$		$r = 1$	
x	y	x	y	x	y
3	9	3	18	2	7
1	3	6	12	4	13
8		8		9	
	12		6		19

9. In einer Tabelle sind die Herzschläge und die Lebensdauer verschiedener Tierarten dargestellt.

Tierart	Herz-schläge/ Minute	durchschnittliche Lebenserwartung in Jahren	Tierart	Herz-schläge/ Minute	durchschnittliche Lebenserwartung in Jahren
Affe	192	15	Löwe	40	23
Chipmunk	684	2,5	Maus	600	2
Dachs	138	11	Meerschweinchen	280	2
Eichhörnchen	354	9	Opossum	180	5
Elefant	35	24	Pferd	44	25
Esel	50	14,6	Ratte	328	2,5
Giraffe	66	14	Schwein	71	16
Hamster	450	1,5	Stachelschwein	300	10
Hund	115	15	Tapir	44	5
Hyäne	56	12	Tiger	64	11
Kamel	30	25	Wal	16	30
Kaninchen	205	5,5	Ziege	90	9
Katze	120	15			

Quelle der Daten: Vogel/Wintermantel (2003)

a) Bei welcher Tierart schlägt das Herz am schnellsten/am langsamsten?
b) Stellen Sie Vermutungen dazu auf, worin sich die Tierarten mit schnellem und langsamem Herzschlag unterscheiden. Überprüfen Sie das an der vollständigen Tabelle.
c) Stellen Sie die Daten in einem Koordinatensystem dar.
d) Untersuchen Sie mithilfe einer Trendgeraden, ob es einen Zusammenhang zwischen Herzschlag und Lebensalter gibt. Ziehen Sie zur Beurteilung des Zusammenhangs auch den Korrelationskoeffizienten heran.

e) Der GTR/CAS bietet weitere Regressionsbefehle an. Untersuchen Sie die Daten mit einer quadratischen Regression einschließlich des Bestimmtheitsmaßes (R^2).
Welche Gleichung nähert die Werte am besten an?
f) Untersuchen Sie, ob der Trend auch für die Daten des Menschen gilt.

10. Es gibt einen Zusammenhang zwischen Gewicht und Herzfrequenz bei Säugetieren.
a) Stellen Sie zuerst eine Vermutung auf.
b) Recherchieren Sie die Daten im Internet und untersuchen Sie den Zusammenhang mithilfe der Regression.

1.3.3 Funktionen

Eine Zuordnung, bei der jedem Element x aus der Ausgangsmenge **genau ein** Element y aus der Zielmenge zugeordnet ist, heißt **eindeutig**. Eindeutige Zuordnungen heißen **Funktionen**.

1

Eindeutige Zuordnung (Funktion)

In einer Nährflüssigkeit werden Bakterien gezüchtet, die sich nach jeder Stunde verdoppeln. Die Zucht wird mit 10 Bakterien begonnen und soll auf eine Dauer von 4 Stunden beschränkt sein.
Stellen Sie die Zuordnung in einer Tabelle, im Koordinatensystem und als Zuordnungsvorschrift in Form einer Gleichung dar.

Die Zuordnung zwischen den ersten 4 Stunden und der jeweils zugehörigen Bakterienanzahl lässt sich in einer Tabelle und in einem Koordinatensystem veranschaulichen.
Alternativ können wir die Zuordnung durch eine Gleichung beschreiben: $y = 10 \cdot 2^x$. Dabei steht x für die Anzahl der vollen Stunden und y für die Anzahl der nach x Stunden vorhandenen Bakterien.
Die Ausgangsmenge A und eine mögliche Zielmenge Z der Zuordnung sind
$A = \{0; 1; 2; 3; 4\}$, $Z = \mathbb{R}^+$.

x	0	1	2	3	4
y	10	20	40	80	160

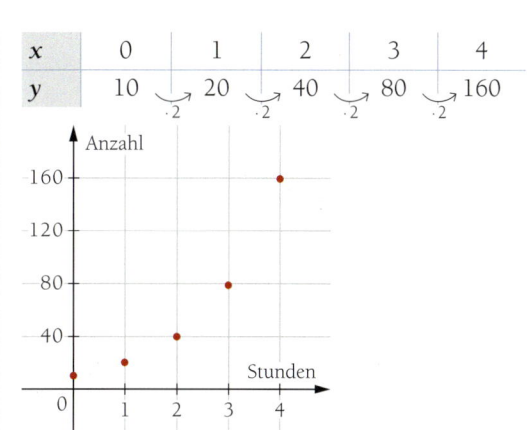

Aus allen drei Darstellungsarten ist ersichtlich, dass jeder Zahl der Ausgangsmenge *genau eine* Zahl der Zielmenge zugeordnet ist. Das heißt, die durch die Gleichung $y = 10 \cdot 2^x$ gegebene Zuordnung ist eindeutig und somit eine **Funktion**.

Mehrdeutige Zuordnung (keine Funktion)

Gegeben ist die Zuordnung mit der Ausgangsmenge $A = \{1; 2; 3; 4\}$ und der Zielmenge $Z = \{1; 2; 3; 4\}$, die jeder Zahl $x \in A$ die Zahlen $y \in Z$ mit $y > x$ zuordnet.
Stellen Sie die Zuordnung in einer Wertetabelle und als Graph im Koordinatensystem dar.

Aus beiden Veranschaulichungen lässt sich ablesen, dass durch $y > x$ keine Funktion gegeben ist. Denn eine Funktion muss zwei Eigenschaften erfüllen:

x	1	2	3	4
y	2; 3; 4	3; 4	4	–

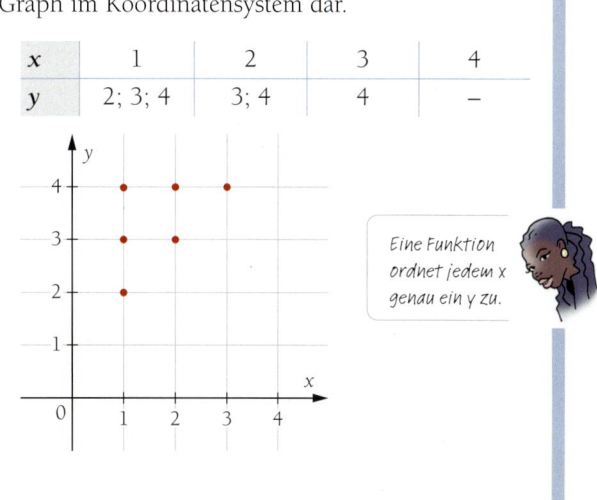

1. Jeder Zahl für $x \in A$ muss eine Zahl für $y \in Z$ zugeordnet sein. Das ist aber für $x = 4$ nicht erfüllt: In der Wertetabelle gibt es für $x = 4$ keine Zahl für $y \in Z$; im Koordinatensystem existiert kein Punkt an der Stelle $x = 4$.
2. Einer Zahl für $x \in A$ muss *genau eine* Zahl für $y \in Z$ zugeordnet sein.
   In der Wertetabelle stehen unter $x = 1$ drei verschiedene Zahlen aus Z und unter $x = 2$ zwei verschiedene Zahlen für y; im Koordinatensystem liegen an der Stelle $x = 1$ drei und an der Stelle $x = 2$ zwei Punkte übereinander.

Eine Funktion ordnet jedem x genau ein y zu.

1

Man verdeutlicht die Funktionseigenschaften einer Zuordnung, indem man statt **y auch $f(x)$** schreibt.
Diese Schreibweise zeigt, dass der Funktionswert für y vom Wert für x abhängt. Man nennt deshalb x die **unabhängige Variable** oder **Argumentvariable** und y die (von x) **abhängige Variable**.
Ist die Zuordnung eine Funktion, dann verwendet man statt des Begriffs Ausgangsmenge A den Begriff **Definitionsbereich** D_f. ▶ Die Funktion f ist definiert für alle $x \in D_f$.
Ist x_0 ein Element aus dem Definitionsbereich D_f, so bezeichnet $f(x_0)$ das Element aus der Zielmenge von f, das x_0 eindeutig zugeordnet ist. $f(x_0)$ ist der sogenannte **Funktionswert** an der Stelle x_0 bzw. der Funktionswert für das **Argument** x_0. Die Menge aller Funktionswerte von f nennt man den **Wertebereich** W_f. Der Wertebereich ist immer eine Teilmenge der Zielmenge Z. ▶ $W_f \subseteq Z$
In diesem Buch werden Funktionen in der Regel durch **Funktionsgleichungen** beschrieben, z.B. als $f(x) = 0,9 x - 90$ oder $f(x) = 10 \cdot 2^x$. Der rechte Teil dieser Gleichung ($0,9 x - 90$ bzw. $10 \cdot 2^x$) wird als **Funktionsterm** bezeichnet.
Von einer **reellen Funktionen** spricht man, wenn Definitions- und Wertebereich Teilmengen der reellen Zahlen sind (D_f, $W_f \subseteq \mathbb{R}$). Eine reelle Funktion f lässt sich durch ihren Graphen G_f im Koordinatensystem veranschaulichen.

 9   Begrifflichkeiten

Erläutern Sie die vorgestellten Begriffe anhand der Funktion f, die durch $f(x) = -2 x + 6$ ($x \in \mathbb{R}$) gegeben ist.

In der Funktionsgleichung $f(x) = -2 x + 6$ ist x die unabhängige Variable (Argumentvariable) und $y = f(x)$ die abhängige Variable.
Da x jeden beliebigen Wert annehmen kann, entspricht der größtmögliche Definitionsbereich den reellen Zahlen, also $D_f = \mathbb{R}$.

Der Funktionswert an der Stelle x_0 ist $f(x_0)$. Zum Beispiel ist an der Stelle $x_0 = 1$ der zugehörige Funktionswert $f(x_0) = 4$. Mit ausgewählten Werten für x lässt sich eine Wertetabelle erstellen.

Die Paare aus der Wertetabelle können wir als Punkte in ein Koordinatensystem eintragen. Da sich auch für alle Werte zwischen diesen sieben ausgewählten Stellen die Funktionswerte berechnen lassen, können wir die einzelnen Punkte verbinden. Die entstehende Gerade ist der Graph G_f der Funktion f.
Anhand des Graphen erkennen wir, dass jede reelle Zahl als y-Wert angenommen wird. Also gilt für den Wertebereich: $W_f = \mathbb{R}$.

Funktionsname
Argumentvariable
Funktionsterm
$$f(x) = \underbrace{-2x + 6}$$
Funktionsgleichung

$f(1) = -2 \cdot 1 + 6 = 4$

x	-2	-1	0	1	2	3	4
y	10	8	6	4	2	0	-2

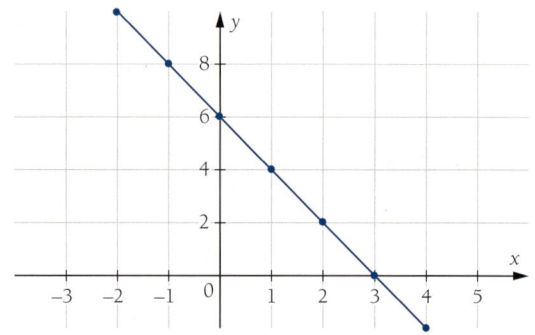

• Eine **Funktion** ist eine eindeutige Zuordnung: Jedem Element der Ausgangsmenge wird genau ein Element der Zielmenge zugeordnet.
• Die Ausgangsmenge nennt man auch **Definitionsbereich**.
• Die Menge der Funktionswerte heißt **Wertebereich**. Er ist eine Teilmenge der Zielmenge.
• Die Zuordnungsvorschrift einer Funktion wird in der Regel durch eine **Funktionsgleichung** angegeben.

 Entscheiden Sie begründet, welche der folgenden Zuordnungen Funktionen sind.
a) $y \geq x$; $D = \{0\}$ b) $y = x$; $D = \mathbb{R}$ c) $y = x^2$; $D = \mathbb{R}$ d) $y^2 = x$; $D = \mathbb{R}$

Übungen zu 1.3.3

1. Gegeben sind die Ausgangsmenge
$A = \{x \in \mathbb{N} \mid 0 \leq x \leq 5\}$ und die Zielmenge
$Z = \{y \mid y \in \mathbb{Z}\}$. Erstellen Sie Wertetabellen mit der
Ausgangsmenge A und den jeweiligen sich aus A
und den Gleichungen ergebenden Werten.

a) $y = 3$
b) $y = 2x + 1$
c) $y^2 = x$
d) $y = x^3$
e) $x^2 + y^2 = 25$
f) $y^2 = x - 1$

2. Für die folgenden Zuordnungsvorschriften f sei
der Definitionsbereich die Menge der reellen
Zahlen und der Wertebereich eine Teilmenge der
reellen Zahlen.
Entscheiden Sie, welche der Zuordnungsvorschriften eine reelle Funktion ist.

a) $f(x) = 2x$
b) $f(x) = \dfrac{2}{x}$
c) $f(x) = 2^x$
d) $f(x) = \left(\dfrac{1}{2}\right)^x$
e) $f(x) = x$
f) $f(x) \leq x$

3. Ermitteln Sie für die folgenden Zuordnungsvorschriften f jeweils die maximale Definitionsmenge,
sodass f reelle Funktionen sind.

a) $f(x) = \dfrac{4}{x-3}$
b) $f(x) = \dfrac{4x}{x^2 + 2x - 3}$
c) $f(x) = \sqrt{x}$
d) $f(x) = \sqrt{x^2 + 2x - 3}$

4. Welche der dargestellten Punktmengen sind
Graphen von Funktionen? Begründen Sie Ihre
Antwort.

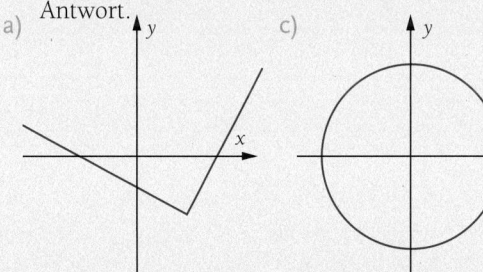

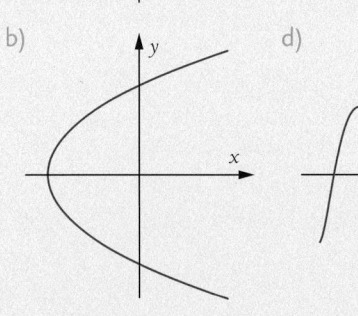
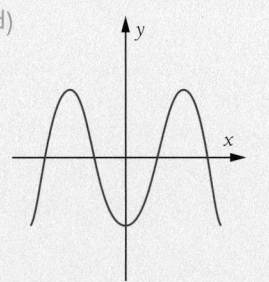

5. Entscheiden Sie begründet, welche der Zuordnungen aus den Übungen 1 bis 3 von Seite 60 Funktionen bzw. keine Funktionen sind.

6. Ordnen Sie die vier Graphen soweit möglich den
Sachverhalten a) bis d) zu.

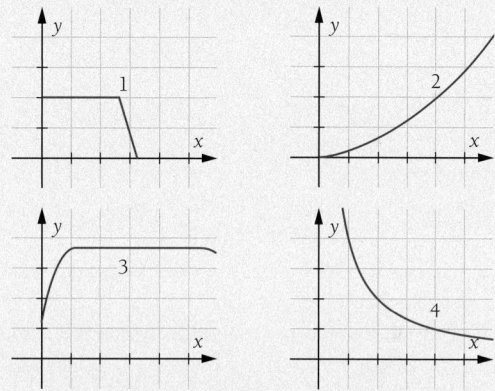

a) Entwicklung eines einmalig zu einem festen Zinssatz angelegten Kapitalbetrags y_0 im Laufe der
Zeit x.

b) Leistung y einer sehr guten Batterie im Laufe der
Zeit x.

c) Länge einer Rechteckseite bei gegebenem Flächeninhalt in Abhängigkeit von der anderen Seitenlänge.

d) Fläche y eines Kreises in Abhängigkeit von seinem
Radius x.

7. Geben Sie zu den Zuordnungen mindestens einen
passenden Sachverhalt an und entscheiden Sie, ob
es sich um Funktionen handelt. Begründen Sie
Ihre Entscheidung.

a)
c)

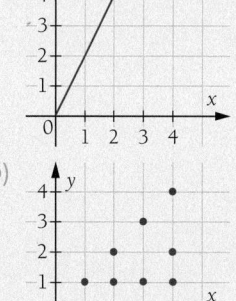
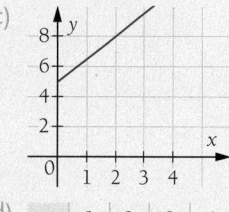

b)

d)

x	1	2	3	4
y	2	4	6	8

e)

x	1	2	3	4
y	12	6	4	3

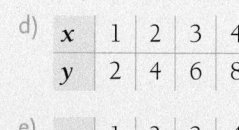
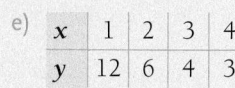

8. Bestimmen Sie $f(-2)$, $f(0)$, $f(2)$ und $f(10)$ für die folgenden Funktionen.

a) $f(x) = x$
b) $f(x) = x - 10$
c) $f(x) = -2x + 4$
d) $f(x) = x^2$
e) $f(x) = (-x)^2$
f) $f(x) = -x^2 + 4$

9. Prüfen Sie, welche der Punkte $A(0|7)$, $B(-1|1)$, $C(-2|3)$, $D(-4|0)$, $E(1|9)$ und $F(3|1)$ auf den Graphen der folgenden Funktionen liegen:

a) $f(x) = 2x + 7$
b) $g(x) = x^2 + x + 1$
c) $h(x) = 1$
d) $i(x) = -0,4x + 2,2$

10. Durch die Gleichungen

a) $y = \frac{1}{x}$ (Hyperbel),
b) $y^2 = x$ (Wurzelparabel),
c) $x^2 + y^2 = 25$ (Kreis mit dem Radius 5)

sind Zuordnungen der Werte für x zu den Werten für y gegeben ($D \subseteq \mathbb{R}$).
Geben Sie jeweils einen Definitionsbereich für diese Zuordnungen an, mit dem die Zuordnungen zu Funktionen werden. Stellen Sie die Funktionen jeweils im Koordinatensystem dar.

11. Die Stadtwerke einer westfälischen Stadt stellen ihren Stromkunden einen Grundpreis von 92,00 € pro Jahr und einen Arbeitspreis von 19,70 Cent pro kWh in Rechnung.

Erläutern Sie, welche Zuordnung bei der Rechnungslegung vorliegt und ob diese Zuordnung eine Funktion ist. Wenn die Zuordnung durch eine Gleichung beschrieben werden kann, geben Sie diese an. Geben Sie den Definitionsbereich und den Wertebereich dieser Zuordnung an, falls es sich um eine Funktion handelt.
Erstellen Sie eine Wertetabelle von 0 kWh bis 6000 kWh in Schritten von 500 kWh und veranschaulichen Sie die Zuordnung im Koordinatenkreuz.

12. Die abgebildete Drehscheibe ist in weiße, blaue, rote und grüne Segmente eingeteilt, in denen die Gewinne in € eingetragen sind. Drücken Sie die Zuordnung der Gewinne zu den Farben in einer Tabelle aus. Entscheiden Sie begründet, ob es sich um eine Funktion handelt.

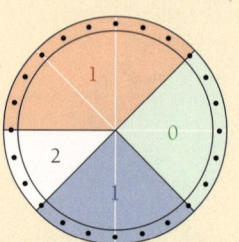

13. Die Jahresgewinne eines Unternehmens sind in dem Säulendiagramm dargestellt. Erläutern Sie an diesem Diagramm die Begriffe Zuordnung und Ausgangsmenge. Stellen Sie die Zuordnung in einer Tabelle dar. Entscheiden Sie, ob es sich um eine Funktion handelt.

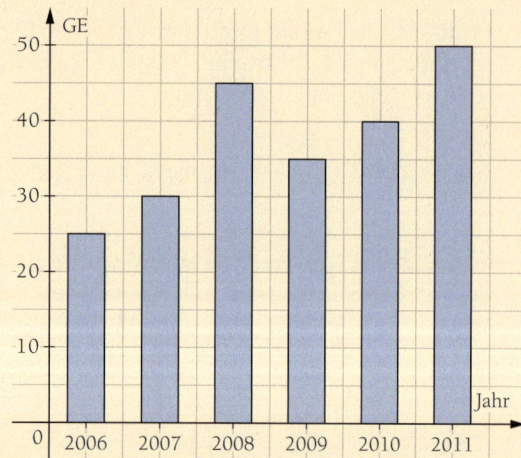

14. Die Fly Bike Werke GmbH produziert zwölf verschiedene Fahrradmodelle. Das Modell *Trekking Light* kostet 299,25 €.

a) Berechnen Sie den Erlös beim Verkauf von 8 Fahrrädern.
b) Geben Sie die Erlösfunktion an, die den Erlös in Abhängigkeit vom Absatz beschreibt. Ermitteln Sie den Definitions- und Wertebereich.
c) Zeichnen Sie den Graphen der Erlösfunktion.
d) Wie viele Fahrräder müssen verkauft werden, um einen Erlös von mindestens 50 000 € zu erzielen?

Vermischte Übungen zu 1.3

1. Handelt es sich bei den gegebenen Zuordnungen um Funktionen? Begründen Sie. Stellen Sie (sofern möglich) die Zuordnungen alternativ als Tabelle, Graph, Gleichung bzw. Zuordnungsvorschrift dar.

a)
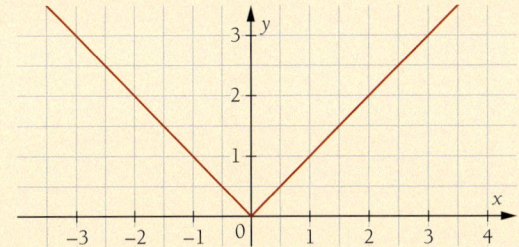

b) Jeder Zahl $x \in \mathbb{N}$ ist die Anzahl ihrer Teiler zugeordnet.

c)
x	−2	−1	0	1	2
y	4	1	0	1	4

d)
x	−2	−1	0	1	2
y	2	2	2	2	2

2. Erstellen Sie zu der Funktionsgleichung eine Wertetabelle und zeichnen Sie den Graphen.

a) $f(x) = -2; D_f = [-4; 4]$
b) $f(x) = x - 2; D_f = [-2; 6]$
c) $f(x) = |x - 2|; D_f = [-2; 6]$
d) $f(x) = x^2 - 4x + 2; D_f = [-1; 5]$

3. Geben Sie die Gleichung der jeweiligen Funktion f an.

a) f ordnet der Seitenlänge x eines Quadrats dessen Umfang zu.
b) f ordnet der Seitenlänge x eines Quadrats dessen Flächeninhalt zu.
c) f ordnet dem Umfang x eines Quadrats dessen Seitenlänge zu.
d) f ordnet dem Flächeninhalt x eines Quadrats dessen Umfang zu.
e) f ordnet dem Radius x eines Kreises dessen Umfang zu.
f) f ordnet dem Radius x eines Kreises dessen Flächeninhalt zu.
g) f ordnet dem Umfang x eines Kreises dessen Radius zu.
h) f ordnet dem Flächeninhalt x eines Kreises dessen Radius zu.

4. Entscheiden Sie begründet, welche der Graphen zu den Funktionen aus Übung 3a) bis 3d) gehören.

a)
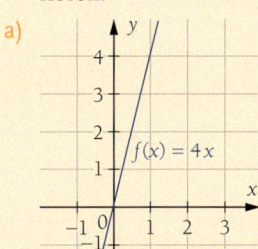

c)
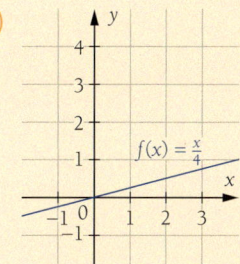

b)
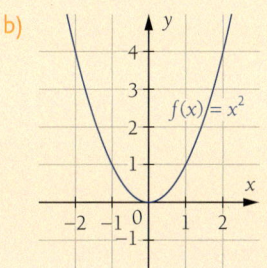

d)
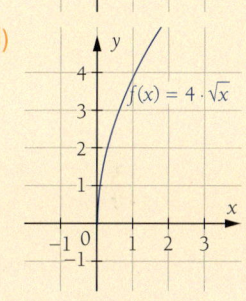

5. Die Tabelle zeigt die aktuellen Preise für Erdbeeren beim Biobauern Redwisch.

Gewicht in g	100	500	1000	2000
Preis in €	0,50	2,50	4,90	9,50
Preis in € selbstgepflückt	0,20	1,00	2,00	4,00

a) Stellen Sie die Preise in Abhängigkeit des Gewichts in einem Koordinatensystem dar.
b) Sind die beiden Zuordnungen „Gewicht → Preis" und „Gewicht → Preis (selbstgepflückt)" Funktionen? Wenn ja, geben Sie den Definitions- und Wertebereich an.
c) Beschreiben Sie, wenn möglich, die Zuordnungen durch eine Gleichung.
d) Erntehelfer erhalten für das Erdbeerpflücken 5 € pro Stunde. Ein guter Pflücker schafft 5 kg Erdbeeren pro Stunde. Welche Variante ist für den Bauern günstiger, wenn man alle weiteren Kosten für den Verkauf vernachlässigt: die Kunden pflücken lassen oder von Erntehelfern gepflückte Erdbeeren verkaufen? *Tipp:* Gehen Sie beim Verkauf der von Erntehelfern gepflückten Erdbeeren vom geringsten Preis aus.

6. Zur Erdbeersaison verkauft der Biobauer Redwisch seine Erdbeeren auch von Ständen an zentral gelegenen Stellen. Die Fixkosten für den Stand betragen pro Tag 150 €. Für den Verkäufer werden 15 € pro Stunde fällig. Folgende Tabelle zeigt die verkauften Mengen (in kg) in Abhängigkeit der Zeit für die vergangene Woche:

	Mo	Di	Mi	Do	Fr	Sa
6–8 Uhr	45	51	48	56	55	30
10 Uhr	89	94	100	92	89	104
12 Uhr	135	136	132	140	133	155
14 Uhr	180	181	179	200	195	205
16 Uhr	243	250	266	237	275	255
18 Uhr	260	272	289	261	300	270
20 Uhr	265	279	293	271	308	274

Geben Sie dem Bauern eine begründete Empfehlung zu den Verkaufszeiten und Liefermengen.

a) Berechnen Sie für die Wochentage Montag bis Freitag jeweils die durchschnittliche Verkaufsmenge zu den gegebenen Zeitpunkten.

b) Stellen Sie die durchschnittliche Verkaufsmenge in Abhängigkeit der Zeit dar.

c) Stellen Sie tabellarisch und grafisch die Gesamtkosten für den Verkauf in Abhängigkeit der Zeit dar.

d) Stellen Sie nun die Gesamtverkaufskosten in Abhängigkeit der verkauften Menge dar.

e) Interpretieren Sie das Ergebnis. Geben Sie dem Bauern eine Empfehlung zu den Öffnungszeiten an Wochentagen bzw. am Samstag und zu den Liefermengen.

7. Analysieren Sie die Angebotssituation von der Seite 57 und ermitteln Sie das günstigste Angebot in Abhängigkeit der Anzahl der benötigten Federgabeln.

8. Erfassen Sie die Abhängigkeit des zurückgelegten Weges s von der Zeit t durch eine Funktionsgleichung, stellen Sie eine Wertetabelle auf und zeichnen Sie den Funktionsgraphen.

a) Die Geschwindigkeit eines Pkws ist konstant und beträgt $108 \frac{km}{h}$.

b) Die Beschleunigung eines Pkws ist konstant und beträgt $7{,}2 \frac{km}{h}$ pro Sekunde.

9. Die JoRo GmbH will ein Nachfolgemodell ihres Blu-Ray-Players auf den Markt bringen. Das Gerät glänzt mit erheblich verbesserten Eigenschaften.

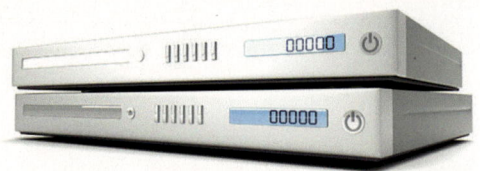

Zur Absatzanalyse wird das Gerät in allen Großstädten, die mehr als 300 000 Einwohner haben, versuchsweise eine Woche lang zu unterschiedlichen Verkaufspreisen angeboten. In der Tabelle ist der Absatz (in Stück) zum jeweiligen Preis (in €) angegeben.

Stück	330	280	200	110	70	10	0
€	145	150	155	160	165	170	175

a) Führen Sie eine lineare Regression durch und veranschaulichen Sie Ihr Ergebnis im Koordinatensystem.

b) Berechnen Sie den Korrelationskoeffizienten und interpretieren Sie seinen Wert.

c) Ermitteln Sie den Absatz bei einem Preis von 100 €, wenn die ermittelte Regressionsgerade zugrunde gelegt wird.

Ich kann ...

... *mit einer* **Zuordnungs-vorschrift** *aus den Elementen einer* **Ausgangsmenge** *A und einer* **Zielmenge** *Z* **Werte-paare** (x|y) *bilden.*
▶ Test-Aufgabe 1

$A = \{1; 2; 3; 4\}$, $Z = \{1; 3\}$
Zuordnungsvorschrift: $y \leq x$.
Wertepaare $(x|y)$ der Zuordnung:
$(1|1), (2|1), (3|1), (3|3), (4|1),$
$(4|3)$

Als Variable für die Elemente der Ausgangsmenge nehmen wir die unabhängige Variable x.
Als Variable für die Elemente der Ziel-menge nehmen wir die (von x) abhängige Variable y.

... *Zuordnungen als* **Punkte im Koordinatensystem** *erfassen.*
▶ Test-Aufgabe 6

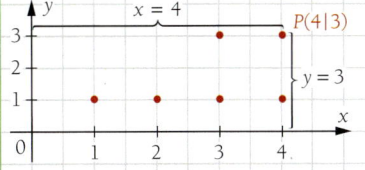

Die Werte für x werden auf der waage-rechten Achse (x-Achse), die Werte für y auf der senkrechten Achse (y-Achse) abgetragen.

... *erklären, was eine* **Funktion** *ausmacht.*
▶ Test-Aufgaben 1, 2, 3

Die Zuordnung $y = x - 2$ mit $A = \{1; 2; 3; 4\}$ stellt eine Funktion dar, weil es für alle $x \in A$ genau *eine* Zahl für y gibt.
Die Zuordnung $y \leq x$ mit derselben Ausgangsmenge kann keine Funk-tion sein, weil es x-Werte gibt, denen jeweils mehr als ein y-Wert zugeordnet ist.

Jedem $x \in A$ wird genau ein $y \in Z$ zugeordnet. In einer Wertetabelle steht zu jedem $x \in A$ ein einziger y-Wert.
Im Koordinatensystem können nicht mehrere Punkte übereinander stehen.

... *die Begriffe* **Definitions-bereich** *und* **Wertebereich** *einer Funktion erklären.*

$f(x) = x - 2$
$D = \{1; 2; 3; 4\}$
$f(1) = -1, f(2) = 0, f(3) = 1,$
$f(4) = 2$
$W = \{-1; 0; 1; 2\}$

Die Ausgangsmenge A wird bei Funk-tionen Definitionsbereich D genannt. Mit den Zahlen für x aus D werden die y-Werte (Funktionswerte) gebildet. Die Menge der Zahlen für y ist dann der Wertebereich W.

... *die verschiedenen Teile einer* **Funktionsgleichung** *benennen.*

Funktionsgleichung: $f(x) = x - 2$
Funktionsterm: $x - 2$
Unabhängige Variable: x
Abhängige Variable: $y = f(x)$
Funktionswert zu $x = 1$: $y = f(1) = -1$

... *mit einer* **Punktprobe** *über-prüfen, ob ein gegebener Punkt auf dem Graphen einer Funktion liegt.*
▶ Test-Aufgabe 4

$P(8|6), Q(6|3)$:
$f(8) = 8 - 2 = 6$
→ P liegt auf dem Graphen von f
$f(6) = 6 - 2 = 4 \neq 3$
→ Q liegt nicht auf dem Graphen von f

$P(a|b)$:
Die x-Koordinate des Punktes in den Funktionsterm von f einsetzen:
$f(a) = b$ → P liegt auf dem Graphen von f
$f(a) \neq b$ → P liegt nicht auf dem Graphen von f

... *eine* **Regressionsgerade** *und den zugehörigen* **Korrelations-koeffizienten** *ermitteln und ihre Bedeutung interpretieren.*
▶ Test-Aufgabe 7

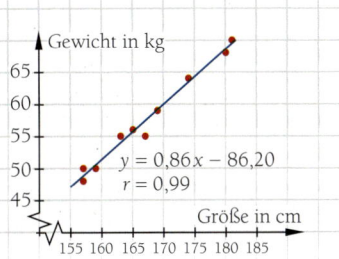

Die Regressionsgerade ist die „optimale" Trendlinie innerhalb der Punktwolke. Der Korrelationskoeffizient gibt an, wie „gut" diese Gerade liegt. Je näher der Wert für $|r|$ bei 1 liegt, desto besser beschreibt die Gerade den Zusammenhang.

Test zu 1.3

1. Gegeben sind die Ausgangsmenge $A = \{1; 2; 3; 4; 5\}$ und Zielmenge $Z = \mathbb{N}$. Drücken Sie die folgenden Zuordnungen in einer Wertetabelle aus. Entscheiden Sie begründet, welche der Zuordnungen Funktionen sind.

a) $y < x$ c) $y = -x + 1$ e) y ist das Doppelte von x

b) $y < x - 1$ d) x und y sind gleich f) $y = 1$

2. Entscheiden Sie begründet, welche der im Koordinatensystem dargestellten Zuordnungen Funktionen sind.

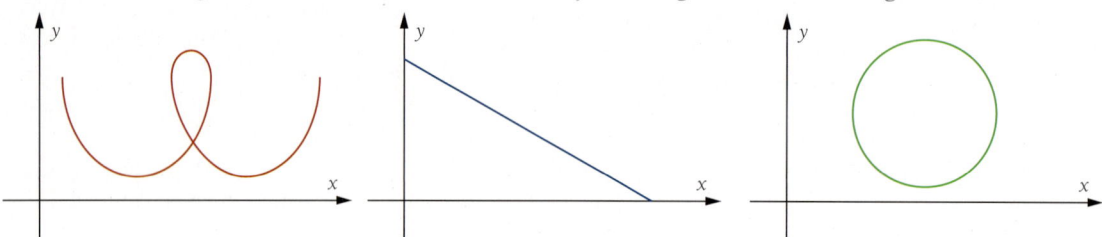

3. Entscheiden Sie begründet, welche der Zuordnungen Funktionen sind.

a) Person $\mapsto$ Personalausweisnummer

b) Person $\mapsto$ Telefonnummer

c) Höhe der Produktion $\mapsto$ Höhe des Absatzes

d) Anzahl der Endprodukte $\mapsto$ Anzahl der benötigten Rohstoffe

e) Anzahl der benötigten Rohstoffe $\mapsto$ Anzahl der Endprodukte

4. Prüfen Sie, ob die Punkte auf dem Graphen der Funktion liegen.

a) $f(x) = 4x + 3$, $P(2|11)$, $Q(-2|-5)$, $R(5|20)$

b) $f(x) = 2^x$, $P(2|2)$, $Q(-2|0{,}25)$, $R(0|1)$

5. Sind die folgenden Aussagen wahr oder falsch? Begründen Sie.

Der Graph einer Funktion schneidet …

a) … die x-Achse höchstens in einem Punkt.

b) … die y-Achse höchstens in einem Punkt.

c) … die x-Achse in mindestens einem Punkt.

d) … die y-Achse in mindestens einem Punkt.

e) … eine Parallele zur y-Achse höchstens einmal.

f) … eine Parallele zur x-Achse höchstens einmal.

6. Eltern möchten ihrer Tochter für eine zehntägige Klassenfahrt Taschengeld mitgeben, und zwar für den ersten Tag 3 € und für jeden weiteren Tag 2 € mehr als am vorhergehenden Tag. Die Tochter macht einen Gegenvorschlag: Für den ersten Tag 20 Cent, dann täglich den doppelten Betrag des Vortages.

a) Stellen Sie beide Vorschläge in einer Wertetabelle und einem gemeinsamen Koordinatensystem dar.

b) Geben Sie den Definitions- und Wertebereich an.

c) Beurteilen Sie, welcher Vorschlag für die Tochter günstiger ist.

7. Ermitteln Sie die Gleichung der Regressionsgeraden und den Korrelationskoeffizienten. Beurteilen Sie die Güte des linearen Zusammenhangs.

$(1|1)$; $(2|1)$; $(3|2)$; $(4|2{,}5)$; $(5|3)$; $(6|4{,}5)$; $(7|4{,}5)$; $(8|5{,}5)$; $(9|7)$; $(10|6{,}5)$

2 Reelle Funktionen

2.1 Lineare Funktionen

Der Geschäftsführer der Fly Bike Werke GmbH, Hans Peters, möchte das Sortiment ausbauen. Die Produktion soll um ein Elektrofahrrad mit Tretunterstützung ergänzt werden. Die Fahrräder unterliegen weder einer Versicherungs- noch einer Führerscheinpflicht und sind bei Senioren zunehmend beliebt. Herr Peters möchte zunächst die Modellreihe *City* um ein solches Elektrofahrrad erweitern, da diese Modelle mit ihrem niedrigen Einstieg bei älteren Kunden großen Anklang finden.

Herr Peters hat deshalb den Leiter der Produktion, Herrn Rother, gebeten, die Kosten für dieses Modell zusammenzutragen.

Herr Rother ermittelt Kosten in Höhe von 40 000 €, die für die Erweiterung der Produktionshallen anfallen. Außerdem würden für jedes Fahrrad Kosten in Höhe von 1500 € für Material und Personal entstehen.

Herr Gerland als Vertriebsleiter möchte das neue Modell *E-City-Bike* nennen und schlägt als Verkaufspreis 1899 € vor. Damit steigt die Fly Bike Werke GmbH mit einem preiswerten Elektrofahrrad in diesen neuen Markt ein und kann später die E-Bike-Produktion auch auf andere Modelle ausweiten, mit denen dann höhere Preise erzielt werden können.

Die Geschäftsführung möchte nun anhand der vorliegenden Zahlen die Entscheidung treffen, ob die Fly Bike Werke GmbH in die Produktion von Elektrofahrrädern einsteigt.

▶ Aufgabe 14 auf Seite 97

Kompetenzen

- Lineare Funktionen erkennen und auf verschiedene Arten darstellen
- Einfluss der Koeffizienten auf den Graphen erläutern
- Realitätsbezogene Zusammenhänge mathematisch beschreiben und deuten

Anwendungen

- Fixe und variable Kosten
- Lineare Kosten-, Erlös- und Gewinnfunktion
- Höchstpreis (Prohibitivpreis)
- Sättigungsmenge
- Marktgleichgewicht
- Gleichgewichtspreis
- Gleichgewichtsmenge

2.1   Lineare Funktionen

2.1.1   Gleichungen und Graphen

 Variable und fixe Kosten

Ein junger Kaufmann beabsichtigt, sich als Produzent von Schokolade selbstständig zu machen. Er überdenkt die Kostensituation. Er weiß, dass er Kosten haben wird, die unverändert anfallen, egal wie viele Mengeneinheiten (ME) er produziert. Diese von der Produktionsmenge *unabhängigen* Kosten nennt der Ökonom **fixe Kosten**. Dazu gehören die Kosten für Miete, Versicherung usw. Hier fallen 1000 € fixe Kosten an.
Die Produktion einer Mengeneinheit kostet 500 €. Man nennt diese von der Produktionsmenge *abhängigen* Kosten **variable Kosten**.

Stellen Sie den Sachverhalt grafisch dar und berechnen Sie, wie viele Mengeneinheiten (ME) der Kaufmann produzieren kann, wenn die Gesamtkosten 2500 € nicht übersteigen dürfen.

Fixe Kosten

Die fixen Kosten betragen unabhängig von der produzierten Menge x immer 1000 €:

$$K_{\text{fix}}(x) = 1000$$

Der Graph von K_{fix} verläuft parallel zur x-Achse und trifft die y-Achse bei 1000.

x	0	1	2	3	…
$K_{\text{fix}}(x)$	1000	1000	1000	1000	1000

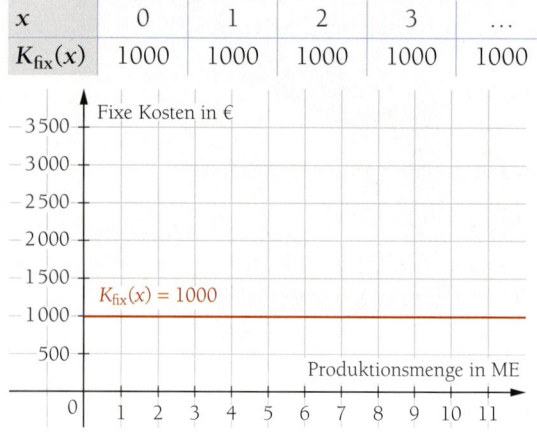

 *Die fixen Kosten sind unabhängig von der produzierten Menge.*

Variable Kosten

Für die variablen Kosten K_{v} gilt:

Für $x = 1$: $K_{\text{v}}(1) = 500 \cdot 1 = 500$
Für $x = 2$: $K_{\text{v}}(2) = 500 \cdot 2 = 1000$
Allgemein: $K_{\text{v}}(x) = 500 \cdot x = 500x$

Der Graph von K_{v} ist eine Halbgerade durch den Punkt $(0|0)$.

▶ Zur Vereinfachung betrachten wir nicht nur ganze ME, sondern gehen davon aus, dass z. B. eine halbe ME auch die halben Kosten verursacht. Dadurch erhalten wir statt einzelner Punkte eine Halbgerade.

x	0	1	2	3	…
$K_{\text{v}}(x)$	0	500	1000	1500	…

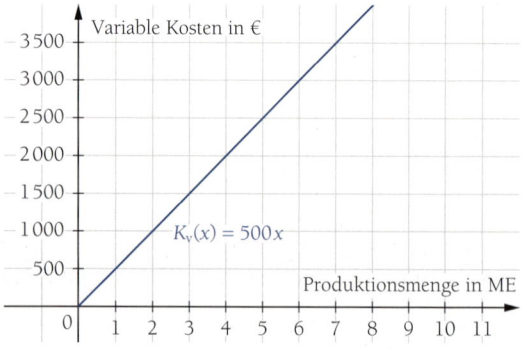

 *Die variablen Kosten steigen mit der produzierten Menge.*

Gesamtkosten

Die Gesamtkosten K ergeben sich als Summe aus den variablen und den fixen Kosten:

$$K(x) = K_v(x) + K_{fix}(x) = 500x + 1000$$

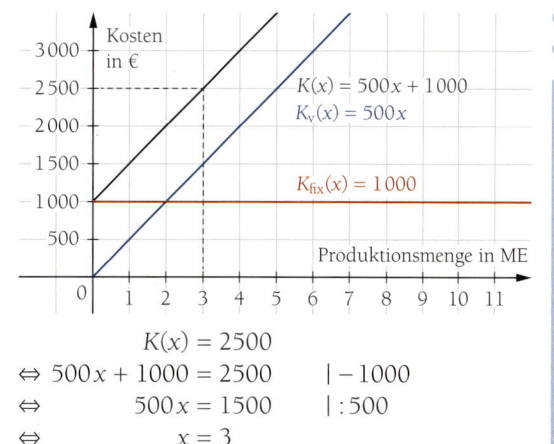

Der Graph von K ergibt sich durch Verschiebung des Graphen von K_v (variable Kosten) um 1000 Einheiten (fixe Kosten) nach oben.

Am Graphen von K erkennen wir, dass für 2500 € genau 3 ME produziert werden können.

Dieses Ergebnis erhalten wir auch, wenn wir den Funktionsterm von K gleich 2500 setzen.

▶ Im GTR/CAS ist es sehr nützlich, Funktionen einen Namen zuzuweisen. Häufig wird eine Funktion durch „:=" definiert, z.B. $K(x):= 500x + 1000$.

$$
\begin{aligned}
K(x) &= 2500 \\
\Leftrightarrow \quad 500x + 1000 &= 2500 \qquad | -1000 \\
\Leftrightarrow \qquad\qquad 500x &= 1500 \qquad | :500 \\
\Leftrightarrow \qquad\qquad\quad x &= 3
\end{aligned}
$$

Gehalt und Provision

Die JoRo GmbH zahlt Vertretern im Außendienst 2000 € Grundgehalt pro Monat. Zusätzlich erhält jeder Vertreter eine Provision in Höhe von 5 % seines Monatsumsatzes.

Geben Sie eine Funktionsgleichung für das Monatsgehalt in Abhängigkeit des Umsatzes an. Stellen Sie das Ergebnis auch grafisch dar.

Die Variable x steht für den Monatsumsatz. Dann gilt für das gesamte Monatseinkommen:

$$E(x) = 0{,}05x + 2000 \qquad \blacktriangleright 5\% = \tfrac{5}{100} = 0{,}05$$

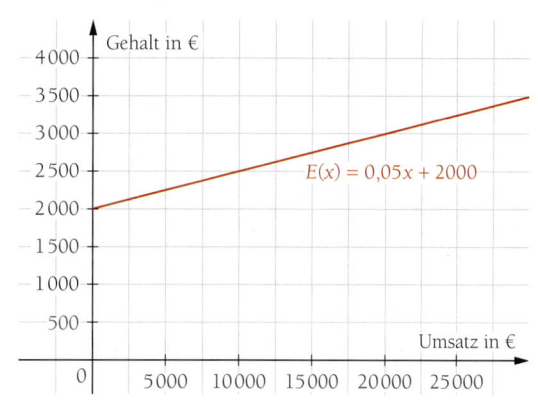

Bei einem Umsatz von beispielsweise 20 000 € erhält der Vertreter ein Monatsgehalt von 3000 €.

▶ $E(20\,000) = 0{,}05 \cdot 20\,000 + 2000 = 1000 + 2000 = 3000$

Alle in den Beispielen 1 und 2 betrachteten Funktionsgleichungen haben die Form

$$f(x) = mx + n.$$

$$
\begin{aligned}
E(x) &= 0{,}05x + 2000 \\
K(x) &= 500x + 1000 \\
K_v(x) &= 500x \qquad \blacktriangleright K_v(x) = 500x + 0 \\
K_{fix}(x) &= 1000 \qquad \blacktriangleright K_{fix}(x) = 0x + 1000
\end{aligned}
$$

Solche Funktionen nennt man **lineare Funktionen**.

In den Beispielen 1 und 2 sind nur positive Werte für x betrachtet worden. Erweitert man den Definitionsbereich auf alle reellen Zahlen, sind die Graphen linearer Funktionen immer Geraden.

- Eine Funktion f mit der Funktionsgleichung $f(x) = mx + n$ mit $m, n \in \mathbb{R}$ heißt **lineare Funktion**.
- Der Graph einer linearen Funktion ist eine **Gerade**.

Im Unterschied zur Funktionsvariablen x nennt man m und n **Formvariablen** oder auch **Parameter**.

2

Steigung und y-Achsenabschnitt

Wir betrachten noch einmal die drei Funktionen und ihre Graphen aus Beispiel 1.

Bedeutung von n

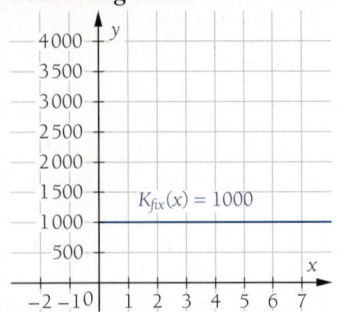
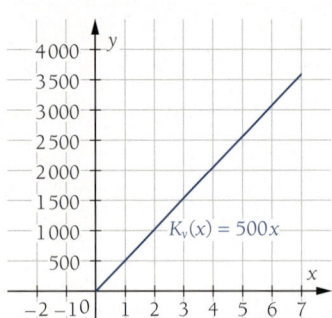
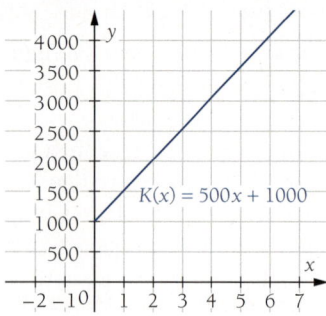

Bei n schneiden die Geraden die y-Achse. Man nennt n **Absolutglied**, **x-freies Glied** oder **y-Achsenabschnitt**. Der Schnittpunkt mit der y-Achse ist $S_y(0|n)$.

Ist $n = 0$, so geht die Gerade durch den Koordinatenursprung $(0|0)$. Geraden durch den Koordinatenursprung heißen **Ursprungsgeraden**.

Der Graph zu $K(x) = 500x + 1000$ schneidet die y-Achse bei 1000. ▶ $n = 1000 \Rightarrow S_y(0|1000)$

Der Graph zu $K_v(x) = 500x$ ist eine Ursprungsgerade. ▶ $n = 0 \Rightarrow S_y(0|0)$

Bedeutung von m

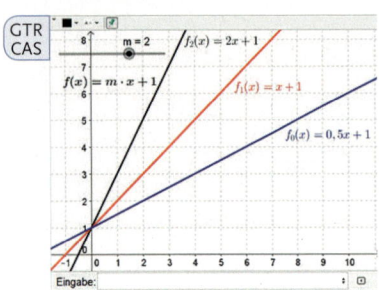
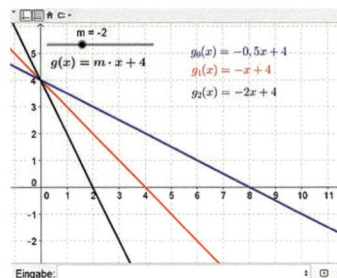
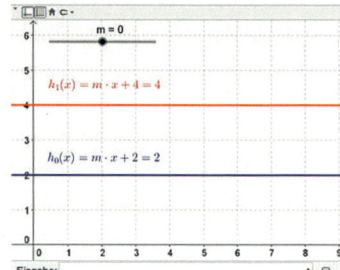

▶ **GG** Mit dem Schieberegler kann die Bedeutung von m anschaulich untersucht werden.

Je nachdem, ob m größer oder kleiner als 0 ist, steigt oder fällt die zugehörige Gerade:

$m > 0$: Die Gerade steigt. Je größer m ist, desto steiler verläuft die Gerade.

$m < 0$: Die Gerade fällt. Je größer der Betrag von m ist, desto steiler fällt die Gerade.

$m = 0$: Die Gerade verläuft parallel zur x-Achse. Eine solche Funktion nennt man **konstante Funktion**.

m gibt also die **Steigung** der Geraden an.

Der Graph zu $f_2(x) = 2x + 1$ steigt steiler als der Graph zu $f_1(x) = x + 1$.

Der Graph zu $g_2(x) = -2x + 4$ fällt steiler als der Graph zu $g_1(x) = -x + 4$.

Die Graphen zu $h_0(x) = 2$ und $h_1(x) = 4$ verlaufen parallel zur x-Achse.

Steigung einer Geraden

Steigungsdreieck

Die Gerade zu $g(x) = 2x + 1$ hat die Steigung $m = 2$.
Erläutern Sie, wie man die Steigung anhand der Geraden erkennen kann.

▶ 12 % Steigung bedeutet: Auf 100 m horizontale Länge beträgt der Höhenunterschied 12 m.

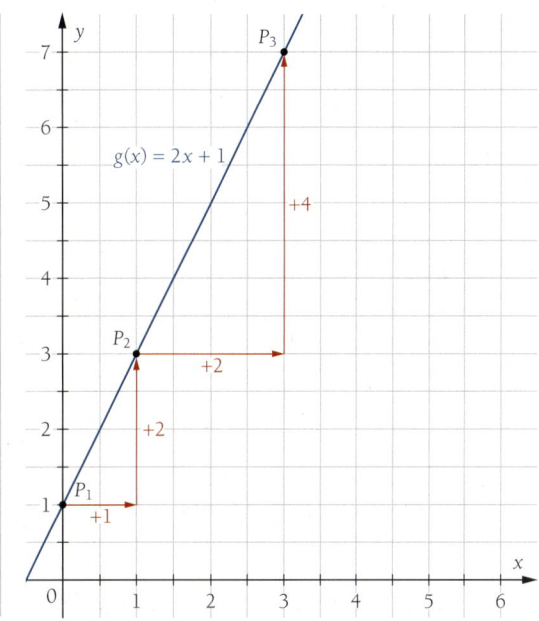

Anhand des Graphen erkennen wir: Geht man vom Punkt $P_1(0|1)$ eine Einheit nach rechts, so muss man zwei Einheiten nach oben gehen, um wieder zu einem Punkt der Geraden zu gelangen, hier: $P_2(1|3)$.
Geht man vom Punkt $P_2(1|3)$ zunächst zwei Einheiten nach rechts, muss man vier Einheiten nach oben gehen, um wieder zu einem Punkt auf der Geraden zu gelangen, hier: $P_3(3|7)$.
Zeichnen wir diese Schritte nach, so erhalten wir rechtwinklige Dreiecke, die sogenannten **Steigungsdreiecke**. In jedem dieser Steigungsdreiecke beträgt das Verhältnis der Seitenlängen 2.
Es entspricht also der Steigung m.
Erstes Dreieck:

$\frac{2}{1} = 2$ ▶ $m = 2$

Zweites Dreieck:

$\frac{4}{2} = 2$ ▶ $m = 2$

$m = \frac{2}{1}$ bedeutet: 1 Einheit nach rechts (1 im Nenner) und 2 Einheiten nach oben (plus 2 im Zähler).

Mithilfe des Steigungsdreiecks kann die Steigung einer beliebigen Geraden bestimmt werden.

Steigungsformel

Bestimmen Sie die Steigung der Geraden durch die Punkte $P_1(0|1)$ und $P_2(3|2)$.

Die Steigung einer Geraden ist das Verhältnis der Differenz der y-Koordinaten zweier Punkte (Δy) zur Differenz der x-Koordinaten (Δx).

▶ Δ (gelesen „Delta") ist das griechische „D" und steht hier für Differenz.

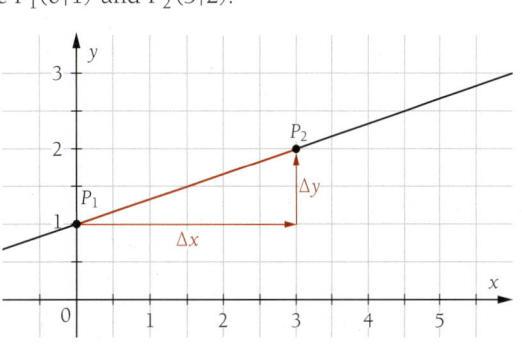

Aus der Zeichnung lesen wir ab:

$\frac{\Delta y}{\Delta x} = \frac{y_2 - y_1}{x_2 - x_1} = \frac{f(x_2) - f(x_1)}{x_2 - x_1} = \frac{2 - 1}{3 - 0} = \frac{1}{3}$

Somit beträgt die Steigung der abgebildeten Geraden $m = \frac{1}{3}$.

5 Negative Steigung

Bestimmen Sie die Steigung der Geraden aus der nebenstehenden Zeichnung.

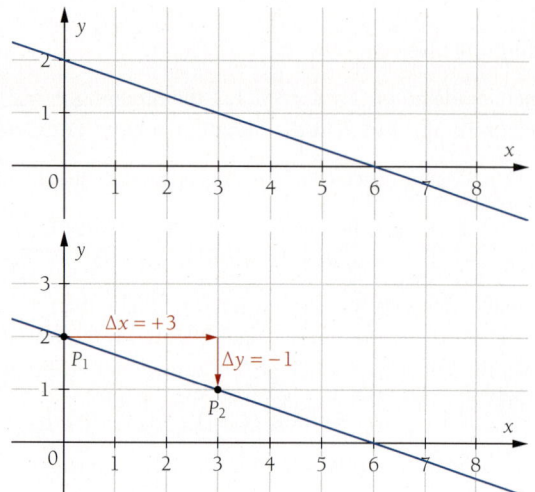

Aus der Zeichnung lesen wir zwei Punkte ab, die auf der Geraden liegen, z.B. $P_1(0|2)$ und $P_2(3|1)$. Ausgehend vom Punkt P_1 muss man 3 Einheiten nach rechts und 1 Einheit nach unten gehen, um P_2 zu erreichen.

Wir berechnen die Steigung der Geraden durch die Punkte P_1 und P_2 und erhalten $m = -\frac{1}{3}$.

▶ Im Unterschied zu den Beispielen 3 und 4 wird hier Δy nach unten gezeichnet. Bei einer negativen Steigung verläuft die Gerade „von links oben nach rechts unten".

$$m = \frac{\Delta y}{\Delta x} = \frac{y_2 - y_1}{x_2 - x_1} = \frac{1-2}{3-0} = \frac{-1}{3} = -\frac{1}{3}$$

$m = -\frac{1}{3}$ *bedeutet: 3 Einheiten nach rechts (3 im Nenner) und 1 Einheit nach unten (minus 1 im Zähler).*

📌 Der Graph einer linearen Funktion mit der Gleichung $f(x) = mx + n$; $m, n \in \mathbb{R}$ ist eine Gerade.
• n bestimmt den **y-Achsenabschnitt**. Im Punkt $S_y(0|n)$ schneidet die Gerade die y-Achse.
• m gibt die Steigung der Geraden an.
  $m > 0$: Die Gerade steigt, und zwar umso steiler, je größer m ist.
  $m < 0$: Die Gerade fällt, und zwar umso steiler, je größer m betragsmäßig ist.
  $m = 0$: Die Gerade verläuft parallel zur x-Achse (konstante Funktion).
• Sind $P_1(x_1|y_1)$ und $P_2(x_2|y_2)$ zwei beliebige verschiedene Punkte der Geraden, so gilt die **Steigungsformel**
$$m = \frac{\Delta y}{\Delta x} = \frac{y_2 - y_1}{x_2 - x_1} = \frac{f(x_2) - f(x_1)}{x_2 - x_1}$$

  1. Geben Sie m und n in den Funktionstermen an und äußern Sie sich jeweils zum Steigungsverhalten.
   a) $f(x) = -2{,}5x + 5$ b) $f(x) = 0{,}5x - 2$ c) $f(x) = -5 + \frac{1}{3}x$ d) $f(x) = -0{,}25x$ e) $f(x) = -40$

2. Bestimmen Sie mithilfe von Steigungsdreiecken die Steigungen der drei Funktionen, deren Graphen nebenstehend abgebildet sind.

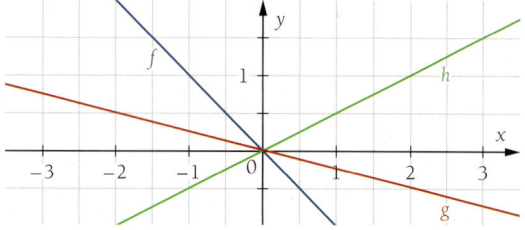

3. Ermitteln Sie die Steigung der Geraden durch die Punkte A und B.
   a) $A(3|-4)$ und $B(1|6)$ b) $A(4|1)$ und $B(-6|1)$ c) $A(9|-2)$ und $B(-1|3)$

Graphen linearer Funktionen zeichnen

Zeichnung mithilfe des Steigungsdreiecks und y-Achsenabschnitts

⑥

Zeichnen Sie den Graphen von f mit $f(x) = 2x + 1$ mithilfe eines Steigungsdreiecks.

Der y-Achsenabschnitt ist $n = 1$, also schneidet die Gerade die y-Achse im Punkt $P_1(0|1)$.
Die Steigung ist $m = 2$, als Bruch geschrieben $m = \frac{2}{1}$.
Das bedeutet: Ausgehend vom Startpunkt $P_1(0|1)$ geht man 1 Einheit nach rechts (1 im Nenner) und 2 Einheiten nach oben (plus 2 im Zähler) und erreicht den zweiten Punkt $P_2(1|3)$.
Nun zeichnen wir die Gerade durch die beiden Punkte P_1 und P_2. Die Gerade ist dadurch eindeutig bestimmt.

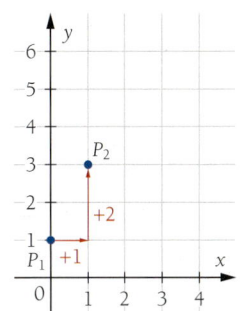
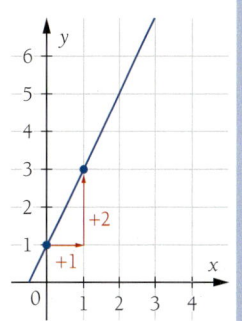

▶ 1 Einheit nach rechts (1 im Nenner) und 2 Einheiten nach oben (2 im Zähler).

Zeichnung mithilfe zweier beliebiger Punkte

⑦

Zeichnen Sie den Graphen von f mit $f(x) = -2x + 1$ mithilfe zweier beliebiger Punkte.

Eine Gerade ist durch zwei verschiedene Punkte eindeutig bestimmt. Deshalb genügt es, mithilfe der Funktionsgleichung zwei Punkte zu bestimmen. Zum genaueren Zeichnen ist es günstig, zwei Punkte zu wählen, die nicht zu dicht beieinander liegen, z.B.

$x_1 = 0 \Rightarrow y_1 = f(0) = -2 \cdot 0 + 1 = 1 \;\;\Rightarrow P_1(0|1)$
$x_2 = 3 \Rightarrow y_2 = f(3) = -2 \cdot 3 + 1 = -5 \Rightarrow P_2(3|-5)$

Der Graph von f ist die Verbindungsgerade durch P_1 und P_2.
Die rechnerische Überprüfung anhand dieser beiden Punkte ergibt die vorgegebene Steigung $m = -2$:

$$m = \frac{\Delta y}{\Delta x} = \frac{y_2 - y_1}{x_2 - x_1} = \frac{-5 - 1}{3 - 0} = \frac{-6}{3} = -2$$

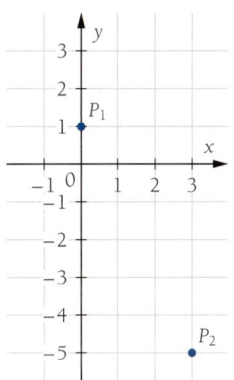
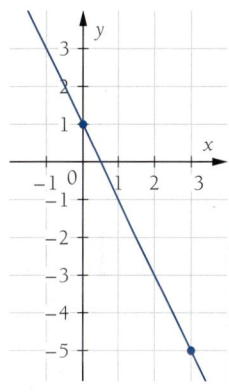

▶ Mithilfe des y-Achsenabschnitts $n = 1$ und der Steigung $m = -2 = \frac{-2}{1}$ hätten wir die gleiche Gerade erhalten: Ausgehend vom Startpunkt $(0|1)$ geht man 1 Einheit nach rechts und 2 Einheiten nach unten. So erreicht man einen zweiten Punkt $(1|-1)$.

---

1. Zeichnen Sie die zugehörigen Geraden mithilfe eines Steigungsdreiecks und des y-Achsenabschnitts.
 Prüfen Sie die Zeichnung mithilfe zweier beliebiger Punkte.
a) $f(x) = 2x - 3$ **b)** $f(x) = -3x + 1$ **c)** $f(x) = \frac{3}{4}x + 2$

2. Zeichnen Sie die Gerade mit der Gleichung $f(x) = 3x - 4$ und erläutern Sie anhand der Zeichnung die Bedeutung der Zahlen 3 und -4 im Funktionsterm.

3. Zeichnen Sie die Gerade mit der Steigung -2 und dem Absolutglied 3.

Funktionsgleichung einer linearen Funktion bestimmen

8 Bestimmung der Gleichung anhand eines Graphen

Die lineare Funktion f hat den nebenstehenden Graphen.
Bestimmen Sie die Funktionsgleichung.

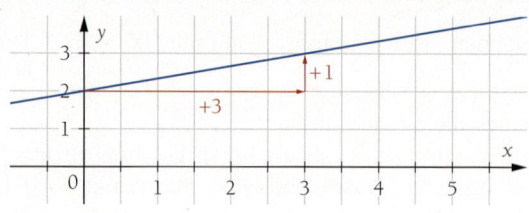

Die Funktionsgleichung jeder linearen Funktion hat die Form $f(x) = mx + n$ mit $m, n \in \mathbb{R}$.

Der Graph von f schneidet die y-Achse bei 2, deshalb gilt hier $n = 2$.

$$f(0) = 2 \Rightarrow n = 2$$

Die Steigung lesen wir am Steigungsdreieck als $m = \frac{1}{3}$ ab.

$$\frac{\Delta y}{\Delta x} = \frac{1}{3} \Rightarrow m = \frac{1}{3}$$

Insgesamt ergibt sich $f(x) = \frac{1}{3}x + 2$.

$$f(x) = \tfrac{1}{3}x + 2$$

Nachdem wir den y-Achsenabschnitt $n = 2$ bestimmt haben, können wir die Steigung alternativ auch mithilfe zweier auf der Geraden liegenden Punkte bestimmen, z.B. $P_1(0|2)$ und $P_2(3|3)$. Dann gilt

$$m = \frac{y_2 - y_1}{x_2 - x_1} = \frac{3 - 2}{3 - 0} = \frac{1}{3}$$

Auch auf diese Weise erhalten wir die Funktionsgleichung $f(x) = \frac{1}{3}x + 2$.

9 Bestimmung der Gleichung anhand zweier Punkte

Der Graph der linearen Funktion f geht durch die Punkte $P_1(-1|7,5)$ und $P_2(4|0)$.
Bestimmen Sie die zugehörige Funktionsgleichung.

Zunächst berechnen wir die Steigung m mithilfe der beiden Punkte. Wir erhalten $m = -1,5$.

$$m = \frac{y_2 - y_1}{x_2 - x_1} = \frac{0 - 7,5}{4 - (-1)} = \frac{-7,5}{5} = -1,5$$

Dann setzen wir die Koordinaten eines der beiden Punkte (hier: P_2) in die allgemeine Funktionsgleichung $f(x) = mx + n$ ein und stellen sie nach n um. Es ergibt sich $n = 6$.

$$f(x) = mx + n \quad \blacktriangleright\ m = -1,5; x = 4; y = f(x) = 0$$
$$\Rightarrow 0 = -1,5 \cdot 4 + n \quad | +6$$
$$\Leftrightarrow 6 = n$$

Die gesuchte Funktionsgleichung ist $f(x) = -1,5x + 6$.

$$f(x) = -1,5x + 6$$

10 Bestimmung der Gleichung anhand der Steigung und eines Punktes

Der Graph der linearen Funktion f hat die Steigung 2 und geht durch den Punkt $P(-0,5|-2)$.
Bestimmen Sie die zugehörige Funktionsgleichung.

Die vorgegebene Steigung $m = 2$ sowie die Koordinaten $x = -0,5$ und $y = -2$ des Punkts P setzen wir in die allgemeine Funktionsgleichung $f(x) = mx + n$ ein. Durch Umstellen ermitteln wir $n = -1$ und erhalten so die gesuchte Funktionsgleichung $f(x) = 2x - 1$.

$$f(x) = mx + n \quad \blacktriangleright\ m = 2; x = -0,5; y = f(x) = -2$$
$$\Rightarrow -2 = 2 \cdot (-0,5) + n \quad | + 1$$
$$\Leftrightarrow -1 = n$$

$$f(x) = 2x - 1$$

Bestimmung der Funktionsgleichung $f(x) = mx + n$ einer linearen Funktion:
- Zwei Punkte $P_1(x_1|y_1)$ und $P_2(x_2|y_2)$ des Graphen sind gegeben:
  Die Steigung m berechnet man mit der Steigungsformel $m = \frac{\Delta y}{\Delta x} = \frac{y_2 - y_1}{x_2 - x_1}$. Dann setzt man den errechneten Wert für m und die Koordinaten eines Punkts (P_1 oder P_2) in die allgemeine Funktionsgleichung $f(x) = mx + n$ ein und stellt die Gleichung nach n um.
- Die Steigung m und ein Punkt $P(x|y)$ sind gegeben:
  Man setzt m und die Koordinaten von P in die allgemeine Funktionsgleichung $f(x) = mx + n$ ein und stellt die Gleichung nach n um.

2

Bestimmung der Gleichung mit dem GTR/CAS anhand zweier Punkte

Der Graph der linearen Funktion f geht durch die Punkte $P_1(-2|-1)$ und $P_2(4|2,5)$. Bestimmen Sie die zugehörige Funktionsgleichung.

Wir konstruieren die Gerade geometrisch, indem wir die zwei Punkte P_1 und P_2 einzeichnen und durch eine Gerade miteinander verbinden.
Wir lassen uns die Geradengleichung anzeigen und erhalten die lineare Funktion $f(x) = 0,583x + 0,167$.

▶ Die Funktionsgleichung kann je nach GTR/CAS einfacher durch eine lineare Regression oder anhand eines Gleichungssystems bestimmt werden. Diese Ansätze lohnen sich aber erst ab den quadratischen Funktionen (Kapitel 2.2). Eine Geradengleichung aus zwei Punkten sollte wie in Beispiel 9 berechnet werden.

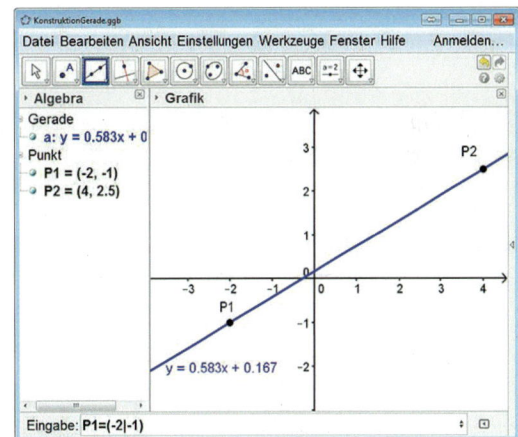

▶ GG Die Konstruktion erfolgt in der **Algebra**-Perspektive. Die Anzahl der dargestellten Dezimalstellen kann im Menüpunkt **Einstellungen, Runden** eingestellt werden. Die Konstruktion kann auch in den Anwendungen **Geometry** TI oder **Geometrie** CA erfolgen.

1. Ermitteln Sie die Funktionsgleichungen der vier nebenstehenden Graphen.

2. Bestimmen Sie die Gleichungen der linearen Funktionen durch die angegebenen Punkte.
a) $P_1(2|-1)$; $P_2(4|1)$ b) $P_1(-2|5)$; $P_2(0|1)$

3. Berechnen Sie die Gleichungen der linearen Funktionen, die durch die Steigung m und den angegebenen Punkt P eindeutig bestimmt sind.
a) $m = -1,5$; $P(2|3)$ b) $m = 0,25$; $P(-4|-1)$

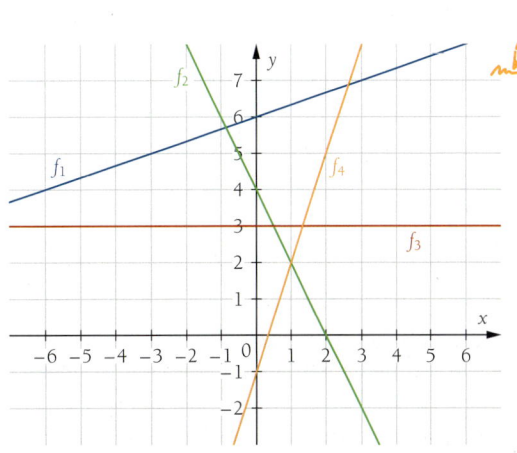

12 Abschnittsweise definierte lineare Funktion

Die JoRo GmbH produziert Blu-Ray-Player. Mit den vorhandenen Produktionsmaschinen können täglich 100 Geräte hergestellt werden. Dabei betragen die variablen Kosten 25 Geldeinheiten (GE) pro Gerät. Zusätzlich fallen Fixkosten in Höhe von 250 GE an. Für die Produktion von über 100 Geräten hinaus bis zu 150 Geräten benötigt die Firma zusätzliche Maschinen. Dadurch erhöhen sich die Fixkosten auf 500 GE; die variablen Kosten bleiben unverändert.

Stellen Sie die Funktionsgleichung der Kostenfunktion K auf und zeichnen Sie ihren Graphen.

Da für Stückzahlen bis einschließlich 100 geringere Fixkosten anfallen als für den Bereich darüber bis einschließlich 150, ist die Kostenfunktion K nicht einheitlich, sondern **abschnittsweise definiert**. Die Fixkosten spiegeln sich im Absolutglied der Funktion wider:

$$K(x) = \begin{cases} 25x + 250 & \text{für } x \in [0;\ 100] \\ 25x + 500 & \text{für } x \in\ ]100;\ 150] \end{cases}$$

▶ Die Variable x steht für die Anzahl der hergestellten Geräte.

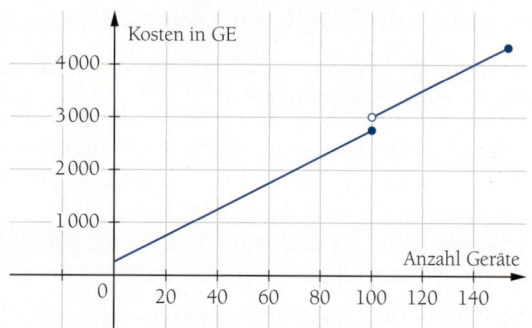

Man erkennt, dass der Graph der Kostenfunktion an der Stelle 100 unterbrochen ist. Der Funktionswert $K(100) = 2750$ gehört zum ersten Teil des Funktionsterms und nicht zum zweiten Teil.

Zu den **abschnittsweise definierten** linearen Funktionen kann man auch die sogenannte **Betragsfunktion** zählen.

13 Betragsfunktion

Unter dem **Betrag** $|x|$ einer reellen Zahl für x versteht man:

$$|x| = \begin{cases} x & \text{für } x \geq 0 \\ -x & \text{für } x < 0. \end{cases}$$

Entsprechend ordnet die Betragsfunktion jeder reellen Zahl ihren Betrag zu:

$$f(x) = |x| = \begin{cases} x & \text{für } x \geq 0 \\ -x & \text{für } x < 0 \end{cases}\ ; x \in \mathbb{R}.$$

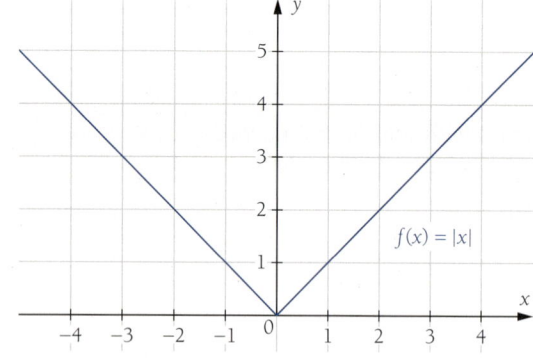

Der Graph dieser Betragsfunktion setzt sich aus den Winkelhalbierenden des Koordinatensystems im I. und II. Quadranten zusammen. Er verläuft oberhalb der x-Achse.

Übungen zu 2.1.1

1. Gegeben ist die Funktionsgleichung einer Geraden $f(x) = m \cdot x + n$.

a) Setzen Sie $n = 0$. Untersuchen und beschreiben Sie, wie sich der Graph von f verändert, wenn Sie für m verschiedene Werte setzen.

b) Es sei $m = 1$. Untersuchen und beschreiben Sie, wie sich der Graph von f verändert, wenn Sie für n verschiedene Werte setzen.

2. Ordnen Sie die Graphen in der Abbildung den Gleichungen zu.

a) $f(x) = 3$ d) $f(x) = -3x + 4$

b) $f(x) = 2x - 1$ e) $f(x) = -\frac{3}{4}x + 2$

c) $f(x) = \frac{1}{2}x + 1$ f) $f(x) = \frac{1}{3}x$

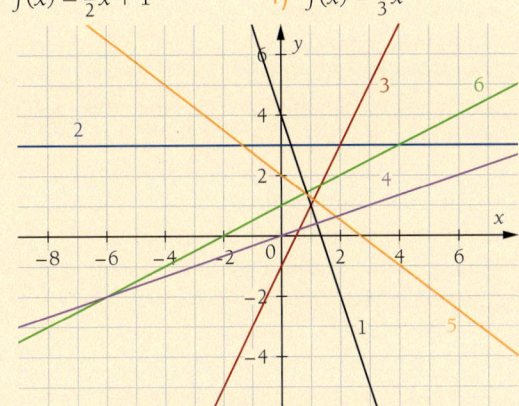

3. Zeichnen Sie die Gerade mit der Gleichung $f(x) = -3x + 4$.

Erläutern Sie anhand der Zeichnung die Bedeutung der Zahlen -3 und 4 in der Gleichung.

4. Zeichnen Sie den Graphen der Funktion f im angegebenen Intervall I.

a) $f(x) = 2x - 4$; $I = [0; 4]$

b) $f(x) = 3x - 3$; $I = [-2; 4]$

c) $f(x) = -2x + 2$; $I = [-2; 4]$

d) $f(x) = x + 4$; $I = [-8; 0]$

e) $f(x) = -x - 2$; $I = [-6; 2]$

f) $f(x) = -0,5x + 1$; $I = [-2; 6]$

5. Zeichnen Sie die Gerade mit der Steigung m und dem Absolutglied n.

a) $m = -2$ und $n = 3$ c) $m = -\frac{1}{5}$ und $n = 2$

b) $m = \frac{2}{3}$ und $n = -3$ d) $m = 2,5$ und $n = -4,5$

6. Zeichnen Sie zwei unterschiedliche Steigungsdreiecke an die Gerade mit der Gleichung

a) $f(x) = x - 4$;   b) $f(x) = -3x + 6$.

Berechnen Sie $\frac{\Delta y}{\Delta x}$ für jedes Steigungsdreieck.

7. Prüfen Sie rechnerisch, ob die Punkte $(-2|-6)$ und $(4|2)$ auf der Geraden mit der Gleichung $g(x) = 1,5x - 4$ liegen.

8. Beschreiben Sie den Verlauf der zu den Funktionsgleichungen gehörenden Geraden, ohne diese zu zeichnen. Vergleichen Sie dabei die Geraden auch miteinander.

a) $f(x) = x$ d) $f(x) = -2x - 3$

b) $f(x) = -3$ e) $f(x) = -\frac{1}{3}x - 3$

c) $f(x) = x + 4$ f) $f(x) = 5x + 4$

9. Bestimmen Sie an der Zeichnung die Steigung der Geraden und den y-Achsenabschnitt. Geben Sie die Funktionsgleichung an.

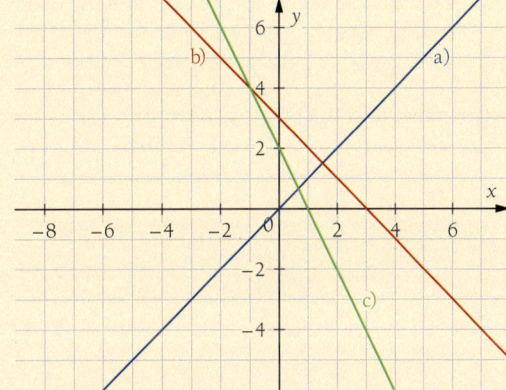

10. Bestimmen Sie jeweils die Funktionsgleichung der durch die Steigung m und den Punkt A festgelegten Geraden. Zeichnen Sie die Gerade.

a) $m = 2$; $A(3|4)$ d) $m = -\frac{2}{3}$; $A(4|-1)$

b) $m = -1$; $A(2|1)$ e) $m = 3,5$; $A(-2|-4)$

c) $m = \frac{3}{7}$; $A(14|8)$ f) $m = -2,25$; $A(-4|6)$

11. Zeichnen Sie eine Gerade mit der Steigung 2 durch $(0|1)$ und eine zu ihr senkrecht stehende Gerade, sodass $(0|1)$ den Schnittpunkt bildet. Bestimmen Sie die Steigung der zweiten Geraden. Was stellen Sie fest?

12. Das Einkommen eines Handelsvertreters ist prozentual abhängig von seinem Umsatz. Es beträgt bei einem Umsatz von 100 000 € genau 2000 € und bei einem Umsatz von 400 000 € immerhin 5000 €.

a) Zeigen Sie grafisch, wie das Einkommen vom Umsatz abhängt.

b) Interpretieren Sie die Steigung der Geraden und den y-Achsenabschnitt.

c) Stellen Sie die Funktionsgleichung auf, die das Einkommen in Abhängigkeit des Umsatzes angibt.

d) Berechnen Sie das Einkommen bei einem Umsatz von 500 000 €.

13. Die Downloadgeschwindigkeit ist annähernd linear.

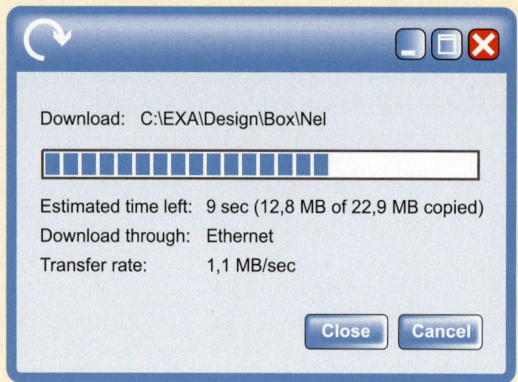

a) Ermitteln Sie, wie lange der Download einer 15 MB großen Datei dauern würde.

b) Geben Sie eine Funktionsgleichung an, die die Downloaddauer in Abhängigkeit der Dateigröße beschreibt.

c) Von einer großen Datei wurden in einer Minute 75 % heruntergeladen. Berechnen Sie, wie lange der Download noch dauert.

14. Ein LKW fährt mit eingeschaltetem Tempomat auf der Autobahn an KM (Kilometer) 56 vorbei und befindet sich nach 36 Minuten bei gleichbleibender Geschwindigkeit bei KM 104.

a) Stellen Sie die Fahrt grafisch dar, indem Sie den Weg gegen die Zeit auftragen.

b) Deuten Sie die Steigung der Geraden.

c) Bestimmen Sie den Ort (KM), an dem sich der LKW bei weiter gleichbleibender Geschwindigkeit nach weiteren 12 Minuten befindet.

15. In Deutschland beträgt der Kurs für den Barumtausch von Euro in Japanische Yen 147; von Euro in US-Dollar 1,24 und von Euro in Schweizer Franken 1,20. ▶ Stand Dezember 2014

a) Bestimmen Sie den Kurs, der in Japan für den Barumtausch von Yen in Euro gelten müsste, wenn das Kursverhältnis dasselbe wäre wie in Deutschland (Paritätskurs).

b) Ermitteln Sie die Paritätskurse für den Dollar und den Schweizer Franken.

16. Bei einem Räumungsverkauf werden alle Waren um 40 % im Preis gesenkt.

a) Berechnen Sie den neuen Preis eines DVD-Rekorders, der bisher 249 € kostete.

b) Geben Sie eine Gleichung an, mit der man die neuen Preise berechnen kann.

c) Ein Fernseher wird nun für 720 € angeboten. Berechnen Sie den ursprünglichen Preis.

d) Der Preis eines Laptops wird um 264 € gesenkt. Berechnen Sie den ursprünglichen Preis.

17. Nach einer breit angelegten Umfrage vor der Einführung eines neuen Produkts wertet eine EDV-Anlage 30 000 Fragebögen in 75 Stunden aus. Es sind noch 4000 Bögen auszuwerten.

a) Wie lange dauert die Auswertung insgesamt?

b) Geben Sie eine Funktionsgleichung an, die die Dauer der Auswertung in Abhängigkeit von der Anzahl der Fragebögen darstellt.

c) Ermitteln Sie, wie lange unter sonst gleichen Bedingungen die Auswertung von 100 000 Fragebögen dauern würde.

18. Leon findet im Internet folgende Formeln zum Aufstellen von Gleichungen linearer Funktionen:

Punkt $P_1(x_1|y_1)$ und Steigung m sind gegeben:
Punktsteigungsformel:
$f(x) = m(x - x_1) + y_1$

Zwei Punkte $P_1(x_1|y_1)$ und $P_2(x_2|y_2)$ sind gegeben:
Zweipunkteformel:
$f(x) = \frac{y_2 - y_1}{x_2 - x_1} \cdot (x - x_1) + y_1$

a) Bestätigen Sie die beiden Formeln anhand eines selbst gewählten Beispiels.

b) Erläutern Sie, wie man auf die Formeln kommt. Leiten Sie dazu die Formeln allgemein her.

19. Gegeben sind die beiden Funktionen f_2 und f_{-3} mit $f_2(x) = 2x - 2$ und $f_{-3}(x) = -3x + 3$.

a) Ermitteln Sie den Punkt, den die beiden Geraden gemeinsam haben.

b) Zeigen Sie, dass alle Geraden mit der Gleichung $f_a(x) = ax - a$; $a \neq 0$ durch den in a) ermittelten Punkt laufen.

c) Untersuchen Sie, ob auch die Geraden mit den Gleichungen $f_c(x) = cx + 2c$; $c \neq 0$ einen gemeinsamen Punkt haben.
Zeichnen Sie die Geraden für $c = \pm 1$, $c = \pm 2$.

20. Eine Gerade g_1 geht durch die Punkte $(-1|3)$ und $(1|-1)$.

a) Ermitteln Sie die Funktionsgleichung aller Geraden, die parallel zu g_1 laufen.

b) Ermitteln Sie die Funktionsgleichung der Geraden, die parallel zu g_1 durch den Punkt $(1|2)$ läuft.

21. Die Firma Tweed-Expert produziert hochwertige Wolldecken. Mit den vorhandenen Webmaschinen können 5000 Decken pro Monat produziert werden. Dabei betragen die variablen Kosten 30 € pro Decke. Außerdem muss mit 60 000 € fixen Kosten für einen Monat gerechnet werden. Für die Produktion von mehr als 5000 Decken bis zu 10 000 Decken monatlich benötigt die Firma eine weitere Webmaschine und mehr Personal. Dadurch erhöhen sich die Fixkosten auf 90 000 €. Die variablen Kosten bleiben unverändert.
Stellen Sie für die Gesamtkosten eine Funktionsgleichung auf und zeichnen Sie deren Graphen.

22. Die Deutsche Post DHL gibt in ihrem Preisverzeichnis (Stand 01.01.2014) für Paketsendungen innerhalb Deutschlands bzw. innerhalb der Länder der EU bekannt:

DHL Paket	Deutschland	EU
bis 5 kg	6,99 €	16,99 €
über 5 kg bis 10 kg	6,99 €	21,99 €
über 10 kg bis 20 kg	11,99 €	31,99 €
über 20 kg bis 31,5 kg	13,99 €	41,99 €

Stellen Sie die Abhängigkeit des Preises vom Paketgewicht jeweils grafisch dar.

23. In einer Möbeltischlerei werden Stühle hergestellt. Bei der Produktion von bis zu 200 Stühlen fallen variable Kosten von 25 € pro Stuhl an, darüber hinaus 30 € pro Stück. Für die ersten 100 Stück betragen die fixen Kosten 1000 €, darüber hinaus bis zu 200 Stück 1200 €. Bei einer Produktion bis zu 300 Stühlen erhöhen sich die Fixkosten auf 1400 € und dann um nochmals 300 € bis zur Kapazitätsgrenze von 450 Stühlen.

a) Berechnen Sie die Kosten bei einer Produktion von 50 Stück, 120 Stück, 300 Stück und an der Kapazitätsgrenze.

b) Zeichnen Sie den Graphen der Kostenfunktion.

c) Der kaufmännische Leiter der Tischlerei möchte gern wissen, bei welchen Produktionszahlen Kosten von 5000 €, 10 000 € und 14 000 € entstehen.

24. Stellen Sie die Gleichung der Funktionen ohne Betragstriche dar und zeichnen Sie ihre Graphen.

a) $f(x) = |x - 3|$ d) $f(x) = |x + 3| - 1$

b) $f(x) = |x - 3| + 2$ e) $f(x) = x + |x|$

c) $f(x) = |x + 3|$ f) $f(x) = 2|x| - 4$

25.

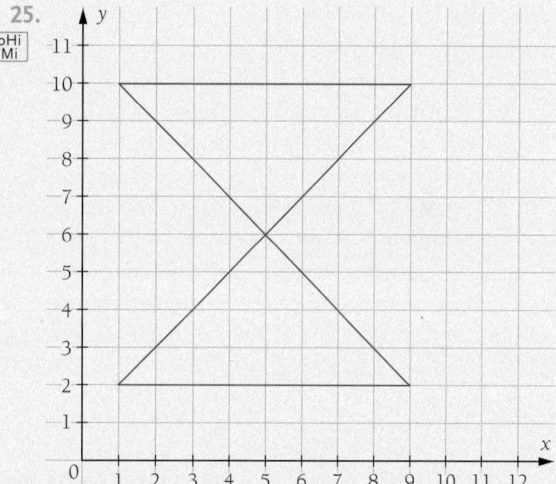

a) Geben Sie zu jeder Strecke die Funktionsgleichung an.

b) Suchen Sie Gemeinsamkeiten und Unterschiede zwischen den Gleichungen.

c) Denken Sie sich selbst geometrische Figuren mit Geraden aus, deren Funktionsgleichungen Sie ermitteln.

2.1.2   Berechnung von Schnittpunkten

 (14)   Marktpreistheorie, Achsenschnittpunkte

Der auf einem Markt erzielbare Preis z.B. für ein einfaches Handy und die absetzbare Menge hängen vom Verlauf der **Nachfragekurve** ab. Diese ist hier als Graph der **Nachfragefunktion** p_N mit $p_N(x) = -5x + 100$ gegeben. Dabei steht x für die nachgefragten Mengeneinheiten (1 ME = 1000 Stück) und $p_N(x)$ für den Preis des Handys in Geldeinheiten (1 GE = 1 €).
Zeichnen Sie den Graphen von p_N mit $p_N(x) = -5x + 100$ und interpretieren Sie den Verlauf des Graphen ökonomisch. Bestimmen Sie auch einen ökonomisch sinnvollen Definitionsbereich.

Wir erhalten eine fallende Gerade.
Das bedeutet: Sinkt der Preis $p_N(x)$, steigt die Nachfrage nach dem Handy und somit der Absatz x.
Umgekehrt wird bei einer Preissteigerung die Nachfragemenge abnehmen.
Die Nachfragemenge x hängt also immer vom Preis $p_N(x)$ ab.
Obwohl die nachgefragte Menge vom Preis abhängt, erfolgt die Darstellung der Nachfragefunktion in umgekehrter Abhängigkeit: Denn bei ökonomischen Funktionen ist es üblich geworden, die Menge immer auf der x-Achse darzustellen. Deshalb wird der Preis $p_N(x)$ in Abhängigkeit von der Menge x dargestellt.

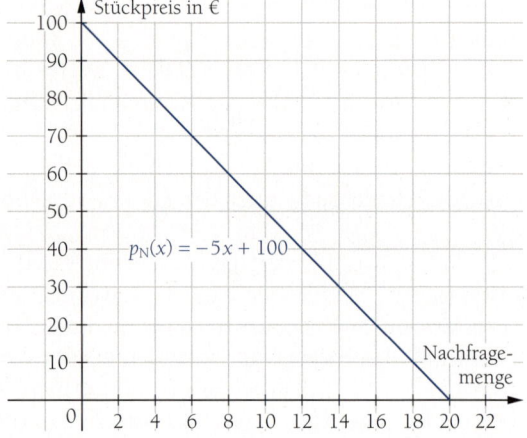

- Der **Schnittpunkt mit der y-Achse** ist $S_y(0|100)$. Bei einem Preis von 100 € ist die Nachfrage also 0. Daher nennt man diesen Preis den **Höchstpreis** oder auch **Prohibitivpreis**.
  Beim Höchstpreis fällt die Nachfrage völlig aus, weil den Verbrauchern das Produkt zu teuer ist. Der Höchstpreis entspricht dem y-Achsenabschnitt der linearen Nachfragefunktion: $p_N(0) = 100$.
- Der **Schnittpunkt mit der x-Achse** ist $S_x(20|0)$. Die Stelle $x_N = 20$, an der die Gerade die x-Achse schneidet, heißt **Nullstelle** der Nachfragefunktion p_N. Sie ist die Lösung der Gleichung $p_N(x_N) = 0$.
  Die Nullstelle 20 ME ist die **Sättigungsmenge**, bei der auf dem Markt selbst zum Preis von 0 € keine weiteren Produkte abgesetzt werden, weil sie der Verbraucher nicht benötigt.
  ▶ Das N in x_N steht für „Nullstelle", das N in p_N für „Nachfrage".

Anhand des Graphen können wir erkennen, dass ein Verlauf außerhalb des Bereichs zwischen 0 ME und 20 ME entweder eine negative Nachfragemenge (für $x < 0$) oder einen negativen Preis (für $x > 20$) bedeuten würde. Daraus ergibt sich der sogenannte **ökonomische Definitionsbereich** $D_{ök} = [0; 20]$. Dies wird durch die Rechnung bestätigt.

$$x \geq 0 \qquad \text{▶ Nachfragemenge positiv}$$
$$p_N(x) \geq 0 \qquad \text{▶ Preis positiv}$$
$$\Leftrightarrow \quad -5x + 100 \geq 0 \qquad | -100$$
$$\Leftrightarrow \qquad -5x \geq -100 \qquad | : (-5)$$
$$\text{▶ Vorzeichen umkehren}$$
$$\Leftrightarrow \qquad x \leq 20$$
$$\Rightarrow x \in [0; 20] \ \Rightarrow D_{ök} = [0; 20]$$

> Die x-Werte einer Funktion f, an denen f den y-Wert 0 annimmt, heißen **Nullstellen** von f.
> Zur Berechnung der Nullstellen löst man die Gleichung $f(x_N) = 0$ nach x_N auf.

  Berechnen Sie die jeweilige Nullstelle der Funktionen $f(x) = -3x - 12$ und $g(x) = 0{,}25x + 3$.

Der Zusammenhang zwischen dem Preis eines Produkts und der Nachfragemenge nach dem Produkt wird durch die **Nachfragefunktion** p_N beschrieben. Dabei hängt die Nachfragemenge vom Preis ab.
Der **Höchstpreis** (Prohibitivpreis) entspricht dem y-Achsenabschnitt und die **Sättigungsmenge** der Nullstelle von p_N.

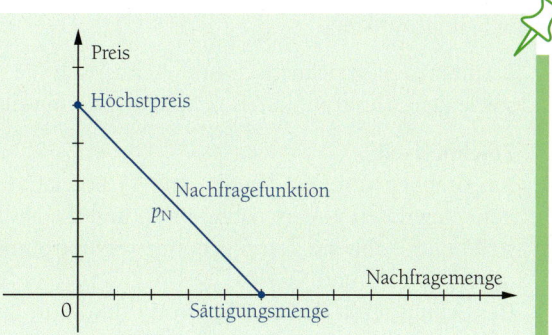

2

Marktgleichgewicht, Schnittpunkt zweier Geraden

15

Den Zusammenhang zwischen dem Preis und der Angebotsmenge eines Produkts beschreibt man mithilfe der **Angebotsfunktion** p_A. Wenn Nachfrage und Angebot gleich sind, spricht man vom **Marktgleichgewicht**. Ein Hersteller von Elektronikartikeln bietet an, bei einem Marktpreis von 30 € die Menge von 8000 Handys für den Markt zu produzieren. Bei einem Marktpreis von 50 € wäre er bereit, 16 000 Handys anzubieten. Bestimmen Sie die Funktionsgleichung der Angebotsfunktion p_A vom Typ $p_A(x) = mx + n$ und zeichnen Sie ihren Graphen. Ermitteln Sie das Marktgleichgewicht unter der Annahme, dass sich die Nachfrage wie in Beispiel 14 verhält.

Wir fassen je 1000 Handys zu 1 Mengeneinheit (ME) zusammen. Laut Aufgabenstellung liegen die folgenden beiden Punkte auf dem Graphen von p_A:

$P_1(8|30)$ ▶ $x_1 = 8000$ Handys = 8 ME; $y_1 = 30$ €
$P_2(16|50)$ ▶ $x_2 = 16\,000$ Handys = 16 ME; $y_2 = 50$ €

Mithilfe dieser beiden Punkte erhalten wir die Funktionsgleichung $p_A(x) = 2{,}5x + 10$.

$$m = \frac{y_2 - y_1}{x_2 - x_1} = \frac{50 - 30}{16 - 8} = \frac{20}{8} = 2{,}5$$

$$p_A(x) = mx + n \quad \blacktriangleright m = 2{,}5,\ x = 8,\ y = p_A(8) = 30$$
$$\Rightarrow \quad 30 = 2{,}5 \cdot 8 + n \quad |-20$$
$$\Leftrightarrow \quad 10 = n$$

$$\Rightarrow p_A(x) = 2{,}5x + 10$$

Die Graphen der Angebotsfunktion p_A und der Nachfragefunktion p_N (▶ Beispiel 14) zeichnen wir in ein gemeinsames Koordinatensystem.
Das **Marktgleichgewicht** (*MGG*) entspricht dem Schnittpunkt (12|40) beider Graphen und hat folgende Bedeutung:
Bei einem Marktpreis von 40 € (40 GE) sind sowohl die Nachfrager bereit, 12 000 Handys (12 ME) zu kaufen, als auch der Anbieter, 12 000 Handys auf den Markt zu bringen.
12 000 Handys bilden die **Gleichgewichtsmenge** und 40 € den **Gleichgewichtspreis**. Allgemein gibt die x-Koordinate des Schnittpunkts *MGG* von Angebots- und Nachfragefunktion die Gleichgewichtsmenge an. Die y-Koordinate ist der Gleichgewichtspreis.

▶ Der y-Achsenabschnitt 10 der Angebotsfunktion p_A bedeutet, dass der Anbieter bei einem Preis von 10 € nicht bereit ist, auch nur ein Handy anzubieten.

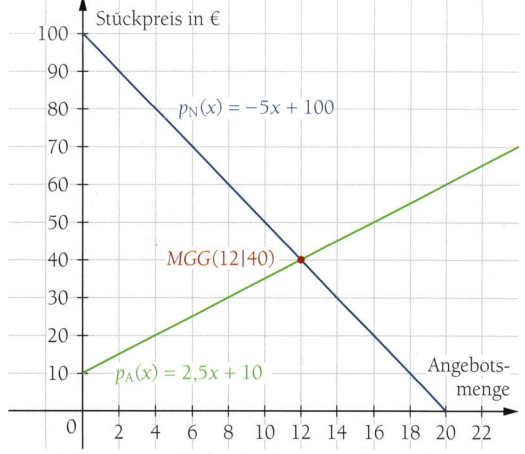

▶ Gleichgewichtsmenge 12 000 Handys
Gleichgewichtspreis 40 €

16 Schnittpunkte

Bestimmen Sie zeichnerisch und rechnerisch die Achsenschnittpunkte der Funktion f mit $f(x) = -1{,}5x + 6$ sowie den Schnittpunkt des Graphen von f mit dem Graphen zu $g(x) = 2x - 1$.

Zeichnerisch

Am Graphen von f (in der Abb. mit Y1 bezeichnet) können wir den y-Achsenabschnitt 6 und die Nullstelle $x_N = 4$ ablesen. Die zugehörigen Schnittpunkte sind $S_y(0|6)$ und $S_x(4|0)$.

Der Schnittpunkt der Graphen von f und g (in der Abb. mit Y2 bezeichnet) ist $S(2|3)$.

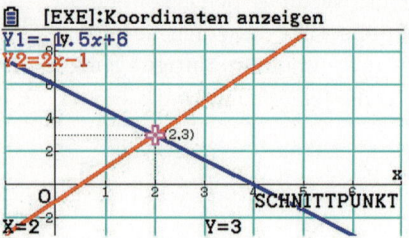

▶ CA Das Untermenü G-SOLVE (F5) der Anwendung Graph bietet Möglichkeiten, den Graphen zu untersuchen.

$f(0) = 6 \implies S_y(0|6)$

▶ 6 ist der y-Achsenabschnitt von f.

Rechnerisch

Rechnerisch ist der Funktionswert $f(0) = 6$ der y-Achsenabschnitt von f. Der Graph von f schneidet die y-Achse im Punkt $S_y(0|6)$.

 Zur Nullstellenbestimmung setzen wir $f(x_N) = 0$ und lösen die Gleichung nach x_N auf. Die Nullstelle gibt die Schnittstelle des Graphen mit der x-Achse an. Der Graph von f schneidet die x-Achse im Punkt $S_x(4|0)$.

$$
\begin{aligned}
f(x_N) &= 0 \\
\Leftrightarrow -1{,}5x_N + 6 &= 0 \qquad |-6 \ |:(-1{,}5) \\
\Leftrightarrow x_N &= 4 \qquad \text{▶ Nullstelle von } f \\
\implies S_x(4|0)
\end{aligned}
$$

Zur Ermittlung des Schnittpunkts $S(x_S|y_S)$ beider Graphen berechnen wir zunächst die Schnittstelle x_S. Dazu setzen wir beide Funktionsterme gleich und lösen die Gleichung nach x_S auf.

$$
\begin{aligned}
f(x_S) &= g(x_S) \\
\Leftrightarrow -1{,}5x_S + 6 &= 2x_S - 1 \qquad |-2x_S \ |-6 \\
\Leftrightarrow -3{,}5x_S &= -7 \qquad |:(-3{,}5) \\
\Leftrightarrow x_S &= 2 \qquad \text{▶ Schnittstelle von } f \text{ und } g
\end{aligned}
$$

Die y-Koordinate y_S von S erhalten wir, indem wir den Funktionswert $f(x_S) = g(x_S)$ berechnen. Der Schnittpunkt beider Graphen ist $S(2|3)$.

$f(2) = g(2) = 3 \implies S(2|3)$

▶ 3 ist die y-Koordinate des Schnittpunkts S.

- Den **Schnittpunkt** $S(x_S|y_S)$ der Graphen zweier Funktionen f und g bestimmt man, indem man die beiden Funktionsterme gleichsetzt: $f(x_S) = g(x_S)$. Den berechneten Wert für x_S setzt man in eine der beiden Funktionsgleichungen ein: $f(x_S) = y_S$ oder $g(x_S) = y_S$.
- Der Zusammenhang zwischen dem Preis und der Angebotsmenge eines Produkts wird durch die **Angebotsfunktion** p_A beschrieben. Dabei hängt die Angebotsmenge vom Preis ab.
  Stimmen Angebots- und Nachfragemenge eines Produkts überein, dann spricht man vom **Marktgleichgewicht**. Das Marktgleichgewicht entspricht dem Schnittpunkt $MGG(x_G|y_G)$ der Graphen von Angebots- und Nachfragefunktion. x_G gibt die **Gleichgewichtsmenge** und y_G den **Gleichgewichtspreis** an.

---

1. Berechnen Sie die Achsenschnittpunkte und den Schnittpunkt der Graphen von $f(x) = 3{,}5x - 12$ und $g(x) = -6x + 7$.

2. Für ein bestimmtes Gut herrscht auf dem Markt eine Nachfrage gemäß der Nachfragefunktion $p_N(x) = -2x + 80$ und ein Angebot gemäß der Angebotsfunktion $p_A(x) = 0{,}5x + 35$. Ermitteln Sie Preis und Menge im Marktgleichgewicht.

3. Maria hat für ihr Smartphone eine „All-inclusive-Flatrate" für 20 €. Ihre Freundin Kerstin zahlt eine Grundgebühr in Höhe von 3,95 € und pro Gesprächsminute 6 Cent. Vergleichen Sie beide Tarife.

Kosten, Erlös und Gewinn ⑰

Die wöchentlichen Gesamtkosten eines Betriebs zur Produktion von Luxus-Fahrrädern setzen sich zusammen aus Fixkosten von 6300 € und variablen Kosten von 800 € je Fahrrad. Es können maximal 20 Fahrräder pro Woche hergestellt werden. Der Betrieb erzielt einen Erlös von 1500 € je Fahrrad.
Bestimmen Sie die Gleichungen der Kosten-, Erlös- und Gewinnfunktion. Zeichnen Sie die drei Graphen. Berechnen Sie, wie viele Fahrräder pro Woche produziert und verkauft werden müssen, damit die Erlöse die Kosten decken. Wie hoch sind dann die Erlöse und der Gewinn?

Die Fixkosten entsprechen dem Absolutglied von K. Die variablen Kosten und die **Erlöse** sind von der Stückzahl x abhängig.
Der **Gewinn** ist die Differenz aus Erlösen und Kosten. Der Definitionsbereich wird durch die Kapazitätsgrenze von 20 Fahrrädern pro Woche bestimmt.

$$K(x) = 800x + 6300 \qquad \blacktriangleright \text{Kostenfunktion}$$
$$E(x) = 1500x \qquad \blacktriangleright \text{Erlösfunktion}$$
$$\begin{aligned}G(x) &= E(x) - K(x) \\ &= 1500x - (800x + 6300) \\ &= 700x - 6300 \qquad \blacktriangleright \text{Gewinnfunktion}\end{aligned}$$
$\blacktriangleright$ Für alle drei Funktionen gilt $x \in [0; 20]$.

An der Schnittstelle x_S der Graphen von K und E sind die Erlöse und Kosten gleich. Rechnerisch erhalten wir x_S, indem wir $E(x_S) = K(x_S)$ nach x_S auflösen.

$$E(x_S) = K(x_S)$$
$$\Leftrightarrow 1500x_S = 800x_S + 6300 \qquad | -800x_S \;\; | : 700$$
$$\Leftrightarrow \quad \boldsymbol{x_S = 9} \quad \blacktriangleright \text{Schnittstelle von } E \text{ und } K$$

Wenn genau 9 Fahrräder verkauft werden, deckt der erzielte Erlös die entstandenen Kosten. Beide betragen dann jeweils 13 500 €.
$\blacktriangleright$ $E(9) = K(9) = 13\,500$
Wenn bei wöchentlich 9 verkauften Fahrrädern der Erlös die Kosten deckt, hat der Betrieb weder Gewinn noch Verlust erwirtschaftet (0 € Gewinn). Man nennt die Stelle 9 auch **Gewinnschwelle** oder **Break-even-Punkt**, da der Betrieb bei weniger als 9 verkauften Fahrrädern pro Woche Verlust und bei mehr als 9 verkauften Fahrrädern Gewinn erwirtschaftet.

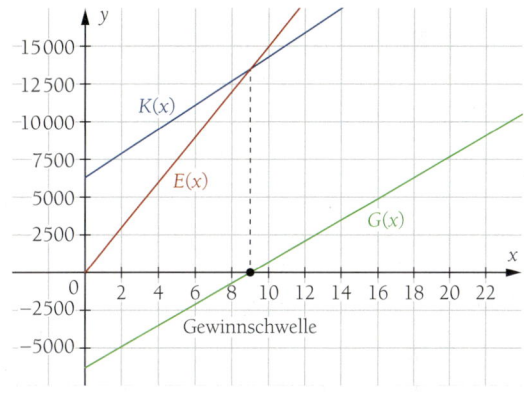

Rechnerisch ist die Gewinnschwelle nicht nur die Lösung der Gleichung $E(x_S) = K(x_S)$, sondern auch die Lösung der Gleichung $G(x_S) = 0 = 700x - 6300$. An der Stelle 9 schneidet der Graph von G die x-Achse.

$$E(x_S) = K(x_S)$$
$$\Leftrightarrow E(x_S) - K(x_S) = 0 \qquad \blacktriangleright G = E - K$$
$$\Leftrightarrow 700x_S - 6300 = 0 \Leftrightarrow G(x_S) = 0$$
$$\Leftrightarrow \qquad x_S = 9 \qquad \blacktriangleright \text{Gewinnschwelle;}$$
$$\text{Nullstelle von } G$$

Übungen zu 2.1.2

1. Bestimmen Sie die Achsenschnittpunkte der durch die Funktion f gegebenen Geraden.
a) $f(x) = 4x - 2$
b) $f(x) = -3x + 1$
c) $f(x) = \frac{1}{2}x + 4$
d) $f(x) = 4$
e) $f(x) = -3x - 4$
f) $f(x) = 3x - \frac{1}{2}$

2. Bestimmen Sie die Schnittpunkte der zu den Funktionen f und g zugehörigen Graphen rechnerisch und zeichnerisch.
a) $f(x) = 0{,}5x + 4$, $\quad g(x) = -0{,}25x + 5{,}5$
b) $f(x) = -2x + 5$, $\quad g(x) = x - 1$
c) $f(x) = 3x - 5$, $\quad g(x) = 2x - 2$
d) $f(x) = 0{,}5x + 8$, $\quad g(x) = -2x + 18$
e) $f(x) = 3x - 4$, $\quad g(x) = -2{,}5x + 1{,}5$
f) $f(x) = -2x + 2$, $\quad g(x) = x + 5$

3. Gegeben ist die Funktion f mit $f(x) = 3{,}5x - 12$. Der Graph der Funktion g verläuft durch die Punkte $A(-1|9{,}5)$ und $B(2|5)$.

a) Bestimmen Sie die Funktionsgleichung der Funktion g.

b) Zeichnen Sie die Graphen von f und g.

c) Bestimmen Sie zeichnerisch und rechnerisch die Nullstellen von f und g.

d) Ermitteln Sie zeichnerisch und rechnerisch die Achsenschnittpunkte und die Schnittpunkte beider Graphen.

4. Die Gerade g_1 geht durch die Punkte $A(4|6)$ und $B(8|4)$, die Gerade g_2 hat die Steigung 2 und geht durch $C(2|1)$.

a) Bestimmen Sie die zugehörigen Funktionsgleichungen.

b) Zeichnen Sie beide Graphen im Intervall $[0; 16]$.

c) Berechnen Sie die Nullstellen von g_1 und g_2.

d) Bestimmen Sie den Schnittpunkt der Geraden.

5. Die Gerade g_1 verläuft durch die Punkte A und B, die Gerade g_2 durch die Punkte C und D.
Geben Sie jeweils die zugehörigen Funktionsgleichungen an.
Berechnen Sie die Nullstellen beider Funktionen sowie den Schnittpunkt beider Geraden.

a) $A(3|4)$, $B(7|12)$, $C(2|6)$, $D(8|9)$

b) $A(0|1)$, $B(2|-3)$, $C(-0{,}5|2)$, $D(2|7)$

c) $A(-2|0)$, $B(-6|-6)$, $C(4|3)$, $D(-2|6)$

d) $A(0|2)$, $B(-1|7)$, $C(3|6)$, $D(-1|-6)$

e) $A(2|2)$, $B(8|-1)$, $C(-2|-4)$, $D(4|5)$

f) $A(1|4)$, $B(5|-4)$, $C(-6|-2)$, $D(4|3)$

6. Ein Marktforschungsinstitut hat ermittelt, dass die Nachfrage nach einem bestimmten Fernsehgerät etwa linear verläuft, mit einer Sättigungsmenge von 15 000 Stück und einem Höchstpreis von 750 €.
Untersuchen Sie, wie hoch die Nachfrage bei den gegebenen Preisen ist.

a) 250 €

b) 350 €

7. Auf dem Markt für Gartenbänke aus Teakholz verhalten sich Nachfrage und Angebot etwa gemäß den Funktionen $p_N(x) = -0{,}05x + 500$ und $p_A(x) = 0{,}05x + 100$.
Ermitteln Sie den Gleichgewichtspreis.

8. Ein Unternehmer überlegt, ob er einen angestellten Reisenden beschäftigen oder einen selbstständigen Handelsvertreter mit der Wahrnehmung seiner Interessen beauftragen soll. Der Reisende bekäme ein monatliches Fixum von 1600 € und 3 % Umsatzprovision; der Handelsvertreter würde 7 % Umsatzprovision beanspruchen.

a) Stellen Sie die Funktionsgleichungen zur Darstellung der Kosten in Abhängigkeit vom Umsatz auf und zeichnen Sie die Graphen der Funktionen.

b) Ermitteln Sie die Kosten des Reisenden und des Handelsvertreters bei einem Umsatz von 30 000 € bzw. 70 000 € pro Monat.

c) Bestimmen Sie den Umsatz, bei dem die Kosten für den Vertreter genauso hoch sind wie für den angestellten Reisenden.

9. Zwei Bergsteigergruppen beschließen, einen 3500 m hohen Berg zu besteigen. Die Gruppen fahren mit einem Lift bergauf. Die besser trainierte Gruppe steigt in 1000 m Höhe an der Mittelstation aus, die andere Gruppe fährt bis zur Bergstation in 1600 m Höhe. Um 10 Uhr beginnen beide Gruppen ihren Aufstieg, wobei die gut trainierte Gruppe einen Höhenunterschied von 600 m pro Stunde, die weniger gut trainierte Gruppe einen Höhenunterschied von 400 m pro Stunde bewältigt.

a) Stellen Sie die Funktionsgleichungen der einzelnen Höhen in Abhängigkeit von der Zeit für beide Gruppen auf. Zeichnen Sie beide Graphen.

b) Berechnen Sie, um wie viel Uhr beide Gruppen die gleiche Höhe auf dem Weg zur Bergspitze erreicht haben.

c) Ermitteln Sie den Zeitpunkt des Erreichens der Bergspitze für beide Gruppen.

10. Eine Vertreterin erhält von ihrer Arbeitgeberin zwei verschiedene Gehaltsangebote. Beim Angebot 1 erhält sie 3600 € Grundgehalt und eine Provision von 8 % des Monatsumsatzes, Angebot 2 umfasst 1400 € Grundgehalt und eine Provision von 28 % des Monatsumsatzes.

Wie soll sich die Vertreterin entscheiden?

a) Stellen Sie die Funktionsgleichungen zur Darstellung beider Gehaltsangebote auf. Zeichnen Sie die zugehörigen Graphen in ein Koordinatensystem.

b) Bestimmen Sie, welches Gehalt die Vertreterin bei einem Monatsumsatz von 8000 € bzw. 25 000 € verdienen kann.

c) Ermitteln Sie den Monatsumsatz, bei dem beide Gehälter gleich hoch sind. Wie hoch ist dieses Gehalt dann?

11. Die Fly Bike Werke GmbH stellt Fahrradzubehör der verschiedensten Art her. Unter anderem werden Bügelschlösser, Faltschlösser, Kettenschlösser und Rahmenschlösser produziert. Bei der Produktion der Fahrradschlösser werden Spezial-Stahllegierungen verwendet, die ein Stammlieferant für die Fly Bike Werke zusammenstellt. Der Einkaufspreis für die Legierung ist stark abhängig von der Entwicklung des Preises am Stahlmarkt. Das Verhalten der Anbieter und Nachfrager am Stahlmarkt lässt sich aus den Daten der nebenstehenden Tabelle ableiten.

Für den Markt produzierte bzw. auf dem Markt verfügbare Stahlmenge	Angebotspreis pro Tonne	Preis der Nachfrager pro Tonne
0 t	50 €	600 €
10 t	200 €	475 €
20 t	350 €	350 €
30 t	500 €	225 €
40 t	650 €	100 €

Da die Fly Bike Werke GmbH indirekt von der Entwicklung des Stahlpreises betroffen ist, analysiert sie in gewissen Abständen die Marktsituation. Besorgt entnimmt sie einem Presseartikel, dass der Staat erwägt, einen Mindestpreis für die Tonne Stahl festzulegen; im Gespräch sind 450 € pro Tonne.
Erklären Sie, welche Auswirkungen sich für die Fly Bike Werke GmbH durch einen solchen Mindestpreis ergeben können.

a) Ermitteln und interpretieren Sie das Marktgleichgewicht.

b) Zeigen Sie, dass die beiden Funktionsgleichungen lauten:
$p_N(x) = -12{,}5x + 600$ ▸ Nachfragefunktion
$p_A(x) = 15x + 50$ ▸ Angebotsfunktion

c) Bestimmen Sie den Angebotspreis für 25 t Stahl.

d) Berechnen Sie die Nachfragemenge, wenn der Preis am Markt bei 450 € liegt.

e) Berechnen Sie den Angebotsüberhang, wenn der Staat einen Mindestpreis von 450 € pro Tonne festlegt.

f) Stellen Sie die Gesamtsituation grafisch dar.

Vermischte Übungen zu 2.1

1. Bestimmen Sie die Funktionsgleichung der linearen Funktion, deren Graph

a) die Steigung 10 hat und durch den Punkt $(4|-8)$ geht;

b) durch $A(-2|25)$ und $B(5|13)$ verläuft;

c) durch $C(0|8)$ und $D(-4|-4)$ verläuft;

d) in der Zeichnung abgebildet ist.

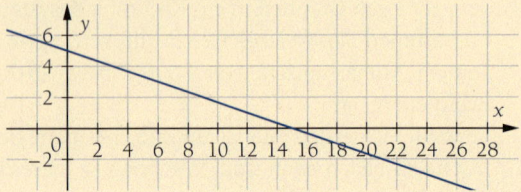

2. Der Graph der linearen Funktion f geht durch die beiden Punkte $A(1|3)$ und $B(5|-1)$. Der Graph der linearen Funktion g verläuft durch die Punkte $C(1|-1)$ und $D(4|8)$. Der Graph der linearen Funktion h verbindet die Punkte $E(-3|3)$ und $F(6|6)$ miteinander.

a) Ermitteln Sie die Gleichungen von f, g und h.

b) Zeichnen Sie die drei Graphen ohne Wertetabelle.

c) Bestimmen Sie zeichnerisch und rechnerisch die Achsenschnittpunkte der drei Graphen und die drei Schnittpunkte von jeweils zwei Graphen.

d) Berechnen Sie den Flächeninhalt des Dreiecks, das durch die drei Schnittpunkte der Graphen begrenzt wird.

3. Bestimmen Sie im Funktionsterm der linearen Funktion vom Typ $f(x) = mx + 2$; $x \in \mathbb{R}$ den Steigungsfaktor m so, dass der Graph von f durch den Punkt $A(3|0,5)$ geht.

Zeichnen Sie den Graphen der Funktion f im Intervall $[-2; 6]$.

4. Gegeben ist die lineare Funktion f mit der Funktionsgleichung $f(x) = 0,5x - 3$; $x \in \mathbb{R}$. Eine Parallele zum Graphen dieser Funktion verläuft durch den Punkt $A(5|5)$.

a) Zeichnen Sie den Graphen der Funktion f und die Parallele zu G_f durch A.

b) Bestimmen Sie die Funktionsgleichung der Funktion g, deren Graph die Parallele zu G_f ist.

c) Berechnen Sie die Nullstelle von g.

5. Die Großbuchstaben A, V, W, X und Z kann man sich aus Graphen linearer Funktionen zusammengesetzt denken.

a) Übertragen Sie die Buchstaben jeweils mit einem geeigneten Maßstab in ein Koordinatensystem. Stellen Sie die entsprechenden Funktionsgleichungen auf und geben Sie eine geeignete Definitionsmenge an.

b) Begründen Sie, warum ein Buchstabe wie H nicht durch Funktionsgleichungen beschrieben werden kann.

6. Eine kreisrunde Analoguhr wird mit dem Mittelpunkt ihres Zifferblatts auf den Punkt $(0|0)$ eines Koordinatensystems gelegt. Fassen Sie den Minutenzeiger als eine Gerade auf.

a) Ermitteln Sie die Gleichung der Geraden, wenn der Minutenzeiger auf die Zahl für i ($i = 10, 20, 30, 40, 50$) steht.

b) Die Gerade, die dem Minutenzeiger entspricht, hat die Steigung 1.

Geben Sie an, um wie viele Minuten eine volle Stunde überschritten ist.

Ermitteln Sie auch die zugehörige Geradengleichung.

7. Zeichnen Sie den Graphen der Funktion g mit $g(x) = |x - 2| - 4$ und erläutern Sie, wie der Graph von g aus dem Graphen von f mit $f(x) = |x|$ hervorgeht.

8. Ermitteln Sie die Fläche, die von den Graphen der Funktionen f und g eingeschlossen wird.

a) $f(x) = -|x - 4| - 2$ und $g(x) = |x - 4| - 6$

b) $f(x) = -2|x| + 3$ und $g(x) = |x| - 9$

c) $f(x) = -0,5|x - 2| + 4$ und $g(x) = |x| - 2$

9. Bei der Herstellung eines Spielzeugs fallen täglich fixe Kosten von 5180 € und variable Kosten pro Stück von 15 € an. Beim Verkauf werden 22 € pro Stück erzielt.
Ermitteln Sie die Gewinnschwelle und die Höhe des Gewinns an der Kapazitätsgrenze von 2500 Stück.

10. Ein Eiscafé hat pro Tag 150 € fixe Kosten. Die Herstellung einer Eiskugel kostet 0,10 €, der Verkaufspreis beträgt 0,50 € pro Kugel.
a) Berechnen Sie den Gewinn pro Tag, wenn täglich durchschnittlich 1200 Kugeln verkauft werden.
b) Ermitteln Sie, wie viele Eiskugeln im Durchschnitt täglich verkauft werden müssen, damit kein Verlust entsteht.
c) Der Verkaufspreis pro Eiskugel wird auf 0,60 € erhöht.
Erläutern Sie, welche Auswirkung das auf die Gewinnschwelle hat.

11. Die Gesamtkosten einer Elektrogerätefabrik, die sich auf die Produktion von Dokumentenkameras spezialisiert hat, genügen einer linearen Kostenfunktion. Bei einer Monatsproduktion von 5000 Dokumentenkameras betragen die Gesamtkosten 270 000 €. Werden 7500 Stück hergestellt, so betragen die Kosten 300 000 €.
Bestimmen Sie die Fixkosten sowie die variablen Kosten. Geben Sie die Kostenfunktion an.

12. Bei einem Kleingerätehersteller fallen monatlich 57 200 € fixe Kosten an. Die variablen Kosten betragen 15 € pro Stück. Der Hersteller kann höchstens 3500 Stück pro Monat produzieren. Der Verkaufspreis der Produkte beträgt 37 €.
a) Stellen Sie die Gleichungen der Kosten-, Erlös- und Gewinnfunktion auf.
b) Berechnen Sie die Gewinnschwelle. Berechnen Sie den Gewinn oder Verlust für die Produktion von 2000 Stück und an der Kapazitätsgrenze.
c) Zeichnen Sie die Graphen der drei Funktionen.
d) Berechnen Sie die produzierte und verkaufte Menge, die einen Gewinn von 8800 € bringt.
e) Bestimmen Sie die Gewinnschwelle, wenn sich die variablen Stückkosten um 3,50 € erhöhen und der Verkaufspreis um 7,50 € niedriger ausfällt.

13. Die Graphen der linearen Nachfrage- und Angebotsfunktion für ein bestimmtes Gut sind durch jeweils zwei Punkte gegeben:
Die Nachfragekurve verläuft durch $A(100|0)$ und $B(50|40)$; die Angebotskurve durch $C(90|58)$ und $D(30|38)$.
a) Bestimmen Sie die Gleichungen der Nachfrage- und Angebotsfunktion.
b) Bestimmen Sie den Gleichgewichtspreis.
c) Wie hoch ist der Nachfrageüberschuss bei einem Preis von 40 GE bzw. 20 GE?

14. Analysieren Sie die Gewinnsituation der Fly Bike Werke von der Seite 77 bezüglich des neuen E-City-Bikes.

15. Die Fly Bike Werke wollen in ihr Sortiment ein Navigationsgerät als Handelsware aufnehmen. Das Gerät könnte für 135 € vom Hersteller bezogen werden. Für Einkauf, Lagerung und Verkauf dieses Gerätes müsste mit Fixkosten von 18 200 € gerechnet  werden. Die Marketingabteilung geht davon aus, dass mehr als 325 Stück verkauft werden könnten. Deshalb kalkuliert die Unternehmensleitung mit einer Gewinnschwelle von 325 Stück.
a) Ermitteln Sie den erforderlichen Verkaufspreis.
b) Der Absatz im Jahr 2013 betrug tatsächlich 563 Stück. Ermitteln Sie den Betrag, den das Navigationsgerät zum Unternehmensgewinn beigetragen hatte.
c) Im Jahr 2014 wurde der Verkaufspreis auf 200 € angehoben. Die Kostenstruktur blieb dieselbe, der Absatz sank aber auf 275 Stück.
Analysieren Sie die neue Gewinn- oder Verlustsituation.
d) Für das Jahr 2015 rechnet die Unternehmensleitung mit einem auf 110 € reduzierten Einkaufspreis und mit auf 14 000 € gesunkenen Fixkosten. Ermitteln Sie den Break-even-Point, wenn der Verkaufspreis um 41 € gesenkt wird.

16. Gegeben sind die Nachfragefunktion p_{N_1} mit $p_{N_1}(x) = -0{,}2x + 20$ und die Angebotsfunktion p_{A_1} mit $p_{A_1}(x) = x + 5$.

a) Bestimmen Sie den ökonomischen Definitionsbereich und ermitteln Sie das Marktgleichgewicht.

b) Aufgrund gewachsener Nutzenschätzung verschiebt sich die Nachfragekurve und ist jetzt der Graph der Nachfragefunktion p_{N_2} mit $p_{N_2}(x) = -0{,}25x + 25$. Berechnen Sie das neue Marktgleichgewicht und vergleichen Sie die Gleichgewichtsmenge und den Gleichgewichtspreis mit der Ausgangssituation in Teil a).

c) Aufgrund von Rationalisierungsmaßnahmen ergibt sich mit $p_{A_2}(x) = 0{,}8x + 4$ eine neue Angebotsfunktion. Berechnen Sie das Marktgleichgewicht und vergleichen Sie die Gleichgewichtsmenge und den Gleichgewichtspreis mit der Ausgangssituation in Teil a) und der neuen Situation in Teil b).

17. Maria möchte sich nach bestandener Führerscheinprüfung ein Auto kaufen. Sie hat sich im Internet informiert und nach dem Benzinverbrauch erkundigt. Drei Modelle gefallen ihr sehr gut, von denen sie die nebenstehenden Daten ermittelt hat. Maria sucht Hilfe in einem Internetforum.

	Fixkosten im Monat	Variable Kosten je km
Modell A	260 €	0,14 €
Modell B	190 €	0,24 €
Modell C	220 €	0,18 €

Beraten Sie Maria beim Autokauf. Verfassen Sie dazu einen Antwortbeitrag.

a) Stellen Sie für die drei Automodelle die Funktionsgleichungen der Gesamtkosten auf.

b) Zeichnen Sie die Graphen der drei Kostenfunktionen in ein geeignetes Koordinatensystem.

c) Berechnen Sie, bei welcher Kilometerzahl je zwei Modelle zu gleich hohen Kosten führen.

d) Welches Modell empfehlen Sie Maria, wenn sie je Monat 800 km mit dem Auto fahren wird?

e) Empfehlen Sie Maria für unterschiedliche Kilometerzahlen jeweils das passende Modell. Formulieren Sie Ihre Antwort als Forumsbeitrag.

18. Die Fly Bike Werke produzieren Bügelschlösser. Dafür stehen zwei Maschinen zur Auswahl: Beim Einsatz von Maschine 1 muss mit fixen Kosten von 25 € und mit 1,50 € Kosten pro Schloss zusätzlich für Lohn und Material gerechnet werden. Auf Maschine 2 können die Schlösser in 10er-Chargen gefertigt werden. Für jede angefangene Charge entstehen 20 € Kosten. Beide Maschinen können täglich jeweils 50 Schlösser herstellen. Der höchste Absatz in den drei Sommermonaten liegt bei durchschnittlich 38 Schlössern pro Tag.

Helfen Sie den Verantwortlichen bei der Entscheidung für eine der beiden Maschinen.

a) Erstellen Sie eine Wertetabelle, die für Maschine 1 den Zusammenhang zwischen produzierter Menge und Kosten wiedergibt und zeichnen Sie die zugehörige Gerade in ein Koordinatensystem.

b) Erläutern Sie, warum der Graph zu Maschine 2 nicht als Gerade dargestellt werden kann, und zeichnen Sie ihn in das Koordinatensystem aus a).

c) Bei welcher Produktionsmenge fallen Kosten in Höhe von 60 Euro an?

d) Welche Maschine sollte für die Produktion von täglich 38 Bügelschlössern eingesetzt werden?

e) Für welche Mengen ist Maschine 1 günstiger?

Ich kann ...

... die **allgemeine Funktions-gleichung** einer **linearen Funktion** angeben und die Bedeutung von m und n erklären.	$K(x) = \frac{1}{2}x + 4$ $m = \frac{1}{2}$; $n = 4$	$f(x) = m \cdot x + n$; $m, n \in \mathbb{R}$ m: Steigung des Graphen von f n: x-freies Glied, y-Achsenabschnitt
... die **ökonomische Bedeutung** von m und n angeben.	m: 0,5 GE variable Kosten n: 4 GE fixe Kosten	m: z.B. variable Kosten, Verkaufspreise, variable Anteile bei Angebot und Nachfrage n: z.B. fixe Kosten, Höchstpreis

▶ Test-Aufgaben 1, 2, 3

... mithilfe des y-Achsenabschnitts und des Steigungsdreiecks eine **Gerade zeichnen**.

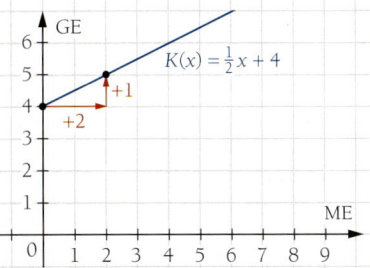

1. y-Achsenabschnitt n einzeichnen
2. Von dort Steigungsdreieck zeichnen („Nenner nach rechts, Zähler nach oben (m positiv) bzw. nach unten (m negativ)")
3. Beide Punkte verbinden

... die **Funktionsgleichung** anhand des Graphen **bestimmen**.

▶ Test-Aufgabe 1

$n = 4$ und $m = \frac{1}{2}$

1. y-Achsenabschnitt n ablesen
2. Steigungsdreieck zeichnen
3. Steigung m bestimmen („senkrechter Weg durch waagerechten Weg")

... die **Steigung** m mithilfe zweier Punkte berechnen.

▶ Test-Aufgaben 1, 2, 3

$P_1(0|4)$ und $P_2(4|6)$
$m = \frac{6-4}{4-0} = \frac{2}{4} = \frac{1}{2}$

$P_1(x_1|y_1)$ und $P_2(x_2|y_2)$
$\Rightarrow m = \frac{y_2 - y_1}{x_2 - x_1}$

... die **Funktionsgleichung** mithilfe der Steigung m und eines Punkts P bestimmen.

▶ Test-Aufgaben 1, 2, 3

$m = 0,5$ und $P(4|6)$
$f(x) = m \cdot x + n$
$6 = 0,5 \cdot 4 + n$
$4 = n$
$\Rightarrow f(x) = 0,5x + 4$

1. m und die Koordinaten von $P(x|y)$ in die Funktionsgleichung $y = f(x) = m \cdot x + n$ einsetzen
2. Gleichung nach n auflösen
3. $f(x)$ aufschreiben

... die **Nullstelle** berechnen und deren **ökonomische Bedeutung** nennen.

▶ Test-Aufgaben 1, 2, 3

$p_N(x_N) = 0 \Leftrightarrow -x_N + 5 = 0$
$\Leftrightarrow x_N = 5$
$\Rightarrow$ Sättigungsmenge 5 ME

1. $f(x_N) = 0$ setzen
2. Gleichung nach x_N auflösen
Bedeutung: z.B. Sättigungsmenge oder Gewinnschwelle

... den **Schnittpunkt** zweier Geraden bestimmen und dessen **ökonomische Bedeutung** nennen.

▶ Test-Aufgaben 1, 3

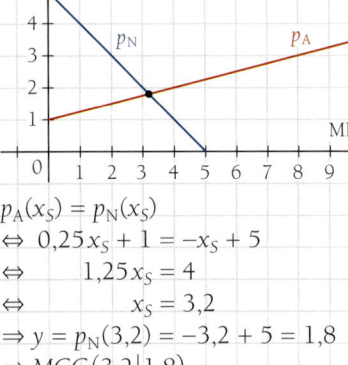

$p_A(x_S) = p_N(x_S)$
$\Leftrightarrow 0,25x_S + 1 = -x_S + 5$
$\Leftrightarrow 1,25x_S = 4$
$\Leftrightarrow x_S = 3,2$
$\Rightarrow y = p_N(3,2) = -3,2 + 5 = 1,8$
$\Rightarrow MGG(3,2|1,8)$
▶ Gleichgewichtsmenge 3,2 ME
Gleichgewichtspreis 1,8 GE/ME

1. $f(x_S) = g(x_S)$ setzen
2. Gleichung nach x_S auflösen ergibt Schnittstelle x_S
3. $y_S = f(x_S)$ oder $y_S = g(x_S)$ berechnen
4. Schnittpunkt $S(x_S|y_S)$
Bedeutung: z.B.
- Schnittpunkt der Graphen der Angebots- und Nachfragefunktion = Marktgleichgewicht $MGG(x_G|y_G)$
- Schnittpunkt der Graphen der Erlös- und Kostenfunktion = Break-even-Punkt (Schnittstelle = Gewinnschwelle)

Test zu 2.1

1. Der Graph der linearen Funktion f geht durch die Punkte $A(-5|2)$ und $B(-3|6)$; der Graph der linearen Funktion g ist in nebenstehender Grafik abgebildet.

a) Bestimmen Sie die Funktionsgleichungen von f und g.

b) Zeichnen Sie den Graphen von f.

c) Ermitteln Sie zeichnerisch und rechnerisch sowohl die Achsenschnittpunkte beider Graphen als auch ihren Schnittpunkt.

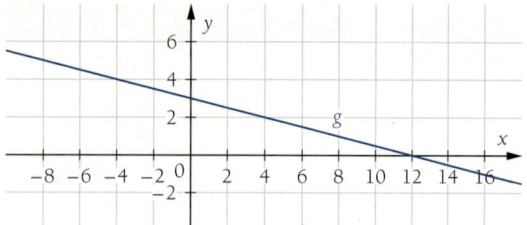

2. Die JoRo GmbH produziert MP3-Player. Die Fixkosten betragen monatlich $16\,000\,€$. In der Herstellung fallen $21\,€$ Kosten pro Stück an. Es können monatlich höchstens 3500 MP3-Player produziert werden. Der Verkaufspreis je MP3-Player beträgt $29\,€$.

a) Stellen Sie die Gleichungen der Kosten-, Erlös- und Gewinnfunktion auf.

b) Zeichnen Sie die Graphen der Kosten-, Erlös- und Gewinnfunktion und beschreiben Sie die Verläufe dieser drei Graphen.

c) Ermitteln Sie zeichnerisch und rechnerisch die Gewinnschwelle.

d) Berechnen Sie den Gewinn bzw. Verlust bei einer Produktion von 1000 MP3-Playern und an der Kapazitätsgrenze.

e) Untersuchen Sie, wie viele MP3-Player produziert und verkauft werden müssen, um einen Gewinn von $11\,200\,€$ zu erwirtschaften.

f) Der Unternehmer überlegt, ob er MP3-Player mit der doppelten Speicherkapazität herstellen soll. Die Herstellung dieser MP3-Player würde im Produktionsprozess zusätzliche Stückkosten von $11\,€$ pro MP3-Player verursachen. Die MP3-Player mit der doppelten Speicherkapazität könnten für $39\,€$ pro Stück verkauft werden. Soll der Unternehmer die MP3-Player mit doppelter Speicherkapazität herstellen? Begründen Sie Ihre Antwort.

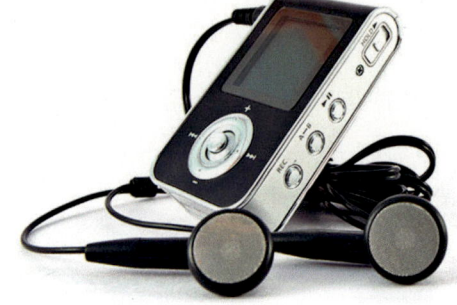

3. Die Nachfrage- und Angebotskurven für ein Produkt sind Geraden. Die Geraden sind jeweils durch zwei Punkte $(x\,\text{ME}|y\,\text{GE})$ gegeben: Die Nachfragekurve geht durch die Punkte $(30|140)$ und $(120|110)$, die Angebotskurve durch $(150|35)$ und $(260|46)$.

a) Ermitteln Sie rechnerisch die Gleichungen der Nachfragefunktion p_N und der Angebotsfunktion p_A und bestätigen Sie die Übereinstimmung mit $p_N(x) = -\frac{1}{3}x + 150$ und $p_A(x) = 0,1x + 20$.

b) Zeichnen Sie die Graphen beider Funktionen in ein geeignetes Koordinatensystem und beschreiben Sie die Graphenverläufe.

c) Bestimmen Sie den Höchstpreis und die Sättigungsmenge.

d) Berechnen Sie die Gleichgewichtsmenge und den Gleichgewichtspreis.

e) Untersuchen Sie, wie hoch der Nachfrageüberschuss bei einem Preis von 30 GE ist und wie hoch der Angebotsüberschuss bei einem Preis von 75 GE ist.

4. Ermitteln Sie die Funktionsgleichung einer linearen Nachfragefunktion, wenn der Höchstpreis von $50\,€$ und die Sättigungsmenge von 2000 Stück bekannt sind.

Der Europäische Tag des Fahrrads findet jährlich am 3. Juni statt und soll darauf hinweisen, dass das Fahrrad das umweltfreundlichste, gesündeste und sozial verträglichste Fortbewegungsmittel ist.

Die Fly Bike Werke GmbH möchte an diesem Tag einen Tag der offenen Tür veranstalten und neben einer Verkaufsaktion mit 20 % Rabatt auf alle Modelle auch Führungen durch das Werk anbieten.

Um den Aktionstag weithin sichtbar zu machen, ist geplant einen aufblasbaren Bogen mit einem Banner an den Eingang des Firmengeländes zu platzieren.

Der Bogen ist annähernd parabelförmig und hat laut Auskunft des Herstellers folgende Innenmaße:
Höhe: 4 m; Breite am Boden: 8 m.

Der Bogen soll mit den Worten „Herzlich Willkommen" beschriftet werden.

Zusätzlich möchte Herr Peters, dass ein rechteckiges Banner in diesem Bogen angebracht wird, das mindestens 4 m breit und 60 cm hoch ist. Dort werden das Logo der Fly Bike Werke GmbH und der Schriftzug „Tag der offenen Tür" aufgedruckt. Da die Gäste die Fly Bike Werke mit dem Durchschreiten des Bogens betreten, soll die Durchgangshöhe mindestens 2,50 m betragen.

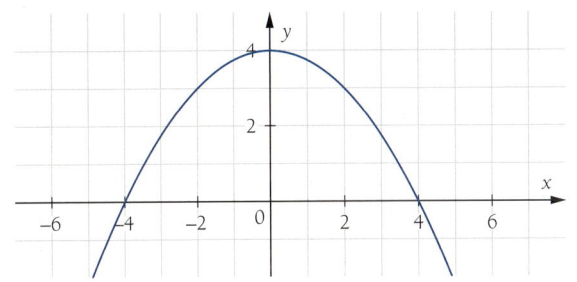

Bevor Herr Peters den Bogen in Auftrag gibt, möchte er wissen, ob dieser alle seine Anforderungen erfüllt. Der Auszubildende Herr Schumacher hat entsprechend den Angaben des Bogenherstellers den nebenstehenden Graphen mithilfe eines EDV-Programms gezeichnet.

▶ Aufgabe 4 auf Seite 123

Kompetenzen

- Quadratische Funktionen erkennen und auf verschiedene Arten darstellen
- Einfluss der Koeffizienten auf den Graphen erläutern
- Realitätsbezogene Zusammenhänge mathematisch beschreiben und bewerten

Anwendungen

- Kosten-, Erlös- und Gewinnfunktion
- Ökonomischer Definitionsbereich
- Gewinnschwelle
- Gewinngrenze
- Gewinnmaximum

2.2 Quadratische Funktionen

Die linearen Funktionen mit der allgemeinen Gleichung $y = mx + n$ gehören zu den einfachsten Funktionstypen. Die nächst „höheren" Funktionen sind diejenigen, in denen die Variable x in zweiter Potenz (x^2) vorkommt. Reelle Funktionen mit der allgemeinen Gleichung $y = ax^2 + bx + c$; $a \neq 0$, bei denen die Variable x in höchster Potenz quadratisch auftritt, heißen **quadratische Funktionen**, ihre Graphen nennt man **Parabeln**.

2.2.1 Gleichungen und Graphen

Die einfachsten quadratischen Funktionen sind die vom Typ $f(x) = ax^2$. Bei ihnen fehlen das **lineare Glied** bx und das **Absolutglied** c.

1 Bremsweg

In der Fahrschule lernt man für den Bremsweg eines Autos folgende Faustregel:
Man quadriert die Maßzahl der Geschwindigkeit und teilt das Ergebnis durch 100.
Anders ausgedrückt:
Bremsweg (in m) $= \frac{1}{100} \cdot$ (Geschwindigkeit)^2.

▶ Die Geschwindigkeit wird in $\frac{km}{h}$ zu Beginn der Vollbremsung gemessen. Dabei werden ein trockener Fahrbelag und gute Reifen vorausgesetzt.

Bestimmen Sie eine Funktionsgleichung für den Bremsweg in Abhängigkeit von der Geschwindigkeit.

Schreibt man x für die Geschwindigkeit, so lässt sich der Bremsweg mit $f(x) = \frac{1}{100} \cdot x^2$ berechnen. Für x setzen wir hier Geschwindigkeiten von $0\frac{km}{h}$ bis $100\frac{km}{h}$ ein.

$$f(x) = \frac{1}{100} \cdot x^2; \; x \in [0; 100]$$

Die Beispiele zeigen, dass sich der Bremsweg in Abhängigkeit von der Geschwindigkeit quadriert, während sich die Geschwindigkeit zum Beispiel von $10\frac{km}{h}$ auf $50\frac{km}{h}$ verfünffacht, ist der Bremsweg um das 5^2- bzw. 25-fache länger.

Beispiele:
$f(10) = \frac{1}{100} \cdot 10^2 = 1$ ▶ 1 m Bremsweg
$f(50) = \frac{1}{100} \cdot 50^2 = 25$ ▶ 25 m Bremsweg
$f(100) = \frac{1}{100} \cdot 100^2 = 100$ ▶ 100 m Bremsweg

2 Quadratische Fliesen

Der Großmarkt „Fliesen-Paradies" möchte nächste Woche eine Aktion für Toskana-Fliesen starten. Die in verschiedenen Kantenlängen erhältlichen quadratischen Toskana-Fliesen sollen jeweils in Paketen zu 50 Stück angeboten werden. Der Preis pro m^2 beträgt 25 €.

- Geben Sie eine Gleichung an, mit der der Paketpreis
- für verschiedene Kantenlängen schnell berechnet
- werden kann.

Zunächst berechnen wir den Flächeninhalt (in m^2) einer Fliese mit der Kantenlänge x (in m):

$f(x) = x^2; \quad x > 0$

Der Flächeninhalt der Fliesen quadriert sich in Abhängigkeit von der Kantenlänge; zum Beispiel

$f(0,2) = 0,2^2 = 0,04$

▶ Fliesen mit der Kantenlänge 0,2 m = 20 cm haben eine Fläche von 0,04 m² = 400 cm².

Flächeninhalt pro Fliese: $f(x) = x^2; \quad x > 0$

x	0,1	0,2	0,3	0,4	0,5
$f(x)$	0,01	0,04	0,09	0,16	0,25

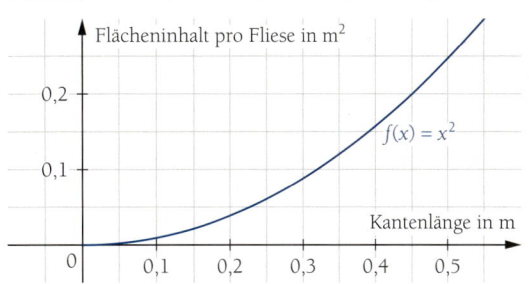

Ein Paket mit 50 Fliesen der Kantenlänge x (in m) hat dann insgesamt einen Flächeninhalt von $50 \cdot x^2$ (in m^2).

Den Paketpreis (in €) erhalten wir durch Multiplikation mit dem Quadratmeterpreis:

$p(x) = 25 \cdot 50 \cdot x^2; \quad x > 0$

Flächeninhalt pro Paket: $50x^2; \quad x > 0$

Paketpreis: $p(x) = 25 \cdot 50 \cdot x^2 = 1250x^2; \quad x > 0$

Beispiel: $p(0,2) = 25 \cdot 50 \cdot 0,2^2 = 50$

▶ Ein Paket mit 50 Fliesen der Kantenlänge 20 cm kostet 50 €.

Da es keine Fliesen mit negativen Kantenlängen gibt, ist es in Beispiel 2 sinnvoll gewesen, sich auf positive Werte für x zu beschränken. Im Allgemeinen können quadratische Funktionen jedoch für alle reellen Zahlen betrachtet werden.

Wir lösen uns nun vom obigen Beispiel und betrachten die Funktion f mit $f(x) = x^2$ für alle reellen Zahlen $x \in \mathbb{R}$.

Der Graph der reellen Funktion f mit $f(x) = x^2$ ist die sogenannte **Normalparabel**.

Sie ist symmetrisch zur y-Achse, die daher auch **Symmetrieachse** der Normalparabel heißt.

Den Schnittpunkt der beiden zueinander symmetrischen Parabeläste mit der Symmetrieachse nennt man **Scheitelpunkt** der Parabel.

Die Funktionswerte dieser quadratischen Funktion sind die positiven reellen Zahlen und 0 ($f(0) = 0$), in symbolischer Schreibweise $W_f = \mathbb{R}^{\geq 0}$.

x	-4	-3	-2	-1	0	1	2	3	4
$f(x)$	16	9	4	1	0	1	4	9	16

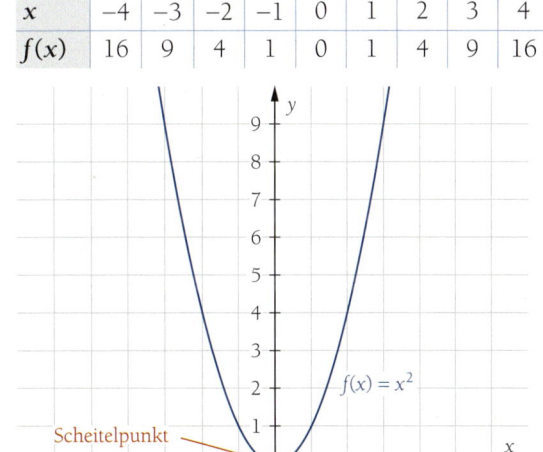

- Reelle Funktionen vom Typ $f(x) = ax^2 + bx + c$ mit $a \neq 0$ heißen **quadratische Funktionen**. In ihren Funktionstermen tritt die Argumentvariable x in höchster Potenz quadratisch, d. h. in zweiter Potenz, auf.
- Die Graphen quadratischer Funktionen heißen **Parabeln**. Sie besitzen zwei zueinander symmetrische **Parabeläste**. Der **Scheitelpunkt** einer Parabel ist der Schnittpunkt der Parabel mit ihrer Symmetrieachse.
- Der Graph der Funktion f mit $f(x) = x^2$ heißt **Normalparabel**.

2

Von der Normalparabel zur allgemeinen Parabel

Durch Verschiebung, Streckung und Stauchung können wir aus der Normalparabel die Parabel jeder beliebigen quadratischen Funktion gewinnen.

 3   Verschiebung der Normalparabel entlang der y-Achse

Erläutern Sie, wie man die Graphen zu $f_1(x) = x^2 + 2$ und $f_2(x) = x^2 - 3$ aus der Normalparabel erhält.

Wir zeichnen die Graphen mithilfe einer Wertetabelle.

x	-4	-3	-2	-1	0	1	2	3	4
$f(x)$	16	9	4	1	0	1	4	9	16
$f_1(x)$	18	11	6	3	2	3	6	11	18
$f_2(x)$	13	6	1	-2	-3	-2	1	6	13

Verschiebung nach oben:
Den Graphen der Funktion mit der Gleichung $f_1(x) = x^2 + 2$ erhält man, indem man die Normalparabel aus dem Koordinatenursprung um 2 Einheiten **nach oben** verschiebt.
Der Scheitelpunkt der verschobenen Parabel ist $S_1(0|2)$. ▶ rote Parabel

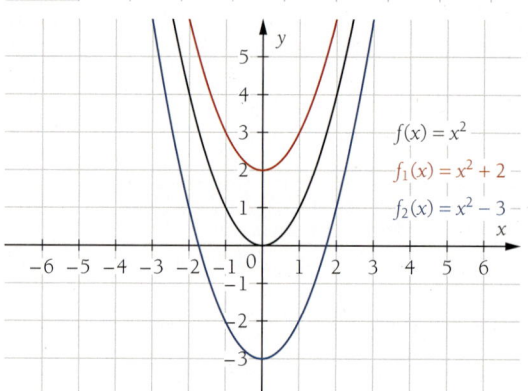

Verschiebung nach unten:
Der Graph zu $f_2(x) = x^2 - 3$ ergibt sich aus der Normalparabel durch Verschiebung aus dem Koordinatenursprung um 3 Einheiten **nach unten**.
Der Scheitelpunkt dieser Parabel ist $S_2(0|-3)$.
▶ blaue Parabel

Allgemein: Der Graph der Funktion f mit $f(x) = x^2 + y_s$ entsteht durch Verschiebung der Normalparabel um y_s Einheiten in Richtung der y-Achse.

 4   Verschiebung der Normalparabel entlang der x-Achse

Erläutern Sie, wie man die Graphen zu $f_3(x) = (x - 2)^2$ und $f_4(x) = (x + 3)^2$ aus der Normalparabel erhält.

Verschiebung nach rechts:
Der Graph zu $f_3(x) = (x - 2)^2$ ergibt sich aus der Normalparabel durch Verschiebung aus dem Koordinatenursprung um 2 Einheiten **nach rechts**.
Der Scheitelpunkt dieser Parabel ist $S_3(2|0)$.
▶ rote Parabel

x	-4	-3	-2	-1	0	1	2	3	4
$f(x)$	16	9	4	1	0	1	4	9	16
$f_3(x)$	36	25	16	9	4	1	0	1	4
$f_4(x)$	1	0	1	4	9	16	25	36	49

Verschiebung nach links:
Der Graph zu $f_4(x) = (x + 3)^2$ ergibt sich aus der Normalparabel durch Verschiebung aus dem Koordinatenursprung um 3 Einheiten **nach links**.
Der Scheitelpunkt dieser Parabel ist $S_4(-3|0)$.
▶ blaue Parabel

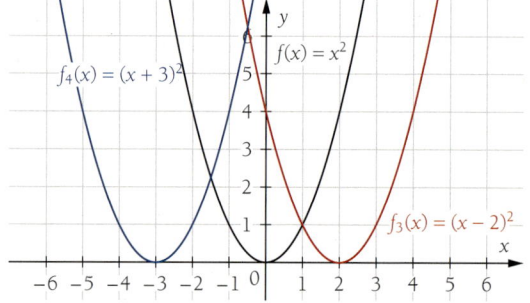

Allgemein: Der Graph der Funktion f mit $f(x) = (x - x_s)^2$ entsteht durch Verschiebung der Normalparabel um x_s Einheiten in Richtung der x-Achse, und zwar nach rechts für $x_s > 0$ und nach links für $x_s < 0$.

Beliebige Verschiebungen der Normalparabel

⑤

Erläutern Sie, wie man den Graphen der Funktion f_5 mit $f_5(x) = (x + 3)^2 - 4$ aus der Normalparabel erhält.

Der Funktionsterm $(x + 3)^2 - 4$ lässt sich auch in der Form $(x - (-3))^2 - 4$ schreiben. Nun können wir ablesen, dass man den Graphen von f_5 erhält, indem man die Normalparabel aus dem Koordinatenursprung um 3 Einheiten nach **links** und 4 Einheiten nach **unten** verschiebt.
Der Scheitelpunkt dieser Parabel ist $S_5(-3|-4)$.

Da man den Scheitelpunkt aus der Funktionsgleichung der Form $f(x) = (x - x_S)^2 + y_S$ direkt ablesen kann, nennt man diese Form auch **Scheitelpunktform**.

x_S und y_S sind die Koordinaten des Scheitelpunkts $S(x_S|y_S)$ der Parabel.

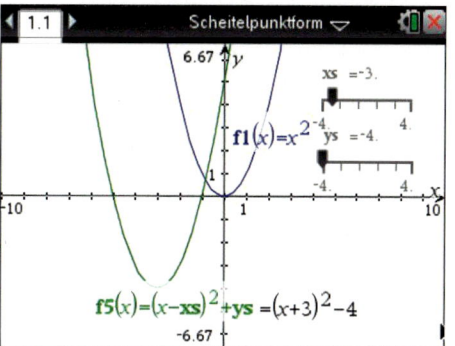

GTR CAS

2

▶ TI Die Scheitelpunktform mit x_S und y_S kann sehr anschaulich mit den Schiebereglern (Anwendung Graphs, menu, Aktionen, Schieberegler einfügen) untersucht werden.

Scheitelpunktform ablesen

⑥

Geben Sie die Funktionsgleichung zum abgebildeten Graphen an.

Der Graph von f_6 ist im Vergleich zur Normalparabel um 2 Einheiten nach **rechts** und um 1 Einheit nach **oben** verschoben. Die Funktionsgleichung lautet also: $f_6(x) = (x - 2)^2 + 1$. Der Scheitelpunkt der Parabel ist $S_6(2|1)$.

Die +3 in $(x + 3)^2$ bewirkt eine Verschiebung nach links,
die −2 in $(x − 2)^2$ eine Verschiebung nach rechts.

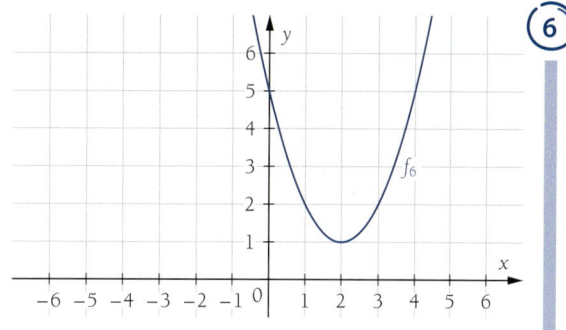

- Der Graph einer Funktion der Form $f(x) = (x - x_s)^2 + y_s$ ist eine **Parabel** und entsteht durch Verschiebung der Normalparabel um y_s Einheiten parallel zur y-Achse und x_s Einheiten parallel zur x-Achse.

  y_s positiv: Verschiebung nach oben; y_s negativ: Verschiebung nach unten.
  x_s positiv: Verschiebung nach rechts; x_s negativ: Verschiebung nach links.

- Den Funktionsterm der Form $f(x) = (x - x_s)^2 + y_s$ nennt man **Scheitelpunktform**.
  x_s und y_s sind die Koordinaten des **Scheitelpunkts** $S(x_s|y_s)$ der Parabel.

oHi
Mi Beschreiben Sie, wie die Graphen in der nebenstehenden Zeichnung aus Verschiebungen der Normalparabel entstehen, und geben Sie jeweils die zugehörige Scheitelpunktform an.

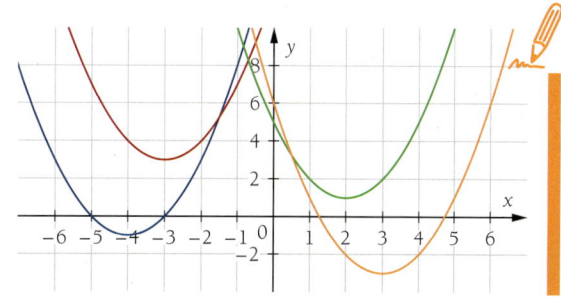

2

7 Öffnungsweite

Zeichnen Sie die Graphen zu $f(x) = x^2$, $f_7(x) = 2x^2$ und $f_8(x) = 0,5x^2$.
Erläutern Sie, wie man die Graphen von f_7 und f_8 aus der Normalparabel erhält.

Streckung: ▶ rote Parabel
Die reelle Funktion f_7 mit $f_7(x) = 2x^2$ hat für gleiche x-Werte doppelt so große Funktionswerte wie die Normalparabel. Der Graph von f_7 ist aber schmaler; er ist **gestreckt**.

Stauchung: ▶ blaue Parabel
Die reelle Funktion f_8 mit $f_8(x) = 0,5x^2$ hat für gleiche x-Werte halb so große Funktionswerte wie die Normalparabel. Ihr Graph ist breiter; er ist **gestaucht**.

x	-3	-2	-1	0	1	2	3
$f(x)$	9	4	1	0	1	4	9
$f_7(x)$	18	8	2	0	2	8	18
$f_8(x)$	4,5	2	0,5	0	0,5	2	4,5

Allgemein: Die Parabel zu $f(x) = ax^2$ ist für $a > 1$ gestreckt und für $0 < a < 1$ gestaucht.

8 Öffnungsrichtung

Erläutern Sie, wie man die Graphen zu $f_9(x) = -x^2$, $f_{10}(x) = -3x^2$ und $f_{11}(x) = -0,25x^2$ aus der Normalparabel erhält.

Der Graph der Funktion f_9 mit $f_9(x) = -x^2$ hat die gleiche Öffnungsweite wie die Normalparabel, ist aber **nach unten** geöffnet. Man sagt auch, dass der Graph von f_9 durch Spiegelung der Normalparabel an der x-Achse entstanden ist. ▶ grüne Parabel

Der Graph zu $f_{10}(x) = -3x^2$ ist auch **nach unten** geöffnet und gegenüber der Normalparabel schmaler; er ist **gestreckt**. ▶ rote Parabel

Der Graph zu $f_{11}(x) = -0,25x^2$ ist **nach unten** geöffnet und gegenüber der Normalparabel breiter; er ist **gestaucht**. ▶ blaue Parabel

x	-3	-2	-1	0	1	2	3
$f(x)$	9	4	1	0	1	4	9
$f_9(x)$	-9	-4	-1	0	-1	-4	-9
$f_{10}(x)$	-27	-12	-3	0	-3	-12	-27
$f_{11}(x)$	$-2,25$	-1	$-0,25$	0	$-0,25$	-1	$-2,25$

Allgemein: Die Parabel zu $f(x) = ax^2$ ist für $a > 0$ nach oben geöffnet und für $a < 0$ nach unten geöffnet.

9 Beliebige Veränderung der Normalparabel

Vergleichen Sie die Graphen zu $f_1(x) = x^2$, $f_{2_1}(x) = (x + 1)^2 - 3$ und $f_{2_2}(x) = 2(x + 1)^2 - 3$ miteinander.

Der Graph zu $f_{2_1}(x) = (x + 1)^2 - 3$ ist eine um 3 Einheiten nach unten und 1 Einheit nach links verschobene Normalparabel. Der Scheitelpunkt ist $S_{2_1}(-1|-3)$. ▶ rote Parabel

Auch die Parabel zu $f_{2_2}(x) = 2(x + 1)^2 - 3$ hat den Scheitelpunkt $S_{2_2}(-1|-3)$. Die Parabel ist im Vergleich zur Normalparabel gestreckt. ▶ blaue Parabel

▶ TI Alternativ zu Schiebereglern können für einen Parameter mehrere Werte definiert werden.

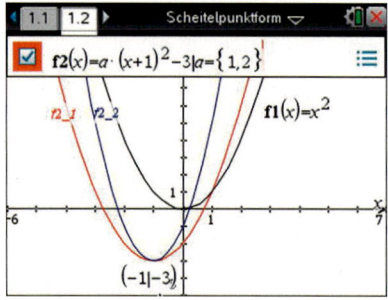

- Bei quadratischen Funktionstermen vom Typ $ax^2 + bx + c$ bzw. vom Typ $a(x - x_s)^2 + y_s$ mit $a \neq 0$ gibt a die Dehnung der Parabel an und heißt deshalb **Dehnungsfaktor** des Funktionsterms:

  Für $|a| > 1 \Leftrightarrow a > 1$ oder $a < -1$ gilt: Die Parabel ist **gestreckt**.
  Für $|a| < 1 \Leftrightarrow -1 < a < 1$ gilt: Die Parabel ist **gestaucht**.
  Für $|a| = 1 \Leftrightarrow a = 1$ oder $a = -1$ gilt: Die Parabel hat die Form der **Normalparabel**.

- Für $a > 0$ ist die Parabel **nach oben geöffnet**, für $a < 0$ ist die Parabel **nach unten geöffnet**.

2

Zeichnen Sie die Graphen der folgenden Funktionen in ein Koordinatensystem. Vergleichen Sie die Graphen mit der Normalparabel.

a) $f_1(x) = 4x^2$　　　　c) $f_3(x) = \frac{1}{3}x^2$　　　　e) $f_5(x) = \frac{1}{3}x^2 + 3$

b) $f_2(x) = -0,5x^2$　　　d) $f_4(x) = -\frac{5}{3}x^2$　　　f) $f_6(x) = 2,5x^2 - 5$

In Beispiel 14 aus Abschnitt 2.1.2 (Seite 90) wurde die typische Nachfragefunktion $p_N(x) = -5x + 100$ dargestellt. Wenn der Preis $p_N(x)$ fällt, steigt die Nachfrage nach dem Produkt und somit die Absatzmenge x. Umgekehrt nimmt bei einer Preissteigerung die Nachfragemenge ab.
Steht dieser Nachfragesituation ein einzelner Anbieter gegenüber, ein sogenannter **Monopolist**, so kann dieser Anbieter mithilfe der Nachfragefunktion p_N bestimmen, welche Mengen des Produkts er in Abhängigkeit vom Preis absetzen wird. Anders formuliert: Der Monopolist kann unbehelligt von Konkurrenten die Produktionsmenge und den Verkaufspreis so wählen, dass die Nachfragemenge genau der Produktionsmenge entspricht. Daher nennt man $p_N(x)$ in diesem Fall auch **Preis-Absatz-Funktion**.

Erlösfunktion

Bestimmen Sie die zu $p_N(x) = -5x + 100$ gehörige Erlösfunktion E. Zeichnen Sie den Graphen von E.

Der Erlös ist das Produkt aus Preis $p_N(x)$ und Absatzmenge x. Er kann als Funktion wie folgt angegeben werden:

x	0	1	2	...	10	...	18	19	20
$p_N(x)$	100	95	90	...	50	...	10	5	0
$E(x)$	0	95	180	...	500	...	180	95	0

$$E(x) = p_N(x) \cdot x$$
$$= (-5x + 100) \cdot x$$
$$= -5x^2 + 100x; \; x \in [0; 20]$$

Der Definitionsbereich $D_E = [0; 20]$ ergibt sich daraus, dass weder die Absatzmenge negativ sein kann (also $x \geq 0$) noch der Preis:

$$p_N(x) \geq 0 \; \blacktriangleright \text{ Preis nicht-negativ}$$
$$\Leftrightarrow -5x + 100 \geq 0$$
$$\Leftrightarrow -5x \geq -100$$
$$\Leftrightarrow x \leq 20$$

Der Graph der Erlösfunktion ist eine gestreckte und nach unten geöffnete Parabel.

▶ $E(x) = -5x^2 + 100x$
　$|-5| > 1$: Parabel gestreckt
　$-5 < 0$: Parabel nach unten geöffnet

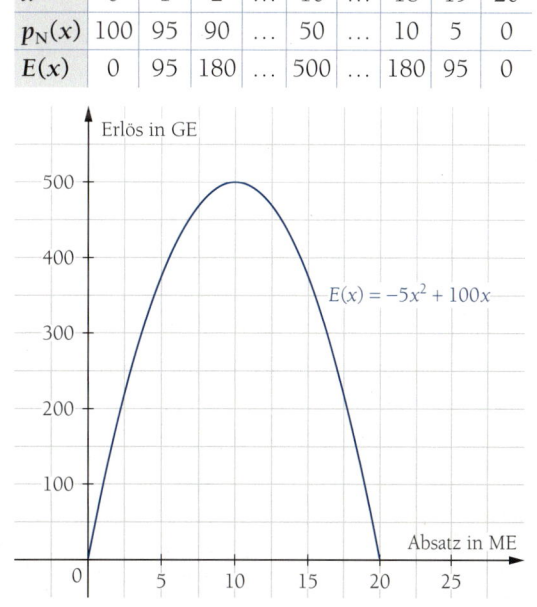

Übungen zu 2.2.1

1. Ordnen Sie die Graphen und Gleichungen
einander zu.

a) $f(x) = x^2 + 2$ d) $f(x) = (x - 2)^2$

b) $f(x) = -x^2 - 1$ e) $f(x) = (x - 2)^2 - 2$

c) $f(x) = (x + 2)^2$ f) $f(x) = -(x + 2)^2 + 2$

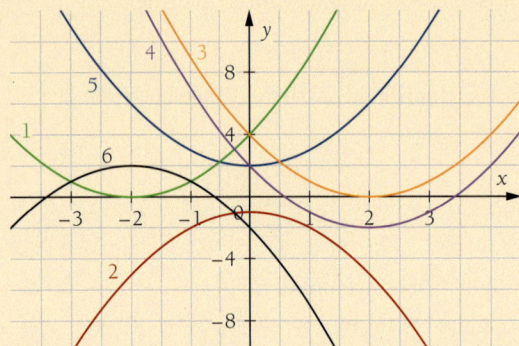

2. Zeichnen Sie die Graphen der Funktionen. Beschreiben Sie die Graphen (Symmetrie, Scheitelpunkt, Verschiebung, Öffnungsweite und Öffnungsrichtung im Vergleich zur Normalparabel).

a) $f(x) = x^2 + 1$ d) $f(x) = -0,5x^2 - 1$

b) $f(x) = 2x^2 - 2$ e) $f(x) = 2(x - 1)^2$

c) $f(x) = -3x^2 + 3$ f) $f(x) = (x - 3)^2 + 2$

3. Erläutern Sie, wie die Parabeln aus der Normalparabel hervorgehen.

a) $f(x) = -x^2$ f) $f(x) = -0,5(x + 2)^2 - 4,5$

b) $f(x) = -x^2 + 2$ g) $f(x) = -2(x + 3)^2 + 8$

c) $f(x) = -(x + 2)^2$ h) $f(x) = -0,5x^2$

d) $f(x) = (x - 2)^2 - 4$ i) $f(x) = -0,5x^2 + 4$

e) $f(x) = 0,5(x - 2)^2 - 4,5$

4. Geben Sie jeweils die Funktionsgleichung in der
Scheitelpunktform an, wenn von den Funktionsgraphen der Dehnungsfaktor a und die Verschiebung in senkrechter und waagerechter Richtung
bekannt sind.

a) $a = 2$; Verschiebung um 3 Einheiten nach links
und 4 nach oben

b) $a = -0,5$; Verschiebung um 2 Einheiten nach
rechts und 1 nach unten

c) $a = -1$; Verschiebung um 4 Einheiten nach rechts
und 0,5 nach oben

d) $a = 0,25$; Verschiebung um 1 Einheit nach links
und 6 nach unten

5. Betrachten Sie die Graphen zu den Funktionen
$f_a(x) = a \cdot x^2$, $f_b(x) = x^2 + b$ und $f_c(x) = (x - c)^2$.

a) Zeichnen Sie die Funktion f mit $f(x) = x^2$ in Ihrem
GTR/CAS.

b) Setzen Sie für a, b bzw. c verschiedene Zahlen.

c) Beschreiben Sie, wie sich der Graph im Vergleich
zu dem Graphen von $f(x) = x^2$ verändert.
Tipp: Zeichnen Sie in Ihrem GTR/CAS neben G_f
nur jeweils einen weiteren Graphen. Halten Sie
Ihre Ergebnisse übersichtlich fest.

d) Erläutern Sie die Auswirkungen, die die Verände-
rungen von a, b bzw. c auf die Graphen quadratischer Funktionen mit der Funktionsgleichung
$f(x) = a \cdot (x - c)^2 + b$ bewirken.

6. Verschieben Sie mithilfe eines GTR/CAS die Normalparabel mit der Funktionsgleichung $f(x) = x^2$
auf die Scheitelpunkte $S_1(1|2)$, $S_2(-2|4)$,
$S_3(3|-2)$ und $S_4(-4|-3)$.
Geben Sie die Gleichungen der verschobenen
Funktionen an.

7. Erläutern Sie, wie die Parabeln aus der Normalparabel entstanden sind. Geben Sie die zugehörigen Funktionsgleichungen an.
Tipp: Um die Dehnung abzulesen, geht man vom
Scheitelpunkt aus einen Schritt nach rechts und
prüft, wie viele Schritte man nach oben bzw. unten
gehen muss, um wieder auf der Parabel zu landen.
Diese Schrittweite entspricht dann dem Dehnungsfaktor.

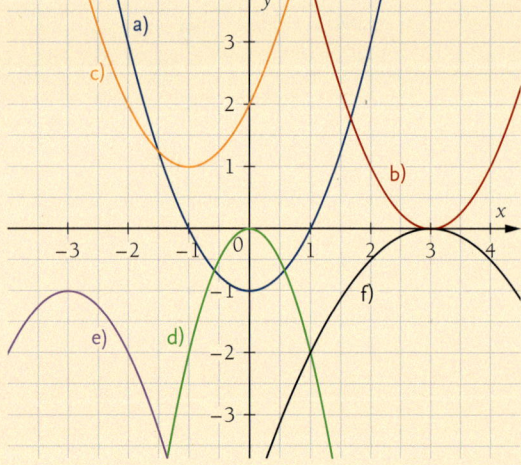

2.2.2 Normalform, allgemeine Form und Scheitelpunktform

Normalform, allgemeine Form und Scheitelpunktform

Zeichnen Sie die Graphen zu $f(x) = (x + 3)^2 - 4$ und $f^*(x) = x^2 + 6x + 5$ sowie zu $g(x) = 2(x + 3)^2 - 4$ und $g^*(x) = 2x^2 + 12x + 14$. Welche Vorteile haben die jeweiligen Formen der Funktionsgleichung?

Die beiden Funktionen f und f^* haben den gleichen Graphen. Die Funktionsgleichungen beschreiben die gleiche Funktion also in verschiedenen Formen.
Aus der Form $f(x) = (x + 3)^2 - 4$ kann man den Scheitelpunkt schnell bestimmen: $S(-3|-4)$. Die Form $f^*(x) = x^2 + 6x + 5$ hat den Vorteil, dass man den y-Achsenabschnitt direkt ablesen kann: $S_y(0|5)$. Auch die Gleichungen zu g und g^* beschreiben die gleiche Funktion. Wie oben ermöglicht die Gleichung $g(x) = 2(x + 3)^2 - 4$ die Angabe des Scheitelpunkts $S(-3|-4)$. Dagegen kann man aus der Gleichung $g^*(x) = 2x^2 + 12x + 14$ sofort den y-Achsenabschnitt $S_y(0|14)$ ablesen.

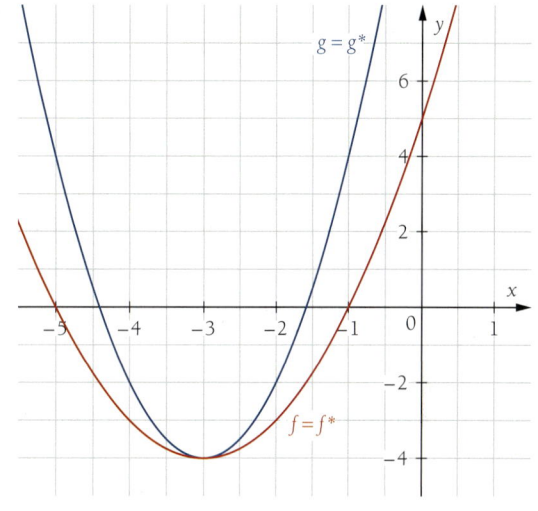

▶ Die Gleichungen von g und f unterscheiden sich nur durch den Faktor 2 vor der Klammer. Dieser hat keinen Einfluss auf den Scheitelpunkt. Er bewirkt lediglich eine Streckung der Parabel.

Da der Scheitelpunkt aus der Funktionsgleichung der Form $f(x) = (x - x_s)^2 + y_s$ bzw. $f(x) = a(x - x_s)^2 + y_s$ abgelesen werden kann, nennt man diese Form auch **Scheitelpunktform**. ▶ Seite 105
Dabei geben x_s und y_s die Koordinaten des Scheitelpunkts $S(x_s|y_s)$ an.

Aus der Form $f(x) = x^2 + px + q$ einer quadratischen Funktion lässt sich der y-Achsenabschnitt q ablesen. Für den Schnittpunkt mit der y-Achse gilt $S_y(0|q)$. Man nennt diese Form der Funktionsgleichung **Normalform**.

▶ Der zugehörige Funktionsgraph ist eine entlang der Achsen verschobene Normalparabel.

Die Form $f(x) = ax^2 + bx + c$ heißt **allgemeine Form** einer quadratischen Funktion. Aus ihr lässt sich ebenfalls der y-Achsenabschnitt c ablesen. Für den Schnittpunkt mit der y-Achse gilt $S_y(0|c)$.

▶ Für $a \neq 1$ ist die zugehörige Parabel im Vergleich zur Normalparabel nicht nur verschoben, sondern auch gespiegelt, gestaucht oder gestreckt (siehe Seite 107).

> • **Allgemeine Form**: $f(x) = ax^2 + bx + c$.
>   Im Fall $a = 1$ liegt eine Spezialform vor, die **Normalform**: $f(x) = x^2 + px + q$.
> • **Scheitelpunktform**: $f(x) = a(x - x_s)^2 + y_s$. Der Scheitelpunkt ist $S(x_s|y_s)$.

Von der Scheitelpunktform zur Normalform

Formen Sie die Scheitelpunktform $f(x) = (x + 3)^2 - 4$ der Funktion f in die Normalform um.

Zuerst multiplizieren wir die Scheitelpunktform mithilfe der 1. binomischen Formel aus. Dann fassen wir die einzelnen Summanden zusammen.

$$\begin{aligned} f(x) &= (x + 3)^2 - 4 \qquad &\blacktriangleright \text{1. binomische Formel} \\ &= x^2 + 6x + 9 - 4 \\ &= x^2 + 6x + 5 \qquad &\blacktriangleright y\text{-Achsenabschnitt 5} \end{aligned}$$

Die Kenntnis des Scheitelpunkts vereinfacht das Zeichnen von Parabeln und das Erkennen ihrer wesentlichen Eigenschaften. Daher ist die Scheitelpunktform von besonderer Bedeutung.

Während das Ausmultiplizieren der Scheitelpunktform wie im Beispiel 12 keine großen Schwierigkeiten bereitet, gestaltet sich der umgekehrte Weg des Umwandelns der Normalform in die Scheitelpunktform schwieriger.

(13) Von der Normalform zur Scheitelpunktform

Formen Sie die Normalform $f(x) = x^2 + 6x + 5$ der Funktion f in ihre Scheitelpunktform um und geben Sie den Scheitelpunkt an.

Beim Umformen in die Scheitelpunktform wendet man auch die 1. binomische Formel an, und zwar „umgekehrt", also gewissermaßen von rechts nach links.

$(a + b)^2 = a^2 + 2ab + b^2$ ▸ 1. binomische Formel
$a^2 + 2ab + b^2 = (a + b)^2$ ▸ umgekehrte Leserichtung

Die Idee dabei ist, die ersten beiden Summanden $x^2 + 6x$ so zu ergänzen, dass sich ein Term der Form $a^2 + 2ab + b^2$ ergibt.

Schreiben wir den Term $x^2 + 6x$ in der Form $x^2 + 2 \cdot x \cdot 3$, so entspricht er bereits den ersten beiden Summanden der 1. binomischen Formel $(a^2 + 2 \cdot a \cdot b)$. Aus dieser Darstellung wird schnell deutlich, dass die Zahl für b die Zahl 3 sein muss.

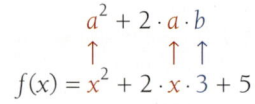

Zahl vor dem x halbieren, dann quadrieren. Ergebnis addieren und subtrahieren.

Der so bestimmte Wert für b wird noch **quadriert** und zum Funktionsterm **ergänzt**.
Nun kann der Gesamtterm in die Form $(a + b)^2$ gebracht werden.
Um aber den Wert des ursprünglichen Funktionsterms nicht zu ändern, muss das ergänzte Quadrat (9) wieder subtrahiert werden. Anschließend können wir es mit dem Absolutglied (5) zusammenfassen.

$$
\begin{aligned}
f(x) &= x^2 + 2 \cdot x \cdot 3 + 3^2 - 3^2 + 5 \quad \text{▸ quadratische} \\
&= (x^2 + 2 \cdot x \cdot 3 + 3^2) - 3^2 + 5 \qquad \text{Ergänzung } 3^2 \\
&= (x^2 + 2 \cdot x \cdot 3 + 3^2) - 9 + 5 \\
&= (x^2 + 6x + 9) - 4
\end{aligned}
$$

Abschließend wird die 1. binomische Formel „rückwärts" angewendet und wir erhalten die gesuchte Scheitelpunktform.

$$
\begin{aligned}
f(x) &= (x^2 + 6x + 9) - 4 \quad \text{▸ 1. binomische Formel} \\
&= (x + 3)^2 - 4 \qquad\quad \text{„rückwärts" anwenden}
\end{aligned}
$$

Die Scheitelpunktkoordinaten können nun abgelesen werden: $x_s = -3$ und $y_s = -4$.

$\Rightarrow S(-3|-4)$

Die Umformung einer beliebigen Form der Funktion f in ihre Scheitelpunktform gehört auch zum Leistungsspektrum eines CAS.
Die Scheitelpunktform der Funktion f mit $f(x) = x^2 + 6x + 5$ kann direkt bestimmt und daraus die Scheitelpunktkoordinaten $x_S = -3$ und $y_S = -4$ abgelesen werden.
▸ Ein GTR bietet entsprechende Termumformungen üblicherweise nicht an.

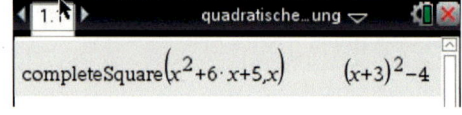

▸ TI Der Befehl ist in der Anwendung **Calculator** im Menü unter **Algebra**, **Quadratische Ergänzung** gelistet.

Etwas umfangreicher, aber nach demselben Schema werden die allgemeinen Formen vom Typ $f(x) = ax^2 + bx + c$ in ihre Scheitelpunktformen umgeformt.

Erlösoptimierung

Für ein Open-Air-Konzert erwartet der Veranstalter 10 000 Besucher. Der Eintrittspreis beträgt 80 €.
Der Veranstalter geht davon aus, dass mit jeder Preissenkung um 5 € die Besucherzahl um 1000 steigt und mit jeder Preiserhöhung von 5 € die Besucherzahl um 1000 sinkt.
Stellen Sie die Überlegungen des Veranstalters zur Preisfestsetzung dar, wenn er den Erlös maximieren will.

Der Erlös ist das Produkt aus dem Eintrittspreis und der Zuschauerzahl.

Erlös = Eintrittspreis · Zuschauerzahl
= 80 · 10 000 = 800 000 ▸ Erlös in €

Erhöht der Veranstalter den Preis x-mal ($x \geq 0$) um 5 € oder senkt er ihn x-mal um 5 € ($x \leq 0$), dann erhält er einen Preis von $80 + 5x$.

Neuer Preis: $80 + 5x$ ▸ x steht für die Anzahl der Preisveränderungen um 5 €.

Gleichzeitig verändert sich die Anzahl der Zuschauer um $-1000x$ auf $10 000 - 1000x$.

Neue Zuschaueranzahl: $10 000 - 1000x$

Erneut gibt das Produkt aus Preis und Zuschauerzahl den Erlös an.

Erlös: $E(x) = (80 + 5x) \cdot (10 000 - 1000x)$
$= -5000x^2 - 30 000x + 800 000$

Es handelt sich bei der Erlösfunktion der Form $E(x) = -5000x^2 - 30 000x + 800 000$ also um eine quadratische Funktion, deren Parabel nach unten geöffnet ist. Der Scheitelpunkt einer nach unten geöffneten Parabel ist der **Maximalpunkt** der Parabel, also im Beispiel der Punkt, an dem der Erlös maximal ist. Um den Scheitel- bzw. Maximalpunkt zu bestimmen, bringen wir die Erlösfunktion in die Scheitelpunktform.

Vor dem Umformen in die Scheitelpunktform muss der führende Koeffizient -5000 ausgeklammert werden.

$E(x) = -5000x^2 - 30 000x + 800 000$
$= -5000 \cdot (x^2 + 6x - 160)$

Die beiden Summanden $x^2 + 6x$ schreiben wir in der Form $x^2 + 2 \cdot x \cdot 3$ analog zu den ersten beiden Summanden $a^2 + 2 \cdot a \cdot b$ der 1. binomischen Formel. ▸ $b=3$

$E(x) = -5000 \cdot [(x^2 + 2 \cdot x \cdot 3) - 160]$
$= -5000 \cdot [(x^2 + 2 \cdot x \cdot 3) + 3^2 - 3^2 - 160]$
▸ quadratische Ergänzung 3^2

$b = 3$ wird noch **quadriert** und zum Funktionsterm in der runden Klammer **ergänzt**. Das ergänzte Quadrat (9) wird subtrahiert und mit dem Absolutglied (160) zusammengefasst. Abschließend wird die eckige Klammer aufgelöst.

$= -5000 \cdot [(x^2 + 2 \cdot x \cdot 3 + 3^2) - 9 - 160]$
$= -5000 \cdot [(x^2 + 6x + 9) - 169]$
▸ 1. binomische Formel „rückwärts" anwenden
$= -5000 \cdot [(x + 3)^2 - 169]$
$= -5000 \cdot (x + 3)^2 + 845 000$

Als Scheitelpunkt bzw. Maximalpunkt erhalten wir $S(-3 \mid 845 000)$. ▸ $x_S = -3$ und $y_S = 845 000$

$S(-3 \mid 845 000)$

Für den Veranstalter des Open-Air-Konzerts bedeutet das, dass er bei einer Preissenkung um 15 € ($= 3 \cdot 5$ €) den maximalen Erlös erzielen wird, nämlich 845 000 €.

Neuer Preis: 80 € − 15 € = 65 €
Neue Zuschaueranzahl: 10 000 + 3000 = 13 000

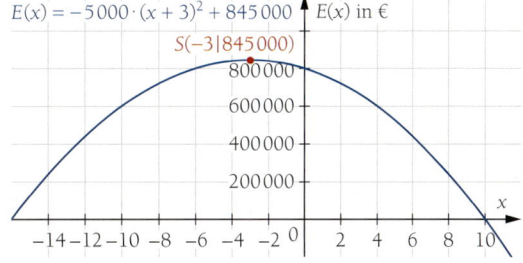

Ermitteln Sie jeweils die Scheitelpunktform und den zugehörigen Scheitelpunkt.
a) $f(x) = 0{,}5x^2 + 4x - 10$
b) $f(x) = -3x^2 + 9x + 12$

2

Übungen zu 2.2.2

1. Zeichnen Sie zu den angegebenen Scheitelpunktformen die zugehörigen Parabeln. Bringen Sie die
   Funktionsterme anschließend in die allgemeine
   Form.
   a) $f(x) = (x - 2)^2 - 3$
   b) $f(x) = (x + 3)^2 - 1$
   c) $f(x) = (x - 3)^2 + 2$
   d) $f(x) = (x + 1{,}5)^2$
   e) $f(x) = (x - 2{,}5)^2 - 3$
   f) $f(x) = -(x - 1)^2 + 1$
   g) $f(x) = -2(x + 2)^2 + 5$
   h) $f(x) = -4(x - 0{,}5)^2 - 3$
   i) $f(x) = -0{,}5(x - 2)^2 + 4{,}5$

2. Stellen Sie die Funktionsterme jeweils in Scheitelpunktform dar. Geben Sie die Scheitelpunkte der
   einzelnen Parabeln an. Zeichnen Sie die Parabeln.
   a) $f(x) = x^2 + 4x + 2$
   b) $f(x) = x^2 - 2x - 3$
   c) $f(x) = x^2 - 8x + 19$
   d) $f(x) = -x^2 + 4x - 5$
   e) $f(x) = 2x^2 + 4x + 3$
   f) $f(x) = -3x^2 + 9x - 9$

3. Die in der untenstehenden Tabelle aufgeführten
   quadratischen Funktionsterme sind vom Typ
   $f(x) = x^2 + px + q$ (Normalform) bzw. vom Typ
   $f(x) = (x - x_S)^2 + y_S$ (Scheitelpunktform).
   Vervollständigen Sie die Tabelle.

4. Die Zahl 40 ist so in zwei Summanden zerlegt
   worden, dass ihr Produkt möglichst groß wurde.
   Bestimmen Sie diese Zahlen.

5. Eine Kleingärtnerin darf ihren Garten, der an einer
   Seite von einer Mauer begrenzt wird, so mit einem
   80 Meter langen Gitter umzäunen, dass die Gar-
   tenfläche maximal groß wird.
   Ermitteln Sie die Seitenlängen des Gitterzauns,
   wenn der Garten rechteckig sein soll.

6. Einer Ihrer Mitschüler hat in der letzten Mathe-
   matikstunde gefehlt. Erläutern Sie ihm schriftlich
   an einem selbst gewählten Beispiel, wie man aus
   der Normalform die Scheitelpunktform erhält.

7. Gegeben ist die Preis-Absatz-Funktion p_N mit
   $p_N(x) = -0{,}1x + 100; x \in [0; 1000]$.

   Bestimmen Sie das Erlösmaximum.

   a) Bestimmen Sie den Funktionsterm der Gesamt-
      erlösfunktion und zeichnen Sie deren Graphen.
   b) Berechnen Sie mittels der Scheitelpunktform der
      Gesamterlösfunktion das Erlösmaximum.

	Funktionsterm in Scheitelpunktform	Scheitelpunkt der Parabel	x_S	y_S	Funktionsterm in Normalform	p	q
a)	$(x - 2)^2$						
b)		$(3\,\vert\,4)$					
c)	$(x + 3)^2 - 5$						
d)			$-2{,}5$	$4{,}5$			
e)					$x^2 + 4x - 5$		
f)						-6	5
g)					$x^2 - 4x + 10$		
h)		$(4{,}5\,\vert\,-6{,}5)$					

2.2.3 Berechnung von Schnittpunkten

In Beispiel 14 haben wir gesehen, wie sich das Erlösmaximum berechnen lässt. Darüber hinaus kann von Interesse sein, bei welchen Absatzmengen überhaupt ein Erlös erzielt wird. Betrachten wir beispielsweise die durch $E(x) = -x^2 + 10x$ gegebene Erlösfunktion.

Grundsätzlich spricht man nur dann von einem Erlös, wenn $E(x) > 0$ ist. Anhand der Zeichnung erkennen wir, dass dies ausschließlich für Absatzmengen zwischen 0 ME und 10 ME der Fall ist, weil nur in diesem Bereich der Graph von E im positiven Wertebereich verläuft. An den Stellen 0 und 10 schneidet der Graph von E die x-Achse.

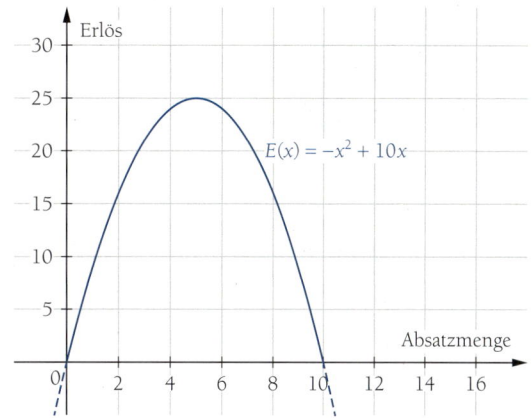

Ab dem Verkauf von mehr als 0 ME beginnen die Erlöse; deswegen nennt man 0 ME die **Erlösschwelle**. Beim Verkauf von 10 ME enden die Erlöse, darüber hinaus sind keine Erlöse zu erzielen; deshalb bezeichnet man in diesem Beispiel 10 ME als **Erlösgrenze**.

Da sich Erlöse nur zwischen Erlösschwelle und Erlösgrenze erzielen lassen, heißt der Bereich dazwischen **ökonomischer Definitionsbereich**:
$D_{ök} = [\text{Erlösschwelle}; \text{Erlösgrenze}]$.

Ökonomischer Definitionsbereich

Bestimmen Sie rechnerisch den ökonomischen Definitionsbereich zur Erlösfunktion E mit $E(x) = -x^2 + 10x$.

Zur Ermittlung des ökonomischen Definitionsbereichs werden die Erlösschwelle und Erlösgrenze berechnet. An diesen Stellen ist der Funktionswert von E null. Das heißt, der Graph von E schneidet die x-Achse. Es müssen somit die **Nullstellen** von E berechnet werden.

Um die Nullstellen zu berechnen, müssen wir die quadratische Gleichung $E(x_N) = 0$ lösen.
Hier können wir x_N ausklammern und den Satz vom Nullprodukt anwenden: Ein Produkt ist genau dann null, wenn mindestens ein Faktor null ist.

$$E(x_N) = 0$$
$$\Leftrightarrow \quad -x_N^2 + 10x_N = 0$$
$$\Leftrightarrow \quad -x_N \cdot (x_N - 10) = 0$$
$$\Rightarrow \quad \boldsymbol{x_{N_1} = 0} \text{ und } \boldsymbol{x_{N_2} = 10}$$

Die Erlösschwelle liegt bei 0 ME und die Erlösgrenze bei 10 ME. Der ökonomische Definitionsbereich lautet daher $D_{ök} = [0; 10]$.

Nullstellenberechnungen und grafische Deutung

Berechnen Sie die Nullstellen der durch die Gleichungen gegebenen Funktionen:
$f(x) = -2x^2 + 10x - 12$, $\quad g(x) = -2x^2 + 10x - 12,5$, $\quad h(x) = -2x^2 + 10x - 13$.
Stellen Sie einen Zusammenhang zwischen der Anzahl der Nullstellen und der Lage der Parabeln her.

Zur Nullstellenbestimmung mithilfe der p-q-Formel bringen wir den Funktionsterm in die Form $x^2 + px + q$ und setzen dann die Zahlen für p und q in die Formel $x_{N_{1,2}} = -\frac{p}{2} \pm \sqrt{\left(\frac{p}{2}\right)^2 - q}$ ein. Den Term unter der Wurzel, also $\left(\frac{p}{2}\right)^2 - q$ bezeichnet man als **Diskriminante** D. Die Diskriminante entscheidet über die Anzahl der vorhandenen Nullstellen.

2

GTR
CAS

$f(x) = -2x^2 + 10x - 12$

$-2x_N^2 + 10x_N - 12 = 0$

$\Leftrightarrow x_N^2 - 5x_N + 6 = 0$

$x_{N_{1,2}} = -\left(-\frac{5}{2}\right) \pm \sqrt{\left(-\frac{5}{2}\right)^2 - 6}$

$x_{N_{1,2}} = 2{,}5 \pm \sqrt{\underbrace{(-2{,}5)^2 - 6}_{D = 0{,}25 > 0}}$

$\Rightarrow$ 2 Nullstellen $x_{N_1} = 3$; $x_{N_2} = 2$

Gilt $D = \left(\frac{p}{2}\right)^2 - q > 0$, so erhält man beim Wurzelziehen zwei Lösungen.

Die Parabel schneidet die x-Achse zweimal.

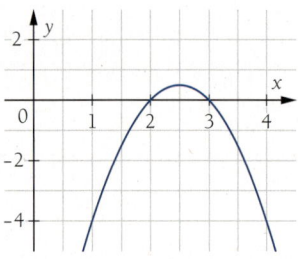

$N_1(3|0)$, $N_2(2|0)$

$g(x) = -2x^2 + 10x - 12{,}5$

$-2x_N^2 + 10x_N - 12{,}5 = 0$

$\Leftrightarrow x_N^2 - 5x_N + 6{,}25 = 0$

$x_{N_{1,2}} = -\left(-\frac{5}{2}\right) \pm \sqrt{\left(-\frac{5}{2}\right)^2 - 6{,}25}$

$x_{N_{1,2}} = 2{,}5 \pm \sqrt{\underbrace{(-2{,}5)^2 - 6{,}25}_{D = 0}}$

$\Rightarrow$ 1 Nullstelle $x_{N_{1;2}} = 2{,}5$

Gilt $D = \left(\frac{p}{2}\right)^2 - q = 0$, so erhält man beim Wurzelziehen eine Lösung.

Die Parabel berührt die x-Achse in genau einem Punkt.

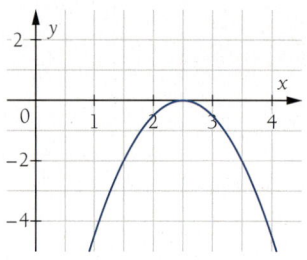

$N_{1,2}(2{,}5|0)$

$h(x) = -2x^2 + 10x - 13$

$-2x_N^2 + 10x_N - 13 = 0$

$\Leftrightarrow x_N^2 - 5x_N + 6{,}5 = 0$

$x_{N_{1,2}} = -\left(-\frac{5}{2}\right) \pm \sqrt{\left(-\frac{5}{2}\right)^2 - 6{,}5}$

$x_{N_{1,2}} = 2{,}5 \pm \sqrt{\underbrace{(-2{,}5)^2 - 6{,}5}_{D = -0{,}25 < 0}}$

$\Rightarrow$ keine Nullstelle

Gilt $D = \left(\frac{p}{2}\right)^2 - q < 0$, so erhält man beim Wurzelziehen keine Lösung.

Die Parabel berührt die x-Achse nicht.

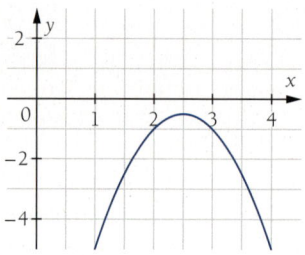

keine Schnittpunkte mit der x-Achse

Die **Nullstellen** einer quadratischen Funktion f mit $f(x) = x^2 + px + q$ kann man mithilfe der p-q-Formel berechnen:

$x_{N_{1,2}} = -\frac{p}{2} \pm \sqrt{\left(\frac{p}{2}\right)^2 - q}$ ▶ Lösungsansatz: $f(x_N) = 0$ also $x_N^2 + px_N + q = 0$

Dabei gilt:

- $\left(\frac{p}{2}\right)^2 - q > 0$: f hat zwei Nullstellen. G_f schneidet die x-Achse in zwei Punkten.

- $\left(\frac{p}{2}\right)^2 - q = 0$: f hat eine Nullstelle. G_f berührt die x-Achse in einem Punkt.

- $\left(\frac{p}{2}\right)^2 - q < 0$: f hat keine Nullstelle. G_f hat keinen Schnittpunkt mit der x-Achse.

Ist der Funktionsterm vom Typ $ax^2 + bx + c$ mit $a \neq 0$, so dividiert man zunächst durch a, bevor man die p-q-Formel anwendet.

Ist der Funktionsterm vom Typ $ax^2 + bx$ mit $a \neq 0$, so löst man die Gleichung $ax^2 + bx = 0$, indem man x ausklammert und den Satz vom Nullprodukt anwendet.

 Ermitteln Sie die Nullstellen der folgenden Funktionen. Deuten Sie die Ergebnisse grafisch.

a) $f(x) = 2x^2 + 6x - 8$ b) $f(x) = -0{,}25x^2 + 11x$ c) $f(x) = 0{,}5x^2 + 2x + 7$

Schnittstellen von Parabel und Gerade

Die JoRo GmbH produziert Blu-Ray-Player. Die Produktionskosten (in GE) sind dabei abhängig von der Ausbringungsmenge x (in ME) und ergeben sich durch $K(x) = 0{,}5x + 12$. Erlöse erzielt die JoRo GmbH gemäß der Erlösfunktion E mit $E(x) = -0{,}5\,x^2 + 6x$.
Zeichnen Sie die Graphen der Kosten- sowie Erlösfunktion in ein Koordinatensystem. Bestimmen Sie zeichnerisch und rechnerisch die Ausbringungsmengen, bei deren Produktion und Verkauf die Erlöse die Kosten genau decken.

Aus der Zeichnung erkennen wir, dass der Graph der Erlösfunktion zwischen den Stellen $x = 3$ und $x = 8$ über dem Graphen der Kostenfunktion verläuft. Zwischen den Ausbringungsmengen 3 ME und 8 ME sind die Erlöse somit größer als die Kosten, es wird Gewinn erzielt.
Bei 3 ME beginnt der Gewinn, es ist die sogenannte **Gewinnschwelle** (GS). Bei 8 ME endet der Gewinn, dort ist die **Gewinngrenze** (GG). Da sich beide Graphen an den Stellen 3 und 8 schneiden, sind die Kosten und Erlöse bei der Produktion und dem Verkauf von genau 3 ME bzw. 8 ME gleich groß.

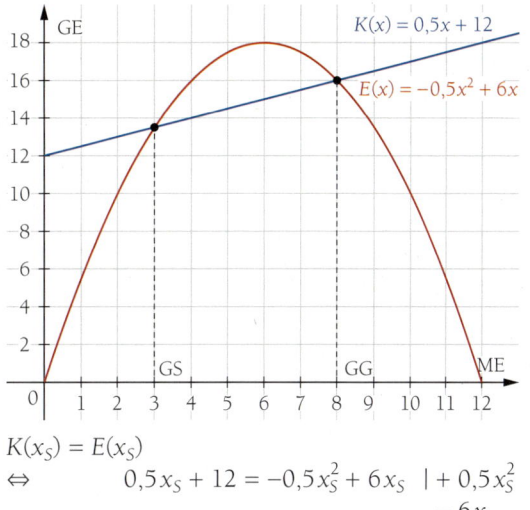

Zur Berechnung der Schnittstellen beider Funktionen setzen wir deren Terme gleich.
Die quadratische Gleichung lösen wir mithilfe der p-q-Formel oder mit GTR/CAS.
Die Rechnung bestätigt die Zeichnung: An den Stellen 3 und 8 sind beide Funktionsterme gleich.

$$K(x_S) = E(x_S)$$
$$\Leftrightarrow \quad 0{,}5x_S + 12 = -0{,}5x_S^2 + 6x_S \;\mid +0{,}5x_S^2$$
$$- 6x_S$$
$$\Leftrightarrow 0{,}5x_S^2 - 5{,}5x_S + 12 = 0 \qquad\qquad \mid : 0{,}5$$
$$\Leftrightarrow \quad x_S^2 - 11x_S + 24 = 0$$
$$\Rightarrow x_{S_{1,2}} = 5{,}5 \pm \sqrt{(-5{,}5)^2 - 24}$$
$$= 5{,}5 \pm \sqrt{6{,}25}$$
$$\Rightarrow x_{S_1} = \mathbf{3} \text{ und } x_{S_2} = \mathbf{8}$$

Bei Produktion und Verkauf von 3 ME (Gewinnschwelle) bzw. 8 ME (Gewinngrenze) decken die Erlöse genau die Kosten; es entsteht weder Gewinn noch Verlust.

Im Beispiel 17 haben wir die Schnittstellen, also die x-Koordinaten der Schnittpunkte berechnet. Nun interessieren wir uns für die Kosten und Erlöse bei diesen Produktionsmengen 3 ME und 8 ME.

Schnittpunkte von Parabel und Gerade

Berechnen Sie die Höhe der Kosten und Erlöse an der Gewinnschwelle und an der Gewinngrenze.

Die im Beispiel 17 berechneten x-Koordinaten 3 bzw. 8 der Schnittpunkte GS und GG setzen wir in eine der beiden Funktionsgleichungen von K oder E ein, um die y-Koordinaten der beiden Schnittpunkte zu bestimmen.

$K(3) = 0{,}5 \cdot 3 + 12 = 13{,}5$
$\Rightarrow$ **GS$(3|13{,}5)$** ▸ Gewinnschwelle
$K(8) = 0{,}5 \cdot 8 + 12 = 16$
$\Rightarrow$ **GG$(8|16)$** ▸ Gewinngrenze

An der Gewinnschwelle sind die Kosten und Erlöse der JoRo GmbH gleich und betragen 13,5 GE. Auch an der Gewinngrenze stimmen Kosten und Erlöse überein. Hier betragen sie 16 GE.

- Man berechnet die **Schnittstellen** x_S zweier Funktionen f und g, indem man die Funktionsterme gleichsetzt: $f(x_S) = g(x_S)$.
- Die zugehörige y-Koordinate y_s eines **Schnittpunkts** erhält man, indem man den für x_S berechneten Wert in eine der beiden Funktionsgleichungen einsetzt: $y_S = f(x_S) = g(x_S)$.
- Die Graphen einer linearen und einer quadratischen Funktion können keine, eine oder zwei Schnittpunkte besitzen.

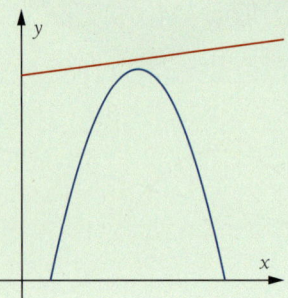 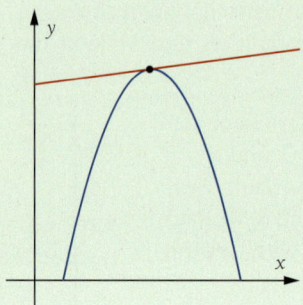 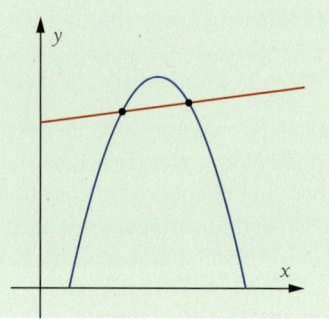

 Bestimmen Sie die Schnittpunkte der Funktionen f und g.

a) $f(x) = x^2 - 3x - 10$; $g(x) = x + 2$
b) $f(x) = 0{,}25x^2 - 1$; $g(x) = 2x^2 + 2x - 12$
c) $f(x) = -2x^2 + 4x + 6$; $g(x) = -0{,}5x - 8$
d) $f(x) = -x^2 + 3x + 10$; $g(x) = 0{,}5x^2 + 3x - 3{,}5$

 (19)   Untersuchung ökonomischer Funktionen

Der Produzent einer Spezialkamera ist Monopolist. Für die gesamten Produktionskosten gilt $K(x) = 0{,}2x + 1{,}6$; wobei x für die produzierten Mengeneinheiten steht. Die Preispolitik erfolgt auf Grundlage einer linearen Preis-Absatz-Funktion: Bei einem Angebot von x ME kann ein Preis von $p_N(x) = -0{,}2x + 2$ erzielt werden (Angabe in Geldeinheiten pro ME).

▶ Die Nachfragefunktion ist die Preis-Absatz-Funktion eines Angebotsmonopolisten (siehe Seite 107).

a)   Geben Sie den ökonomischen Definitionsbereich $D_{ök}$ an und begründen Sie ihn.
b)   Geben Sie die Erlösfunktion E an. Ermitteln Sie die Ausbringungsmenge, für die der Erlös maximal wird.
c)   Bestimmen Sie die Erlösschwelle und -grenze.
d)   Bestimmen Sie die Gewinnschwelle und -grenze.
e)   Geben Sie die Gewinnfunktion an. Ermitteln Sie die gewinnmaximale Ausbringungsmenge und den maximalen Gewinn.
f)   Zeichnen Sie die Graphen von K, E und G.

Zu a) Definitionsbereich

Der ökonomische Definitionsbereich $D_{ök}$ ergibt sich aus der nebenstehenden Rechnung als $D_{ök} = [0; 10]$.

▶ Für $x > 10$ würde man ökonomisch sinnlose, negative Preise erhalten.

$x \geq 0$	▶ nicht-negative Absatzmenge
$p_N(x) \geq 0$	▶ nicht-negativer Preis
$p_N(x) \geq 0 \Leftrightarrow -0{,}2x + 2 \geq 0 \Leftrightarrow x \leq 10$	
$\Rightarrow \boldsymbol{D_{ök} = [0; 10]}$	▶ Sättigungsmenge 10 ME

Zu b) Erlösfunktion und Maximalerlös

Die Erlösfunktion ist das Produkt aus der Preis-Absatz-Funktion und der Absatzmenge.

$$\begin{aligned} E(x) &= p_N(x) \cdot x \\ &= (-0,2x + 2) \cdot x \\ &= -0,2x^2 + 2x; \quad x \in [0; 10] \end{aligned}$$

Die erlösmaximale Ausbringungsmenge und das zugehörige Erlösmaximum erhält man, indem man E in die Scheitelpunktform umwandelt und daraus den Scheitelpunkt abliest.

Als Scheitelpunkt ergibt sich $E_{max}(5|5)$. Das heißt, dass bei einer Ausbringungsmenge von 5 ME der Erlös maximal ist und 5 GE beträgt.

$$\begin{aligned} E(x) &= -0,2x^2 + 2x \\ &= -0,2 \cdot [x^2 - 10x] \\ &= -0,2 \cdot [(x^2 - 10x + 25) - 25] \\ &= -0,2 \cdot [(x - 5)^2 - 25] \\ &= -0,2 \cdot (x - 5)^2 + 5 \quad \blacktriangleright \text{Scheitelpunktform} \end{aligned}$$
$$\Rightarrow E_{max}(5|5)$$

Zu c) Erlöszone

Die Erlösschwelle und -grenze eines Betriebs sind die Stellen, an denen der Erlös null ist. Zu lösen ist also die Gleichung $E(x_N) = 0$.
Die Erlösschwelle liegt bei 0 ME und die Erlösgrenze bei 10 ME.

$$E(x_N) = 0$$
$$\Leftrightarrow \quad -0,2x_N^2 + 2x_N = 0 \quad \blacktriangleright x_N \text{ ausklammern}$$
$$\Leftrightarrow x_N \cdot (-0,2x_N + 2) = 0 \quad \blacktriangleright \text{Satz vom Nullprodukt}$$
$$\Leftrightarrow x_N = 0 \text{ oder } -0,2x_N + 2 = 0$$
$$\Rightarrow x_{ES} = 0 \text{ und } x_{EG} = 10$$

Zu d) Gewinn

Die Gewinnschwelle und -grenze befinden sich an den Stellen, an denen der Erlös und die Kosten eines Betriebs übereinstimmen. Dort gilt $E(x_S) = K(x_S)$.
Die Gewinnschwelle wird beim Verkauf von 1 ME, die Gewinngrenze beim Verkauf von 8 ME erreicht.
Zwischen der Gewinnschwelle und der Gewinngrenze liegt die **Gewinnzone**.

$$E(x_S) = K(x_S)$$
$$\Leftrightarrow \quad -0,2x_S^2 + 2x_S = 0,2x_S + 1,6 \quad |-0,2x_S$$
$$|-1,6$$
$$-0,2x_S^2 + 1,8x_S - 1,6 = 0$$
$$\Leftrightarrow \quad x_S^2 - 9x_S + 8 = 0$$
$$\Leftrightarrow \quad x_{S_{1,2}} = 4,5 \pm \sqrt{(-4,5)^2 - 8}$$
$$\Rightarrow x_{GS} = 1 \text{ und } x_{GG} = 8$$
$$\Rightarrow \text{Gewinnzone: } [1; 8]$$

Zu e) Gewinnfunktion und Maximalgewinn

Der Gewinn entspricht der Differenz aus Erlös und Kosten: $G(x) = E(x) - K(x)$.
Die gewinnmaximale Ausbringungsmenge und das Gewinnmaximum erhält man, indem man den Term der Gewinnfunktion G in die Scheitelpunktform umwandelt und daraus den Scheitelpunkt abliest.
Bei einer Ausbringungsmenge von 4,5 ME ist der Gewinn maximal und beträgt 2,45 GE.

$$\begin{aligned} G(x) &= E(x) - K(x) \\ &= -0,2x^2 + 2x - (0,2x + 1,6) \\ &= \mathbf{-0,2x^2 + 1,8x - 1,6}; \quad x \in [0; 10] \end{aligned}$$
$$\begin{aligned} G(x) &= -0,2x^2 + 1,8x - 1,6 \\ &= -0,2 \cdot (x^2 - 9x + 8) \\ &= -0,2 \cdot [(x^2 - 9x + 20,25) - 20,25 + 8] \\ &= -0,2 \cdot [(x - 4,5)^2 - 12,25] \\ &= -0,2 \cdot (x - 4,5)^2 + 2,45 \quad \blacktriangleright \text{Scheitelpunktform} \end{aligned}$$
$$\Rightarrow G_{max}(4,5|2,45)$$

Zu f) Graphen von K, E und G

Die durch die Untersuchung ermittelten Stellen und Punkte werden in ein Koordinatensystem eingetragen und zu den Graphen von K, E und G verbunden:

$K(x)$: Ordinatenabschnitt 1,6
      Steigung 0,2
$E(x)$: Scheitelpunkt $E_{max}(5|5)$
      Nullstellen $x_{ES} = 0$ und $x_{EG} = 10$
$G(x)$: Scheitelpunkt $G_{max}(4,5|2,45)$
      Nullstellen $x_{GS} = 1$ und $x_{GG} = 8$

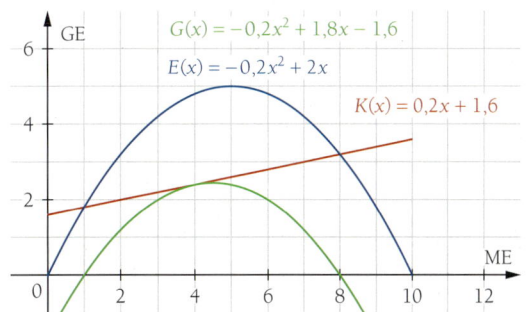

Übungen zu 2.2.3

1. Bestimmen Sie die Nullstellen der hier angegebenen Funktionen.

a) $f(x) = x^2 - 9$

b) $f(x) = x^2 + x - 12$

c) $f(x) = (x + 3)^2 + 9$

d) $f(x) = 2x^2 + 14x + 20$

2. Anna und Lara haben die Nullstellen der Parabel zu $f(x) = (x + 4)^2 - 25$ auf unterschiedliche Weise berechnet:

Anna:
$$(x_N + 4)^2 - 25 = 0$$
$$x_N^2 + 8x_N + 16 - 25 = 0$$
$$x_N^2 + 8x_N - 9 = 0$$
$$x_{N_{1,2}} = -4 \pm \sqrt{4^2 + 9}$$
$$x_{N_{1,2}} = -4 \pm 5$$
$$x_{N_1} = 1 \text{ und } x_{N_2} = -9$$

Lara:
$$(x_N + 4)^2 - 25 = 0$$
$$(x_N + 4)^2 = 25$$
$$x_N + 4 = \pm 5$$
$$x_{N_{1,2}} = \pm 5 - 4$$
$$x_{N_1} = 1 \text{ und } x_{N_2} = -9$$

Erläutern und vergleichen Sie beide Lösungswege.

3. Bestimmen Sie anhand der Zeichnung sowie rechnerisch die Schnittpunkte beider Graphen.
$f(x) = 2x^2 - 2x + 2,5$
$g(x) = -2x^2 - 4x + 6$

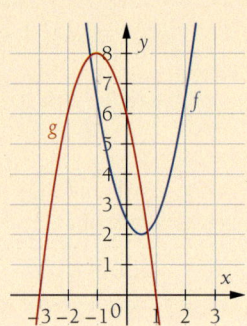

4. Ermitteln Sie die Achsenschnittpunkte der einzelnen Parabeln. Bestimmen Sie, sofern vorhanden, die Schnittpunkte der Parabeln mit dem Graphen der linearen Funktion g mit $g(x) = x + 1$ und zeichnen Sie beide Graphen in ein Koordinatensystem.

a) $f(x) = -x^2$

b) $f(x) = x^2 + 4x - 5$

c) $f(x) = x^2 + 3x$

5. Bestimmen Sie allgemein die Lösungen der quadratischen Gleichung $ax^2 + bx + c = 0$.

▸ *a-b-c*-Formel

6. Geben Sie den Funktionsterm in Linearform an, d. h. zerlegen Sie den Term in Linearfaktoren.

a) $f(x) = x^2 + 6x - 7$

b) $f(x) = x^2 - 49$

7. Gegeben sind die Funktionen f_1 und f_2 mit $f_1(x) = (x + 2)^2 - 1$ und $f_2(x) = 0,5(x + 2)^2 + 3,5$. Die Graphen beider Funktionen schneiden sich in den Punkten P_1 und P_2.

a) Bestimmen Sie P_1 und P_2 rechnerisch und zeichnerisch.

b) Ermitteln Sie die Funktionsgleichung der Geraden, die durch P_1 und P_2 geht.

8. Gegeben sind jeweils zwei Parabeln. Stellen Sie ihre Scheitelpunktsgleichung auf und treffen Sie ohne Rechnung eine begründete Aussage über die Anzahl der Punkte, in denen sich die beiden Parabeln schneiden. Ermitteln Sie dann eventuell vorhandene Schnittpunkte.

a) $f(x) = x^2 + 6x + 11$; $g(x) = -x^2 - 4x - 8$

b) $f(x) = 2x^2 + 12x + 20$; $g(x) = -x^2 - 6x - 7$

c) $f(x) = -x^2 + 6x - 10$; $g(x) = -2x^2 + 12x - 17$

9. Ein Betrieb muss bei der Produktion von Elektroartikeln mit Fixkosten von 2,5 GE sowie variablen Kosten von 0,5 GE rechnen. Er erzielt Erlöse gemäß der Funktion E mit $E(x) = -0,5x^2 + 3,5x$, wobei x den Absatz in ME angibt.

a) Bestimmen Sie Funktionsgleichungen der Kosten- und Gewinnfunktion.

b) Zeichnen Sie die Graphen der Kosten-, der Erlös- und der Gewinnfunktion in ein Koordinatensystem. Bestimmen Sie zeichnerisch und rechnerisch die Gewinnzone.

c) Ermitteln Sie das Gewinnmaximum.

10. Die Preis-Absatz-Funktion eines Monopolisten lautet: $p_N(x) = -0,5x + 30$. Er produziert sein Gut entsprechend der Kostenfunktion $K(x) = 12x + 15$.

a) Ermitteln Sie den ökonomischen Definitionsbereich.

b) Bestimmen Sie den Höchstpreis und die Sättigungsmenge.

c) Berechnen Sie die Gleichungen der Erlösfunktion und der Gewinnfunktion.

d) Bestimmen Sie die Produktionsmengen, für die der Monopolist sein Gut mit Gewinn anbieten kann. Geben Sie auch die entsprechenden Preise an.

e) Bestimmen Sie das Erlösmaximum und das Gewinnmaximum.

2.2.4   Bestimmung von quadratischen Funktionsgleichungen und Gauß-Algorithmus

Bestimmung der Funktionsgleichung des Gateway-Arch

Der **Gateway-Arch** in St. Louis ist das Wahrzeichen der Stadt am Ufer des Mississippi. Er ist nahezu parabelförmig, seine Höhe und Fußspannweite betragen beide 192 m.
Wählen Sie ein geeignetes Koordinatensystem und bestimmen Sie durch Modellierung die Funktionsgleichung des Gateway-Arch.

Zunächst müssen wir uns überlegen, wie wir den Umriss des Gateway-Arch in ein Koordinatensystem legen. Davon hängt es wesentlich ab, wie sich seine Funktionsgleichung bestimmt.
Der Gateway-Arch ist symmetrisch zu einer vertikalen Achse, die durch seinen Scheitelpunkt verläuft. Es liegt daher nahe, für diese Achse die y-Achse im Koordinatensystem zu wählen.
Als x-Achse wählen wir die Gerade durch die Fußpunkte des Gateway-Arch. Deren Koordinaten lauten somit $\left(-\frac{192}{2}|0\right)$ und $\left(\frac{192}{2}|0\right)$.

Der Scheitelpunkt hat die Koordinaten $(0|192)$.

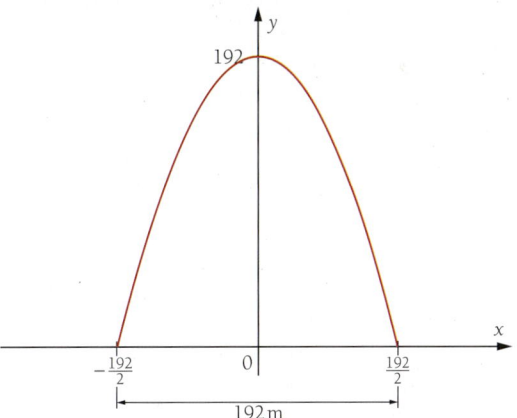

Da wir die Koordinaten des Scheitelpunkts kennen, liegt es nahe, als Ansatz für die Funktionsgleichung die Scheitelpunktform zu wählen.
Die Werte für x_S und y_S können wir direkt eintragen, sodass sich als neuer Ansatz $g(x) = a x^2 + 192$ ergibt.

Ansatz: $g(x) = a(x - x_S)^2 + y_S$
▶ Scheitelpunktform; Scheitelpunkt $S(x_S|y_S)$

Scheitelpunkt $S(0|192)$
$x_S = 0$ ▶ x-Koordinate des Scheitelpunkts
$y_S = 192$ ▶ y-Koordinate des Scheitelpunkts
$\Rightarrow g(x) = a(x - 0)^2 + 192 = a x^2 + 192$

Um schließlich a zu bestimmen, setzen wir in die Funktionsgleichung die Koordinaten eines Fußpunkts ein, beispielsweise $\left(\frac{192}{2}|0\right)$. Anschließendes Auflösen nach a ergibt den auf vier Dezimalstellen genauen Wert $-0{,}0208$.

Punkt $\left(\frac{192}{2}|0\right)$

$$0 = a \cdot \left(\frac{192}{2}\right)^2 + 192 \qquad | - 192$$
$$\Leftrightarrow -192 = a \cdot 96^2 \qquad | : 96^2$$
$$\Leftrightarrow \quad a = -\frac{192}{96^2} \approx -0{,}0208$$

▶ Das negative Vorzeichen von a lässt sich auch mit der nach unten geöffneten Parabel des Gateway-Arch begründen.

Damit ist der Umriss des Gateway-Arch in etwa durch den Graphen der quadratischen Funktion g mit $g(x) = -0{,}0208 x^2 + 192$ beschrieben.

$$g(x) = -0{,}0208 x^2 + 192$$

Die Erfahrungen in einem Betrieb haben gezeigt, dass die Erlöse für ein Produkt oft mittels einer quadratischen Funktion prognostiziert werden können. Dazu müssen die erzielten Erlöse für lediglich drei verschiedene Verkaufsmengen bekannt sein.

 (21)   Bestimmung einer quadratischen Erlösfunktion

Ein Betrieb erzielt beim Absatz von 2 ME einen Erlös von 14 GE, bei einem Absatz von 4 ME einen Erlös von 20 GE und bei einem Absatz von 6 ME einen Erlös von 18 GE.
Ermitteln Sie den Term der quadratischen Erlösfunktion E.

Der allgemeine Term einer quadratischen Funktion f ist $f(x) = ax^2 + bx + c$ mit $a \neq 0$.

Um die drei Koeffizienten a, b und c eindeutig zu bestimmen, benötigt man drei lineare Gleichungen in den Variablen a, b und c. Diese Gleichungen erhalten wir aus der Aufgabenstellung:

Die drei Punkte $(2|14)$, $(4|20)$ und $(6|18)$ liegen auf dem Graphen der Erlösfunktion E.

Ihre Koordinaten erfüllen somit die Gleichung $E(x) = ax^2 + bx + c$. Man erhält ein System aus drei linearen Gleichungen, ein sogenanntes **lineares Gleichungssystem** (LGS).

$E(x) = ax^2 + bx + c$ mit $a \neq 0$

$$E(2) = 14 \Leftrightarrow a \cdot 2^2 + b \cdot 2 + c = 14$$
$$\Leftrightarrow \quad 4a + 2b + c = 14$$
$$E(4) = 20 \Leftrightarrow a \cdot 4^2 + b \cdot 4 + c = 20$$
$$\Leftrightarrow \quad 16a + 4b + c = 20$$
$$E(6) = 18 \Leftrightarrow a \cdot 6^2 + b \cdot 6 + c = 18$$
$$\Leftrightarrow \quad 36a + 6b + c = 18$$

Lineares Gleichungssystem:
$$4a + 2b + c = 14$$
$$16a + 4b + c = 20$$
$$36a + 6b + c = 18$$

> In einer linearen Gleichung ist die höchste Potenz einer Variablen gleich 1.

Zur Erhöhung der Übersichtlichkeit lassen wir in einer parallelen Darstellung die Variablen weg und schreiben die Koeffizienten in eine Matrix. ► Matrix ist eine Bezeichnung für eine Zahlentabelle.

Lineares Gleichungssystem:
$$4a + 2b + c = 14$$
$$16a + 4b + c = 20$$
$$36a + 6b + c = 18$$

Kurze Matrixschreibweise:

4	2	1		14
16	4	1		20
36	6	1		18

 Mithilfe eines GTR/CAS können wir dieses lineare Gleichungssystem lösen. Im hier verwendeten GTR wird das lineare Gleichungssystem in der Matrixschreibweise eingegeben, wobei die Variablen a, b, c hier X, Y, Z sind.

Wir erhalten -1 für a, 9 für b und 0 für c.
Ersetzen wir a, b und c im allgemeinen Term $E(x) = ax^2 + bx + c$ durch die berechneten Werte, so erhalten wir die gesuchte Gleichung $E(x) = -x^2 + 9x$.

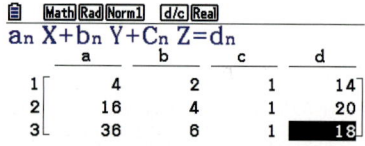

 *Die quadratische Erlösfunktion E kann auch direkt aus den drei gegebenen Punkten durch eine* **quadratische Regression** *ermittelt werden (Kapitel 1.3.2).*

► CA Die Anwendung Gleichung (MENU, A), SIMUL (F1) ermöglicht das Lösen von Gleichungssystemen von bis zu 6 Unbekannten.

Hat man keine rechentechnischen Hilfsmittel zur Verfügung, muss die Funktionsgleichung „per Hand" ermittelt werden. Ein besonders systematisches Verfahren dafür ist das **Gauß'sche Eliminationsverfahren**.

Gauß'sches Eliminationsverfahren

Ermitteln Sie den Term der Funktion E aus Beispiel 21 mithilfe des Gauß'schen Eliminationsverfahrens.

Lineares Gleichungssystem:

$$\begin{aligned} 4a + 2b + c &= 14 \\ 16a + 4b + c &= 20 \\ 36a + 6b + c &= 18 \end{aligned}$$

Kurze Matrixschreibweise:

$$\left[\begin{array}{ccc|c} 4 & 2 & 1 & 14 \\ 16 & 4 & 1 & 20 \\ 36 & 6 & 1 & 18 \end{array}\right]$$

Zum Lösen des linearen Gleichungssystems wenden wir das **Gauß'sche Eliminationsverfahren** an. Dabei werden die einzelnen Gleichungen so umgeformt, dass zum Schluss in jeder Gleichung nur noch eine Variable links vom Gleichheitszeichen steht und die jeweilige Lösung rechts davon. Die anderen Variablen entfernt man mithilfe des **Additionsverfahrens**, indem man geeignete Vielfache einer Gleichung zu einer anderen Gleichung addiert.

Um zunächst die Variable c aus der 2. und 3. Zeile zu eliminieren, addieren wir das (-1)-Fache der 1. Zeile zu den beiden anderen Zeilen.

In der c-Spalte bleibt die 1 in der 1. Zeile stehen, die beiden anderen Zahlen dieser Spalte haben wir zu 0 umgeformt.

Um die Variable b aus zwei Zeilen zu eliminieren, muss in der b-Spalte eine Zahl zu 1 umgeformt werden, zum Beispiel in der 2. Zeile. Dazu wird die 2. Zeile durch 2 dividiert.

Die beiden anderen Elemente dieser b-Spalte formen wir wieder mithilfe des Additionsverfahrens zu 0 um, indem wir das (-4)-Fache der 2. Zeile zur 3. Zeile und das (-2)-Fache der 2. Zeile zur 1. Zeile addieren. Damit hat die Matrix eine **Dreiecksform** erreicht.

Zuletzt erzeugen wir in der a-Spalte in der 3. Zeile eine 1, indem wir die Zeile durch 8 dividieren.

Dann addieren wir das (-6)-Fache der 3. Zeile zur 2. Zeile und das 8-Fache der 3. Zeile zur 1. Zeile.

Nun haben wir die **Diagonalgestalt** erreicht: In jeder Zeile und Spalte stehen eine 1 sowie zwei Nullen

$$\begin{array}{ccc|c} a & b & c & \\ \hline 4 & 2 & 1 & 14 \quad |\cdot(-1) \\ 16 & 4 & 1 & 20 \\ 36 & 6 & 1 & 18 \end{array}$$

$$\begin{aligned} 4a + 2b + c &= 14 \\ 16a + 4b + c &= 20 \\ 36a + 6b + c &= 18 \end{aligned}$$

$$\begin{array}{ccc|c} a & b & c & \\ \hline 4 & 2 & 1 & 14 \\ 12 & 2 & 0 & 6 \quad |:2 \\ 32 & 4 & 0 & 4 \end{array}$$

$$\begin{aligned} 4a + 2b + c &= 14 \\ 12a + 2b &= 6 \\ 32a + 4b &= 4 \end{aligned}$$

$$\begin{array}{ccc|c} a & b & c & \\ \hline 4 & 2 & 1 & 14 \\ 6 & 1 & 0 & 3 \quad |\cdot(-4)\ |\cdot(-2) \\ 32 & 4 & 0 & 4 \end{array}$$

$$\begin{aligned} 4a + 2b + c &= 14 \\ 6a + b &= 3 \\ 32a + 4b &= 4 \end{aligned}$$

$$\begin{array}{ccc|c} a & b & c & \\ \hline -8 & 0 & 1 & 8 \\ 6 & 1 & 0 & 3 \\ 8 & 0 & 0 & -8 \quad |:8 \end{array}$$

$$\begin{aligned} -8a + c &= 8 \\ 6a + b &= 3 \\ 8a &= -8 \end{aligned}$$

$$\begin{array}{ccc|c} a & b & c & \\ \hline -8 & 0 & 1 & 8 \\ 6 & 1 & 0 & 3 \\ 1 & 0 & 0 & -1 \quad |\cdot(-6)\ |\cdot(8) \end{array}$$

$$\begin{aligned} -8a + c &= 8 \\ 6a + b &= 3 \\ a &= -1 \end{aligned}$$

$$\begin{array}{ccc|c} a & b & c & \\ \hline 0 & 0 & 1 & 0 \quad \blacktriangleright c = 0 \\ 0 & 1 & 0 & 9 \quad \blacktriangleright b = 9 \\ 1 & 0 & 0 & -1 \quad \blacktriangleright a = -1 \end{array}$$

$$\begin{aligned} c &= 0 \\ b &= 9 \\ a &= -1 \end{aligned}$$

Wir können jetzt bequem die Lösungen aus der letzten Spalte ablesen. Die dort stehenden Werte (0, 9 und -1) bestimmen jeweils die Variable, deren Spalte in derselben Zeile mit einer 1 markiert ist: 0 ist der Wert für c, 9 für b und -1 für a.

Ersetzen wir a, b und c im allgemeinen Term $E(x) = ax^2 + bx + c$ durch die berechneten Werte, so erhalten wir die Gleichung $E(x) = -x^2 + 9x$ der Erlösfunktion E.

Die Variablen a, b und c einer quadratischen Funktion der Form $f(x) = ax^2 + bx + c$ können bestimmt werden, wenn drei Punkte des Graphen von f bekannt sind. Dazu werden die Koordinaten $(x|f(x))$ dieser drei Punkte in die Funktionsgleichung eingesetzt. Es entsteht ein **lineares Gleichungssystem** (LGS), das mithilfe des **Gauß'schen Eliminationsverfahrens** gelöst werden kann.

 Ermitteln Sie die allgemeine Funktionsgleichung der Parabel, die durch die Punkte $A(-2|18)$, $B(1|3)$ und $C(3|13)$ verläuft. Bestätigen Sie dabei das nebenstehende LGS.

$$4a - 2b + c = 18$$
$$a + b + c = 3$$
$$9a + 3b + c = 13$$

Übungen zu 2.2.4

1. Lösen Sie das lineare Gleichungssystem mithilfe des Gauß'schen Eliminationsverfahrens.

$$3x + 3y + 2z = 5$$
$$2x + 4y + 3z = 4$$
$$-5x + 2y + 4z = -9$$

2. Bestimmen Sie jeweils die Funktionsgleichung der quadratischen Funktion f, deren Graph durch die Punkte A, B und C geht.
a) $A(-5|6)$, $B(-3|-4)$, $C(3|14)$
b) $A(-2|0)$, $B(2|4)$, $C(3|10)$
c) $A(-6|-8)$, $B(-2|12)$, $C(3|-8)$

3. Gegeben sind die Punkte $A(1|-5)$, $B(2|-9)$ und $C(-1|-15)$ einer Parabel.
a) Bestimmen Sie die zugehörige Funktionsgleichung und zeichnen Sie die Parabel.
b) Ermitteln Sie den Scheitelpunkt und die Achsenschnittpunkte der Parabel.

4. Der Graph einer quadratischen Funktion f geht durch den Punkt $P_1\left(0|-\frac{25}{9}\right)$ und wird in den beiden Punkten $P_2(2|f(2))$ und $P_3(-3|f(-3))$ vom Graphen der Funktion g mit $g(x) = \frac{5}{3}x + \frac{5}{9}$ geschnitten.
a) Bestimmen Sie den Term der Funktion f.
b) Zeichnen Sie die beiden Graphen.

5. Der Wasserstrahl eines Springbrunnens hat Parabelform und gelangt 3 Meter hoch und 6 Meter weit. Untersuchen Sie, welche quadratische Funktion die Parabel beschreibt, wenn der Wasserstrahl im Koordinatenursprung ansetzt. Fertigen Sie eine Skizze an.

6. Ein Studentencafé erzielt bei einem Absatz von 3 ME einen Gewinn von 1,2 GE, bei einem Absatz von 4 ME einen Gewinn von 3 GE sowie einen Gewinn von 2,2 GE beim Absatz von 8 ME.

Ermitteln Sie die Funktionsgleichung der Gewinnfunktion vom Typ $G(x) = ax^2 + bx + c$. Berechnen Sie die Gewinnzone sowie das Gewinnmaximum.

7. Die Nachfrage nach einem Gut kann durch eine quadratische Funktion beschrieben werden $(p_N(x) = ax^2 + bx + c)$. Dabei beträgt die Nachfrage 3 ME bei einem Preis von 84 GE und 6 ME bei einem Preis von 51 GE. Die Sättigungsmenge liegt bei 9 ME. Ermitteln Sie den Term der Nachfragefunktion p_N.

8. Berechnen Sie die Funktionsgleichung des Gateway-Arch aus Beispiel 20, wenn als Ansatz nicht die Scheitelpunktform, sondern die allgemeine Form $g(x) = ax^2 + bx + c$ gewählt wird.
▶ Hinweis: Bestimmen Sie zunächst den Wert für c.

Vermischte Übungen zu 2.2

1. Ordnen Sie die Graphen und Gleichungen einander zu.

a) $f(x) = -x^2$

b) $f(x) = 2x^2 - 1$

c) $f(x) = -(x + 3)^2$

d) $f(x) = x^2 + 2x + 1$

e) $f(x) = -(x - 3)^2 - 2$

f) $f(x) = x^2 + 4x + 5$

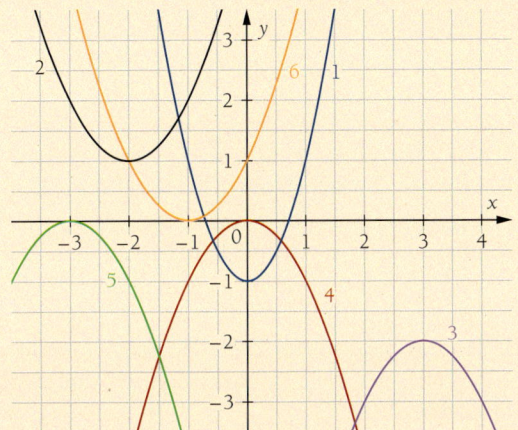

2.

a) Erklären Sie anhand der Beispiele aus Aufgabe 1 die Begriffe allgemeine Form und Scheitelpunktform.

b) Geben Sie zu den Funktionsgleichungen aus Aufgabe 1 die allgemeine Form bzw. Scheitelpunktform an.

c) Erläutern Sie anhand der Beispiele aus Aufgabe 1, welche Eigenschaften man aus den beiden Formen jeweils ablesen kann.

3. Bringen Sie die Funktionsterme auf ihre Scheitelpunktformen. Bestimmen Sie die Scheitelpunkte der einzelnen Parabeln sowie ihre Achsenschnittpunkte.
Zeichnen Sie die Parabeln.

a) $f(x) = x^2 + 3x + 4{,}75$

b) $f(x) = x^2 - 5x + 8$

c) $f(x) = x^2 - x - 1$

d) $f(x) = 4x^2 + x + 6$

e) $f(x) = -0{,}5x^2 + 2x - 5$

f) $f(x) = 0{,}25x^2 - 2x + 1$

4. Im Einführungsbeispiel auf Seite 101 soll ein Banner einem parabelförmigen Bogen einbeschrieben werden. Untersuchen Sie das dargestellte Problem und äußern Sie sich zu dessen Lösung bzw. Lösbarkeit.

5. Ermitteln Sie die Funktionsgleichung der Parabel, die durch die Punkte A, B und C verläuft.

a) $A(-3|3)$, $B(1|-3)$, $C(5|7)$

b) $A(-6|4)$, $B(-3|-5)$, $C(4|9)$

c) $A(-1|-10)$, $B(2|-1)$, $C(6|-3)$

6. In der Leichtathletik beschreiben die Körperschwerpunkte von Weit- und Hochspringern parabelförmige Kurven. Mike Powell stellte 1991 in Tokio einen neuen Weitsprung-Weltrekord auf, der bis heute gültig ist.

a) Berechnen Sie die Sprungweite von Mike Powell, wenn sein Körperschwerpunkt ungefähr eine Flugbahn entsprechend dem Graphen zu $f(x) = -0{,}06x^2 + 0{,}3996x + 1{,}23$ beschrieben hat.
▸ Absprung an der Stelle $x = 0$

b) Welche maximale Höhe erreichte sein Körperschwerpunkt während des Sprungs?

7. Hängebrücken werden überwiegend zur Überbrückung breiterer schiffbarer Gewässer errichtet. Eine der berühmtesten Hängebrücken der Welt ist die Golden-Gate-Bridge in der Bucht von San Francisco.

a) Berechnen Sie die mittlere Hauptspannweite der Golden-Gate-Bridge, indem Sie davon ausgehen, dass ihre Trageseile Parabelform mit der Funktionsgleichung $f(x) = 0{,}0004x^2$ haben und die Höhe der Pylone oberhalb der Straße 164 m beträgt.

b) Ermitteln Sie die Funktionsgleichung der Trageseile der größten deutschen Hängebrücke, der Rheinbrücke bei Emmerich, die eine mittlere Hauptspannweite von ca. 500 m bei einer Pylonenhöhe von ca. 76,7 m (ab Wasseroberfläche) und einer Durchfahrthöhe für die Schiffe von ca. 30 m hat. ▸ Abbildung

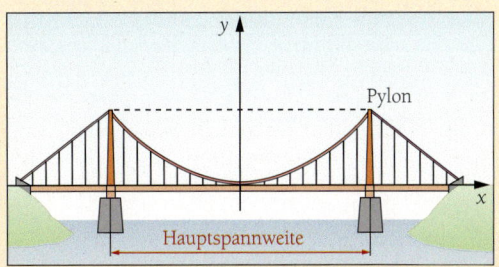

8. Ein Torbogen in Form einer nach unten geöffneten Parabel verläuft entsprechend der Funktion f mit $f(x) = -0,5x^2 + 4x - 1$. Der Abstand der Unterstützungsträger voneinander ist doppelt so groß wie ihr jeweiliger Abstand zum Torbogenfuß.

▶ Abbildung

a) Bestimmen Sie die Breite des Torbogens auf dem Boden.

b) Berechnen Sie die Höhe des Torbogens und die Länge der beiden Unterstützungsträger.

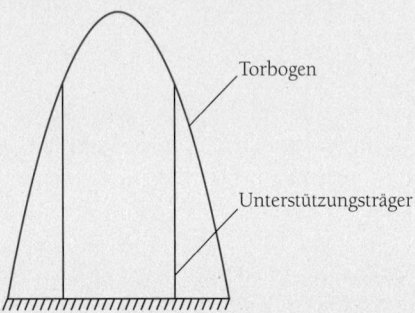

9. Eine Bogenbrücke von der Form einer Parabel verläuft gemäß dem Graphen der Funktion f mit $f(x) = -0,004x^2 + 1,2x - 32,4$; $x \geq 0$. Die durch die Punkte A und B verlaufende Straße liegt auf der x-Achse. Der Verankerungspunkt C liegt auf der y-Achse.

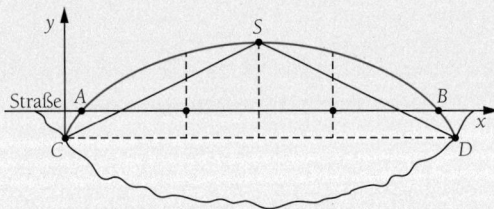

a) Berechnen Sie die Höhe der Brücke.

▶ Abstand von der Straße zum Punkt S

b) Bestimmen Sie die Länge der Straße von A nach B.

c) Wie tief unter der Straße befinden sich die Verankerungspunkte der Brücke C und D?

d) Ermitteln Sie die Funktionsgleichungen der Träger durch C und S bzw. durch D und S.

10. Bestimmen Sie für $f(x) = a \cdot (x-4)^2 + b$ die Variablen a und b so, dass f

a) keine,

b) eine,

c) zwei Nullstellen hat.

Fertigen Sie jeweils eine Skizze an.

11. An einem geradlinigen Kanal liegt eine Weidefläche. Mit einem 240 m langen Zaun soll eine rechteckige Fläche eingezäunt werden.

Bestimmen Sie die Länge und Breite so, dass die abzugrenzende Weidefläche möglichst groß ist.

a) Geben Sie den Flächeninhalt des Rechtecks in Abhängigkeit einer der Seitenlängen an.

b) Zeichnen Sie den Graphen der Funktion, die den Flächeninhalt angibt.

c) Interpretieren Sie den Verlauf des Graphen. Wann ist der Flächeninhalt des einzugrenzenden Rechtecks maximal?

d) Bestimmen Sie rechnerisch den Scheitelpunkt des Graphen der Flächeninhaltsfunktion und deuten Sie ihn.

12. Eine Nachfragefunktion hat die Gleichung $p_N(x) = -2x + 100$; $x \in [0; 50]$.

a) Bestimmen Sie den Funktionsterm der Gesamterlösfunktion E.

b) Bestimmen Sie den Gesamterlös bei den Absatzmengen 15 ME, 40 ME und 50 ME.

c) Bestimmen Sie die erlösmaximale Absatzmenge und den zugehörigen Gesamterlös. Zeichnen Sie die Graphen von p_N und E.

13. Der Produzent einer Werkzeugmaschine ist Monopolist. Die gesamten Produktionskosten ergeben sich nach der Kostenfunktion $K(x) = 4000x + 32\,000$; $x \in [0; 10]$. Die Preispolitik erfolgt auf der Grundlage einer linearen Preis-Absatz-Funktion. Bei einem Angebot von x Stück kann ein Stückpreis von $p_N(x)$ erzielt werden, wobei gilt: $p_N(x) = -4000x + 40\,000$; $x \in [0; 10]$.

a) Geben Sie den Funktionsterm der Erlösfunktion an und ermitteln Sie die Ausbringungsmenge, für die der Erlös maximal wird. Geben Sie den maximalen Erlös an.

b) Bestimmen Sie die Gewinnschwelle und -grenze.

c) Ermitteln Sie die gewinnmaximale Ausbringungsmenge und den maximalen Gewinn.

d) Zeichnen Sie die Graphen der Funktionen K, p_N, E und G.

14. Von einer Kaffeesorte werden 10 000 kg zu einem Preis von 10 € pro Kilogramm abgesetzt. Eine Marktanalyse hat ergeben, dass eine Preissenkung um 0,25 € je Kilogramm jeweils zu einer Absatzsteigerung von 1000 kg führen würde.

Beraten Sie das Unternehmen.

a) Bestimmen Sie die Funktionsgleichung, die die Abhängigkeit des Preises von der Absatzmenge darstellt.

b) Ermitteln Sie die Gleichung der Erlösfunktion und zeichnen Sie deren Graphen.

c) Berechnen Sie mithilfe der Scheitelpunktform der Erlösfunktion die erlösmaximale Absatzmenge und den dazugehörenden Preis.

15. In letzter Zeit häufen sich die Fahrraddiebstähle. Die Fly Bike Werke GmbH verfolgt diese Tendenz und entwickelt eine neue Schließtechnik mittels Fingerprint, die sie sich auch patentieren lässt. Diese einzigartige Schließtechnik bei Fahrradschlössern hat ihren Preis: Ein Schloss soll 120 € kosten. Die interne Marktforschungsabteilung hat eine Umfrage durchgeführt, deren Ergebnisse in der Tabelle festgehalten sind.

Preis pro Bügelschloss	Anzahl der potenziellen Käufer
120 €	0
110 €	40
100 €	80
90 €	120
80 €	160

Es wird vermutet, dass sich das Verhältnis von Preis und Käuferzahl linear verhält. Unter dieser Voraussetzung will die Fly Bike Werke GmbH ihren Erlös optimieren.

Bleibt noch die Frage, bei welcher Käuferzahl die Produktionskosten, die sich aus einem Festbetrag von 1200 € und variablen Kosten von 25 € pro Schloss ergeben, gedeckt werden können.

a) Die Kostenentwicklung lässt sich durch die Funktion K mit $K(x) = 25x + 1200$ beschreiben, wobei x die produzierte Menge in Stück angibt und $K(x)$ die Kosten in €.
Erstellen Sie für die Preise von 120 € bis 0 € in 10er-Schritten eine Wertetabelle mit den folgenden Spalten: Preis pro Bügelschloss; Anzahl Käufer; Erlöse; Kosten; Gewinn.

b) Ermitteln Sie anhand der Tabellenwerte, bei welcher Käuferzahl die Produktionskosten gedeckt werden können.

c) Bestimmen Sie die Gleichung der zugehörigen Erlösfunktion.

d) Ermitteln Sie den maximalen Erlös.

e) Nehmen Sie Stellung zu folgender Behauptung: „Das Gewinnmaximum erreichen die Fly Bike Werke bereits mit einer Absatzmenge von ca. 142 Schlössern."

16. Bei einem Säugling soll ein Somatogramm erstellt werden, d. h. eine Kurve, die den Verlauf der Gewichtszunahme in den ersten Monaten beschreibt. Man vermutet, dass die Gewichtszunahme durch eine quadratische Funktion (den Tagen wird das Gewicht zugeordnet) angenähert werden kann. Die Tabelle gibt die realen Daten eines Säuglings wieder.

	Alter des Säuglings in Tage	0	19	33	50	60	72	86	103	121	139	153	167
Zeile 1													
Zeile 2	Gewicht	3280	3700	4400	4900	5100	5600	5850	6220	6610	6740	6910	7020
Zeile 3	$f(x)$												
Zeile 4	Diff. zu Zeile 2												
Zeile 5	Abw. in %												

a) Übertragen Sie die Tabelle in Ihr Heft und tragen Sie die Daten in ein Koordinatensystem ein.

b) Bestimmen Sie eine mögliche Funktionsgleichung, die das Gewicht in Abhängigkeit des Alters (in Tagen) angibt.
Begründen Sie, warum es mehrere Möglichkeiten gibt, Funktionsgleichungen zu bestimmen.
Im Folgenden soll untersucht werden, wie genau Ihre erstellte Funktion die realen Daten beschreibt.

c) Berechnen Sie mit Ihrer Funktion für alle angegebenen Tage die Funktionswerte, d. h. das jeweilige Gewicht, und tragen Sie die Werte in die Zeile 3 ein.

d) Berechnen Sie die Differenz von Zeile 3 zu Zeile 2 und tragen Sie die Differenz in Zeile 4 ein.
In Zeile 5 tragen Sie die Abweichung in % ein. Das reale Gewicht in Zeile 2 ist der Grundwert mit 100 %, die Differenz in Zeile 4 ist der Prozentwert.

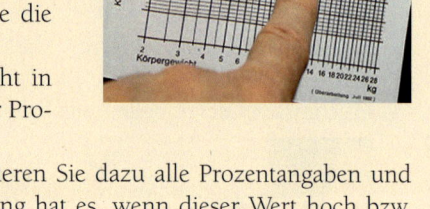

e) Berechnen Sie danach den Durchschnitt der Abweichungen. Addieren Sie dazu alle Prozentangaben und teilen Sie diese durch die Anzahl der Messwerte. Welche Bedeutung hat es, wenn dieser Wert hoch bzw. niedrig ist? Vergleichen Sie Ihren Wert mit anderen Werten in Ihrer Klasse.

f) Stellen Sie mithilfe der Regressionsfunktion Ihres GTR/CAS eine quadratische Regressionsfunktion auf und vergleichen Sie sie hinsichtlich der Genauigkeit mit Ihrer Funktion von Teilaufgabe b).

g) Welches Gewicht dürfte der Säugling in 200 Tagen haben? Erläutern Sie die Grenze dieser mathematischen Beschreibung der Gewichtsentwicklung des Säuglings.

17. Bestimmen Sie die Funktionsgleichungen, die Augen, Kopf sowie Mund beschreiben und geben Sie deren Definitionsbereiche an.
Ändern Sie die Funktionsgleichung, die den Mund beschreibt, so ab, dass aus dem lachenden Mund ein trauriger wird.

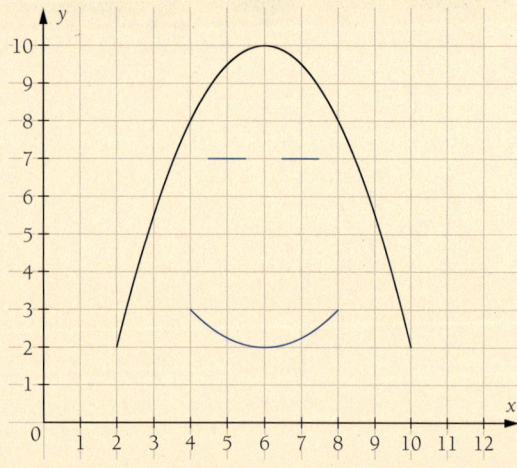

Ich kann ...

... die **allgemeine Funktions-gleichung** einer **quadratischen Funktion** angeben und die Bedeutung von a und c erklären.

$G(x) = -0,4x^2 + 3,6x - 3,2$
$S_y = (0|-3,2)$ ▶ Fixkosten 3,2 GE

Allgemeine Form:
$f(x) = ax^2 + bx + c;\ a \neq 0,\ x \in \mathbb{R}$
a: Öffnungsweite und -richtung der Parabel
c: y-Achsenabschnitt von f

... die **Scheitelpunktform** einer **quadratischen Funktion** angeben und die Bedeutung von a, x_S und y_S erklären.

$G(x) = -0,4 \cdot (x - 4,5)^2 + 4,9$

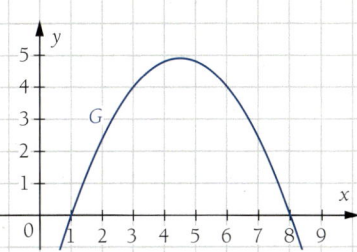

Scheitelpunktform:
$f(x) = a(x - x_S)^2 + y_S;\ a \neq 0,\ x \in \mathbb{R}$
a: Öffnungsweite und -richtung der Parabel
x_S: x-Koordinate des Scheitelpunkts $S(x_S|y_S)$
y_S: y-Koordinate des Scheitelpunkts $S(x_S|y_S)$

... den **Graphen** einer **quadratischen Funktion** zeichnen und ihn in Bezug auf Scheitelpunkt, Verschiebung sowie Öffnungsweite und -richtung beschreiben.

Scheitelpunkt $S(4,5|4,9)$; G_{max}
▶ Gewinnmaximale Produktionsmenge
4,5 ME; Gewinnmaximum 4,9 GE

Parabel 4,5 Einheiten nach rechts;
4,9 Einheiten nach oben; gestaucht;
nach unten geöffnet

Verschiebung der Parabel aus $(0|0)$ um
x_S Einheiten waagerecht und
y_S Einheiten senkrecht
Öffnungsweite:
$|a| < 1$: Parabel gestaucht
$|a| > 1$: Parabel gestreckt
Öffnungsrichtung:
$a > 0$: Parabel nach oben geöffnet
$a < 0$: Parabel nach unten geöffnet

... die **allgemeine Form** in die **Scheitelpunktform** umwandeln.
▶ Test-Aufgaben 3, 4

$G(x) = -0,4x^2 + 3,6x - 3,2$
$= -0,4 \cdot (x^2 - 9x + 8)$
$= -0,4 \cdot [(x^2 - 9x + 4,5^2) - 4,5^2 + 8]$
$= -0,4 \cdot [(x - 4,5)^2 - 12,25]$
$= -0,4 \cdot (x - 4,5)^2 + 4,9$

1. Faktor vor dem x^2 ausklammern
2. Quadratische Ergänzung
3. Binomische Formel „rückwärts" anwenden
4. Äußere Klammer auflösen

... die **Scheitelpunktform** in die **allgemeine Form** umwandeln.
▶ Test-Aufgabe 1

$G(x) = -0,4 \cdot (x - 4,5)^2 + 4,9$
$= -0,4 \cdot (x^2 - 9x + 20,25) + 4,9$
$= -0,4x^2 + 3,6x - 3,2$

1. Binomische Formel anwenden
2. Klammer auflösen und zusammenfassen

... die **Nullstellen** einer **quadratischen Funktion** berechnen.
▶ Test-Aufgabe 3

$G(x) = 0$
$\Leftrightarrow -0,4x^2 + 3,6x - 3,2 = 0$
$\Leftrightarrow x^2 - 9x + 8 = 0$
$\Rightarrow x_{N_{1,2}} = -\frac{-9}{2} \pm \sqrt{\left(-\frac{9}{2}\right)^2 - 8}$
$\Rightarrow x_{N_1} = 1;\ x_{N_2} = 8$

1. Funktionsterm gleich 0 setzen
2. Durch den Faktor vor dem x^2 dividieren
3. p-q-Formel anwenden

... den **Funktionsterm** in **Linearform** schreiben.
▶ Test-Aufgabe 1

$\Rightarrow G(x) = -0,4 \cdot (x - 1) \cdot (x - 8)$
▶ $x_{N_1} = 1$ und $x_{N_2} = 8$

Linearform: $f(x) = a \cdot (x - x_{N_1}) \cdot (x - x_{N_2})$

... den **Funktionsterm** einer **quadratischen Funktion** anhand dreier auf dem Graphen liegender Punkte **aufstellen.**
▶ Test-Aufgaben 2, 3

$P_1(2|14)$: $a \cdot 2^2 + b \cdot 2 + c = 14$
$P_2(4|20)$: $a \cdot 4^2 + b \cdot 4 + c = 20$
$P_3(6|18)$: $a \cdot 6^2 + b \cdot 6 + c = 18$
▶ Rechnung siehe Seite 121

1. Gegebene Punkte in den allgemeinen Ansatz $ax^2 + bx + c = y$ einsetzen
2. Lineares Gleichungssystem mithilfe des Gauß'schen Eliminationsverfahrens lösen

Test zu 2.2

1. Von einem Funktionsterm in der Scheitelpunktform $(x - x_S)^2 + y_S$ sind $x_S = -3$ und $y_S = -1$ bekannt. Bestimmen Sie seine Scheitelpunktform, seine Normalform und seine Linearform.

2. Ermitteln Sie anhand der Zeichnungen die allgemeine Funktionsgleichung $f(x) = ax^2 + bx + c$ zu den folgenden Graphen.

a)
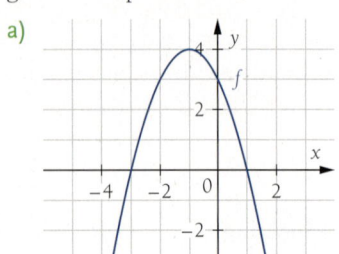

b)
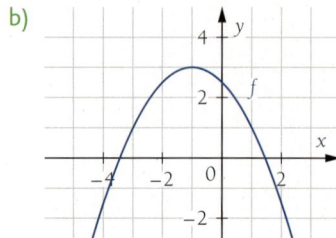

c)
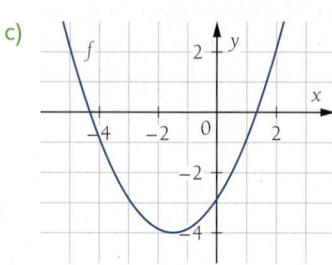

3. Die JoRo GmbH hat in ihrer Mikrochipabteilung Fixkosten von 9,5 GE und Produktionskosten von 0,25 GE pro Stück. Die Verkaufserlöse sind wie folgt: 10 GE für 2 ME, 18 GE für 6 ME und 17,5 GE für 7 ME. Äußern Sie sich zur Gewinnsituation des Unternehmens.
Ermitteln Sie dazu die lineare Funktionsgleichung der Kostenfunktion und die quadratischen Funktionsgleichungen der Erlös- und Gewinnfunktion.
Untersuchen Sie die Gewinnzone sowie das Gewinnmaximum.

4. Aufgrund der Preis-Absatz-Funktion für einen USB-Stick ergibt sich, dass 1000 USB-Sticks zu einem Preis von 15 € pro Stück abgesetzt werden können. Durch Preissenkung um 1 € nimmt die Absatzmenge um jeweils 1000 Stück zu. Die Durchschnittskosten betragen konstant 10 €.
a) Bestimmen Sie die Funktionsterme der Erlös, der Kosten- und der Gewinnfunktion.
b) Zeichnen Sie den Graphen der Gewinnfunktion.
c) Bestimmen Sie die Absatzmenge und den Preis, bei denen der Gewinn am größten ist.
d) Geben Sie den maximalen Gewinn in € an.

5. Die Global AG mit Sitz in Ludwigshafen stellt verschiedenartige Medikamente her, unter anderem ein Grippemittel mit dem Namen „Antigripp".
Zur Überprüfung der eigenen Preispolitik beobachtet die Marketingabteilung gezielt das Kaufverhalten für Grippemedikamente. Im Einzelnen werden das Verhalten der Mitanbieter, die wirkstoffgleiche Produkte anbieten, und das Verhalten der Konsumenten untersucht.
Die Untersuchung ergibt, dass bei einem Preis von $p_A(x)$ in €/100 ml nebenstehende Mengen von verschiedenen Anbietern angeboten werden.

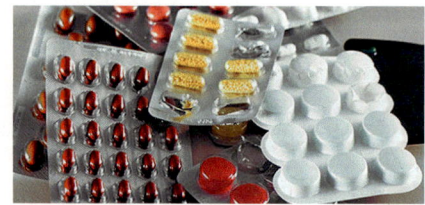

x in 100 ml	$p_A(x)$ in €/100 ml
2	26
4	36
6	46

Das Verhalten der Konsumenten lässt sich mittels folgender Gleichung beschreiben:

$$p_N(x) = -0{,}5x^2 - 2x + 48; \ x \in D_{ök}$$

Die Global AG hat kürzlich erfahren, dass der Staat eine Höchstpreisregelung für Grippemedikamente in Erwägung zieht. Analysieren Sie aus Sicht der Global AG die Marktsituation für „Antigripp".

Das City-Rad-Modell *City Glide* der Fly Bike Werke GmbH ist vor allem in den Niederlanden sehr beliebt. Die Verkaufszahlen sind in den letzten Monaten stark gestiegen. Wurden bisher 110 Fahrräder vom Typ *City Glide* pro Monat gefertigt, so betrug die Produktionszahl in den letzten beiden Monaten jeweils 250 Stück und die Nachfrage steigt weiter an.

Trotz dieser erfreulichen Entwicklung vermeldet Herr Steffens vom Controlling einen sinkenden Gewinn, der mit dem Modell *City Glide* erzielt wird.

Herr Steffens hat deshalb die Kosten, die bei der Produktion des Modells *City Glide* entstehen, in einer Tabelle zusammengestellt. Bei der nächsten Sitzung der Geschäftsführung erläutert er seine Daten:

Produzierte Anzahl *City Glide*	Gesamtkosten in €
0	10 000
100	20 000
200	30 000
300	94 000

- Zur Herstellung des Modells fallen pro Monat Fixkosten für anteilige Miete, Abschreibungen usw. in Höhe von 10 000 € an.
- Bei der Produktion profitiert die Fly Bike Werke GmbH zunächst von höheren Stückzahlen, indem sie z.B. Mengenrabatte beim Einkauf in Anspruch nehmen kann.
- Allerdings führte die erhöhte Produktion der letzten Monate zu höheren Kosten, weil von den Arbeitern Überstunden geleistet wurden, die mit einem Zuschlag zu vergüten sind. Außerdem war zusätzliche Samstagsarbeit notwendig, die ebenfalls zu erhöhten Lohnkosten führte.

Herr Steffens hat aus den vorliegenden Daten folgende Kostenfunktion ermittelt:
$K(x) = 0{,}009\,x^3 - 2{,}7\,x^2 + 280\,x + 10\,000$

Herr Peters hätte gerne eine genauere Analyse der Kosten, insbesondere möchte er wissen, bei welcher Produktionsmenge die geringsten variablen Stückkosten anfallen und bei welcher Produktionsmenge kein Gewinn mehr erzielt wird. Der Verkaufspreis des Modells *City Glide* soll mit 245 € unverändert bleiben.

▶ Aufgabe 15 auf Seite 152

Kompetenzen

- Ganzrationale Funktionen erkennen und auf verschiedene Arten darstellen sowie deren Graphenverläufe beschreiben
- Realitätsbezogene Situationen mathematisch beschreiben und deuten

Anwendungen

- Kosten mit ertragsgesetzlichem Verlauf
- Gewinnanalyse
- Modell der vollständigen Konkurrenz
- Angebotsmonopol

2

2.3 Ganzrationale Funktionen

2.3.1 Gleichungen, Graphen und Symmetrie

(1) Volumen eines Quaders

Die JoRo GmbH möchte aus 60 cm langen und 40 cm breiten Pappstücken Verpackungskartons herstellen. Die Kartons sollen möglichst groß sein. Stellen Sie einen Zusammenhang zwischen der Höhe und dem Volumen her. Ermitteln Sie, für welche Höhe das Volumen maximal ist.

Für verschiedene Höhen berechnen wir das Volumen mit der Volumenformel:

$V = a \cdot b \cdot h$ ▸ a, b, h in cm, V in cm³

Legen wir als Höhe beispielsweise 10 cm fest, so ergeben sich auch die beiden Seitenlängen der Grundfläche:

$a = 60 - 2 \cdot 10 = 40, \quad b = 40 - 2 \cdot 10 = 20$

Für das Volumen gilt dann:

$V = a \cdot b \cdot h = 40 \cdot 20 \cdot 10 = 8000$

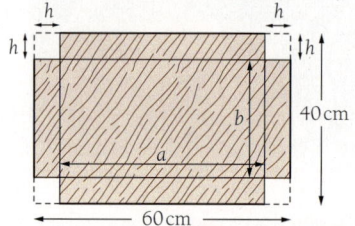

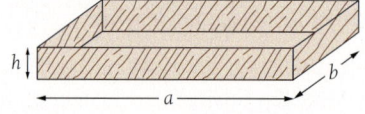

In einer Tabelle halten wir das Volumen für weitere Höhen fest.
Der Zusammenhang zwischen V und h lässt sich allgemein – für jede beliebige Höhe h – beschreiben. Es gilt:

h in cm	2	4	6	8	10	12
V in cm³	4032	6656	8064	8448	8000	6912

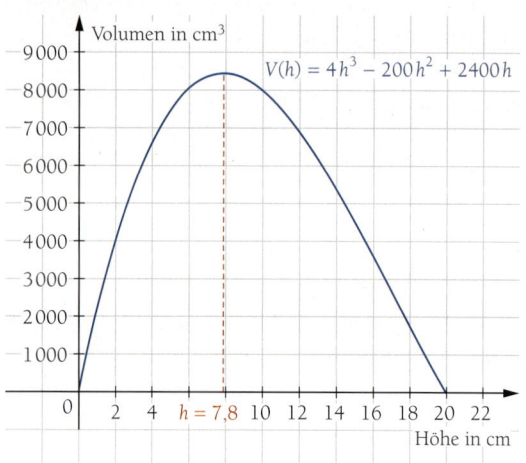

$a = 60 - 2h, \quad b = 40 - 2h$

Für das Volumen $V = a \cdot b \cdot h$ ergibt sich:

$V = a \cdot b \cdot h = (60 - 2h) \cdot (40 - 2h) \cdot h$

Das Volumen hängt also jetzt nur noch von der Variablen h ab. Wir können die Funktionsgleichung für die Volumenfunktion V angeben:

$$\begin{aligned} V(h) &= (60 - 2h) \cdot (40 - 2h) \cdot h \\ &= (2400 - 80h - 120h + 4h^2) \cdot h \\ &= 4h^3 - 200h^2 + 2400h \end{aligned}$$

Die Höhe, Länge und Breite müssen positiv sein. Aus diesen Vorgaben ergibt sich für die Volumenfunktion V der Definitionsbereich $D_V = {]0; 20[}$.

▸ Dass die Höhe zwischen 0 cm und 20 cm liegen muss, ergibt sich auch aus der Tatsache, dass die zur Verfügung stehenden Pappstücke nur 40 cm breit sind.

$$\begin{aligned} a &> 0 & b &> 0 & h &> 0 \\ \Leftrightarrow 60 - 2h &> 0 & \Leftrightarrow 40 - 2h &> 0 \\ \Leftrightarrow 60 &> 2h & \Leftrightarrow 40 &> 2h \\ \Leftrightarrow 30 &> h & \Leftrightarrow 20 &> h \end{aligned}$$

Insgesamt: $h > 0$ und $h < 20$.

Dem Graphen der Funktion entnehmen wir, dass bei einer Höhe von ca. 7,8 cm das Volumen eines Kartons maximal ist.

Die Funktion V mit $V(h) = 4h^3 - 200h^2 + 2400h$ ist ein Beispiel für eine **ganzrationale Funktion dritten Grades**, auch **kubische Funktion** genannt.

Allgemein heißen reelle Funktionen vom Typ

$$f(x) = a_n x^n + a_{n-1} x^{n-1} + a_{n-2} x^{n-2} + \ldots + a_1 x + a_0$$

mit $a_n \neq 0$ und $a_0, a_1, \ldots, a_{n-2}, a_{n-1}, a_n \in \mathbb{R}$ **ganzrationale Funktionen** oder **Polynomfunktionen n-ten Grades**. Ihre Funktionsterme werden **Polynome** genannt. Die Zahlen $a_0, a_1, \ldots, a_{n-2}, a_{n-1}, a_n$ heißen **Koeffizienten** des Polynoms.

Jeder Summand ist eine Potenzfunktion für sich.

2

Lineare und quadratische Funktionen sind ebenfalls ganzrationale Funktionen:
$f(x) = a_1 x + a_0$ lineare Funktion   Polynomfunktion ersten Grades
$f(x) = a_2 x^2 + a_1 x + a_0$ quadratische Funktion   Polynomfunktion zweiten Grades

Grad und Koeffizient einer ganzrationalen Funktion

②

Ermitteln Sie den Grad der Funktionen f mit $f(x) = (x + 5)^2 (x - 2)$ und g mit $g(x) = 2x^2 - x^4 + 1$. Bestimmen Sie die Koeffizienten.

Wir multiplizieren den Funktionsterm von f aus.

$$\begin{aligned} f(x) &= (x + 5)^2 (x - 2) \\ &= (x^2 + 10x + 25)(x - 2) \\ &= x^3 + 8x^2 + 5x - 50 \end{aligned}$$

Den Funktionsterm von g ordnen wir nach der höchsten Potenz.

$$g(x) = 2x^2 - x^4 + 1 = -x^4 + 2x^2 + 1$$

Der höchste Exponent in der Funktionsgleichung bestimmt den Grad der Funktion.

f hat den Grad 3; g hat den Grad 4.

Wir können die Koeffizienten von f und g direkt aus den Funktionsgleichungen ablesen.

Funktion f: $a_3 = 1$; $a_2 = 8$; $a_1 = 5$; $a_0 = -50$
Funktion g: $a_4 = -1$; $a_3 = 0$; $a_2 = 2$; $a_1 = 0$; $a_0 = 1$

Kubische Funktionen:
- Eine Funktion f vom Typ $f(x) = a_3 x^3 + a_2 x^2 + a_1 x + a_0$ mit $a_0, a_1, a_2, a_3 \in \mathbb{R}$, $a_3 \neq 0$ und $x \in \mathbb{R}$ heißt **ganzrationale Funktion dritten Grades** bzw. **kubische Funktion**.
- Der Funktionsterm $a_3 x^3 + a_2 x^2 + a_1 x + a_0$ heißt **Polynom dritten Grades**.
- Die **Koeffizienten** des Polynoms sind a_0, a_1, a_2 und a_3.
- Der Koeffizient a_0 heißt **Absolutglied** bzw. **y-Achsenabschnitt**.

1. Sind die folgenden Funktionsgleichungen Beispiele für ganzrationale Funktionen? Wenn ja, geben Sie die Koeffizienten und den Grad der Funktion an.

a) $f(x) = 7x^7 + 13x^3 + 11x$

b) $f(x) = (x + 4)^2 (x - 1)$

c) $f(x) = 5$

d) $f(x) = \dfrac{1}{x^4}$

e) $f(x) = x^3 + 3x^2 + \sqrt{x}$

f) $f(x) = \dfrac{1}{3} x^3 + 37x^2 - 6$

2. Die Firma „Deluxe" stellt Luxusuhren her. Diese werden in goldene Schachteln verpackt. Der Karton, aus dem die Schachteln gefaltet werden, ist 7 cm lang und 5 cm breit. Um den Karton zu einer Schachtel falten zu können, müssen an den Ecken gleich große Quadrate abgeschnitten werden.
Bestimmen Sie die Größe dieser Quadrate so, dass das Volumen der Schachtel maximal wird.

In der Volkswirtschaftslehre gibt es ein Modell, in dem die Kosten einen „ertragsgesetzlichen Verlauf" haben. Eine solche Kostenstruktur wird im folgenden Beispiel entwickelt.

3 Ertragsgesetzliche Kostenfunktion

Auf einem landwirtschaftlichen Lehrgut soll erforscht werden, wie sich die Veränderung der Düngermenge auf den mengenmäßigen Mehrertrag auswirkt.

Dafür wird auf mehreren Äckern von gleicher Größe und Bodenqualität unter denselben Bedingungen und mit derselben Arbeitsintensität Weizen angebaut. Der einzige Unterschied besteht in der eingesetzten Menge an Dünger. Die Düngermenge wird daher **variabler Einsatzfaktor** genannt – im Unterschied zu den **konstanten Einsatzfaktoren** Bodenfläche, Bodenqualität und Arbeitsintensität. Der Versuch hat ergeben, dass die Abhängigkeit des

Ertrags E von der eingesetzten Düngermenge u sehr gut durch die funktionelle Beziehung $E(u) = -0,5u^3 + 3u^2$ mit $u \in [0; 4]$ beschrieben wird. (Sowohl der Weizenertrag als auch der Düngereinsatz beziehen sich auf die ME 100 kg.)

a) Zeichnen Sie den Graphen der Ertragsfunktion E und interpretieren Sie dessen Verlauf.

Der Graph der Ertragsfunktion E verläuft im ersten Teil linksgekrümmt. Das bedeutet, dass konstante Zuwächse der Düngermenge immer größer werdende Ertragszuwächse bewirken. Man bezeichnet diesen immer größer werdenden Anstieg des mengenmäßigen Ertrages auch als **überproportionale** (**progressive**) **Steigerung** des Ertrages durch verstärkten Einsatz des Faktors Dünger auf einer gegebenen Anbaufläche bei unveränderter Bearbeitungsintensität. Anders ausgedrückt können in dieser Phase konstante Ertragszuwächse mit immer kleiner werdendem Düngermehreinsatz und immer geringer werdenden Kostenzuwächsen erreicht werden (Kosten = Produkt aus Einsatzmenge und Preis).

Von einer bestimmten Einsatzmenge an – an dieser Stelle geht die Ertragsfunktion von einer Links- in eine Rechtskurve über – wächst der Ertrag trotz konstanter Steigerung des Düngereinsatzes nur noch langsamer bzw. **unterproportional** (**degressiv**), bis das Ertragsmaximum erreicht ist; von hier ab sinkt der Ertrag trotz weiteren Düngereinsatzes.

u	0	1	2	3	4
$E(u)$	0	2,5	8	13,5	16

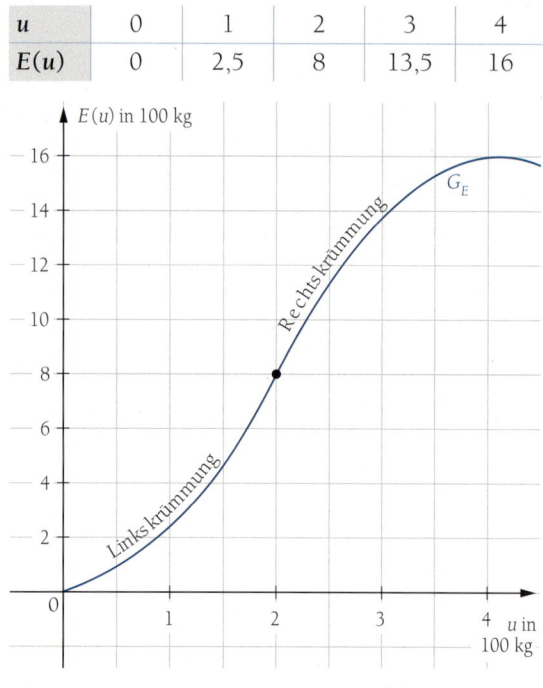

- Aus der Grafik können wir ablesen, dass der Wechsel vom progressiven zum degressiven Verlauf im
- Punkt $(2|8)$ stattfindet. Das bedeutet, dass ab einem Einsatz von 2 ME (200 kg) Dünger der Ertrag bei
- Steigerung der Düngermenge im Verhältnis nur noch wenig steigt.

b) 100 kg des verwendeten Düngers kosten 29,70 €. Die Pacht für die benötigte Bodenfläche beträgt 75 € und die Arbeitslöhne für die Bodenbearbeitung belaufen sich auf 325 €.
Ermitteln Sie eine Gleichung, die die Gesamtkosten K in Abhängigkeit der Produktionsmenge x angibt.

Die fixen Kosten K_f betragen 400 €.
Die variablen Kosten K_v sind abhängig von der Menge u des eingesetzten Düngers. Sie betragen 29,70 € · u. Ziel ist es jedoch, eine Gleichung zu finden, die die Kosten in Abhängigkeit des Ertrags bzw. der Produktionsmenge x angibt.

▶ Produktionsmenge x = Ertrag E
Die Tabelle rechts zeigt den Zusammenhang zwischen Düngermenge, Ertrag und Kosten.

▶ Für den Ertrag gilt: $E(u) = -0,5u^3 + 3u^2$.

Fixe Kosten: $K_f = 75 + 325 = 400$
Variable Kosten: $K_v(u) = 29,70 € · u$

$K(x) = ?$

u	0	1	2	3	4
$E(u) = x$	0	2,5	8	13,5	16
$K_V(x)$	0	29,7	59,4	89,1	118,8
K_f	400	400	400	400	400
$K(x)$	400	429,7	459,4	489,1	518,8

Im GTR/CAS geben wir die vorhandenen Daten des Ertrags x (Zeile 2) und der Gesamtkosten $K(x)$ (Zeile 5) ein und versuchen, durch eine Regression eine Funktion zu erhalten, die den Zusammenhang zwischen Ertrag und Kosten möglichst gut beschreibt. ▶ Kapitel 1.3.2

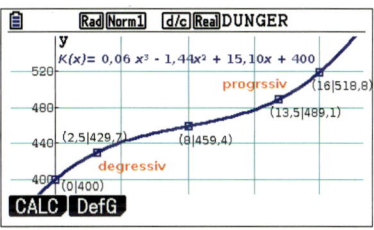

▶ CA Anwendung Tab.Kalk.

Die fünf Ertrag-Kosten-Punkte veranschaulichen wir in einem Punktdiagramm.

Es zeigt sich, dass weder eine lineare, noch eine quadratische Regression die vorhandenen Punkte ausreichend gut beschreiben. Erst eine **kubische Regression** führt zu der Funktion dritten Grades $K(x) = 0,06x^3 - 1,44x^2 + 15,10x + 400$, welche die Gesamtkosten K in Abhängigkeit der Produktionsmenge x bzw. des Ertrags E optimal wiedergibt.
Die Funktion K hat bis zum Punkt $(8|459,4)$ einen degressiven und ab dort einen progressiven Verlauf.

▶ CA Für eine kubische Regression müssen im Grafikfenster nacheinander die Menüpunkte **CALC**, **X³** ausgewählt werden.

Eine Kostenfunktion, die zunächst **degressive**, von einer bestimmten Stelle ab **progressive** Zuwächse hat, bezeichnet man als **ertragsgesetzliche Kostenfunktion**.

Die beiden Funktionen E und K sind **ganzrationale Funktionen dritten Grades**, deren Definitionsbereiche Teilmengen von $\mathbb{R}^{\geq 0}$ ($x \geq 0$) sind.

> Ganzrationale Funktionen dritten Grades heißen **ertragsgesetzliche Kostenfunktion**, wenn
> 1. der y-Achsenabschnitt nicht negativ ist (er entspricht den Fixkosten),
> 2. der Graph streng monoton steigend im ökonomisch sinnvollen Bereich ist (oder er ist monoton steigend und hat keine Extrempunkte) und
> 3. einen Wendepunkt mit einem Krümmungswechsel von degressiv zu progressiv im ökonomisch sinnvollen Bereich hat.

Symmetrie

Beispiele für Symmetrie finden wir überall, zum Beispiel in der Natur, im Alphabet und der Architektur. In der Mathematik ist die Symmetrie eine wichtige Eigenschaft von Funktionen. Sie erleichtert beispielsweise das Zeichnen eines Graphen.

Aus Abschnitt 2.2 ist uns bekannt, dass die Normalparabel zu $f(x) = x^2$ symmetrisch zur y-Achse ist. Wie hilft uns dieses Wissen beim Zeichnen des Graphen, wenn uns nur die Werte an positiven Stellen vorliegen?

Bedeutung der Symmetrie: Faltet man den Graphen entlang der y-Achse, so fallen die Punkte links der Achse mit den Punkten, die rechts von der Achse liegen, aufeinander.

Für die negativen Stellen $-x$ erhalten wir die Werte also ohne Berechnung.

Es gilt $f(-x) = f(x)$ für alle $x \in \mathbb{R}$.

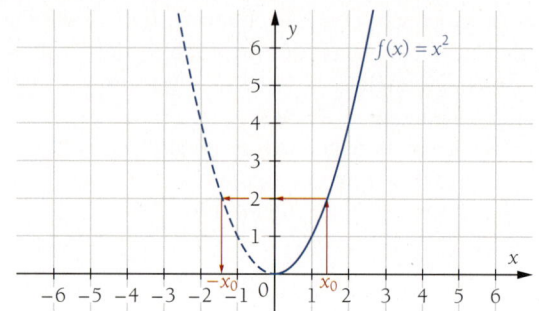

 4   Achsensymmetrie zur y-Achse

Zeigen Sie, dass der Graph der Funktion f mit $f(x) = -x^2 + 4$ achsensymmetrisch zur y-Achse ist.

Wir müssen die Gleichheit von $f(-x)$ und $f(x)$ nachweisen.

Für $f(x) = -x^2 + 4$ gilt

$$f(-x) = -(-x)^2 + 4 \quad \blacktriangleright \ (-x)^2 = x^2$$
$$= -x^2 + 4$$
$$= f(x)$$

Die Parabel ist achsensymmetrisch zur y-Achse.

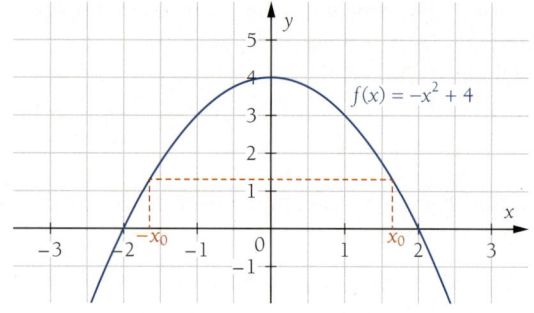

Gilt für alle x aus dem Definitionsbereich $f(-x) = f(x)$, so heißt f **gerade Funktion**. Der Graph einer geraden Funktion verläuft symmetrisch zur y-Achse.

Achsensymmetrische Funktionen besitzen kein lineares Glied.

Achsensymmetrie zur y-Achse erkennen wir bereits an den Exponenten des Funktionsterms: Treten bei den x-Potenzen **nur gerade Exponenten** auf, so ist der Graph der Funktion achsensymmetrisch zur y-Achse.

▶ Das Absolutglied a_0 ist ebenfalls eine Potenz von x mit geradem Exponenten: $a_0 = a_0 \cdot 1 = a_0 \cdot x^0$.

Achsensymmetrie zur y-Achse:
- $f(-x) = f(x)$ für alle $x \in D_f$.
- Die Funktion ist gerade. (Alle Exponenten von x sind gerade.)

 Untersuchen Sie die Graphen der folgenden Funktionen auf Symmetrie zur y-Achse.

a) $f(x) = 2x^2 - 4x + 2$
b) $f(x) = x^2 - 4$
c) $f(x) = x^4 - 4x^2$

Punktsymmetrie zum Ursprung

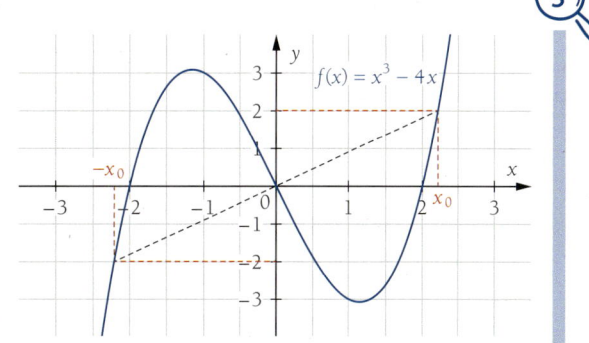

Wir betrachten den Graphen der kubischen Funktion f mit $f(x) = x^3 - 4x$. Er verläuft punktsymmetrisch zum Koordinatenursprung. Der Graph geht also in sich selbst über, wenn man ihn um 180 Grad um den Koordinatenursprung dreht.

Für die Funktion f gilt für alle $x \in \mathbb{R}$: Der Funktionswert an der Stelle x ist gleich dem entgegengesetzten Funktionswert an der Stelle $-x$, kurz: $-f(-x) = f(x)$.

$$-f(-x) = -((-x)^3 - 4(-x))$$
$$= -(-x^3 + 4x) = x^3 - 4x = f(x)$$

Gilt für alle x aus dem Definitionsbereich $f(x) = -f(-x)$, so heißt f **ungerade Funktion**. Der Graph einer ungeraden Funktion verläuft punktsymmetrisch zum Koordinatenursprung.

Punktsymmetrie zum Koordinatenursprung erkennen wir an den Exponenten des Funktionsterms: Treten bei den x-Potenzen **nur ungerade Exponenten** auf, so ist der Graph der Funktion punktsymmetrisch zum Koordinatenursprung.

> Das Absolutglied a_0 einer Funktion, deren Graph punktsymmetrisch zum Ursprung ist, muss null sein.

Punktsymmetrie zum Ursprung:
- $f(x) = -f(-x)$ für alle $x \in D_f$.
- Die Funktion ist ungerade. (Alle Exponenten von x sind ungerade und das Absolutglied ist null.)

Untersuchen Sie die Graphen der folgenden Funktionen auf Symmetrie zum Koordinatenursprung.
a) $f(x) = x^3 - 2$
b) $f(x) = -x^3 + 4x$
c) $f(x) = 4x^3 - 12x^2$

Übungen zu 2.3.1

1. Geben Sie die Funktionsgleichung der ganzrationalen Funktion fünften Grades mit folgenden Koeffizienten an: $a_5 = 4$, $a_4 = 0$, $a_3 = a_0 = -1$, $a_2 = 2$, $a_1 = 9$.

2. Untersuchen Sie die Graphen der Funktionen auf Symmetrie zur y-Achse.
a) $f(x) = 2x^2 - 4x + 2$
b) $f(x) = -x^2 + 9x - 4$
c) $f(x) = 0{,}5x^2 + x - 8$
d) $f(x) = -x^2 + x$
e) $f(x) = x^2 - 4$
f) $f(x) = 2x^2 + 2$

3. Untersuchen Sie die Graphen der Funktionen auf Symmetrie zum Koordinatenursprung.
a) $f(x) = x^3 - 2$
b) $f(x) = -x^3 + 2$
c) $f(x) = 4x^3 - 2$
d) $f(x) = -x^3 + 4x$
e) $f(x) = 4x^3 - 12x$
f) $f(x) = -0{,}5x^3$

4. Untersuchen Sie die Funktionen auf Symmetrie. Zeichnen Sie anschließend die Graphen der Funktionen.
a) $f(x) = 2x^3 - 4x^2 + 3x + 6$
b) $f(x) = -x^3 + 4x$
c) $f(x) = -2x^2 - 10x - 8$
d) $f(x) = -x^3 + 2$
e) $f(x) = 0{,}5x^3 - 3x^2 - 3{,}5x + 5$
f) $f(x) = x^3 - 2$
g) $f(x) = 6$
h) $f(x) = 2x$
i) $f(x) = 2x + 1$

2.3.2   Berechnung von Schnittpunkten

 ⑥   Erlösschwelle und Erlösgrenze

Die JoRo GmbH hat ermittelt, dass für ihre Erlöse gilt:

$$E(x) = -0{,}25x^3 + 1{,}5x^2$$

Dabei steht x für die Mengeneinheiten und $E(x)$ für die Geldeinheiten.

▶ 1 ME = 1000 Stück, 1 GE = 1 Mio. €

Bestimmen Sie die ökonomisch sinnvollen Produktionsmengen.

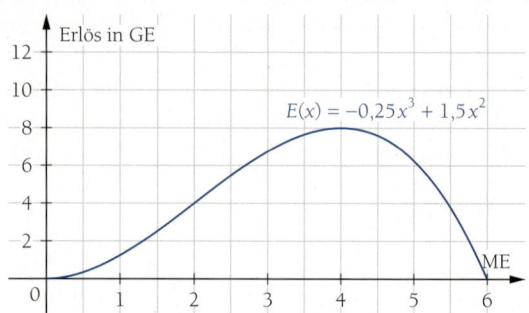

Ökonomisch sinnvoll sind nur positive Erlöse. Zur Bestimmung der Produktionsmengen, bei deren Verkauf positive Erlöse erzielt werden, müssen wir die Nullstellen der Funktion E berechnen.

Zunächst dividieren wir beide Seiten durch den führenden Koeffizienten $-0{,}25$.

Da das Absolutglied und das lineare Glied im Funktionsterm fehlen, können wir x_N^2 nun **ausklammern**. Wir erhalten eine **Linearfaktorzerlegung** der Gleichung.

Nach dem Satz vom Nullprodukt ist ein Produkt genau dann null, wenn einer seiner Faktoren null ist. Somit können wir die Nullstellen 0 und 6 leicht ermitteln.

Die Nullstellen treten unterschiedlich oft auf. Die Nullstelle $x_{N_1} = 0$ ist Lösung von $x_N^2 = 0$ und deshalb Nullstelle mit der Vielfachheit 2 oder auch **doppelte Nullstelle** genannt. Die Nullstelle 6 ist nur einfach.

$$E(x_N) = 0$$
$$\Leftrightarrow \quad -0{,}25x_N^3 + 1{,}5x_N^2 = 0 \qquad |:(-0{,}25)$$
$$\Leftrightarrow \qquad\qquad x_N^3 - 6x_N^2 = 0 \qquad \blacktriangleright x_N^2 \text{ ausklammern}$$
$$\Leftrightarrow \qquad\qquad x_N^2 \cdot (x_N - 6) = 0 \qquad \blacktriangleright \text{ Satz vom Nullprodukt}$$
$$\Leftrightarrow x_N^2 = 0 \text{ oder } x_N - 6 = 0$$
$$\Leftrightarrow x_N = 0 \text{ oder } x_N = 0 \text{ oder } x_N = 6$$
$$\Rightarrow x_{N_1} = 0 \text{ und } x_{N_2} = 6 \qquad \blacktriangleright \text{ Nullstellen}$$

$$E(x) = -0{,}25 \cdot x \cdot x \cdot (x - 6) \qquad \blacktriangleright \text{ Linearfaktorzerlegung von } E(x)$$
$$\Rightarrow x_{N_1} = 0 \qquad\qquad \blacktriangleright \text{ Nullstelle mit der Vielfachheit 2}$$
$$ x_{N_2} = 6 \qquad\qquad \blacktriangleright \text{ Nullstelle mit der Vielfachheit 1}$$

Die JoRo GmbH erzielt Erlöse beim Verkauf zwischen 0 Stück (**Erlösschwelle**) und 6000 Stück (**Erlösgrenze**).   ▶ 6 ME = 6000 Stück

Allgemein gibt die **Vielfachheit einer Nullstelle** x_N einer Funktion f an, wie oft der Linearfaktor $(x - x_N)$ im Funktionsterm $f(x)$ enthalten ist.

Erweitern wir den Definitionsbereich „unökonomisch", so erkennen wir, dass der Graph an der Stelle 0 die x-Achse berührt und an der Stelle 6 die x-Achse schneidet.

Allgemein sagt man, dass der Graph einer Funktion bei einer geraden Vielfachheit einer Nullstelle die x-Achse berührt und bei einer ungeraden Vielfachheit die x-Achse schneidet.

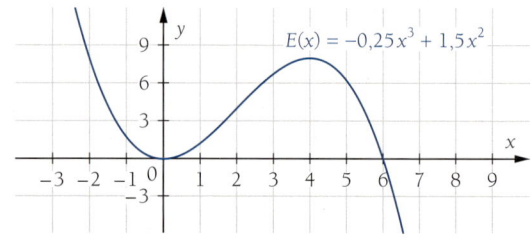

 Bestimmen Sie die Nullstellen und ihre Vielfachheit für folgende Funktionen.

a) $f(x) = x^4 + 6x^3 + 8x^2$ b) $f(x) = -0{,}25x^3 - 5{,}5x$

Polynomdivision

Die Funktion f mit der Normalform $f(x) = x^3 - 3x^2 - 6x + 8$ lässt sich auch in der Form $f(x) = (x-1) \cdot (x+2) \cdot (x-4)$ schreiben. Bestimmen Sie anhand dieser Linearfaktoren die Nullstellen von f. Zeigen Sie anschließend, wie man die Linearfaktoren von f ausgehend von der Normalform ermitteln kann.

Ist der Term einer Funktion bereits vollständig in seine Linearfaktoren zerlegt, so können wir die Nullstellen nach dem Satz vom Nullprodukt sofort ablesen und angeben.

$$f(x_N) = 0$$
$$\Leftrightarrow (x_N - 1) \cdot (x_N + 2) \cdot (x_N - 4) = 0$$
$$\Leftrightarrow x_N - 1 = 0 \text{ oder } x_N + 2 = 0 \text{ oder } x_N - 4 = 0$$
$$\Leftrightarrow x_N = 1 \text{ oder } x_N = -2 \text{ oder } x_N = 4$$
$$\Rightarrow \mathbf{x_{N_1} = 1, \ x_{N_2} = -2, \ x_{N_3} = 4}$$

Aus der Darstellung von f in Normalform $f(x) = x^3 - 3x^2 - 6x + 8$ lassen sich die Nullstellen jedoch nicht sofort ermitteln. Wir versuchen also den Funktionsterm von f in ein Produkt von Linearfaktoren zu zerlegen. Kennt man bereits eine Nullstelle, z.B. $x_N = 1$, dann kann man den Funktionsterm durch den Linearfaktor $(x-1)$ dividieren.

Für $x \neq 1$ dividieren wir beide Seiten der Gleichung durch $(x-1)$. So erhalten wir ein quadratisches Polynom, von dem wir die Nullstellen bestimmen können.

$$x^3 - 3x^2 - 6x + 8 = (x-1)(x+2)(x-4) \blacktriangleright x \neq 1$$
$$\Leftrightarrow (x^3 - 3x^2 - 6x + 8) : (x-1) = (x+2)(x-4)$$
$$\Leftrightarrow (x^3 - 3x^2 - 6x + 8) : (x-1) = x^2 - 2x - 8$$

Das Problem besteht im Auffinden einer (ersten) Nullstelle von f. In der Regel versuchen wir eine Nullstelle durch **Probieren** zu finden. Haben wir eine Nullstelle x_N gefunden, dividieren wir mithilfe einer **Polynomdivision** den Funktionsterm durch den Linearfaktor $(x - x_N)$. Als Ergebnis erhalten wir eine quadratische Funktion.

Tipp: Sind die Koeffizienten ganzzahlig, so ist eine Nullstelle ganzzahliger Teiler des Absolutglieds a_0.

Eine Polynomdivision funktioniert ähnlich wie die Division zweier Zahlen:
Wir teilen x^3 durch x und schreiben das Ergebnis x^2 hinter das Gleichheitszeichen. Dann multiplizieren wir x^2 mit dem Linearfaktor $(x-1)$. Das Ergebnis $(x^3 - x^2)$ subtrahieren wir von den ersten beiden Summanden $(x^3 - 3x^2)$ des Funktionsterms. Unter den Strich schreiben wir das Ergebnis $-2x^2$ und den dritten Summanden $-6x$ des Funktionsterms. Nun teilen wir $-2x^2$ durch x und fahren fort wie eben.

$x_{N_1} = 1$ durch Probieren gefunden

Polynomdivision:
$$(x^3 - 3x^2 - 6x + 8) : (x-1) = x^2 - 2x - 8$$
$$\underline{-(x^3 - \ \ x^2)}$$
$$-2x^2 - 6x$$
$$\underline{-(-2x^2 + 2x)}$$
$$-8x + 8$$
$$\underline{-(-8x + 8)}$$
$$0$$

Mithilfe der p-q-Formel bestimmen wir die Lösungen der Gleichung $x_N^2 - 2x_N - 8 = 0$. Diese Lösungen $x_{N_2} = -2$ und $x_{N_3} = 4$ sind weitere Nullstellen von f.

$$x_N^2 - 2x_N - 8 = 0$$
$$\Rightarrow x_{N_{2,3}} = -\frac{-2}{2} \pm \sqrt{\left(\frac{-2}{2}\right)^2 + 8} \quad \blacktriangleright p\text{-}q\text{-Formel}$$
$$\Leftrightarrow x_{N_{2,3}} = 1 \pm 3$$
$$\Leftrightarrow \mathbf{x_{N_2} = -2 \text{ und } x_{N_3} = 4}$$

GTR CAS

Eine ganzrationale Funktion dritten Grades hat mindestens eine und höchstens drei Nullstellen.

Die Funktion f hat die Nullstellen $x_{N_1} = 1$, $x_{N_2} = -2$ und $x_{N_3} = 4$. Alle drei Nullstellen haben jeweils die Vielfachheit 1.

Mithilfe der drei Nullstellen erhalten wir die schon bekannte Linearfaktorzerlegung des Funktionsterms.

Nullstellen: $x_{N_1} = 1$; $x_{N_2} = -2$; $x_{N_3} = 4$
$$f(x) = (x-1)(x+2)(x-4)$$

Allgemein gilt für eine ganzrationale Funktion n-ten Grades $(n \geq 1)$ mit der Gleichung $f(x) = a_n x^n + a_{n-1} x^{n-1} + \ldots + a_1 x + a_0$: f hat höchstens n Nullstellen $x_{N_1}, x_{N_2}, \ldots, x_{N_n}$, wobei die Nullstellen nicht unbedingt verschieden sein müssen.

Linearfaktorzerlegung: Hat f genau n (nicht unbedingt verschiedene) Nullstellen $x_{N_1}, x_{N_2}, \ldots, x_{N_n}$, so kann man f durch $f(x) = a_n (x - x_{N_1})(x - x_{N_2}) \cdot \ldots \cdot (x - x_{N_n})$ darstellen.

 ⑧   Linearfaktorzerlegung

Stellen Sie den Funktionsterm der Funktion f mit $f(x) = 3x^3 - 9x^2 + 12$ durch Linearfaktoren dar und prüfen Sie die Zerlegung anschließend durch Ausmultiplizieren. Zeichnen Sie den Graphen und interpretieren Sie die Vielfachheit der Nullstellen.

Die Linearfaktoren ergeben sich durch die Nullstellen von f.

Die erste Nullstelle finden wir durch Probieren: $x_{N_1} = 2$.

$f(x_N) = 0$
$\Leftrightarrow 3x^3 - 9x^2 + 12 = 0 \quad | : 3$
$\Leftrightarrow x^3 - 3x^2 + 4 = 0$
Probieren: $x_{N_1} = 2$

Anschließend dividieren wir den durch 3 gekürzten Funktionsterm durch den Linearfaktor $(x - x_{N_1})$, hier also durch $(x - 2)$.

Polynomdivision:
$(x^3 - 3x^2 + 4) : (x - 2) = x^2 - x - 2$
$\underline{-(x^3 - 2x^2)}$
$\qquad -x^2 \qquad\quad + 4$
$\qquad \underline{-(-x^2 + 2x)}$
$\qquad\qquad\quad -2x + 4$
$\qquad\qquad\quad \underline{-(-2x + 4)}$
$\qquad\qquad\qquad\qquad 0$

Wir erhalten den quadratischen Term $x^2 - x - 2$ und ermitteln dessen Nullstellen.

$x^2 - x - 2 = 0$
$\Rightarrow x_{N_2} = 2$ und $x_{N_3} = -1$

Mit den drei Nullstellen $x_{N_{1/2}} = 2$ und $x_{N_3} = -1$ erhalten wir die drei Linearfaktoren $(x - 2)$, $(x - 2)$ und $(x + 1)$.

▶ Da bei 2 eine Nullstelle der Vielfachheit 2 vorliegt, kommt der Linearfaktor $(x - 2)$ genau 2-mal im Funktionsterm vor.

▶ doppelte Nullstelle bei 2 (Vielfachheit 2)

$\Rightarrow f(x) = 3(x - 2)(x - 2)(x + 1)$
$f(x) = 3(x^2 - 4x + 4)(x + 1)$
$\quad = 3(x^3 - 4x^2 + 4x + x^2 - 4x + 4)$
$\quad = 3x^3 - 9x^2 + 12$

Nicht vergessen dürfen wir den Faktor 3, durch den zu Beginn dividiert wurde. Insgesamt erhalten wir die folgende Darstellung von f:
$3(x - 2)(x - 2)(x + 1)$.

Das Ausmultiplizieren bestätigt die Zerlegung.

Der Graph schneidet die x-Achse bei $x = -1$ (einfache Nullstelle) von unten nach oben und berührt die x-Achse an der Stelle $x = 2$ von oben (doppelte Nullstelle).

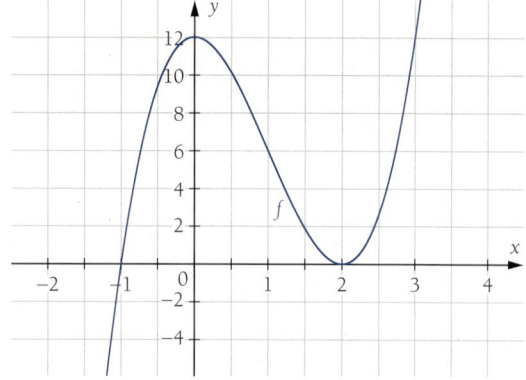

 Zerlegen Sie die Funktion f mit $f(x) = 2x^3 + 6x^2 - 8$ in Linearfaktoren. Prüfen Sie die Zerlegung anschließend durch Ausmultiplizieren.

Berechnung der Gewinnzone

Die JoRo GmbH stellt qualitativ einzigartige Mikrochips her, die gemäß der Preis-Absatz-Funktion p_N mit $p_N(x) = -8x + 100$; $D_{ök} = [0; 12,5]$ abgesetzt werden können. Untersuchungen haben die Kostenfunktion K mit $K(x) = 0,5x^3 - 8x^2 + 48x + 100$ ergeben. Bestimmen Sie die Gleichungen der Erlösfunktion E sowie der Gewinnfunktion G.

Zeichnen Sie die Graphen von K, E und G in ein Koordinatensystem. Äußern Sie sich zur Gewinnsituation des Unternehmens.

Lesen Sie dazu die Gewinnschwelle ab und bestimmen Sie die Gewinngrenze rechnerisch.

Die Erlösfunktion E ist das Produkt der Preis-Absatz-Funktion p_N und der Absatzmenge x:
$E(x) = (-8x + 100) \cdot x = -8x^2 + 100x$; $x \in D_{ök}$

Die Gewinnfunktion G ergibt sich aus der Differenz der Erlös- und der Kostenfunktion:
$$G(x) = E(x) - K(x)$$
$$= -8x^2 + 100x - (0,5x^3 - 8x^2 + 48x + 100)$$
$$= -0,5x^3 + 52x - 100; \; x \in D_{ök}$$

Die Gewinnzone verläuft von der Gewinnschwelle bis zur Gewinngrenze. An diesen Stellen stimmen der Erlös und die Kosten eines Betriebs überein, der Gewinn ist dort also null.

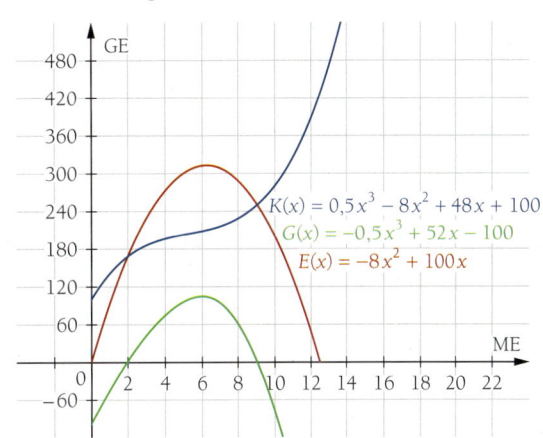

$K(x) = 0,5x^3 - 8x^2 + 48x + 100$
$G(x) = -0,5x^3 + 52x - 100$
$E(x) = -8x^2 + 100x$

Wir ermitteln die Nullstellen mithilfe der Polynomdivision oder eines GTR/CAS.
Die negative Lösung $-11,05$ liegt nicht im ökonomischen Definitionsbereich.
Für die Gewinnschwelle erhalten wir 2 ME und für die Gewinngrenze rund 9 ME.

$$E(x) = K(x) \Leftrightarrow E(x) - K(x) = 0$$
$$\Leftrightarrow G(x) = 0$$
$$\Leftrightarrow -0,5x^3 + 52x - 100 = 0 \;\; | :(-0,5)$$
$$\Leftrightarrow x^3 - 104x + 200 = 0$$
$$\Leftrightarrow x_{N_1} \approx -11,05 \; (\notin D_{ök}),$$
$$x_{N_2} = 2, \; x_{N_3} \approx 9,05$$
$$\Rightarrow x_{GS} = 2 \text{ und } x_{GG} = 9,05$$

GTR
CAS

Der Abbildung kann man außerdem entnehmen, dass das Gewinnmaximum bei ungefähr 6 ME liegt.

Nullstellen ganzrationaler Funktionen 3. Grades mittels Polynomdivision bestimmen:
- Zuerst eine Nullstelle x_{N_1} durch Probieren finden.
- Den Funktionsterm durch $(x - x_{N_1})$ dividieren. Man erhält einen quadratischen Term.
- Die Nullstellen des quadratischen Terms z.B. mit der p-q-Formel bestimmen.

Bei ganzrationalen Funktionen vierten oder höheren Grades muss man gegebenenfalls den Funktionsterm mehrmals durch eine Polynomdivision reduzieren. ► Alles klar?-Aufgabe 1 b)

1. Bestimmen Sie die Nullstellen mithilfe der Polynomdivision.
a) $f(x) = x^3 + 4x^2 + x - 6$
b) $f(x) = x^4 + 3x^3 - 15x^2 - 19x + 30$

2. Ermitteln Sie die Nullstellen mithilfe eines GTR/CAS.
a) $f(x) = x^3 - 3x^2 - 22x - 18$
b) $f(x) = -x^3 - 4x^2 - 9x - 42$

10　Substitutionsverfahren

Gesucht sind die Nullstellen der Funktion f mit $f(x) = x^4 + x^2 - 2$. Berechnen Sie die Nullstellen, indem Sie x^2 durch z ersetzen.

Zunächst setzen wir den Funktionsterm gleich null. Wenn wir nun den Term x_N^2 durch z ersetzen (substituieren), erhalten wir die quadratische Gleichung $z^2 + z - 2 = 0$.

$$f(x_N) = 0$$
$$\Leftrightarrow\ x_N^4 + x_N^2 - 2 = 0 \quad \blacktriangleright \text{Substituiere } x_N^2 = z$$
$$\Leftrightarrow\ \ z^2 + z - 2 = 0$$

Durch Anwendung der p-q-Formel erhalten wir zwei Lösungen für z.

$$z_{1,2} = -0{,}5 \pm \sqrt{0{,}25 + 2} = -0{,}5 \pm 1{,}5$$
$$\Rightarrow\ z = 1 \text{ oder } z = -2$$

Nun ersetzen wir z durch x_N^2 (resubstituieren) und lösen nach x_N auf. Die gesuchten Nullstellen erhalten wir aus der Gleichung $x_N^2 = 1$, da die zweite Gleichung $x_N^2 = -2$ keine reelle Lösung besitzt.

$$z = 1 \text{ oder } z = -2 \quad \blacktriangleright \text{Resubstituiere } z = x_N^2$$
$$\Leftrightarrow x_N^2 = 1 \text{ oder } x_N^2 = -2$$
Nullstellen: $\mathbf{x_{N_1} = -1}$ und $\mathbf{x_{N_2} = 1}$
$\blacktriangleright\ x_N^2 = -2$ hat keine Lösung.

> **Nullstellen mittels Substitutionsverfahren bestimmen:**
> Anwendbar bei ganzrationalen Funktionen 4. Grades mit ausschließlich geraden Exponenten.
> - x^2 durch z ersetzen (substituieren). Man erhält einen quadratischen Term.
> - Die Nullstellen des quadratischen Terms z.B. mit der p-q-Formel bestimmen.
> - z wieder durch x^2 ersetzen (resubstituieren) und die Lösungen für x bestimmen.
> Es gibt entweder keine Lösung, zwei oder vier Lösungen.

Bei Funktionen 6. Grades mit ausschließlich geraden Exponenten führt die Substitution von $x^2 = z$ auf eine Funktion 3. Grades. Deren Nullstellen können beispielsweise mithilfe der Polynomdivision bestimmt werden. Anschließend muss erneut z durch x^2 ersetzt werden.

Das Substitutionsverfahren ist auch anwendbar bei Funktionen 5. Grades mit ausschließlich ungeraden Exponenten, wenn zunächst ein x ausgeklammert wird. ▶ Alles klar?-Aufgabe 2

Zur Nullstellenberechnung bei Funktionen höheren Grades sollten GTR/CAS-Hilfsmittel benutzt werden.

1. Ermitteln Sie die Nullstellen mithilfe des Substitutionsverfahrens.
　　a) $f(x) = x^4 - 2x^2 - 8$　　　　　b) $f(x) = 2x^4 + 8x^2 - 90$

2. Ermitteln Sie die Nullstellen der Funktion f mit $f(x) = 0{,}5x^5 + 2x^3 - 2{,}5x$.
　　Tipp: Klammern Sie zunächst ein x aus.

3. Bestimmen Sie die Nullstellen der Funktion f mit $f(x) = 0{,}05x^6 - 5x^4 - 15x^2 + 1500$ mithilfe der Verfahren der Substitution und der Polynomdivision. Die nebenstehende Abbildung zeigt den Graph der Funktion, die sich nach der Substitution ergibt.

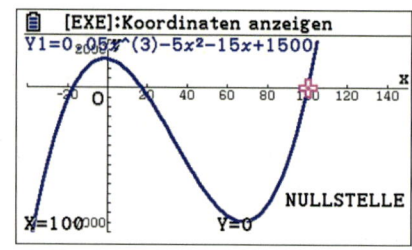

Zusammenfassung: Nullstellenberechnung

Ansatz: $f(x_N) = 0$. Ist der Faktor vor der höchsten Potenz ungleich 1, wird die Gleichung $f(x_N) = 0$ zunächst durch diesen Faktor dividiert. z.B. $3x_N - 9 = 0 \Leftrightarrow x_N - 3 = 0$

Lineare Gleichungen werden durch Addition oder Subtraktion nach x_N aufgelöst.

$$x_N - 3 = 0 \quad | + 3$$
$$\Leftrightarrow \quad x_N = 3$$

Quadratische Gleichungen $x_N^2 + px_N + q = 0$ werden mithilfe der p-q-Formel gelöst:

$$x_{N_{1,2}} = -\frac{p}{2} \pm \sqrt{\left(\frac{p}{2}\right)^2 - q}$$

$$x_N^2 - 4x_N + 3 = 0 \quad \blacktriangleright p\text{-}q\text{-Formel}$$
$$\Leftrightarrow x_{N_{1,2}} = \frac{4}{2} \pm \sqrt{\left(-\frac{4}{2}\right)^2 - 3}$$
$$\Leftrightarrow x_{N_{1,2}} = 2 \pm 1 \Rightarrow x_{N_1} = 1; x_{N_2} = 3$$

Wenn das x-freie Absolutglied fehlt, dann können Gleichungen 3. und 4. Grades durch **Ausklammern** gelöst werden.

$$x_N^3 - 4x_N^2 + 3x_N = 0 \quad \blacktriangleright x_N \text{ ausklammern}$$
$$\Leftrightarrow x_N \cdot (x_N^2 - 4x_N + 3) = 0$$
$$\Leftrightarrow x_N = 0 \text{ oder } x_N^2 - 4x_N + 3 = 0$$
$$\blacktriangleright \text{ weiter mit } p\text{-}q\text{-Formel (s.o.)}$$
$$\Rightarrow x_{N_1} = 0; x_{N_2} = 1; x_{N_3} = 3$$

$$x_N^4 - 4x_N^3 + 3x_N^2 = 0 \quad \blacktriangleright x_N^2 \text{ ausklammern}$$
$$\Leftrightarrow x_N^2 \cdot (x_N^2 - 4x_N + 3) = 0$$
$$\Leftrightarrow x_N^2 = 0 \text{ oder } x_N^2 - 4x_N + 3 = 0$$
$$\blacktriangleright 0 \text{ doppelte Nullstelle}$$
$$\Leftrightarrow x_N = 0 \text{ oder } x_N^2 - 4x_N + 3 = 0$$
$$\blacktriangleright \text{ weiter mit } p\text{-}q\text{-Formel (s.o.)}$$
$$\Rightarrow x_{N_1} = 0; x_{N_2} = 1; x_{N_3} = 3$$

Gleichungen 3. und 4. Grades lassen sich durch **Polynomdivision** lösen, wenn man zunächst durch Probieren eine ganzzahlige Nullstelle x_N findet. Anschließend dividiert man den Funktionsterm durch $(x - x_N)$.

$$x_N^3 + 4x_N^2 - 11x_N - 30 = 0$$
$$x_{N_1} = -2 \quad \blacktriangleright \text{ durch Probieren}$$

Polynomdivision:

$$(x^3 + 4x^2 - 11x - 30) : (x + 2) = x^2 + 2x - 15$$
$$\underline{-(x^3 + 2x^2)}$$
$$\qquad 2x^2 - 11x$$
$$\qquad \underline{-(2x^2 + 4x)}$$
$$\qquad\qquad -15x - 30$$
$$\qquad\qquad \underline{-(-15x - 30)}$$
$$\qquad\qquad\qquad 0$$

$$x_N^2 + 2x_N - 15 = 0 \quad \blacktriangleright p\text{-}q\text{-Formel}$$
$$\Rightarrow x_{N_2} = 3; x_{N_3} = -5$$

Gleichungen 4. Grades lassen sich mithilfe von **Substitution** lösen, wenn die Potenz 3. Grades und das lineare Glied fehlen.

$$x_N^4 - 6x_N^2 + 5 = 0 \quad \blacktriangleright \text{Substitution } x_N^2 = z$$
$$\Rightarrow z^2 - 6z + 5 = 0 \quad \blacktriangleright p\text{-}q\text{-Formel}$$
$$\Rightarrow z = 1 \text{ oder } z = 5 \quad \blacktriangleright \text{Resubstitution } z = x_N^2$$
$$\Rightarrow x_N^2 = 1 \text{ oder } x_N^2 = 5$$
$$\Rightarrow x_{N_1} = -1; x_{N_2} = 1; x_{N_3} = -\sqrt{5}; x_{N_4} = \sqrt{5}$$

Übungen zu 2.3.2

1. Bestimmen Sie die Nullstellen der Funktionen mithilfe der Polynomdivision und der *p-q*-Formel. Zerlegen Sie den Funktionsterm jeweils in Linearfaktoren und geben Sie die Vielfachheit der Nullstellen an.
Bestimmen Sie außerdem den Schnittpunkt mit der *y*-Achse.
a) $f(x) = x^3 + 8x^2 - x - 8$
b) $f(x) = x^3 + 3x^2 - 13x - 15$
c) $f(x) = -0,2x^3 - x^2 + 0,2x + 1$
d) $f(x) = 2x^3 - 24x^2 + 90x - 100$
e) $f(x) = 0,5x^3 - 3x^2 - 2x + 12$
f) $f(x) = 0,25x^4 - 0,25x^3 - 2x^2 + 3x$

2. Ermitteln Sie die Nullstellen der Funktionen mithilfe des Substitutionsverfahrens und geben Sie die Vielfachheit der Nullstellen an.
a) $f(x) = x^4 - 4x^2 + 3$
b) $f(x) = x^4 - 9x^2 + 20$
c) $f(x) = x^4 - x^2 - 2$
d) $f(x) = 0,25x^4 - x^2 - 1,25$
e) $f(x) = -0,5x^4 + 5x^2 - 4,5$
f) $f(x) = 0,5x^5 - 3x^3 + 2,5x$
g) $f(x) = 2x^6 - 2x^4 - 8x^2 + 8$

3. Berechnen Sie die Nullstellen der Funktionen mithilfe eines geeigneten Verfahrens.
a) $f(x) = x^3 - 2x^2 - 3x$
b) $f(x) = -x^3 + 2x^2 + 5x - 6$
c) $f(x) = -3x^4 + 21x^2 - 36$
d) $f(x) = -x^4 + 2,5x^3 + 3,5x^2$
e) $f(x) = x^3 + 1$
f) $f(x) = 0,25x^4 - 0,25x^3 - 2x^2 - 5x$
g) $f(x) = -x^4 + 3x^2 + 4$
h) $f(x) = 2x^6 - 6x^2 + 4$
i) $f(x) = 0,25x^4 - x^3 + 4x + 2,75$

4. Skizzieren Sie jeweils einen möglichen Graphen der ganzrationalen Funktionen mit den aufgeführten Eigenschaften und äußern Sie sich zu eventuellen weiteren Möglichkeiten.
a) Grad: 3; $x_{N_1} = -1; x_{N_2} = 2; x_{N_3} = 5$
b) Grad: 4; $x_{N_1} = 0; x_{N_2} = 2; x_{N_3} = 5; x_{N_4} = 6$
c) Grad: 4; $x_{N_1} = -3$ (doppelte Nullstelle); $x_{N_2} = 1; x_{N_3} = 4$
d) Grad: 4; $x_{N_1} = 2$ (dreifache Nullstelle); $x_{N_2} = 7$

5. Bestimmen Sie anhand der Graphen die Achsenschnittpunkte der Funktionen, die Vielfachheit der jeweiligen Nullstellen und den kleinstmöglichen Grad der Funktionen.
Geben Sie jeweils einen in Linearfaktoren zerlegten Funktionsterm an.
a)
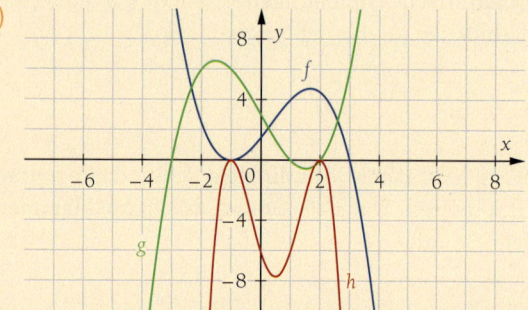
b)
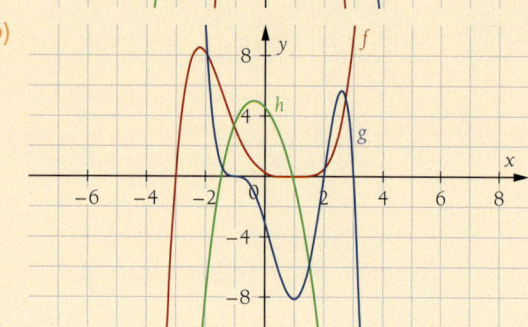

6. Die Fly Bike Werke GmbH stellt neue City-Räder her, die sie zum Preis von 300 € absetzen kann. Die Produktionskosten für bis zu 10 Räder lassen sich durch die Funktion K beschreiben:
$K(x) = 10x^3 - 50x^2 + 300x + 120; x \in [0; 10]$.
a) Ermitteln Sie die Gleichungen der Erlösfunktion E und der Gewinnfunktion G.
b) Äußern Sie sich zur Gewinnsituation.

7. Die JoRo GmbH plant die Einführung neuer Superchips. Aufgrund von Untersuchungen stellt sich die Absatzsituation gemäß der Preis-Absatz-Funktion p_N mit $p_N(x) = -0,16x + 2,8$ dar.
Die Gewinnschwelle plant das Unternehmen bei ca. 2,79 ME und rechnet mit der Gewinngrenze bei 10 ME. Eine weitere Nullstelle der Gewinnfunktion liegt bei $x_N = -1,79$.
Untersuchen Sie, ob sich die Produktion des Superchips lohnt. Begründen Sie Ihre Meinung.

2.3.3 Verhalten im Unendlichen, Extrempunkte und Wendepunkte

Verhalten im Unendlichen

In Beispiel 6 auf Seite 136 haben wir die Erlösfunktion E mit $E(x) = -0{,}25x^3 + 1{,}5x^2$ im Intervall $[0; 6]$ *lokal* untersucht und festgestellt, dass die Erlösschwelle bei 0 ME und die Erlösgrenze bei 6 ME liegen. Untersuchen Sie, wie der Graph zu $f(x) = -0{,}25x^3 + 1{,}5x^2$ *global* verläuft. Das heißt, betrachten Sie den Graphen von f, wenn für die x-Werte alle reellen Zahlen zugelassen sind, also für $D_f = \mathbb{R}$.

Wenn wir betragsmäßig immer größere Werte für x einsetzen, dann untersuchen wir das Verhalten der Funktionswerte „im Unendlichen".
In diesem Beispiel werden die Funktionswerte $f(x)$ für x gegen unendlich (abgekürzt $x \to \infty$) immer kleiner und für x gegen minus unendlich ($x \to -\infty$) immer größer.
Man sagt: Die Funktionswerte „verschwinden" für $x \to \infty$ ins negativ Unendliche und für $x \to -\infty$ ins positiv Unendliche.

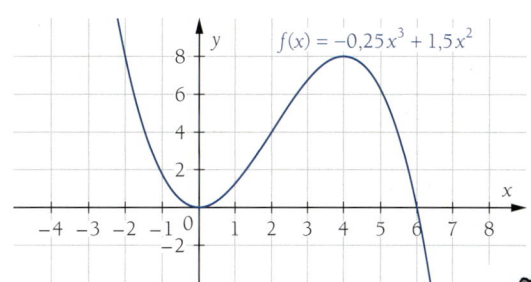

Für $x \to -\infty$ nimmt x negative Werte an, die aber betragsmäßig immer größer werden.

Das Verhalten von ganzrationalen Funktionen für $x \to \pm\infty$ wird durch die höchste Potenz von x im Funktionsterm bestimmt.
Aus diesem Grund klammern wir x^3 aus und erhalten den Funktionsterm $f(x)$ in Produktform.

$$f(x) = -0{,}25x^3 + 1{,}5x^2 \qquad \blacktriangleright \text{höchste Potenz von } x$$
$$\text{ausklammern (hier } x^3)$$
$$= x^3 \cdot \left(-0{,}25 + \tfrac{1{,}5}{x}\right)$$

Nun untersuchen wir die beiden Faktoren x^3 und $\left(-0{,}25 + \tfrac{1{,}5}{x}\right)$, wie sie sich zunächst für positive große Werte für x, also für $x \to \infty$ verhalten.
Die Funktionswerte von x^3 steigen grenzenlos, wenn x immer größer wird.
Die Funktionswerte von $\left(-0{,}25 + \tfrac{1{,}5}{x}\right)$ nähern sich dem Wert $-0{,}25$, da $\tfrac{1{,}5}{x}$ für große x-Werte gegen 0 geht.
Für $x \to \infty$ geht das Produkt $x^3 \cdot \left(-0{,}25 + \tfrac{1{,}5}{x}\right)$ insgesamt gegen $-\infty$.
Man schreibt dafür kurz: $\lim\limits_{x \to \infty} f(x) = -\infty$ und sagt: „limes $f(x)$ für x gegen ∞ ist $-\infty$".
Für $x \to -\infty$ geht das Produkt insgesamt gegen ∞.
Man schreibt dafür kurz: $\lim\limits_{x \to -\infty} f(x) = \infty$.

Für $x \to \infty$ gilt:
$$f(x) = x^3 \cdot \left(-0{,}25 + \tfrac{1{,}5}{x}\right) \to -\infty$$
$$\downarrow \qquad \downarrow \qquad \downarrow$$
$$\infty \cdot (-0{,}25 + 0) = \infty \cdot (-0{,}25) = -\infty$$

▶ Die y-Werte fallen unter alle Grenzen.

$$\lim\limits_{x \to \infty} f(x) = -\infty$$

Für $x \to -\infty$ gilt:
$$f(x) = x^3 \cdot \left(-0{,}25 + \tfrac{1{,}5}{x}\right) \to \infty$$
$$\downarrow \qquad \downarrow \qquad \downarrow$$
$$-\infty \cdot (-0{,}25 - 0) = -\infty \cdot (-0{,}25) = \infty$$

▶ Die y-Werte steigen über alle Grenzen.

$$\lim\limits_{x \to -\infty} f(x) = \infty$$

Mit einem CAS kann das Verhalten von Funktionen im Unendlichen untersucht werden. Ein GTR unterstützt dies üblicherweise nicht.

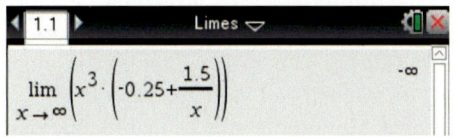

▶ **TI** Im Menüpunkt **Analysis**, **Limes** der Anwendung **Calculator**.

Verhalten von ganzrationalen Funktionen 3. Grades im Unendlichen:
Für Funktionen der Form $f(x) = a_3x^3 + a_2x^2 + a_1x + a_0$ gilt in Abhängigkeit vom Vorzeichen von a_3:

$a_3 > 0$: Für $x \to \infty$ **steigen** die Funktionswerte über alle Grenzen ($f(x) \to \infty$): $\lim\limits_{x \to \infty} f(x) = \infty$.

Für $x \to -\infty$ **fallen** die Funktionswerte unter alle Grenzen ($f(x) \to -\infty$): $\lim\limits_{x \to -\infty} f(x) = -\infty$.

$a_3 < 0$: Für $x \to \infty$ **fallen** die Funktionswerte unter alle Grenzen ($f(x) \to -\infty$): $\lim\limits_{x \to \infty} f(x) = -\infty$.

Für $x \to -\infty$ **steigen** die Funktionswerte über alle Grenzen ($f(x) \to \infty$): $\lim\limits_{x \to -\infty} f(x) = \infty$.

 Untersuchen Sie das Verhalten der Funktionen im Unendlichen.

a) $f(x) = x^3 - 10x^2 + 9$ 　　b) $f(x) = -0{,}125x^3 + x$ 　　　c) $f(x) = x^4 - 5x^3 + 2$

Nach der Berechnung der Schnittpunkte mit den Koordinatenachsen (Beispiel 5) und der Untersuchung des Verhaltens im Unendlichen (vorheriges Beispiel 11) betrachten wir jetzt weitere wichtige Punkte.

(12)   Extrempunkte und Wendepunkte

Untersuchen Sie den Graphen der reellen Funktion f mit $f(x) = -0{,}25x^3 + 1{,}5x^2$; $x \in \mathbb{R}$ auf Extrempunkte und Wendepunkte.

Der Graph von f hat die doppelte Nullstelle 0 und die einfache Nullstelle 6. ► Beispiel 6, Seite 136
Um an einer doppelten Nullstelle (hier: $x_{N_1} = 0$) die x-Achse berühren zu können, muss der Graph dort sein **Steigungsverhalten** ändern (von fallend zu steigend oder umgekehrt).
Ebenso muss der Graph sein Steigungsverhalten zwischen zwei benachbarten Nullstellen (hier: $x_{N_1} = 0$ und $x_{N_2} = 6$) ändern.
Hier fällt der Graph bis zum Punkt $T(0|0)$, in dem er die x-Achse berührt, danach steigt der Graph wieder. Es gibt in unmittelbarer Nähe von T keine Punkte, die tiefer als T liegen.
$T(0|0)$ heißt **Tiefpunkt**.
Bis zum Punkt $H(4|8)$ steigt der Graph von f, danach fällt er wieder. Es gibt in unmittelbarer Nähe von H keine Punkte, die höher als H liegen.
$H(4|8)$ heißt **Hochpunkt**.
Tief- und Hochpunkte sind **Extrempunkte** eines Graphen, sie teilen den Definitionsbereich von f (hier: alle reellen Zahlen) in einzelne **Monotonieintervalle**, in denen die Funktionswerte entweder immer größer werden: $f(x_1) \le f(x_2)$ für $x_1 < x_2$ oder immer kleiner werden: $f(x_1) \ge f(x_2)$ für $x_1 < x_2$.
Im ersten Fall nennt man die Funktion monoton steigend, im zweiten Fall monoton fallend.
Von **strenger Monotonie** spricht man dann, wenn $f(x_1) < f(x_2)$ bzw. $f(x_1) > f(x_2)$ gilt. Der Graph von f
● fällt im Intervall M_1 bis zu seinem Tiefpunkt T,
● steigt dann im Intervall M_2 bis zu seinem Hochpunkt H und fällt dann wieder im Intervall M_3.

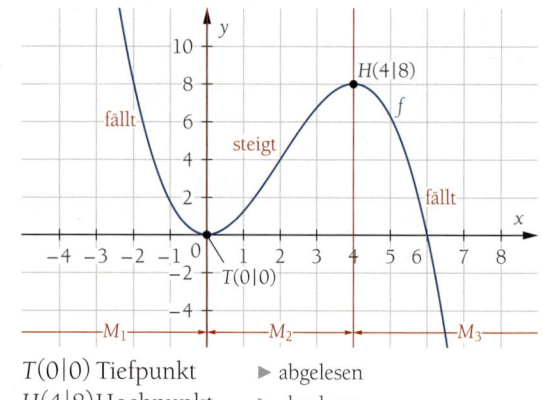

$T(0|0)$ Tiefpunkt 　　► abgelesen
$H(4|8)$ Hochpunkt 　　► abgelesen

Monotonieintervalle:
$M_1 =]-\infty; 0]$: G_f fällt monoton
$M_2 = [0; 4]$:　　G_f steigt monoton
$M_3 = [4; \infty[$:　 G_f fällt monoton

Zwischen den beiden Extrempunkten ändert der Graph von f sein **Krümmungsverhalten** bei $W(2|4)$. Dieser Punkt teilt den Definitionsbereich von f in zwei **Krümmungsintervalle** ein.

Für $x < 2$ ist der Graph **linksgekrümmt**, für $x > 2$ ist er **rechtsgekrümmt**.

Ein Punkt, in dem sich das Krümmungsverhalten eines Graphen von einer Links- in eine Rechtskrümmung (oder umgekehrt) ändert, heißt **Wendepunkt**.

Fahre ich auf dem Graphen eine Linkskurve, ist der Graph linksgekrümmt. Muss ich das Lenkrad nach rechts drehen, handelt es sich um eine Rechtskrümmung.

Krümmungsintervalle:

$K_1 =]-\infty; 2]$: G_f linksgekrümmt
$K_2 = [2; \infty[$: G_f rechtsgekrümmt

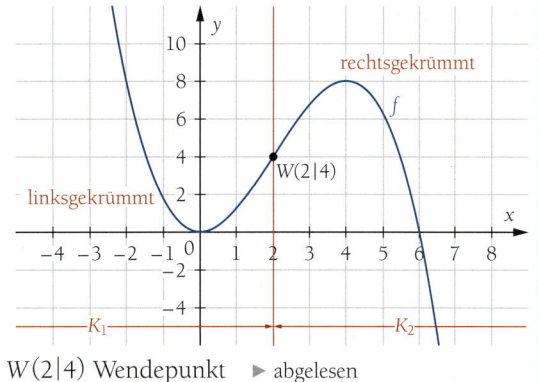

$W(2|4)$ Wendepunkt   ▶ abgelesen

In einem **Extrempunkt** (Hoch- oder Tiefpunkt) ändert der Graph einer Funktion sein **Steigungsverhalten**.
In einem **Wendepunkt** ändert der Graph einer Funktion sein **Krümmungsverhalten**.

Bestimmen Sie die Monotonieintervalle der Funktion $f(x) = x^3 + 2x^2 - 5x - 6$ und beschreiben Sie das Krümmungsverhalten von G_f.

Beschreibung von Graphenverläufen

Beschreiben Sie anhand der Zeichnung den qualitativen Verlauf des Graphen der ganzrationalen Funktion f mit $f(x) = 0{,}25x^3 - 0{,}75x^2 - 2{,}25x + 4{,}75; x \in \mathbb{R}$. Begründen Sie den Verlauf des Graphen in Bezug auf sein Symmetrieverhalten und sein Verhalten im Unendlichen anhand des Funktionsterms.

Symmetrie:
Der Graph von f ist weder achsensymmetrisch zur y-Achse, noch punktsymmetrisch zu $(0|0)$, da $f(x)$ sowohl gerade als auch ungerade Exponenten enthält.

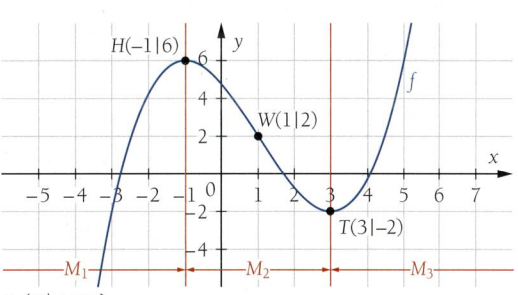

$S_y(0|4{,}75)$ ▶ y-Achsenabschnitt 4,75
$x_{N_1} \approx -2{,}8$, $x_{N_2} \approx 1{,}7$ und $x_{N_3} \approx 4{,}1$ ▶ Nullstellen

Achsenschnittpunkte und -stellen:
$S_y(0|4{,}75)$ ist der Schnittpunkt mit der y-Achse. Der Graph schneidet die x-Achse ungefähr an den Stellen $x_{N_1} \approx -2{,}8$, $x_{N_2} \approx 1{,}7$ und $x_{N_3} \approx 4{,}1$.

Extrempunkte und Steigungsverhalten:
Aus der Zeichnung können wir ablesen, dass der Graph einen Hochpunkt $H(-1|6)$ und einen Tiefpunkt $T(3|-2)$ hat.
Bis zum Hochpunkt H steigt der Graph; zwischen H und T fällt er; nach dem Tiefpunkt T steigt er wieder.

$H(-1|6)$ ▶ Hochpunkt
$T(3|-2)$ ▶ Tiefpunkt

Monotonieintervalle:
$M_1 =]-\infty; -1]$: G_f steigt monoton
$M_2 = [-1; 3]$: G_f fällt monoton
$M_3 = [3; \infty[$: G_f steigt monoton

- **Wendepunkte und Krümmungsverhalten:**
- Aus der Zeichnung lesen wir den Wendepunkt
- $W(1|2)$ ab.

Für $x < 1$ ist der Graph **rechtsgekrümmt**, für $x > 1$ ist er **linksgekrümmt**.

Verhalten im Unendlichen:

Der Graph kommt aus dem negativ Unendlichen und verschwindet ins positiv Unendliche, das heißt:

- $\lim\limits_{x \to -\infty} f(x) = -\infty$

- $\lim\limits_{x \to \infty} f(x) = \infty$

$W(1|2)$ ▶ Wendepunkt

Krümmungsintervalle:

$K_1 = \left]-\infty;\ 1\right]$: G_f rechtsgekrümmt
$K_2 = \left[1;\ \infty\right[$: G_f linksgekrümmt

$f(x) = 0{,}25x^3 - 0{,}75x^2 - 2{,}25x + 4{,}75$ ▶ x^3 ausklammern

$= x^3 \cdot \left(0{,}25 - \dfrac{0{,}75}{x} - \dfrac{2{,}25}{x^2} + \dfrac{4{,}75}{x^3}\right)$

Für $x \to -\infty$ gilt:

$x^3 \cdot \left(0{,}25 - \dfrac{0{,}75}{x} - \dfrac{2{,}25}{x^2} + \dfrac{4{,}75}{x^3}\right) \to -\infty$

$\downarrow \quad\quad \downarrow \quad\quad \downarrow \quad\quad \downarrow \quad\quad \downarrow$

$-\infty \cdot (0{,}25\ +\ 0\ -\ 0\ -\ 0) = -\infty$

Für $x \to \infty$ gilt:

$x^3 \cdot \left(0{,}25 - \dfrac{0{,}75}{x} - \dfrac{2{,}25}{x^2} + \dfrac{4{,}75}{x^3}\right) \to \infty$

$\downarrow \quad\quad \downarrow \quad\quad \downarrow \quad\quad \downarrow \quad\quad \downarrow$

$\infty \cdot (0{,}25\ -\ 0\ -\ 0\ +\ 0) = \infty$

 Beschreiben Sie den Verlauf der beiden Graphen.

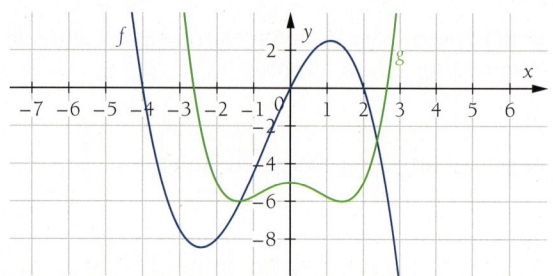

Übungen zu 2.3.3

1. Generieren Sie mit Ihrem Taschenrechner eine Tabelle, aus der das Verhalten der Funktionswerte von f für $x \to \infty$ hervorgeht.

a) $f(x) = -x^4 + 2x^2 + 3x + 100$
b) $f(x) = 2x^5 + 3x^2 - 4x$
c) $f(x) = 0{,}0001x^7 + 0{,}01x$
d) $f(x) = x^6 - 10\,000$

2. Entscheiden Sie begründet, ob die folgenden Aussagen über eine Polynomfunktion n-ten Grades richtig oder falsch sind.

a) Für eine Funktion 4. Grades gilt immer $\lim\limits_{x \to \infty} f(x) = \infty$.

b) Für eine Funktion 4. Grades gilt immer $\lim\limits_{x \to -\infty} f(x) = -\infty$.

c) Die äußeren Äste des Graphen einer Funktion 5. Grades laufen für $x \to \pm\infty$ immer in entgegengesetzte y-Richtungen.

3. Der Grad einer Polynomfunktion sei ungerade. Schließen Sie von dem Verhalten der Funktionswerte für $x \to \pm\infty$ auf die Mindestanzahl von Nullstellen.

4. Bestimmen Sie das Verhalten der Funktionen im Unendlichen.

a) $f(x) = 0{,}0025x^3 - 1\,000\,000x$
b) $f(x) = -x^3 + 1000x^2 - 2x + 5$
c) $f(x) = -5x^3 + x^2 - 3{,}575x + 8\,000\,000$
d) $f(x) = 14x^3 + 1{,}5x^2 - 20\,000$

5. Beschreiben Sie die abgebildeten Graphen so ausführlich wie möglich.
- Geben Sie die Schnittpunkte mit den Achsen, die Extrem- und Wendepunkte an.
- Beschreiben Sie das Steigungs- und Krümmungsverhalten.
- Geben Sie, wenn möglich, die Art der Symmetrie an.

Äußern Sie sich zum kleinstmöglichen Grad der Funktionen.

Erläutern Sie den Zusammenhang zwischen der Anzahl der Nullstellen und Extrempunkte sowie zwischen der Anzahl der Extrem- und Wendepunkte.

a)
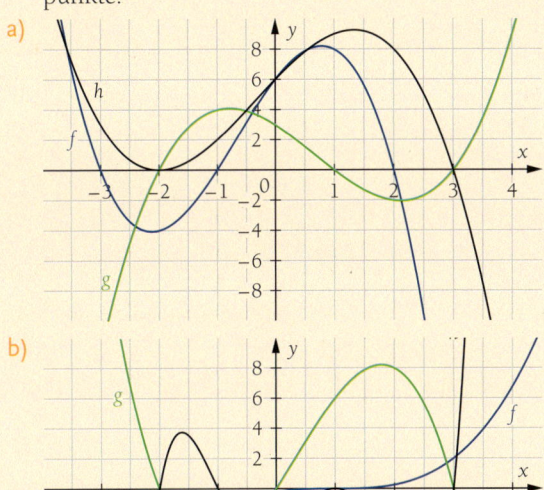

b)

6. Beurteilen Sie den Wahrheitsgehalt der Aussagen. Eine ganzrationale Funktion 3. Grades kann
a) a_1) keine, a_2) eine, a_3) zwei, a_4) drei Nullstellen haben.
Eine Funktion 3. Grades hat
b) mindestens einen Wendepunkt.

7. Beurteilen Sie den Wahrheitsgehalt der Aussagen. Eine ganzrationale Funktion 4. Grades kann
a) a_1) keine, a_2) eine, a_3) zwei, a_4) drei, a_5) vier Nullstellen haben.
Eine Funktion 4. Grades hat
b) mindestens einen Extrempunkt,
c) mindestens einen Wendepunkt.

8. Gegeben sind die Kostenfunktion K und die Preis-Absatz-Funktion p_N eines Unternehmens:
$K(x) = 0{,}04x^3 - 0{,}06x^2 + 3x + 2$
$p_N(x) = -0{,}16x + 2{,}8$
a) Bestimmen Sie den ökonomischen Definitionsbereich $D_{\text{ök}}$.
b) Zeichnen Sie die Graphen der Funktionen K, p_N und der Erlösfunktion E in ein Koordinatensystem.
c) Beschreiben Sie den Verlauf der Graphen in Bezug auf ihr Steigungs- und Krümmungsverhalten. Vergleichen Sie die Erlöse mit den Kosten u. a. auch für die Absatzmengen 10 ME und 15 ME.

9. Ein Auto bewegt sich entsprechend der Funktion f mit $f(t) = -0{,}05t^3 + 0{,}75t^2$. Dabei steht t für die Zeit in Minuten und $f(t)$ für den zurückgelegten Weg in km.

a) Zeichnen Sie den Graphen von f im Intervall $[0; 10]$.
b) Beschreiben Sie den innerhalb von 10 Minuten zurückgelegten Weg des Fahrzeugs.
c) Ermitteln Sie, welche Wegstrecke das Auto nach 7 Minuten zurückgelegt hat.
d) Lesen Sie aus der Zeichnung ab, nach wie vielen Minuten das Auto 12,5 km zurückgelegt hat.
e) Äußern Sie sich zur Bedeutung für die Autofahrt, dass der Graph von f zunächst linksgekrümmt und nach 5 Minuten rechtsgekrümmt verläuft.
f) Erörtern Sie das Fahrverhalten des Wagens nach 10 Minuten.
g) Bestimmen Sie einen sinnvollen Definitionsbereich für f und erklären Sie, warum eine Erweiterung des Definitionsbereichs über 10 Minuten hinaus nicht sinnvoll ist.

2.3.4 Bestimmung von Funktionsgleichungen ganzrationaler Funktionen

 (14) Herleitung einer Kostenfunktion

Die Fly Bike Werke beginnen im neuen Jahr mit der Produktion von besonders atmungsaktiven Sattelbezügen. Im Januar werden 4 ME zu Gesamtkosten von 48 €, im Mai 10 ME zu 840 € und im Juni 12 ME zu 1488 € produziert. Der Geschäftsführer Herr Peters möchte aus diesen Daten die Gewinnschwelle berechnen und benötigt dafür die Kostenfunktion K_v. Ihm ist bekannt, dass K_v eine kubische Funktion ist, deren Graph durch den Koordinatenursprung verläuft.
Bestimmen Sie die Gleichung der Kostenfunktion K_v.

Da der Graph zu K_v durch den Ursprung verläuft, muss das Absolutglied des Funktionsterms gleich null sein.

▶ 0 produzierte Sattelbezüge erzeugen 0 € variable Kosten.

$K(x) = ax^3 + bx^2 + cx + d$ ▶ allgemeine Form
$K_v(x) = ax^3 + bx^2 + cx$ ▶ durch den Ursprung $\Rightarrow d = 0$

Dem Text entnehmen wir die drei Wertepaare A, B, C der Form (Menge|Preis).

$A(4|48)$, $B(10|840)$ und $C(12|1488)$

Diese Wertepaare setzen wir in die Funktionsgleichung $K_v(x) = ax^3 + bx^2 + cx$ ein und erhalten drei Gleichungen, die bezüglich a, b und c linear sind.

$$K_v(4) = 48 \qquad \blacktriangleright x = 4$$
$$\Leftrightarrow \quad a \cdot 4^3 + b \cdot 4^2 + c \cdot 4 = 48$$
$$\Leftrightarrow \quad \mathbf{64a + 16b + 4c = 48}$$

Wie schon auf Seite 121 schreiben wir das resultierende lineare Gleichungssystem in verkürzter Form, indem wir die Variablen weglassen:

$$K_v(10) = 840 \qquad \blacktriangleright x = 10$$
$$\Leftrightarrow \quad a \cdot 10^3 + b \cdot 10^2 + c \cdot 10 = 840$$
$$\Leftrightarrow \quad \mathbf{1000a + 100b + 10c = 840}$$

a	b	c	
64	16	4	48
1000	100	10	840
1728	144	12	1488

$$K_v(12) = 1488 \qquad \blacktriangleright x = 12$$
$$\Leftrightarrow \quad a \cdot 12^3 + b \cdot 12^2 + c \cdot 12 = 1488$$
$$\Leftrightarrow \quad \mathbf{1728a + 144b + 12c = 1488}$$

GTR CAS Es bietet sich an, im ersten Schritt die Zeilen zu kürzen: Die 1. Zeile können wir durch 4 dividieren, die 2. Zeile durch 10 und die 3. Zeile durch 12. Anschließend lösen wir das lineare Gleichungssystem mithilfe des Gauß'schen Eliminationsverfahrens. ▶ Seite 121

a	b	c	
16	4	1	12	$\cdot(-1)$
100	10	1	84
144	12	1	124

a	b	c	
16	4	1	12
14	1	0	12	$\cdot(-4)$ $\cdot(-1)$
16	1	0	14

a	b	c	
0	0	1	4
0	1	0	-2
2	0	0	2	$:2$

a	b	c	
16	4	1	12
84	6	0	72	$:6$
128	8	0	112	$:8$

a	b	c	
-40	0	1	-36
14	1	0	12
2	0	0	2	$\cdot(-7)$ $\cdot 20$

a	b	c	
0	0	1	4	▶ $c = 4$
0	1	0	-2	▶ $b = -2$
1	0	0	1	▶ $a = 1$

Die Lösung des linearen Gleichungssystems bilden die Werte $a = 1$, $b = -2$ und $c = 4$, die wir in die allgemeine Funktionsgleichung einsetzen. Die gesuchte Kostenfunktion K_v lautet somit $K_v(x) = x^3 - 2x^2 + 4x$.

 oHi Mi Bestimmen Sie die Funktionsgleichung der reellen Funktion f dritten Grades, deren Graph durch die Punkte $A(-4|14)$, $B(-1|8)$, $C(0|18)$ und $D(2|20)$ verläuft.

Übungen zu 2.3.4

1. Bestimmen Sie den Funktionsterm der reellen Funktion f dritten Grades, deren Graph durch die angegebenen Punkte geht.

a) $A(-1|18)$; $\quad B(0|8)$; $\quad C(2|0)$; $\quad D(3|14)$

b) $A(0|-50)$; $\quad B(2|0)$; $\quad C(3|4)$; $\quad D(4|2)$

c) $A(-2|-7)$; $\quad B(0|-5)$; $\quad C(1|-16)$; $D(5|0)$

d) $A(-3|-33)$; $B(0|3{,}75)$; $C(1|0)$; $\quad D(3|4{,}5)$

e) $A(-4|14)$; $\quad B(-1|8)$; $\quad C(0|18)$; $\quad D(2|20)$

f) $A(-2|0)$; $\quad B(-1|4)$; $\quad C(0|6)$; $\quad D(2|-20)$

g) $A(-4|-2{,}5)$; $B(-1|-4)$; $C(0|-4{,}5)$; $D(2|12{,}5)$

h) $A(-3|-24)$; $B(-2|0)$; $\quad C(2|-4)$; $\quad D(4|18)$

2. Die Fly Bike GmbH hat Fixkosten von 24 GE und Gesamtkosten von 40 GE bei einer Ausbringungsmenge von 2 ME. Bei einer Produktion von 3 ME entstehen 42 GE Gesamtkosten und bei einer Menge von 5 ME Gesamtkosten von 94 GE. Bestimmen Sie die Gleichung der Kostenfunktion K der Form $K(x) = ax^3 + bx^2 + cx + d$.

3. Einem Hersteller von hochwertigen Autozubehörteilen entstehen bei einer Ausbringungsmenge von 2 Stück Kosten in Höhe von 56 724 € und bei einer Menge von 4 Stück Kosten in Höhe von 59 112 €. Die Kosten pro Stück (einschließlich der Fixkosten) betragen bei einer Produktion von 6 Stück 10 198 €. Bei einer Ausbringungsmenge von 5 Stück hat der Hersteller variable Stückkosten von 1237,50 € pro Stück. Bestimmen Sie die Funktionsgleichung der Kostenfunktion vom Typ $K(x) = ax^3 + bx^2 + cx + d$.

▶ Bei der Berechnung der variablen Stückkosten bleiben die Fixkosten (hier: d) unberücksichtigt.

4. Die JoRo GmbH produziert für einen exklusiven Kunden spezielle Blu-Ray-Player. Bei der Produktion von einem Gerät fallen Kosten von 530 € an; bei einer Ausbringungsmenge von 4 Geräten 740 €. Bei Produktionsmengen von 5 bzw. 7 Geräten entstehen Kosten von 810 € bzw. 1130 €.

Die JoRo GmbH erzielt Gewinne in Höhe von 202,50 € bzw. 380 € beim Verkauf von 3 bzw. 4 Geräten. Beim Verkauf von 6 Blu-Ray-Playern bleiben 540 GE Gewinn übrig. Ihre Gewinnschwelle liegt bei 2 Geräten.

Die Kosten- und die Gewinnfunktion sind ganzrationale Funktionen dritten Grades.

a) Bestimmen Sie die Gleichung der Erlösfunktion.

b) Berechnen Sie die Gewinnzone.

5. Ein Edelstahlproduzent hat Kosten von 126 GE bei der Produktion von 2 ME sowie von 162 GE bei einer Ausbringungsmenge von 5 ME. Bei Produktionsmengen von 6 ME bzw. 7 ME entstehen variable Stückkosten von 19 GE bzw. 22 GE.

a) Bestimmen Sie die Gleichung der ganzrationalen Kostenfunktion dritten Grades.

b) Geben Sie die Gleichung an, die die variablen Stückkosten in Abhängigkeit von der Ausbringungsmenge angibt.

c) Ermitteln Sie die Ausbringungsmenge, bei der die geringsten variablen Stückkosten entstehen. Diese Menge nennt man **Betriebsminimum**.

d) Geben Sie den Verkaufspreis in Höhe der geringsten variablen Stückkosten an. Diesen Preis nennt man **kurzfristige Preisuntergrenze** (KPU), weil damit nur die variablen Stückkosten gedeckt werden, nicht aber die gesamten Stückkosten.

e) Der Edelstahlproduzent erzielt Gewinne von 40,5 GE bzw. 108 GE beim Verkauf von 3 ME bzw. 6 ME. Beim Verkauf von 8 ME seiner Produkte bleiben 48 GE Gewinn übrig. Die Gewinnschwelle des Unternehmens liegt bei 2 ME.

Ermitteln Sie die Gleichung der ganzrationalen Gewinnfunktion drittes Grades.

f) Untersuchen Sie die Gewinnzone.

g) Geben Sie die Gleichung der Erlösfunktion an.

Vermischte Übungen zu 2.3

1. Begründen Sie ohne Rechnung, dass der Graph zu $f(x) = 3x^3 + x$ punktsymmetrisch zum Ursprung ist, und der Graph zu $g(x) = 3x^4 - x^2 + 3$ achsensymmetrisch zur y-Achse.

2. Bestimmen Sie die Schnittpunkte der Graphen der Funktionen mit der x-Achse. Geben Sie die Vielfachheit der Nullstellen an.
a) $f(x) = 2 \cdot (x-1) \cdot (x+2) \cdot (x-3)^2$
b) $f(x) = -0,5 \cdot (x-3)^4 \cdot (x+1) \cdot x^3 \cdot (x-5)$
c) $f(x) = -0,25 \cdot (x+5)^5 \cdot (x+1) \cdot (x-5) \cdot (x+5)$
d) $f(x) = 10 \cdot x \cdot (x-4) \cdot (x+0,1) \cdot (x-0,1)^2$

3. Berechnen Sie die Nullstellen der Funktionen mithilfe eines geeigneten Verfahrens und zerlegen Sie die Funktionsterme in Linearfaktoren.
a) $f(x) = -x^3 + 3x^2 + x - 3$
b) $f(x) = -2x^4 + 6x^3 + 8x^2$
c) $f(x) = x^3 + 4x^2 - 3x - 18$
d) $f(x) = -x^6 - 3x^4 + 4$
e) $f(x) = 2x^4 + 2x^2 - 12$

4. Beschreiben Sie die Graphen. Berücksichtigen Sie dabei:
- Symmetrieeigenschaften
- Globalverhalten
- charakteristische Punkte (Achsenschnittpunkte, Extrem- und Wendepunkte)
- Steigungs- und Krümmungsverhalten

Äußern Sie sich zum Zusammenhang zwischen der Anzahl der Nullstellen und Extrempunkte sowie zum Zusammenhang zwischen der Anzahl der Extrem- und Wendepunkte.

a)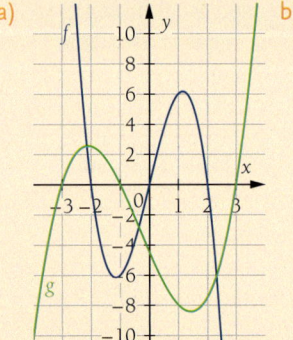
b)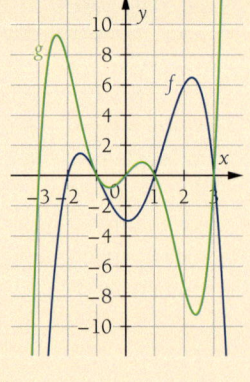

5. Zu drei der fünf Funktionsgleichungen sind die Graphen abgebildet.
Ordnen Sie den Graphen die passenden Gleichungen zu. Skizzieren Sie zu den verbleibenden zwei Gleichungen die Graphen.

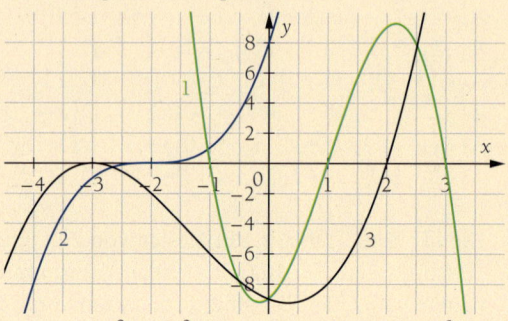

a) $f(x) = -3x^3 + 9x^2 + 3x - 9$
b) $f(x) = 0,125x^3 - 4x^2 + 7x$
c) $f(x) = 0,5x^3 + 2x^2 - 1,5x - 9$
d) $f(x) = x^3 + 4$
e) $f(x) = (x+2)^3$

6. Bestimmen Sie jeweils die Achsenschnittpunkte der Graphen und zerlegen Sie die Funktionsterme in ihre Linearfaktoren. Ermitteln Sie das Symmetrieverhalten der einzelnen Graphen. Machen Sie begründete Aussagen über das Steigungs- und Krümmungsverhalten und möglichst auch über Extrem- und Wendepunkte der jeweiligen Graphen. Skizzieren Sie die Graphen in einem geeigneten Bereich.
a) $f(x) = x^3 - 8x^2 + 16x$
b) $f(x) = x^3 - 2x^2 - 5x + 6$
c) $f(x) = -x^3 + 5x^2 - 8x + 4$
d) $f(x) = 0,5x^3 + 1,5x^2 - 2$
e) $f(x) = -0,5x^3 + 2x^2 - 2,5x + 1$
f) $f(x) = x^3 - 5x^2 + 7x - 3$
g) $f(x) = x^4 - 6x^3 + 9x^2$
h) $f(x) = x^4 - 5x^2 + 4$
i) $f(x) = 0,5x^4 + x^3 - 3,5x^2 - 4x + 6$

7. Bestimmen Sie jeweils die Funktionsgleichung der ganzrationalen Funktion dritten Grades, deren Graph durch die angegebenen Punkte verläuft.
a) $A(-2|15)$; $B(2|-5)$; $C(3|0)$; $D(4|21)$
b) $A(-3|20)$; $B(-2|6)$; $C(2|0)$; $D(3|-4)$
c) $A(-4|-10)$; $B(-1|5)$; $C(3|-3)$; $D(5|8)$
d) $A(-3|-9)$; $B(1|0)$; $C(4|-9)$; $D(5|-21)$

8. Der Graph der Funktion f mit $f(t) = -2t^3 + 72t^2$ beschreibt die Anzahl der Krankheitserreger im Blut während eines kurzen, aber heftigen Magen-Darm-Infekts.   ▶ t in Stunden

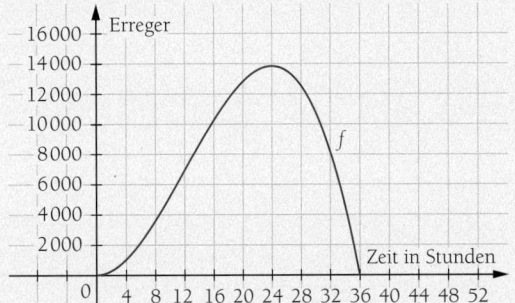

a) Geben Sie die Dauer des Infekts an.

b) Ermitteln Sie die Anzahl der Krankheitserreger nach 10, 15 bzw. 30 Stunden.

c) Bestätigen Sie, dass die Anzahl von 12 800 Krankheitserregern im Blut nach 20 Stunden gemessen wird.

d) Zum Zeitpunkt des stärksten Anstiegs der Anzahl der Krankheitserreger bekommt der Patient ein Medikament. Begründen Sie anhand der Skizze den Zeitpunkt der Medikamenteneinnahme.

e) Beschreiben Sie den Graphenverlauf von f im Intervall [0; 36] und äußern Sie sich zu den Extrempunkten und dem Steigungsverhalten sowie zu den Wendepunkten und dem Krümmungsverhalten des Graphen.

9. Die reelle Funktion E mit $E(t) = -t^3 + 7t^2 + 8t$ beschreibt den Absatz von Skianzügen ab dem Monat September, wobei t für Monate und $E(t)$ für den Erlös in GE steht.   ▶ 1 GE = 1000 €

a) Bestimmen Sie die Erlöszone.

b) Skizzieren Sie den Graphen von E im Bereich der Erlöszone und äußern Sie sich zum Erlösverlauf auch anhand der Extrem- und Wendepunkte des Graphen von E.

10. Ein Pharmakonzern hat ein neues Medikament entwickelt und verfügt damit über eine Monopolstellung. Bekannt sind die Kostenfunktion K mit $K(x) = x^3 - 6x^2 + 16x + 32$ sowie der Höchstpreis 32 GE und die Sättigungsmenge 8 ME der linearen Preis-Absatz-Funktion.
Bestimmen Sie die Gleichungen der Preis-Absatz-Funktion, der Erlös- und der Gewinnfunktion sowie der Funktion der variablen Stückkosten.

11. Die Gesamtkosten eines Herstellers von Luxuskühlgeräten für vier Ausbringungsmengen sind: $K(10) = 49\,500$, $K(20) = 60\,000$, $K(60) = 72\,000$, $K(100) = 180\,000$. Die Kostenfunktion ist eine ganzrationale Funktion dritten Grades. Die lineare Preis-Absatz-Funktion hat bei 100 Geräten ihre Sättigungsmenge und einen Höchstpreis von 3750 €.

a) Bestimmen Sie die Gleichungen der Kosten- und der Erlösfunktion.

b) Skizzieren Sie beide Funktionsgraphen und beschreiben Sie ihre Verläufe unter Verwendung der ökonomischen Begriffe.

c) Die Gewinnschwelle wird beim Verkauf von 20 Geräten erreicht. Berechnen Sie die Gewinngrenze.

12. Eine Glasbläserei verkauft hochwertige Karaffen und ist Monopolist in dieser Sparte. Nach ihren Marktbeobachtungen liegt der Höchstpreis am Markt bei 49 € und die Sättigungsmenge bei 700 Stück. Ihre Kosten verlaufen gemäß der Kostenfunktion $K(x) = x^3 - 6x^2 + 15x + 32$.

Analysieren Sie die Gewinnsituation der Glasbläserei unter der Voraussetzung, dass 100 Karaffen 1 ME darstellen.

a) Ermitteln Sie den Term der linearen Preis-Absatz-Funktion vom Typ $p_N(x) = ax + b$ und bestimmen Sie den ökonomischen Definitionsbereich $D_{ök}$.
▶ 100 Karaffen = 1 ME

b) Berechnen Sie die Gewinngrenze unter der Voraussetzung der Gewinnschwelle bei 1 ME.

c) Ermitteln und erklären Sie das Betriebsminimum.

d) Skizzieren Sie die Graphen der Kostenfunktion K, der Preis-Absatz-Funktion p_N, der Erlösfunktion E sowie der Gewinnfunktion G. Interpretieren Sie die Verläufe der Graphen unter Verwendung der ökonomischen Begriffe.

13. Die JoRo GmbH stellt 8-GB-Sticks her, die sie zum Preis von 4,60 € je Stück absetzen kann. Die Konkurrenz wirbt nun neuerdings mit Dumping-Preisen und verkauft gleichwertige Sticks für 3,90 €. Die Geschäftsführung möchte sich bei der nächsten Sitzung über die weitere Strategie beraten. Der Assistent, Herr Hansen, trägt dazu alle nötigen Informationen zusammen:

- Fixkosten: 80 €
- Kapazitätsgrenze: 100 Sticks
- Gesamtkosten: 148 € bei 20 produzierten Sticks, 205 € bei 50 Sticks, 236 € bei 60 Sticks.

Hinweis: Die Kosten verlaufen gemäß einer ganzrationalen Funktion dritten Grades.

Erläutern Sie der Geschäftsführung, welche Auswirkungen der Preiskampf auf die Gewinnsituation hat. Geben Sie eine Empfehlung, in welchem Rahmen die JoRo GmbH bei gleichbleibenden Produktionskosten kurzfristig auf Dumping-Preise reagieren sollte.

a) Ermitteln Sie die Gleichungen der Erlösfunktion E und der Gewinnfunktion G für $x \in [0; 100]$.

b) Zeichnen Sie mithilfe eines GTR/CAS die Graphen von K, E und G in ein Koordinatensystem und beschreiben Sie ihre Verläufe unter Verwendung ökonomischer Begriffe.

c) Äußern Sie sich zur Gewinnsituation des Unternehmens. Gehen Sie dabei von einer Gewinnschwelle beim Verkauf von 40 Sticks aus.

d) Geben Sie die Funktionsgleichungen der Stückkosten und der variablen Stückkosten an.

e) Bestimmen Sie das Betriebsminimum sowie die kurzfristige Preisuntergrenze (KPU).
   ▶ Aufgabe 5, Seite 149

14. Untersuchen Sie die Kosten-, Erlös- und Gewinnsituation eines Unternehmens in vollständiger Konkurrenz. Gehen Sie dabei von der Kostenfunktion K mit $K(x) = 0,01x^3 - x^2 + 50x + 720$; $x \in [0; 100]$ und einem Verkaufspreis von 53 € aus.

15. Bearbeiten Sie das Problem auf der Auftaktseite zum Kapitel 2.3 (Seite 129).

16. Gegeben sind die Kostenfunktion K mit $K(x) = 0,01x^3 - x^2 + 50x + 720$ und die Erlösfunktion E mit $E(x) = 53x$; $x \in [0; 100]$.

a) Bestimmen Sie die Gewinnschwelle und -grenze.

b) Berechnen Sie den Gewinn bei einer Absatzmenge von 60 ME.

c) Ermitteln Sie das Betriebsminimum.

d) Skizzieren Sie die Graphen von K und E.

17. Die Bürostyle AG gestaltet Büroarbeitsplätze und hat sich gerade einen neuartigen Schreibtischstuhl patentieren lassen. Dieser Stuhl kann sich automatisch auf die jeweils sitzende Person einstellen und ist besonders rückenfreundlich. Die Bürostyle AG ist noch Alleinanbieter dieses Produktes.

Eine Befragung der Marketingabteilung unter den Stammkunden zum Preis ergab folgende Daten:

Menge in ME	2	6	9	14
Preis in GE pro ME	1350	1050	825	450

Aus der Entwicklungsabteilung wurde mitgeteilt, dass die fixen Produktionskosten bei 1750 GE liegen und die variablen Stückkosten mit 250 GE pro ME angesetzt werden müssen.

Damit die Produktion so schnell wie möglich anlaufen kann, muss die Produktionsabteilung eine Mitteilung zur Produktionsmenge erhalten. Außerdem möchte das Controlling wissen, mit welchen Erlösen bei diesem neuen Produkt zu rechnen ist. Verfassen Sie einen Bericht für die Produktionsabteilung und für das Controlling.

Ich kann ...

... die **allgemeine Funktionsgleichung** einer **ganzrationalen Funktion 3. Grades** angeben und die Bedeutung von a_0 erklären.

$f(x) = 2x^3 - 4x^2 - 10x + 12$

▶ Funktion 3. Grades

$a_3 = 2;\ a_2 = -4;\ a_1 = -10;\ a_0 = 12$

$a_0 = 12\ \Rightarrow\ S_y(0|12)$

Allgemeine Form:
$f(x) = a_3x^3 + a_2x^2 + a_1x + a_0;\ a_3 \neq 0,$
$x \in \mathbb{R}$
Der höchste Exponent bestimmt den Grad der Funktion.
Der absolute Term a_0 ist der y-Achsenabschnitt von f.

... den **Globalverlauf** des Graphen beschreiben.

▶ Test-Aufgabe 1

$a_3 = 2:\ x \to -\infty\ \Rightarrow f(x) \to -\infty$
$x \to \infty\ \ \Rightarrow f(x) \to \infty$

$f(x) = 2x^3 - 4x^2 - 10x + 12$

Der höchste Koeffizient bestimmt den Globalverlauf. Für ganzrationale Funktionen 3. Grades gilt:
$a_3 > 0:\ x \to -\infty\ \Rightarrow f(x) \to -\infty$
$x \to \infty\ \ \Rightarrow f(x) \to \infty$
Der Graph verläuft vom negativ Unendlichen ins positiv Unendliche.
$a_3 < 0:\ x \to -\infty\ \Rightarrow f(x) \to \infty$
$\phantom{a_3 < 0:\ }x \to \infty\ \ \Rightarrow f(x) \to -\infty$
Der Graph verläuft vom positiv Unendlichen ins negativ Unendliche.

... Graphen auf **Achsensymmetrie** zur y-Achse überprüfen.

▶ Test-Aufgabe 1

$f(x) = x^4 - 3x^2 - 4$
$f(-x) = (-x)^4 - 3(-x)^2 - 4$
$= x^4 - 3x^2 - 4 = f(x)$

Achsensymmetrie zur y-Achse:
$f(-x) = f(x);$
alle Exponenten von x sind gerade.

... Graphen auf **Punktsymmetrie** zum Ursprung überprüfen

▶ Test-Aufgabe 1

$f(x) = x^3 - 16x$
$-f(-x) = -[(-x)^3 - 16(-x)]$
$= -(-x^3 + 16x)$
$= x^3 - 16x = f(x)$

Punktsymmetrie zu $(0|0)$:
$-f(-x) = f(x);$
alle Exponenten von x sind ungerade.

... die verschiedenen Verfahren zur **Nullstellenberechnung** bei Funktionen 3. oder höheren Grades anwenden.

▶ Test-Aufgabe 2

$f_1(x) = x^3 - 4x^2 + 3x$
$f_2(x) = x^3 + 4x^2 - 11x - 30$
$f_3(x) = x^4 - 6x^2 + 5$

▶ Seite 141

x Ausklammern
Polynomdivision
Substitutionsverfahren
p-q-Formel

... den **Graphen** einer Funktion skizzieren, die **Null-, Extrem- und Wendestellen** einer Funktion erkennen sowie das **Steigungs- und Krümmungsverhalten** anhand der Skizze beschreiben.

▶ Test-Aufgaben 3, 4, 5

$K(x) = 0{,}1x^3 - 1{,}2x^2 + 5x + 80$
$E(x) = -5{,}5x^2 + 66x$
$G(x) = -0{,}1x^3 - 4{,}3x^2 + 61x - 80$

Nullstellen: Graph schneidet x-Achse

Extrempunkt (Hoch- oder Tiefpunkt): Graph ändert Steigungsverhalten

Wendepunkt: Graph ändert Krümmung

... **ökonomische Bedeutungen** erklären.

▶ Test-Aufgaben 3, 4, 5

$E(x_N) = 0\ \Rightarrow\ D_{\text{ök}} = [x_{N_1}; x_{N_2}] = [0; 12]$

$G(x_N) = 0\ \Rightarrow$ Gewinnzone $[x_{N_1}; x_{N_2}]$
$x_{N_1} = x_{GS} =$ Gewinnschwelle
$x_{N_2} = x_{GG} =$ Gewinngrenze

Die Nullstellen der Erlösfunktion E begrenzen den ökonomischen Definitionsbereich $D_{\text{ök}}$.

Die Nullstellen der Gewinnfunktion G begrenzen die Gewinnzone $[x_{GS}; x_{GG}]$ von der Gewinnschwelle bis zur Gewinngrenze.

Test zu 2.3

1. Untersuchen Sie die Funktionen in Bezug auf ihre Symmetrie und ihr Globalverhalten.

a) $f(x) = 0{,}25\,x^4 - 0{,}125\,x^2 + 2$ b) $f(x) = -x^3 + 2{,}5\,x^2 - 1{,}25\,x + 7{,}5$

2. Bestimmen Sie die Nullstellen der folgenden Funktionen. Wählen Sie dazu ein geeignetes Verfahren. Geben Sie auch die Vielfachheit der Nullstellen an.

a) $f(x) = 0{,}5\,x^4 - 6\,x^3 + 18\,x^2$ b) $f(x) = -0{,}5\,x^3 + x^2 + 2{,}5\,x - 3$ c) $f(x) = 0{,}25\,x^4 - 1{,}25\,x^2 - 6$

3. Der Gewinn eines Textilunternehmens verläuft gemäß einer Gewinnfunktion dritten Grades und beträgt 2500 € beim Verkauf von 300 Sweatshirts. Beim Verkauf von 600 Sweatshirts hat das Unternehmen einen Verlust von 20 000 €. Seine Fixkosten liegen bei 2000 € und seine Gewinnschwelle bei 100 Sweatshirts.

a) Bestimmen Sie die Gleichung der Gewinnfunktion. Fassen Sie zur Vereinfachung 100 Sweatshirts zu einer ME und 1000 € zu einer GE zusammen.

b) Analysieren und beschreiben Sie die Gewinnsituation des Unternehmens.

4. Die JoRo GmbH produziert einzigartige Hochleistungschips. Die dabei entstehenden Kosten lassen sich durch eine ganzrationale Funktion dritten Grades darstellen. Die Kosten bei einer Produktion von 2 ME betragen 26 GE und bei 5 ME genau 32 GE. Bei einer Produktion von 11 ME entstehen der JoRo GmbH Kosten von 152 GE. An der Kapazitätsgrenze von 14 ME hat das Unternehmen Gesamtkosten von 374 GE. Entsprechend ihrer Monopolstellung hat die JoRo GmbH einen Höchstpreis von 15 GE und eine Sättigungsmenge von 15 ME ermittelt.

a) Geben Sie die Gleichungen der Gesamtkostenfunktion K und der linearen Preis-Absatz-Funktion p_N an.

b) Bestimmen Sie den ökonomischen Definitionsbereich $D_{ök}$ und äußern Sie sich zu der Möglichkeit, die Kapazitätsgrenze des Unternehmens zu erweitern.

c) Berechnen Sie den Preis, den das Unternehmen erzielen muss, um die variablen Stückkosten mindestens decken zu können. ▸ Betriebsminimum, vgl. Aufgabe 5, Seite 149

d) Ermitteln Sie die Gleichung der Erlösfunktion und berechnen Sie die erlösmaximale Ausbringungsmenge sowie das zugehörige Erlösmaximum.

e) Bestimmen Sie die Gewinnfunktion und die Gewinnzone, wenn die Gewinngrenze bei einer Produktionsmenge von 8 ME liegt.

f) Bestimmen Sie die gewinnmaximale Ausbringungsmenge sowie das zugehörige Gewinnmaximum.

g) Äußern Sie sich zum Verkaufspreis, den das Unternehmen ansetzen muss, um einen maximalen Gewinn zu erzielen.

h) Zeichnen Sie die Graphen von K, p_N, E und G in ein Koordinatensystem.

5. Die Funktion A mit $A(t) = 0{,}1\,t^3 - 4\,t^2 + 52{,}5\,t - 225$ beschreibt den Absatz von Skianzügen im Winter, wobei t für die Anzahl der seit 1. Januar vergangenen Monate steht und $A(t)$ für den Absatz in ME mit $D_A = [10;\,15]$. ▸ 1 ME = 1000 Stück

a) Bestimmen Sie den Monat, in dem der Absatz für die Skibekleidung endet, wenn bekannt ist, dass der Absatzzyklus im Oktober beginnt.

b) Zeichnen Sie den Graphen von A im Bereich der Absatzzone. Äußern Sie sich zum Absatzverlauf auch anhand der Extrem- und Wendepunkte.

2 Reelle Funktionen

2.4 Gebrochenrationale Funktionen

Auf einer Betriebsversammlung der Fly Bike Werke GmbH im Herbst hatte der Betriebsratsvorsitzende, Herr Holter, den Ausflug für die nächsten Betriebsferien im Winter vorgestellt. Es sollte eine einwöchige Fahrt in die Skifreizeit der Allgäuer Alpen organisiert werden.

Bei der Planung holte Herr Holter mehrere Angebote von verschiedenen Busunternehmen ein.
Das ausgewählte Busunternehmen veranschlagte einen Fahrpreis von insgesamt 2400 €.
Bei der Planung der Reise wurde von 60 Teilnehmern (Mitarbeiter und deren Angehörige) ausgegangen, sodass sich ein Fahrpreis von 40 € pro Person ergab.

Durch eine starke Grippewelle, die jetzt eine Woche vor der Fahrt im Betrieb grassiert, reduziert sich die Anzahl auf 50 Personen. Der Fahrpreis für die Teilnehmer erhöht sich spürbar.

Herr Holter versucht daraufhin, die Kosten in Abhängigkeit von der Anzahl der Teilnehmer zu erfassen, um bei weiteren Ausfällen sofort den neuen Fahrpreis pro Person berechnen zu können.
Dann stellt er eine Tabelle auf, mit der er die Mitarbeiter darüber informieren möchte, welche Kosten bei weiteren Ausfällen auf sie zukommen.

Drei Tage vor Beginn der Fahrt erkranken zwei weitere Personen.

▶ Aufgabe 4 auf Seite 178

Kompetenzen

- Gebrochenrationale Funktionen erkennen und auf verschiedene Arten darstellen sowie deren Graphenverläufe beschreiben
- Definitionsbereiche, Polstellen und Asymptoten bestimmen und interpretieren

Anwendungen

- Betriebsoptimum
- Wirtschaftlichkeit und Umsatzrentabilität
- Stückkostenkurve
- Optimale Losgröße
- Optimale Bestellmenge
- Isokostenkurve, Isoquante
- Minimalkostenkombination
- Haushaltsgleichgewicht

2.4 Gebrochenrationale Funktionen

2.4.1 Eigenschaften gebrochenrationaler Funktionen

 Durchschnittliche Fixkosten, Grenzwerte

Die Nachfrage nach Print-Werbung ist gesunken. Deshalb muss die Werbeagentur „Schöner Werben" ihre Preise für Plakate überdenken. Die Fixkosten in Höhe von 1800 € bleiben bestehen. Die Agentur interessiert sich für die *durchschnittlichen* Fixkosten, d. h. für die anteiligen Fixkosten pro Plakat.
Modellieren Sie die durchschnittlichen Fixkosten. Welcher Effekt ist auf lange Sicht erkennbar? Bestimmen Sie dazu den Grenzwert der durchschnittlichen Fixkosten.

Die Fixkosten beschreiben wir durch die konstante Funktion K_{fix} mit $K_{fix}(x) = 1800$. Ihr Graph verläuft parallel zur x-Achse im Abstand 1800.

x	1	10	50	100	...
$K_{fix}(x)$	1800	1800	1800	1800	...
$k_{fix}(x)$	1800	180	36	18	...

Bei den **durchschnittlichen Fixkosten** werden die Fixkosten auf die Ausbringungsmenge x aufgeteilt. Wir erhalten keine konstante Funktion, sondern eine **gebrochenrationale Funktion** k_{fix}. Sie setzt sich zusammen aus der **Zählerfunktion** Z mit $Z(x) = 1800$ und der **Nennerfunktion** N mit $N(x) = x$.

$$k_{fix}(x) = \frac{Z(x)}{N(x)} = \frac{1800}{x}; \ x > 0$$

Mit wachsender Ausbringungsmenge x werden die Kosten auf eine immer größere Produktanzahl verteilt. Somit fallen die durchschnittlichen Fixkosten. Der Graph der Funktion k_{fix} ist eine **Hyperbel**.
Je größer die x-Werte werden, desto kleiner werden die Funktionswerte. Sie nähern sich immer mehr der Zahl 0 an.

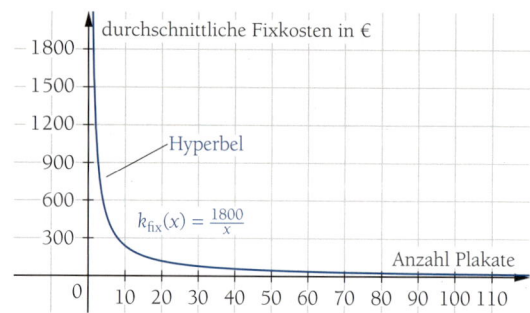

Man sagt, dass die Funktion k_{fix} für x gegen unendlich den **Grenzwert** 0 hat. Dafür schreiben wir

$$\lim_{x \to \infty} k_{fix}(x) = 0 \quad \blacktriangleright \text{Limes} = \text{lateinisch „Grenze"}$$

$$\lim_{x \to \infty} k_{fix}(x) = \lim_{x \to \infty} \frac{1800}{x} = 0$$

▶ Näherung an die x-Achse von oben

Gesprochen wird das so: Der Limes von $k_{fix}(x)$ für x gegen unendlich ist null.

An der Stelle $x = 0$ ist die Funktion k_{fix} nicht definiert, da hier die Nennerfunktion den Wert null annimmt. Wir untersuchen die Funktionswerte in der Umgebung dieser Stelle:

Je dichter die x-Werte bei 0 liegen, desto größer werden die Funktionswerte von k_{fix}. Man sagt, dass die Funktion k_{fix} für x gegen 0 den Grenzwert ∞ hat und schreibt

$$\lim_{x \to 0} k_{fix}(x) = \infty.$$

$$\lim_{x \to 0} k_{fix}(x) = \lim_{x \to 0} \frac{1800}{x} = \infty$$

▶ Näherung an die y-Achse von rechts

Eine Funktion f der Form $f(x) = \frac{Z(x)}{N(x)}$ mit $N(x) \neq 0$ heißt **gebrochenrationale Funktion**, wenn der Grad der Nennerfunktion größer als 0 ist.
Dabei sind die Zählerfunktion Z und die Nennerfunktion N jeweils ganzrationale Funktionen.

Besonders „einfache" gebrochenrationale Funktionen sind solche mit $Z(x) = 1$ und $N(x) = x^n$, $n \in \mathbb{N}$.
Deren allgemeiner Funktionsterm hat also die Form $\frac{1}{x^n}$ mit $n \in \mathbb{N}$.

2

Verlauf und Symmetrie einfacher gebrochenrationaler Funktionen

Zeichnen Sie die Graphen der Funktionen in ein Koordinatensystem und ermitteln Sie Gemeinsamkeiten.

$$f_1(x) = \frac{1}{x}, \qquad f_2(x) = \frac{1}{x^2}, \qquad f_3(x) = \frac{1}{x^3}, \qquad f_4(x) = \frac{1}{x^4}, \qquad f_5(x) = \frac{1}{x^5}, \qquad f_6(x) = \frac{1}{x^6}$$

Wir unterscheiden anhand des Exponenten n zwei verschiedene Arten von Hyperbeln:

Ungerader Exponent

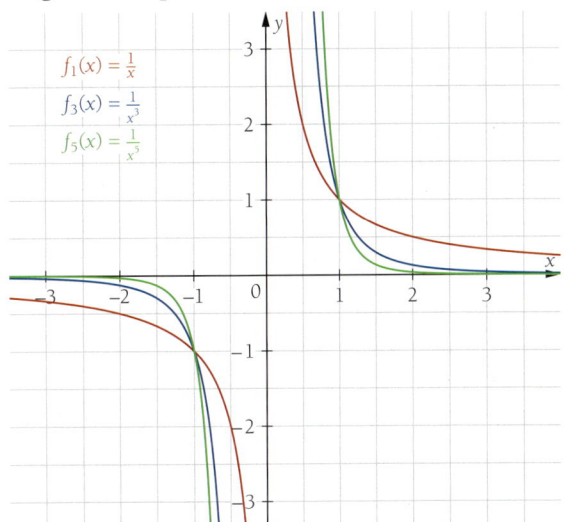

Gerader Exponent

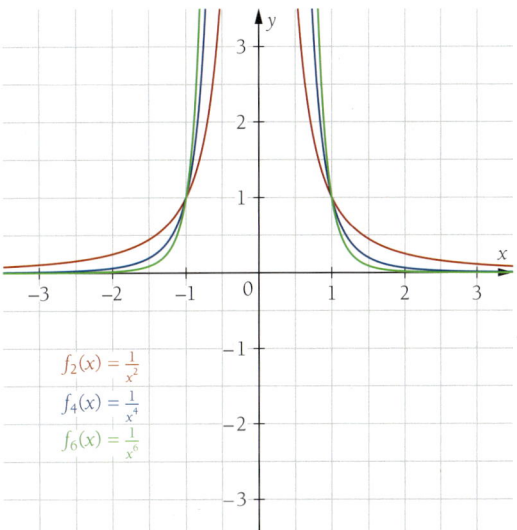

- Die Graphen sind punktsymmetrisch zum Ursprung, also gilt:

  $-f(-x) = f(x)$ ▶ Seite 135

- Die Graphen verlaufen ausschließlich im I. und III. Quadranten und gehen durch die Punkte $(-1|-1)$ und $(1|1)$.

- Aus dem Schaubild entnehmen wir, dass die Graphen die y-Achse niemals erreichen.
  Daher ist der Definitionsbereich $D_f = \mathbb{R}\setminus\{0\}$.

- Ebenso nähern sich die Graphen der x-Achse an, ohne diese wirklich zu berühren.
  Daher ist der Wertebereich $W_f = \mathbb{R}\setminus\{0\}$.

- Die Graphen sind achsensymmetrisch zur y-Achse, also gilt:

  $f(-x) = f(x)$ ▶ Seite 134

- Die Graphen verlaufen ausschließlich im I. und II. Quadranten und gehen durch die Punkte $(-1|1)$ und $(1|1)$.

- Aus dem Schaubild entnehmen wir, dass die Graphen die y-Achse niemals erreichen.
  Daher ist der Definitionsbereich $D_f = \mathbb{R}\setminus\{0\}$.

- Hier nähern sich die Graphen der x-Achse nur von oben an, ohne diese wirklich zu berühren.
  Der Wertebereich ist daher $W_f = \mathbb{R}^+$.

Zeichnen Sie die Graphen für die Funktionen f und g mit $f(x) = -\frac{1}{x}$ und $g(x) = -\frac{1}{x^2}$.
Formulieren Sie den Verlauf und die Symmetrie der Graphen wie in Beispiel 2.

Im Gegensatz zu *ganzrationalen* Funktionen mit dem Definitionsbereich $\mathbb{R}$ müssen wir bei *gebrochenrationalen* Funktionen den Definitionsbereich einschränken.

 Definitionsbereich und Definitionslücken

Ermitteln Sie den Definitionsbereich für die Funktion f mit $f(x) = \frac{1}{x}$ aus Beispiel 2, Seite 157.

An der Stelle $x = 0$ ist die Funktion f nicht definiert, da durch den Wert null nicht dividiert werden darf. Also müssen wir diesen x-Wert aus dem Definitionsbereich ausschließen.
Solche nicht definierten Stellen einer Funktion heißen **Definitionslücken**.
Wir schreiben: $D_f = \mathbb{R}\setminus\{0\}$
(gelesen: „D von f gleich $\mathbb{R}$ ohne null")

Durch den Wert null darf nicht geteilt werden.

x	-2	-1	0	1	2
$f(x)$	$-0{,}5$	-1	nicht definiert	1	$0{,}5$

$$\Downarrow$$
$$D_f = \mathbb{R}\setminus\{0\}$$

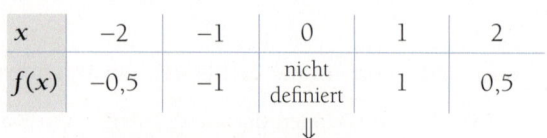
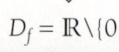
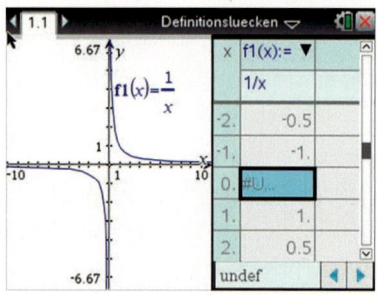

▶ TI Einfügen einer Wertetabelle mit der Tastenkombination ctrl - T. Die Definitionslücke wird mit **undef** (nicht definiert) markiert.

 Bestimmung der Definitionslücken

Bestimmen Sie die Definitionslücken der Funktionen f und g mit $f(x) = \frac{2x-5}{17x-51}$ und $g(x) = \frac{x+1}{x^2-5x+6}$.

Sind Definitionslücken nicht sofort ersichtlich, müssen wir bei komplexeren Funktionen die Nennerfunktion gleich null setzen.
Da die Nennerfunktion von f bei $x = 3$ ihre Nullstelle hat, ist die Funktion f dort nicht definiert.
Wir erhalten hier $D_f = \mathbb{R}\setminus\{3\}$.

$f(x) = \frac{2x-5}{17x-51}$, also $N(x) = 17x - 51$

$$N(x) = 0$$
$$\Leftrightarrow \quad 17x - 51 = 0$$
$$\Leftrightarrow \quad\quad\quad x = 3$$
$$\Rightarrow \quad \boldsymbol{D_f = \mathbb{R}\setminus\{3\}}$$

Ist die Nennerfunktion eine Funktion höheren Grades (z.B. 2. Grades), kann sie mehr als eine Nullstelle besitzen. Diese Nullstellen müssen dann alle aus dem Definitionsbereich der Funktion ausgeschlossen werden.
Wir erhalten hier $D_g = \mathbb{R}\setminus\{2; 3\}$.

$g(x) = \frac{x+1}{x^2-5x+6}$, also $N(x) = x^2 - 5x + 6$

$$N(x) = 0$$
$$\Leftrightarrow \quad x^2 - 5x + 6 = 0$$
$$\Rightarrow \quad x_1 = 2 \text{ und } x_2 = 3$$
$$\Rightarrow \quad \boldsymbol{D_g = \mathbb{R}\setminus\{2; 3\}}$$

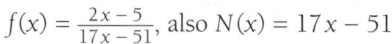 Die **Definitionslücken** einer gebrochenrationalen Funktion f der Form $f(x) = \frac{Z(x)}{N(x)}$ sind die Nullstellen der Nennerfunktion N. Sie müssen aus dem Definitionsbereich ausgeschlossen werden.

  Bestimmen Sie den Definitionsbereich der gegebenen Funktionen.

a) $f(x) = \frac{5}{x+3}$ b) $f(x) = \frac{x+2}{x-4}$ c) $f(x) = \frac{3x}{2x^2+4x-16}$ d) $f(x) = \frac{1}{x^3-9x}$

Als Nächstes berechnen wir die Schnittpunkte von Graphen gebrochenrationaler Funktionen mit den Koordinatenachsen. Dabei gehen wir genauso vor wie bei ganzrationalen Funktionen.

Schnittpunkte mit den Achsen

Die Funktion f mit dem Definitionsbereich $D_f = \mathbb{R}\setminus\{2\}$ ist durch die Funktionsgleichung $f(x) = \frac{x+3}{x-2}$ gegeben. Berechnen Sie die Schnittpunkte des Funktionsgraphen mit den Koordinatenachsen.

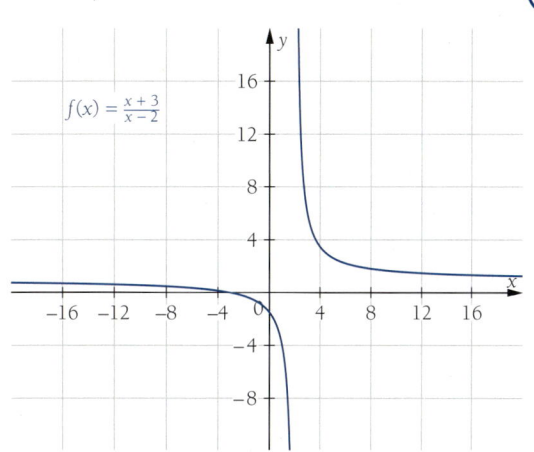

$$f(x) = \frac{x+3}{x-2}$$

Aus dem Schaubild des Graphen erkennen wir, dass es für diese Funktion nur einen Schnittpunkt mit der x-Achse gibt.

Den Schnittpunkt mit der y-Achse können wir bestimmen, da der x-Wert 0 im Definitionsbereich von f enthalten ist.

Schnittpunkte mit der x-Achse
Für alle Funktionen gilt zur Berechnung der Nullstellen $f(x_N) = 0$.
Bei gebrochenrationalen Funktionen reduziert sich die Berechnung der Nullstellen auf die Gleichung $Z(x_N) = 0$.

$$f(x_N) = 0$$
$$\Leftrightarrow \frac{Z(x_N)}{N(x_N)} = 0 \qquad | \cdot N(x_N)$$
$$\Rightarrow Z(x_N) = 0$$

Im Beispiel ergibt $Z(x_N) = 0$ die Lösung $x_N = -3$. Da dieser Wert im Definitionsbereich von f nicht ausgeschlossen ist, schneidet der Graph an dieser Stelle die x-Achse.

$$Z(x_N) = 0 \qquad \blacktriangleright f(x) = \frac{x+3}{x-2}$$
$$\Leftrightarrow x_N + 3 = 0$$
$$\Leftrightarrow \quad x_N = -3 \qquad \blacktriangleright -3 \in D_f = \mathbb{R}\setminus\{2\}$$
$$\Rightarrow \mathbf{S_x(-3|0)}$$

Schnittpunkte mit der y-Achse
Für die Berechnung des Schnittpunkts mit der y-Achse setzen wir $x = 0$.

$$f(0) = \frac{0+3}{0-2} = -1{,}5 \;\Rightarrow\; \mathbf{S_y(0|-1{,}5)}$$

- Die **Nullstellen** einer gebrochenrationalen Funktion $f(x) = \frac{Z(x)}{N(x)}$ sind die Nullstellen der Zählerfunktion Z, sofern sie im Definitionsbereich von f liegen.
- Der **Schnittpunkt mit der y-Achse** wird durch $f(0)$ bestimmt.

Art der Definitionslücke

Bestimmen Sie den Definitionsbereich und mögliche Nullstellen der Funktion f mit $f(x) = \frac{x^2 - 3x - 4}{x^2 - x - 2}$.

Zur Bestimmung des Definitionsbereichs setzen wir die **Nennerfunktion** N gleich null.
In der Berechnung erhalten wir die beiden Werte -1 und 2. Wir schließen sie aus dem Definitionsbereich aus und erhalten somit $D_f = \mathbb{R}\setminus\{-1; 2\}$.

$$N(x) = 0$$
$$\Leftrightarrow x^2 - x - 2 = 0$$
$$\Rightarrow x_1 = -1 \text{ und } x_2 = 2$$
$$\Rightarrow D_f = \mathbb{R}\setminus\{-1; 2\}$$

- Zur Berechnung der Nullstellen setzen wir die **Zählerfunktion** Z gleich null.
- Auch hier erhalten wir zwei Ergebnisse.

$$Z(x_N) = 0 \Leftrightarrow x_N^2 - 3x_N - 4 = 0$$
$$\Rightarrow x_{N_1} = -1 \text{ und } x_{N_2} = 4$$

Da der Wert $x_{N_1} = -1$ aus dem Definitionsbereich ausgeschlossen ist, kann er keine Nullstelle der Funktion f sein.

$x_{N_1} = -1 \notin D_f$ ▶ -1 keine Nullstelle von f

Der Wert $x_{N_2} = 4$ hingegen ist im Definitionsbereich enthalten und somit Nullstelle von f.

$\mathbf{x_{N_2} = 4} \in D_f$ ▶ 4 einzige Nullstelle von f

Überprüfung der Definitionslücken
Um die nicht definierten Stellen genauer zu untersuchen, schreiben wir die Funktion f in Produktform. Dabei zeigt sich, dass sowohl im Zähler als auch im Nenner derselbe Linearfaktor $(x + 1)$ vorkommt. Durch Kürzen dieses Linearfaktors können wir die Definitionslücke bei $x_1 = -1$ beheben. Eine solche Stelle heißt **behebbare Lücke**.

$$f(x) = \frac{x^2 - 3x - 4}{x^2 - x - 2}$$
$$= \frac{(x+1)(x-4)}{(x+1)(x-2)} \qquad | : (x+1)$$

Die dabei neu entstandene gekürzte Funktion heißt **Ersatzfunktion** von f und wird mit f^* bezeichnet (gelesen: „f Stern").

$$f^*(x) = \frac{x-4}{x-2}, \quad D_{f^*} = \mathbb{R} \setminus \{-1; 2\} \quad \text{▶ Ersatzfunktion von } f$$

Die Ersatzfunktion besitzt die gleichen Eigenschaften wie die ursprüngliche Funktion und hat auch immer noch denselben Definitionsbereich.

In der Zeichnung wird die behebbare Lücke als „Loch" gekennzeichnet.
Alle weiteren Untersuchungen können wir nun mit der Ersatzfunktion durchführen, da sie bis auf die behebbare Lücke mit der ursprünglichen Funktion übereinstimmt.

Der Linearfaktor $(x - 2)$ ist nicht kürzbar. Somit bleibt die Definitionslücke $x = 2$ bestehen. Eine solche Stelle heißt **Polstelle**.

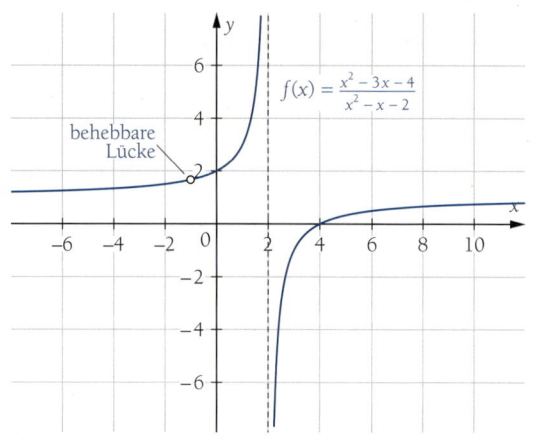

- Ist eine Definitionslücke gleichzeitig auch Nullstelle der Zählerfunktion, so bezeichnet man diese Stelle als **behebbare Lücke**.
- Durch Kürzen des übereinstimmenden Linearfaktors bildet man die **Ersatzfunktion** f^*. Sie stimmt in allen Eigenschaften – bis auf die behebbare Lücke – mit der ursprünglichen Funktion f überein.
- Eine nicht behebbare Definitionslücke heißt **Polstelle**.

 Bestimmen Sie für die Funktionen den Definitionsbereich, die Schnittpunkte mit den Achsen sowie mögliche Polstellen und behebbare Lücken.

a) $f(x) = \dfrac{x}{x^2 + 5x}$ b) $f(x) = \dfrac{x^3 + 4x}{x^2 - 5x + 6}$ c) $f(x) = \dfrac{x-6}{x^2 - 9}$ d) $f(x) = \dfrac{2x+6}{x^2 + x - 6}$

Da eine Funktion an ihren Polstellen nicht definiert ist, können wir uns diesen Stellen lediglich nähern. Dabei beobachten wir, dass der Graph um eine Polstelle herum ins Unendliche läuft. Die Richtung $-\infty$ oder $+\infty$ ist abhängig von der jeweiligen Funktion und muss durch eine Poluntersuchung bestimmt werden.

Polstelle

Untersuchen Sie das Verhalten der Graphen zu $f(x) = \frac{1}{x-1}$ und $g(x) = \frac{1}{(x-1)^2}$ jeweils an der Polstelle.

Beide Funktionen besitzen die nicht definierte Stelle $x = 1$, also $D_f = D_g = \mathbb{R} \backslash \{1\}$.
Für die Poluntersuchung setzen wir x-Werte sehr nahe der Polstelle in die beiden Funktionsgleichungen ein und berechnen die Funktionswerte. Diese Näherungsrechnung ist eine Grenzwertberechnung und erfolgt auf beiden Seiten der Polstelle.

x	0,9	0,99	0,999	1	1,001	1,01	1,1
$f(x)$	−10	−100	−1000	−	1000	100	10

x	0,9	0,99	0,999	1	1,001	1,01	1,1
$g(x)$	10^2	10^4	10^6	−	10^6	10^4	10^2

linksseitiger Grenzwert $\quad$ rechtsseitiger Grenzwert
$$\lim_{x \to 1-} f(x) = -\infty \qquad \lim_{x \to 1+} f(x) = +\infty$$

linksseitiger Grenzwert $\quad$ rechtsseitiger Grenzwert
$$\lim_{x \to 1-} g(x) = +\infty \qquad \lim_{x \to 1+} g(x) = +\infty$$

Da das Vorzeichen der Funktionswerte von einer Seite der Polstelle zur anderen wechselt, sprechen wir von einer **Polstelle mit Vorzeichenwechsel**.

Da das Vorzeichen der Funktionswerte auf beiden Seiten der Polstelle gleich bleibt, sprechen wir hier von einer **Polstelle ohne Vorzeichenwechsel**.

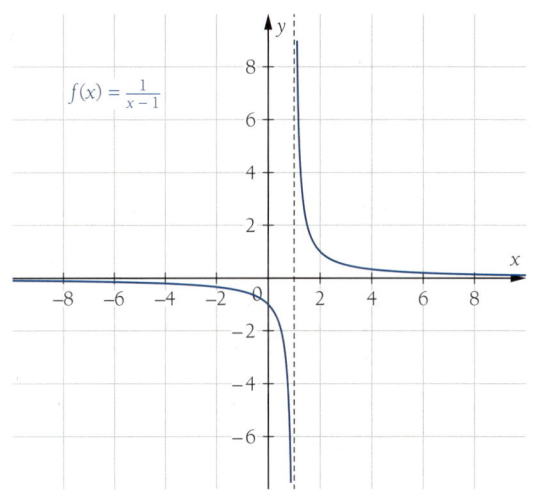

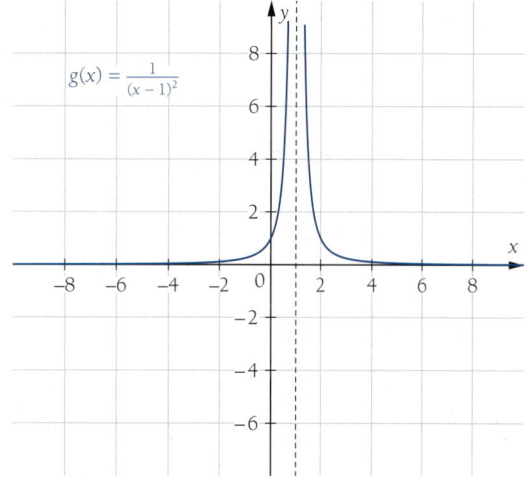

Pole sind **senkrechte Asymptoten** (▶ Seite 162) und werden auch **Unendlichkeitsstellen** genannt.

- Stimmen an einer Polstelle linksseitiger und rechtsseitiger Grenzwert nicht überein, so handelt es sich um einen **Pol mit Vorzeichenwechsel**. ▶ Pol mit VZW
- Stimmen an einer Polstelle linksseitiger und rechtsseitiger Grenzwert überein, so handelt es sich um einen **Pol ohne Vorzeichenwechsel**. ▶ Pol ohne VZW

Ermitteln Sie die Polstellen der Funktionen. Untersuchen Sie die Pole auf Vorzeichenwechsel.

a) $f(x) = \frac{3}{x-4}$ $\qquad$ b) $f(x) = \frac{5}{(x+3)^2}$ $\qquad$ c) $f(x) = \frac{x-3}{x^2+x-12}$ $\qquad$ d) $f(x) = \frac{x}{x^2-9}$

2

8 Stückkosten

Die Werbeagentur „Schöner Werben" aus Beispiel 1 (▶ Seite 156) möchte ihre durchschnittlichen Stückkosten bei großen Produktionsmengen ermitteln. Die Fixkosten liegen bei 1800 €, die variablen Kosten steigen linear um 200 € pro Plakat.
Erläutern Sie, warum sich bei hohen Stückzahlen die Durchschnittskosten dem Betrag von 200 € nähern.

Für eine Produktionsmenge von x Plakaten setzt sich die Gesamtkostenfunktion K aus den variablen Kosten von $2x$ GE und den Fixkosten von 18 GE zusammen. ▶ 1 GE = 100 €

$K(x) = 2x + 18; x > 0$ ▶ Gesamtkosten

Dividieren wir die Gesamtkosten K durch die Menge x, erhalten wir die Stückkosten k.

$$k(x) = \frac{K(x)}{x}$$ ▶ Stückkosten

$$= \frac{2x + 18}{x} = 2 + \frac{18}{x}; x > 0$$

Bei sehr großen Produktionsmengen ($x \to \infty$) erkennen wir, dass der Graph von k sich der Geraden $y = 2$ von oben annähert. Eine solche Näherungsgerade heißt **Asymptote**.
Bei hohen Stückzahlen streben die durchschnittlichen Stückkosten also gegen 200 €, da die durchschnittlichen Fixkosten gegen null gehen.

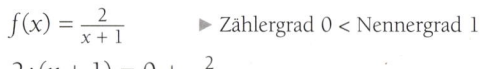

Die Funktionsgleichung einer Asymptote bestimmen wir durch Polynomdivision. Dabei unterscheiden wir zwischen echt und unecht gebrochenrationalen Funktionen. Eine Funktion ist **echt gebrochenrational**, wenn der Grad der Zählerfunktion kleiner ist als der Grad der Nennerfunktion. In allen anderen Fällen heißt die Funktion **unecht gebrochenrational**.

9 Asymptoten

Untersuchen Sie die Terme und das Verhalten der Graphen für $x \to \pm\infty$. Leiten Sie daraus Regeln ab.

a) $f(x) = \frac{2}{x + 1}$ **b)** $g(x) = \frac{x - 4}{x + 2}$ **c)** $h(x) = \frac{x^2 + 2}{x - 1}$

Zu a) Zählergrad < Nennergrad.
Die Funktion f ist echt gebrochenrational.

$f(x) = \frac{2}{x + 1}$ ▶ Zählergrad 0 < Nennergrad 1

$2 : (x + 1) = 0 + \frac{2}{x + 1}$

Durch Polynomdivision spalten wir die Funktion in einen ganzrationalen Term, die **Asymptote** y_A, und einen echt gebrochenrationalen Term, das **Restglied** R, auf.

$y_A(x) = 0$ ▶ Asymptote

$R(x) = \frac{2}{x + 1}$ ▶ Restglied

Da hier bereits ein echt gebrochenrationaler Term vorlag, erhalten wir mit $y_A(x) = 0$ die **x-Achse** als waagerechte Asymptote.
Auch in der Zeichnung sehen wir, dass sich der Graph der Funktion f für $x \to \pm\infty$ immer weiter der x-Achse annähert.
Mit dem Restglied untersuchen wir den Grenzwert für
- die Annäherung. Für $x \to -\infty$ erhalten wir $R(x) < 0$,
- also eine Annäherung von unten, für $x \to \infty$ wird
- $R(x) > 0$, also eine Annäherung von oben.

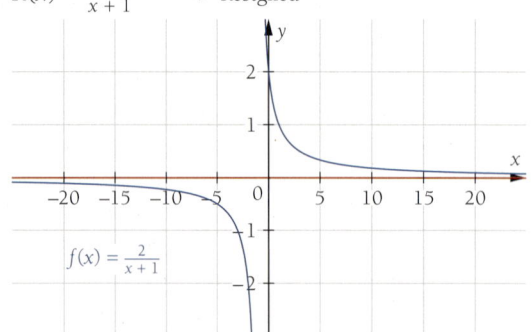

Zu b) Zählergrad = Nennergrad.

Die Funktion g ist unecht gebrochenrational.

Die Polynomdivision liefert uns die Asymptote $y_A(x) = 1$. Diese **Parallele zur x-Achse** ist die Gerade, der sich der Graph der Funktion g für $x \to \pm\infty$ immer mehr annähert.

Untersuchen wir die Annäherung, so berechnen wir für $x \to -\infty$ das Restglied mit $R(x) > 0$, also eine Annäherung von oben, für $x \to +\infty$ das Restglied mit $R(x) < 0$, also eine Annäherung von unten.

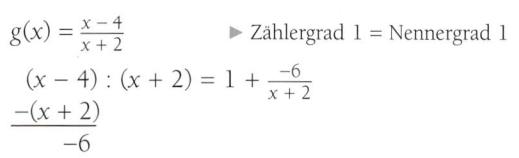

$g(x) = \dfrac{x-4}{x+2}$　▸ Zählergrad 1 = Nennergrad 1

$(x - 4) : (x + 2) = 1 + \dfrac{-6}{x+2}$

$\underline{-(x + 2)}$

$\qquad\quad -6$

$y_A(x) = 1$　▸ Asymptote

$R(x) = \dfrac{-6}{x+2}$　▸ Restglied

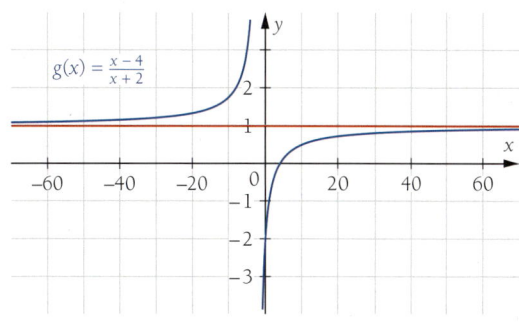

Zu c) Zählergrad > Nennergrad.

Die Funktion h ist ebenfalls unecht gebrochenrational.

Für die Funktion h erhalten wir die Asymptote mit der Geradengleichung $y_A(x) = x + 1$, also eine **schiefe Asymptote**.

Die Zeichnung bestätigt uns, dass sich der Graph der Funktion h für $x \to \pm\infty$ dieser Geraden annähert.
Das Restglied liefert uns für $x \to -\infty$ die Aussage $R(x) < 0$, also eine Annäherung von unten, für $x \to +\infty$ wird $R(x) > 0$, also eine Annäherung von oben.

▸ Bei Funktionen mit einer Differenz größer als 1 zwischen Zählergrad und Nennergrad erhalten wir eine Näherungskurve z.B. in Form einer Parabel.

$h(x) = \dfrac{x^2 + 2}{x - 1}$　▸ Zählergrad 2 > Nennergrad 1

$(x^2 + 0x + 2) : (x - 1) = x + 1 + \dfrac{3}{x-1}$

$\underline{-(x^2 - \;\;x)}$

$\qquad\quad x + 2$

$\qquad\underline{-(x - 1)}$

$\qquad\qquad\quad 3$

$y_A(x) = x + 1$　▸ Asymptote

$R(x) = \dfrac{3}{x-1}$　▸ Restglied

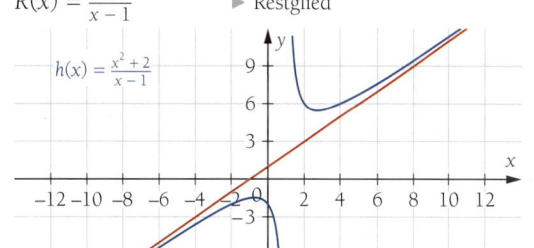

- **Asymptoten** sind Näherungsgeraden oder allgemein Näherungskurven.
- Gilt für eine gebrochenrationale Funktion f der Form $f(x) = \dfrac{Z(x)}{N(x)}$
  - Zählergrad < Nennergrad, so ist die x-Achse die Asymptote.
  - Zählergrad = Nennergrad, so ist eine Parallele zur x-Achse die Asymptote.
  - Zählergrad > Nennergrad, so liegt eine schiefe Asymptote oder asymptotische Linie vor.
- Gilt $R(x) < 0$ für $x \to \infty$, so nähert sich der Funktionsgraph der Asymptote von unten.
  Gilt $R(x) > 0$ für $x \to \infty$, so nähert sich der Funktionsgraph der Asymptote von oben.
  Gleiches gilt für $x \to -\infty$.

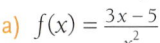 Ermitteln Sie jeweils die Gleichung der Asymptote sowie die Art der Annäherung.

a) $f(x) = \dfrac{3x - 5}{x^2}$　　b) $f(x) = \dfrac{4x - 3}{2x + 5}$　　c) $f(x) = \dfrac{x^2 - 2x + 1}{2x + 3}$

(10)   Exemplarische Untersuchung einer gebrochenrationalen Funktion

Untersuchen Sie die Funktion f mit $f(x) = \dfrac{x^2 - x - 12}{2x^2 - 12x + 16}$ auf Definitionslücken und deren Art, Schnittpunkte mit den Achsen, Polstellen, Asymptoten und Symmetrie. Zeichnen Sie den Graphen.

Definitionsbereich
Die Definitionslücken bestimmen wir als Nullstellen der Nennerfunktion.

$$N(x) = 0 \Leftrightarrow 2x^2 - 12x + 16 = 0$$
$$\Rightarrow x_1 = 2 \text{ und } x_2 = 4$$
$$\Rightarrow D_f = \mathbb{R} \setminus \{2; 4\}$$

Nullstellen von f
Zur Bestimmung der Nullstellen von f berechnen wir die Nullstellen der Zählerfunktion. Von den beiden ermittelten Werten ist nur -3 eine Nullstelle von f, da 4 nicht im Definitionsbereich liegt.

$$f(x_N) = 0 \Leftrightarrow Z(x_N) = 0$$
$$\Leftrightarrow x_N^2 - x_N - 12 = 0$$
$$\Rightarrow x_N = -3 \; (\in D_f) \text{ und } x = 4 \; (\notin D_f)$$

Schnittpunkt mit der y-Achse
Wir setzen $x = 0$ und erhalten den y-Achsenabschnitt.

$$f(0) = -0{,}75 \Rightarrow S_y(0 | -0{,}75)$$

Definitionslücken
Die Stelle $x = 4$ ist eine behebbare Lücke, da sie sowohl Nullstelle von Z als auch von N ist.
Zur Behebung der Definitionslücke bilden wir die Ersatzfunktion f^*. Die Definitionslücke $x = 2$ ist nicht behebbar, also eine Polstelle.

$x = 4$ ist behebbare Lücke

$$f(x) = \frac{(x+3)(x-4)}{2(x-2)(x-4)}; \quad f^*(x) = \frac{x+3}{2(x-2)} = \frac{x+3}{2x-4}$$

$$\left.\begin{array}{l} \lim\limits_{x \to 2-} f^*(x) = -\infty \\[1mm] \lim\limits_{x \to 2+} f^*(x) = +\infty \end{array}\right\} x = 2 \text{ ist Polstelle mit VZW}$$

Asymptote
Da der Zählergrad und der Nennergrad identisch sind, wissen wir, dass die Asymptote eine Parallele zur x-Achse ist. Um die Asymptote zu bestimmen, spalten wir den Funktionsterm in einen ganzrationalen Teil (die Asymptote y_A) und einen echt gebrochenrationalen Teil (das Restglied R) auf.
Der Funktionsgraph nähert sich der Asymptote für kleiner werdende x-Werte von unten und für größer werdende x-Werte von oben.

$$(x + 3) : (2x - 4) = 0{,}5 + \frac{5}{2x-4}$$

▶ Die Polynomdivision führen wir an der Ersatzfunktion f^* durch.

$$\Rightarrow y_A(x) = 0{,}5 \qquad$$ ▶ Parallele zur x-Achse durch 0,5

$$R(x) = \frac{5}{2x-4} \qquad$$ ▶ Restglied

$$\lim\limits_{x \to -\infty} R(x) < 0, \qquad \lim\limits_{x \to +\infty} R(x) > 0$$

Symmetrie
Wir stellen keine Symmetrie fest.

$$f(-x) \neq f(x), \; -f(-x) \neq f(x) \Rightarrow \text{ keine Symmetrie}$$

Zeichnung
Im Koordinatensystem tragen wir zuerst Pol und Asymptote ein. Danach markieren wir die Schnittpunkte mit den Achsen. Um die Hyperbeläste zu zeichnen, berücksichtigen wir den Verlauf entlang der Asymptote sowie das Verhalten am Pol. Zuletzt markieren wir die behebbare Lücke als Loch am Graphen.

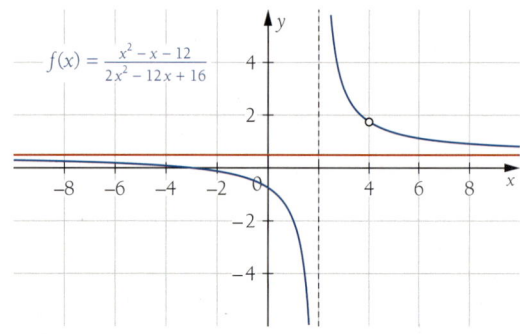

Untersuchen Sie die Funktion f mit $f(x) = \dfrac{x^2 - 1}{x^2 - 3x + 2}$ und zeichnen Sie ihren Graphen.

Bestimmung der Funktionsgleichung

Bestimmen Sie die Funktionsgleichung anhand des gegebenen Graphen.

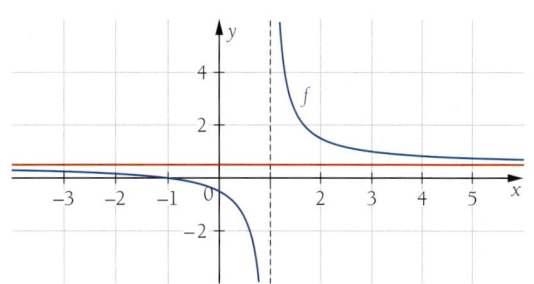

Die nötigen Merkmale zur Bestimmung der Funktionsgleichung finden wir in der allgemeinen Produktform der Funktionsgleichung:

$$f(x) = k \cdot \frac{(x - \text{Nullstelle}) \cdot (x - \text{behebbare Lücke})}{(x - \text{Polstelle}) \cdot (x - \text{behebbare Lücke})}$$

Aus dem Graphen entnehmen wir, dass bei $x_N = -1$ eine Nullstelle vorliegt, ein Pol bei $x = 1$ existiert und der Graph die y-Achse bei $y = -0,5$ schneidet. Eine behebbare Lücke ist nicht vorhanden.

Die Merkmale Pol und Nullstelle setzen wir in die Produktform ein. Die Terme „$(x - \text{behebbare Lücke})$" entfallen, da keine behebbare Lücke vorliegt.

$$f(x) = k \cdot \frac{(x - (-1))}{(x - 1)} \quad \blacktriangleright \text{ Nullstelle } x_N = -1, \text{ Polstelle } x = 1$$
$$= k \cdot \frac{x + 1}{x - 1}$$

Um abschließend den sogenannten Streckungsfaktor k zu bestimmen, setzen wir den Punkt $S_y(0|-0,5)$ in die Funktionsgleichung ein und stellen nach k um.

$$-0,5 = k \cdot \frac{0 + 1}{0 - 1} \quad \blacktriangleright S_y(0|-0,5)$$
$$\Leftrightarrow \quad -0,5 = k \cdot (-1) \ \Leftrightarrow \ k = 0,5$$

Es ergibt sich die Funktionsgleichung.

$$f(x) = 0,5 \cdot \frac{x + 1}{x - 1} = \frac{x + 1}{2x - 2}$$

 Der Graph einer gebrochenrationalen Funktion besitzt bei $x_1 = 3$ eine Nullstelle, bei $x_2 = -2$ einen Pol, bei $x_3 = -1$ eine behebbare Lücke und den Punkt $P(2|-0,25)$. Bestimmen Sie die Funktionsgleichung.

Übungen zu 2.4.1

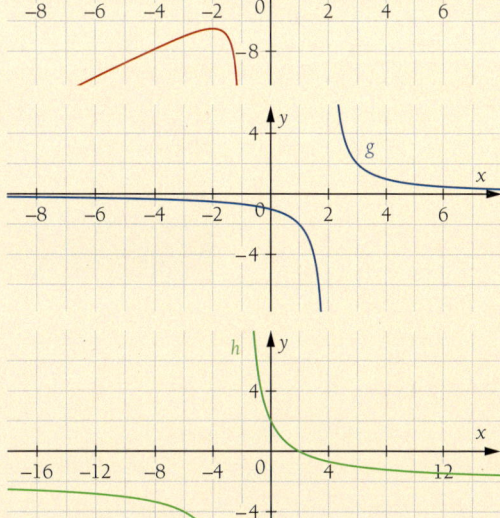

1. Ermitteln Sie für die Funktionen f und g den Definitionsbereich und die Schnittpunkte mit den Achsen. $f(x) = \frac{x - 3}{x + 1}$; $g(x) = \frac{0,5x^2 + 0,5x - 3}{2x^2 + 8x + 6}$

2. Ermitteln Sie die Art der Definitionslücken und geben Sie – wenn möglich – die Ersatzfunktion an. Untersuchen Sie die Pole auf Vorzeichenwechsel.

a) $f(x) = \frac{2x - 3}{x - 3}$ c) $f(x) = \frac{x}{x^3}$

b) $f(x) = \frac{2x + 4}{x^2 + x - 2}$ d) $f(x) = \frac{x^2 + 2x - 8}{x - 2}$

3. Überprüfen Sie die Symmetrie der Graphen.

a) $f(x) = \frac{x - 3}{x}$ c) $f(x) = \frac{x^2 - 1}{4 - x^2}$

b) $f(x) = \frac{x}{x^2 - 9}$ d) $f(x) = \frac{x}{x^3}$

4. Ordnen Sie die Gleichungen der Asymptoten den rechts abgebildeten Graphen f, g und h zu. Eine Asymptote gehört zu keinem Graphen.

a) $y_A(x) = 2$

b) $y_A(x) = 0$ c) $y_A(x) = -2$

                      d) $y_A(x) = 2x + 1$

2

5. Die Dehnbarkeit eines 1 m langen Gummiseils (Strecke s in Abhängigkeit der Kraft F) kann näherungsweise bis zum Zerreißpunkt durch die gebrochenrationale Funktion f mit

$$f(x) = \frac{1{,}5x^2 - 3x}{0{,}05x^2 - 0{,}05x - 0{,}1}, \quad D_f = \mathbb{R}_0^+,$$

beschrieben werden, wobei $f(x)$ für die Strecke s und die Variable x für die Kraft F steht.

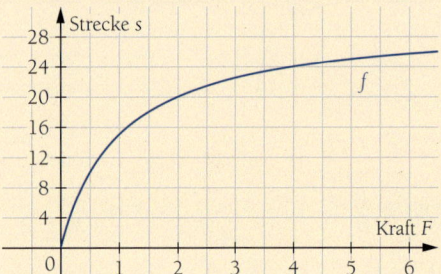

Berechnen Sie die maximale Dehnungsstrecke s (in cm), an deren Wert sich die Funktion bei zunehmender Kraft annähert.

6. Die JoRo GmbH produziert täglich 100 individuell gestaltete USB-Sticks. Sie hat 5 € Fixkosten und variable Kosten von 80 Cent je Stick.

a) Formulieren Sie die Gleichungen der linearen Kostenfunktion K und der zugehörigen Stückkostenfunktion k im Definitionsbereich $D_{\text{ök}} = [0; 100]$.

b) Bestimmen Sie die Grenzwerte der Stückkostenfunktion k an den Grenzen des Definitionsbereichs und zeichnen Sie die Graphen von K, k und K_{fix} in ein gemeinsames Koordinatensystem.

7. Eine Glasbläserei mit täglichen fixen Kosten von 1800 € stellt Karaffen her und hat variable Stückkosten von 5 €. Sie kann täglich 800 Karaffen zum Preis von 50 € pro Stück absetzen.

a) Bestimmen Sie die Gleichungen der Durchschnittskostenfunktion k, der Durchschnittserlösfunktion e sowie der Durchschnittsgewinnfunktion g und zeichnen Sie deren Graphen.

b) Ermitteln Sie die Gewinnschwelle.

c) Berechnen Sie den täglichen Gewinn bei einer Absatzmenge von 800 Stück.

d) Untersuchen Sie, welchen Werten die einzelnen Durchschnittsfunktionen entgegenstreben.

8. Ermitteln Sie den Definitionsbereich der Funktionen. Untersuchen Sie die Funktionen auch auf die Art der Definitionslücken, Achsenschnittpunkte, Polstellen, Asymptoten und Symmetrie. Zeichnen Sie die Graphen.

a) $f(x) = \dfrac{3}{x - 2}$

c) $f(x) = -\dfrac{2}{x^2 - 1}$

b) $f(x) = \dfrac{2x - 3}{x - 3}$

d) $f(x) = \dfrac{x^2 + 6x + 8}{x + 3}$

9. Bestimmen Sie die mögliche Funktionsgleichung einer gebrochenrationalen Funktion mit der allgemeinen Gleichung $f(x) = k \cdot \frac{Z(x)}{N(x)}$.

a) Der Graph der gesuchten Funktion besitzt bei $x_1 = 2$ eine Nullstelle, bei $x_2 = -1$ einen Pol und bei $x_3 = 3$ eine behebbare Lücke. Der Streckungsfaktor ist $k = -1$.

b) Das Schaubild des Graphen weist an der Stelle $x_1 = -2$ eine behebbare Lücke auf; bei $x_2 = 2$ befindet sich ein Pol. Der Graph verläuft außerdem durch den Ursprung und durch den Punkt $P(3|6)$.

10. Eine gebrochenrationale Funktion vom Typ $f(x) = \dfrac{x + a}{x^2 + bx + c}$; mit reellen Zahlen a, b und c hat an der Stelle 2 einen Pol und an der Stelle -4 eine behebbare Lücke.

a) Bestimmen Sie die Werte für a, b und c im Funktionsterm $f(x)$.

b) Welche Asymptote besitzt der Graph von f?

c) Wodurch müsste der Funktionsterm ergänzt werden, damit G_f die Asymptote $y_A(x) = 3$ hat?

11. Zeigen Sie rechnerisch, dass die gebrochenrationale Funktion $f(x) = \dfrac{x^2 - 4}{x}$; $x \in \mathbb{R} \backslash \{0\}$ sowohl für $x < 0$ als auch für $x > 0$, nicht aber in $\mathbb{R} \backslash \{0\}$, streng monoton steigend ist.

12. Der Absatz eines Produkts richtet sich nach der Angebotsfunktion $p_A(x) = 0{,}1x + 8$; $x > 2000$. Er soll durch einen Gesamtbetrag in Höhe von 100 000 GE subventioniert werden. Dieser Betrag soll auf den Angebotspreis anteilig verrechnet werden. Die Nachfragefunktion ist gegeben durch $p_N(x) = -0{,}0025x + 6158$; $x > 2000$.

a) Berechnen Sie Preis und Menge im Gleichgewicht ohne Berücksichtigung der Subvention.

b) Wie lautet die Angebotsfunktion p_A^* unter Berücksichtigung der Subvention?

c) Berechnen Sie Gleichgewichtspreis und -menge unter Berücksichtigung von p_A^*.

2.4.2 Anwendungen aus der Ökonomie

Im Beispiel 8 haben wir den Graphen einer Stückkostenfunktion betrachtet, die deshalb so einfach war, weil wir eine lineare Gesamtkostenfunktion zugrunde gelegt hatten.
In den Modellen der Ökonomie werden aber meistens gebrochenrationale Funktionen verwendet, die z. T. wesentlich komplizierter sind.

Die Beispiele 12 bis 16 sind der Betriebswirtschaftslehre, die darauf folgenden Beispiele der Volkswirtschaftslehre entnommen.

Betriebsoptimum

Die Fly Bike Werke GmbH plant die Produktion von hochwertigen Fahrradschlössern. Der Produktionsleiter glaubt, dass die anfallenden Kosten durch eine Kostenfunktion K mit ertragsgesetzlichem Verlauf beschrieben werden kann:
$K(x) = 3x^3 - 27x^2 + 81x + 75$; $D_K = [0; 15]$ (x in ME, K in GE).
Beschreiben Sie den Verlauf der Stückkostenfunktion k. Geben Sie an, bei welcher Produktionsmenge die Stückkosten am geringsten sind.

Wir dividieren die Gesamtkosten $K(x)$ durch die Produktionsmenge x und erhalten die Stückkostenfunktion $k(x)$.
Anschließend zeichnen wir den Graphen von k.

$k(x) = \frac{K(x)}{x}$; $D_K = [0; 15]$

$= \frac{3x^3 - 27x^2 + 81x + 75}{x}$

$= 3x^2 - 27x + 81 + \frac{75}{x}$

Für sehr kleine und sehr große Produktionsmengen werden die Stückkosten sehr hoch.
Dazwischen besitzt der Graph an der Stelle 5 ein Minimum.
In diesem Minimum sind die Stückkosten am geringsten, der Betrieb produziert an dieser Stelle am kostengünstigsten. Deshalb nennt man diese Stelle auch das **Betriebsoptimum**.
Im Betriebsoptimum betragen die Stückkosten 36 GE. Das Minimum der Durchschnittskosten liegt also im Punkt $(5|36)$.

▶ Geringste Stückkosten von 36 GE bei einer Produktionsmenge von 5 ME

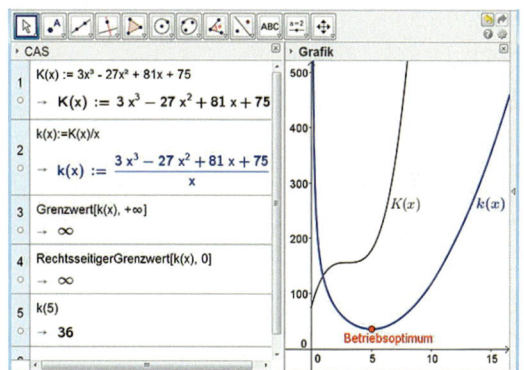

▶ GG $\lim_{x\to\infty} k(x)$ wird durch den Befehl **Grenzwert** eingegeben. Mit den Befehlen **RechtsseitigerGrenzwert** oder **LinksseitigerGrenzwert** kann unterschieden werden, von welcher Seite die Annäherung erfolgen soll.
▶ Seite 161

Zeichnen Sie die Stückkostenfunktion, wenn die Gesamtkostenfunktion durch
$K(x) = x^3 - 8x^2 + 24x + 50$; $D_K = [0; 10]$ beschrieben wird.
Beschreiben Sie den Verlauf der Stückkostenfunktion.
Geben Sie das Betriebsoptimum an.

Der Quotient aus Erlös und Kosten ist ein Maß für die **Wirtschaftlichkeit** eines Betriebes.
Eine Produktion gilt als wirtschaftlich, wenn die Erlöse größer als die Kosten sind, d. h., wenn der Quotient aus Erlös und Kosten größer als 1 ist.

 13 Wirtschaftlichkeit

Der Produktionsleiter der Fly Bike Werke GmbH rechnet damit, die Fahrradschlösser aus dem Beispiel 12 zu einem Preis von 90 GE pro ME verkaufen zu können.
Äußern Sie sich zur Wirtschaftlichkeit der Schlossproduktion, wenn dieselbe Kostenfunktion wie in Beispiel 12 unterstellt wird: $K(x) = 3x^3 - 27x^2 + 81x + 75$.

Wir multiplizieren den Verkaufspreis $p(x)$ mit der produzierten Menge x und erhalten die Erlösfunktion $E(x)$.

$$p(x) = 90 \quad \Rightarrow \quad E(x) = 90x$$

Wir bilden den Quotienten aus der Erlösfunktion und der Kostenfunktion und erhalten die Wirtschaftlichkeit als eine gebrochenrationale Funktion in Abhängigkeit von der produzierten und abgesetzten Menge x.

$$W(x) = \frac{E(x)}{K(x)} = \frac{90x}{3x^3 - 27x^2 + 81x + 75}$$

$$= 30 \cdot \frac{x}{x^3 - 9x^2 + 27x + 25}; \ x \geq 0$$

Der Graph der Wirtschaftlichkeitsfunktion geht durch den Ursprung, steigt monoton bis $x = 5$, besitzt ein Maximum an der Stelle 5 und fällt dann monoton.
Je größer dann die Werte für x werden, desto mehr nähern sich die Funktionswerte für $W(x)$ der x-Achse; die x-Achse ist also die Asymptote.

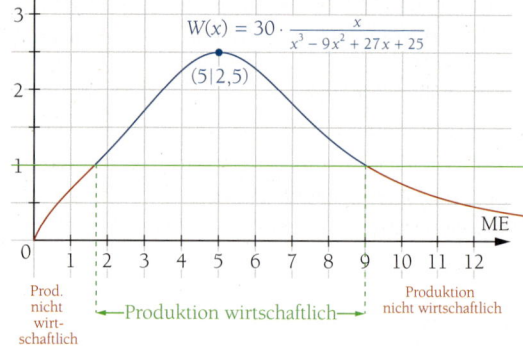

$$\lim_{x \to \infty} W(x) = 0$$
$y_A = 0$ ▶ Asymptote

Dicht an den Stellen 1,7 und 9 haben die Funktionswerte von W den Wert 1. Das heißt, dass ab einer Produktion von etwa 2 ME bis ungefähr 9 ME der Betrieb wirtschaftlich arbeitet.

$W(1,7) \approx 1; \quad W(9) \approx 1$

Die Produktion ist am wirtschaftlichsten, wenn 5 ME erzeugt werden; dann beträgt der Erlös das 2,5-Fache der Kosten, und zwar 450 GE.

$W(5) = 2,5 \quad$ ▶ $E(5) = 2,5 \cdot K(5) = 450$

 Äußern Sie sich zur Wirtschaftlichkeit, wenn der Verkaufspreis 48 € beträgt und die Gleichung der Kostenfunktion $K(x) = x^3 - 8x^2 + 24x + 50$; $D_K = [0; 10]$ lautet.
Vergleichen Sie die Stelle, an der die Wirtschaftlichkeit am größten ist, mit dem Betriebsoptimum (▶ S. 167).

Unter der **Umsatzrentabilität** versteht man den Quotienten aus Gewinn und Erlös. Sie gibt an, welcher Bruchteil vom Erlös auf den Gewinn entfällt.

Umsatzrentabilität (14)

Ermitteln Sie die Umsatzrentabilität $U(x)$ in Abhängigkeit von der Produktionsmenge, wenn Sie die Kostenfunktion aus Beispiel 12 und die Erlösfunktion aus Beispiel 13 unterstellen.
Äußern Sie sich zum Verlauf des Graphen von U und interpretieren Sie ihn unter ökonomischen Gesichtspunkten.

Wir ermitteln zuerst die Gewinnfunktion G als Differenz von Erlös und Kosten.

$$G(x) = E(x) - K(x)$$
$$= 90x - (3x^3 - 27x^2 + 81x + 75)$$
$$= -3x^3 + 27x^2 + 9x - 75$$

GTR
CAS

Die Funktion der Umsatzrentabilität als Quotient von Gewinn und Erlös ist dann eine einfache gebrochenrationale Funktion.

$$U(x) = \frac{G(x)}{E(x)} = \frac{-3x^3 + 27x^2 + 9x - 75}{90x}$$
$$= \frac{1}{30}\left(-x^2 + 9x + 3 - \frac{25}{x}\right)$$

Der Graph der Funktion $U(x)$ besitzt für sehr kleine und sehr große x-Werte unendlich kleine, also hohe negative Werte.

$$\lim_{x \to \infty} U(x) = -\infty; \qquad \lim_{x \to -\infty} U(x) = -\infty$$

Die Nullstellen liegen ungefähr bei 1,7 und 9.

$$U(1{,}7) \approx 0; \qquad U(9) \approx 0$$

An der Stelle 5 befindet sich ein Maximum.

$$U(5) \approx 0{,}6$$

Die negative Umsatzrentabilität für $x < 1{,}7$ und für $x > 9$ resultiert daraus, dass die Gewinnzone zwischen 1,7 und 9 liegt, außerhalb dieser Zone der Gewinn also negativ ist. ▸ Verlust

Die höchste Umsatzrentabilität wird bei 5 ME erreicht. Sie beträgt dort 0,6.
Das bedeutet, dass der Gewinn 60 % des Erlöses erreicht, wenn 5 ME produziert und abgesetzt werden.

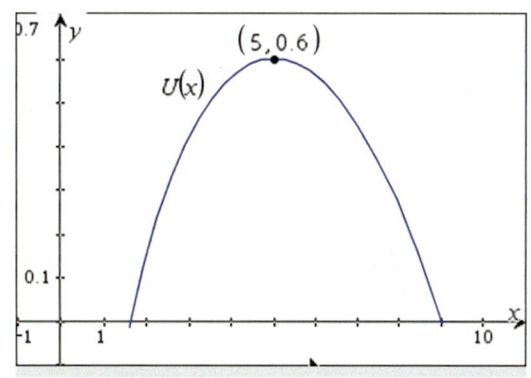

▸ **TI** Mit menu, Graph analysieren, Maximum kann die höchste Umsatzrentabilität ermittelt werden.

Ein Unternehmen stellt ein Produkt mit Kosten her, die durch die Funktion $K(x) = x^3 - 8x^2 + 24x + 50$; $D_K = [0; 10]$ beschrieben werden. Der Verkaufspreis beträgt 48 €. ▸ s. S. 167/168

a) Ermitteln Sie die Umsatzrentabilität.
b) Zeichnen Sie den Graphen der Umsatzrentabilitätsfunktion.
c) Vergleichen Sie die Stelle, an der die Umsatzrentabilität am größten ist, mit dem Betriebsoptimum und der Stelle mit der größten Wirtschaftlichkeit.

Die **Losgröße** ist die in einem zusammenhängenden Fertigungsgang ohne Umrüstung der Fertigungsanlagen erstellte Menge, die innerhalb eines bestimmten Zeitraums auch abgesetzt werden kann.

Rüstkosten entstehen durch Umbauarbeiten an Maschinen, um diese auf die Erfordernisse des neuen Loses einzustellen.

Lagerkosten entstehen durch die Zwischenlagerung der Produktionserzeugnisse zwischen deren Fertigung und Absatz. Sie sind abhängig von der Losgröße.

Geht man davon aus, dass der Absatz während einer Rechnungsperiode gleichmäßig erfolgt, dann ist es sinnvoll, den **durchschnittlichen Lagerbestand** als eine **halbe Losgröße** anzusehen.

 Optimale Losgröße

Die Fly Bike Werke GmbH rechnen für das kommende Jahr mit einer Produktion und einem Absatz von 63 000 Fahrradschlössern, die möglichst kostengünstig produziert und gelagert werden sollen.
Der Produktionsleiter muss von Rüstkosten in Höhe von 5000 € pro Loswechsel und von Lagerkosten in Höhe von 10 € pro gelagertem Schloss ausgehen. Ermitteln Sie die kostengünstigste und damit **optimale Losgröße**.

Wir setzen die Variable x für die Anzahl der Loswechsel.	x = Anzahl der Loswechsel
Die gesamten Kosten K_G setzen sich zusammen aus den Rüstkosten K_R und den Lagerkosten K_L.	$K_G(x) = K_R(x) + K_L(x)$
Die Rüstkosten K_R betragen genau $5000\,x$.	Rüstkosten: $K_R(x) = 5000 \cdot x$
Da insgesamt 63 000 Schlösser produziert werden, erhalten wir für die Losgröße $\frac{63\,000}{x}$.	Losgröße: $\frac{63\,000}{x}$
Der durchschnittliche Lagerbestand soll einer halben Losgröße entsprechen: $\frac{31\,500}{x}$.	durchschn. Lagerbestand: $\frac{\frac{63\,000}{x}}{2} = \frac{31\,500}{x}$
Damit erhalten wir für die Lagerkosten K_L: $\frac{315\,000}{x}$.	Lagerkosten: $K_L = \frac{31\,500}{x} \cdot 10 = \frac{315\,000}{x}$
Für die gesamten Kosten K_G in Abhängigkeit der Loswechsel x gilt also:	$K_G(x) = K_R(x) + K_L(x)$
$K_G(x) = 5000x + \frac{315\,000}{x}$.	$K_G(x) = 5000x + \frac{315\,000}{x}$

Für sehr kleine und sehr große x-Werte sind die Gesamtkosten sehr hoch. Sie fallen zuerst monoton bis zu einem Minimum und steigen anschließend wieder monoton.

Das Minimum liegt bei ungefähr 7,9. Das bedeutet, dass mit 8 Loswechseln die Gesamtkosten am niedrigsten sind.

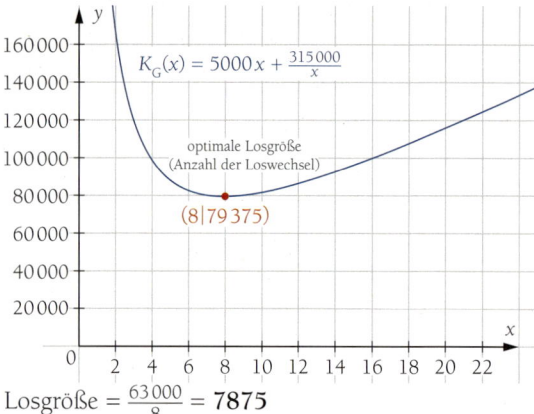

8 Loswechsel bedeuten eine **optimale Losgröße** von 7875 Schlössern bei Kosten von 79 375 €.

Losgröße $= \frac{63\,000}{8} = \mathbf{7875}$

$K_G(8) = 79\,375$

Unternehmen, die auf eine Lagerhaltung angewiesen sind, wie z.B. Einzelhandelsunternehmen, stehen vor der Frage, ob sie ihren gesamten Jahresbedarf durch eine einmalige Bestellung oder durch mehrmalige Bestellungen von gleich großen Teilmengen im Laufe eines Jahres decken sollen.

Je größer die Anzahl der Bestellungen ist, desto geringer ist der tatsächliche Lagerbestand und der rechnerisch ermittelte **durchschnittliche Lagerbestand**, welcher der Hälfte der Bestellmenge entspricht und dessen Wert die Bezugsgröße für die Berechnung der (kalkulatorischen) **Lagerkosten** ist. Im Gegensatz dazu wachsen die Kosten der Bestellung mit der Anzahl der Bestellungen pro Jahr.

Da Unternehmen auch in diesem Bereich Kostenminimierung anstreben, wird die Anzahl der Bestellungen und damit die Bestellmenge gesucht, bei der die Summe aus Lagerkosten und Bestellkosten minimal ist. Diese Bestellmenge wird als **optimale Bestellmenge** bezeichnet.

Optimale Bestellmenge

Für die Montage eines großen Teils ihrer Fahrräder benötigt die Fly Bike GmbH pro Jahr 67 500 Spezialketten. Einerseits kostet jede Bestellung 60 €, andererseits verursacht die Lagerung der Ketten Kosten von etwa 4 % des Wertes des durchschnittlichen Lagerbestands. Dabei ist der Wert einer Kette mit 40 € anzusetzen. Ermitteln Sie die optimale Bestellmenge.

Wir setzen die Variable x für die Anzahl der Bestellungen pro Jahr.
Die gesamten Kosten K_G setzen sich zusammen aus den Bestellkosten K_B und den Lagerkosten K_L.

Die Bestellkosten betragen $60x$, die Bestellmenge $\frac{67\,500}{x}$, der Wert des durchschnittlichen Lagerbestands $\frac{1\,350\,000}{x}$ € und die Lagerkosten $\frac{54\,000}{x}$ €.

Damit erhalten wir für die gesamten Kosten K_G in Abhängigkeit der Anzahl der Bestellmenge x:

$K_G(x) = 60x + \frac{54\,000}{x}$.

Für sehr kleine und sehr große x-Werte sind die Gesamtkosten sehr hoch. Sie fallen zuerst monoton bis zu ihrem Minimum und steigen anschließend wieder monoton.

Das Minimum liegt an der Stelle 30, d. h., dass mit 30 Bestellungen die Gesamtkosten am niedrigsten sind.

x = Anzahl der Bestellungen

$K_G(x) = K_B(x) + K_L(x)$

$K_B(x) = 60 \cdot x$

$K_L(x) = \frac{\frac{67\,500}{x}}{2} \cdot 40 \cdot 0{,}04$

▶ durchschn. Lagerbestand: $\frac{\frac{67\,500}{x}}{2}$
▶ Wert einer Kette 40 €

$ = \frac{1\,350\,000}{x} \cdot 0{,}04 = \frac{54\,000}{x}$

$\Rightarrow K_G(x) = 60x + \frac{54\,000}{x}$

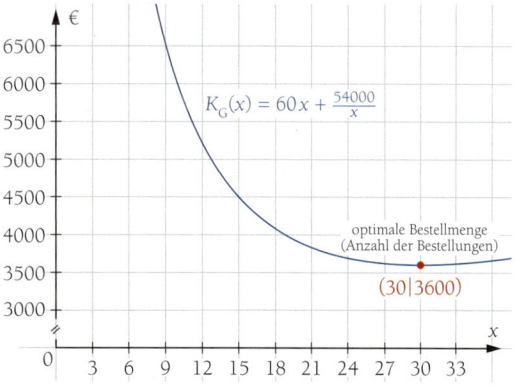

optimale Bestellmenge
(Anzahl der Bestellungen)

(30 | 3600)

30 Bestellungen bedeuten eine **optimale Bestellmenge** von 2250 Ketten bei Kosten von 3600 €.

Bestellmenge $= \frac{67\,500}{30} = \mathbf{2250}$

$K_G(30) = 60 \cdot 30 + \frac{54\,000}{30} = 3600$

Ein Händler rechnet damit, dass er von einer Ware in einer Rechnungsperiode 2880 Stück absetzen kann. Seine Bestellkosten betragen 40 € pro Bestellung, seine Lagerkosten 1 € pro Stück.
Ermitteln Sie die optimale Bestellmenge.

17 Isoquante

In einem landwirtschaftlichen Versuchsbetrieb werden Untersuchungen für den Anbau von Getreide gemacht, um die kostengünstigste Kombination des Produktionsfaktors „Arbeit" mit dem Produktionsfaktor „Dünger" (Kapital) herauszufinden. Eine Arbeitsstunde kostet 24 €, ein Sack Dünger kostet 16 €.
In der Tabelle sind die Ergebnisse dieser Untersuchungen aufgelistet.

Das Getreide wird auf mehreren Feldern unter gleichen Bedingungen angebaut, nur die Arbeitszeit (Arbeitsstunden y) und die Düngermenge (Anzahl der Säcke x) variieren.

Aus der Tabelle können wir entnehmen, dass es mehrere Mengenkombinationen aus „Arbeit" und „Dünger" gibt, um einen ganz bestimmten Ertrag (in kg) zu erzielen.

y \ x	3	4	5	6	7	8
8	320	472	552	636	709	779
7	286	450	494	568	636	697
6	249	350	427	494	552	604
5	204	286	350	410	452	494
4	145	204	249	286	320	350

▶ (4|6), (5|5), (8|4) erzeugen 350 kg
▶ (5|7), (6|6), (8|5) erzeugen 494 kg

Die Produktionsfaktoren „Arbeit" und „Dünger" können sich also in gewissen Grenzen gegenseitig ersetzen. Dosiert man die beiden Faktoren in beliebig kleinen Mengen, wird die funktionale Abhängigkeit deutlich.

Tragen Sie die Punkte für einen Ertrag von 350 kg in ein Koordinatensystem ein und beschreiben Sie den entstehenden Graphen.

Die Punkte für einen bestimmten Ertrag (hier: 350 kg) liegen nicht auf einer Geraden, sondern auf einer Hyperbel, da bei sinkender Menge des Faktors „Arbeit" immer weiter (progressiv) steigende Mengen des Faktors „Dünger" benötigt werden.
Dieser Graph enthält als Punkte alle Mengenkombinationen der Faktoren „Arbeit" und „Dünger", mit denen der geforderte Ertrag von 350 kg erzielt werden kann.
Eine solche Kurve bezeichnet man in der Volkswirtschaftslehre als **Isoquante**. ▶ iso [griech.] = gleich

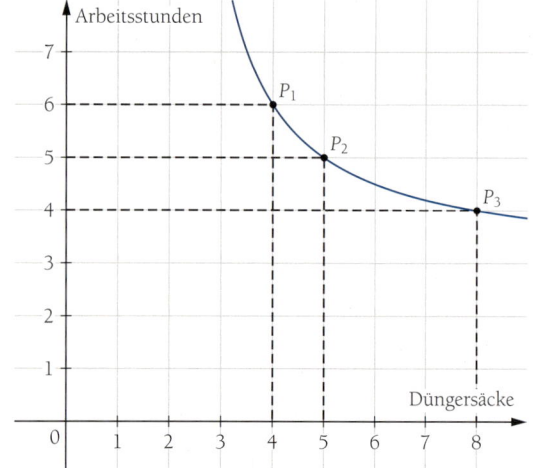

Die **Isoquante** kann durch eine gebrochenrationale Funktion I vom Typ $y = \frac{k}{x-a} + b$ mit reellen Zahlen für a, b und k dargestellt werden. Dabei gelten $x > 0$ und $y > 0$. ▶ ohne Dünger und Arbeit kein Ertrag

Ermitteln Sie die Funktionsgleichung der Isoquante für einen Ertrag von 350 kg.

Die Mengenkombinationen $P_1(4|6)$, $P_2(5|5)$ und $P_3(8|4)$ führen zu einem Ertrag von 350 kg. Setzen wir diese drei Punkte in die allgemeine Funktionsgleichung ein, erhalten wir ein Gleichungssystem mit drei Gleichungen und den drei Unbekannten a, b und k.

Beispiel:
$$y(4) = 6 \Leftrightarrow \frac{k}{4-a} + b = 6 \qquad | \cdot (4-a)$$
$$\Leftrightarrow k + (4-a) \cdot b = 6 \cdot (4-a)$$
$$\Leftrightarrow k + 4b - ab = 24 - 6a$$

I	$k + 4b - ab = 24 - 6a$
II	$k + 5b - ab = 25 - 5a$
III	$k + 8b - ab = 32 - 4a$

Subtrahieren wir Gleichung I jeweils von Gleichung II und III, so erhalten wir zwei neue Gleichungen mit nur zwei Variablen.

| II − I | $b = 1 + a$ |
| III − I | $4b = 8 + 2a$ |

$$\Rightarrow a = 2; \ b = 3; \ k = 6$$

Nun lassen sich nacheinander die Variablen b, a und k berechnen.

Durch Einsetzen der berechneten Variablen in die allgemeine Funktionsgleichung erhalten wir die Gleichung der Isoquantenfunktion I.

$$I(x) = \frac{6}{x-2} + 3; \ D_I = \ ]2; \ \infty[$$

Der Definitionsbereich aller reellen Zahlen größer als 2 ergibt sich aus der ökonomischen Forderung, dass x und y größer als 0 sein müssen.

▶ Übung 7, Seite 176

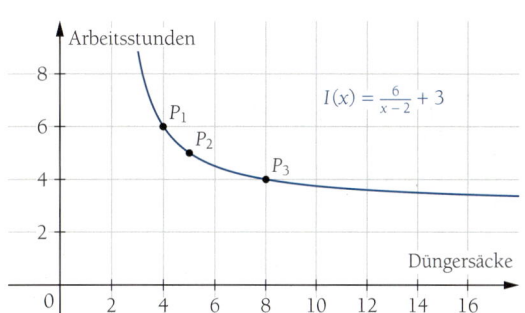

Bestimmen Sie die Gleichung der Isoquante für einen Ertrag von 494 kg aus dem obigen Beispiel.

Viele Mengenkombinationen der Einsatzfaktoren können den gleichen Ertrag erzielen. Die entscheidende ökonomische Frage ist jedoch meist, ob es eine kostengünstigste Faktormengenkombination gibt. Dafür benötigen wir ein weiteres Hilfsmittel, die **Isokostenkurve**. Auf ihr liegen alle Faktormengenkombinationen, die mit einem bestimmten Betrag K realisiert werden können.

Isokostenkurve

Bestimmen Sie den Funktionsterm der Isokostenkurve in allgemeiner Form.

Wir bezeichnen den Kostenfaktor für x mit p_x, den Kostenfaktor für y mit p_y und den zur Verfügung stehenden Betrag für die Kosten mit K. Wir erhalten eine Gleichung mit den Variablen x und y.

$$K = p_x \cdot x + p_y \cdot y \qquad | -p_x \cdot x$$
$$\Leftrightarrow -p_x \cdot x + K = p_y \cdot y \qquad | : p_y$$
$$\Leftrightarrow \frac{-p_x \cdot x + K}{p_y} = y$$

Stellen wir diese Gleichung nach y um, so wird die lineare funktionale Abhängigkeit deutlich.

Alle Faktormengenkombinationen x und y, die einem vorgegebenen Betrag K zugrunde liegen, erfüllen die Gleichung der Isokostenfunktion I_K.

$$I_K(x) = -\frac{p_x}{p_y} \cdot x + \frac{K}{p_y} \qquad \text{▶ Isokostenfunktion } I_K$$

Die Isokostenkurve ist eine Gerade.

Im Beispiel 17 auf S. 172 haben wir den Graphen ermittelt, auf dem alle die Kombinationen der Einsatzfaktoren Arbeit und Dünger liegen, mit denen ein Ertrag von 350 kg erzielt werden kann.
Wir interessieren uns nun für die kostengünstigste Kombination aus den beiden Einsatzfaktoren, die diesen Ertrag möglich machen. Diese Kombination nennt man **Minimalkostenkombination**.

 19 Minimalkostenkombination

Ermitteln Sie im Beispiel 17 die Minimalkostenkombination für einen Ertrag von 350 kg sowie den nötigen Geldbetrag K, wenn eine Arbeitsstunde 16 € und ein Sack Dünger 24 € kosten.

Soll ein Ertrag von 350 kg erzielt werden, dann muss die Minimalkostenkombination (MKK) auf der Isoquante liegen, die diesem Ertrag entspricht, also auf dem Graphen der Isoquantenfunktion $I(x) = \frac{6}{x-2} + 3$.

`GTR CAS` Auf der Isokostenkurve liegen alle Mengenkombinationen, die mit einem bestimmten Betrag K realisiert werden können. Es gilt: $I_K(x) = -\frac{2}{3}x + \frac{K}{24}$.

$$K = p_x \cdot x + p_y \cdot y \qquad \blacktriangleright p_x = 16; p_y = 24$$
$$K = 16 \cdot x + 24 \cdot y$$
$$I_K(x) = -\frac{16}{24}x + \frac{K}{24} = -\frac{2}{3}x + \frac{K}{24}$$

Für verschiedene Beträge von K verlaufen die Isokostenkurven alle parallel. ▸ Steigung immer $-\frac{2}{3}$

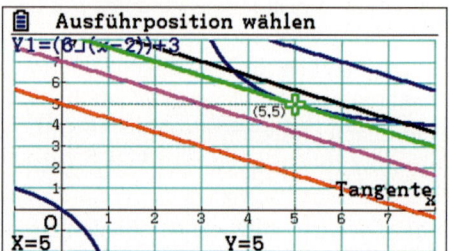

Je geringer die Kosten für die Faktorkombinationen sind, desto näher liegen die parallelen Geraden der Isokostenfunktionen am Ursprung. Die gesuchte Isokostenfunktion erfüllt also folgende Kriterien:
1. Der Graph liegt so nah wie möglich am Ursprung.
2. Der Graph besitzt noch einen Punkt mit der Isoquante gemeinsam.

Diese Bedingung erfüllt die Gerade, die die Isoquante soeben noch berührt.
Dieser Tangentialpunkt und damit die gesuchte Minimalkostenkombination ist der Punkt (5|5), wie wir der Zeichnung entnehmen.

▸ **CA** Die Wahl der optimalen Isokostenfunktion lässt sich in der Anwendung **DynaGraph** anschaulich simulieren. Die Geraden der Form $g(x) = -\frac{2}{3}x + b$ mit der Dynamikvariablen b werden nacheinander gezeichnet und die optimale Isokostenfunktion $I_K(x) = -\frac{2}{3}x + 25 \underline{\ \ } 3$ kann gefunden werden.

Wir bestimmen noch den für die Realisierung der Minimalkostenkombination (5|5) erforderlichen Geldbetrag für K aus der Gleichung

$$K = p_x \cdot x + p_y \cdot y \qquad \blacktriangleright p_x = 16; p_y = 24$$
$$= 16 \cdot 5 + 24 \cdot 5 = \mathbf{200}$$

Dieser Betrag liegt bei 200 €.

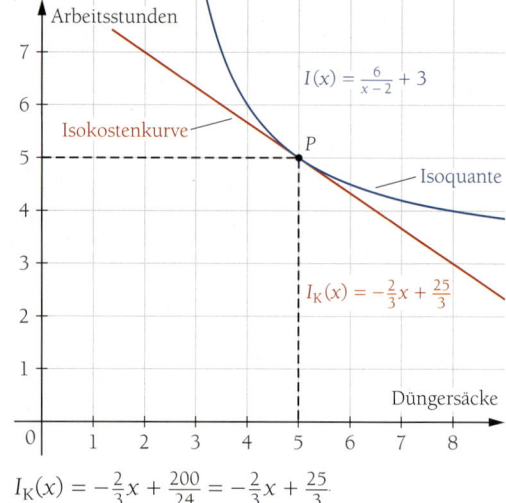

Setzen wir K in die Isokostenfunktion ein, so erhalten wir die vollständige Gleichung der Isokostenkurve mit

$$I_K(x) = -\frac{2}{3}x + \frac{25}{3}.$$

$$I_K(x) = -\frac{2}{3}x + \frac{200}{24} = -\frac{2}{3}x + \frac{25}{3}.$$

 Ermitteln Sie die Minimalkostenkombination für einen Ertrag von 494 kg aus Beispiel 17. ▸ Seite 172

In der volkswirtschaftlichen **Theorie des Haushalts** ist eine ähnlichgeartete Problematik wie in der **Produktionstheorie** bekannt. Es geht hier um verschiedene Mengenkombinationen zweier Konsumgüter, die dem Haushalt den gleichen **Nutzen** stiften.

Diese Mengenkombinationen können auch als Punkte im Koordinatensystem dargestellt werden. Diese Punkte liegen wie in der Produktionstheorie auf einem Hyperbelast im I. Quadranten, der aber im Unterschied zur Produktionstheorie (▶ Isoquante) als **Indifferenzkurve** bezeichnet wird.

Um genau einen bestimmten Nutzen zu erzielen, wird die Abhängigkeit des einen Konsumgutes vom anderen auch durch eine gebrochenrationale Funktion I mit einer Funktionsgleichung z.B. vom Typ $y = \frac{k}{x-a} + b$ dargestellt ($a, b, k, x, y > 0$, $x > a$). Der Graph, der alle mit einem bestimmten Geldbetrag – der Konsumsumme – realisierbaren Mengenkombinationen der beiden Konsumgüter darstellt, ist wie in der Produktionstheorie eine Gerade. Die Gerade wird in der Nutzentheorie **Bilanzgerade** genannt. Sie entspricht der Isokostengeraden in der Produktionstheorie.

Um auch hier die kostengünstigste Gütermengenkombination herauszufinden, ist der Berührungspunkt der Bilanzgeraden mit der Indifferenzkurve zu suchen. Dieser Punkt repräsentiert das sogenannte **Haushaltsgleichgewicht**.

Haushaltsgleichgewicht

Gegeben ist die Indifferenzkurvenschar mit den Gleichungen $I_b(x) = \frac{9}{x-2} + b$; $x \in \{3, 4, 5, \ldots\}$, $b \in \mathbb{R}$.

Der Preis sowohl des Gutes x als auch des Gutes y beträgt 50 € und die Konsumsumme 1000 €.
Zeichnen Sie die Kurvenschar von I_b (z.B. für $b = 5, 10, 12, 15$ und 18) und die Bilanzgerade in ein Koordinatensystem und ermitteln Sie das Haushaltsgleichgewicht.

Die Bilanzgerade ergibt sich aus den Preisen der beiden Güter und der verfügbaren Konsumsumme.

$50x + 50y = 1000$
$\Rightarrow y = -x + 20$

Wir zeichnen mindestens fünf Indifferenzkurven für b zwischen 5 und 18 und die Bilanzgerade in ein gemeinsames Koordinatensystem ein.

$I_5(x) = \frac{9}{x-2} + 5;$ $I_{10}(x) = \frac{9}{x-2} + 10$

$I_{12}(x) = \frac{9}{x-2} + 12;$ $I_{15}(x) = \frac{9}{x-2} + 15$

$I_{18}(x) = \frac{9}{x-2} + 18$

Je weiter eine Indifferenzkurve vom Ursprung entfernt liegt, desto größer ist der Nutzen für den Haushalt.

Der größte Nutzen für den Haushalt entsteht dort, wo eine Indifferenzkurve die Bilanzgerade noch berührt.

Aus der Zeichnung entnehmen wir, dass der Berührpunkt (5|15) ist. Das heißt: 5 ME des Gutes x und 15 ME des Gutes y stiften den größten Nutzen.

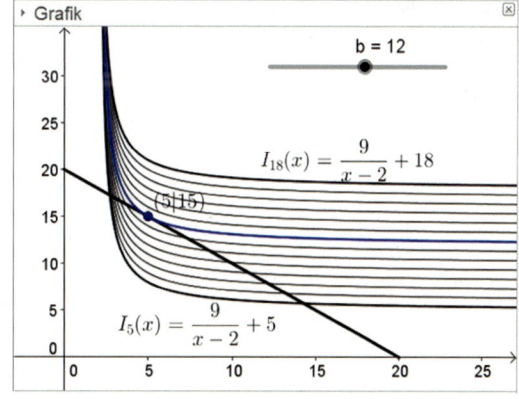

▶ GG Kurvenscharen werden anschaulich dargestellt, indem bei Funktionen mit Parametern die Option **Spur** aktiviert wird.

Übungen zu 2.4.2

1. Ein Partnerunternehmen der Fly Bike Werke produziert Brillenetuis für Sportbrillen. In der Produktionsphase fallen konstante Fixkosten von 10 € an. Die variablen Kosten betragen 50 Cent pro Stück.

a) Formulieren Sie die lineare Kostenfunktion K und die Stückkostenfunktion k. $D_{\text{ök}} = [0; 300]$

b) Bestimmen Sie die Grenzwerte der Kostenfunktion K und der Stückkostenfunktion k an den Grenzen des Definitionsbereichs.

c) Zeichnen Sie die Graphen von K und k sowie der Funktion der variablen Stückkosten k_v.

2. Die Preis-Absatz-Funktion für das Gut eines Monopolisten lautet $p(x) = 375 - 40x$.
Die Herstellung des Produkts verursacht Kosten, die durch die Funktion K wiedergegeben werden mit $K(x) = 5x^3 - 40x^2 + 120x + 250$.

a) Ermitteln Sie die kostengünstigste Produktionsmenge (Betriebsoptimum) und die niedrigsten Durchschnittskosten.

b) Beurteilen Sie die Wirtschaftlichkeit der Produktion auf der Grundlage der Wirtschaftlichkeitsfunktion $W(x)$.

c) Beschreiben Sie die Gewinnsituation des Monopolisten. Stimmt Ihre Beurteilung mit den Erkenntnissen aus b) überein?

d) Beurteilen Sie die Umsatzrentabilität des Monopolisten auf der Basis der Funktion $U(x)$. Stimmt Ihre Beurteilung mit den Erkenntnissen aus b) und c) überein?

3. Ein Spielzeuggroßhandel benötigt pro Rechnungsperiode 7200 Kinder-DVD-Player zum Bezugspreis von 35 € je Stück. Er rechnet mit Lagerkosten von 20 % (berechnet vom Wert des durchschnittlichen Lagerbestands) und mit Bestellkosten von 700 € pro Bestellung.

a) Geben Sie die Gesamtkostenfunktion K an (Lagerkosten und Bestellkosten).

b) Stellen Sie die Gesamtkosten in einem Koordinatensystem dar und ermitteln Sie die optimale Bestellmenge.

4. Ein Zulieferer der Fly Bike Werke GmbH muss für das nächste Jahr 36 000 hochwertige Fahrradteile produzieren und möchte die Summe aus den jährlichen Lager- und Rüstkosten so gering wie möglich halten.
Eine Umrüstung kostet 2250 €, die Lagerkosten betragen 2 € pro Teil. Da der Versand an die Fly Bike Werke GmbH gleichmäßig über das Jahr verteilt ist, kann für den durchschnittlichen Lagerbestand die halbe Losgröße angesetzt werden.
Ermitteln Sie die optimale Losgröße und die dann anfallenden jährlichen Kosten.

5. Die Gleichung einer Isoquantenfunktion wird mit $I(x) = \frac{5}{x-2} + 4$ angegeben. Eine Einheit von x kostet 15 €, eine Einheit von y kostet 12 €.

a) Ermitteln Sie die Minimalkostenkombination.

b) Berechnen Sie die für die Umsetzung der Minimalkostenkombination erforderlichen Kosten.

c) Geben Sie die Gleichung der zugehörigen Isokostenkurve an.

6. Gegeben ist eine Indifferenzkurvenschar mit folgenden Gleichungen: $I_2(x) = \frac{2}{x-1} + 2$; $I_3(x) = \frac{2}{x-1} + 3$ und $I_4(x) = \frac{2}{x-1} + 4$.
Der Preis des Gutes x beträgt 20 €, der Preis des Gutes y 10 € und die Konsumsumme 90 €.

a) Bestimmen Sie für diese Indifferenzfunktionen den Definitionsbereich.
Zeichnen Sie die Indifferenzkurvenschar in ein gemeinsames Koordinatensystem.

b) Stellen Sie die Gleichung der Bilanzgeraden auf und zeichnen Sie die Bilanzgerade in das gemeinsame Koordinatensystem ein.

c) Berechnen Sie die in der Zeichnung erkennbaren gemeinsamen Punkte der Bilanzgeraden mit den Indifferenzkurven.

d) Ermitteln Sie die Mengenkombination im Haushaltsgleichgewicht.

7. Zeigen Sie, dass die Isoquantenfunktion I mit der Gleichung $I(x) = \frac{6}{x-2} + 3$ den Definitionsbereich $D_I = \,]2; \infty[$ hat.

▶ Beispiel 17 auf Seite 173

8. Der Möbelproduzent Woody möchte Regalsysteme möglichst kostengünstig produzieren und lagern. Bei einem Jahresbedarf von 6000 Stück geht der Produzent von 3000 € Rüstkosten der Produktionsmaschine je Umrüstungsvorgang und Lagerkosten von 36 € je Stück aus. ▶ Durchschnittlicher Lagerbestand = halbe Losgröße

Mögliche Los-größe (in Stück)	Anzahl der Loswechsel	Rüst-kosten	Durchschnittl. Lager-bestand (in Stück)	Lager-kosten	Gesamtkosten des Loses
600					
750					
1000					
1500					
3000					

a) Bestimmen Sie den Funktionsterm der Gesamtkosten (Rüstkosten und Lagerkosten).

b) Stellen Sie die Gesamtkosten in einem Koordinatensystem dar, indem Sie auf der x-Achse die Losgröße (in Stück) abtragen, und berechnen Sie die optimale Losgröße.

c) Füllen Sie obige Tabelle in Ihrem Heft aus, indem Sie die fehlenden Werte berechnen und somit die optimale Losgröße bestimmen.

9. Die JoRo GmbH stellt an zwei Produktionsstandorten spezielle hochleistungsfähige Chips gemäß der Kostenfunktionen K_1 mit $K_1(x) = x^3 - 12x^2 + 50x + 800$ (für den Standort 1) und K_2 mit $K_2(x) = 8x^3 - 72x^2 + 216x + 200$ (für den Standort 2) her. Pro Stück werden die Chips vom Standort 1 für 175 € und die Chips des Standorts 2 für 177 € verkauft; $x \in [0; 20]$, $K(x)$ in €.

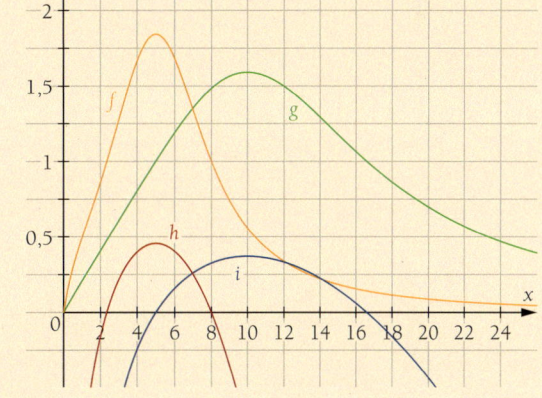

a) Ermitteln Sie die Funktionsterme der Wirtschaftlichkeit W_1 und W_2 sowie der Umsatzrentabilität U_1 und U_2 beider Standorte und ordnen Sie sie den nebenstehenden Graphen zu.

b) Berechnen Sie die Wirtschaftlichkeit und die Umsatzrentabilität beider Standorte bei Ausbringungsmengen von 5 ME, 7,5 ME und 10 ME.

c) Beurteilen Sie begründet die Wahrheit folgender Aussagen.

c_1) Die Wirtschaftlichkeit ist nie negativ.

c_2) Die Umsatzrentabilität kann größer als 1 sein.

c_3) Ist die Wirtschaftlichkeit größer als 1, so erzielt die JoRo GmbH Gewinn.

c_4) Die Umsatzrentabilität ist immer größer als 0.

c_5) Im Maximum der Umsatzrentabilität von Standort 2 beginnt der Standort 1 wirtschaftlich zu arbeiten.

c_6) Der Standort mit den höheren Erlösen ist bei gleichem Gewinn umsatzrentabler.

c_7) Das Werk mit den geringeren Kosten ist bei gleichen Erlösen wirtschaftlicher.

c_8) Die Umsatzrentabilität ist im Gewinnmaximum am größten.

c_9) Obwohl die Wirtschaftlichkeit von Standort 2 ein größeres Maximum hat, arbeitet der Standort 1 in einem größeren Intervall wirtschaftlicher als der Standort 2.

c_{10}) Die Gewinnzone der JoRo GmbH entspricht der Zone ihrer positiven Umsatzrentabilität.

c_{11}) Die Gewinnzone von Standort 1 ist größer als die von Standort 2.

c_{12}) Die Wirtschaftlichkeit und Umsatzrentabilität eines großen Unternehmens sind immer gleich.

Vermischte Übungen zu 2.4

1. Ermitteln Sie den Definitionsbereich der Funktionen. Untersuchen Sie die Art der Definitionslücken, Achsenschnittpunkte, Polstellen, Asymptoten und Symmetrie. Zeichnen Sie die Graphen. Geben Sie an, ob es sich um echt oder unecht gebrochenrationale Funktionen handelt.

a) $f(x) = \dfrac{2}{x-3}$
     d) $f(x) = \dfrac{x^2+4x+3}{2x^2+4x-6}$

b) $f(x) = \dfrac{-3}{x}$
     e) $f(x) = \dfrac{x^2+2}{x}$

c) $f(x) = \dfrac{-4+4x}{2-x}$
     f) $f(x) = \dfrac{x-3}{x^2-2x-3}$

2. Der Graph einer gebrochenrationalen Funktion verläuft durch den Punkt $(2\,|\,6)$, hat einen Pol bei $x=1$ und die Asymptote mit der Gleichung $y_A(x)=2$.

a) Berechnen Sie aus diesen Angaben eine mögliche Funktionsgleichung.

b) Bestimmen Sie die Nullstelle der Funktion.

c) Zeichnen Sie den Graphen.

3.

a) Ordnen Sie den Graphen die richtigen Funktionsgleichungen zu. Führen Sie die verschiedenen Merkmale auf, die Sie aus den Schaubildern für die Zuordnung entnehmen können und begründen Sie Ihre Entscheidung.

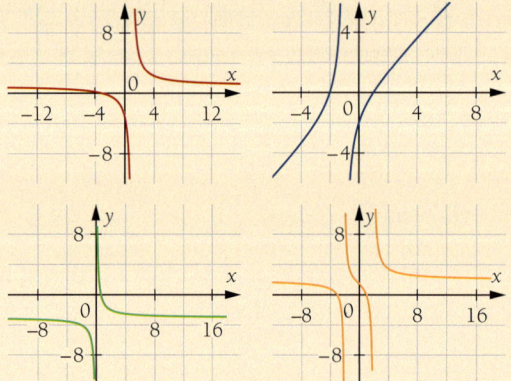

$$f(x) = \frac{-3x+2}{x} \qquad h(x) = \frac{2x^2+4x-6}{x^2-4}$$

$$g(x) = \frac{x^2+x-2}{x+1} \qquad i(x) = \frac{x+3}{x-1}$$

b) Überprüfen Sie Ihre Zuordnungen durch vollständige Funktionsuntersuchungen und zeichnen Sie die Graphen.

4. Lösen Sie das Problem von Seite 155: Erfassen Sie in einer Tabelle, wie die Kosten pro Person von der Anzahl der Teilnehmer abhängen. Drücken Sie die Abhängigkeit durch eine Funktion aus.

5. Ein Unternehmen, das täglich 1800 € fixe Kosten hat und dessen variable Stückkosten 5 € betragen, kann täglich maximal 800 Stück zum konstanten Preis von je 50 € absetzen.

a) Bestimmen Sie die Funktionsterme der Durchschnittskosten-, der Durchschnittserlös- und der Durchschnittsgewinnfunktion und zeichnen Sie die Graphen dieser Funktionen. Beschreiben Sie die Kurvenverläufe.

b) Bestimmen Sie die Gewinnschwelle.

c) Bestimmen Sie den täglichen Gewinn bei einer Absatzmenge von 800 Stück.

6. Ein monopolistischer Anbieter bietet sein Gut gemäß einer linearen Preis-Absatz-Funktion an. Dabei liegen die Sättigungsmenge bei 20 ME und der Höchstpreis bei 350 GE.
Der Unternehmer geht davon aus, dass seine Durchschnittskosten durch die Funktion k mit $k(x) = 5x^2 - 50x + 215 + \dfrac{360}{x}$ sehr gut wiedergegeben werden.

a) Ermitteln Sie das Betriebsoptimum.

b) Beschreiben Sie die Gewinnsituation des Unternehmers. Begründen Sie, warum er sein Gut nicht in der Menge anbietet, bei der er am kostengünstigsten produzieren könnte.

c) Beurteilen Sie die Wirtschaftlichkeit der Produktion auf der Grundlage der Wirtschaftlichkeitsfunktion $W(x)$, auch unter dem Aspekt der Gewinnsituation.

d) Beurteilen Sie die Umsatzrentabilität auf der Grundlage der Funktion $U(x)$. Vergleichen Sie Ihre Beurteilung mit Ihren Erkenntnissen aus b) und c).

7.

a) Zeigen Sie, dass für die Beziehung zwischen der Umsatzrentabilität und der Wirtschaftlichkeit die Gleichung gilt:
$$U(x) = 1 - \frac{1}{W(x)}.$$

b) Begründen Sie: Die Funktion der Umsatzrentabilität und die der Wirtschaftlichkeit haben an derselben Stelle ihr Maximum.

8. Damit unterschiedliche Kapitalien K jährlich 1200 € Zinsen erbringen, müssen diese mit unterschiedlichen Zinssätzen verzinst werden.

a) Geben Sie den Funktionsterm $Z_S(K)$ der Zinssatzfunktion Z_S an.

b) Zeichnen Sie den Graphen der Zinssatzfunktion Z_S im Intervall [0; 120000].

c) Bestimmen Sie den erforderlichen Zinssatz bei den Kapitalien 10000 €; 20000 €; 40000 € und 60000 €. ▶ Dreisatz mit indirekter Proportionalität

9. Ein Kapital soll bei alternativen Zinssätzen jährlich 600 € Zinsen erbringen.

a) Geben Sie den Funktionsterm der Kapitalfunktion K an.

b) Zeichnen Sie den Graphen von K im Intervall [0; 10].

c) Bestimmen Sie die Kapitalien bei den Zinssätzen 3 %; 4 %; 5 %; 6 % und 8 %.

10. Eine Investitionsfunktion, also die Funktion, die die quantitative Abhängigkeit der Höhe der Investitionen (hier bezogen auf Mrd. €) von der Höhe des Zinssatzes angibt, ist gegeben durch:

$$I(i) = 2 \cdot \frac{(i - 12)^2}{i + 1}; \; i \geq 0.$$

a) Zeichnen Sie den Graphen der Funktion I im Intervall [0; 10].

b) Berechnen Sie, wie hoch die Investitionen bei einem fiktiven Zinssatz von 0 % wären.

c) Berechnen Sie, bei welchem Zinssatz die Investitionstätigkeit eingestellt würde.

d) Geben Sie die Höhe der Investitionen bei den Zinssätzen 4 %, 6 % und 8 % an.

11. Die Nutzenvorstellungen eines Haushaltes bezüglich zweier Güter x und y werden durch die Indifferenzkurvenschar $I_b(x)$ mit folgenden Gleichungen wiedergegeben:

$$I_2(x) = \frac{10}{x - 3} + 2; \qquad I_3(x) = \frac{10}{x - 3} + 3;$$

$$I_4(x) = \frac{10}{x - 3} + 4; \qquad I_5(x) = \frac{10}{x - 3} + 5;$$

$$I_6(x) = \frac{10}{x - 3} + 6.$$

Gut x kostet 100 GE pro ME und Gut y 40 GE pro ME.

Für diese beiden Güter stehen dem Haushalt 860 GE zur Verfügung.

Ermitteln Sie das Haushaltsgleichgewicht.

12. Ein Kopierladen rechnet mit einem jährlichen Bedarf von 204 800 Paketen Kopierpapier zu je 500 Blatt. Der Einstandspreis für jeweils 100 Pakete beträgt 50 €. Der Inhaber geht von 40 € Bestellkosten und einem Lagerkostenzuschlag von 20 % auf den durchschnittlichen Wert des Lagers aus.

a) Drücken Sie die Gesamtkosten als Funktion von der Anzahl der Bestellungen aus.

b) Ermitteln Sie die optimale Bestellmenge und die dafür anfallenden Kosten.

13. Ein Computerhersteller bezieht von einem Zulieferer jährlich 56 250 Stück eines Gehäuseteils zu einem Einstandspreis von 6,25 €.
Seine Bestellkosten betragen 50 € pro Bestellung. Für seine Lagerhaltung rechnet er mit einem Zinssatz von 10 %.

a) Drücken Sie die Gesamtkosten als Funktion der Bestellmenge aus und ermitteln Sie die optimale Bestellmenge.

b) Begründen Sie, warum der Hersteller nicht genau die optimale Bestellmenge ordern kann, und zeigen Sie Alternativen auf.

14. Die Greifhand GmbH beliefert den Möbelproduzenten Woody jährlich mit Schubladengriffen für seine Möbel. Er beziffert die Lagerkosten mit 1 € pro Stück des durchschnittlichen Lagerbestands. Die Umrüstung seiner Produktionsanlage auf andere Griffe kostet jedes Mal 1000 €.
Ermitteln Sie die optimale Losgröße, die erforderliche Anzahl von Umrüstungen und die anfallenden Kosten für eine jährliche Lieferung von 18 000 Griffen.

15. Gegeben ist die Isoquantenfunktion I mit der Gleichung $I(x) = \frac{9}{x - 1} + 3.$

a) Bestimmen Sie ihren Definitionsbereich.

b) Bestimmen Sie, welche Mengen des Faktors y eingesetzt werden müssen, wenn 2 ME (3 ME, 7 ME, 10 ME, 100 ME) für den Faktor x eingesetzt werden.

c) Eine Einheit des Faktors x kostet 4 €, eine Einheit des Faktors y kostet 10 €. Geben Sie zu den errechneten Faktormengenkombinationen die jeweiligen Kosten an.

d) Bestimmen Sie die zugehörige Menge des Faktors x für den Fall, dass 3,25 ME (6 ME, 19 ME) für den Faktor y festgelegt worden sind.

16. Ein Haushalt hat die Wahl zwischen 2 Gütern, x und y, von denen das erste 200 GE pro ME und das zweite 50 GE pro ME kosten. Dem Haushalt steht eine Konsumsumme von insgesamt 800 GE zur Verfügung. Die Nutzenanalyse des Haushalts hat die in der Abbildung dargestellten vier Indifferenzkurven ergeben.

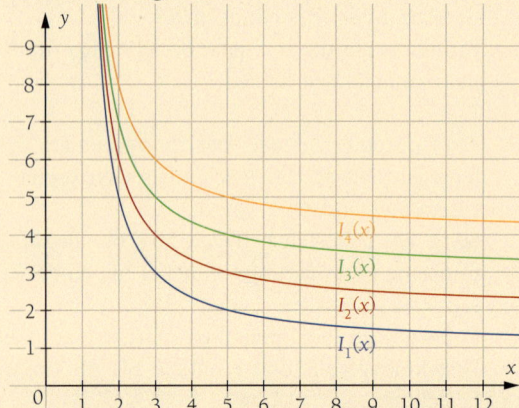

Ermitteln Sie das Haushaltsgleichgewicht, also die Mengenkombination aus den beiden Gütern, die dem Haushalt den größten Nutzen bringt.

17. Zur Produktion einer festgelegten Menge eines Gutes können die Einsatzfaktoren x und y in den Mengenkombinationen (4|29), (6|13) und (11|8) eingesetzt werden. Eine Einheit des Faktors x kostet 20 €, eine Einheit des Faktors y kostet 30 €. Es stehen insgesamt 450 € zur Verfügung.

a) Ermitteln Sie die Isoquantenfunktion und die entsprechende Isokostenfunktion.

b) Zeichnen Sie beide Graphen in ein gemeinsames Koordinatensystem.

c) Prüfen Sie anhand der Zeichnung, ob mit dem vorhandenen Geldbetrag das angestrebte Produktionsergebnis erzielt werden kann.
Falls ja, berechnen Sie auch die dazu erforderliche Faktormengenkombination.

18. Die Gleichung einer Isoquantenfunktion wird mit $I(x) = \frac{12}{x-1} + 3$ angegeben. Eine Einheit des Faktors x kostet 20 €, eine Einheit des Faktors y kostet 15 €.

a) Ermitteln Sie die Minimalkostenkombination.

b) Geben Sie den für die Realisierung der Minimalkostenkombination erforderlichen Geldbetrag an.

c) Bestimmen Sie die Gleichung der zugehörigen Isokostenkurve.

d) Formulieren Sie für einen zur Verfügung stehenden Geldbetrag von 215 € die Funktion der Isokostenkurve und überprüfen Sie, mit welchen Faktormengenkombinationen der gleiche Ertrag erzielt werden kann.

19. Die JoRo GmbH möchte ein neues Gut x in ihr Produktionsprogramm aufnehmen. Sie stände dann allerdings in Konkurrenz zu einem anderen Hersteller, der ein sehr ähnliches Gut y auf dem Großhandelsmarkt zum Preis von 4 GE anbietet. Deshalb beauftragt die JoRo GmbH das Marktforschungsinstitut Research4you mit der Analyse des Wiederverkäufermarktes bezüglich dieser beiden Produkte.
Daraufhin fertigt Research4you eine Indifferenzkurvenanalyse an und liefert das untenstehende Schaubild mit der Angabe, dass die Indifferenzkurven Graphen der Funktionenschar $I_b(x) = \frac{16}{x-2} + b$ sind.

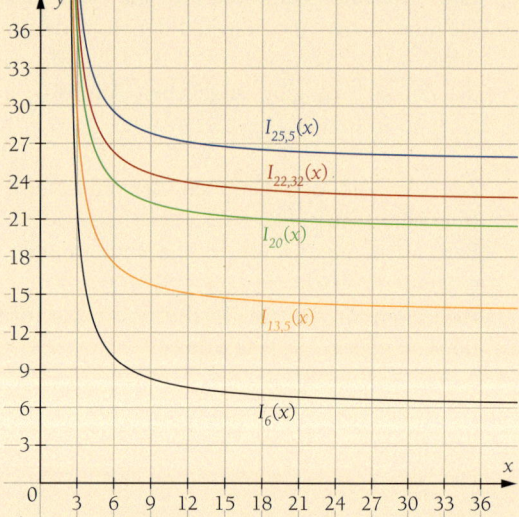

Außerdem teilt das Marktforschungsinstitut dem Hersteller mit, dass der Großhandelsmarkt für die beiden Produkte x und y zusammen genau 120 GE ausgeben würde.

a) Berechnen Sie für die JoRo GmbH, wie viele ME sie jeweils verkaufen könnte, wenn sie das Produkt für 1 GE; 2,56 GE; 4 GE; 9 GE bzw. 16 GE anbieten würde.

b) Ermitteln Sie zu den 5 möglichen Verkaufspreisen die entsprechende parameterfreie Indifferenzkurve.

Ich kann ...

... den **Definitionsbereich** einer Funktion ermitteln ▸ Test-Aufgaben 1, 4, 5	$f(x) = \dfrac{x^2 - 5x + 6}{x^2 - 3x + 2} = \dfrac{Z(x)}{N(x)}$ $N(x) = 0 \Rightarrow D_f = \mathbb{R}\setminus\{1;\,2\}$	Die **Nullstellen der Nennerfunktion** sind die **Definitionslücken** und müssen aus dem Definitionsbereich **ausgeschlossen** werden.

... die **Art der Definitionslücke** bestimmen.

▸ Test-Aufgaben 1, 5

$f(x) = \dfrac{(x-2)(x-3)}{(x-2)(x-1)}$

$\Rightarrow f^*(x) = \dfrac{x-3}{x-1}$ Ersatzfunktion

$(x-2)$ kürzbar

$\Rightarrow$ 2 ist behebbare Lücke

$(x-1)$ nicht kürzbar

$\Rightarrow$ 1 ist Polstelle

Behebbare Lücken sind Nullstellen der Zähler- und Nennerfunktion. Sie werden am Graphen als „Loch" gekennzeichnet. **Polstellen** sind Unendlichkeitsstellen und werden als senkrechte Linien dargestellt.

... **Polstellen** auf einen **Vorzeichenwechsel (VZW)** untersuchen.

▸ Test-Aufgaben 1, 5

$\left.\begin{array}{l}\lim\limits_{x \to 1^-} f^*(x) = +\infty \\[1em] \lim\limits_{x \to 1^+} f^*(x) = -\infty\end{array}\right\}$ Pol mit VZW bei $x = 1$

Pole
- **mit VZW** bei verschiedenen
- **ohne VZW** bei gleichen

Vorzeichen des Grenzwerts

... die Gleichung von **Asymptoten** mithilfe der Polynomdivision berechnen und die **Annäherung** des Graphen an die Asymptote beschreiben.

▸ Test-Aufgaben 1, 3, 5

$(x-3) : (x-1) = 1 + \dfrac{-2}{x-1}$

$\Rightarrow y_A(x) = 1;\; R(x) = \dfrac{-2}{x-1}$

$R(x) > 0$ für $x \to -\infty$: von oben

$R(x) < 0$ für $x \to +\infty$: von unten

Der ganzrationale Term y_A ist der Term der Asymptote. Der gebrochenrationale Term R ist das Restglied.
Das Restglied wird hier für $x \to \pm\infty$ untersucht.
$R(x) < 0 \Rightarrow$ Annäherung von unten
$R(x) > 0 \Rightarrow$ Annäherung von oben

... **den Graphen** von f anhand berechneter Eigenschaften **zeichnen und beurteilen**.

▸ Test-Aufgaben 1, 2, 5

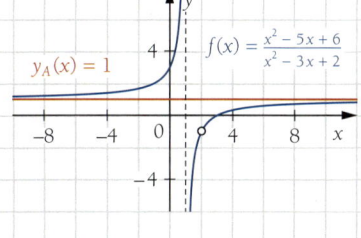

Achsenschnittpunkte, Polstellen, Asymptoten, behebbare Lücken

... **Merkmale** einer Funktion aus einem Text oder Graphen entnehmen und eine **Funktionsgleichung** erstellen.

$f(x) = k \cdot \dfrac{(x - \text{Nullst.})(x - \text{behebbare Lücke})}{(x - \text{Polstelle})(x - \text{behebbare Lücke})}$

Die gegebenen Werte werden in die allgemeine Gleichung einer gebrochenrationalen Funktion als Linearfaktoren eingesetzt und die Gleichung berechnet.

... die **Stückkosten** k und die **Wirtschaftlichkeit** W eines Betriebs bestimmen und auswerten, sowie die **Minimalkostenkombination** mithilfe einer **Isoquante** und einer **Isokostenfunktion** ermitteln.

▸ Test-Aufgaben 3, 4, 5

$k(x) = \dfrac{K(x)}{x}$ Stückkosten

$W(x) = \dfrac{E(x)}{K(x)}$ Wirtschaftlichkeit

$I(x) = \dfrac{k}{x-a} + b$ Isoquante

$I_K(x) = -\dfrac{p_x}{p_y} + \dfrac{K}{p_y}$ Isokostenfunktion

Der **Grenzwert einer Stückkostenfunktion** mit $x \to \infty$ gibt die Kostenuntergrenze pro Mengeneinheit an.
Die **Wirtschaftlichkeit** gibt an, ob ein Betrieb Verlust ($W < 1$) oder Gewinn ($W > 1$) macht, oder ob sich Erlös und Kosten decken ($W = 1$).
Der Punkt MKK gibt die **Minimalkostenkombination** zweier Einsatzfaktoren x und y mit ihren Preisen p_x und p_y an.

Test zu 2.4

1. Ermitteln Sie den Definitionsbereich der durch $f(x) = \frac{2}{(x-2)^2}$ gegebenen Funktion. Untersuchen Sie auch die Art der Definitionslücke, die Achsenschnittpunkte, Polstelle, Asymptote und Symmetrie. Zeichnen Sie den Graphen.

2. Ordnen Sie anhand markanter Merkmale den Graphen die folgenden Funktionsgleichungen zu.

$f(x) = \frac{-x-3}{x+1}$; $g(x) = \frac{x+3}{x-1}$; $h(x) = \frac{3}{x-1}$; $i(x) = \frac{-x-3}{x-1}$

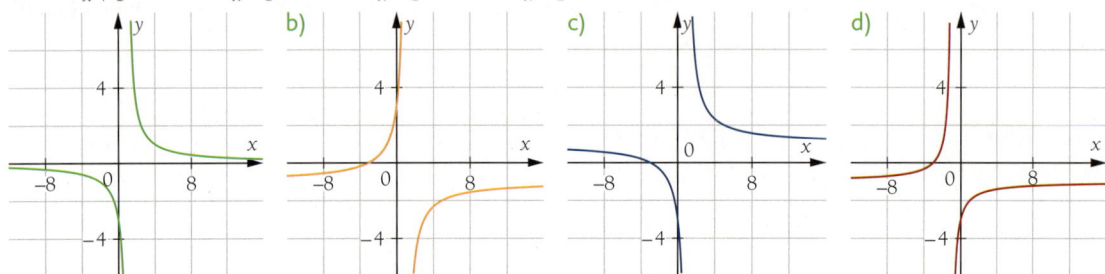

3. Eine Porzellanmanufaktur mit täglichen fixen Kosten von 1400 € stellt Kannen her und hat variable Stückkosten von 6 €. Sie kann täglich 600 Kannen zum Preis von 76 € pro Stück absetzen.

a) Bestimmen Sie die Gleichungen der Durchschnittskostenfunktion k, der Durchschnittserlösfunktion e sowie der Durchschnittsgewinnfunktion g und zeichnen Sie deren Graphen.

b) Ermitteln Sie die Gewinnschwelle.

c) Berechnen Sie den täglichen Gewinn bei einer Absatzmenge von 600 Stück.

d) Untersuchen Sie, welchen Werten die einzelnen Durchschnittsfunktionen entgegenstreben.

4. Gegeben ist die Isoquantenfunktion I durch die Gleichung $I(x) = \frac{24}{x-3} + 5$ mit den Produktionsfaktoren x und y. Eine Einheit des Faktors x kostet 20 € und eine Einheit des Faktors y kostet 30 €.

a) Berechnen Sie den Definitionsbereich D_I und zeichnen Sie die Isoquante.

b) Ermitteln Sie die Minimalkostenkombination der Einsatzfaktoren x und y.

c) Geben Sie den für die Realisierung der Minimalkostenkombination erforderlichen Geldbetrag an.

d) Bestimmen Sie die Funktionsgleichung der zugehörigen Isokostenkurve und zeichnen Sie diese in dasselbe Koordinatensystem.

5. Die Fly Bike Werke GmbH bietet für ihre Fahrräder eine Halterung für Trinkflaschen an. Bei der Produktion dieser Halterung betragen die Fixkosten 2 GE und die variablen Kosten werden mit 0,5 GE pro ME angegeben. Am Markt lässt sich für das Produkt ein Erlös von 3 GE je ME erzielen.

a) Erstellen Sie die Funktionsgleichung für die Wirtschaftlichkeit W.

b) Erläutern Sie, ob es sich um eine echt oder unecht gebrochenrationale Funktion handelt.

c) Bestimmen Sie den Definitionsbereich der Funktion W.

d) Überprüfen Sie, ob der Definitionsbereich ökonomisch sinnvoll ist. Ändern Sie ihn gegebenenfalls.

e) Untersuchen Sie die Funktion W vollständig und zeichnen Sie den Graphen.

f) Interpretieren Sie im ökonomisch sinnvollen Definitionsbereich die Veränderung der Wirtschaftlichkeit der Fly Bike Werke und ziehen Sie daraus eine Schlussfolgerung für unendlich große Produktionsmengen.

2 Reelle Funktionen

2.5 Exponentialfunktionen

Der Geschäftsführer der Fly Bike Werke GmbH, Hans Peters, hat gemeinsam mit den Gesellschaftern beschlossen, das Elektrofahrrad *e-City-Bike* in das Sortiment aufzunehmen.

Die Erweiterung der Werkstatt kostet die Fly Bike Werke 40 000 €. Der Produktionsleiter, Herr Rother, hat ermittelt, dass man die neu gekauften Maschinen 10 Jahre lang für die Produktion einsetzen kann.

Die Kosten für die Beschaffung der Maschinen in Höhe von 40 000 € stellen einen Aufwand dar, allerdings wird die Firma die Maschinen 10 Jahre lang nutzen. Aus diesem Grund werden die 40 000 € nicht komplett im Anschaffungsjahr der Maschinen als Aufwand gebucht, sondern anteilig durch planmäßige Abschreibungen auf die Jahre der Nutzung verteilt.

Grundsätzlich hat die Fly Bike Werke GmbH die Wahl zwischen zwei Abschreibungsverfahren:
1. Die **lineare Abschreibung**: Die Anschaffungskosten in Höhe von 40 000 € werden hier gleichmäßig auf die 10 Jahre Nutzungsdauer verteilt. Dabei wird in jedem Jahr der gleiche Betrag abgeschrieben.
2. Die **geometrisch-degressive Abschreibung**: Hier wird ein jährlich fallender Betrag abgeschrieben. Dieser beträgt in jedem Jahr 15 % des jeweiligen Restwertes der Maschinen am Jahresanfang.

Bettina Lotto, die kaufmännische Auszubildende, soll nun die beiden möglichen Abschreibungsmethoden miteinander vergleichen.

Frau Lotto erstellt für Herrn Rother zunächst eine Wertetabelle, aus der der jährliche Abschreibungsbetrag und der zugehörige Buchwert der Maschinen am Jahresende hervorgehen.

Außerdem stellt sie den Buchwert in Abhängigkeit der Nutzungsdauer grafisch dar.
Herr Rother bittet Frau Lotto zusätzlich um eine Formel, mit deren Hilfe er den Restbuchwert der Maschinen nach t Jahren Nutzungsdauer berechnen kann.

▶ Aufgabe 4 auf Seite 205

Kompetenzen

- Exponentialfunktionen erkennen und auf verschiedene Arten darstellen
- Graphenverläufe beschreiben
- Realitätsbezogene Zusammenhänge mathematisch beschreiben und deuten
- Exponentielles Wachstum erkennen

Anwendungen

- Degressive Abschreibung
- Zinseszinsrechnung
- Rentenrechnung
- Annuitätentilgung

2.5 Exponentialfunktionen

2.5.1 Gleichungen und Graphen

Exponentialfunktionen beschreiben wichtige Wachstums- und Abnahmeprozesse in der Ökonomie, aber auch in der Natur und Technik, wie z.B. die Vermehrung von Bakterien oder die Abnahme von Medikamentenwirkstoffmengen im Körper. Auch ein Kapital, das regelmäßig verzinst wird, wächst exponentiell. (▶ Abschnitt 2.5.3). In diesem Abschnitt werden Wachstums- und Abnahmeprozesse modelliert, d. h., mit mathematischen Mitteln in Form von Funktionstermen „nachempfunden".

 Exponentielles Wachstum

Unter geeigneten Bedingungen verdoppelt sich die Anzahl der Bakterien einer bestimmten Bakterienart in einer Nährlösung stündlich. Ermitteln Sie, wie viele Bakterien sich nach einer, nach zwei, nach drei und allgemein nach t Stunden in der Nährlösung befinden, wenn zu Anfang z.B. acht Bakterien darin vorhanden sind.

Die Bakterien vermehren sich stündlich immer um denselben Faktor 2. Zum Zeitpunkt 0 befinden sich 8 Bakterien in der Nährlösung, nach einer Stunde $8 \cdot 2 = 16$, nach 2 Stunden $16 \cdot 2 = 32$, nach 3 Stunden $32 \cdot 2 = 64$ Bakterien usw. In Abhängigkeit von der Zeit t lässt sich das Wachstum somit durch die reelle Funktion $f(t) = 8 \cdot 2^t$ beschreiben.

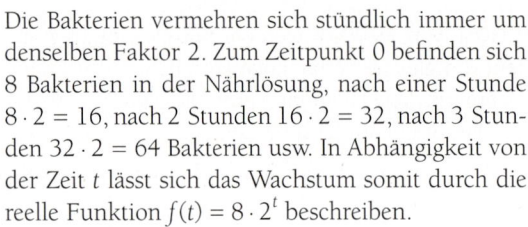

$$f(0) = 8 \qquad\qquad = 8 \cdot 2^0 = 8$$
$$f(1) = 8 \cdot 2 \qquad\quad = 8 \cdot 2^1 = 16 \;\Big\}\cdot 2$$
$$f(2) = 8 \cdot 2 \cdot 2 \qquad = 8 \cdot 2^2 = 32 \;\Big\}\cdot 2$$
$$f(3) = 8 \cdot 2 \cdot 2 \cdot 2 = 8 \cdot 2^3 = 64 \;\Big\}\cdot 2$$
$$f(t) = 8 \cdot \underbrace{2 \cdot 2 \cdot \ldots \cdot 2}_{t\text{-mal}} = 8 \cdot 2^t$$

Die unabhängige Variable t steht hier im Exponenten. Eine solche Funktion heißt daher **Exponentialfunktion**. Sie beschreibt **exponentielles Wachstum**, in diesem Fall mit dem **Wachstumsfaktor** 2 und dem **Anfangswert** 8.

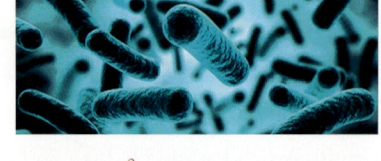

Die unabhängige Variable wird auf der x-Achse abgetragen. Da diese hier die Zeit angibt, nennen wir sie t (time).

Da die Frage nach der Bakterienanzahl zu jedem Zeitpunkt und nicht nur zur vollen Stunde sinnvoll ist, ist die Exponentialfunktion für alle $t \in \mathbb{R}^{\geq 0}$ definiert.

Außerdem kann man davon ausgehen, dass sich die Bakterien nicht sprunghaft von einer Stunde t_1 zur nächsten Stunde t_2 verdoppeln, sondern dass das Wachstum annähernd kontinuierlich verläuft, sodass die Funktion zwischen t_1 und t_2 alle Werte von $f(t_1)$ bis $f(t_2)$ annimmt. Anschaulich bedeutet das, dass der Graph der Funktion keine „Sprünge" macht.

▶ Würde man die Bakterien einzeln zählen, so würde $f(t)$ tatsächlich nicht alle, sondern nur natürliche Zahlen als Werte annehmen.

Der Graph von f schneidet die y-Achse an der Stelle $y = 8$. ▶ $f(0) = 8$

Da die Anzahl der Bakterien mit der Zeit immer größer wird, verläuft er streng monoton steigend. Der Graph steigt in einer Linkskurve immer stärker an. Man spricht hier von exponentiellem und **progressivem Wachstum**.

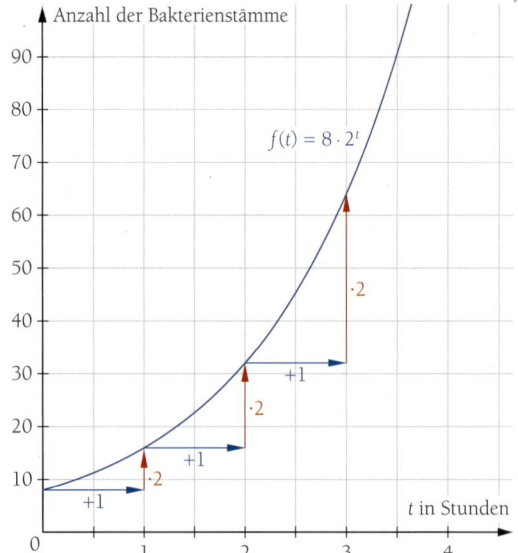

▶ Verliefe der Graph steigend und rechtsgekrümmt, spräche man von **degressivem Wachstum**.

Exponentielle Abnahme

Durch eine Medikation sinkt die Anzahl der Bakterien täglich um 20 %.
Berechnen Sie die Anzahl der Bakterien in einem Milliliter Blut nach 4 Tagen, wenn sich zu Beginn der Medikation 10 000 Bakterien in einem Milliliter Blut befinden.

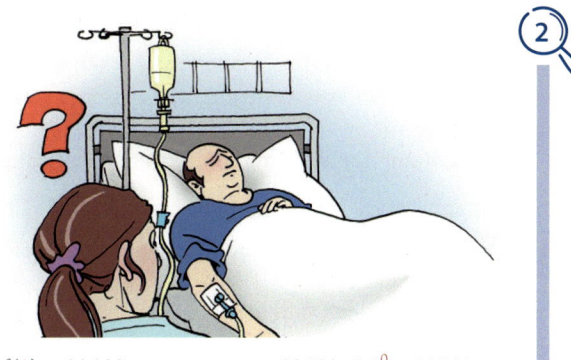

Jeden Tag sinkt die Anzahl der Bakterien um 20 %. Nach einem Tag sind also nur noch 80 % der ursprünglich vorhandenen 10 000 Bakterien in einem Milliliter Blut: $10\,000 \cdot 0{,}8 = 8000$. Nach 2 Tagen sind es $8000 \cdot 0{,}8 = 6400$ und nach 3 Tagen schließlich $6400 \cdot 0{,}8 = 5120$ Bakterien in einem Milliliter Blut.

$$
\begin{aligned}
f(0) &= 10\,000 & &= 10\,000 \cdot 0{,}8^0 = 10\,000 \\
f(1) &= 10\,000 \cdot 0{,}8 & &= 10\,000 \cdot 0{,}8^1 = 8000 \\
f(2) &= 10\,000 \cdot 0{,}8 \cdot 0{,}8 & &= 10\,000 \cdot 0{,}8^2 = 6400 \\
f(3) &= 10\,000 \cdot 0{,}8 \cdot 0{,}8 \cdot 0{,}8 & &= 10\,000 \cdot 0{,}8^3 = 5120 \\
f(t) &= 10\,000 \cdot \underbrace{0{,}8 \cdot 0{,}8 \cdot \ldots}_{t\text{-mal}} & &= 10\,000 \cdot 0{,}8^{\,t}
\end{aligned}
$$

In Abhängigkeit von der Zeit t (t in Tagen) lässt sich die Anzahl der Bakterien somit durch die reelle Funktion $f(t) = 10\,000 \cdot 0{,}8^t$ beschreiben.

Da die unabhängige Variable t im Exponenten steht, heißt auch diese Funktion Exponentialfunktion, sie beschreibt eine **exponentielle Abnahme** mit dem „**Wachstumsfaktor**" 0,8 und dem **Anfangswert** 10 000.

Der Graph von f schneidet die y-Achse bei 10 000. ▶ $f(0) = 10\,000$

Er fällt streng monoton und verläuft in einer Linkskurve. Die Steigung wird dabei immer flacher. Man spricht in diesem Fall von einer exponentiellen und **degressiven Abnahme**.

▶ Fiele der Graph in einer Rechtskurve, die immer steiler wird, spräche man von einer **progressiven Abnahme**.

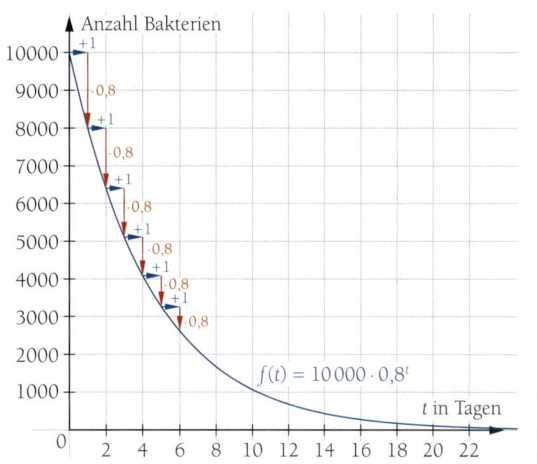

1. Beschreiben Sie den Verlauf der Graphen der Funktion f mit
a) $f(x) = 2 \cdot 1{,}5^x$
b) $f(x) = 5 \cdot 0{,}5^x$
c) $f(x) = 0{,}5 \cdot 2^x$

2. Ordnen Sie die unten stehenden Graphen den Funktionen f, g und h zu.
$f(x) = 1{,}5^x$, $g(x) = 0{,}5 \cdot 3^x$, $h(x) = 8 \cdot 0{,}25^x$

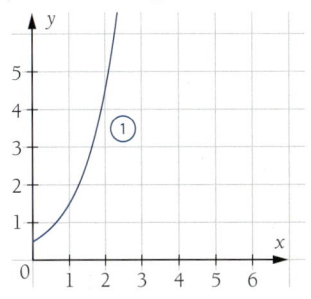
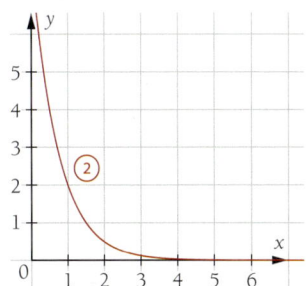
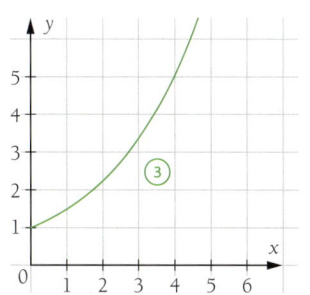

Die beiden Funktionsgleichungen aus den Beispielen 1 und 2 sind von gleicher Bauart: Der Funktionsterm besteht aus einer Potenz mit dem Exponenten x und einem konstanten Faktor, den wir allgemein mit c bezeichnen. Die Basis der Potenz nennen wir allgemein a und setzen voraus, dass sie positiv ist, also $a \in \mathbb{R}^+$.
Für c ist die Voraussetzung $c \in \mathbb{R} \setminus \{0\}$ sinnvoll.
Die **Gleichung der allgemeinen Exponentialfunktion** lautet dann: $f(x) = c \cdot a^x$.

③ Exponentialfunktionen mit verschiedenen Basen

Untersuchen Sie den Einfluss der Basis a auf den Verlauf der Graphen. Setzen Sie dazu den Faktor $c = 1$ in der allgemeinen Gleichung $f(x) = c \cdot a^x$ und variieren Sie a ($a \in \mathbb{R}^+$).

Wir betrachten z.B. die Graphen der durch die folgenden Gleichungen gegebenen Funktionen:

$f_1(x) = 2^x$ $f_2(x) = 3^x$ $h_1(x) = 0{,}8^x$ $h_2(x) = 0{,}5^x$

GTR
CAS

Die Abbildung legt eine Fallunterscheidung nahe:

Fall 1: $a > 1$
Die Graphen sind monoton steigende Kurven und zeigen (positives) Wachstum. So konnten wir z.B. die Vermehrung der Bakterien in der Nährlösung durch eine Exponentialfunktion mit der Basis 2 beschreiben. Unter günstigeren Bedingungen würde sich die Anzahl der Bakterien möglicherweise sogar stündlich verdreifachen. Für die Darstellung müssten wir dann eine Exponentialfunktion mit der Basis $a = 3$ wählen. Der zugehörige Graph ist erwartungsgemäß steiler als derjenige zur Basis $a = 2$.
Allgemein gilt für $a > 1$: Je größer die Basis a ist, desto steiler steigt der Graph im I. Quadranten.

Fall 2: $0 < a < 1$
Die Graphen sind monoton fallende Kurven und stellen negatives Wachstum (Zerfall) dar. Im Beispiel 2 haben wir die Abnahme der Bakterienanzahl durch eine Exponentialfunktion mit der Basis 0,8 beschrieben. Bei einer täglichen Abnahme der Anzahl um 50 % hätte eine geeignete Exponentialfunktion die Basis $a = 0{,}5$. Der zugehörige Graph fällt steiler als derjenige zur Basis $a = 0{,}8$.
Allgemein gilt für $0 < a < 1$: Je kleiner die Basis a ist, desto steiler fällt der Graph im II. Quadranten.

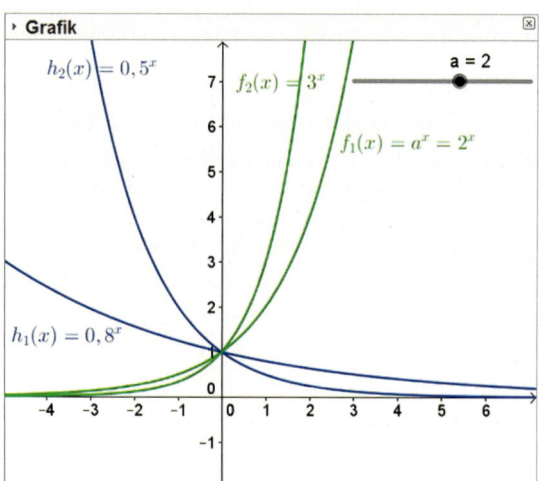

▶ **GG** Bei der Eingabe von Funktionen mit Parametern (z.B. a), wird automatisch ein Schieberegler eingerichtet.

▶ Der Fall: $a = 1$ ist hier nicht dargestellt. Der Graph der Funktion $g(x) = 1^x$ ist eine Gerade mit der Steigung 0 und stellt somit einen Sonderfall dar.

Wir betrachten die Gleichungen der Funktionen f_1 und h_2: $f_1(x) = 2^x$ und $h_2(x) = 0{,}5^x = \left(\frac{1}{2}\right)^x$.

Die Basis von h_2 ist der Kehrbruch der Basis von f_1. Bei den zugehörigen Graphen fällt auf, dass sie zueinander spiegelbildlich bezüglich der y-Achse sind.
Dieser Zusammenhang lässt sich folgendermaßen verallgemeinern:
Die Graphen zweier Exponentialfunktionen mit gleichem Faktor c sind zueinander spiegelbildlich bezüglich der y-Achse, wenn die Basis der einen Funktion gleich dem Kehrbruch der Basis der anderen ist.

Im Gegensatz zu den Graphen aus den Beispielen 1 und 2 sind die Graphen in Beispiel 3 auch für negative x-Werte gezeichnet. Tatsächlich sind alle Exponentialfunktionen auf ganz $\mathbb{R}$ definiert, d.h. $D_f = \mathbb{R}$. Mögliche Einschränkungen ergeben sich aus dem jeweiligen Sachzusammenhang.

Exponentialfunktionen mit verschiedenen konstanten Faktoren

Untersuchen Sie den Einfluss des Faktors c auf den Verlauf der Graphen. Betrachten Sie dazu z.B. Exponentialfunktionen mit der Basis 2 und variieren Sie c ($c \in \mathbb{R}^*$).

Wir zeichnen die Graphen z.B. für $c = 3$, $c = 0,5$, $c = -1$ und $c = -2$. Anhand der Abbildung stellen wir eine Übereinstimmung des konstanten Faktors c mit dem y-Achsenabschnitt fest. Diese Übereinstimmung können wir rechnerisch bestätigen:

$f_1(0) = \ \ 3 \cdot 2^0 = \ \ \ 3 \cdot 1 = \ \ \ 3 \ \rightarrow \ S_y(0|3)$
$f_2(0) = 0,5 \cdot 2^0 = 0,5 \cdot 1 = 0,5 \ \rightarrow \ S_y(0|0,5)$
$f_3(0) = -1 \cdot 2^0 = -1 \cdot 1 = -1 \ \rightarrow \ S_y(0|-1)$
$f_4(0) = -2 \cdot 2^0 = -2 \cdot 1 = -2 \ \rightarrow \ S_y(0|-2)$

Wir verallgemeinern: Eine Funktion vom Typ $f(x) = c \cdot a^x$ hat den y-Achsenabschnitt c.

Der Graph schneidet die y-Achse in $S_y(0|c)$.
Beweis: $f(0) = c \cdot a^0 = c \cdot 1 = c$

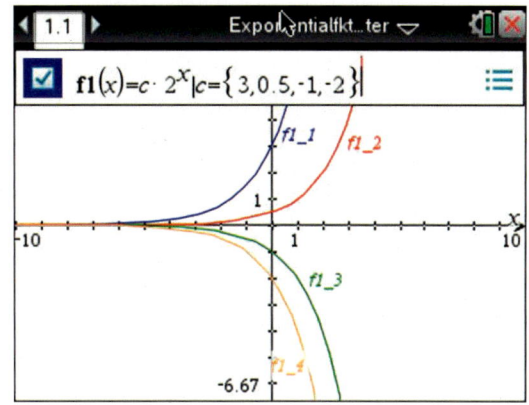

▶ TI Für den Parameter einer Funktion können mehrere Werte definiert und deren Graphen dargestellt werden.

Abschließend fragen wir uns: Wie verlaufen die Graphen, wenn wir sie im Fall $a > 1$ nach links und im Fall $a < 1$ nach rechts immer weiter zeichnen? Die bisher betrachteten Graphen vermitteln den Eindruck, als würden sie irgendwann die x-Achse berühren oder schneiden. Dass dies ein Irrtum ist, zeigt folgende Überlegung: Ein Funktionsgraph schneidet oder berührt genau dann an einer Stelle die x-Achse, wenn der Funktionswert an dieser Stelle null ist. Dies kann bei einer Exponentialfunktion jedoch nicht eintreten, denn der Faktor c und ebenso die Potenz a^x sind stets ungleich null. Also ist auch das Produkt $c \cdot a^x$ und damit jeder Funktionswert ungleich null.

Richtig ist: Im Fall $a < 1$ (und $a > 0$) kommen die Graphen mit wachsenden x-Werten der x-Achse zwar immer näher, erreichen sie aber nie. Im Fall $a > 1$ gilt dasselbe für immer kleiner werdende x-Werte.

Eine Funktion mit einer Funktionsgleichung der Form $f(x) = c \cdot a^x$ ($c \in \mathbb{R}^*$; $a \in \mathbb{R}^+$; $a \neq 1$) heißt **allgemeine Exponentialfunktion zur Basis a**. Exponentialfunktionen sind geeignet zur Beschreibung von **exponentiellem Wachstum**.
– Im Fall $a > 1$ und $c > 0$ steigt die Kurve mit wachsenden x-Werten (**positives Wachstum**).
– Im Fall $0 < a < 1$ und $c > 0$ fällt die Kurve mit wachsenden x-Werten (**negatives Wachstum** bzw. Zerfall).
Die Definitionsmenge aller Exponentialfunktionen ist die Menge der reellen Zahlen: $D_f = \mathbb{R}$.
Exponentialfunktionen vom Typ $f(x) = c \cdot a^x$ haben **keine Nullstellen**.
Im Fall $c > 0$ liegen die Graphen oberhalb der x-Achse.
Im Fall $c < 0$ liegen die Graphen unterhalb der x-Achse.
Der konstante Faktor c gibt den **y-Achsenabschnitt** an: $S_y(0|c)$.

1. Beschreiben Sie die Lage und den Verlauf der Kurve. Geben Sie den y-Achsenschnittpunkt an.
a) $f(x) = 4^x$ b) $f(x) = 0,75^x$ c) $f(x) = 2 \cdot 1,5^x$ d) $f(x) = 5 \cdot 0,6^x$ e) $f(x) = -3 \cdot 2^x$

2. Ein elastischer Ball fällt aus zwei Metern Höhe auf eine feste Unterlage und springt nach jedem Aufprall jeweils drei Viertel der letzten Höhe zurück.
Geben Sie eine Funktionsgleichung an, die jedem Aufprall die Höhe zuordnet.
Welche Definitionsmenge ist sinnvoll? Ermitteln Sie, wie hoch der Ball nach dem 4. Aufprall und wie oft er höher als 40 cm springt.

5   Beschränkter Abnahmeprozess

Die Körpertemperatur eines gesunden Menschen beträgt ca. 37 °C. Auf dem Höhepunkt einer schweren Grippe hat ein Schüler 41 °C Fieber. Er nimmt ein Fiebermittel zu sich, das eine Senkung der Körpertemperatur innerhalb eines Tages auf 38,6 °C bewirkt. Bestimmen Sie eine Funktionsgleichung, die die Temperatur in Abhängigkeit der Tage t angibt, und zeichnen Sie deren Graphen. Ermitteln Sie ferner durch Probieren, nach wie vielen Tagen das Fieber unter 37,1 °C gefallen ist.

Wir gehen davon aus, dass die Fieberabnahme exponentiell verläuft. Dann wird die Körpertemperatur nach t Tagen durch eine Funktion des Typs $f(t) = c \cdot a^t + 37$ beschrieben. Der Summand 37 steht für die normale Körpertemperatur. Da die Temperatur abnimmt, gilt $0 < a < 1$.

Zum Zeitpunkt $t = 0$ (dem Beginn der Medikation) beträgt die Temperatur 41 °C. Daraus ergibt sich $c = 4$. ► $f(0) = 41$

$f(0) = c \cdot a^0 + 37$ ► Temperatur am Tag 0: 41 °C
$41 = c + 37$
$c = 4$

Einen Tag nach Einnahme des Fiebermittels beträgt die Temperatur 38,6 °C. ► $f(1) = 38{,}6$
Damit erhalten wir $a = 0{,}4$.
Die Funktionsgleichung, die die Temperatur in Abhängigkeit der Tage t angibt, lautet also:
$f(t) = 4 \cdot 0{,}4^t + 37$.

$f(1) = 4 \cdot a^1 + 37$ ► $f(1) = 38{,}6$
$38{,}6 = 4 \cdot a^1 + 37$
$1{,}6 = 4a$
$0{,}4 = a$

$f(t) = 4 \cdot 0{,}4^t + 37; \ t \geq 0$

Der Graph von f hat den y-Achsenabschnitt 41, fällt streng monoton und hat die Gerade mit der Gleichung $y = 37$ als Asymptote, da $4 \cdot 0{,}4^t$ keine negativen Werte annehmen kann.
Die Exponentialfunktion f beschreibt hier einen **beschränkten Abnahmeprozess**.
Da der Graph in einer Linkskurve fällt, ist die Abnahme degressiv.

Allgemein gilt, dass Exponentialfunktionen mit $c > 0$ und $0 < a < 1$ streng monoton und degressiv fallen.

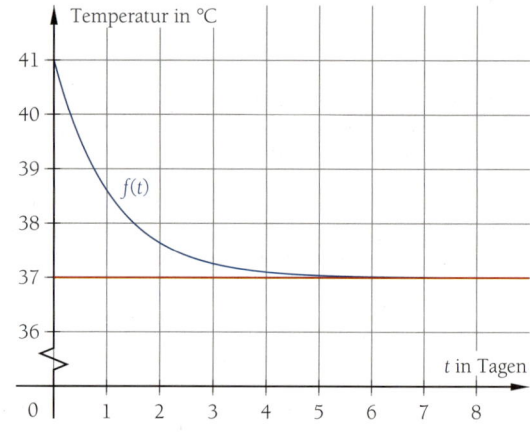

Durch Einsetzen von 3, 4 und 5 für t erkennen wir, dass nach etwa 5 Tagen die Körpertemperatur unter 37,1 °C gefallen ist.

$f(3) = 4 \cdot 0{,}4^3 + 37 = 37{,}256$
$f(4) = 4 \cdot 0{,}4^4 + 37 = 37{,}1024$
$f(5) = 4 \cdot 0{,}4^5 + 37 = 37{,}04096$

6   Beschränktes Wachstum

Eine junge Urlauberin sitzt am Mittelmeer bei 33 °C im Schatten und bestellt ein Mineralwasser, das sie mit einer Temperatur von 6 °C serviert bekommt. Interessehalber misst sie die Temperatur ihres Getränks und stellt fest, dass es nach 5 Minuten schon ca. 17 °C misst.
Modellieren Sie den Temperaturverlauf durch eine Exponentialfunktion vom Typ $f(t) = c \cdot a^t + d; \ t \geq 0$ (in Minuten).

Geht man davon aus, dass die Temperatur des Getränks sich der Außentemperatur annähert, so ist $y = 33$ die Asymptote des Graphen der gesuchten Exponentialfunktion. Es gilt also $d = 33$.

Zum Zeitpunkt $t = 0$ beträgt die Temperatur des Getränks 6 °C. ► $f(0) = 6$

Durch Lösen der entsprechenden Gleichung erhalten wir $c = -27$.

Nach 5 Minuten hat sich das Getränk auf ca. 17 °C erwärmt. ► $f(5) = 17$

Daraus ergibt sich $a \approx 0,9$

Insgesamt können wir den Temperaturverlauf somit durch die Funktion f mit der Gleichung $f(t) = -27 \cdot 0,9^t + 33$ beschreiben.

Der Graph von f steigt streng monoton. Da er eine Rechtskurve beschreibt, ist das Wachstum degressiv. Er nähert sich der Asymptote $y = 33$ an und beschreibt daher ein **beschränktes Wachstum**.

Allgemein gilt, dass Exponentialfunktionen mit $c < 0$ und $0 < a < 1$ streng monoton und degressiv steigen.

$f(t) = c \cdot a^t + d$ ► $y = 33$ ist Asymptote
$f(t) = c \cdot a^t + 33$

$f(0) = c \cdot a^0 + 33$ ► $f(0) = 6$
$6 = c \cdot a^0 + 33$ ► $a^0 = 1$
$-27 = c$

$f(5) = -27 \cdot a^5 + 33$ ► $f(5) = 17$
$17 = -27 \cdot a^5 + 33$
$-16 = -27 \cdot a^5$
$\frac{16}{27} = a^5$
$0,9 \approx a$

$f(t) = -27 \cdot 0,9^t + 33;\ t \geq 0$

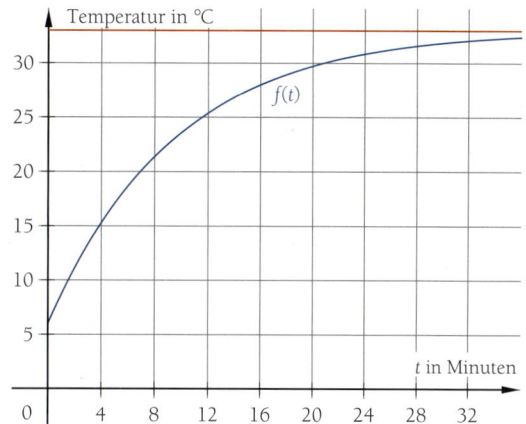

Die Graphen der Exponentialfunktionen vom Typ $f(x) = c \cdot a^x + d$ ($c \in \mathbb{R} \setminus \{0\}; a \in \mathbb{R}^+; a \neq 1; d \in \mathbb{R}$) haben die Asymptote $y = d$ und den y-Achsenabschnitt $c + d$. ► Graph verschoben entlang der y-Achse
Für den Verlauf der Graphen gilt in Abhängigkeit von a und c:

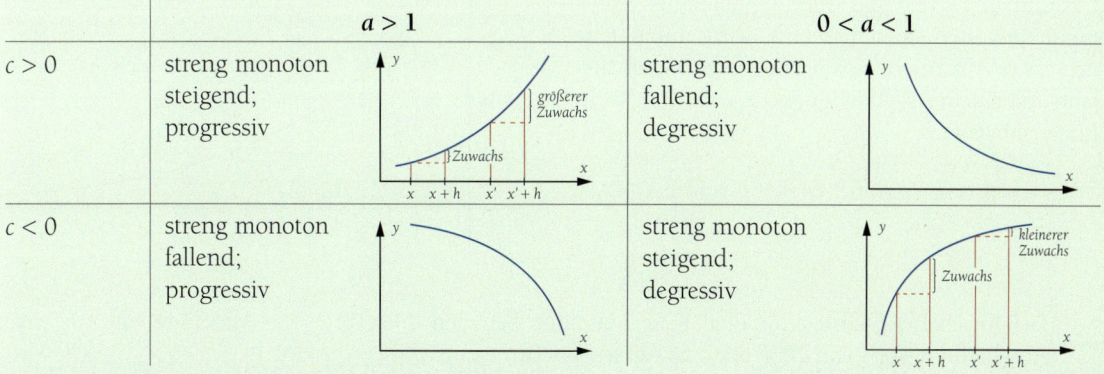

	$a > 1$		$0 < a < 1$	
$c > 0$	streng monoton steigend; progressiv		streng monoton fallend; degressiv	
$c < 0$	streng monoton fallend; progressiv		streng monoton steigend; degressiv	

► Die Lage der Graphen variiert auch in Abhängigkeit von d.

Beschreiben Sie die Graphen folgender Exponentialfunktionen und vergleichen Sie ihre Verläufe.

a) $f(x) = 1,5 \cdot 1,2^x + 1$
$ g(x) = 3 \cdot 1,2^x + 4$

b) $f(x) = -2 \cdot 1,2^x + 7$
$ g(x) = -5 \cdot 1,2^x + 4$

c) $f(x) = -3 \cdot 0,75^x$
$ g(x) = 3 \cdot 0,75^x$

Die Wertminderungen von Wirtschaftsgütern, die sich im Zeitablauf abnutzen, werden durch **Abschreibungen** erfasst. Bei der **degressiven Abschreibung**, die steuerrechtlich nicht mehr gestattet, betriebsintern aber noch üblich ist, fallen die Restbuchwerte der Wirtschaftsgüter immer langsamer. Degressive Abschreibungen lassen sich ebenfalls mithilfe von Exponentialfunktionen beschreiben.

 (7)   Degressive Abschreibung

In der Buchführung einer Großdruckerei erscheinen die Restbuchwerte einer Offsetdruckmaschine nach 2 Jahren mit 73 500,00 € und nach 5 Jahren mit 25 210,50 €.
Modellieren Sie den Verlauf der Buchwerte in den einzelnen Jahren mithilfe einer Exponentialfunktion vom Typ $B(t) = c \cdot a^t$.
Geben Sie den Anschaffungspreis und den Prozentsatz an, zu dem die Maschine abgeschrieben wurde.
Stellen Sie den Verlauf der Buchwerte grafisch dar.

Mit den beiden Graphenpunkten (2|73 500) und (5|25 210,5) ergibt sich ein Gleichungssystem mit den zwei Gleichungen I und II und den beiden Variablen c und a.
Wir lösen das Gleichungssystem z.B. mit dem Additionsverfahren und erhalten für $a = 0{,}7$ und für $c = 150\,000$.

$B(t) = c \cdot a^t$
$B(2) = 73\,500$ I $c \cdot a^2 = 73\,500$ $| \cdot (-a^3)$
$B(5) = 25\,210{,}5$ II $c \cdot a^5 = 25\,210{,}5$

$0 = 25\,210{,}5 - 73\,500 \cdot a^3$
$a^3 = \frac{25\,210{,}5}{73\,500}$
$a = 0{,}7$

$a = 0{,}7$ in Gleichung I: $c \cdot 0{,}7^2 = 73\,500$
$\qquad\qquad\qquad\qquad\qquad\qquad c = 150\,000$

Der Restbuchwert der Druckmaschine nach t Jahren lässt sich somit durch die Gleichung $B(t) = 150\,000 \cdot 0{,}7^t$ $(t \geq 0)$ beschreiben.

$B(t) = 150\,000 \cdot 0{,}7^t;\ t \geq 0$
▸ Anschaffungswert: 150 000 €
▸ Abschreibungssatz: $1 - 0{,}7 = 0{,}3 = 30\,\%$

Der Gleichung kann man entnehmen, dass die Offsetdruckmaschine zu einem Preis von 150 000 € angeschafft wurde. ▸ $t = 0$
Der durch Nutzung und Alterung bedingten Wertminderung der Druckmaschine wird durch eine degressive Abschreibung am Ende jeden Geschäftsjahrs mit einem Abschreibungssatz von 30 % Rechnung getragen.

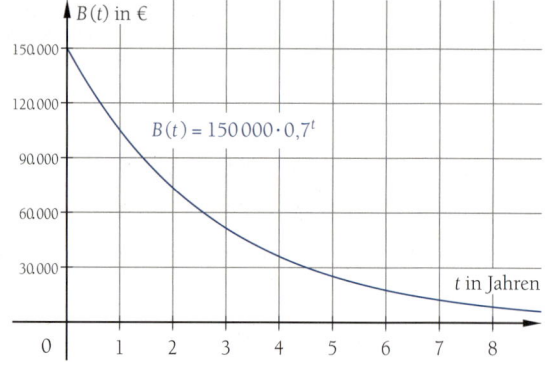
$B(t) = 150\,000 \cdot 0{,}7^t$

 Die Anschaffungskosten für eine neue Maschine betragen 240 000 €. Die Maschine soll mit einem Abschreibungssatz von 20 % degressiv abgeschrieben werden.
  a) Drücken Sie den Restbuchwert B der Maschine (in €) in Abhängigkeit von der Zeit t (in Jahren) aus.
  b) Berechnen Sie die Höhe der Abschreibung und den Restbuchwert am Ende des 5. Jahres.
  c) Der Betrieb rechnet mit einer Nutzungsdauer der Maschine von 10 Jahren. Ermitteln Sie den Betrag, mit dem die Maschine im 11. Jahr abgeschrieben werden müsste, wenn man sie im 11. Jahr verschrotten würde.

Übungen zu 2.5.1

1. Gegeben sind die Funktionen mit folgenden Funktionsgleichungen:

$$f_1(x) = 0,5^x \qquad f_3(x) = 2 \cdot 0,25^x$$
$$f_2(x) = 0,1 \cdot 3^x \qquad f_4(x) = -0,2 \cdot \left(\frac{1}{6}\right)^x$$

a) Berechnen Sie für alle vier Funktionen die Funktionswerte an den Stellen -2; -1; 0; 1 und 2.

b) Zeichnen Sie die Graphen von f_1, f_2, f_3 und f_4.

c) Geben Sie die Gleichung der Funktionen an, deren Graphen sich durch Spiegelung der Graphen von f_1, f_2, f_3 bzw. f_4 an der y-Achse ergeben.

2. Prüfen Sie, um welche Wachstumsform es sich handelt. Geben Sie eine geeignete Funktionsgleichung und einen sinnvollen Definitionsbereich an.

a) Beim Einzug vor 5 Jahren betrug die monatliche Miete für eine Wohnung 400 €. Nach dem Einzug wurde die Miete jährlich jeweils um 5 % gegenüber der Vorjahresmiete erhöht.

b) Ein unverzinsliches Darlehen über 20 000 € wird in Jahresraten von 2 500 € getilgt.

c) Ein Pkw mit dem Anschaffungswert 24 000 € verliert pro Jahr 18 % des Vorjahreswerts.

d) Eine Pilzkultur mit einem Grundbestand von 10 g vervierfacht stündlich ihre Masse.

e) Die Einnahme eines Medikaments reduziert die Anzahl der Bakterien in jeder Stunde um 30 %.

3. Bestimmen Sie anhand der Abbildung zu jedem Graphen die zugehörige Funktionsgleichung.

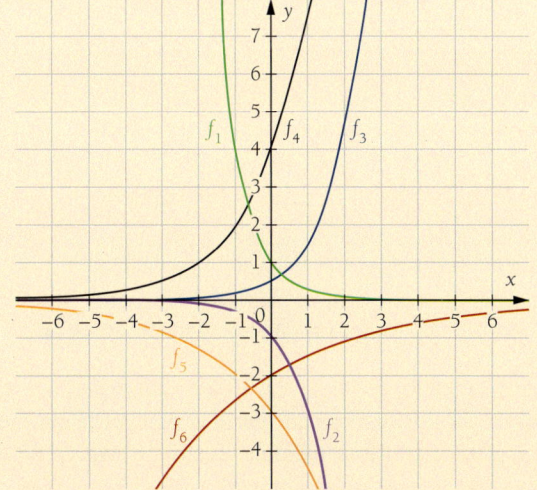

4. Die Höhe einer Pflanze (in Metern) wird in Abhängigkeit der Zeit t (in Wochen) mithilfe der Funktionsgleichung $h(t) = 0,05 \cdot 2,7^{k \cdot t}$ für die ersten 10 Wochen der Wachstumsphase näherungsweise beschrieben.

a) Geben Sie an, wie hoch die Pflanze zu Beginn der Beobachtung war.

b) Bestimmen Sie k, wenn die Höhe der Pflanze in den ersten 6 Wochen der Beobachtung um 0,45 m zugenommen hat.

c) Wie hoch ist die Pflanze nach 8 Wochen?

5. Eine Kaninchenzucht beginnt mit 9 Tieren, ein Jahr später sind schon 27 Tiere vorhanden.

a) Ermitteln Sie die Anzahl der Kaninchen nach 10 Jahren, wenn der Bestand linear wächst.

b) Ermitteln Sie die Anzahl der Kaninchen nach 10 Jahren, wenn man ein exponentielles Wachstum annimmt.

c) Lässt sich die Vermehrung der Tiere eher mit dem linearen oder dem exponentiellen Modell erklären? Begründen Sie.

6. Nach einer Medikation von 5 Tagen befinden sich noch ca. 40 Bakterien im Körper. Die Anzahl hat sich täglich gedrittelt.
Ermitteln Sie die Anzahl der Bakterien zu Beginn der Medikation.

7. Nach einer Infusion befinden sich 50 ME eines Medikaments im Blut eines erwachsenen Menschen. Stündlich werden 25 % dieses Medikaments abgebaut. Nach welcher Zeit befinden sich nur noch 9 ME dieses Medikaments im Körper? Lösen Sie diese Aufgabe zeichnerisch.

8. Auf einem Teich bedeckten Algen vor drei Tagen noch eine Fläche von $10\,\text{m}^2$, jetzt aber schon ca. $12,6\,\text{m}^2$.

a) Ermitteln Sie c und a in dem Term der Funktion f mit $f(t) = c \cdot a^t$. Dabei steht t für die Zeit in Tagen und f für die bedeckte Teichfläche in m^2.

b) Zeichnen Sie den Graphen von f und lesen Sie aus der Zeichnung ab, nach wie vielen Tagen die Algen die doppelte Fläche ($20\,\text{m}^2$) bedecken werden.

2.5.2 Exponentialgleichungen und Logarithmen

 8 Exponentialgleichung

Wie in Beispiel 7 ermittelt, können die Restbuchwerte einer Offsetdruckmaschine durch die Gleichung $B(t) = 150\,000 \cdot 0{,}7^t$ ($t \geq 0$) beschrieben werden.

Stellen Sie durch Ablesen und Probieren fest, nach wie vielen Jahren ein Restbuchwert von 51 450 € erreicht wird.

Gesucht ist t, sodass gilt: $51\,450 = 150\,000 \cdot 0{,}7^t$. Eine solche Gleichung, in der die gesuchte Variable im Exponenten steht, heißt **Exponentialgleichung**.

$B(t) = 150\,000 \cdot 0{,}7^t$ ▶ $B(t) = 51\,450$
$51\,450 = 150\,000 \cdot 0{,}7^t$

Anhand des Graphen können wir ablesen, dass der Restbuchwert von 51 450 € ungefähr nach 3 Jahren erreicht wird.

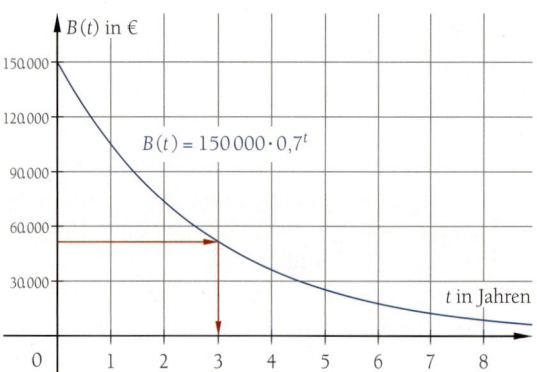

Das Probieren bestätigt, dass $t = 3$ die Gleichung erfüllt:
$51\,450 = 150\,000 \cdot 0{,}7^t \Leftrightarrow t = 3$
Nach 3 Jahren erhält man also einen Restbuchwert von 51 450 €.

Probieren:
$t = 1$: $B(1) = 150\,000 \cdot 0{,}7^1 = 105\,000$
$t = 2$: $B(2) = 150\,000 \cdot 0{,}7^2 = 73\,500$
$t = 3$: $B(3) = 150\,000 \cdot 0{,}7^3 = 51\,450$

Wie das Beispiel nahelegt, besitzen die Exponentialgleichungen $y = a^x$ ($a > 0$) eine eindeutige Lösung x. Diese bezeichnet man als **Logarithmus von y zur Basis a**. Man schreibt dafür $x = \log_a y$.
▶ $a \neq 1$, da $1^x = 1$ für jedes $x \in \mathbb{R}$

Den Logarithmus einer nicht negativen Zahl zu bestimmen heißt also, den Exponenten (die Hochzahl) einer Potenz zu bestimmen.

Beispiele:
$\log_2 8 = 3$, denn $2^3 = 8$
$\log_2 32 = 5$, denn $2^5 = 32$
$\log_{10} 100 = 2$, denn $10^2 = 100$
$\log_{10} 100\,000 = 5$, denn $10^5 = 100\,000$

 Der Logarithmus von y zur Basis a ($a > 0$) ist derjenige Exponent x, mit dem man a potenzieren muss, um y zu erhalten:
$a^x = y \Leftrightarrow x = \log_a y$ ($x \in \mathbb{R}$; $a, y \in \mathbb{R}^+$; $a \neq 1$) ▶ Gelesen: „x ist gleich dem Logarithmus von y zur Basis a".

Logarithmen hat man früher aus speziellen Tafeln (Logarithmentafeln) entnommen. Heute kann man Logarithmen mit dem Taschenrechner oder dem Computer näherungsweise bestimmen. Für das praktische Rechnen wird häufig der Logarithmus zur Basis 10 benutzt, für den es auf den meisten Taschenrechnern und GTR/CAS eine spezielle Taste bzw. Funktion gibt.

Man nennt die Logarithmen zur Basis 10 **gewöhnliche Logarithmen** oder **Zehnerlogarithmen**. Statt $\log_{10} y$ schreibt man häufig auch kurz $\log y$ oder $\lg y$.

Berechnung beliebiger Logarithmen mit Zehnerlogarithmen

Zeigen Sie, dass für $a^x = y$ $(a, y \in \mathbb{R}^+; a \neq 1)$ gilt: $x = \dfrac{\lg y}{\lg a}$.

Laut Definition gilt: $a^x = y \Leftrightarrow x = \log_a y$, also $a^{\log_a y} = y$ und $10^x = y \Leftrightarrow x = \lg y$, also $10^{\lg y} = y$.

▸ Entsprechend gilt auch $10^{\lg a} = a$.

Die beiden Terme für y setzen wir gleich.
Durch Anwendung des Potenzgesetzes für das Potenzieren von Potenzen und dem Vergleich der Exponenten, erhalten wir die Formel:

$$\log_a y = \frac{\lg y}{\lg a} \quad \text{bzw.} \quad x = \frac{\lg y}{\lg a}.$$

Mit dieser Formel kann man beliebige Logarithmen mithilfe der Zehnerlogarithmen berechnen.

$10^{\lg y} = y$ und $a^{\log_a y} = y$

$\Rightarrow 10^{\lg y} = a^{\log_a y}$ ▸ $a = 10^{\lg a}$

$\quad\quad = (10^{\lg a})^{\log_a y}$ ▸ Potenzgesetz

$\quad\quad = 10^{\lg a \cdot \log_a y}$ ▸ Vergleich der Exponenten

$\Rightarrow \lg y = \lg a \cdot \log_a y$

$\log_a y = \dfrac{\lg y}{\lg a}$ ▸ $a, y \in \mathbb{R}^+; a \neq 1$

$$x = \frac{\lg y}{\lg a}$$

Lösen von Exponentialgleichungen

Berechnen Sie die Lösung der Exponentialgleichung $51\,450 = 150\,000 \cdot 0{,}7^t$ (▸ Beispiel 8).

Die Exponentialgleichung $51\,450 = 150\,000 \cdot 0{,}7^t$ bzw. $0{,}343 = 0{,}7^t$ ist äquivalent zu der Gleichung $t = \dfrac{\lg 0{,}343}{\lg 0{,}7}$.

$\quad\quad 51\,450 = 150\,000 \cdot 0{,}7^t$ ▸ Exponentialgleichung

$\Leftrightarrow \quad 0{,}343 = 0{,}7^t$ ▸ $\log_a y = \dfrac{\lg y}{\lg a}$

$\Leftrightarrow \quad\quad t = \dfrac{\log 0{,}343}{\log 0{,}7} = 3$

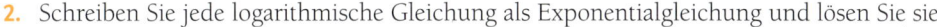

1. Schreiben Sie jede Exponentialgleichung als logarithmische Gleichung und lösen Sie sie.

a) $2^x = 32$ c) $25^x = 5$ e) $0{,}25^x = 16$ g) $19 \cdot 0{,}125^x = 38$

b) $3 \cdot 4^x = 50$ d) $216^x = \sqrt{6}$ f) $7 \cdot 3^x = 49$ h) $8 \cdot 3^x = 3\sqrt{81}$

2. Schreiben Sie jede logarithmische Gleichung als Exponentialgleichung und lösen Sie sie.

a) $\log_3 81 = x$ c) $\log_2 64 = x$ e) $\log_5 3{,}125 = x$ g) $\lg 10^3 = x$

b) $\lg 0{,}0001 = x$ d) $\log_2 0{,}03125 = x$ f) $\log_{0{,}25} 8 = x$ h) $\lg 25 = x$

Übungen zu 2.5.2

1. Bestimmen Sie jeweils die Lösungen der folgenden Exponentialgleichungen.

a) $1{,}04^x = 1{,}36856905$

b) $4 \cdot 0{,}8^x = 0{,}219902326$

c) $6789 \cdot 2^x = 38\,404{,}3835$

d) $0{,}123 \cdot 3^x = 269{,}001$

e) $32{,}5 \cdot 1{,}005^x = 33{,}82297893$

f) $6484 \cdot 0{,}95^x = 4766{,}335819$

g) $1{,}02^{x-2} = 1{,}21899442$

h) $0{,}99^{2x+3} = 0{,}895338254$

i) $32 \cdot 1{,}085^{2x+14} = 370$

2. Das Sozialbudget in der BRD betrug 1960 umgerechnet ca. 32,2 Mrd. Euro und ist bis 1995 durchschnittlich um 8,5 % gewachsen.

a) Stellen Sie den Funktionsterm vom Typ $f(t) = c \cdot a^t$ auf, der das jährliche Wachstum beschreibt.

b) Berechnen Sie das Sozialbudget im Jahr 1995.

c) Ermitteln Sie, in welchem Jahr das Sozialbudget ca. 247,5 Mrd. Euro betrug.

d) Ermitteln Sie, wie hoch das Sozialbudget aufgrund der obigen Steigerungsrate im Jahr 2014 gewesen wäre, und vergleichen Sie es mit den vom Bundesministerium für Arbeit und Soziales veröffentlichten Zahlen.

2

2.5.3   Wachstumsprozesse in der Finanzmathematik

Zinseszinsrechnung

In der **Zinseszinsrechnung** beschäftigt man sich mit der Entwicklung von einmalig angelegten Kapitalbeträgen zu einem Zinssatz, der in der Regel im Zeitablauf fest bleibt. Dabei werden im Unterschied zur Zinsrechnung die Jahreszinsen am Ende eines Jahres nicht ausbezahlt, sondern dem Kapital zugeschlagen.

Das bedeutet, dass im nächsten Jahr neben dem Kapital auch die Zinsen verzinst werden, im dritten Jahr neben dem Kapital und den Zinsen des ersten Jahres auch die Zinsen des zweiten Jahres usw.

Der Kapitalzuwachs verläuft **exponentiell**, wie das folgende Beispiel zeigt.

(11)   Berechnung des Endkapitals

Die Schülerin Maria hat von ihren Großeltern zum bestandenen Abitur $1000\,€$ erhalten. Sie darf diesen Betrag allerdings nicht gleich ausgeben, sondern soll ihn für das anstehende Studium sparen.
Sie überlegt sich, den gesamten Betrag langfristig auf ein Sparbuch zu legen. Das Kreditinstitut vereinbart mit ihr einen Zinssatz von $2\,\%$. Maria möchte, dass die jährlichen Zinsen auf dem Sparbuch verbleiben.
Beschreiben Sie, wie sich das Sparguthaben entwickelt.

Das Anfangskapital K_0 beträgt $1000\,€$ und der Zinssatz $2\,\%$.

$$K_0 = 1000\,€ \qquad \blacktriangleright \text{Anfangskapital}$$
$$p\,\% = 2\,\% = \tfrac{2}{100} \qquad \blacktriangleright \text{Jahreszinssatz}$$

Am Ende des 1. Jahres kommen zu den $1000\,€$ noch $2\,\%$ Zinsen von $1000\,€$ dazu. Somit beträgt das Kapital K_1 nach einem Jahr $1020\,€$.

$$\begin{aligned}
K_1 &= K_0 + K_0 \cdot 0{,}02 = K_0 \cdot (1 + 0{,}02)\\
&= \boldsymbol{K_0 \cdot 1{,}02} \qquad \blacktriangleright K_0 = 1000\,€\\
&= 1000\,€ \cdot 1{,}02 = 1020\,€
\end{aligned}$$

Am Ende des 2. Jahres kommen entsprechend zum Kapital K_1 die Jahreszinsen von K_1 hinzu, sodass das Kapital K_2 nach zwei Jahren $1040{,}40\,€$ beträgt.
Das Kapital nach zwei Jahren K_2 lässt sich aber auch als Produkt aus dem Anfangskapital K_0 und der Potenz $1{,}02^2$ berechnen.

$$\begin{aligned}
K_2 &= K_1 + K_1 \cdot 0{,}02 \qquad \blacktriangleright \text{Ausklammern von } K_1\\
&= K_1 \cdot (1 + 0{,}02) \qquad \blacktriangleright K_1 = K_0 \cdot 1{,}02\\
&= K_0 \cdot 1{,}02 \cdot 1{,}02\\
&= \boldsymbol{K_0 \cdot 1{,}02^2} \qquad \blacktriangleright K_0 = 1000\,€\\
&= 1000\,€ \cdot 1{,}02^2 = 1040{,}40\,€
\end{aligned}$$

Am Ende des 3. Jahres addieren wir wieder die Jahreszinsen von K_2 zum Kapital K_2, sodass das Kapital K_3 nach drei Jahren $1061{,}21\,€$ beträgt.
Das Kapital nach drei Jahren K_3 können wir aber auch als Produkt aus dem Anfangskapital K_0 und der Potenz $1{,}02^3$ berechnen.

$$\begin{aligned}
K_3 &= K_2 + K_2 \cdot 0{,}02 \qquad \blacktriangleright \text{Ausklammern von } K_2\\
&= K_2 \cdot (1 + 0{,}02) \qquad \blacktriangleright K_2 = K_0 \cdot 1{,}02^2\\
&= K_0 \cdot 1{,}02^2 \cdot 1{,}02\\
&= \boldsymbol{K_0 \cdot 1{,}02^3} \qquad \blacktriangleright K_0 = 1000\,€\\
&= 1000\,€ \cdot 1{,}02^3 \approx 1061{,}21\,€
\end{aligned}$$

Am Zeitstrahl erkennen wir, wie aus $1000\,€$ durch n-malige Multiplikation mit $1{,}02$ der jeweilige Kapitalbetrag nach n Jahren entsteht.
Insgesamt ergibt sich das **Endkapital K_n nach n Jahren** als Produkt aus dem Anfangskapital K_0 und dem Aufzinsungsfaktor $1{,}02^n$.

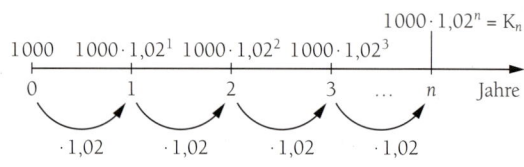

Insgesamt: $K_n = K_0 \cdot 1{,}02^n$ $\qquad \blacktriangleright$ Endkapital

Allgemein gilt nach n Jahren bei einem Zinssatz von $p\%$ die **Zinseszinsformel**: $K_n = K_0 \cdot \left(1 + \frac{p}{100}\right)^n$.
- Dabei ist K_0 das **Anfangskapital** und K_n das **Endkapital** nach n Jahren.
- Der **Zinssatz** $p\%$, zu dem ein Kapital angelegt wird, wird in Prozent angegeben. ▶ $p\% = \frac{p}{100}$
- Der Faktor $\left(1 + \frac{p}{100}\right)$ heißt **Zinsfaktor** und wird mit q bezeichnet: $K_n = K_0 \cdot q^n$.

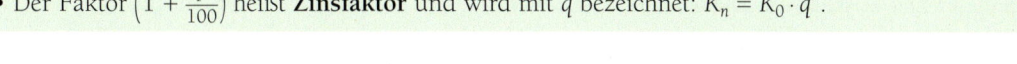

Berechnen Sie das Endkapital nach 8 Jahren, wenn 1234 € Anfangskapital zu 2,75 % angelegt werden.

2

Berechnung des Zinssatzes $p\%$

12

Maria möchte ein Semester im Ausland studieren. Dazu veranschlagt sie einen Kapitalbedarf von ca. 5000 €. Sie hat ihre bisherigen Ersparnisse berechnet und ist auf den Betrag von 4509,71 € gekommen. Ermitteln Sie, zu welchem Zinssatz Marias gesparter Betrag für 3 Jahre angelegt werden muss.

Dem Aufgabentext entnehmen wir die Werte für K_n, K_0 und n. Diese setzen wir in die Zinseszinsformel ein. Der Wert für p wird gesucht.

Die Gleichung lösen wir nach p auf und erhalten einen Zinssatz von ungefähr 3,5 %.

Wenn also Marias Anfangskapital von 4509,71 € zu einem **Zinssatz von 3,5 %** angelegt wird, stehen ihr nach 3 Jahren 5000 € zur Verfügung.

$$K_n = 5000\,€; \quad K_0 = 4509{,}71\,€; \quad n = 3$$

$$K_n = K_0 \cdot \left(1 + \frac{p}{100}\right)^n \qquad \blacktriangleright \text{ Zinseszinsformel}$$

$$5000\,€ = 4509{,}71\,€ \cdot \left(1 + \frac{p}{100}\right)^3 \qquad \blacktriangleright \text{ } p \text{ gesucht}$$

$$\Leftrightarrow \quad \frac{5000\,€}{4509{,}71\,€} = \left(1 + \frac{p}{100}\right)^3 \quad | \sqrt[3]{\ }; \text{ } € \text{ kürzen}$$

$$\Leftrightarrow \quad \sqrt[3]{\frac{5000}{4509{,}71}} = \left(1 + \frac{p}{100}\right)$$

$$\Leftrightarrow \quad \left(1 + \frac{p}{100}\right) \approx 1{,}035 \qquad \Rightarrow \frac{p}{100} = 0{,}035$$

$$\Rightarrow \qquad \mathbf{p\% = 3{,}5\%}$$

Bestimmen Sie, bei welchem Zinssatz 6500 € in 5 Jahren auf 8100,18 € anwachsen.

Berechnung des Anfangskapitals K_0

13

Maria kann sich auch vorstellen, den Auslandsaufenthalt zu verschieben, um mehr Geld zu sparen. Sie ist vorsichtig und geht nur von einem Zinssatz von 3 % aus. Berechnen Sie, welches Kapital Maria bei diesem Zinssatz anlegen muss, um nach 5 Jahren 7500 € angespart zu haben.

Dem Aufgabentext entnehmen wir die Werte für K_n, p und n. Diese setzen wir in die Zinseszinsformel ein. Der Wert für K_0 wird gesucht.

Wenn Maria also ein **Anfangskapital von ca. 6469,57 €** zu einem Zinssatz von 3 % anlegt, stehen ihr nach 5 Jahren 7500 € zur Verfügung.

Man sagt auch: Ein Kapital, das bei einem Zinssatz von 3 % in 5 Jahren einen Wert von 7500 € besitzt, hat heute den **Barwert** von 6469,57 €.

$$K_n = 7500\,€; \quad p\% = 3\%; \quad n = 5$$

$$K_n = K_0 \cdot \left(1 + \frac{p}{100}\right)^n \qquad \blacktriangleright \text{ Zinseszinsformel}$$

$$7500\,€ = K_0 \cdot (1 + 0{,}03)^5 \qquad \blacktriangleright \text{ } K_0 \text{ gesucht}$$

$$\Leftrightarrow \quad \frac{7500\,€}{1{,}03^5} = K_0$$

$$\Leftrightarrow \quad K_0 \approx \mathbf{6469{,}57\,€}$$

Bestimmen Sie, welches Anfangskapital dem Endkapital in Höhe von 14 343,63 € zugrunde liegt, wenn es über 10 Jahre zu 1,8 % verzinst wurde.

14 Bestimmung der Laufzeit n

Maria spricht über ihre Auslandspläne mit ihren Eltern, die daraufhin bereit sind, ihr etwas Geld dazu zu geben. Bestimmen Sie, wie lange ein Kapital von 8374,84 € zu einem Zinssatz von 3 % angelegt werden muss, um nach dieser Zeit 10 000 € zu erhalten.

Dem Aufgabentext entnehmen wir die Werte für K_n, K_0 und p. Diese setzen wir in die Zinseszinsformel ein. Der Wert für n wird gesucht.

$K_n = 10\,000\,€;\ K_0 = 8374{,}84\,€;\ p\,\% = 3\,\%$

$$K_n = K_0 \cdot q^n$$

▶ Zinseszinsformel,
$q = 1 + \frac{p}{100} = 1{,}03$

Wir lösen die Gleichung zuerst nach $1{,}03^n$ auf und verwenden dann den Logarithmus.

$$10\,000\,€ = 8374{,}84\,€ \cdot 1{,}03^n$$　▶ n gesucht

$$\Leftrightarrow \frac{10\,000\,€}{8374{,}84\,€} = 1{,}03^n \qquad |\ € \text{ kürzen; log}$$

Wenn also ein Anfangskapital von 8374,84 € zu einem Zinssatz von 3 % angelegt wird, stehen nach ca. **6 Jahren** 10 000 € zur Verfügung.

$$\Leftrightarrow \qquad n = \frac{\lg \frac{10\,000}{8374{,}84}}{\lg 1{,}03}$$

$$\Rightarrow \qquad \boldsymbol{n \approx 6}$$

Ersetzt man in der **Zinseszinsformel** $K_n = K_0 \cdot q^n$ drei der vier Variablen K_n, K_0, q und n durch vorgegebene Werte, so lässt sich der Wert der vierten Variablen berechnen:

- **Anfangskapital (Barwert) K_0:** $K_0 = \frac{K_n}{q^n}$
- **Laufzeit n:** $n = \frac{\lg \frac{K_n}{K_0}}{\lg q}$

- **Zinsfaktor q:** $q = \sqrt[n]{\frac{K_n}{K_0}}$
- **Zinssatz p:** $p = \sqrt[n]{\frac{K_n}{K_0}} - 1$

▶ $q = 1 + \frac{p}{100}$ mit Zinssatz $p\,\% = \frac{p}{100}$

---

1. Berechnen Sie das Anfangskapital K_0, den Zinssatz $p\,\%$, die Laufzeit n und das Endkapital K_n, indem Sie jeweils drei der vier folgenden Werte als gegeben annehmen:
$K_n = 2680{,}19\,€;\ K_0 = 2000\,€;\ p\,\% = 5\,\%$ und $n = 6$ Jahre.

2. Leiten Sie die Formeln zur Berechnung der drei Größen Anfangskapital, Zinssatz sowie Jahre aus der Zinsformel allgemein her.

Im Jahr 2014 war die Inflationsrate im Euro-Raum so niedrig, dass die Europäische Zentralbank (EZB) eine Deflation befürchtete. Sie setzte den ohnehin schon niedrigen Zinssatz, zu dem Kreditinstitute überschüssige Liquidität bei der EZB anlegen konnten, immer weiter nach unten.

Schließlich verhängte sie sogar sogenannte „Strafzinsen", d.h. negative Zinsen für Gelder, die Banken bei ihr anlegten. Damit wollte die EZB bewirken, dass die Kreditinstitute ihre liquiden Gelder als Kredite an die Unternehmen geben sollten, damit diese sie investierten. Auf diese Weise sollte die Nachfrage nach Gütern angekurbelt werden, um eine Deflation zu vermeiden.

15 Unterjährige Verzinsung mit verschiedenen Zinsfaktoren

Ein Kreditinstitut hat 100 Millionen € angelegt, die jeweils ein Vierteljahr lang mit 0,5 %, 0,25 %, 0 %, −0,25 % verzinst wurden. Ermitteln Sie die Zinsgutschrift am Ende des Jahres.

Da sich der Zinssatz auf ein Jahr bezieht, muss für $\frac{1}{4}$ Jahr der Zinssatz jeweils geviertelt werden. Das Hintereinanderschalten der Zinsfaktoren ergibt dann eine Zinsgutschrift von ungefähr 124 961 €.

$$q = \left(1 + \frac{0{,}005}{4}\right) \cdot \left(1 + \frac{0{,}0025}{4}\right) \cdot \left(1 + \frac{0}{4}\right) \cdot \left(1 - \frac{0{,}0025}{4}\right)$$

$$K = 1 \cdot 10^8\,€ \cdot q$$

$$\approx 10^8\,€ \cdot 1{,}00124961 = 100\,124\,961\,€$$

Rentenrechnung

Zinseszinsen müssen auch dann berücksichtigt werden, wenn das Kapital nicht unangetastet bleibt, sondern durch regelmäßige Ein- oder Auszahlungen verändert wird, z.B. wenn Kredite mit gleich hohen Jahresbeträgen zurückbezahlt werden. Verzinsung und Tilgung müssen in diesem Fall gleichzeitig berücksichtigt werden.

In der Finanzmathematik werden jährlich gleich hohe Ein- oder Auszahlungen als **Rente** bezeichnet. Diese Jahresrenten unterliegen im Zeitablauf der Verzinsung.

▶ Was hier Rente genannt wird, ist keine Altersrente oder Rente aus einer Lebensversicherung. Bei diesen wird zusätzlich die durchschnittliche Lebenserwartung berücksichtigt.

Nachschüssige Rente

Familie Seifert zahlt am Ende eines jeden Jahres 1000 € auf ein Sparkonto ein. Das Guthaben wird mit 4 % verzinst.
Berechnen Sie den Endbetrag unmittelbar nach der 6. Einzahlung.

Die Einzahlungen können anhand einer Zeitachse dargestellt werden.
Jede Einzahlung wird bis zum Ende des 6. Jahres verzinst. Die farbig unterlegten Beträge geben den Endbetrag der jeweiligen Einzahlung an.
Ihre Summe R_6 ist daher das gesuchte Guthaben nach der 6. Einzahlung.

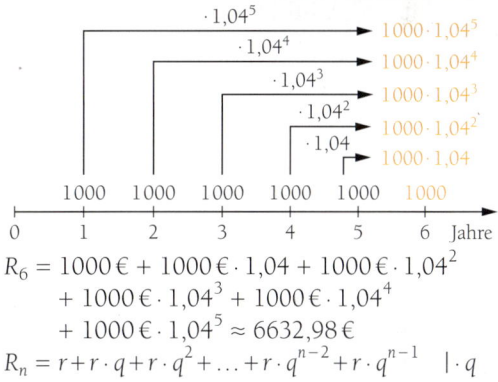

$R_6 = 1000\,€ + 1000\,€ \cdot 1{,}04 + 1000\,€ \cdot 1{,}04^2$
$\quad + 1000\,€ \cdot 1{,}04^3 + 1000\,€ \cdot 1{,}04^4$
$\quad + 1000\,€ \cdot 1{,}04^5 \approx 6632{,}98\,€$

Das Summieren ist recht aufwendig. Deshalb wollen wir eine allgemeine Formel für den Endbetrag finden:

Wir setzen allgemein r für das Startkapital und q für den Zinsfaktor. R_n gibt dann den Endbetrag nach der n-ten Einzahlung an.

$R_n = r + r \cdot q + r \cdot q^2 + \ldots + r \cdot q^{n-2} + r \cdot q^{n-1} \quad | \cdot q$

Zur Berechnung von R_n verwenden wir einen Trick:
• Multiplikation mit q auf beiden Seiten,
• Subtraktion der 1. Gleichung von der 2. Gleichung.

$R_n \cdot q = r \cdot q + r \cdot q^2 + \ldots + r \cdot q^{n-2} + r \cdot q^{n-1} + r \cdot q^n$

▶ 2. Gleichung − 1. Gleichung

In der neuen Gleichung klammern wir R_n auf der linken Seite und r auf der rechten Seite aus. Anschließend dividieren wir durch $(q - 1)$ und erhalten die Formel für den Endbetrag R_n.
Durch Einsetzen in die Formel für R_n ergibt sich derselbe Endwert von 6632,98 € wie bei der Aufsummierung der verzinsten Einzahlungen.

$\qquad\qquad R_n \cdot q - R_n = r \cdot q^n - r \quad$ ▶ R_n und r ausklammern
$\Leftrightarrow R_n \cdot (q - 1) = r \cdot (q^n - 1) \quad | : (q - 1)$

$\Leftrightarrow \qquad\qquad R_n = r \cdot \dfrac{(q^n - 1)}{q - 1}$

$R_6 = 1000\,€ \cdot \dfrac{(1{,}04^6 - 1)}{1{,}04 - 1} = 1000\,€ \cdot \dfrac{(1{,}04^6 - 1)}{0{,}04}$

$\quad \approx \mathbf{6632{,}98\,€}$

Der Endbetrag wird hier auch **Rentenendwert** genannt. Die Rente heißt **nachschüssig**, weil sowohl die Einzahlungen als auch die Berechnung des Endbetrags am Ende eines Jahres erfolgen.
Von der nachschüssigen Rente unterscheidet man die **vorschüssige** Rente. Bei ihr erfolgen die Zahlungen immer am Anfang des Jahres. Die Endsumme, also der Rentenendwert, wird aber weiterhin am Ende des Jahres berechnet.

17 Vorschüssige Rente

In Abwandlung des Beispiels 16 zahlt Familie Seifert 6-mal *am Anfang* eines Jahres 1000 € auf das Sparbuch ein (Zinssatz 4 %).
Ermitteln Sie das Guthaben am Ende des 6. Jahres.

Im Vergleich zur nachschüssigen Rente wird jetzt jeder der 6 Beträge zu je 1000 € ein Jahr früher eingezahlt und damit auch ein Jahr länger verzinst.

$$R_{v6} = 1000\,€ \cdot 1{,}04 + 1000\,€ \cdot 1{,}04^2$$
$$+ \ 1000\,€ \cdot 1{,}04^3 + 1000\,€ \cdot 1{,}04^4$$
$$+ \ 1000\,€ \cdot 1{,}04^5 + 1000\,€ \cdot 1{,}04^6$$

Der Rentenendwert R_{v6} der vorschüssigen Rente ist also das 1,04-Fache des Rentenendwerts R_6 der entsprechenden nachschüssigen Rente. Die vorschüssige Rente hat einen Endwert von 6898,29 €.

$$R_{v6} = R_6 \cdot 1{,}04 = 1000\,€ \cdot \frac{(1{,}04^6 - 1)}{1{,}04 - 1} \cdot 1{,}04$$
$$\approx 6898{,}29\,€$$

- Unter einer jährlichen **Rente** versteht man eine gleich hohe jährliche Zahlung r.
- Bei einer **nachschüssigen Rente** erfolgen alle Zahlungen am Jahresende, bei einer **vorschüssigen Rente** dagegen am Jahresanfang.
- Der **Rentenendwert** R_n einer **nachschüssigen Rente** r, die bei einem Zinssatz von $p\,\%$ über n Jahre gezahlt wird, lässt sich mithilfe der Formel $R_n = r \cdot \frac{q^n - 1}{q - 1}$ berechnen. ▶ $q = 1 + p\,\%$
- Für den **Rentenendwert** R_{vn} einer **vorschüssigen Rente** r gilt: $R_{vn} = r \cdot \frac{q^n - 1}{q - 1} \cdot q$

Sie zahlen 10 Jahre lang jährlich 1234 € auf Ihr Sparbuch ein. Der Zinssatz beträgt 3,5 %.
a) Ermitteln Sie das Guthaben nach 10 Jahren, wenn Sie die Zahlungen jeweils am Jahresende leisten (nachschüssige Rente).
b) Bestimmen Sie den Rentenendwert, wenn Sie die Zahlungen jeweils am Anfang des Jahres leisten (vorschüssige Rente).

In der Rentenrechnung berechnet man nicht nur den Rentenendwert. Oft interessiert man sich auch für die Ermittlung des Rentenbarwerts R_0 der Rente r und der Laufzeit n.

18 Rentenbarwert

Ein Unternehmer hat sich das Recht auf eine 15-jährige vorschüssige Rente in Höhe von jährlich 5000 € erworben. Er möchte sich den Wert der Rente aber sofort zu einem Zinssatz von 5 % auszahlen lassen. Berechnen Sie, mit welchem Auszahlungsbetrag er rechnen kann.

Der Rentenendwert R_{v15} ist der Gesamtwert der Rente am Ende des 15. Jahres.

$$R_{v15} = 5000\,€ \cdot \frac{1{,}05^{15} - 1}{1{,}05 - 1} \cdot 1{,}05$$
$$\approx 113\,287{,}46\,€$$

Der Auszahlungsbetrag R_{v0} muss so hoch sein, dass er bei 15-jähriger Aufzinsung mit 5 % gleich dem Rentenendwert R_{v15} ist.

$$R_{v0} \cdot q^{15} = R_{v15}$$
$$R_{v0} = \frac{R_{v15}}{q^{15}} = \frac{113\,287{,}46\,€}{1{,}05^{15}}$$
$$\approx 54\,493{,}21\,€$$

Der Auszahlungsbetrag R_{v0} ist also der **Barwert** der 15-jährigen vorschüssigen Rente.

In der Rentenberechnung taucht oft das Problem auf, welche Rente man aus einem einmalig angelegten Kapitalbetrag erwarten kann.

Berechnung der Rente bei gegebener Laufzeit

Ein Lottogewinner legt seinen Gewinn von 100 000 € zu 6,5 % am Anfang eines Jahres so an, dass er am Ende eines jeden Jahres eine Rente erhält, die 20 Jahre lang gezahlt werden soll.
Ermitteln Sie, welche jährliche Rente er erwarten kann, wenn am Ende des 20. Jahres das Kapital aufgebraucht sein soll.

Der Kapitalbetrag von 100 000 € entspricht dem Barwert einer 20-jährigen nachschüssigen Rente r.

Den Endwert dieser Rente erhalten wir also durch 20-malige Verzinsung des Barwertes.

Um die Rente zu ermitteln, setzen wir den aufgezinsten Barwert mit dem Rentenendwert gleich und lösen die Gleichung nach r auf.

Der Lottogewinner kann 20 Jahre lang jährlich eine nachschüssige Rente von 9075,64 € aus der Anlage von 100 000 € beziehen.

$$R_0 = 100\,000\,€ \qquad q = 1{,}065$$
$$R_{20} = R_0 \cdot q^{20} = 100\,000\,€ \cdot 1{,}065^{20}$$

▶ 20-malige Aufzinsung des Barwerts

$$R_{20} = r \cdot \frac{1{,}065^{20} - 1}{1{,}065 - 1} \quad \text{▶ Rentenendwertgleichung}$$

$$r \cdot \frac{1{,}065^{20} - 1}{1{,}065 - 1} = 100\,000\,€ \cdot 1{,}065^{20}$$

$$\Leftrightarrow \qquad r = 100\,000\,€ \cdot 1{,}065^{20} \cdot \frac{0{,}065}{1{,}065^{20} - 1}$$

$$\Leftrightarrow \qquad \mathbf{r \approx 9075{,}64\,€}$$

- Der **Barwert** R_0 einer Rente ist der Wert der Rente zu Beginn ihrer Laufzeit; er ist der auf diesen Zeitpunkt um n Jahre abgezinste Rentenendwert.

$$R_0 = \frac{R_n}{q^n} = r \cdot \frac{q^n - 1}{(q-1) \cdot q^n} \; \textbf{(nachschüssig)} \; \text{bzw.}$$

$$R_{v0} = \frac{R_{vn}}{q^n} = r \cdot \frac{q^n - 1}{(q-1) \cdot q^n} \cdot q \; \textbf{(vorschüssig)}.$$

- Eine n-malige Rente r, ihr Rentenendwert R_n bzw. R_{vn} am Ende des n-ten Jahres und ihr Barwert R_0 bzw. R_{v0} am Anfang des ersten Jahres sind unter **kaufmännischen Gesichtspunkten gleichwertig**.

1. Einem Kaufmann bietet ein Versicherungsunternehmen an, dass er bei Ablauf seiner Kapitallebensversicherung 120 000 € ausgezahlt bekommt oder eine 10-jährige vorschüssige jährliche Rente über 14 000 € erhält.
   Prüfen Sie, welches Angebot der Kaufmann annehmen sollte, wenn von einem Zinssatz von 4,5 % ausgegangen wird.

2. Ein Automobilhersteller steht vor der Entscheidung, eine neue Montagemaschine anzuschaffen oder den Kaufpreis anzulegen. Kalkulationen ergaben, dass in den nächsten drei Jahren durch diese Maschine jährliche Einsparungen in Höhe von 20 000 € am Jahresende erzielt werden. Der Zinssatz beträgt 5 %.
   Berechnen Sie, wie hoch die Anschaffungskosten für die Maschine höchstens sein dürfen, damit die Investition sich noch lohnt.

2

 20 Berechnung der Laufzeit

Der Lottogewinner aus Beispiel 19 möchte jährlich nachschüssig 15 000 € aus seiner 6,5 %-igen Anlage von 100 000 € entnehmen. Er möchte wissen, wie oft das möglich ist, wenn nach der letzten Auszahlung das Kapital vollständig aufgebraucht sein soll.

Die Kapitalanlage in Höhe von 100 000 € entspricht dem Barwert R_0 der nachschüssigen Rente r über jährlich 15 000 €.

$$R_0 = 100\,000\,€ \qquad\qquad q = 1{,}065$$

Den Endwert dieser Rente erhalten wir also durch n-malige Verzinsung des Barwertes.

$$R_n = 100\,000\,€ \cdot 1{,}065^n$$

▶ n-malige Aufzinsung des Barwerts

$$R_n = 15\,000\,€ \cdot \frac{1{,}065^n - 1}{1{,}065 - 1}$$

▶ Rentenendwertgleichung; $r = 15\,000\,€$

Der aufgezinste Barwert wird mit dem Rentenendwert R_n gleichgesetzt.
Dann lösen wir die Gleichung schrittweise nach n auf.

$$15\,000\,€ \cdot \frac{1{,}065^n - 1}{1{,}065 - 1} = 100\,000\,€ \cdot 1{,}065^n$$

$$\Leftrightarrow \quad 1{,}065^n - 1 = \frac{100\,000\,€ \cdot 1{,}065^n \cdot 0{,}065}{15\,000\,€}$$

$$\Leftrightarrow \quad 1{,}065^n - 1 = \frac{6{,}5}{15} \cdot 1{,}065^n$$

Die entstandene Exponentialgleichung lösen wir durch Logarithmieren.

$$\Leftrightarrow \quad 1{,}065^n - \frac{6{,}5}{15} \cdot 1{,}065^n = 1$$

$$\Leftrightarrow \quad 1{,}065^n \cdot \left(1 - \frac{6{,}5}{15}\right) = 1$$

$$\Leftrightarrow \quad 1{,}065^n \cdot \frac{8{,}5}{15} = 1$$

$$\Leftrightarrow \quad 1{,}065^n = \frac{15}{8{,}5} \qquad ▶ \log_a y = \frac{\lg y}{\lg a}$$

Der Lottogewinner kann seiner einmaligen Anlage von 100 000 € nachschüssig 9-mal 15 000 € entnehmen, bis sein Kapital aufgezehrt ist.

$$\Leftrightarrow \quad n = \frac{\lg \frac{15}{8{,}5}}{\lg 1{,}065}$$

$$\Leftrightarrow \quad n \approx \mathbf{9}$$

Annuitätentilgung

Unter der Annuitätentilgung versteht man die Tilgung (Rückzahlung) eines Darlehens durch jährlich gleich hohe Zahlungen, **Annuitäten** genannt.

Eine Annuität A besteht aus einem Zinsanteil und einem Tilgungsanteil. Indem der Tilgungsanteil die Darlehensschuld verringert, sinkt der Anteil der Zinsen, der in der gleich bleibenden Annuität enthalten ist. Dadurch steigt der Tilgungsanteil.

Dem Wesen nach ist die Annuitätentilgung nichts anderes als eine Rentenrechnung, wobei der Darlehensbetrag K_0 dem Barwert R_0 und die Annuität A der nachschüssigen Rente r entspricht. Damit gilt:

$$K_0 = \frac{A \cdot \frac{q^n - 1}{q - 1}}{q^n} \;\Leftrightarrow\; K_0 \cdot q^n = A \cdot \frac{q^n - 1}{q - 1} \;\Leftrightarrow\; K_0 \cdot \frac{q^n \cdot (q - 1)}{q^n - 1} = A.$$

 21 Berechnung einer Annuität, Tilgungsplan

Die JoRo GmbH erhält für die Erweiterung ihres Betriebs von ihrer Hausbank ein Darlehen über 300 000 €, das mit 7,45 % verzinst wird. Die JoRo GmbH verpflichtet sich, jährlich über 10 Jahre einen gleichbleibenden Betrag (Annuität) zurückzuzahlen.
Berechnen Sie die Annuität der JoRo GmbH. Stellen Sie mithilfe Ihres GTR/CAS einen Tilgungsplan für den Betrieb auf. Verdeutlichen Sie den Verlauf der Zins- und Tilgungsraten.

Die Annuitätentilgung ist gleichbedeutend mit der Zahlung einer nachschüssigen Rente. Die Annuität A entspricht dem nachschüssig gezahlten Rentenbetrag r, der Darlehensbetrag K_0 dem Barwert dieser „Rente".

Nachdem wir die Formel nach A umgestellt haben, erhalten wir als jährliche Belastung eine Annuität von rund 43 606,05 €.

Mit dem GTR/CAS kann die Annuität direkt berechnet werden.

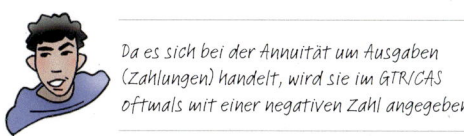

Da es sich bei der Annuität um Ausgaben (Zahlungen) handelt, wird sie im GTR/CAS oftmals mit einer negativen Zahl angegeben.

Einige GTR/CAS unterstützen in ihren Tabellenanwendungen den Zellenbezug. So können z.B. die Zinsen in der Zelle **C6** durch die Eingabe von = B6*Zinssatz/100 berechnet werden. In diesem Beispiel ist **Zinssatz** eine Variable, deren Wert durch einen Schieberegler eingestellt werden kann.

Da die Annuität A die Summe aus dem jährlichen Tilgungs- und Zinsanteil ist, berechnet sich die Tilgung in der Zelle **D6** durch = Annuität−C6.

Am Ende des 10. Jahres ist die Schuld getilgt.

Der Tilgungsanteil verringert die zu verzinsende Restschuld. Dadurch fallen im jeweils nächsten Jahr die Zinsen. Die Tilgung hingegen steigt um die Zinsersparnis, wie wir zusätzlich in der nebenstehenden Grafik erkennen können.

$$K_0 = \frac{A \cdot \frac{q^n - 1}{q - 1}}{q^n} \qquad \blacktriangleright \ A \text{ anstatt } r$$

$$\Leftrightarrow K_0 \cdot q^n = A \cdot \frac{q^n - 1}{q - 1} \Leftrightarrow K_0 \cdot \frac{q^n \cdot (q - 1)}{q^n - 1} = A$$

$$A = 300\,000\,\text{€} \cdot \frac{1{,}0745^{10} \cdot (1{,}0745 - 1)}{1{,}0745^{10} - 1}$$

$$\approx \mathbf{43\,606{,}05\,€}$$

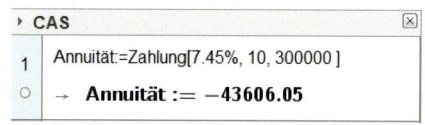

▸ CAS ⊠

1 Annuität:=Zahlung[7.45%, 10, 300000]

○ → **Annuität := −43606.05**

▶ GG Der Befehl **Zahlung [<Zinssatz>, <Anzahl der Perioden>, <Barwert>]** berechnet die Annuität eines Darlehens. Zur weiteren Verwendung wird das Ergebnis in der Variablen Annuität abgespeichert.

▸ Tabelle ⊠

	A	B	C	D	E
5	Jahre	RS - Beginn d.J.	Zinsen	Tilgung	RS - Ende d.J.
6	1	300000	22350	21256.05	278743.95
7	2	278743.95	20766.42	22839.62	255904.33
8	3	255904.33	19064.87	24541.18	231363.15
9	4	231363.15	17236.55	26369.49	204993.66
10	5	204993.66	15272.03	28334.02	176659.63
11	6	176659.63	13161.14	30444.91	146214.73
12	7	146214.73	10893	32713.05	113501.68
13	8	113501.68	8455.87	35150.17	78351.5
14	9	78351.5	5837.19	37768.86	40582.64
15	10	40582.64	3023.41	40582.64	0

▶ GG In der Tabelle kann auf den Inhalt von Variablen (z.B. Zinssatz, Annuität) direkt über ihren Namen zugegriffen werden.

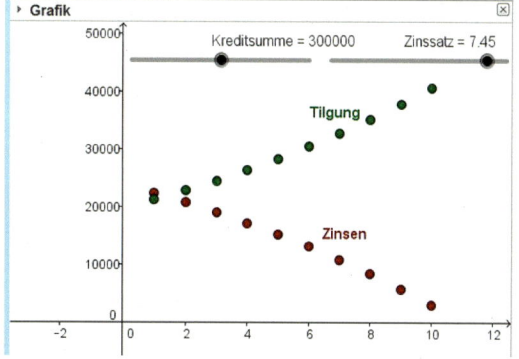

▶ GG Für diese Darstellung wird aus den Tilgungen zusammen mit den Jahren eine Liste von Punkten ⟨•••⟩ erzeugt und dieser Vorgang für die Zinsen wiederholt.

Übungen zu 2.5.3

Zinseszinsrechnung

1. Berechnen Sie den Endbetrag zu dem gegebenen Anfangskapital.
   a) 1800 € bei 5 % Zinssatz in 10 Jahren
   b) 6000 € bei 6,5 % Zinssatz in 15 Jahren

2. Berechnen Sie, welches Anfangskapital dem gegebenen Endkapital zugrunde liegt.
   a) 8081,35 € bei 5 % Zinssatz in 12 Jahren
   b) 7634,81 € bei 3,75 % Zinssatz in 14 Jahren

3. Berechnen Sie den Zinssatz, zu dem das Anfangskapital auf das Endkapital angewachsen ist.
   a) 5800 € auf 7049,94 € in 4 Jahren
   b) 6500 € auf 9299,68 € in 7 Jahren

4. Berechnen Sie die Anzahl der Jahre, in denen das Anfangskapital auf das Endkapital angewachsen ist.
   a) 2400 € bei einem Zinssatz von 4 % auf 3036,77 €
   b) 17 500 € bei 3,25 % Zinssatz auf 27 384,13 €

5. Ein Betrag in Höhe von 15 000 € wurde am 01.01.2009 mit 6 % festgelegt. Ab dem 01.01.2012 wurde das Kapital nur noch mit 5 % verzinst. Am 01.01.2015 sank der Zinssatz auf 4 %.
   Berechnen Sie das Kapital einschließlich Zinsen am 31.12.2019.

6. Ein Vater möchte, dass seinem Sohn am 31.12.2029 ein Betrag von 30 000 € ausgezahlt wird.
   Bestimmen Sie die Summe, die er am 01.01.2015 anlegen muss, wenn er mit einer Verzinsung von 5,5 % rechnet.

7. Herr Grapf erbt 60 000 € im Alter von 40 Jahren. Davon legt er 45 000 € bei einer Bank an. Nach 20 Jahren lässt er sich am Ende eines jeden Jahres die Jahreszinsen auszahlen.
   Berechnen Sie die Höhe der jährlichen Auszahlung, wenn der Zinssatz 6 % beträgt.

8. Ein Kapital wurde 5 Jahre lang mit 5 % und danach 6 Jahre mit 4 % jährlich verzinst.
   Berechnen Sie die Höhe des angelegten Kapitals, wenn es auf 9876 € angewachsen ist.

9. Herr Bolanzo zahlt am Anfang des 1., 5. und 6. Jahres jeweils 4000 € auf sein Sparkonto ein. Am Ende des 8. Jahres besitzt er ein Guthaben von 17 584,22 €. Der Zinssatz beträgt 3,5 %.
   Berechnen Sie den Kontostand auf dem Sparbuch vor der ersten Einzahlung von 4000 €.

10. Der Käufer eines Hauses macht dem Verkäufer drei alternative Angebote:
    1) 400 000 € sofort oder
    2) 100 000 € sofort und 400 000 € in 5 Jahren oder
    3) 3 Raten in Höhe von je 158 000 €, und zwar die erste Rate sofort, die zweite Rate nach 3 Jahren und die dritte Rate nach 6 Jahren.
    Entscheiden Sie, welches Angebot am günstigsten ist unter Berücksichtigung eines Zinssatzes von 6 %.

11. Ein Kapital in Höhe von 5000 € ist innerhalb von 5 Jahren auf 6535 € angewachsen.
    Berechnen Sie den Zinssatz.

12. Eine Mutter lieh ihrem Sohn für eine Unternehmensgründung einen hohen Kapitalbetrag. 5 Jahre später lieh sie ihm denselben Betrag noch einmal. 3 Jahre nach der 2. Auszahlung waren die Schulden des Sohnes auf 302 577,47 € angewachsen.
    Ermitteln Sie den jeweils ausgeliehenen Betrag, wenn ein Zinssatz von 7,5 % zwischen Mutter und Sohn vereinbart worden war.

13. Ein Kaufinteressent möchte ein Auto für 18 000 € kaufen, ihm stehen zum jetzigen Zeitpunkt aber nur 15 000 € zur Verfügung.
    a) Berechnen Sie den Zinssatz, zu dem er das vorhandene Kapital anlegen muss, um nicht länger als 3 Jahre mit dem Kauf warten zu müssen.
    b) Um welchen Zeitraum verzögert sich der Kauf des Autos, wenn die jährliche Preissteigerungsrate im Wartezeitraum durchschnittlich 2,2 % beträgt?

14. Ermitteln Sie die Anzahl der Jahre, in denen sich ein Kapital bei einem Zinssatz von 4 % (5 %) verdoppelt bzw. vervierfacht.

Rentenrechnung

15. Ein Angestellter zahlt bei einer Rentenanstalt 30 Jahre lang jährlich je 1200 € bei einem Zinssatz von 4 % ein.
Berechnen Sie den Betrag, der ihm nach 30 Jahren zur Verfügung steht, wenn die Einzahlungen
a) nachschüssig und b) vorschüssig erfolgen.

16. Die JoRo GmbH hat für die Erweiterung ihrer Produktionshalle 5 Jahre lang jeweils am Anfang eines Jahres 140 000 € zu einem durchschnittlichen Zinssatz von 5 % angelegt. Am Ende des 5. Jahres stehen die Baukosten mit 1 Mio. € fest.
a) Berechnen Sie den Kapitalbetrag, der von der JoRo GmbH noch aufgebracht werden müsste, wenn die Baukosten am Ende des 5. Jahres fällig wären.
b) Ermitteln Sie die Zuzahlung, wenn die Baukosten erst ein Jahr später fällig sind.

17. Maria zahlt jährlich nachschüssig 5000 € auf ein Konto ein. Nach 6 Jahren erhöht sie den Betrag auf 8000 €, die sie weitere 5 Jahre einzahlt. Der Zinssatz beträgt 4 %.
a) Berechnen Sie den Betrag, über den sie nach 15 Jahren verfügen kann.
b) Berechnen Sie den Barwert der Einzahlungen.

18. Der junge Angestellte Julius schließt einen Sparvertrag zu 6 % ab und zahlt 10 Jahre lang nachschüssig jährlich 2500 € auf sein Konto ein. Nach 5 Jahren setzt er aufgrund finanzieller Schwierigkeiten für 2 Jahre aus, zahlt danach aber wie vereinbart weiter.
a) Berechnen Sie den Rentenendwert für den Fall, dass Julius ständig seine Zahlungen geleistet hätte.
b) Berechnen Sie den Rentenendwert nach 10 Jahren unter Berücksichtigung der Unterbrechung.

19. Herr Rex schließt am Anfang eines Jahres einen Sparvertrag ab, bei dem 15 Jahre lang nachschüssig jeweils 2000 € eingezahlt werden sollen. Er zahlt 6 Jahre lang regelmäßig ein, setzt dann wegen finanzieller Schwierigkeiten dreimal mit den Einzahlungen aus, und fährt danach mit den Zahlungen fort.
Berechnen Sie das Guthaben, das Herrn Rex bei einem Zinssatz von 6 % nach 15 Jahren zur Verfügung steht.

20. Ein Unfallschuldiger hat 10 Jahre lang am Anfang eines Jahres eine Rente von 5000 € zu zahlen. Zu Beginn des 6. Jahres möchte er den bestehenden Restanspruch durch eine einmalige Zahlung ablösen.
a) Berechnen Sie den Barwert der Rente bei einem Zinssatz von 5 %.
b) Berechnen Sie den Betrag, den er unter Berücksichtigung eines Zinssatzes von 5 % zu zahlen hätte.

21. Eine Rente soll ab dem Jahr 2015 für 15 Jahre nachschüssig mit einem Jahresbetrag in Höhe von 6000 € gezahlt werden.
a) Berechnen Sie den Kapitalbetrag, der Anfang 2007 zu 5 % angelegt werden musste.
b) Im Jahr 2011 wurde die Rente bei gleicher Laufzeit um 4 Jahre vorgezogen. Dadurch fällt der Jahresbetrag geringer aus. Berechnen Sie für diesen Fall die Höhe der jährlichen Rente.

22. Der Vater zweier Töchter legt zu 4 % ein Kapital fest, durch das er das Studium seiner Töchter finanzieren möchte. Die erste Tochter beginnt in 4 Jahren mit dem Studium, die zweite Tochter in 7 Jahren. Der Vater rechnet mit einer 5-jährigen Studienzeit und gedenkt, den Töchtern jährlich je 15 000 € vorschüssig auszahlen zu lassen.
a) Berechnen Sie die Höhe des Anlagekapitals.
b) Berechnen Sie die Höhe der Jahreszahlungen bei gleicher Kapitalanlage, wenn sich die Studienzeiten beider Töchter um jeweils ein Jahr verlängern.

23. Der Barwert einer über 10 Jahre laufenden nachschüssigen Jahresrente unter Berücksichtigung einer jährlichen Verzinsung von 4 % beträgt 32 443,58 €.
Berechnen Sie die Höhe der jährlichen Rente.

24. Eine selbstständige Unternehmerin möchte an ihrem 50. Geburtstag einen Geldbetrag so anlegen, dass sie mit 65 Jahren für 10 Jahre eine nachschüssig gezahlte Rente in Höhe von 8000 € jährlich erhält.
Berechnen Sie den Anlagebetrag, wenn von einer jährlichen Verzinsung von 4 % ausgegangen wird.

25. Der Prokurist, Herr Lehmann, zahlt von seinem 50. bis zu seinem 62. Lebensjahr nachschüssig jährlich 3000 € auf ein Konto ein. Herr Lehmann möchte nach seiner Pensionierung mit 62 für 10 Jahre daraus eine nachschüssige Rente beziehen. Der Zinssatz beträgt 5 %.

a) Berechnen Sie die Höhe der Rente.

b) Berechnen Sie die Höhe der Rente, wenn der Prokurist noch einen Arbeitsvertrag bis zum 65. Lebensjahr erhält und daher die Auszahlung der Rente um 3 Jahre verschoben wird.

26. Die Angestellte, Frau Ullmann-Tietz, hat eine Lebensversicherung in Höhe von 360 000 € abgeschlossen. Der Betrag soll mit Vollendung des 65. Lebensjahres ausgezahlt werden. Frau Ullmann-Tietz möchte aber stattdessen eine nachschüssige Rente beziehen.

a) Berechnen Sie die jährliche Rente, wenn sie 10 Jahre lang gezahlt werden soll und ein Zinssatz von 5 % zugrunde gelegt wird.

b) Wie lange könnte die Rente gezahlt werden, wenn jährlich 18 000 € ausgezahlt würden und für die Rechnung ein Zinssatz von 4 % zugrunde gelegt wird?

27. Der Kunde einer Lebensversicherung, der in 6 Jahren eine Versicherungssumme in Höhe von 120 000 € erwartet, möchte diese einmalige Zahlung in eine nachschüssige Rente umwandeln, die 20 Jahre lang gezahlt wird (Zinssatz 4,5 %).

a) Bestimmen Sie den Barwert der Versicherungssumme.

b) Ermitteln Sie die Höhe der jährlichen Rente.

28. Eine 15-jährige nachschüssige Rente über 2500 € soll in eine 10-jährige vorschüssige Rente umgewandelt werden.
Berechnen Sie diese Rente, wenn ein Zinssatz von 5 % zugrunde gelegt wird.

29. Eine Erbschaft in Höhe von 120 000 € soll so verwendet werden, dass eine jährliche nachschüssige Rente in Höhe von 7358 € gezahlt werden kann.

a) Berechnen Sie die Anzahl der Jahre, die diese Rente bei einem Zinssatz von 4 % gezahlt werden kann.

b) Berechnen Sie die Anzahl der Jahre, wenn noch ca. 20 000 € übrig bleiben sollen.

30. Eine Kauffrau legt ein Kapital mit 4 % an, sodass sie nach 5 Jahren vorschüssig 15 Jahre lang eine Rente in Höhe von 12 000 € erhält.

a) Berechnen Sie den angelegten Kapitalbetrag.

b) Berechnen Sie die Laufzeit der Rente, wenn die Kauffrau sich auf Kosten der Laufzeit jährlich 18 000 € auszahlen ließe.

c) Berechnen Sie den Betrag, den sie 3 Jahre nach der Kapitalanlage hinzuzahlen müsste, um die Jahresrente von 18 000 € über 15 Jahre zu erhalten.

31. Eine vorschüssige Jahresrente von 3200 € hat eine Laufzeit von 15 Jahren und soll erstmals am Ende dieses Jahres ausgezahlt werden.
Da der Anspruchsberechtigte seine Dienstzeit noch um 3 Jahre verlängert, wird die Rentenzahlung um 3 Jahre verschoben (Zinssatz 5,5 %).

a) Berechnen Sie den Barwert der Rente.

b) Ermitteln Sie die Höhe der Rente, wenn die Rentenzahlung um 3 Jahre hinausgeschoben wird.

c) Ermitteln Sie die Höhe der Rente, wenn die Rentenzahlung zum ursprünglich vereinbarten Zeitpunkt beginnt, aber nur 12 Jahre geleistet wird.

Annuitätentilgung

32. Erstellen sie jeweils den Tilgungsplan.

a) $K_0 = 400\,000\,€$; $p\,\% = 6,5\,\%$; $n = 10$

b) $K_0 = 50\,000\,€$; $p\,\% = 6,75\,\%$; $n = 15$

c) $K_0 = 8000\,€$; $p\,\% = 7,5\,\%$; $n = 4$

d) $K_0 = 9500\,€$; $p\,\% = 7,25\,\%$; $n = 6$

e) $K_0 = 250\,000\,€$; $p\,\% = 8\,\%$; $n = 20$

f) $K_0 = 2\,000\,000\,€$; $p\,\% = 9,25\,\%$; $n = 30$

33. Eine Schuld von 195 000 € soll mit 9,5 % verzinst und durch gleich hohe Annuitäten in 10 Jahren getilgt werden. Berechnen Sie die Annuität und erstellen Sie den Tilgungsplan.

34. Eine Anleihe in Höhe von 350 000 € soll bei einer Verzinsung von 5 % in 10 Jahren durch konstante Annuitäten getilgt werden. Berechnen Sie die Annuität und den 1. Tilgungsanteil.

35. Eine Schuld in Höhe von 150 000 € wird durch 12 gleich hohe Annuitäten abgetragen.
Ermitteln Sie den Schuldenstand nach der 8. Annuität bei einem Zinssatz von 6 %.

36. Ein mit 8 % verzinstes Darlehen in Höhe von 100 000 € soll in 10 Jahren getilgt werden.

a) Berechnen Sie die Annuität.

b) Berechnen Sie den ersten Tilgungsbetrag.

c) Stellen Sie einen Tilgungsplan für 3 Jahre auf.

37. Ein Darlehen von 200 000 € soll in 15 Jahren durch Annuitätentilgung zurückgezahlt werden. In den ersten 8 Jahren wird es mit 5 % p. a., in den restlichen 7 Jahren mit 8,5 % p. a. verzinst.

▶ Die Abkürzung p. a. steht für „pro anno" (auch „per annum") und bedeutet „pro Jahr".

Berechnen Sie die jährliche Annuität a) in den ersten 8 Jahren und b) in den restlichen 7 Jahren.

38. Ein Unternehmen tilgt ein Darlehen von über 1 Million €, das mit 6 % verzinst wird, durch gleich hohe jährliche Annuitäten von 119 277,03 €. Wie viele Jahre dauert die Tilgung?

39. Ein Baudarlehen von 250 000 € soll in 20 Jahren durch gleich hohe Annuitäten getilgt werden. Die Jahreszinsen betragen 5,5 %.

a) Berechnen Sie die Annuität.

b) Bestimmen Sie die Restschuld nach 10 Jahren.

40. Eine Selbstständige interessiert sich für den Erwerb eines Hauses und glaubt, jährlich 14 400 € von ihrem Einkommen für die Verzinsung und  Tilgung eines Hypothekendarlehens abzweigen zu können. Sie möchte von ihrer Bank wissen, welcher Betrag ihr unter Berücksichtigung eines Zinssatzes von 7,5 % zur Verfügung gestellt wird, wenn das Darlehen eine Laufzeit von

a) 20 Jahren, b) 25 Jahren und c) 30 Jahren hat. Berechnen Sie die einzelnen Darlehensbeträge.

Vermischte Übungen zu 2.5

1. Zeichnen Sie die Graphen der folgenden Exponentialfunktionen und bestimmen Sie rechnerisch ihre Funktionswerte für $x \in \{1, 2, 3, 5, 10\}$.

a) $f(x) = 2^x$ c) $f(x) = 0{,}5^x$ e) $f(x) = \left(\frac{3}{2}\right)^x$

b) $f(x) = 3^x$ d) $f(x) = \left(\frac{2}{3}\right)^x$ f) $f(x) = \left(\frac{9}{10}\right)^x$

2. Berechnen Sie jeweils den Wert für x zu den unter 1 a) bis f) angegebenen Funktionen, wenn für

a) $f(x) = 1024$,   d) $f(x) = 0{,}131687242$,

b) $f(x) = 2187$,   e) $f(x) = 3{,}66$,

c) $f(x) = 0{,}0078125$,   f) $f(x) = 0{,}56$ gilt.

3. Die indische (nigerianische) Bevölkerung betrug 2007 ca. 1,220 Mrd. (167 Mio.) Menschen. Man rechnet mit einem jährlichen Bevölkerungswachstum von 1,9 (3,1) %.

a) Geben Sie die Funktionsgleichungen an, mit denen man das Bevölkerungswachstum jeweils modellieren kann.

b) Berechnen Sie die voraussichtlichen Einwohnerzahlen in den Jahren 2015, 2020 und 2030.

c) In welchem Jahr wird sich bei gleicher Wachstumsrate die indische (nigerianische) Bevölkerung im Vergleich zu 2007 verdoppelt haben?

4. Erledigen Sie für Frau Lotto die Aufgaben des Eingangsproblems auf Seite 183.

5. Der indische König Schehram forderte den Erfinder des Schachspiels, Sissa ibn Dahir, auf, sich eine Belohnung zu wünschen.

Dieser bat ihn daraufhin, auf das 1. Feld des Schachbretts ein Weizenkorn zu legen, auf das 2. Feld 2 Weizenkörner, auf das 3. Feld 4 Weizenkörner, auf das 4. Feld 8 Körner usw.

a) Stellen Sie den Funktionsterm der Funktion auf, die angibt, wie viele Weizenkörner auf den verschiedenen Schachfeldern liegen.

b) Berechnen Sie die Anzahl der Körner auf dem 8., 20., 32. und 64. Feld.

6. Eltern möchten ihrer Tochter für eine zweiwöchige Kursfahrt Taschengeld mitgeben, und zwar für den ersten Tag 3 Euro, dann täglich 2 Euro mehr als am Tag vorher.

Die Tochter überlegt kurz und macht einen Gegenvorschlag:

Für den ersten Tag 3 Cent, dann täglich den doppelten Betrag des Vortags.

Vergleichen Sie die beiden Varianten.

2

7. Ein Waldbestand mit $200\,000\,\text{m}^3$ Holz wächst gleichmäßig um 5 % pro Jahr.

a) Erstellen Sie eine Wertetabelle, die jedem Jahr t den Waldbestand y in m^3 zuordnet. Wählen Sie $0 \leq t \leq 10$.

b) Geben Sie die Funktionsgleichung an, die diesen Zusammenhang beschreibt und stellen Sie den Zusammenhang grafisch dar.

c) Berechnen Sie den Wert für $t = -10$ und interpretieren Sie das Ergebnis im Sachzusammenhang.

d) Bestimmen Sie, wie viel m^3 Holz nach 8 Jahren zur Verfügung steht.

8. Bakterien sind einzellige pflanzliche Lebewesen, die häufig als Krankheitserreger auftreten. Bakterien vermehren sich durch Zellteilung: Unter günstigen Voraussetzungen teilt sich eine Bakterienzelle im Durchschnitt dreimal pro Stunde.

a) Errechnen Sie, wie viele Bakterien sich im Laufe eines Tages aus einer Bakterie entwickeln.

b) Bei einem Versuch werden 400 Bakterien zum Zeitpunkt t_1 und 26 214 400 Bakterien zum Zeitpunkt t_2 gezählt. Geben Sie an, wie viele Verdopplungen in der Zwischenzeit stattgefunden haben.

9. In der Düsseldorfer Altstadt untersuchen zwei Brauereibesucher den Abbau des Bierschaums in einem Altbierglas. Sie stellen fest, dass ein gut gezapftes Altbier eine ca. 5 cm hohe Schaumkrone besitzt, deren Höhe sich alle 10 Sekunden um 2,5 % verringert.

a) Ermitteln Sie, um wie viel Prozent sich die Schaumhöhe in einer Minute verringert.

b) Bestimmen Sie den Funktionsterm der Exponentialfunktion, die die Schaumhöhe in Abhängigkeit der Zeit (in Minuten) beschreibt und zeichnen Sie ihren Graphen für die ersten 5 Minuten.

10. Die Temperatur einer Flüssigkeit passt sich nach einer gewissen Zeit der Umgebungstemperatur an. In einer 19 °C warmen Wohnung findet eine Party statt. Der Temperaturverlauf eines gekühlten Getränks wird durch die Funktion f mit $f(t) = 19 + c \cdot a^t$ ($t \geq 0$ in Minuten) beschrieben.

a) Erklären Sie, warum für die Beschreibung dieses Prozesses $c < 0$ gelten muss.

b) Ein aus dem Kühlschrank entnommenes Getränk misst nach 7 Minuten ca. 12 °C und nach 20 Minuten bereits ca. 17 °C. Bestimmen Sie die Funktionsgleichung von f.

c) Bestimmen Sie die Kühlschranktemperatur.

d) Ermitteln Sie die Asymptote von f und erklären Sie ihre Bedeutung für den Temperaturverlauf.

e) Ermitteln Sie die Temperatur, die das Getränk nach einer halben Stunde hat.

11. Die Halbwertszeit von Radium 226 beträgt 1600 Jahre. Wie viele Jahre dauert es, bis die radioaktive Strahlung eines mit Radium 226 verseuchten Gegenstands auf $\frac{1}{8}$ ihres ursprünglichen Wertes gesunken ist?

> Die **Halbwertszeit** gibt die Zeit an, in der von einer beliebigen Ausgangsmenge eines radioaktiven Elements die Hälfte zerfallen ist.

12. Bei einem lebenden Organismus werden 15 radioaktive Zerfälle pro Gramm Kohlenstoff-14 in der Minute gezählt, weil der zerfallene Kohlenstoff ständig aus der Nahrung ersetzt wird. Erst mit dem Absterben des Organismus hört die Nahrungsaufnahme auf, der Zerfall geht jedoch weiter. Die Halbwertszeit von Kohlenstoff-14 beträgt 5730 Jahre. Würde man also nur noch 7,5 Zerfälle pro Gramm und Minute zählen, so kann man daraus schließen, dass die Hälfte des Kohlenstoffs zerfallen ist und 5730 Jahre vergangen sind.

Am 19.09.1991 fand ein Ehepaar auf dem Schnalstaler Gletscher eine Leiche eines Mannes, der unter dem Namen Ötzi weltberühmt wurde. Bei der wissenschaftlichen Untersuchung des Leichnams stellte man fest, dass von der Menge an radioaktivem Kohlenstoff-14, die am Tag seines Todes in seinem Gewebe vorhanden sein musste, nur noch 53 % vorhanden waren. Daraus konnte man auf die Anzahl der Jahre schließen, die der Leichnam im Gletscher gelegen haben musste.

Berechnen Sie diese Zeit.

13. Ein Narkosemedikament hat eine Halbwertszeit von 40 Minuten und wird mit der Anfangsmenge M_0 gespritzt.

a) Erstellen Sie den Funktionsterm, der den Medikamentenabbau beschreibt.

b) Drücken Sie den Medikamentenabbau in Prozent pro Minute aus und berechnen Sie, wie viel Prozent des Narkosemedikaments nach 20 Minuten noch vorhanden ist.

c) Ermitteln Sie die Menge des noch im Körper vorhandenen Narkosemittels, wenn bei einer dreistündigen Operation zunächst 4 mg und danach stündlich 2 mal 2 mg verabreicht werden.

d) Bestimmen Sie den Zeitpunkt, an dem nur noch 1 mg des Narkosemedikaments im Körper vorhanden ist.

14. Aggressive Bakterien verfünffachen sich alle 2 Stunden.

a) Berechnen Sie die Anzahl der Bakterien nach 4, 6, 10, 15 und 18,5 Stunden, wenn anfangs 125 Bakterien vorhanden waren.

b) Angenommen, die Bakterien haben sich mit demselben Faktor schon die letzten 4 Stunden vermehrt. Berechnen Sie ihre Anzahl vor 2, 3 bzw. 4 Stunden.

c) Erläutern Sie Nachteile dieses Modells.

15. Im Körper eines Menschen wird Nikotin stündlich zur Hälfte abgebaut.

a) Erstellen Sie den Funktionsterm, der den Nikotinabbau im Körper beschreibt.

b) Drücken Sie den Nikotinabbau in Prozent pro Minute aus. Berechnen Sie, wie viel Prozent des Nikotins nach 20 Minuten noch vorhanden sind.

c) Eine Zigarette verursacht ca. 1,55 mg Nikotin im Blut. Es werden 5 Zigaretten im halbstündigen Abstand geraucht. Ermitteln Sie, wie viel Nikotin sich nach der 5. Zigarette im Blut befindet.

d) Bestimmen Sie den Zeitpunkt, an dem nur noch 1% des Nikotins im Körper vorhanden ist.

16. Die Inflationsrate wird im wirklichen Leben häufig aus den beobachteten Teuerungen ermittelt.

a) Berechnen Sie den Wertverlust des Geldes nach 10 Jahren unter der Annahme, dass die durchschnittliche jährliche Inflationsrate in den nächsten Jahren 1,8 % beträgt.

b) Wie lange dauert es, bis sich der Geldwert halbiert hat?

c) Berechnen Sie den Wertverlust des Geldes nach 10 Jahren unter der Annahme, dass die durchschnittliche jährliche Inflationsrate in den nächsten Jahren 3,6 % beträgt.
Nach wie vielen Jahren halbiert sich der Geldwert in diesem Fall?

17. Die Lautstärke wird in Dezibel (dB) gemessen. 60 dB entsprechen dabei einer Intensität von 10^{-6} Watt pro m^2, 70 dB einer Intensität von $10^{-5} \frac{W}{m^2}$, 80 dB einer Intensität von $10^{-4} \frac{W}{m^2}$ usw. Die Lautstärke eines Autoradios wird von 70 dB (durchschnittliche Lautstärke) auf 100 dB („Konzertlautstärke") erhöht.
Welcher Intensitätssteigerung entspricht das Lauterstellen?

18. Ein Unternehmer hat einen Lieferwagen im Wert von 25 000 € angeschafft. Im 1. Jahr schreibt er 5500 € ab, im 2. Jahr 3300 €, im 3. Jahr 3100 €, im 4. Jahr 2600 € und im 5. Jahr 2500 €.

a) Stellen Sie die Restbuchwerte der ersten 5 Jahre grafisch dar.

b) Bestimmen Sie für den Restbuchwert einen Funktionsterm der Form $B(t) = c \cdot a^t$, dessen Graph die Punkte näherungsweise wiedergibt.

19. Der Abschreibungsbetrag für eine Stanzmaschine, die jährlich mit 20 % degressiv abgeschrieben wird, beträgt am Ende des 4. Jahres 20 480 €.

a) Ermitteln Sie den Anschaffungswert der Maschine.

b) Berechnen Sie die Anzahl der Abschreibungen, bis der Restbuchwert auf 5368,71 € gesunken ist.

20. Ein Kapital wächst bei einfacher Verzinsung (ohne Zinseszinsen) mit 8 % in 12 Jahren auf 36 000 € an.

a) Berechnen Sie die Höhe des angelegten Kapitals.

b) Das gleiche Kapital soll mit Zinseszinsen angelegt werden. Berechnen Sie den Zinssatz so, dass man nach 12 Jahren ebenfalls 36 000 € erhält.

21. Ein Betrieb hat ein Grundstück gekauft und muss folgende Zahlungen leisten: 20 000 € sofort, 30 000 € nach 2 Jahren und 40 000 € nach 5 Jahren bei einem Zinssatz von 6 %.
Nach erfolgter Barzahlung von 20 000 € sollen die ausstehenden Zahlungsverpflichtungen in eine vorschüssige Rente mit der Laufzeit 7 Jahre umgewandelt werden.
Ermitteln Sie die Jahresbelastung, mit der der Betrieb rechnen muss.

22. Ein Betrag soll bei einem Zinssatz von 5 % so angelegt werden, dass ab dem Ende des 10. Jahres 15 Jahre lang eine nachschüssige Jahresrente in Höhe von 6000 € bezogen werden kann.
Ermitteln Sie den Betrag, der am Anfang des 1. Jahres eingezahlt werden muss.

23. Eine Unternehmerin legt für ihr Enkelkind am Anfang eines Jahres ein Sparbuch an, auf das jährlich am Jahresende 1200 € eingezahlt werden. 3 Jahre nach Anlage des Sparbuches zahlt sie zusätzlich zum Jahresbetrag einmalig 5000 €, 6 weitere Jahre danach zusätzlich 8000 € einmalig ein.
Berechnen Sie den Kontostand am Ende des 12. Jahres, wenn der Zinssatz 4 % beträgt.

24. Ein Sparer zahlt durch Dauerauftrag am Anfang eines jeden Jahres einen Betrag von 2000 € auf sein Sparkonto ein, das mit 3,75 % verzinst wird. Nach 3 Jahren hebt er am Jahresende 3000 € ab, nach weiteren 2 Jahren zahlt er 5000 € ein.
Ermitteln Sie den Kontostand nach 10 Jahren.

25. Jemand hat am Anfang eines Jahres einen Geldbetrag geerbt, den er auf ein Sparkonto einzahlt, das mit 3,5 % p. a. verzinst wird. Am Ende eines jeden Jahres zahlt er 1500 € ein. Nach 10 Jahren kann er über 59 915,05 € verfügen.
Berechnen Sie die Höhe der Erbschaft.

26. Eine Bausparerin schließt am Anfang eines Jahres einen Bausparvertrag über 90 000 € ab und zahlt 5000 € sofort ein. Danach zahlt sie 10 Jahre lang jeweils 1800 € am Jahresende ein.
a) Berechnen Sie die Höhe des Sparguthabens, wenn das Guthaben jeweils mit 4,5 % p. a. verzinst wird.
b) In wie vielen Jahren sind 40 % der Bausparsumme angespart?

27. Johanna Kredtek konnte ihre ererbte Briefmarkensammlung für 18 000 € verkaufen. Sie legt das Geld zusammen mit ersparten 2000 € zu 4 % an. Sie will das Geld dazu verwenden, in fünf Jahren ein Sabbatjahr einzulegen. Um in diesem arbeitsfreien Jahr ihren Lebensstil aufrecht erhalten zu können, benötigt sie aber 40 000 €. Deshalb möchte sie 5 Jahre lang jeweils am Jahresanfang einen gleichbleibenden Betrag ansparen, um dann am Ende des 5. Jahres die 40 000 € zur Verfügung zu haben.
Berechnen Sie diesen Betrag.

28. Berechnen Sie die Anzahl der Jahre, in denen ein Kapital von 15 000 € bei 6 %iger Verzinsung Zinsen in Höhe von 5073,38 € abwirft.

29. Von einem Kapital in Höhe von 100 000 € werden jeweils am Jahresende 10 000 € abgehoben.
a) Berechnen Sie den Betrag, der nach 6 Jahren zur Verfügung steht, wenn ein Zinssatz von 5 % vereinbart wurde.
b) Nach welcher Zeit wäre das Kapital aufgebraucht?

30. Eine Angestellte hat am Anfang eines Jahres ein Sparguthaben von 16 000 € auf ihrem Konto, das mit 5,5 % p. a. verzinst wird. Zu diesem Betrag zahlt sie nachschüssig jährlich 4000 € hinzu.
Berechnen Sie die Anzahl der Jahre, in der das Sparguthaben auf 70 930,48 € angewachsen ist.

31. Eine Direkt-Bank wirbt im Internet damit, dass sie für ein Sparkonto einen Zinssatz von 4 % bietet, wobei die Zinsen vierteljährlich gut geschrieben werden. ▶ unterjährige Verzinsung (S. 196, Beispiel 15)
a) Berechnen Sie für eine Anlage von 1000 € die Höhe des Guthabens nach einem Jahr.
b) Ermitteln Sie, welchem Zinssatz bei jährlicher Gutschrift der Zinsen die unterjährige Verzinsung entspricht.
c) Berechnen Sie das Guthaben nach 10 Jahren.

32. Entscheiden Sie, welche Zinskondition für den Anleger günstiger ist:
Die Kapitalanlage zu einem Zinssatz von 9 % bei monatlicher Zinsgutschrift oder zu 9,5 % bei jährlicher Zinsgutschrift.
Begründen Sie Ihre Entscheidung.

Ich kann ...

... *Exponentialfunktionen vom Typ $f(x) = c \cdot a^x$ ($a > 0$; $a \neq 1$) erklären und zeichnen.*
▶ Test-Aufgaben 1, 2, 3

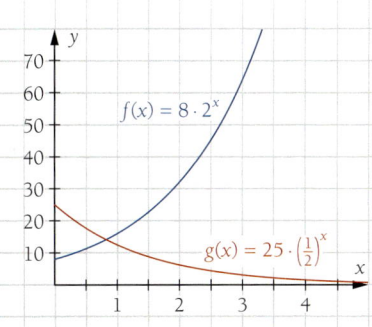

c gibt den y-Achsenabschnitt an; a ist die (immer positive) Basis.
$c > 0$: Graph liegt oberhalb der x-Achse. Er steigt für $a > 1$ und fällt für $0 < a < 1$.
$c < 0$: Graph liegt unterhalb der x-Achse. Er fällt für $a > 1$ und steigt für $0 < a < 1$.

2

... *Wachstums- und Abnahmeprozesse modellieren.*
▶ Test-Aufgaben 1, 2, 3

Wachstum von Bakterienstämmen:
Zum Zeitpunkt 0 sind 8 vorhanden ($f(0) = 8$).
Tag für Tag verdoppelt sich ihre Anzahl (Wachstumsfaktor 2).
$\rightarrow f(t) = 8 \cdot 2^t$
Abnahme von Bakterien durch Verabreichung von Medikamenten:
Zum Zeitpunkt 0 sind $2 \cdot 10^9$ Bakterien vorhanden ($f(0) = 2 \cdot 10^9$).
Pro Viertelstunde halbiert sich ihre Anzahl.
$\rightarrow f(t) = 2 \cdot 10^9 \cdot \left(\frac{1}{2}\right)^t$

Bei Wachstums- und Abnahmeprozessen wird oft auf der x-Achse die Zeit t oder die Anzahl der Prozesse t abgetragen.

... *erklären, was man unter dem Logarithmus von y zur Basis a versteht.*

$\log_a y = x \Leftrightarrow a^x = y$

$\log_2 16 = 4$, weil $2^4 = 16$
$\log_{10} 100 = \lg 100 = 2$, weil $10^2 = 100$

Der Logarithmus von y zur Basis a ist diejenige reelle Zahl x, mit der man a potenzieren muss, um y zu erhalten.

... *Exponentialgleichungen lösen.*
▶ Test-Aufgabe 3

$1250 \cdot 1{,}035^t = 2500$
$1{,}035^t = 2$
$\Leftrightarrow t = \log_{1{,}035} 2$

$\Rightarrow t = \frac{\lg 2}{\lg 1{,}035} \approx 20$

$\log_a y = \frac{\lg y}{\lg a}$ ▶ $\lg y = \log_{10} y$

... *Probleme aus der Finanzmathematik mithilfe von Exponentialfunktionen modellieren.*
▶ Test-Aufgaben 4, 5, 6

Zinseszinsrechnung
$K_n = K_0 \cdot q^n$; $q = 1 + \frac{p}{100}$

Ein Anfangskapital K_0 wächst nach n Jahren bei einer Verzinsung von $p\,\%$ auf ein Endkapital K_n.

Rentenrechnung

$R_n = r \cdot \frac{q^n - 1}{q - 1}$ nachschüssig

$R_{vn} = r \cdot \frac{q^n - 1}{q + 1} \cdot q$ vorschüssig

Eine immer gleich hohe jährliche Zahlung r wächst bei einer Verzinsung von $p\,\%$ nach n Jahren auf den Endwert R_n, wenn sie am Jahresende, bzw. auf R_{vn}, wenn sie am Jahresanfang erfolgt.

Annuitätentilgung
$A = K_0 \cdot \frac{q^n \cdot (q - 1)}{q^n - 1}$

Eine Annuität ist eine immer gleichhohe jährliche Zahlung, vergleichbar mit einer Rente.

Test zu 2.5

1. Ein fiebersenkendes Mittel bewirkt, dass die Körpertemperatur eines Kindes pro Stunde um 5 % fällt. Ein krankes Mädchen, das mit 41 °C fiebert, erhält dieses Mittel.

a) Stellen Sie die Fieberkurve grafisch dar und beschreiben Sie ihren Verlauf.

b) Ermitteln Sie den Zeitpunkt, zu dem die Körpertemperatur auf 38 °C bzw. auf eine normale Temperatur von 37 °C zurückgegangen sein wird.

2. Elodea canadensis heißt eine Wasserpflanze, die in einigen Seen des Ruhrtals zu einer Plage für Wassersportler geworden ist, weil sie sich sehr schnell ausbreitet und kaum einheimische natürliche Feinde hat. So bedeckte diese „Wasserpest" während ihrer Vegetationszeit im Wochenrhythmus jeweils eine um 50 % größere Wasserfläche des Kemnader Stausees.

a) Am Anfang der Vegetationsperiode bedeckt die Wasserpest 1000 m². Berechnen Sie die Größe der bedeckten Fläche nach 8 Wochen.

b) Ermitteln Sie, wie lange es dauern würde, bis der 1,25 km² große See vollständig von der Pflanze bedeckt sein würde, wenn keine Gegenmaßnahmen ergriffen würden.

3. Radium-226 ist radioaktiv. Seine radioaktive Strahlung verringert sich innerhalb von 1600 Jahren auf die Hälfte.

Berechnen Sie, wie lange es dauert, bis die Strahlung auf $\frac{1}{8}$ ihres ursprünglichen Wertes gesunken ist.

4. Für den Kauf eines 12 000 € teuren Motorrads hat Frau Üzgün 11 000 € zur Verfügung.

a) Ermitteln Sie den Zinssatz, zu dem sie den zur Verfügung stehenden Betrag anlegen muss, um in 3 Jahren das Motorrad erwerben zu können.

b) Für das Motorrad wird eine jährliche Preiserhöhung von 5 % erwartet. Lösen Sie das Problem erneut.

5. Jemand hat Anspruch auf eine vorschüssige 15-jährige Rente über jährlich 12 000 €. Er möchte diese Rente in eine 20-jährige nachschüssige Rente umwandeln, wobei die Rentenhöhe erhalten bleiben soll. Der Zinssatz beträgt 5 %.

Ermitteln Sie die Höhe der einmaligen Einzahlung, damit das Vorhaben realisiert werden kann.

6. Die Fly Bike Werke GmbH planen, für ihre Expansion eine neue Produktionshalle zu bauen. Für die zehnjährige Finanzierung der notwendigen 2,5 Millionen € liegen zwei Angebote vor.

Angebot A: Eine Grundschuld über die volle Summe zu einem Zinssatz von 4 %. Die Tilgung erfolgt in 10 gleich hohen Beträgen jeweils am Jahresende.

Angebot B: Ein Annuitätendarlehen über die volle Summe zu einem Zinssatz von 3,75 %.

a) Ermitteln Sie das zinsgünstigste Angebot.

b) Das Angebot B sah unter bestimmten Umständen nach 5 Jahren eine Erhöhung des Zinssatzes auf 3,8 % für die restlichen 5 Jahre vor. Ermitteln Sie, ob sich unter diesen Umständen die Vorteilhaftigkeit von dem einen zum anderen Angebot verlagert.

Überblick: Symmetrien, Verschiebungen und Streckungen

Symmetrie zur y-Achse

Ist mit jedem $(x|y)$ auch $(-x|y)$ ein Punkt auf dem Funktionsgraphen von f, so liegt eine Symmetrie zur y-Achse vor.
Es gilt: $f(-x) = f(x)$ für alle $x \in D_f$.
Beispiel: $f(x) = x^2$
$f(-x) = (-x)^2 = x^2 = f(x)$

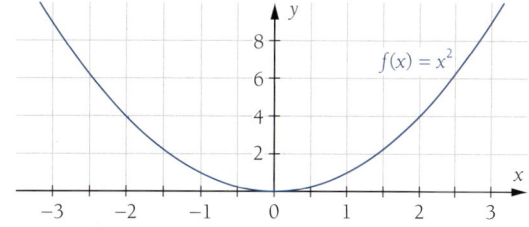

Punktsymmetrie zum Koordinatenursprung

Ist mit jedem $(x|y)$ auch $(-x|-y)$ ein Punkt auf dem Funktionsgraphen, so liegt eine Punktsymmetrie zum Koordinatenursprung vor.
Es gilt: $-f(-x) = f(x)$ für alle $x \in D_f$.
Beispiel: $f(x) = x^3$
$-f(-x) = -(-x)^3 = x^3 = f(x)$

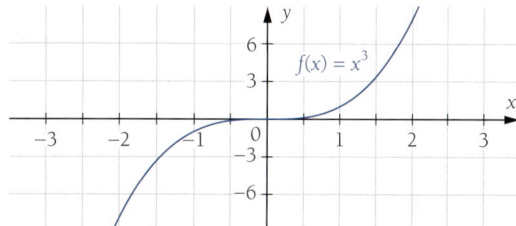

Verschiebung in y-Richtung

Der Graph von g mit $g(x) = f(x) + a$ ist im Vergleich zum Graphen von f um a Einheiten nach oben $(a > 0)$ bzw. nach unten $(a < 0)$ verschoben.
Beispiel: $f(x) = 2^x$; $g(x) = 2^x + 2$
G_g ist im Vergleich zu G_f um 2 Einheiten nach oben verschoben.

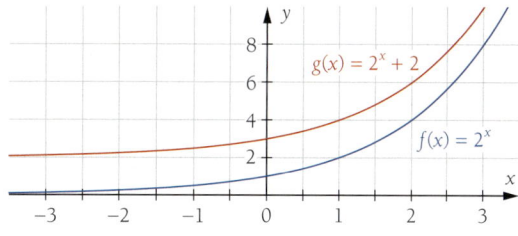

Verschiebung in x-Richtung

Der Graph von g mit $g(x) = f(x + a)$ ist im Vergleich zum Graphen von f um a Einheiten nach links $(a > 0)$ bzw. nach rechts $(a < 0)$ verschoben.
Beispiel: $f(x) = x^2$; $g(x) = (x + 2)^2$
G_g ist im Vergleich zu G_f um 2 Einheiten nach links verschoben.

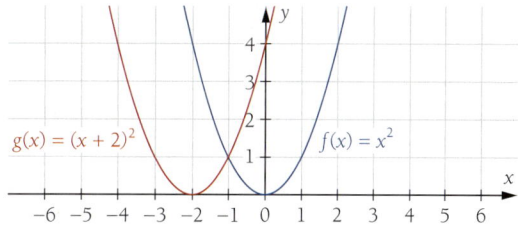

Streckung und Stauchung in Richtung der y-Achse

Der Graph von g mit $g(x) = a \cdot f(x)$ ist im Vergleich zum Graphen von f in y-Richtung gestreckt $(|a| > 1)$ bzw. gestaucht $(|a| < 1)$.
$a < 0$ bewirkt außerdem die Spiegelung von G_f an der x-Achse.
Beispiele: $f(x) = x^2$; $g(x) = 2x^2$; $h(x) = -0{,}25x^2$
G_g ist im Vergleich zu G_f um den Faktor 2 gestreckt;
G_h ist im Vergleich zu G_f um den Faktor 0,25 gestaucht und wegen $-0{,}25$ (< 0) an der x-Achse gespiegelt.

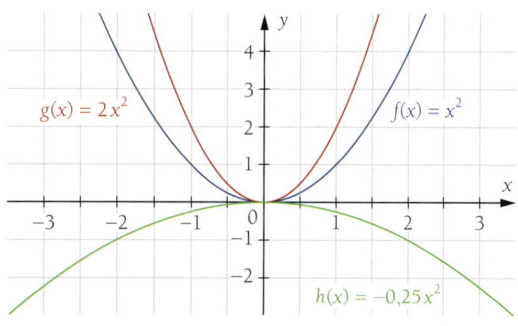

211

Überblick: Ökonomische Anwendungen

Begriff	Erklärung	Berechnung
Gesamtkosten-funktion K	Variable Kosten K_v + Fixkosten K_{fix}	$K(x) = K_v(x) + K_{fix}(x)$
Betriebsminimum BM	Minimum der quadratischen Funktion k_v der variablen Stückkosten; x_{BM} ist die Ausbringungsmenge, bei der die variablen Stückkosten gedeckt sind; $k_v(x_{BM})$ ist die kurzfristige Preisuntergrenze (KPU)	$BM\big(x_{BM}\,\vert\,k_v(x_{BM})\big)$ $k_v(x) = \frac{K_v(x)}{x}$ Scheitelpunkt von k_v ermitteln
Betriebsoptimum BO	Minimum der gebrochenrationalen Funktion k der gesamten Stückkosten; x_{BO} ist die Ausbringungsmenge, bei der alle Stückkosten gedeckt sind; $k(x_{BO})$ ist die langfristige Preisuntergrenze (LPU)	$BO\big(x_{BO}\,\vert\,k(x_{BO})\big)$; $k(x) = \frac{K(x)}{x}$ Berechnung mit GTR/CAS
Marktgleichgewicht MGG	Schnittpunkt von Angebotsfunktion p_A und Nachfragefunktion p_N $\Rightarrow$ Gleichgewichtsmenge x_{GGM}; Gleichgewichtspreis $p_A(x_{GGM}) = p_N(x_{GGM}) = y_{GGM}$	Lösung von $p_A(x) = p_N(x)$ ergibt x_{GGM} $\Rightarrow MGG(x_{GGM}\vert y_{GGM})$
Höchstpreis	Preis, bei dem kein Nachfrager bereit ist, zu kaufen.	$p_N(0)$
Sättigungsmenge	Obwohl das Produkt nichts kostet, besteht keine Nachfrage; der Markt ist gesättigt.	Lösung von $p_N(x_s) = 0$
Ökonomischer Definitionsbereich $D_{ök}$	Nur positive Mengen und positive Preise sind ökonomisch sinnvoll.	$x \geq 0$; $p_N(x) \geq 0$ $\Rightarrow D_{ök} = [0;\, x_s]$
Erlösschwelle, Erlösgrenze	Erlösschwelle x_{ES} und Erlösgrenze x_{EG} sind die Nullstellen der Erlösfunktion E; Erlöszone $[x_{ES};\, x_{EG}]$.	Lösung von $E(x) = p(x) \cdot x = 0$ $\Rightarrow x_{ES} = 0$; $p(x_{EG}) = E(x_{EG}) = 0$
Erlösmaximum	Maximum der quadratischen Funktion E; x_E ist die Ausbringungsmenge (ME), bei der der Erlös maximal ist; $f(x_E)$ ist der maximale Erlös in GE	$E_{max}(x_E \vert f(x_E))$; Berechnung des Scheitelpunkts von E
Gewinnschwelle (Break-even-Punkt); Gewinngrenze	An der Gewinnschwelle x_{GS} übersteigt der Erlös die Kosten zum ersten Mal, an der Gewinngrenze x_{GG} fällt der Erlös unter die Kosten.	$G(x) = E(x) - K(x)$ Lösung von $G(x) = 0$ oder $E(x) = K(x)$; $\Rightarrow x_{GS}$ und x_{GG}
Gewinnmaximum	Maximum der Funktion G; x_E ist die Ausbringungsmenge (ME), bei der der Gewinn maximal ist; $G(x_E)$ ist der maximale Gewinn in GE.	$G_{max}(x_E \vert G(x_E))$; Berechnung mit GTR/CAS
Wirtschaftlichkeit W	Verhältnis von Erlös zu Kosten: $W(x) = \frac{E(x)}{K(x)}$	Maximum mithilfe von GTR/CAS
Umsatzrentabilität U	Verhältnis von Gewinn zu Erlös: $U(x) = \frac{G(x)}{E(x)}$	Maximum mithilfe von GTR/CAS
Optimale Losgröße	Minimum der Summe aus Rüstkosten K_R und Lagerkosten K_L	Minimum $K_R(x) + K_L(x)$ mithilfe von GTR/CAS
Optimale Bestellmenge	Minimum der Summe aus Bestellkosten K_B und Lagerkosten K_L	Minimum $K_B(x) + K_L(x)$ mithilfe von GTR/CAS
Minimalkosten-kombination MKK	Berührpunkt $MKK(x_{MKK}\vert y_{MKK})$ der Graphen der Isoquantenfunktion I und der Isokostenkurve I_K	$I(x_{MKK}) = I_K(x_{MKK}) = y_{MKK}$ $\Rightarrow MKK(x_{MKK}\vert y_{MKK})$; Lösung durch GTR/CAS
Haushaltsgleich-gewicht HGG	Berührpunkt $HGG(x_{HGG}\vert y_{HGG})$ der Indifferenzkurvenschar I_b und der Bilanzgeraden y_b	$I_b(x_{HGG}) = y_b(x_{HGG}) = y_{HGG}$ $\Rightarrow HGG(x_{HGG}\vert y_{HGG})$; Lösung durch GTR/CAS

3 Einführung in die Differenzialrechnung

3.1 Steigung und Änderungsraten

Die Fly Bike Werke GmbH vermittelt auch Radtouren. Eine der Radtouren beinhaltet die Vier-Pässe-Tour um die Sellagruppe in Südtirol. Die Teilnehmer werden exklusiv mit Mountainbikes der Fly Bike Werke ausgestattet und können so einige Pässe der Sellagruppe fahrend erklimmen.

Die Karte zeigt den Fahrtverlauf, beginnend in Corvara. Entsprechend der Radtour fertigte ein Teilnehmer das Höhenprofil der Tour an. Er möchte das Höhenprofil sowie einen Erfahrungsbericht auf seinem Urlaubsblog veröffentlichen.

Der Erfahrungsbericht soll auch von den Anstrengungen beim Auf- und Abstieg der verschiedenen Pässe entlang der Strecke handeln.

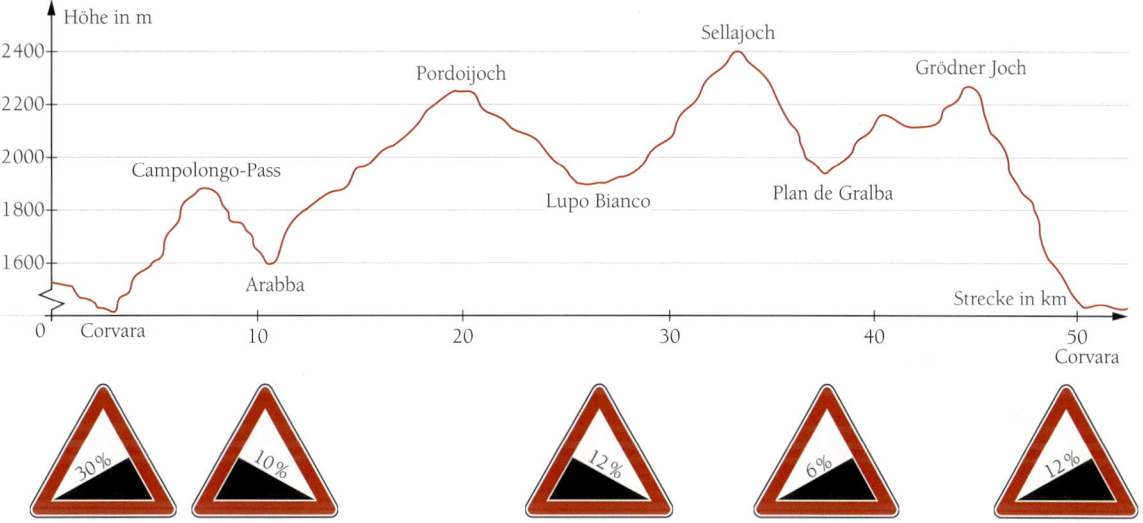

▶ Aufgabe 1 auf Seite 234

Kompetenzen

- Grenzprozesse mathematisch beschreiben und interpretieren

- Berechnung von mittleren und lokalen Änderungsraten

- Ableitungsregeln herleiten und anwenden

- Ableitungsfunktionen bestimmen und grafisch veranschaulichen

Anwendungen

- Mittleres Kostenwachstum

- Grenzkosten, Grenzerlöse und Grenzgewinne als relative Änderungen

3.1 Steigung und Änderungsraten

3.1.1 Steigung einer Funktion an einer bestimmten Stelle

Steigungen sind uns aus unserem Alltag bekannt:
• Zinsen steigen oder fallen.
• Ein Temperatursturz von 28 °C auf 18 °C innerhalb von 24 Stunden kann zu heftigen Kreislaufproblemen führen.
• Aktienkurse sind auf Höhenflug oder brechen ein.
• Kosten explodieren.
• Pflanzen wachsen unterschiedlich schnell.

 1 Höhenprofil

Wir genießen es, einen steilen Berg mit dem Fahrrad hinunterzufahren. Wir schimpfen, wenn der Anstieg kein Ende zu nehmen scheint. Auskunft über Höhenunterschiede geben topografische Karten, in denen die Höhenlinien eingezeichnet sind.

Untersuchen Sie den rot eingezeichneten Weg vom Homberg über den Heuberg zum Eggeberg auf seine Steigung.

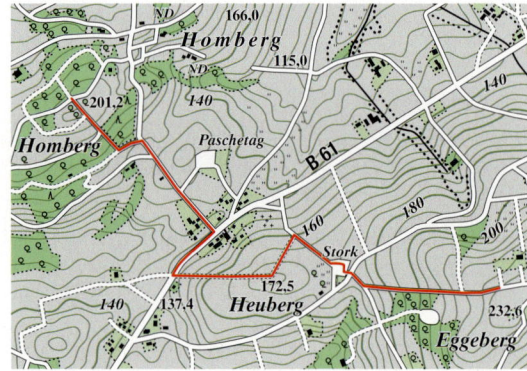

Wir messen an einzelnen Punkten des Weges die Entfernung vom Startpunkt (Homberg) und die zugehörige Höhe.

Entfernung (in m)	0	400	600	1300	2200
Höhe über NN (in m)	200	150	140	170	230

Ein Höhenprofil erhalten wir, wenn wir die Daten als Punkte in ein Koordinatensystem eintragen. Das Höhenprofil liefert zu jedem Entfernungspunkt die zugehörige Höhe.

Höhenprofil

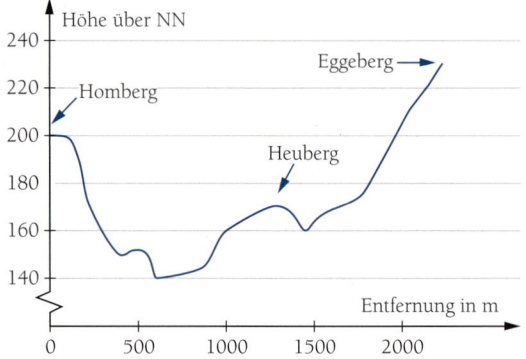

Wir beschreiben die ersten 600 Meter:
Der Weg beginnt am Homberg in einer Höhe von 200 Meter über NN. Die folgenden 400 Meter führen bergab. Während dieser Strecke werden ungefähr 50 Höhenmeter überwunden (200 m – 150 m). In den folgenden 100 Metern führt der Weg zunächst leicht bergauf und dann weiter bergab bis auf eine Höhe von 140 Meter.

 Beschreiben Sie das Höhenprofil zwischen Homberg und Eggeberg. Wann ist der Weg besonders steil, wann ist er besonders flach?

Durchschnittliche Steigung

Geben Sie das durchschnittliche Gefälle auf den ersten 600 Metern an.

Am Höhenprofil lesen wir ab, dass auf den ersten 600 Metern beginnend vom Homberg eine Höhe von 60 Höhenmetern überwunden wird:

$200\,\text{m} - 140\,\text{m} = 60\,\text{m}$

Durch eine Gerade werden der Ausgangspunkt P_1 und das Etappenziel P_2 verbunden. Mithilfe der Steigungsformel berechnen wir die Steigung der Geraden durch die Punkte $P_1\,(0|200)$ und $P_2\,(600|140)$.

▶ Steigungsformel, S. 82

Die Geradensteigung beträgt $-0,1$.

Man überwindet auf diesem Streckenabschnitt durchschnittlich 10 Höhenmeter abwärts auf 100 Meter Entfernung.

Allgemein sagt man, dass die **durchschnittliche Steigung** $-0,1$ beträgt bzw. auf dieser Strecke ein Gefälle von 10 % vorliegt.

Da die durchschnittliche Steigung die Änderung der Höhe angibt, heißt sie auch **mittlere Änderungsrate**. Die durchschnittliche Steigung spiegelt nur selten die tatsächliche Steigung an den einzelnen Streckenpunkten wider.

So verläuft der tatsächliche Weg zwischen 400 und 500 Metern bergauf. Die Steigung ist also positiv und wird durch die negative durchschnittliche Steigung des gesamten Abschnittes nicht berücksichtigt. Die sonst rot eingezeichnete Steigungsgerade ist in diesem Abschnitt schwarz markiert.

Höhenprofil

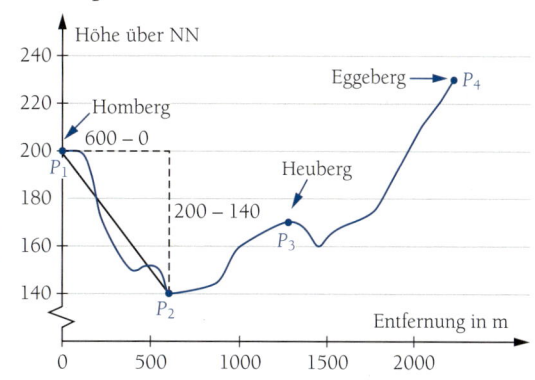

$$m = \frac{\text{Höhenunterschied}}{\text{Strecke}} = \frac{y_2 - y_1}{x_2 - x_1}$$

$$\Rightarrow \frac{140 - 200}{600 - 0} = \frac{-60}{600} = -\frac{10}{100} = -0,1$$

Höhenprofil

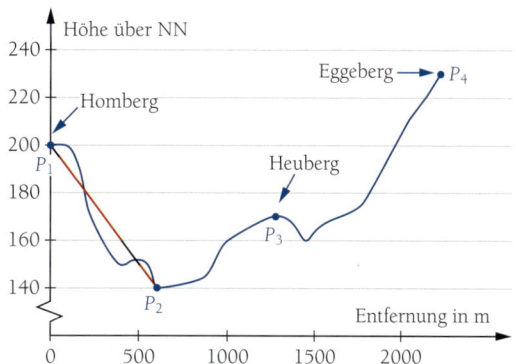

Mittlere Änderungsrate von f im Intervall $[x_0;\,x]$: $\frac{f(x) - f(x_0)}{x - x_0}$

Diese entspricht der Steigung der Geraden durch die Punkte $P_0\,(x_0|f(x_0))$ und $P\,(x|f(x))$: $m = \frac{f(x) - f(x_0)}{x - x_0}$

Den Ausdruck $\frac{f(x) - f(x_0)}{x - x_0}$ nennt man auch **Differenzenquotient**.

---

1. Berechnen Sie im obigen Beispiel 2 die durchschnittliche Steigung für die Streckenabschnitte von $P_2\,(600|140)$ zu $P_3\,(1300|170)$ und von $P_3\,(1300|170)$ zu $P_4\,(2200|230)$.
Machen Sie Aussagen darüber, für welche Streckenabschnitte die durchschnittliche Steigung die tatsächliche Steigung gut oder schlecht widerspiegelt.

2. Bestimmen Sie die mittlere Änderungsrate in den Intervallen $[-1;\,2]$, $[-1;\,0]$, $[0;\,2]$ und $[1;\,1,1]$ zur Funktion f mit $f(x) = x^2$. Zeichnen Sie den Graphen und die Geraden. Ermitteln Sie, welche Geraden den Verlauf der Funktion f im jeweiligen Intervall am besten wiedergeben.

Häufig interessiert uns die Steigung an genau einem Punkt. Oder es stellt sich die Frage, wo eine Strecke am steilsten ansteigt bzw. am stärksten fällt und wie hoch die Steigung an diesen Stellen ist.

Die durchschnittliche Steigung kann nur ein ungefähres Bild der tatsächlichen Steigung an einem bestimmten Punkt liefern. Je größer dabei die betrachtete Strecke ist, umso so schlechter wird in der Regel die Realität dargestellt. Daher können wir umgekehrt versuchen, die Steigung in einem Punkt anzunähern, indem wir die durchschnittliche Steigung über möglichst kleinen Intervallen betrachten.

3 Steigung in einem Punkt

Berechnen Sie die Steigung des Graphen von f mit $f(x) = -0,004x^2 + 100$ im Punkt $P(50|90)$ durch Annäherung der mittleren Änderungsraten.

Um die Steigung im Punkt $P(50|90)$ zu bestimmen, wählen wir zunächst einen zweiten Punkt A auf dem Graphen und ermitteln die durchschnittliche Steigung zwischen den Punkten A und P. Wir bestimmen also die Steigung der Geraden durch A und P.
Eine solche Gerade, die den Graphen in zwei Punkten schneidet, heißt **Sekante**.

Die Steigung m_s der Sekanten entspricht der durchschnittlichen Steigung.

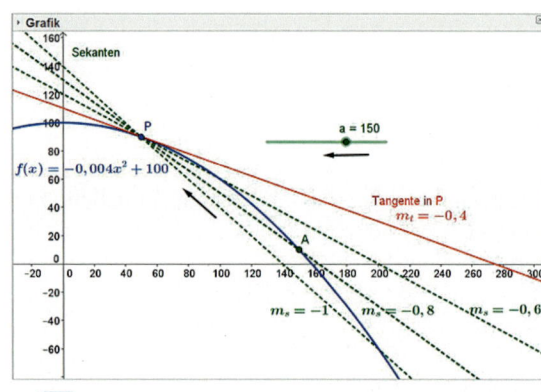

Je näher die beiden Schnittpunkte von Graph und Sekante (A und P) nebeneinander liegen, umso genauer stimmt die durchschnittliche Steigung m_s mit der tatsächlichen Steigung m_t im Punkt P überein.

▶ **GG** Die Tangente in einem Punkt lässt sich bestimmen, indem das **Tangenten**-Werkzeug ausgewählt wird und der Graph sowie der Punkt P angeklickt werden.

Die tatsächliche Steigung erhalten wir dann, wenn die Gerade mit dem Graphen nur einen Punkt gemeinsam hat. Diese Gerade berührt dort den Graphen und heißt **Tangente**.
Die Tangente t besitzt also die gleiche Steigung, die der Graph von f im Berührpunkt P hat.

Wir nähern uns durch die Sekanten dem Punkt P von rechts an.
Dazu verkleinern wir den Abstand zu P und berechnen die Steigungen der Sekanten mithilfe des Differenzenquotienten:

$$m_s = \frac{f(x) - f(50)}{x - 50}$$

Die berechneten Werte halten wir in einer Tabelle fest.

Nun können wir erahnen, dass die Steigung von f an der Stelle $x = 50$ den Wert $-0,4$ hat.

x	$m_s = \dfrac{f(x) - f(50)}{x - 50}$
200	$m_s = \dfrac{f(200) - f(50)}{200 - 50} = -1$
150	$m_s = \dfrac{f(150) - f(50)}{150 - 50} = -0,8$
70	$m_s = \dfrac{f(70) - f(50)}{70 - 50} = -0,48$
55	$m_s = \dfrac{f(55) - f(50)}{55 - 50} = -0,42$
51	$m_s = \dfrac{f(51) - f(50)}{51 - 50} = -0,404$
50,5	$m_s = \dfrac{f(50,5) - f(50)}{50,5 - 50} = -0,402$
50,1	$m_s = \dfrac{f(50,1) - f(50)}{50,1 - 50} = -0,4004$
	$\downarrow$
	$-0,4$

Eigentlich wäre es am günstigsten, wenn wir für die Variable x tatsächlich 50 einsetzen könnten. Dann hätten wir keine Sekante mehr, sondern direkt die Tangente: $m_s = \frac{f(50) - f(50)}{50 - 50}$.

Dieser Differenzenquotient ist allerdings nicht definiert, da der Nenner null wäre.

Wir können uns dem x-Wert 50 also nur beliebig nähern, ohne ihn endgültig zu erreichen.
Die so ermittelte Tangentensteigung ist daher der **Grenzwert (Limes) der Sekantensteigungen**. Wir bezeichnen ihn als **Differenzialquotient**:

$$m_t = \lim_{x \to 50} m_s = \lim_{x \to 50} \frac{f(x) - f(50)}{x - 50} = -0,4$$

Wir lassen dabei x gegen 50 „gehen". Der Rechner liefert uns als Grenzwert $-0,4$.

Im Folgenden berechnen wir den exakten Wert der Tangentensteigung in $x = 50$ ohne Hilfsmittel.
Mithilfe der Polynomdivision kürzen wir im Differenzialquotienten den Linearfaktor $(x - 50)$ heraus und überführen so den Quotienten in einen ganzrationalen Term. Nun können wir x gegen 50 gehen lassen. Die Tangente, also auch der Graph von f, hat in $x = 50$ eine negative Steigung von $-0,4$.

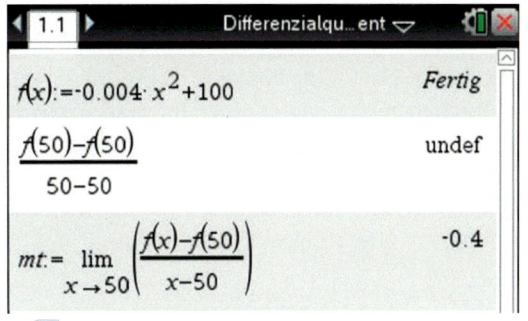

▶ TI Der Grenzwertbefehl **LIM** ist auch in der Vorlagentaste ⌨ zu finden. Für eine spätere Verwendung speichern wir das Ergebnis in die Variable mt ab.

$$
\begin{aligned}
m_t &= \lim_{x \to 50} \frac{f(x) - f(50)}{x - 50} &&\blacktriangleright f(50) = 90 \\
&= \lim_{x \to 50} \frac{-0,004x^2 + 100 - 90}{x - 50} \\
&= \lim_{x \to 50} \frac{-0,004x^2 + 10}{x - 50} &&\blacktriangleright \text{Nebenrechnung} \\
&= \lim_{x \to 50} (-0,004x - 0,2) \\
&= -0,004 \cdot 50 - 0,2 = \mathbf{-0,4}
\end{aligned}
$$

Nebenrechnung:
$$
\begin{array}{l}
(-0,004x^2 + 0x + 10) : (x - 50) = -0,004x - 0,2 \\
\underline{-(-0,004x^2 + 0,2x)} \\
 -0,2x + 10 \\
 \underline{-(-0,2x + 10)} \\
 0
\end{array}
$$

Der Grenzwert des Differenzenquotienten gibt die lokale Steigung in einem Punkt an. Daher heißt er auch **lokale Änderungsrate**.

- Steigung m_s der Sekante durch die Punkte $P_0(x_0 | f(x_0))$ und $P(x | f(x))$ der Funktion f:

  $m_s = \frac{f(x) - f(x_0)}{x - x_0}$ (**Differenzenquotient**) ▶ mittlere Änderungsrate

- Steigung m_t der Tangente t im Punkt $P_0(x_0 | f(x_0))$ = Steigung der Funktion f an der Stelle x_0:

  $m_t = \lim_{x \to x_0} \frac{f(x) - f(x_0)}{x - x_0}$ (**Differenzialquotient** = Grenzwert des Differenzenquotienten für $x \to x_0$)

  ▶ Bei Anwendungen heißt der Differenzialquotient auch **lokale Änderungsrate**.

 1. Bestimmen Sie mithilfe des Differenzialquotienten die Steigung der Funktionen f und g mit $f(x) = x^2 - 3$ und $g(x) = 2x^3 - 5x$ jeweils an der Stelle $x_0 = 2$.

 2. Bestimmen Sie jeweils die lokale Änderungsrate an der Stelle $x_0 = 1$.
  a) $f(x) = x^3$ b) $f(x) = x^4$ c) $f(x) = x^5$

Übungen zu 3.1.1

1. Berechnen Sie für die Funktion f die durchschnittliche Steigung im angegebenen Intervall. Bewerten Sie die Aussagekraft Ihrer Ergebnisse mithilfe der Abbildungen.
   Geben Sie außerdem für jede Funktion die Gleichung der zugehörigen Sekante an.

a) $f(x) = 0,5x^2$; $I = [-2; 1]$

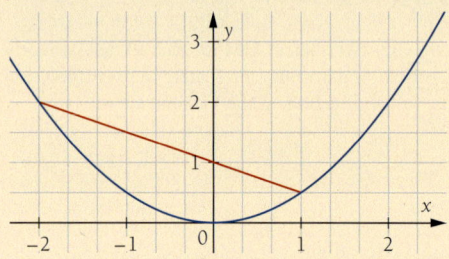

b) $f(x) = 3x^3 - 4x + 5$; $I = [-2; 1]$

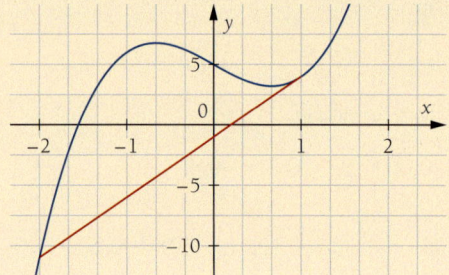

c) $f(x) = 2x$; $I = [-5; 4]$

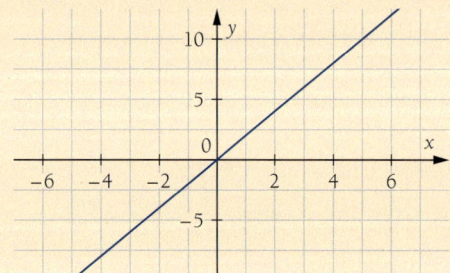

d) $f(x) = \frac{3}{x}$; $I = [0,5; 2]$

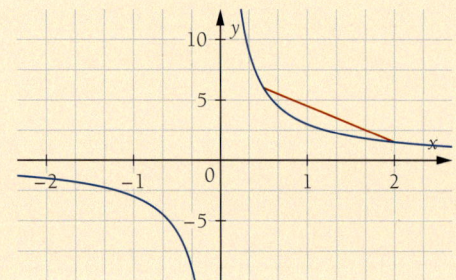

2. Berechnen Sie jeweils die Steigungen der Tangenten an die Graphen der einzelnen Funktionen für die Stellen $-1,4$; -1; 0; $0,5$ und 3.

a) $f(x) = 5x^2 - 2x + 3$
b) $f(x) = 3x^3 - 3x^2 - 12x + 12$
c) $f(x) = -2x^3 + 5x$
d) $f(x) = x^4 - 5x^2 + 10x$

3. Gegeben ist die Funktion f mit
   $f(x) = x^4 + \frac{8}{3}x^3 - \frac{1}{2}x^2 - 2x + 8$.

a) Berechnen Sie die Steigungen an den Stellen
   $x_1 = -2,5$; $x_2 = -1$; $x_3 = 0,5$ und $x_4 = 1,2$.

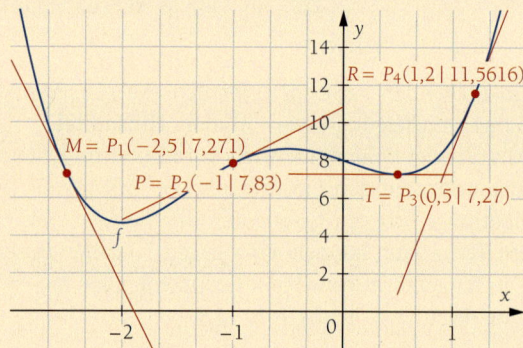

b) Lesen Sie im Intervall $[-2; 1]$ am Graphen von f die Punkte ab, an denen der Graph die höchste Steigung bzw. das stärkste Gefälle hat. Berechnen Sie die Steigung an diesen Punkten.

c) Lesen Sie am Graphen von f die Punkte ab, an denen der Graph die Steigung 0 hat. Überprüfen Sie die Richtigkeit der Punkte durch eine entsprechende Rechnung.

4. Überprüfen Sie folgende Aussagen auf ihre Richtigkeit. Formulieren Sie falsche Aussagen so um, dass sie mathematisch korrekt sind:

a) Die Steigung eines Funktionsgraphen kann positiv oder negativ sein; sie kann nie 0 werden.

b) Ist der Graph einer Funktion an einer Stelle fallend, dann ist die Steigung an dieser Stelle größer als 0.

c) Die Steigung in einem Punkt des Graphen entspricht der Steigung der Tangente an diesem Punkt.

d) Die Steigung der Sekante und der Tangente berechnet man über das Steigungsdreieck.

3.1.2 Steigung einer Funktion an einer beliebigen Stelle

Nachdem im Abschnitt 3.1.1 die Steigung einer Funktion an einer bestimmten Stelle ihres Definitionsbereichs untersucht wurde, berechnen wir nun die Steigung einer Funktion an beliebigen Stellen.

Momentangeschwindigkeit an einer bestimmten Stelle

Wir untersuchen die Geschwindigkeit eines Autos während des Anfahrens. Die dabei zurückgelegte Strecke kann durch die Funktion s mit $s(x) = 2{,}5 \cdot x^2$ beschrieben werden, wobei x für die Zeit in Sekunden steht und die Strecke in m angegeben wird.
Bestimmen Sie die Geschwindigkeit des Autos nach 3 Sekunden.

Je größer die in einem bestimmten Zeitraum zurückgelegte Strecke ist, desto größer ist die Geschwindigkeit.

Es gilt: Geschwindigkeit $= \frac{\text{Weg}}{\text{Zeit}}$.

Anschaulich entspricht die Geschwindigkeit des Autos zu einem bestimmten Zeitpunkt der Steigung der Weg-Zeit-Funktion s an der entsprechenden Stelle.

Achtung! Die Bezeichnung s steht gleichzeitig für die Weg-Zeit-Funktion s(x) und für die Einheit Sekunden, in der x angegeben ist..

Zeit (s)	0	1	2	3	4	5
Weg (m)	0	2,5	10	22,5	40	62,5

$s(x) = 2{,}5x^2 \quad x \in [0;\ 5]$

▶ x: Zeit in Sekunden (s)

▶ $s(x)$: zurückgelegte Strecke in Metern (m)

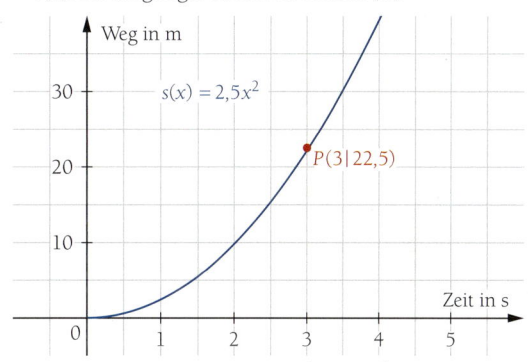

Wir ermitteln die Momentangeschwindigkeit des Autos nach 3 Sekunden. Dazu berechnen wir den Grenzwert des Differenzenquotienten, also den Differenzialquotienten, an der Stelle $x_0 = 3$.
Die Momentangeschwindigkeit nach 3 Sekunden beträgt $15\,\frac{\text{m}}{\text{s}}$.

Umgerechnet auf Kilometer pro Stunde erhalten wir:

$15\,\frac{\text{m}}{\text{s}} = 900\,\frac{\text{m}}{\text{min}} = 54\,000\,\frac{\text{m}}{\text{h}} = 54\,\frac{\text{km}}{\text{h}}$

$$m_t = \lim_{x \to 3} \frac{s(x) - s(3)}{x - 3} = \lim_{x \to 3} \frac{2{,}5x^2 - 2{,}5 \cdot 3^2}{x - 3}$$

$$= \lim_{x \to 3} \frac{2{,}5x^2 - 22{,}5}{x - 3} \quad \blacktriangleright \text{Nebenrechnung}$$

$$= \lim_{x \to 3} (2{,}5x + 7{,}5)$$

$$= 2{,}5 \cdot 3 + 7{,}5$$

$$= 15 \quad \blacktriangleright \text{Momentangeschwindigkeit nach 3 Sekunden in } \tfrac{\text{m}}{\text{s}}$$

Nebenrechnung:

$$(2{,}5x^2 \quad + 0x - 22{,}5) : (x - 3) = 2{,}5x + 7{,}5$$
$$\underline{-(2{,}5x^2 - 7{,}5x)}$$
$$\qquad\qquad 7{,}5x - 22{,}5$$
$$\qquad\qquad \underline{-(7{,}5x - 22{,}5)}$$
$$\qquad\qquad\qquad\qquad 0$$

Nun wollen wir die Geschwindigkeit an mehreren Stellen ermitteln. Dafür berechnen wir die Steigung nicht an einer konkreten Stelle, wie z.B. bei 3, sondern an einer beliebigen, aber festen Stelle x_0.

(5) Momentangeschwindigkeit an einer beliebigen Stelle

Berechnen Sie die Geschwindigkeit des Autos aus Beispiel 4 zu einem beliebigen Zeitpunkt x_0.

Die Momentangeschwindigkeit des Autos zu einem beliebigen Zeitpunkt x_0 entspricht der Steigung des Graphen von s an der Stelle x_0.

Wir ermitteln die Steigung an der Stelle x_0, indem wir wieder den Grenzwert des Differenzenquotienten berechnen.
Die Berechnung erfolgt wie im vorherigen Beispiel. Der Wert 3 wird dabei durch x_0 ersetzt.

Die Berechnung der Steigung an der Stelle x_0 liefert die Momentangeschwindigkeit von $5x_0\,\frac{m}{s}$ zum Zeitpunkt x_0.

$$\begin{aligned} m_t &= \lim_{x \to x_0} \frac{s(x) - s(x_0)}{x - x_0} \\ &= \lim_{x \to x_0} \frac{2{,}5x^2 - 2{,}5 \cdot x_0^2}{x - x_0} \quad \blacktriangleright \text{Nebenrechnung} \\ &= \lim_{x \to x_0} (2{,}5x + 2{,}5x_0) \\ &= 2{,}5x_0 + 2{,}5x_0 \\ &= 5x_0 \quad \blacktriangleright \text{Momentangeschwindigkeit} \\ &\qquad\qquad \text{nach } x_0 \text{ Sekunden} \end{aligned}$$

Nebenrechnung:
$$(2{,}5x^2 \quad + 0xx_0 - 2{,}5x_0^2) : (x - x_0) = 2{,}5x + 2{,}5x_0$$
$$\underline{-(2{,}5x^2 - 2{,}5xx_0)}$$
$$\qquad\qquad 2{,}5xx_0 - 2{,}5x_0^2$$
$$\qquad\qquad \underline{-(2{,}5xx_0 - 2{,}5x_0^2)}$$
$$\qquad\qquad\qquad\qquad 0$$

Ähnliche Schreibweise, unterschiedliche Bedeutung: x_0 ist ein fester Wert und x nähert sich dem festen x_0 an.

Setzen wir verschiedene Zeitpunkte in $5x_0$ ein, so lässt sich jetzt die Momentangeschwindigkeit einfach berechnen.
Zum Beispiel beträgt die Momentangeschwindigkeit nach 3 Sekunden $5 \cdot 3 = 15\,\frac{m}{s}$ und bestätigt somit unser Ergebnis aus Beispiel 4.

Zeitpunkt (s)	Geschwindigkeit $\left(\frac{m}{s}\right)$
x_0	$5x_0$
1	$5 \cdot 1 = 5$
3	$5 \cdot 3 = 15$
4	$5 \cdot 4 = 20$

$m_t = 5x_0$ gibt die Steigung des Graphen bei x_0 an.

Funktionen, denen man für jede Stelle eindeutig eine Steigung m_t zuordnen kann, nennt man **differenzierbare** Funktionen. Ganzrationale Funktionen sind in ihrem gesamten Definitionsbereich differenzierbar.
Statt m_t schreiben wir im Folgenden für die Steigung nur m.

Steigung einer Funktion f im Punkt $P_0(x_0|f(x_0))$:

$$m = \lim_{x \to x_0} \frac{f(x) - f(x_0)}{x - x_0} \text{ (Differenzialquotient)}$$

Eine Funktion f heißt **differenzierbar**, wenn der Differenzialquotient an jeder Stelle aus D_f existiert.

  1. Berechnen Sie die Steigung der Funktion f mit $f(x) = 2x^2$ an den Stellen -2; 3; 0 und in $x_0 \in \mathbb{R}$.

2. Die Funktion s mit $s(t) = 20t$ beschreibt eine Bewegung. $\blacktriangleright$ s in Metern, t in Sekunden
a) Zeichnen Sie den Graphen der Funktion s.
b) Berechnen Sie die Momentangeschwindigkeit nach 3 Sekunden und nach 10 Sekunden.
c) Geben Sie an, um welche Art von Bewegung es sich handelt.

Übungen zu 3.1.2

1. Berechnen Sie jeweils die Steigung an einer beliebigen Stelle x_0. Berechnen Sie damit jeweils die Steigung an den Stellen $x_1 = -2$, $x_2 = 0$ und $x_3 = 4$.

a) $f(x) = -2x^2$

b) $f(x) = 3x^2 + 4$

c) $f(x) = \dfrac{x^2}{3}$

d) $f(x) = 5x^3$

e) $f(x) = 3x^{-0,5}$

f) $f(x) = 3x^5$

2. Gegeben sind die ganzrationalen Funktionen f, g und h mit $f(x) = 0{,}25x^2$, $g(x) = x^2 + 4x + 7$ und $h(x) = x^3 - 2x$.

a) Berechnen Sie jeweils die Steigung von f, g und h an der Stelle $x = -2$.

b) Berechnen Sie die Steigung von f, g und h an einer beliebigen Stelle x_0.

c) Verwenden Sie Ihr Ergebnis aus b), um jeweils die Steigung an der Stelle $x = 5$ zu berechnen.

3. Maria untersucht das Höhenwachstum ihrer Sonnenblume innerhalb von 200 Tagen. Sie hält die Wachstumsentwicklung in einer Tabelle fest:

Zeit t in Tagen	0	10	25	50	100	125	150	200
Höhe h in cm	0	12	39	73	124	140	160	192

a) Bestimmen Sie den Beobachtungszeitraum, in dem die Sonnenblume am schnellsten bzw. am langsamsten wuchs.

b) Wie schnell wuchs die Pflanze am 25. und am 100. Tag?
Das Wachstum vom 10. bis zum 100. Tag kann durch die Funktion f mit
$f(x) = \dfrac{97}{1\,372\,500}x^3 - \dfrac{23\,197}{1\,372\,500}x^2 + 2\dfrac{874}{2745}x - 9\dfrac{275}{549}$ beschrieben werden.

c) Vergleichen und interpretieren Sie Ihre Ergebnisse aus a) und b).

4. Die Bewegung eines Körpers im freien Fall wird durch die Weg-Zeit-Funktion s mit $s(t) = 0{,}5\,g\,t^2$ mit $g \approx 10$ (in $\frac{m}{s^2}$) beschrieben.

a) Zeichnen Sie den Graphen der Weg-Zeit-Funktion in ein Koordinatensystem.

b) Berechnen Sie die Momentangeschwindigkeit nach 2; 5; 10 und 20 Sekunden.

c) Mit welcher Geschwindigkeit schlägt ein Körper auf, der aus einer Höhe von 5 m, 20 m, 45 m, 80 m bzw. 125 m zur Erde fällt?

5. Ein Radfahrer fährt im ersten Teil seiner Strecke immer schneller, bis er nach 5 Minuten 1 km zurückgelegt hat.
In dem dann erreichten Tempo fährt der Radfahrer weitere 5 Minuten, bis er sein Ziel erreicht hat.
Der in den ersten 5 Minuten zurückgelegte Weg kann durch die Funktion s mit $s(t) = 0{,}04\,t^2$ beschrieben werden.

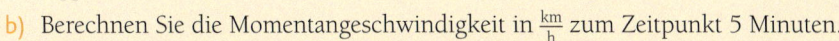

a) Stellen Sie die zurückgelegte Strecke in einem Weg-Zeit-Diagramm dar. Zeichnen Sie den Streckenabschnitt bis 1 km mithilfe einer Wertetabelle und skizzieren Sie dann den weiteren Streckenabschnitt.
Tipp: 1 LE auf der x-Achse: 1 min; 1 LE auf der y-Achse: 500 m

b) Berechnen Sie die Momentangeschwindigkeit in $\frac{km}{h}$ zum Zeitpunkt 5 Minuten.

c) Ermitteln Sie die Länge der zurückgelegten Strecke rechnerisch.

d) Vergleichen Sie Ihre Skizze aus a) mit Ihren Ergebnissen aus b) und c). Korrigieren Sie gegebenenfalls Ihre Skizze.

3.1.3 Die Ableitungsfunktion

Das obere Koordinatensystem zeigt den Graphen der Funktion f mit $f(x) = \frac{1}{2}x^2 + 5x$.

Zu jeder Stelle des Graphen lässt sich die zugehörige Steigung m ermitteln:

Die Steigung von f an einer beliebigen Stelle x_0 entspricht dem Grenzwert des Differenzenquotienten für $x \to x_0$. Bei der Berechnung wenden wir die 3. binomische Formel an.

Der Term $x_0 + 5$ gibt die Steigung an der Stelle x_0 an. Die Tabelle zeigt die Steigungen an ausgewählten Stellen.

Statt x_0 betrachten wir allgemein die Stelle x und ordnen jeder Stelle x ihre Steigung m zu. Wir erhalten eine neue Funktion f' (gelesen: „f Strich"). Diese ist im unteren Koordinatensystem dargestellt.

$$m = \lim_{x \to x_0} \frac{\frac{1}{2}x^2 + 5x - \left(\frac{1}{2}x_0^2 + 5x_0\right)}{x - x_0}$$

$$= \lim_{x \to x_0} \frac{\frac{1}{2}x^2 + 5x - \frac{1}{2}x_0^2 - 5x_0}{x - x_0}$$

$$= \lim_{x \to x_0} \frac{\frac{1}{2}(x^2 - x_0^2) + 5(x - x_0)}{x - x_0} \qquad \blacktriangleright \text{3. bin. Formel}$$

$$= \lim_{x \to x_0} \frac{\frac{1}{2}(x - x_0)(x + x_0) + 5(x - x_0)}{x - x_0} \qquad \blacktriangleright (x - x_0) \text{ kürzen}$$

$$= \lim_{x \to x_0} \left(\frac{1}{2}(x + x_0) + 5\right) = x_0 + 5$$

x_0	-10	-8	-6	-4	-2	0
m	-5	-3	-1	1	3	5

$f'(x) = x + 5$

$\blacktriangleright$ Steigung der Funktion f an der Stelle x

Der Zusammenhang ist an der Stelle $x = -8$ verdeutlicht:
Im ersten Koordinatensystem sehen wir, dass der Graph von f an der Stelle $x = -8$ die Steigung $m = -3$ hat.
Im zweiten Koordinatensystem wird der Stelle $x = -8$ der y-Wert -3 zugeordnet. Der y-Wert entspricht der Steigung der Ausgangsfunktion an der untersuchten Stelle.

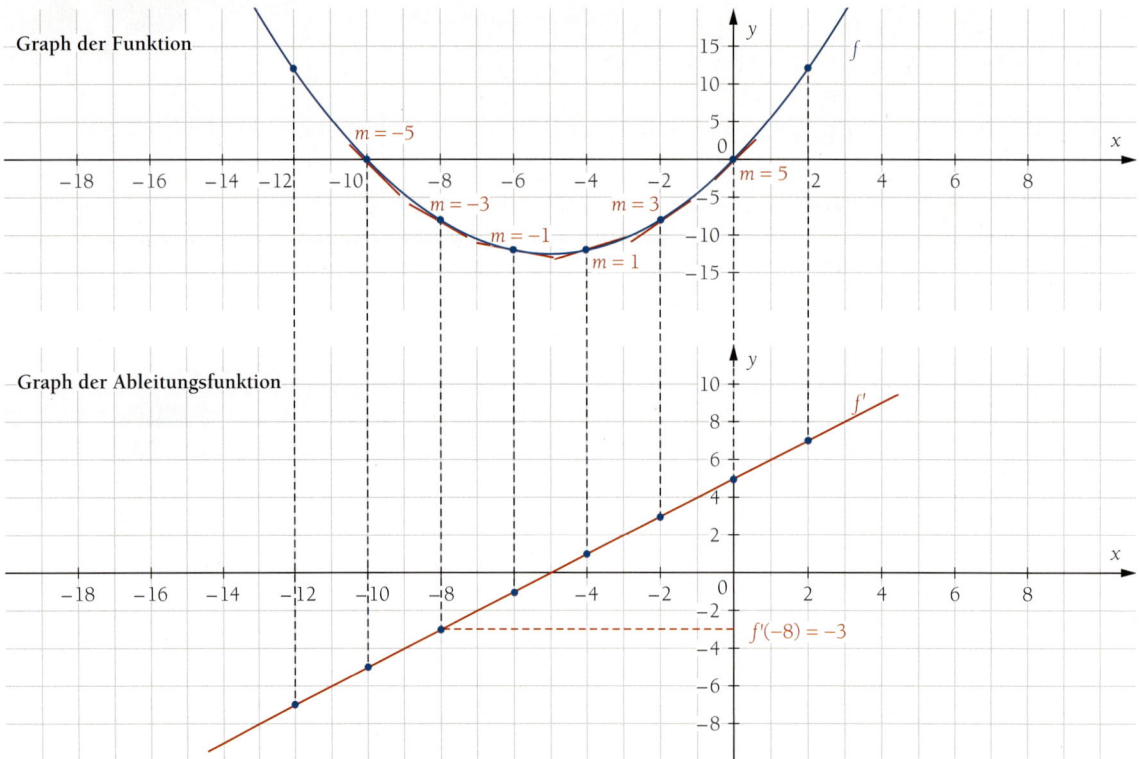

Die Funktion, die jeder Stelle von f die Steigung zuordnet, heißt **Ableitungsfunktion** von f.
Die Ableitungsfunktion wird f' genannt (gelesen: „f Strich").

Grafisches Differenzieren mit Tangenten

Herauf und herunter, mal steil und mal weniger steil – so lässt sich die Fahrt in einer Achterbahn beschreiben. Und ganz oben „steht" die Bahn einen Augenblick lang waagerecht.

Diese Sachverhalte aus dem Alltag können wir mathematisch näher untersuchen und beschreiben.

Einen Teil der Achterbahn können wir durch den Graphen einer ganzrationalen Funktion 3. Grades beschreiben. ▸ oberes Koordinatensystem

Zeichnen Sie den Graphen der Ableitungsfunktion.

Wir zeichnen nach Augenmaß in verschiedenen Punkten des Graphen Tangenten und lesen die Steigungen ab. Die gewählten Stellen (x-Werte) und die zugehörigen Steigungswerte übertragen wir als Punkte in ein neues Koordinatensystem. Als Steigungsgraph ergibt sich eine Parabel.

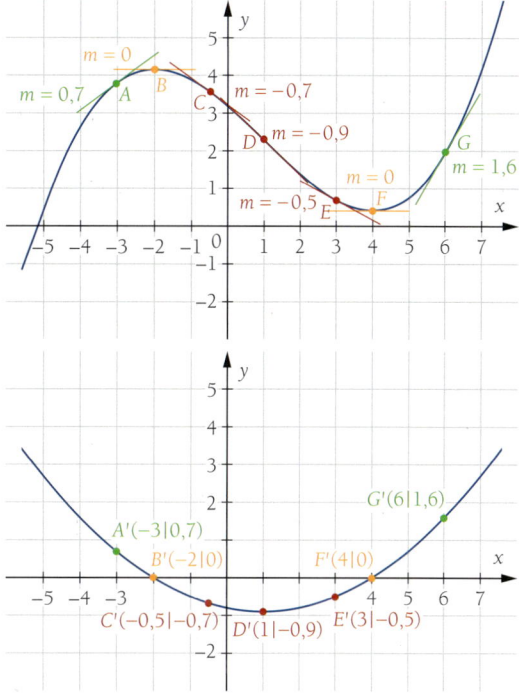

In den Punkten A und G fährt die Achterbahn bergauf, entsprechend liegen die Punkte A' und G' des Steigungsgraphen im positiven Bereich (oberhalb der x-Achse).

In den Punkten B und F steht die Bahn waagerecht, also sind die Steigungswerte hier gleich 0. Entsprechend liegen B' und F' auf der x-Achse.

In den Punkten C, D und E fährt die Bahn bergab, deshalb liegen die Punkte C', D' und E' des Steigungsgraphen unterhalb der x-Achse.

Da im Punkt D die Strecke am steilsten bergab geht, ist D' der tiefste Punkt des Steigungsgraphen.

Im Punkt des größten Anstiegs hätte der Steigungsgraph einen Hochpunkt.

Ist die Funktion f differenzierbar, dann ordnet die Ableitungsfunktion f' jedem x_0 die Steigung des Graphen von f an der Stelle x_0 zu: $f'(x_0) = m = \lim\limits_{x \to x_0} \dfrac{f(x) - f(x_0)}{x - x_0}$

Gegeben ist die Funktion f mit der Gleichung $f(x) = -2x^2 + 1$.

a) Zeichnen Sie den Graphen von f.
b) Lesen Sie die Steigung von f an den Stellen $x_1 = 2$, $x_2 = 0$ und $x_3 = 5$ ab.
c) Zeichnen Sie den Graphen von f'.
d) Berechnen Sie die Steigung des Graphen von f an den Stellen $x_1 = 2$, $x_2 = 0$ und $x_3 = 5$.

Übungen zu 3.1.3

1. Gegeben sind drei Funktionen f, g und h durch die Funktionsgleichungen $f(x) = x^2 + 2$, $g(x) = 2x + 1$ und $h(x) = x^3 + 2$.

a) Zeichnen Sie zu den Funktionsgleichungen den zugehörigen Graphen.

b) Zeichnen Sie in fünf selbst gewählten Punkten des Graphen die Tangente nach Augenmaß ein und ermitteln Sie die Steigung.

c) Überprüfen Sie mithilfe der Ableitungsfunktion Ihre Ergebnisse aus Aufgabe b).

d) Zeichnen Sie jeweils den Graphen der Ableitungsfunktion.

2. Der blaue Graph ist der Funktionsgraph einer Funktion f.
Entscheiden und begründen Sie, welcher der daneben stehenden roten Graphen das Steigungsverhalten von f richtig darstellt.
Begründen Sie, warum die jeweils anderen beiden Graphen falsch sind.

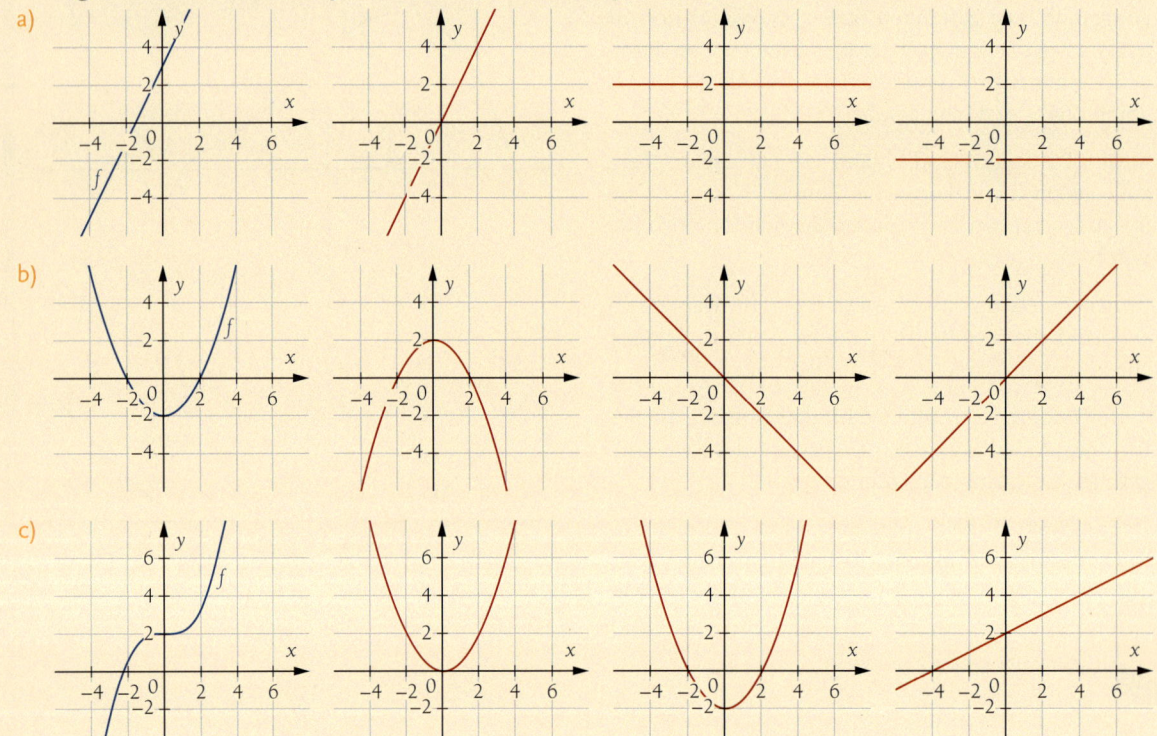

3. Die Koordinatensysteme zeigen jeweils den Graphen der Ableitungsfunktion f'. Skizzieren Sie den Graphen einer möglichen Ausgangsfunktion f. Erläutern Sie für jeden Ableitungsgraphen, was Sie konkret daraus entnehmen können und was Sie für Ihre Zeichnung selbst festgelegt haben.

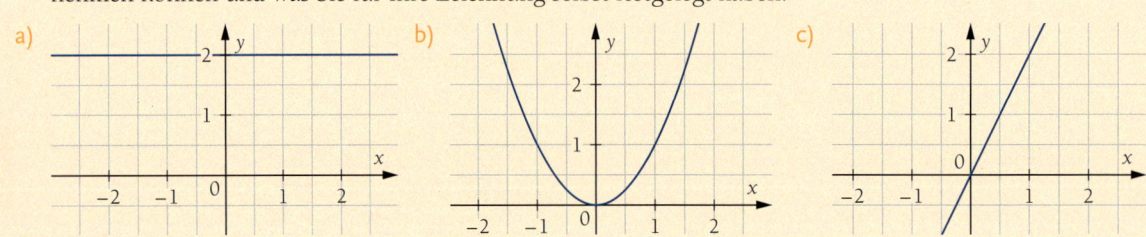

3.1.4 Ableitungsregeln

In diesem Kapitel betrachten wir Verfahren zur einfacheren Bestimmung von Ableitungen, die sogenannten Differenzierungs- oder **Ableitungsregeln**. Durch diese Regeln ist es für viele Funktionen möglich, den oft mühsamen Weg über die Berechnung von Grenzwerten zu vermeiden und stattdessen die Ableitung formelmäßig zu bestimmen.

3

Herleitung von Ableitungsregeln

7

Berechnet man für verschiedene Funktionen die Ableitungsfunktionen, so erhält man:

$f(x)$	x^2	$3x^2$	x^3	x^4	$2x$	5	$-2{,}5$	$3x^4$	$3x^4 + 5$	$5x^3 - 2x$	x^{-1}
$f'(x)$	$2x$	$6x$	$3x^2$	$4x^3$	2	0	0	$12x^3$	$12x^3$	$15x^2 - 2$	$-x^{-2}$

Analysieren Sie die Einträge der Tabelle und halten Sie fest, was Sie beobachten.
Leiten Sie allgemeine Ableitungsregeln her.

- Die Exponenten der Funktionen treten als Koeffizienten im Term der Ableitungsfunktion auf.

$$f(x) = x^2 \Rightarrow f'(x) = 2x$$
$$f(x) = 3x^4 \Rightarrow f'(x) = 12x^3 = 3 \cdot 4 \cdot x^3$$
$$\underbrace{}_{Exponent} \qquad \underbrace{}_{Koeffizient}$$

- Der Exponent in der Ableitungsfunktion ist um 1 geringer als derjenige in der Ausgangsfunktion.

$$f(x) = x^4 \Rightarrow f'(x) = 4x^3 = 4x^{4-1}$$
$$f(x) = 2x = 2x^1 \Rightarrow f'(x) = 2 = 2x^0$$

- Die Zusammenhänge lassen sich auch auf Funktionen mit negativem Exponenten anwenden.

$$f(x) = x^{-1} \Rightarrow f'(x) = -1x^{-1-1} = -x^{-2}$$

- Bei Summen werden die Summanden einzeln abgeleitet.

$$f(x) = 3x^4 + 5 \Rightarrow f'(x) = 12x^3 + 0$$

- Die Ableitung einer konstanten Funktion ist immer 0.

$$f(x) = 5 \Rightarrow f'(x) = 0$$

Aus diesen Beobachtungen können wir die Ableitungsregeln herleiten:

Potenzregel:
$$f(x) = x^n \qquad \Rightarrow f'(x) = n \cdot x^{n-1}$$
$$f(x) = x^3 \qquad \Rightarrow f'(x) = 3x^2$$

Konstantenregel:
$$f(x) = c \qquad \Rightarrow f'(x) = 0$$
$$f(x) = -2{,}5 \qquad \Rightarrow f'(x) = 0$$

Faktorregel:
$$f(x) = c \cdot g(x) \qquad \Rightarrow f'(x) = c \cdot g'(x)$$
$$f(x) = 3x^2 \qquad \Rightarrow f'(x) = 3 \cdot 2 \cdot x^1 = 6x$$

Summenregel:
$$f(x) = g(x) + h(x) \qquad \Rightarrow f'(x) = g'(x) + h'(x)$$
$$f(x) = 5x^3 - 2x \qquad \Rightarrow f'(x) = 15x^2 - 2$$

Anwendung der Ableitungsregeln

Anwendung der **Potenzregel**:
Den Potenzterm multiplizieren wir mit dem Exponenten. Den Exponenten vermindern wir um 1.

$f(x) = x \qquad \Rightarrow f'(x) = 1$
$f(x) = x^5 \qquad \Rightarrow f'(x) = 5x^4$
$f(x) = x^{11} \qquad \Rightarrow f'(x) = 11x^{10}$

Anwendung der **Konstantenregel**:
Die Ableitung einer konstanten Funktion ist immer 0. Dies ist auch anschaulich klar, da eine konstante Funktion parallel zur x-Achse verläuft und somit weder steigt noch fällt. Ihre Steigung muss also an jeder Stelle 0 sein.

$f(x) = 0{,}2 \qquad \Rightarrow f'(x) = 0$
$f(x) = 15 \qquad \Rightarrow f'(x) = 0$
$f(x) = -3 \qquad \Rightarrow f'(x) = 0$

Anwendung der **Faktorregel**:
Wir multiplizieren die Ableitung des Potenzterms mit dem Koeffizienten.

$f(x) = 2x^4 \qquad \Rightarrow f'(x) = 2 \cdot 4 \cdot x^3 = 8x^3$
$f(x) = -5x^2 \qquad \Rightarrow f'(x) = (-5) \cdot 2 \cdot x = -10x$
$f(x) = 0{,}5x \qquad \Rightarrow f'(x) = 0{,}5 \cdot 1 \cdot x^0 = 0{,}5$

Anwendung der **Summenregel**:
Wir leiten die Summanden einzeln ab.

$f(x) = 5x^2 - x \Rightarrow f'(x) = 10x - 1$

---

(8) Beweis der Faktorregel

Beweisen Sie die Faktorregel: Ist die Funktion g differenzierbar, dann gilt für die Ableitung von f mit $f(x) = c \cdot g(x)$: $\quad f'(x) = c \cdot g'(x)$.

Anschaulich bedeutet die Regel, dass der Graph einer Funktion, die gegenüber einer anderen Funktion z.B. dreimal so große Werte annimmt, an jeder Stelle auch die dreifache Steigung besitzt.

Wenn die Normalparabel z.B. mit $g(x) = x^2$ um den Faktor 3 gestreckt wird $(f(x) = 3 \cdot g(x))$, dann steigt auch der Graph der zugehörigen Ableitungsfunktion um das Dreifache:

$g'(x) = 2x$
$f'(x) = 3 \cdot 2x = 6x.$

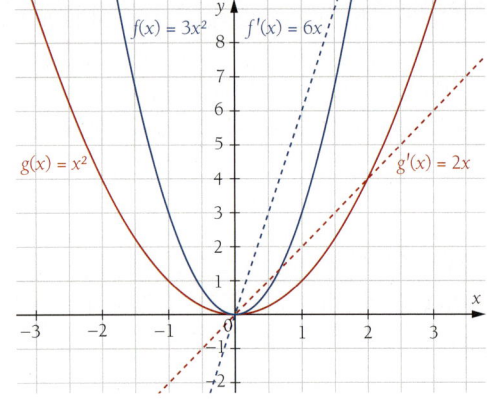

Um die Regel allgemein zu beweisen, berechnen wir zunächst den Differenzenquotienten für f an der Stelle x_0.

$$\frac{f(x) - f(x_0)}{x - x_0} = \frac{c \cdot g(x) - c \cdot g(x_0)}{x - x_0} \qquad \blacktriangleright f(x) = c \cdot g(x)$$

$$= c \cdot \frac{g(x) - g(x_0)}{x - x_0}$$

Anschließend bestimmen wir den Grenzwert des Differenzenquotienten für $x \to x_0$.

$$f'(x_0) = \lim_{x \to x_0} \frac{f(x) - f(x_0)}{x - x_0}$$

$$= \lim_{x \to x_0} c \cdot \frac{g(x) - g(x_0)}{x - x_0}$$

$$= c \cdot \lim_{x \to x_0} \frac{g(x) - g(x_0)}{x - x_0}$$

$$= c \cdot g'(x_0)$$

Beweis der Summenregel

Beweisen Sie die Summenregel: Sind die Funktionen g und h differenzierbar, dann gilt für die Ableitung von f mit $f(x) = g(x) + h(x)$: $f'(x) = g'(x) + h'(x)$.

Wir berechnen zuerst den Differenzenquotienten für f an der Stelle x_0.

$$\frac{f(x) - f(x_0)}{x - x_0} = \frac{g(x) + h(x) - [g(x_0) + h(x_0)]}{x - x_0}$$

$$= \frac{g(x) - g(x_0) + h(x) - h(x_0)}{x - x_0}$$

$$= \frac{g(x) - g(x_0)}{x - x_0} + \frac{h(x) - h(x_0)}{x - x_0}$$

Anschließend bestimmen wir den Grenzwert des Differenzenquotienten für $x \to x_0$.

$$f'(x_0) = \lim_{x \to x_0} \frac{f(x) - f(x_0)}{x - x_0}$$

$$= \lim_{x \to x_0} \left(\frac{g(x) - g(x_0)}{x - x_0} + \frac{h(x) - h(x_0)}{x - x_0} \right)$$

$$= \lim_{x \to x_0} \frac{g(x) - g(x_0)}{x - x_0} + \lim_{x \to x_0} \frac{h(x) - h(x_0)}{x - x_0}$$

$$= g'(x_0) + h'(x_0)$$

Beweisen der Potenzregel

Beweisen Sie die Potenzregel: Ist die Funktion f differenzierbar, dann gilt für die Ableitung von f mit $f(x) = x^n$: $f'(x) = n \cdot x^{n-1}$ ($n \in \mathbb{N}$).

Wir stellen zuerst den Differenzenquotienten auf, den wir immer mit $(x - x_0)$ kürzen können. Dadurch erhalten wir ein Polynom, das aus $n - 1$ Summanden besteht.

$$\frac{f(x) - f(x_0)}{x - x_0} = \frac{x^n - x_0^n}{x - x_0}$$

$$= x^{n-1} + x_0 \cdot x^{n-2} + x_0^2 \cdot x^{n-3} + \ldots + x_0^{n-2} \cdot x + x_0^{n-1}$$

Anschließend bilden wir den Grenzwert des Differenzenquotienten für $x \to x_0$.

$$f'(x_0) = \lim_{x \to x_0} \frac{f(x) - f(x_0)}{x - x_0}$$

$$= \lim_{x \to x_0} \left(x^{n-1} + x_0 \cdot x^{n-2} + \ldots + x_0^{n-2} \cdot x + x_0^{n-1} \right)$$

$$= x_0^{n-1} + x_0 \cdot x_0^{n-2} + \ldots + x_0^{n-2} \cdot x_0 + x_0^{n-1}$$

$$= x_0^{n-1} + x_0^{n-1} + \ldots + x_0^{n-1} = n \cdot x_0^{n-1}$$

Potenzregel:	$f(x) = x^n$	$\Rightarrow f'(x) = n \cdot x^{n-1}$ ($n \in \mathbb{N}$)
Konstantenregel:	$f(x) = c$	$\Rightarrow f'(x) = 0$ ($c \in \mathbb{R}$)
Faktorregel:	$f(x) = c \cdot g(x)$	$\Rightarrow f'(x) = c \cdot g'(x)$ ($c \in \mathbb{R}$)
Summenregel:	$f(x) = g(x) + h(x)$	$\Rightarrow f'(x) = g'(x) + h'(x)$

1. Bestimmen Sie die erste Ableitung der folgenden Funktionen.

a) $f(x) = 2x^3 + 4x + 2$

b) $f(x) = 5 - 0{,}5x^2$

c) $f(x) = 0{,}05x^5 - 0{,}3x^4$

d) $f(x) = \frac{1}{42}x^7 - \frac{1}{30}x^6 + \frac{1}{20}x^5$

e) $f(x) = \frac{1}{4}x^4 + \frac{1}{3}x^3$

f) $f(x) = 2x^0$

g) $f(x) = \frac{1}{2x}$

h) $f(x) = \frac{1}{2x^2}$

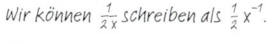 *Wir können $\frac{1}{2x}$ schreiben als $\frac{1}{2}x^{-1}$.*

2. Bestimmen Sie zu den folgenden Funktionen die Gleichung der Ableitungsfunktion f'. Zeichnen Sie die Graphen von f und f'.

a) $f(x) = 2x - 5$

b) $f(x) = -0{,}25x^2 + 4x$

c) $f(x) = \frac{1}{2}x^3 - 3x$

Ableitungen höherer Ordnung

Leiten Sie die Funktion f mit

$$f(x) = 0{,}05x^4 - \frac{2}{15}x^3 - 0{,}8x^2$$

dreimal ab.

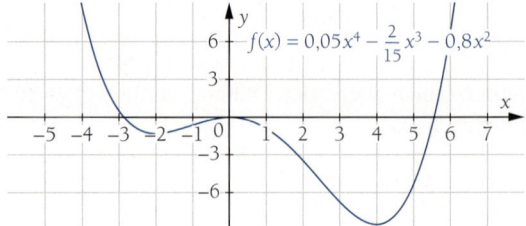

Mithilfe der Ableitungsregeln erhalten wir die Gleichung von f':

$$f'(x) = 0{,}2x^3 - 0{,}4x^2 - 1{,}6x$$

f' heißt genauer **erste Ableitung von f**.

Wenn wir f' wiederum ableiten, erhalten wir die **zweite Ableitung von f**:

$$f''(x) = 0{,}6x^2 - 0{,}8x - 1{,}6$$

(gelesen: „f zwei Strich von x")

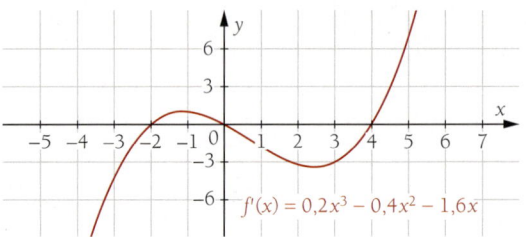

Wenn wir f'' ableiten, erhalten wir die **dritte Ableitung von f**:

$$f'''(x) = 1{,}2x - 0{,}8$$

(gelesen: „f drei Strich von x")

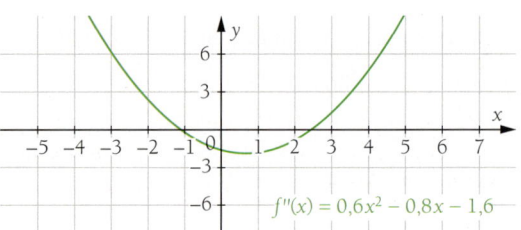

Entsprechend werden die weiteren Ableitungen gebildet. Bei der **vierten Ableitung** und allen höheren Ableitungen ist eine andere Schreibweise üblich:

$$f^{(4)}(x) = 1{,}2$$
$$f^{(5)}(x) = 0$$
$$f^{(6)}(x) = 0 \quad \text{usw.}$$

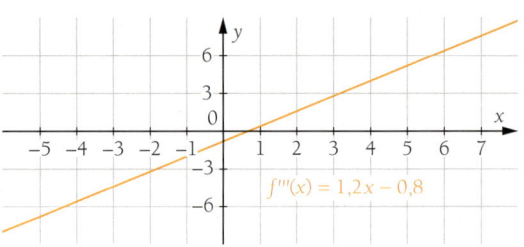

Da beim Ableiten stets ein Grad der Funktion „verloren geht", wird der Ableitungsterm einer ganzrationalen Funktion durch mehrfaches Ableiten null, sobald die Ordnung der Ableitung höher ist als der Grad der Funktion.

 Eine ganzrationale Funktion f kann beliebig oft abgeleitet werden.
- f' heißt **erste Ableitung von f**.
- f'' ist die Ableitung von f' und heißt **zweite Ableitung von f**.
- f''' ist die Ableitung von f'' und heißt **dritte Ableitung von f**.
- $f^{(4)}$ ist die Ableitung von f''' und heißt **vierte Ableitung von f**.

Entsprechend können höhere Ableitungen gebildet werden: $f^{(5)}$; $f^{(6)}$; $f^{(7)}$ usw.

 Leiten Sie die folgenden Funktionen so oft ab, bis der Ableitungsterm den Wert 0 hat.

a) $f(x) = 2{,}5x^4 + 3x^2$

b) $f(x) = 0{,}25x^3 - 5x + 1$

c) $f(x) = -x^5 + 0{,}2x^4 - 6x^3 - 8$

d) $f(x) = -\frac{1}{6}x^4 + \frac{5}{6}x^3 - \frac{1}{3}x^2 - \frac{4}{3}x + 3$

Übungen zu 3.1.4

1. Bestimmen Sie die Ableitung f' der folgenden Funktionen mithilfe der Ableitungsregeln und berechnen Sie die Steigung an den angegebenen Stellen.

a) $f(x) = 2x^2$; $x_0 = \frac{1}{2}$

b) $f(x) = 1{,}5x^4$; $x_0 = 4$

c) $f(x) = 0{,}5x^3$; $x_0 = 1{,}5$

d) $f(x) = 0{,}5x^3 + 1$; $x_0 = \frac{1}{2}$

e) $f(x) = 0{,}5x^3$; $x_0 = 2$

f) $f(x) = 2{,}5x^5 + 1$; $x_0 = 1$

g) $f(x) = 0{,}5x^5$; $x_0 = \frac{1}{5}$

h) $f(x) = -\frac{1}{9}x^7 + \frac{2}{3}x^2$; $x_0 = 9$

i) $f(x) = 3x^3 + 3x^2$; $x_0 = -1$

j) $f(x) = 5x$; $x_0 = 2$

k) $f(x) = -3x^7 + 1$; $x_0 = 3$

l) $f(x) = -3$; $x_0 = \frac{1}{3}$

m) $f(x) = -\frac{1}{3}x^3 + 2x$; $x_0 = -3$

n) $f(x) = \frac{-1}{x^3}$; $x_0 = 3$

o) $f(x) = \frac{2}{5}x^4 + x^{-2}$; $x_0 = 5$

p) $f(x) = 3x^4 + \frac{2}{x^2}$; $x_0 = 2$

2. Leiten Sie die folgenden Funktionen so oft ab, bis die jeweilige Ableitungsfunktion eine konstante Funktion ist.

a) $f(x) = 2{,}5x^5 + 3x^4$

b) $f(x) = 0{,}25x^8 + 0{,}4x^{10} - 3$

c) $f(x) = 3x^7 - 0{,}5x^3$

d) $f(x) = -\frac{1}{9}x^7 + \frac{2}{3}x^2$

e) $f(x) = ax^3$; $a \in \mathbb{R}$

f) $f(x) = 2ax^4 + 5bx^5$; $a, b \in \mathbb{R}$

3. Geben Sie jeweils eine Funktionsgleichung an, sodass die Ableitungsfunktion der Funktion den angegebenen Term besitzt.

a) $f'(x) = 0$

b) $f'(x) = 2$

c) $f'(x) = \pi$

d) $f'(x) = -3x^2 + 4{,}12$

e) $f'(x) = \frac{1}{2}x^3 - 5x^4$

f) $f'(x) = -\frac{1}{9}x^8 + \frac{2}{3}x^2$

g) $f'(x) = -\frac{2}{x^3}$

h) $f'(x) = -\frac{1}{x^4}$

i) $f'(x) = 2ax^{a-1}$; $a \in \mathbb{R}$

j) $f'(x) = ax^a - (b+1)x^b$; $a, b \in \mathbb{R}$

4. Ordnen Sie den jeweiligen Funktionsgraphen aus der linken Abbildung den Graphen der zugehörigen Ableitungsfunktion aus der rechten Abbildung zu.

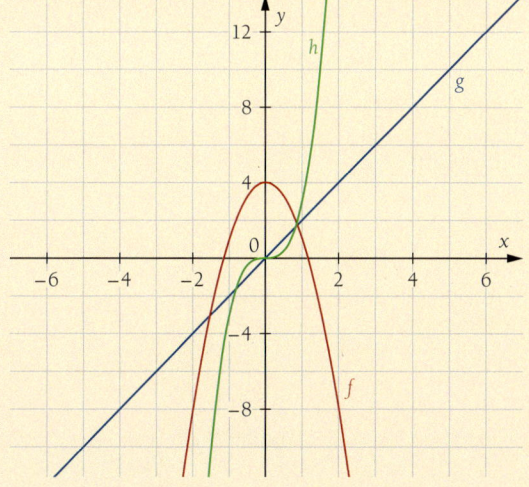
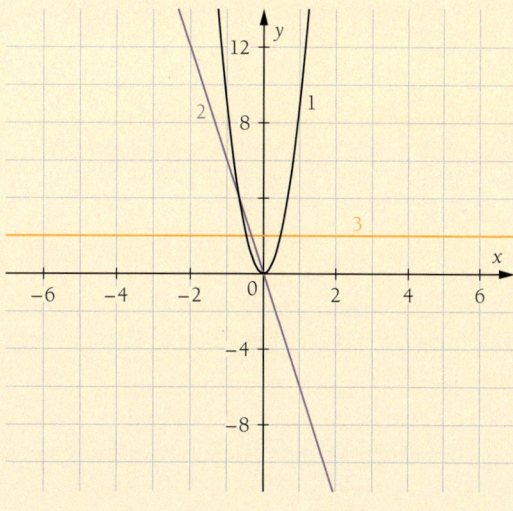

3.1.5 Anwendungen

 Bestimmen der Tangentengleichung

Bestimmen Sie die Gleichung der Tangente t, die den Graphen der Funktion f mit $f(x) = -\frac{1}{2}x^2 + 5$ im Punkt $P(2|3)$ berührt.

Die Tangente t und die Funktion f haben zwei gemeinsame Eigenschaften:

1. Beide Graphen verlaufen durch denselben Punkt $P(2|3)$.
2. Beide Graphen haben in dem Punkt $P(2|3)$ dieselbe Steigung.

Die Tangente t ist eine lineare Funktion. Sie hat somit die Form $t(x) = mx + n$.
Wir wollen die Gleichung der Tangente aufstellen. Dazu berechnen wir zunächst die Steigung m und anschließend den y-Achsenabschnitt n:

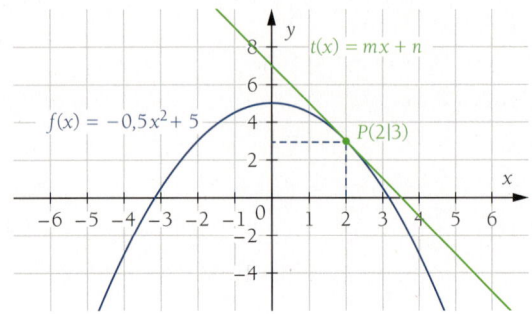

Berechnung der Steigung m:
Die Funktion f hat im Punkt $(2|3)$ die gleiche Steigung wie ihre Tangente t. Es reicht also, wenn wir die Steigung von f an der Stelle $x = 2$ berechnen. Die Steigung an der Stelle $x = 2$ erhalten wir durch die Ableitungsfunktion f'.
Entweder lesen wir am Funktionsgraphen von f' die Steigung ab oder wir setzen $x = 2$ in $f'(x)$ ein.

Grafische Bestimmung der Steigung:

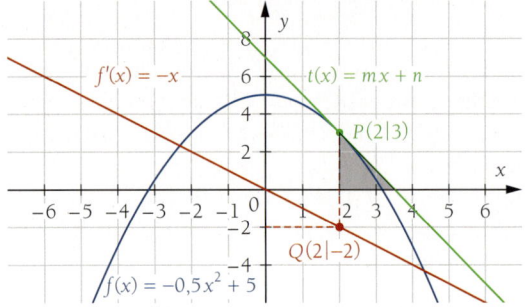

Für die Steigung von f an der Stelle $x = 2$ erhalten wir somit $f'(2) = -2$.
Die Steigung der Tangente beträgt demnach $m = -2$.
Die Funktionsgleichung der Tangente t hat nun die Form $t(x) = -2x + n$.

Rechnerische Bestimmung der Steigung:

$$f(x) = -\frac{1}{2}x^2 + 5$$
$$f'(x) = -\frac{1}{2} \cdot 2 \cdot x^{2-1} = -x$$
$$f'(2) = -2$$
$$\Rightarrow m = f'(2) = -2$$

Berechnung des y-Achsenabschnitts n:
Der Graph von t verläuft durch den Punkt $P(2|3)$. Er besitzt die Steigung $m = -2$.
Wir setzen die Werte $x = 2$, $y = 3$ und $m = -2$ in $t(x) = mx + n$ ein. Anschließend lösen wir nach n auf.
Nun setzen wir $m = -2$ und $n = 7$ in die Tangentengleichung ein. Als Gleichung für die Tangente ergibt sich $t(x) = -2x + 7$.

Berechnung des y-Achsenabschnitts:

$$t(x) = mx + n \qquad \blacktriangleright P(2|3); \; m = -2$$
$$3 = -2 \cdot 2 + n$$
$$3 = -4 + n \qquad | + 4$$
$$7 = n$$

Angabe der Tangentengleichung:
$$t(x) = -2x + 7$$

 Berechnen Sie die Gleichung der Tangente von f mit $f(x) = 0{,}1x^3 - 2x^2$ an der Stelle $x = -3$.

Bestimmen von Punkten bei gegebener Steigung

Geben Sie die Punkte an, in denen der Graph von $f(x) = \frac{1}{2}x^2 + 5x$ die Steigung 2 hat.

Zunächst bestimmen wir die Ableitungsfunktion f' mithilfe der Ableitungsregeln.

$$f(x) = \frac{1}{2}x^2 + 5x = \frac{1}{2}x^2 + 5x^1$$

$$f'(x) = \frac{1}{2} \cdot 2 \cdot x^{2-1} + 5x^{1-1} = x + 5$$

Der y-Wert der Ableitungsfunktion f' gibt die Steigung an. Diese ist hier mit 2 vorgegeben. Also muss $f'(x) = 2$ gelten.
Wir ersetzen $f'(x)$ durch den Funktionsterm $x + 5$ und erhalten als einzige Lösung $x = -3$.

Berechnung der zugehörigen Stelle:
$$f'(x) = 2$$
$$\Leftrightarrow \ x + 5 = 2 \qquad |-5$$
$$\Leftrightarrow \qquad x = -3$$

Gesucht ist aber nicht nur die Stelle, sondern der Punkt, in dem f die Steigung 2 hat.
Wir müssen also $x = -3$ in die Ausgangsfunktion f einsetzen, um den zugehörigen y-Wert zu erhalten.
f hat somit im Punkt $P(-3|-10{,}5)$ die Steigung 2.

Berechnung des Punktes:
$$f(-3) = \frac{1}{2} \cdot (-3)^2 + 5 \cdot (-3) = -10{,}5$$
$$\Rightarrow P(-3|-10{,}5)$$

3

Berechnen Sie für f und g mit $f(x) = 3x^2 - 5x + 4$ und $g(x) = x^3 - 11x$ jeweils die Punkte, in denen f bzw. g die Steigung 1 haben.

Mittlere Änderungsraten vergleichen

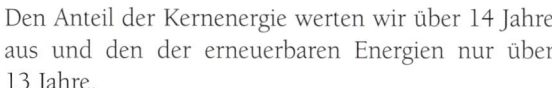

Die Abbildung zeigt den Anteil erneuerbarer Energien und Kernenergie am Bruttostromerzeugnis in Deutschland in den Jahren 1990 bis 2010.
Vergleichen Sie den Anteil der Kernenergie von 1992 bis 2006 mit dem Anteil der erneuerbaren Energien von 1996 bis 2009.

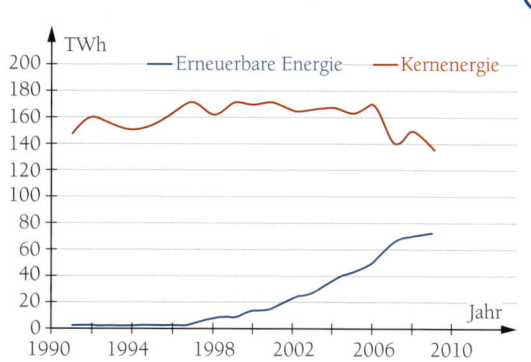

Den Anteil der Kernenergie werten wir über 14 Jahre aus und den der erneuerbaren Energien nur über 13 Jahre.
Um die Entwicklungen vergleichen zu können, berechnen wir die mittleren Änderungsraten.

Die Einheit TWh bedeutet Terrawattstunde. 1 TWh entspricht 1 Mrd. kWh.

Der Anteil der Kernenergie beträgt im Jahr 1992 etwa 160 TWh und 2006 etwa 170 TWh.

$$\frac{f(x) - f(x_0)}{x - x_0} \quad \blacktriangleright \text{ mittlere Änderungsrate}$$

Der Anteil der Kernenergie wuchs also von 1992 bis 2006 ungefähr um 0,71 TWh pro Jahr.

Kernenergie: $\frac{170 - 160}{14} = \frac{10}{14} = \frac{5}{7} \approx 0{,}71$

Der Anteil der erneuerbaren Energien betrug 1996 0 TWh und 2009 etwa 70 TWh.

Der Anteil der erneuerbaren Energien wuchs von 1996 bis 2009 ungefähr um 5,38 TWh pro Jahr.

Erneuerbare Energien: $\frac{70 - 0}{13} = \frac{70}{13} \approx 5{,}38$

Der Anteil der erneuerbaren Energien stieg also pro Jahr viel stärker als der Anteil der Kernenergie.

(15)   Durchschnittliche Kosten und Grenzkosten

Die Gärtnereien „Blütenpracht" und „Blumenmeer"
kalkulieren bei der Herstellung von Blumensamen
mit der Kostenfunktion K mit
$K(x) = x^3 - 6x^2 + 15x + 32$.
Die Gärtnerei „Blütenpracht" hat im letzten Jahr
2 ME Blumensamen auf den Markt gebracht. Die
Gärtnerei „Blumenmeer" produzierte 5 ME.
Eine ME sei 2000 g Blumensamen und eine GE 100 €.
Beide Gärtnereien wollen die Produktion an Blumensamen im kommenden Jahr leicht steigern.
Untersuchen Sie die jeweilige Kostensituation.

Kostensituation der Gärtnerei „Blütenpracht":

Im letzten Jahr produzierte die Gärtnerei 2 ME Blumensamen. Dabei entstanden Kosten in Höhe von
$K(2) = 46$ GE.
Wird die Blumensamenmenge gesteigert, so erhöhen sich auch die Kosten. Eine Steigerung der Produktion um 0,5 ME von 2 ME auf 2,5 ME erhöht
die Kosten auf $K(2,5) = 47,625$ GE.
Bei der Steigerung der Produktion um 0,5 ME steigen die Kosten um 1,625 GE (47,625 − 46), also
um 162,5 €.

Kostensituation der Gärtnerei „Blumenmeer":

Im letzten Jahr produzierte die Gärtnerei 5 ME
Blumensamen. Dabei entstanden Kosten in Höhe
von $K(5) = 82$ GE.
Die Gärtnerei möchte die Produktion um eine ME
steigern. Diese Produktionssteigerung auf 6 ME
erhöht die Kosten auf $K(6) = 122$ GE.

Bei der Steigerung der Produktion um 1 ME steigen die Kosten um 40 GE (122 − 82), also um
4000 €.

Die jeweiligen Mehrkosten von 162,50 € für die Gärtnerei „Blütenpracht" bzw. 4000 € für die Gärtnerei
„Blumenmeer" können wir nicht vergleichen. Sie beziehen sich auf unterschiedliche Produktionssteigerungen
(0,5 bzw. 1 ME). Um vergleichbare Werte zu bekommen, berechnen wir die mittleren Änderungsraten.

Änderungsrate der Gärtnerei „Blütenpracht":

Die mittlere Änderungsrate von 2 ME auf 2,5 ME
beträgt:
$\frac{K(2,5) - K(2)}{2,5 - 2} = \frac{47,625 - 46}{0,5} = 3,25$ ▶ GE pro ME

Bei einer Produktionssteigerung um eine halbe
Mengeneinheit entstehen durchschnittlich Mehrkosten von 325 €.

Eine Erhöhung der Produktion ist also sinnvoll. Die
Produktionssteigerung verursacht nur einen geringen Kostenanstieg von 325 €.

Änderungsrate der Gärtnerei „Blumenmeer":

Die mittlere Änderungsrate von 5 ME auf 6 ME
beträgt:
$\frac{K(6) - K(5)}{6 - 5} = \frac{122 - 82}{1} = 40$ ▶ GE pro ME

Bei einer Produktionssteigerung um eine Mengeneinheit entstehen durchschnittlich Mehrkosten
von 4000 €.

Eine Erhöhung der Produktion sollte aus Kostensicht überdacht werden. Denn eine geringe Produktionssteigerung verursacht einen erheblichen
Kostenanstieg von 4000 €.

Allgemein können wir Folgendes ableiten:
• Eine Produktionssteigerung ist aus Kostensicht
  dann günstig, wenn die Kostenfunktion eine geringe Steigung aufweist.
• Je größer die Steigung der Kostenfunktion ist,
  umso stärker steigen die Kosten mit zunehmender Produktionsmenge an.

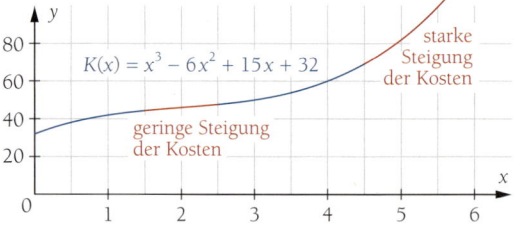

Wir berechnen also die Steigung der Kostenfunktion K und erhalten eine **Kostensteigerungstendenz**.

Die Ableitungsfunktion K' gibt die Steigung der Kostenfunktion K im Punkt $P(x|K(x))$ an.

$$K'(x) = \lim_{x \to x_0} \frac{K(x) - K(x_0)}{x - x_0} \quad \blacktriangleright \text{ lokale Änderungsrate}$$

$K'(x)$ ist uns auch als lokale Änderungsrate bekannt. Sie misst den Kostenzuwachs, der bei einer Produktion einer unendlich kleinen Mehreinheit entsteht. Den Kostenzuwachs nennt man **Grenzkosten**. Daher heißt die Ableitungsfunktion K' der Kostenfunktion K **Grenzkostenfunktion**.

Die Grenzkostenfunktion gibt nicht die wirkliche Kostenzunahme wieder, sondern lediglich eine Tendenz.

Wir ermitteln die Grenzkosten für beide Gärtnereien. Dazu leiten wir die Kostenfunktion K ab.

$K(x) = x^3 - 6x^2 + 15x + 32 \quad \blacktriangleright \text{ Kostenfunktion}$
$K'(x) = 3x^2 - 12x + 15 \quad \blacktriangleright \text{ Grenzkostenfunktion}$

Für die Gärtnerei Blütenpracht ergeben sich bei einer Produktionsmenge von 2 ME Grenzkosten in Höhe von 3 GE pro ME. Eine Mehrproduktion lohnt sich. Die Grenzkosten der Gärtnerei Blumenmeer bei einer Produktionsmenge von 5 ME betragen 30 GE pro ME. Eine Mehrproduktion wäre deutlich teurer.

Grenzkosten der Gärtnerei Blütenpracht:
$K'(2) = 3 \cdot 2^2 - 12 \cdot 2 + 15 = 3$

Grenzkosten der Gärtnerei Blumenmeer:
$K'(5) = 3 \cdot 5^2 - 12 \cdot 5 + 15 = 30$

Ermitteln Sie für die Kostenfunktion K mit $K(x) = -0{,}125x^3 + 2{,}825x^2 - 5x - 30$ die Grenzkostenfunktion und berechnen Sie die Grenzkosten für 6 ME.

Übungen zu 3.1.5

1. Gegeben ist die Kostenfunktion K durch die Gleichung $K(x) = x^3 - 6x^2 + 15x + 32$; $x \in [0; 6{,}5]$.
a) Vergleichen Sie die Grenzkosten für 1 ME, 2 ME, 2,5 ME, 4 ME und 5,25 ME.
b) Leiten Sie ökonomisch sinnvolle Schlussfolgerungen ab.

2. Gegeben ist die Kostenfunktion K durch die Gleichung $K(x) = 5x + 100$; $x \in [0; 25]$.
a) Berechnen Sie die Grenzkosten für 4 ME und 10 ME und interpretieren Sie das Ergebnis.
b) Untersuchen Sie, welche Auswirkungen eine Senkung der Fixkosten um 20 % hat.

3. Die RONDO GmbH legt für ein neues Produkt die Kostenfunktion K mit $K(x) = x^3 - 6x^2 + 15x + 32$ und die Erlösfunktion E mit $E(x) = -5x^2 + 55x$ zugrunde.
a) Berechnen Sie den Grenzgewinn für 3,5 ME und für 4 ME.
b) Interpretieren Sie das Ergebnis ökonomisch.

4. Berechnen Sie die Stellen, an denen der Graph der Funktion f jeweils die Steigung -2; -1; 0; 2 und 4 hat.
a) $f(x) = 2x^2 - 12$
b) $f(x) = x^2 + 6x + 5$
c) $f(x) = -x^3$
d) $f(x) = x^3 - 4x$
e) $f(x) = -2x^3 + x^2$

5. Gegeben sind die Funktionen f, g, h und i:
$f(x) = -x^2 + 1$,
$g(x) = x^2 - x - 3$,
$h(x) = x^3 - 2x^2 - 3x + 2$,
$i(x) = 0{,}5x^3 - 2x$.
a) Berechnen Sie jeweils die Steigung der Tangente an die Graphen der einzelnen Funktionen für die Stellen -1; 0 und 2. Geben Sie jeweils die zugehörige Tangentengleichung an.
b) Skizzieren Sie den Graphen der Funktion f und die drei in Aufgabe a) berechneten Tangenten in ein Koordinatensystem.

Vermischte Übungen zu 3.1

1. Verfassen Sie einen zu dem auf Seite 213 dargestellten Höhenprofil passenden Erfahrungsbericht.

a) Beschreiben Sie die Anstrengungen beim Auf- und Abstieg der verschiedenen Pässe um die Sellagruppe und geben Sie auch an, wann der Radfahrer langsam bzw. schnell aufwärts und abwärts fährt.

b) Berechnen Sie ungefähr die jeweiligen durchschnittlichen Steigungen und Gefälle.

c) Vergleichen und interpretieren Sie Ihre Ergebnisse aus a) und b).

2. Beweisen Sie die Konstantenregel: Ist die Funktion f eine konstante Funktion, also $f(x) = c$ mit $c \in \mathbb{R}$, dann gilt für die Ableitung von f: $f'(x) = 0$.

3. Die Grafik gibt die Flughöhe eines Segelflugzeuges (in m) für eine bestimmte Flugzeit an.

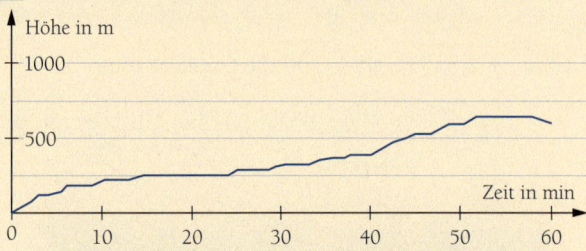

a) Beschreiben Sie den Flugverlauf des Segelflugzeugs und geben Sie an, wann das Flugzeug langsam bzw. schnell steigt.

b) Berechnen Sie jeweils die durchschnittliche Steigung in den beiden Zeitintervallen [10; 40] und [30; 60].

c) Vergleichen und interpretieren Sie Ihre Ergebnisse aus a) und b).

4. Der Regional-Express fährt auf der Strecke Köln–Dortmund nach untenstehendem Fahrplan (Stand 2014).

a) Berechnen Sie die Durchschnittsgeschwindigkeit des Zuges zwischen den angegebenen Bahnhöfen und berechnen Sie die Durchschnittsgeschwindigkeit insgesamt.

b) Machen Sie Aussagen über die errechneten Durchschnittsgeschwindigkeiten und die tatsächlich erreichten Geschwindigkeiten während der Fahrt von Bahnhof zu Bahnhof.

Bahnhof	Ankunft	Abfahrt	Entfernung in km
Köln Hbf	–	15:49	1
Köln Messe/Deutz	15:51	15:52	5
Köln Mülheim	15:56	15:57	9
Leverkusen Mitte	16:03	16:04	17
Düsseldorf Benrath	16:12	16:13	10
Düsseldorf Hbf	16:19	16:22	7
Düsseldorf Flughafen	16:27	16:28	17
Duisburg	16:36	16:38	10
Mülheim	16:42	16:44	10
Essen	16:50	16:53	10
Wattenscheid	16:58	16:59	6
Bochum	17:03	17:05	19
Dortmund	17:15	–	–

5. Ordnen Sie die Funktionen f, k, h und g mit
$f(x) = 5x^2 - 2x + 3$, $k(x) = -2x^2 + 5$,
$h(x) = -2x^3 + 5x$ und
$g(x) = 3x^3 - 3x^2 - 12x + 12$ den abgebildeten
Funktionsgraphen zu.
Berechnen Sie die Steigung der einzelnen Graphen
jeweils an den Stellen $x_1 = -1{,}4$; $x_2 = -1$; $x_3 = 0$
und $x_4 = 0{,}5$.

a)
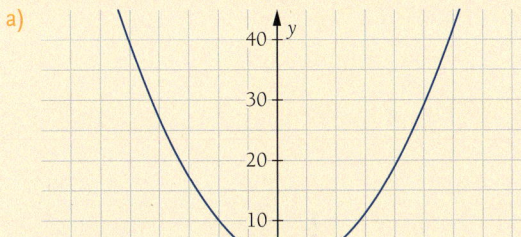

b)
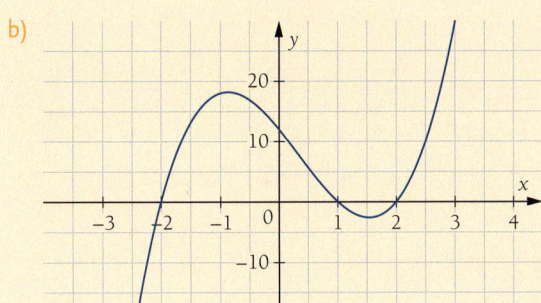

c)
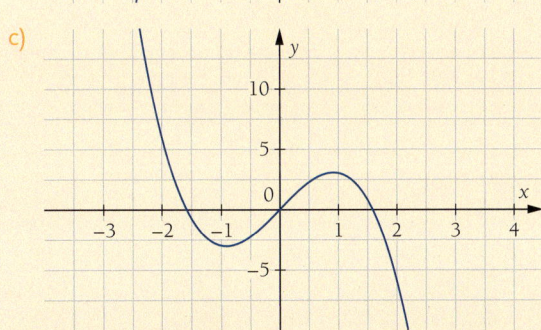

d)
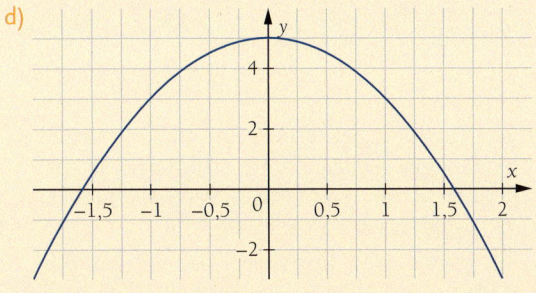

6. Ermitteln Sie jeweils die Funktionsgleichung von
f' mithilfe des Differenzialquotienten.
Berechnen Sie die Punkte, in denen der Graph
von f jeweils die angegebene Steigung m besitzt.
Ermitteln Sie jeweils die Steigung im Punkt
$P(2|f(2))$.
a) $f(x) = 5x^2$; $m = 4$
b) $f(x) = 2x^2 - 1$; $m = 2$
c) $f(x) = -3x^2 - 12x + 12$; $m = 6$
d) $f(x) = -5x^2 + 10x$; $m = 30$

7. Berechnen Sie jeweils die Steigung der Tangenten
an die Graphen der einzelnen Funktionen für die
Stellen $-1{,}4$; -1; 0; $0{,}5$ und 3. Geben Sie die
jeweils zugehörige Tangentenfunktion an.
a) $f(x) = 5x^2 - 2x + 3$
b) $f(x) = 3x^3 - 3x^2 - 12x + 12$
c) $f(x) = -2x^3 + 5x$
d) $f(x) = x^4 - 5x^2 + 10x$

8.
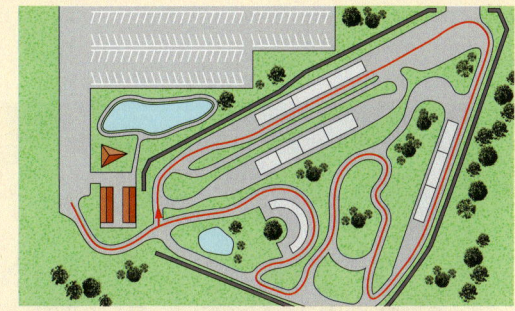

Im Parcours wurde die Strecke gekennzeichnet,
die ein Teilnehmer beim Fahrsicherheitstraining
fuhr.

a) Vermuten Sie, in welchem Streckenabschnitt am
meisten beschleunigt bzw. am stärksten gebremst
wurde.

b) Die Grafik gibt die Geschwindigkeit des Teilneh-
mers in Abhängigkeit von der Zeit wieder.

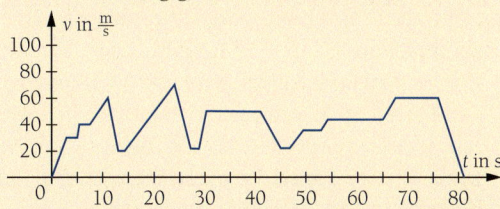

Überprüfen Sie Ihre Vermutung aus a) anhand des
Graphen.

9. Die Gesamtkosten des vorangegangenen Geschäftsjahres eines Unternehmens werden durch $K_1(x) = 0,02x^3 - 1,5x^2 + 50x + 400$ beschrieben. Im kommenden Geschäftsjahr wird mit folgendem Gesamtkostenverlauf gerechnet:
$K_2(x) = 0,05x^3 - 1,5x^2 + 30x + 400$.
Schon letztes Jahr war eine Produktionssteigerung geplant. Das Unternehmen wollte jedoch noch ein Jahr abwarten, da der Markt unsicher ist.
War das die richtige Entscheidung? Begründen Sie.

10. Die Fly Bike Werke GmbH überlegt, die Produktion von Rennrädern mit Stahlrahmen zu steigern. Der Kostenverlauf der Maschine, die die Stahlrohre zu den Rahmen herstellt, wird durch die Funktion K mit $K(x) = 250x + 7500$ beschrieben. Die derzeitige Produktionsauslastung der Maschine liegt bei 100 Stahlrahmen. Ihre maximale Auslastung beträgt 350 Stahlrahmen.
Beraten Sie die Firma bezüglich der geplanten Produktionssteigerung. Berechnen Sie dazu die Durchschnittskosten und die Grenzkosten.

11. Musa hat im Physikunterricht gelernt, dass der Wasserdruck mit der Höhe einer Wassersäule steigt. Zu Hause versucht er, das Gelernte in einem Experiment anzuwenden. Musa lässt seine Badewanne bis zu einer Höhe von 50 cm volllaufen, zieht den Stöpsel und beobachtet, wie das Wasser abfließt.
Durch den Druckabfall wird die pro Zeiteinheit abfließende Wassermenge immer weniger. Doch schon nach 5 Minuten ist die Wanne ganz leer. Musa hat der Ehrgeiz gepackt. Er versucht, seine Beobachtungen zu mathematisieren.
Musa glaubt, die Höhe h des Wasserstands in der Wanne (in cm) in Abhängigkeit von der Zeit t (in min) durch die Gleichung $h(t) = 2t^2 - 20t + 50$ beschreiben zu können. Äußern Sie sich dazu.

12. Herr Söst macht einen Wochenendausflug von Bielefeld nach Düsseldorf. Er möchte benzinsparend fahren und im Durchschnitt nicht mehr als 9 ℓ pro 100 km verbrauchen.
Nach 150 km Fahrt lässt er sich von seinem Bordcomputer eine Grafik zum Benzinstand während der bisherigen Fahrt geben.

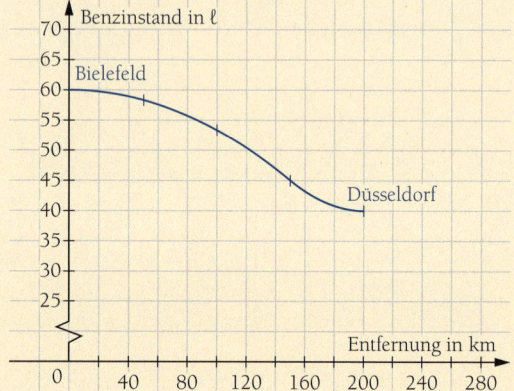

In dem Streckenabschnitt 0 km bis 150 km kann der Benzinstand durch die Funktion f mit $f(x) = -\frac{1}{1500}x^2 + 60$ beschrieben werden.

Herr Söst wundert sich über den hohen durchschnittlichen Verbrauch auf den ersten 150 km. Als er zwischen 20 km und 80 km den Verbrauch überprüfte, lag dieser doch unter 9 ℓ pro 100 km. Erklären Sie den unterschiedlichen Benzinverbrauch. Beraten Sie Herrn Söst bezüglich seiner Fahrweise.

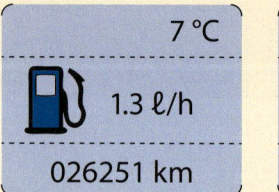 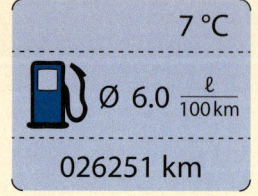

a) Berechnen Sie den durchschnittlichen Benzinverbrauch im Streckenabschnitt 0 km bis 150 km.
b) Berechnen Sie den lokalen Benzinverbrauch an der Stelle 50 km.
c) Interpretieren Sie Ihre Ergebnisse aus a) und b). Erklären Sie den unterschiedlichen Benzinverbrauch.

Ich kann ...

... die Formel für die **mittlere Änderungsrate** angeben.
▶ Test-Aufgabe 1

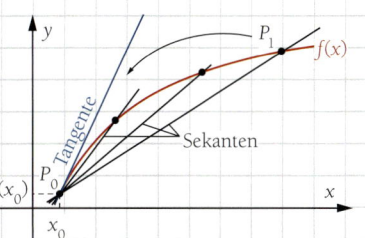

Mittlere Änderungsrate im Intervall $[x_0; x]$:
$\frac{f(x) - f(x_0)}{x - x_0}$ ▶ Differenzenquotient

... die Formel für die **lokale Änderungsrate** anwenden.
▶ Test-Aufgabe 7

Lokale Änderungsrate an einer Stelle x_0:
$\lim\limits_{x \to x_0} \frac{f(x) - f(x_0)}{x - x_0}$ ▶ Differenzialquotient

... den Zusammenhang zwischen **Sekantensteigungen** und **Tangentensteigung** erläutern.

Sekantensteigung:
mittlere Änderungsrate
Tangentensteigung:
lokale Änderungsrate

Durch Annäherung des Punktes $P(x | f(x))$ an P_0 wird die Sekante zur Tangente in P_0. Die lokale Änderungsrate ist der Grenzwert des Differenzenquotienten.

... im Punkt eines Graphen eine **Tangente nach Augenmaß** anlegen und deren Steigung angeben.
▶ Test-Aufgabe 2

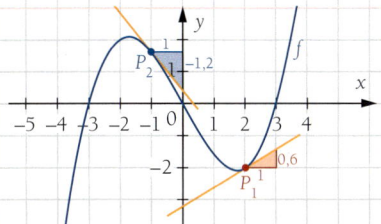

1. Tangente durch den Punkt zeichnen.
2. Mithilfe eines Steigungsdreiecks die Steigung der Tangente feststellen.

... den **Funktionswert der ersten Ableitung** an einer Stelle x_0 mithilfe des Differenzialquotienten **berechnen**.
▶ Test-Aufgabe 4

$f(x) = 3x^2 - 5$

$f'(x_0) = \lim\limits_{x \to x_0} \frac{3x^2 - 5 - (3x_0^2 - 5)}{x - x_0}$

$= \lim\limits_{x \to x_0} \frac{3x^2 - 3x_0^2}{x - x_0} = \lim\limits_{x \to x_0} \frac{3(x^2 - x_0^2)}{x - x_0}$

$= \lim\limits_{x \to x_0} \frac{3(x + x_0)(x - x_0)}{x - x_0}$

$= \lim\limits_{x \to x_0} 3(x + x_0)$

$= 3(x_0 + x_0) = 6x_0$

1. Für $f(x)$ und $f(x_0)$ jeweils den Funktionsterm im Differenzenquotienten einsetzen.
2. Zählerterm vereinfachen.
3. Durch Kürzen den Nenner „verschwinden" lassen.
4. Grenzprozess $x \to x_0$ durchführen.

... die **Steigung an der Stelle x_0** berechnen.
▶ Test-Aufgabe 5

Steigung bei $x_0 = 2$
$m = f'(2) = 6 \cdot 2 = 12$

Für die **Steigung** m an der Stelle x_0 gilt:
$m = f'(x_0) = \lim\limits_{x \to x_0} \frac{f(x) - f(x_0)}{x - x_0}$

... zu einem Funktionsgraphen den zugehörigen **Graphen der Ableitungsfunktion** skizzieren.
▶ Test-Aufgabe 2

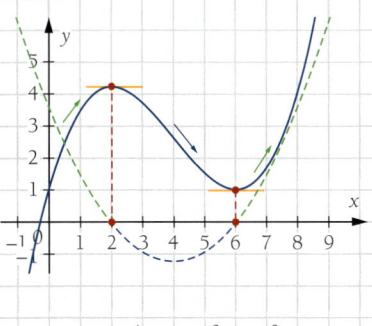

1. Punkte des Graphen mit waagerechten Tangenten aufsuchen.
2. Diese Stellen auf der x-Achse markieren → Nullstellen von f'.
3. Steigung des Graphen vor und nach den waagerechten Tangenten prüfen.
   → Vorzeichen der Funktionswerte von f'
4. Graphen von f' skizzieren.

... durch Anwenden der Ableitungsregeln die **ersten drei Ableitungen** einer ganzrationalen Funktion **bilden**.

$f(x) = 0{,}25x^4 + 0{,}5x^3 + 4x^2 + 6x + 2$
$f'(x) = x^3 + 1{,}5x^2 + 8x + 6$
$f''(x) = 3x^2 + 3x + 8$
$f'''(x) = 6x + 3$

Summenregel: Jeder Summand kann für sich abgeleitet werden.
Faktorregel: Konstante Faktoren bleiben beim Ableiten erhalten.
Potenzregel: Zahl im Exponenten vorziehen und Exponenten um 1 verringern.

Test zu 3.1

1. Die Abbildung zeigt eine Prognose über den Anteil der wirtschaftlich Abhängigen (Kinder, Jugendliche, Rentner) an der Bevölkerung im erwerbsfähigen Alter.

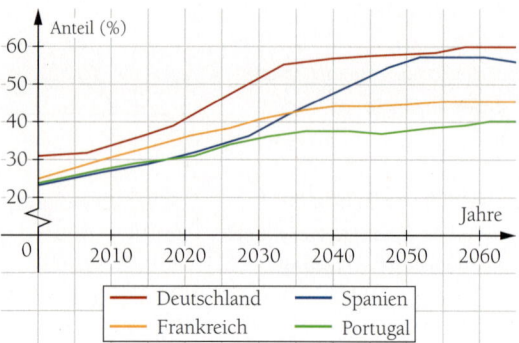

a) In welchem Jahrzehnt nimmt der Anteil der wirtschaftlich Abhängigen in Deutschland am stärksten zu?

b) Bestimmen Sie die durchschnittliche Änderungsrate in den Jahren von 2010 bis 2060 für Deutschland.

2. Zeichnen Sie zu den gegebenen Funktionsgraphen jeweils den Graphen der Ableitungsfunktion f'.

a)

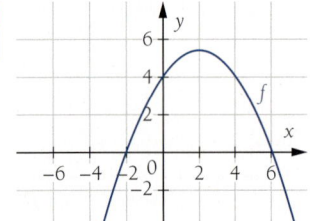

b)

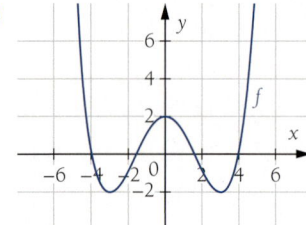

c)

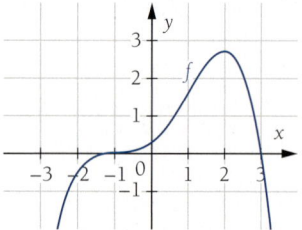

3. Stellen Sie die Gleichung der Tangente an den Graphen von f mit $f(x) = x^3 - 6x^2$ im Punkt $P(2|f(2))$ auf. Zeichnen Sie den Graphen von f und die Tangente im Intervall $[-4; 4]$.

4. Bestimmen Sie mithilfe des Differenzialquotienten die Ableitung der Funktion f mit $f(x) = x^3$.

5. Gegeben sind die Funktionen f und g mit $f(x) = -x^2 + 6x$ und $g(x) = 0{,}5x^3 - 4$.

a) Bestimmen Sie jeweils die Ableitungsfunktion von f und g.

b) Berechnen Sie die Steigung von $f(x)$ und $g(x)$ an der Stelle $x = -2$.

c) In welchen Punkten haben $f(x)$ und $g(x)$ die Steigung 6?

6. Ein Kleintransporter beschleunigt aus dem Stand 6 Sekunden lang mit der Beschleunigung $5\frac{m}{s^2}$ und fährt dann mit gleichförmiger Bewegung weiter. Die funktionale Abhängigkeit zwischen dem Weg s und der Zeit t lässt sich dann durch die Funktion s beschreiben:

$$s(t) = \begin{cases} 2{,}5t^2 & \text{für } t \in [0; 6] \\ 30t - 90 & \text{für } t \in \,]6; \infty[\end{cases}$$

▸ s in m; t in s

a) Berechnen Sie die Geschwindigkeit zu den Zeitpunkten $t_{0_1} = 5$ und $t_{0_2} = 7$.

b) Zeigen Sie, dass die Ableitungen der beiden Teile der Funktion bei $t_0 = 6$ übereinstimmen. Bestimmen Sie die Geschwindigkeit zu diesem Zeitpunkt und zeichnen Sie den Graphen von s.

7. Die JoRo GmbH produzierte bisher im laufenden Geschäftsjahr 4 ME CDs. Das Unternehmen möchte die Produktion im kommenden Jahr auf das Doppelte steigern. Die Gesamtkosten werden mit der Funktion K mit $K(x) = x^3 - 8x^2 + 30x + 50$ kalkuliert. Eine ME entspricht 100 000 Stück und eine GE 1000 €. Untersuchen Sie die Kostensituation und beraten Sie die JoRo GmbH.

Die Fly Bike Werke GmbH stellt Kinderfahrräder in zwei verschiedenen Modellen her. Das Modell *Kinder Twist* und das Modell *Kinder Cool*. Bei der Einführung des Modells *Kinder Cool* vor einigen Jahren hatten sich die folgenden wöchentlichen Verkaufszahlen für die ersten 12 Wochen ergeben:

Verkaufswoche	1	2	3	4	5	6	7	8	9	10	11	12
Verkaufte Fahrräder in dieser Woche	20	24	37	40	36	39	35	34	30	38	35	39

Auf der Grundlage dieser Daten wurde mit einem Statistikprogramm eine Trendlinie erzeugt, die eine möglichst gute Anpassung darstellt.
Die Funktionsgleichung

$$f(t) = 0{,}1155\,t^3 - 2{,}5\,t^2 + 16{,}33\,t + 4{,}72$$

beschreibt modellhaft die wöchentlichen Verkaufszahlen. Dabei ist t die Zeit in Wochen nach Verkaufsbeginn und $f(t)$ stellt die Stückzahl der verkauften Fahrräder pro Woche dar.

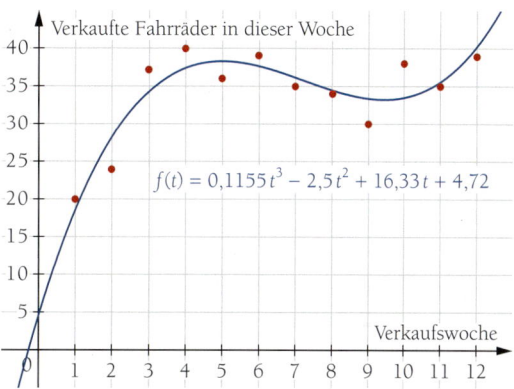

$f(t) = 0{,}1155\,t^3 - 2{,}5\,t^2 + 16{,}33\,t + 4{,}72$

Die Firma möchte in nächster Zeit ein neues Kinderfahrradmodell auf den Markt bringen.
Frau Dogan aus der Marketingabteilung überlegt, wann die Markteinführung des neuen Rades erfolgen sollte, damit das Maximum der wöchentlichen Verkaufszahlen in die erste Dezemberwoche und damit ins Weihnachtsgeschäft fällt. Sie geht dabei von einer ähnlichen Entwicklung der Verkaufszahlen aus wie beim Modell *Kinder Cool*.
Für einen Marketingbericht möchte Frau Dogan die Entwicklung der Verkaufszahlen beschreiben und die 12 Wochen in kennzeichnende Abschnitte einteilen.

▶ Aufgabe 10 auf Seite 250

Kompetenzen

- Extrem- und Wendepunkte bestimmen

- Steigungs- und Krümmungsverhalten beschreiben

- Funktionen untersuchen

Anwendungen

- Unternehmenssituationen analysieren

- Gewinnmaximum bei ertragsgesetzlichen Kostenverläufen

- Übergang von degressiven zu progressiven Kostenverläufen

3.2   Eigenschaften von Funktionen

3.2.1   Monotonieverhalten und Extrempunkte

1   Monotonie und Tangentensteigung

Gegeben ist die ganzrationale Funktion f mit
$f(x) = 0{,}125x^3 - 0{,}375x^2 - 1{,}125x + 2{,}375$;
$x \in \mathbb{R}$.
Untersuchen Sie das Steigungsverhalten des Graphen der Funktion f und bestimmen Sie die Steigungsintervalle.

Steigungsverhalten:
Im Intervall $M_1 = \,]-\infty;\,-1[$ haben die Tangenten an den Graphen G_f von f eine **positive Steigung**. Dort **steigt** der Graph von f bis zu seinem Hochpunkt H. Am Hochpunkt H verläuft die Tangente an G_f horizontal, ihre Steigung ist also null.

Im Intervall $M_2 = \,]-1;\,3[$ haben die Tangenten an G_f eine **negative Steigung**. Dort **fällt** auch der Graph von f bis zu seinem Tiefpunkt T.
Am Tiefpunkt T verläuft die Tangente an G_f auch horizontal, ihre Steigung ist ebenfalls null.

Im Intervall $M_3 = \,]3;\,\infty[$ haben die Tangenten an G_f wieder eine **positive Steigung**, dort **steigt** der Graph von f wieder.
Das Steigungsverhalten des Graphen von f entspricht dem **Monotonieverhalten** von f.

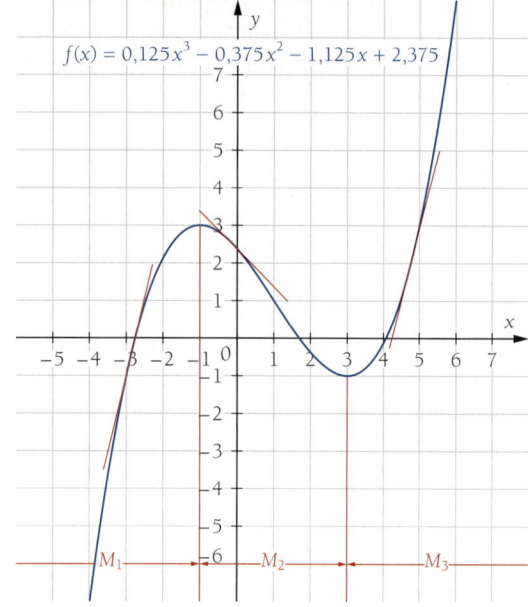

$f(x) = 0{,}125x^3 - 0{,}375x^2 - 1{,}125x + 2{,}375$

Sind die Tangentensteigungen in einem Intervall M nur positiv, so ist f in M **streng monoton steigend**.
Sind die Tangentensteigungen in einem Intervall M nur negativ, so ist f in M **streng monoton fallend**.
Ist die Tangentensteigung an einem Punkt E des Graphen null, so ist E ein möglicher **Extrempunkt**.
▶ Hoch- und Tiefpunkte sind Extrempunkte.

$M_1 = \,]-\infty;\,-1[$: Tangentensteigung in M_1 positiv
$\Rightarrow f$ steigt in M_1 streng monoton.

$M_2 = \,]-1;\,3[$: Tangentensteigung in M_2 negativ
$\Rightarrow f$ fällt in M_2 streng monoton.

$M_3 = \,]3;\,\infty[$: Tangentensteigung in M_3 positiv
$\Rightarrow f$ steigt in M_3 streng monoton.

Untersuchen Sie das Steigungsverhalten von f mit $f(x) = -0{,}5x^3 + 0{,}5x^2 + 3x$; $x \in \mathbb{R}$ und bestimmen Sie die Monotonieintervalle mithilfe der Tangentensteigung.
Tipp: Schrittweite für x und y: 0,5 und Intervall: $x, y \in [-5;\,5]$

Monotonie und Ableitung

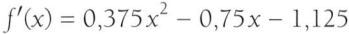

Untersuchen Sie das Monotonieverhalten von f mit $f(x) = 0{,}125x^3 - 0{,}375x^2 - 1{,}125x + 2{,}375$; $x \in \mathbb{R}$ und bestimmen Sie die Monotonieintervalle mithilfe der 1. Ableitung f'.

Monotonieverhalten:
Im Intervall $M_1 = {]}{-}\infty;\,{-}1[$ verläuft der Graph von f' oberhalb der x-Achse ($f'(x) > 0$). Dort ist f **streng monoton steigend**.
Im Intervall $M_2 = {]}{-}1;\,3[$ verläuft der Graph von f' unterhalb der x-Achse ($f'(x) < 0$). Dort ist f **streng monoton fallend**.
Im Intervall $M_3 = {]}3;\,\infty[$ verläuft der Graph von f' wieder oberhalb der x-Achse ($f'(x) > 0$). Dort ist f **streng monoton steigend**.

Allgemein gilt:
Aus $f'(x) \geq 0$ für alle $x \in M$ können wir schließen, dass f im Intervall **monoton steigt**.
Aus $f'(x) > 0$ für alle $x \in M$ können wir schließen, dass f im Intervall **streng monoton steigt**.
Aus $f'(x) \leq 0$ für alle $x \in M$ können wir schließen, dass f im Intervall **monoton fällt**.
Aus $f'(x) < 0$ für alle $x \in M$ können wir schließen, dass f im Intervall **streng monoton fällt**.
Wissen wir umgekehrt, dass M ein Monotonieintervall der Funktion f ist, so muss dort entweder $f'(x) \geq 0$ oder $f'(x) \leq 0$ für alle $x \in M$ gelten.
Die beiden aus der Zeichnung ersichtlichen Extremstellen von f bilden die Grenzen der Monotonieintervalle $M_1 = {]}{-}\infty;\,{-}1[$, $M_2 = {]}{-}1;\,3[$ und $M_3 = {]}3;\,\infty[$.
An den Extremstellen ist f' null. Indem wir die Gleichung $f'(x_E) = 0$ lösen, können wir also mögliche Extremstellen berechnen.

$f'(x) = 0{,}375x^2 - 0{,}75x - 1{,}125$

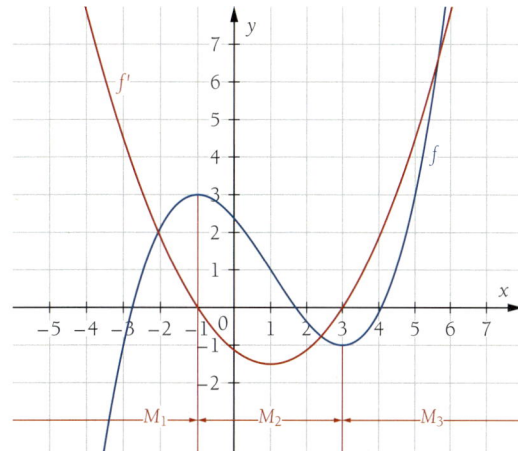

$M_1 = {]}{-}\infty;\,{-}1[$: $f'(-2) = 1{,}875 > 0$
$\quad \Rightarrow f$ steigt in M_1 monoton.
$M_2 = {]}{-}1;\,3[$: $f'(0) = -1{,}125 < 0$
$\quad \Rightarrow f$ fällt in M_2 monoton.
$M_3 = {]}3;\,\infty[$: $f'(4) = 1{,}875 > 0$
$\quad \Rightarrow f$ steigt in M_3 monoton.

$f'(x_E) = 0$
$\Leftrightarrow\ 0{,}375x_E^2 - 0{,}75x_E - 1{,}125 = 0 \quad | : 0{,}375$
$\Leftrightarrow\ \qquad\qquad x_E^2 - 2x_E - 3 = 0$
$\Rightarrow\ \qquad\qquad\qquad\quad x_E = 1 \pm 2$
Lösung: $x_{E_1} = 1 - 2 = \mathbf{-1}$ und $x_{E_2} = 1 + 2 = \mathbf{3}$

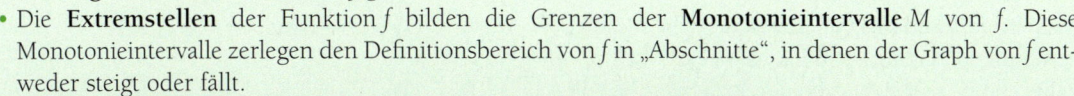

Für eine **ganzrationale Funktion** f gilt:
- Die **Extremstellen** der Funktion f bilden die Grenzen der **Monotonieintervalle** M von f. Diese Monotonieintervalle zerlegen den Definitionsbereich von f in „Abschnitte", in denen der Graph von f entweder steigt oder fällt.
  $f'(x) \geq 0$ für alle $x \in M$ $\Leftrightarrow$ f ist im Intervall M **monoton steigend**.
  $f'(x) > 0$ für alle $x \in M$ $\Rightarrow$ f ist im Intervall M **streng monoton steigend**.
  $f'(x) \leq 0$ für alle $x \in M$ $\Leftrightarrow$ f ist im Intervall M **monoton fallend**.
  $f'(x) < 0$ für alle $x \in M$ $\Rightarrow$ f ist im Intervall M **streng monoton fallend**.
- f kann an einer Stelle $x_E \in D_f$ eine Extremstelle besitzen, wenn gilt: $f'(x_E) = 0$.

Untersuchen Sie das Monotonieverhalten von f mit $f(x) = -0{,}5x^3 + 0{,}5x^2 + 3x$; $x \in \mathbb{R}$ und bestimmen Sie die Monotonieintervalle mithilfe der 1. Ableitung f'.

③ Gewinnmaximum

Die JoRo GmbH produziert und verkauft DVD-Recorder. Die Funktion G mit $G(x) = -x^3 + 6x^2 + 15x - 56$ beschreibt für $x \geq 0$ den Gewinn der JoRo GmbH in Geldeinheiten (GE) in Abhängigkeit von den produzierten und abgesetzten Mengeneinheiten (ME). Dabei entspricht 1 ME 1000 Stück und 1 GE 1000 €. Bestimmen Sie den Produktionspunkt, in dem der Gewinn maximal ist.

Anhand der Zeichnung erkennen wir, dass der Gewinn bei einer Produktionsmenge von 5 ME am größten ist. Der Graph von G hat dort seinen höchsten Punkt H.

Sowohl bei einer Produktion von weniger als 5 ME als auch bei einer Produktion von mehr als 5 ME erzielt die JoRo GmbH weniger Gewinn.

Der Graph von G besitzt in seinem Hochpunkt $H(x_E | G(x_E))$ eine waagerechte Tangente, also die **Steigung 0**.

Für die **Ableitungsfunktion** G' bedeutet dies, dass dort $G'(x_E) = 0$ gelten muss. Die Stelle x_E des aus der Zeichnung ersichtlichen Hochpunkts $H(x_E | G(x_E))$ ist also eine Nullstelle der Ableitungsfunktion G'.

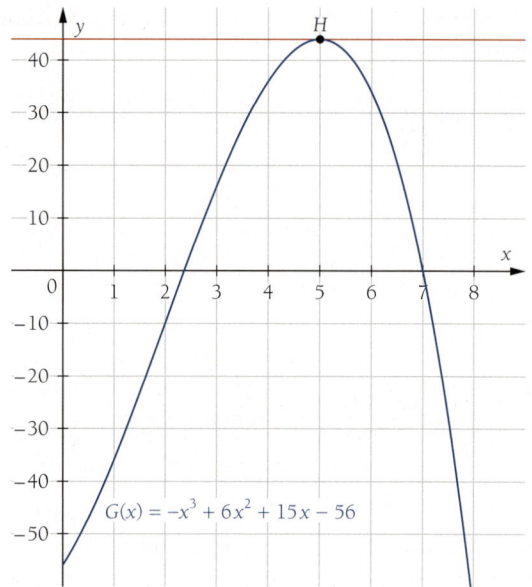

Am Hochpunkt hat der Graph die Steigung „0".

Zur rechnerischen Bestimmung von x_E lösen wir die Gleichung $G'(x_E) = 0$.

Wir erhalten zwei Lösungen: $x_{E_1} = -1$ und $x_{E_2} = 5$. Da x_{E_1} negativ ist, bleibt nur x_{E_2} als ökonomisch sinnvolle Lösung.

$G(x) = -x^3 + 6x^2 + 15x - 56$
$G'(x) = -3x^2 + 12x + 15$
$G'(x_E) = 0 \Rightarrow x_E = 2 \pm 3$
$\Rightarrow$ **Lösung:** $x_{E_1} = 2 - 3 = -1$ oder $x_{E_2} = 2 + 3 = 5$

Aus der Zeichnung *ersehen wir,* dass der Graph von G bei $x = 5$ einen Hochpunkt hat. *Rechnerisch* haben wir jedoch nur bewiesen, dass der Graph von G an der Stelle 5 die **Steigung 0** hat.

Allerdings können wir mithilfe der Steigung von G unmittelbar links und rechts von H, also mithilfe von G' in der Nähe von H, nachweisen, dass H ein Hochpunkt von G ist:

Links von H, also links von der Stelle $x_{E_2} = 5$, steigt der Graph von G; für $x < 5$ gilt also $G'(x) > 0$. Rechts von H, also rechts von der Stelle $x_{E_2} = 5$, fällt der Graph von G; für $x > 5$ gilt also $G'(x) < 0$. Wir erkennen: An der Stelle 5 wechselt G' das Vorzeichen von „+" nach „−". Der Graph von G steigt zunächst und fällt dann. Dazwischen muss der Graph von G also einen **Hochpunkt** besitzen.

$x < 5$: $G'(x) > 0$; z.B.: $G'(4) = 15 \ (> 0)$

$x > 5$: $G'(x) < 0$; z.B.: $G'(6) = -21 \ (< 0)$

Wechselt f' sein Vorzeichen von „+" nach „−", so besitzt G_f einen Hochpunkt.

Wir erhalten den **gewinnmaximalen Produktionspunkt** $H(5\,(\text{ME}) | 44\,(\text{GE}))$ und fassen zusammen:
Bei einer Ausbringungsmenge von 5000 Stück ist der **Gewinn maximal** und beträgt 44 000 €.

Insgesamt gilt:
$G'(5) = 0$ ▶ Steigung 0 an der Stelle 5
G' wechselt bei 5 das Vorzeichen von „+" nach „−".
$G(5) = 44 \Rightarrow G_{max}(5|44)$

Extrempunkte

(4)

Bestimmen Sie die Extrempunkte der reellen Funktion f mit $f(x) = -x^3 + 6x^2 + 15x - 56$; $x \in \mathbb{R}$.

Der Funktionsterm von f ist derselbe wie der von G aus Beispiel 3. Jedoch beschränkt sich der Definitionsbereich von f nicht nur auf die positiven reellen Zahlen, wie bei G, sondern wird auf alle reellen Zahlen erweitert.

Aus der Zeichnung wird neben dem Hochpunkt nun auch ein Tiefpunkt ersichtlich.
Wir sehen, dass der Graph von f eine waagerechte Tangente auch in seinem Tiefpunkt T besitzt.
Für die **Ableitungsfunktion** f' bedeutet dies, dass nicht nur im Punkt H, sondern auch im Punkt T gelten muss: $f'(x_E) = 0$.

Die Stelle x_{E_1} des aus der Zeichnung ersichtlichen Tiefpunkts $T(x_{E_1}|f(x_{E_1}))$ ist also wie $x_{E_2} = 5$ eine Nullstelle der Ableitungsfunktion f'.
Auch $x_{E_1} = -1$ ist wie $x_{E_2} = 5$ Lösung der Gleichung $f'(x_E) = 0$. Die Berechnung der beiden Lösungen ist schon im Beispiel 3 erfolgt.

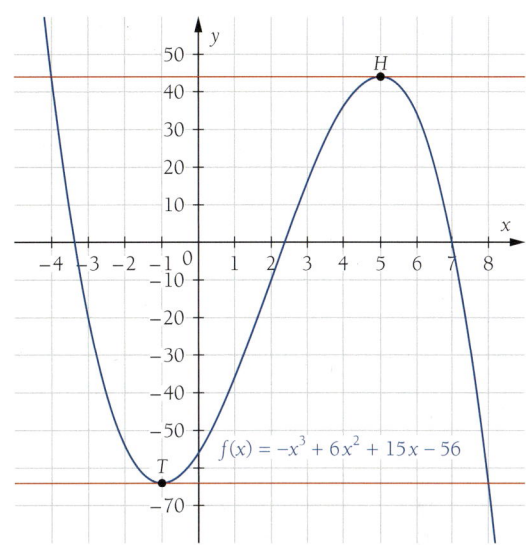

Aus der Zeichnung *ersehen* wir, dass der Graph von f bei $x_{E_1} = -1$ einen Tiefpunkt hat. *Rechnerisch* haben wir jedoch nur bewiesen, dass der Graph von f an der Stelle -1 die **Steigung 0** hat.
Auch hier können wir mithilfe der Steigung von f unmittelbar links und rechts von T, also mithilfe von f' in der Nähe von T, nachweisen, dass T tatsächlich ein Tiefpunkt ist:

$f(x) = -x^3 + 6x^2 + 15x - 56$
$f'(x) = -3x^2 + 12x + 15$

$f'(x_E) = 0 \Rightarrow x_{E_1} = -1$ und $x_{E_2} = 5$
▶ Beispiel 3

Links von T, also links von der Stelle $x_{E_1} = -1$, fällt der Graph von f; für $x < -1$ gilt also $f'(x) < 0$.
Rechts von T, also rechts von der Stelle $x_{E_1} = -1$, steigt der Graph von f; für $x > -1$ gilt also $f'(x) > 0$.
Wir erkennen: An der Stelle -1 wechselt f' sein Vorzeichen von „$-$" nach „$+$", der Graph von f fällt zunächst und steigt dann. Dazwischen muss der Graph von f also einen Tiefpunkt besitzen.

$x < -1$: $f'(x) < 0$; z.B.: $f'(-2) = -21$ (< 0)

$x > -1$: $f'(x) > 0$; z.B.: $f'(0) = 15$ (> 0)

Wechselt f' sein Vorzeichen von „$-$" nach „$+$", so besitzt G_f einen Tiefpunkt.

Da f' an der Nullstelle -1 von f' das Vorzeichen von „$-$" nach „$+$" wechselt, fällt der Graph von f zunächst und steigt dann. Also ist $T(-1|-64)$ ein **Tiefpunkt**.

Insgesamt gilt:
$f'(-1) = 0$ ▶ Steigung 0 an der Stelle -1
f' wechselt bei -1 das Vorzeichen von „$-$" nach „$+$".
$f(-1) = -64 \Rightarrow$ **$T(-1|-64)$**

Sowohl der Tiefpunkt T als auch der Hochpunkt H sind **lokale Extrempunkte**. Da der Graph von f aus dem „Positiv-Unendlichen" kommt und ins „Negativ-Unendliche" verschwindet, sind beide Punkte nur in einer kleinen, lokalen Umgebung Extrempunkte des Graphen von f.

3

Ein Punkt T, dessen unmittelbar benachbarte Punkte auf dem Graphen links und rechts von ihm einen größeren Funktionswert haben, heißt **lokaler Tiefpunkt** des Graphen von f.

Ist $T(x_{E_1}|f(x_{E_1}))$ ein lokaler Tiefpunkt, so heißt die Stelle x_{E_1} **lokale Minimalstelle** und der zugehörige $f(x_{E_1})$-Wert **lokales Minimum**.

Ist der Tiefpunkt kleiner als **alle** anderen Funktionswerte, so heißt T **globaler** oder **absoluter Tiefpunkt**.

Ein Punkt H, dessen unmittelbar benachbarte Punkte auf dem Graphen links und rechts von ihm einen kleineren Funktionswert haben, heißt **lokaler Hochpunkt** des Graphen von f.

Ist $H(x_{E_2}|f(x_{E_2}))$ ein lokaler Hochpunkt, so heißt die Stelle x_{E_2} **lokale Maximalstelle** und der zugehörige $f(x_{E_2})$-Wert **lokales Maximum**.

Ist wie im Beispiel 3 der Hochpunkt größer als **alle** anderen Funktionswerte, so heißt H **globaler** oder **absoluter Hochpunkt**.

Für eine reelle Funktion f, die in einer Umgebung einer Stelle x_E ihres Definitionsbereichs differenzierbar ist, gilt das **Vorzeichenwechselkriterium (VZW) für f'**:

Notwendige Bedingung für eine Extremstelle:
x_E ist Extremstelle von $f \Rightarrow f'(x_E) = 0$.

Hinreichende Bedingung für eine Extremstelle (mit Vorzeichenwechsel (VZW) für f'):
$f'(x_E) = 0$ und $f'(x)$ wechselt bei x_E sein Vorzeichen von „+" nach „−".
$\qquad \Rightarrow x_E$ ist lokale Maximalstelle von f.
$f'(x_E) = 0$ und $f'(x)$ wechselt bei x_E sein Vorzeichen von „−" nach „+".
$\qquad \Rightarrow x_E$ ist lokale Minimalstelle von f.

1. Untersuchen Sie die Funktion f mit $f(x) = x^3 - 12x$ auf ihre Extrempunkte und skizzieren Sie ihren Graphen.

2. Die JoRo GmbH überlegt, digitale Bilderrahmen zu einem Preis von $60\,€$ pro Rahmen zu verkaufen. Der geschätzte Gewinn wird durch die Funktion G mit $G(x) = -0{,}01x^3 + 9x^2 - 150x - 250\,000$ beschrieben. Das Unternehmen wird sich bei einem maximalen Gewinn von mindestens $35\,000\,€$ dafür entscheiden, digitale Bilderrahmen in ihr Verkaufssortiment aufzunehmen. Beraten Sie die JoRo GmbH.

a) Berechnen Sie den maximalen Gewinn und zeigen Sie, dass er bei einer Ausbringungsmenge von 592 Rahmen erzielt wird.

b) Zeichnen Sie den Graphen von G und beschreiben Sie den Graphenverlauf unter kaufmännischen Aspekten.

3. Führen Sie folgende Untersuchungen einer Funktion durch.

a) Skizzieren Sie den Graphen von f' mit $f'(x) = x^3 + 4x^2 + x - 6$.

b) Entscheiden Sie anhand des Graphen von f', an welchen Stellen der Graph von f eine Extremstelle besitzt.

c) Prüfen Sie Ihren Befund rechnerisch nach.

d) Skizzieren Sie den Graphen von f auf Grundlage seiner Extremstellen.

Übungen zu 3.2.1

1. Erläutern Sie anhand des Graphen von f' jeweils die Monotonieintervalle von f. Kennzeichnen Sie die Stellen, an denen der Graph von f Extrempunkte hat.

a)
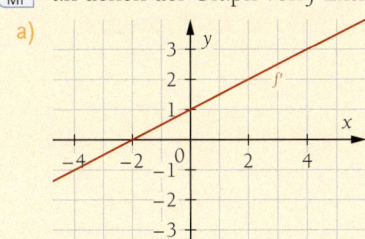

b)
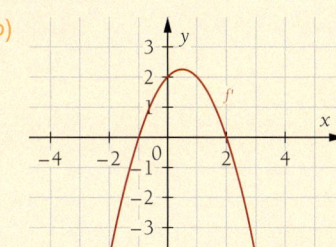

c)
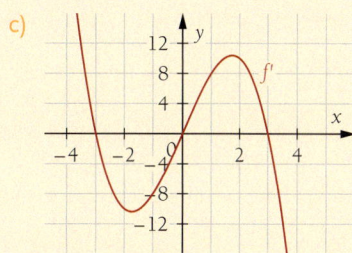

2. Untersuchen Sie die Funktionen in Bezug auf ihr Monotonieverhalten.

a) $f(x) = x^2 - 1$

b) $f(x) = x^3 + 3$

c) $f(x) = x^3 - 12x$

d) $f(x) = -x^3 + 3x^2$

e) $f(x) = \frac{1}{3}x^3 - x^2 - x + 4$

f) $f(x) = \frac{1}{4}x^4 - \frac{1}{3}x^3$

3. Entscheiden Sie anhand des Graphen von f', an welchen Stellen der Graph von f eine Extremstelle besitzt. Prüfen Sie Ihren Befund rechnerisch nach. Skizzieren Sie den Graphen von f auf der Grundlage seiner Extremstellen.

a) $f'(x) = 2x - 1$

b) $f'(x) = x^2 - 4x - 5$

c) $f'(x) = 3x^2 - 3$

d) $f'(x) = -x^2 + 2x + 3$

e) $f'(x) = -0{,}5x^3 + x^2 + 2x - 4$

f) $f'(x) = x^3 + 4x^2 + x - 6$

4. Bestimmen Sie die Punkte, in denen die Graphen der Funktionen waagerechte Tangenten haben.

a) $f(x) = 2x^3 - 12x^2 + 18x$

b) $f(x) = 0{,}2x^5 + x^3 - 4x$

c) $f(x) = \frac{1}{16}x^4 - \frac{1}{6}x^3 + 1$

d) $f(x) = \frac{1}{4}x^4 + \frac{4}{3}x^3 - \frac{1}{2}x^2 - 6$

5. Untersuchen Sie die Funktionen in Bezug auf lokale Extrema. Geben Sie die Art der lokalen Extrema an und bestimmen Sie für diese Extremstellen die jeweils zugehörige Tangentenfunktion.

a) $f(x) = 0{,}5x^2 - 1$

b) $f(x) = -0{,}5x^2 + x$

c) $f(x) = x^2 + 3x$

d) $f(x) = x^2 - 4x + 5$

e) $f(x) = \frac{1}{3}x^3 - 12x^2 - 6x$

f) $f(x) = -\frac{1}{3}x^3 + 4x$

g) $f(x) = \frac{1}{3}x^3 + 1$

h) $f(x) = x^4 - 8x^2$

i) $f(x) = -0{,}25x^4 - x^3$

j) $f(x) = x^3 + 4x^2 + 5$

k) $f(x) = \frac{1}{4}x^4 + \frac{4}{3}x^3 + \frac{1}{2}x^2 - 6x + 2$

6. In welchen Punkten hat der Graph der reellen Funktion $f(x) = \frac{2}{3}x^3 - 2x^2 - 1$

a) eine waagerechte Tangente;

b) eine Tangente mit der Steigung -2;

c) eine Tangente mit der Steigung 6?

7. Die JoRo GmbH erzielt in ihrer EDV-Zubehörabteilung ihre Gewinne gemäß der Gewinnfunktion G mit

$$G(x) = -0{,}5x^3 - 0{,}5x^2 + 17x - 16; \quad D_{\text{ök}} = [0; 7].$$

Analysieren Sie die Gewinnsituation hinsichtlich einer maximalen Gewinnausschüttung.

a) Berechnen Sie den maximalen Gewinn und zeigen Sie, dass er bei einer Ausbringungsmenge von 3,05 ME erzielt wird.

b) Zeichnen Sie den Graphen von G und beschreiben Sie den Graphenverlauf von G unter kaufmännischen Aspekten.

3.2.2 Krümmungsverhalten und Wendepunkte

5 Krümmungswechsel beim Graphen einer Kostenfunktion

Die JoRo GmbH produziert DVD-Rekorder. Die Funktion K mit $K(x) = x^3 - 6x^2 + 15x + 56$ beschreibt für $x \geq 0$ den Kostenverlauf in Geldeinheiten (GE) in Abhängigkeit von den produzierten Mengeneinheiten (ME). Dabei entspricht 1 ME 1000 Stück und 1 GE 1000 €.

a) Bestimmen Sie die Produktionsmenge, bei der der Kostenanstieg am geringsten ist.
   Berechnen Sie sowohl die Kosten als auch den Kostenanstieg bei dieser Produktionsmenge.
b) Stellen Sie einen Zusammenhang zwischen der Krümmung des Graphen und der 2. Ableitung her.

Zu a) Anhand der Zeichnung erkennen wir, dass die Kosten mit zunehmender Produktionsmenge ununterbrochen steigen.
Die Kosten steigen zuerst **degressiv**, also immer langsamer. Ab der Produktionsmenge 2 ME steigen sie dann **progressiv**, also immer schneller.
Anschaulich ist der Graph von K zunächst rechtsgekrümmt, besitzt im Punkt $W(2\,|\,K(2))$ einen **Krümmungswechsel** und ist dann linksgekrümmt.

Im Punkt W ist die Kostensteigung am geringsten. Wir möchten den Punkt W im Folgenden rechnerisch bestimmen:
Gesucht ist also der Punkt, in dem der Anstieg der Kosten am geringsten ist. Der Anstieg der Kosten K wird durch die Ableitungsfunktion K', die hier auch **Kostensteigungsfunktion** oder **Grenzkostenfunktion** genannt wird, beschrieben. Wir suchen also das Minimum bzw. den Tiefpunkt $T_{K'}$ von K'.
Dieses Minimum $T_{K'}$ der Grenzkostenfunktion heißt **Grenzkostenminimum**.

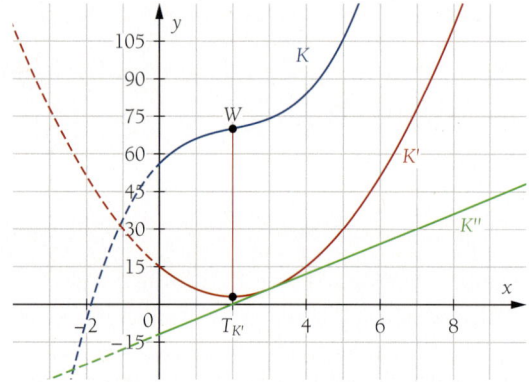

$K(x) = x^3 - 6x^2 + 15x + 56$ ▶ Kostenfunktion
$K'(x) = 3x^2 - 12x + 15$ ▶ Kostensteigungsfunktion/
$K''(x) = 6x - 12$ Grenzkostenfunktion

Wenn K' bei x eine Minimalstelle haben soll, muss $K''(x) = 0$ gelten. Wir erhalten als Lösung $x = 2$.
Anschließend prüfen wir die Steigung von K' links und rechts der Stelle mithilfe von K''.

$K''(x) = 0 \Leftrightarrow 6x - 12 = 0$
$\qquad\qquad \Leftrightarrow x = 2$
$x < 2:\ K''(x) < 0,$ z.B.: $K''(1) = -6\ (< 0)$
$x > 2:\ K''(x) > 0,$ z.B.: $K''(3) = 6\ (> 0)$

Die Untersuchung bestätigt, dass K' bei $x = 2$ ein Minimum hat. Die Steigung der Kosten ist dort also minimal.
Sie beträgt bei einer Ausbringungsmenge von 2000 Stück 3000 € pro Stück.

Insgesamt gilt:
$K''(2) = 0$ ▶ K' hat die Steigung 0 an der Stelle 2.
K'' wechselt bei 2 das Vorzeichen von „–" nach „+".
$K'(2) = 3 \Rightarrow T_{K'}(2\,|\,3)$

Die Gesamtkosten selbst betragen dann 70 000 €.

$K(2) = 70 \Rightarrow W(2\,|\,70)$

● **Zu b)** Im Beispiel wechselt der Graph von K bei $x = 2$ seine Krümmung von rechtsgekrümmt in links-
● gekrümmt. Allgemein heißt ein Punkt, an dem sich das Krümmungsverhalten eines Graphen ändert,
● **Wendepunkt** des Graphen.

Der Graph von K hat also im Punkt $W(2|70)$ einen Wendepunkt mit Rechts-Links-Krümmungswechsel (RL-KW). Die Ableitungsfunktion K' hat genau dort einen Tiefpunkt.

Es gilt folgender Zusammenhang:

- $K''(x) < 0$ links vom Wendepunkt/Tiefpunkt
  → K' fällt; **Graph von K ist rechtsgekrümmt**.
- $K''(x) > 0$ rechts vom Wendepunkt/Tiefpunkt
  → K' steigt; **Graph von K ist linksgekrümmt**.

K'' gibt die Krümmung von K an und wird auch **Krümmungsfunktion** genannt.

> Wenn $K''(x) > 0$ ist, wächst K' monoton, die Steigung des Graphen von K nimmt also zu und damit krümmt sich der Graph nach links.

Wendepunkte

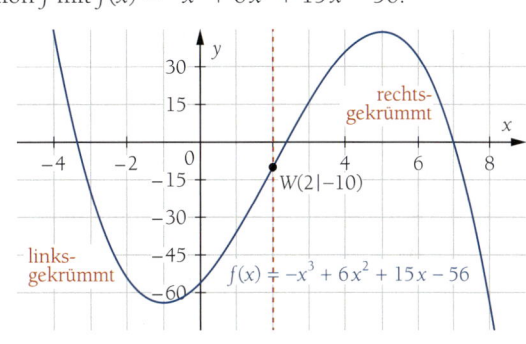

Bestimmen Sie den Wendepunkt des Graphen der Funktion f mit $f(x) = -x^3 + 6x^2 + 15x - 56$.

Der Graph von f ist zunächst linksgekrümmt und ab dem Wendepunkt rechtsgekrümmt.
Wir bestimmen die erste und zweite Ableitung von f:
$f(x) = -x^3 + 6x^2 + 15x - 56$
$f'(x) = -3x^2 + 12x + 15$
$f''(x) = -6x + 12$

Die möglichen Wendestellen sind die Lösungen der Gleichung $f''(x_W) = 0$. Wir erhalten die Lösung $x_W = 2$.

Für $x < 2$ gilt $f''(x) > 0$; somit ist der Graph von f für $x < 2$ linksgekrümmt.

Für $x > 2$ gilt $f''(x) < 0$; somit ist der Graph von f für $x > 2$ rechtsgekrümmt.

Am Punkt $W(2|-10)$ hat der Graph von f einen Wendepunkt mit **Links-Rechts-Krümmungswechsel** (LR-KW).

$f''(x_W) = 0 \Leftrightarrow -6x_W + 12 = 0 \Leftrightarrow x_W = 2$

$x < 2: f''(x) > 0$; z.B.: $f''(1) = 6\ (> 0)$

$x > 2: f''(x) < 0$; z.B.: $f''(3) = -6\ (< 0)$

Insgesamt gilt: $f''(2) = 0$ und f'' wechselt bei 2 das Vorzeichen von „+" nach „–".
$f(2) = -10 \Rightarrow \mathbf{W(2|-10)}$ mit LR-KW

Für eine reelle Funktion f, die in einer Umgebung einer Stelle x_W ihres Definitionsbereichs zweimal differenzierbar ist, gilt das **Vorzeichenwechselkriterium (VZW) für f''**:

Notwendige Bedingung für eine Wendestelle:
x_W ist Wendestelle von $f \Rightarrow f''(x_W) = 0$.

Hinreichende Bedingung für eine Wendestelle (mit VZW für f''):
$f''(x_W) = 0$ und $f''(x)$ wechselt bei x_W sein Vorzeichen von „+" nach „–".
$\Rightarrow x_W$ ist Wendestelle von f mit einem Links-Rechts-Krümmungswechsel.
$f''(x_W) = 0$ und $f''(x)$ wechselt bei x_W sein Vorzeichen von „–" nach „+".
$\Rightarrow x_W$ ist Wendestelle von f mit einem Rechts-Links-Krümmungswechsel.

Untersuchen Sie die Funktion f mit $f(x) = x^3 - 12x$ auf Wendestellen und skizzieren Sie die Graphen von f und f'. Erläutern Sie den mathematischen Zusammenhang zwischen dem Tiefpunkt von $G_{f'}$ und dem Wendepunkt von G_f.

Übungen zu 3.2.2

1. Erläutern Sie anhand der Graphen von f'' jeweils die Krümmungsintervalle der Graphen von f.
Kennzeichnen Sie die Stellen, an denen G_f Wendepunkte besitzt.

a)
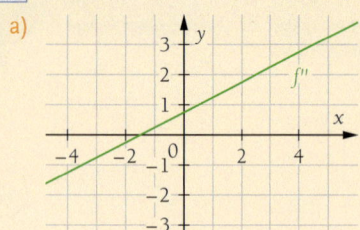

b)
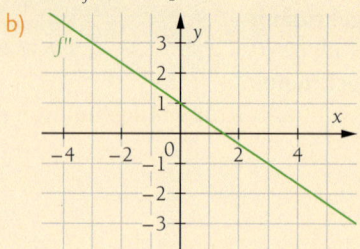

c)
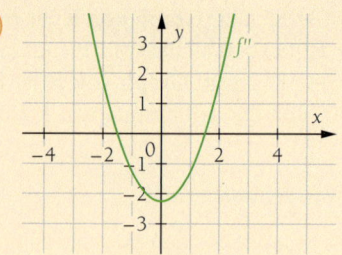

2. Untersuchen Sie die Graphen der Funktionen in Bezug auf ihr Krümmungsverhalten.

a) $f(x) = -x^2 + 4x$

e) $f(x) = -\frac{1}{12}x^4 + 2x^2$

b) $f(x) = 2x^2 - 3x$

f) $f(x) = \frac{1}{2}x^3 + 3x$

c) $f(x) = -x^3 + 2$

g) $f(x) = \frac{1}{6}x^3 - \frac{1}{2}x^2$

d) $f(x) = \frac{1}{24}x^4 - \frac{1}{2}x^3$

h) $f(x) = \frac{1}{12}x^4 + \frac{1}{2}x^3 - 2x^2 + x$

3. Untersuchen Sie die Funktionen in Bezug auf Wendepunkte. Ermitteln Sie die Steigung der einzelnen Wendetangenten sowie deren Gleichung.
▶ Die Tangente an den Graphen von f im Wendepunkt heißt **Wendetangente**.

a) $f(x) = \frac{1}{3}x^3 - 1$

f) $f(x) = \frac{1}{2}x^5 - 2x^3 + 0,25x$

b) $f(x) = \frac{1}{3}x^3 - x^2$

g) $f(x) = x^3 - 6x^2 + 15x + 32$

c) $f(x) = \frac{1}{6}x^4 - \frac{1}{3}x^3$

h) $f(x) = 0,5x^3 - 4x^2 + 8x$

d) $f(x) = \frac{1}{12}x^4 - \frac{1}{2}x^2$

i) $f(x) = \frac{1}{12}x^4 - \frac{1}{6}x^3 - 3x^2 + x$

e) $f(x) = \frac{1}{5}x^5 + \frac{1}{3}x^3$

j) $f(x) = \frac{1}{6}x^6 - \frac{1}{4}x^4$

4. Es ist $f(x) = 0,5x\,3 - 2,25x\,2 - 1,5x + 10$ eine ganzrationale Funktion 3. Grades. Ermitteln Sie, in welchen Punkten ihr Graph die Steigung 4,5 hat und $f''(x) = 0$ gilt.

5. Gegeben ist die Funktion f mit $f(x) = x^3 - x$.

a) Untersuchen Sie, in welchen Punkten der Graph von f eine Wendetangente hat.

b) In welchem Punkt hat die zweite Ableitung den Wert 2?

6. Berechnen Sie für den Graphen der reellen Funktion f die Wendepunkte und den Schnittpunkt ihrer Wendetangenten: $f(x) = -\frac{1}{12}x^4 + \frac{1}{6}x^3 + x^2$.

7. Die JoRo GmbH besitzt in ihrer EDV-Zubehörabteilung eine Kostenstruktur gemäß der Funktion K mit $K(x) = 0,5x^3 - 3x^2 + 7,5x + 16$; $D_{\text{ök}} = [0; 7]$.
Die Geschäftsführung möchte die Verkaufsmenge von USB-Sticks steigern. Dabei soll die Kostensteigerung jedoch minimal sein.

Analysieren Sie die Kostensituation des Unternehmens. Beraten Sie die JoRo GmbH bezüglich der optimalen Verkaufsmenge mit minimalem Kostenanstieg.

a) Skizzieren Sie die Graphen von K und K'.

b) Berechnen Sie den Wendepunkt des Graphen von K und das Grenzkostenminimum.

c) Erläutern Sie den mathematischen Zusammenhang zwischen dem Tiefpunkt von $G_{K'}$ und dem Wendepunkt von G_K.

d) Beschreiben Sie den Graphenverlauf von K und K' unter kaufmännischen Aspekten.

Vermischte Übungen zu 3.2

1. Erläutern Sie anhand der Graphen von f' und f'' den möglichen Graphenverlauf von f sowie die Art der Extrem- und Wendepunkte.

a)
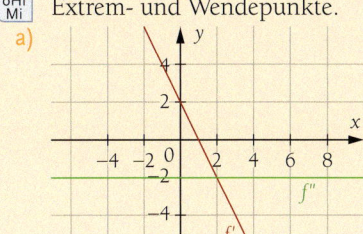

b)
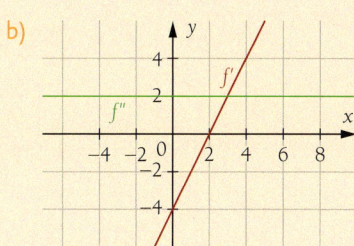

c)
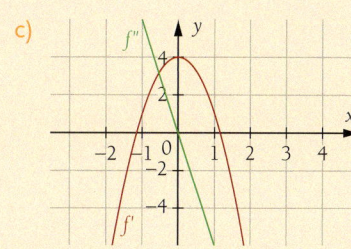

2. Berechnen Sie die Extrem- und Wendepunkte mithilfe des Vorzeichenwechselkriteriums für f' bzw. f''.

a) $f(x) = x^3 + 2x^2 - 9x - 18$
b) $f(x) = -2x^3 + 4x^2 - 6x$
c) $f(x) = 0{,}75x^3 - 4{,}5x^2 + 24$
d) $f(x) = 0{,}25x^3 - 1{,}5x^2 + 3x - 2$
e) $f(x) = 0{,}5x^4 + x^3$
f) $f(x) = x^4 - 13x^2 + 36$
g) $f(x) = 0{,}5x^4 - 6x^3 + 18x^2$
h) $f(x) = x^4 - 7x^3 + 13x^2 + 3x - 18$
i) $f(x) = 0{,}5x^4 - 0{,}5x^3 - 4x^2 + 6x$

3. Es sei f eine ganzrationale Funktion 5. Grades. Beurteilen Sie die Aussagen.

a) f hat mindestens drei Nullstellen.
b) f hat höchstens fünf Nullstellen.
c) G_f hat mindestens einen Extrempunkt.
d) G_f hat höchstens drei Extrempunkte.
e) G_f hat mindestens einen Wendepunkt.
f) G_f hat höchstens drei Wendepunkte.
g) G_f muss punktsymmetrisch sein.
h) f kann eine fünffache Nullstelle haben.
i) Für $x \to \infty$ gilt auch immer $f(x) \to -\infty$.
j) Alle Funktionswerte von f können negativ sein.

4. Die JoRo GmbH kann ihre Kosten bei der Produktion von speziellen Taschenrechnern durch die Kostenfunktion K darstellen:
$K(x) = 2x^3 - 24x^2 + 120x + 100$; $D_{ök} = [0; 12]$, x in 1000 Stück, $K(x)$ in €.
Sie verkauft die Taschenrechner für 81 €.

a) Bestimmen Sie die Ausbringungsmenge, bei der die Kosten von degressivem zu progressivem Wachstum wechseln.

b) Ermitteln Sie die Gewinnzone, wenn man davon ausgeht, dass die Gewinnschwelle bei einer Ausbringungsmenge von 4 ME liegt.

c) Berechnen Sie die Ausbringungsmenge, bei der der Gewinn maximal ist, und bestimmen Sie den maximalen Gewinn.

d) Zeichnen Sie die Graphen von K, E und G im Intervall $[0; 12]$ in ein Koordinatensystem.

5. Skizzieren Sie jeweils anhand des Graphen von f die möglichen Graphenverläufe von f' und f'' in dasselbe Koordinatensystem.

a)
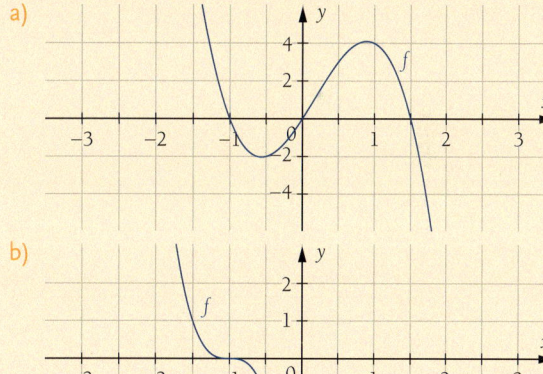

b)

c)
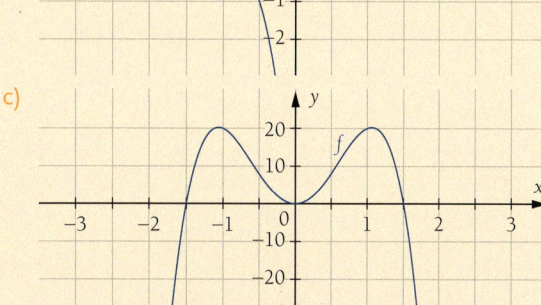

6. Untersuchen Sie, welche der folgenden Aussagen wahr oder falsch sind. Begründen Sie Ihre Entscheidung mit dem Verlauf des Graphen.

a) $f(-2) = 4$ e) $f'(5) > 0$

b) $f(0) = -3$ f) $f'(2) = -1,5$

c) $f(0) = 3$ g) $f''(4) > 0$

d) $f'(3,9) = 0$ h) $f''(1) > 0$

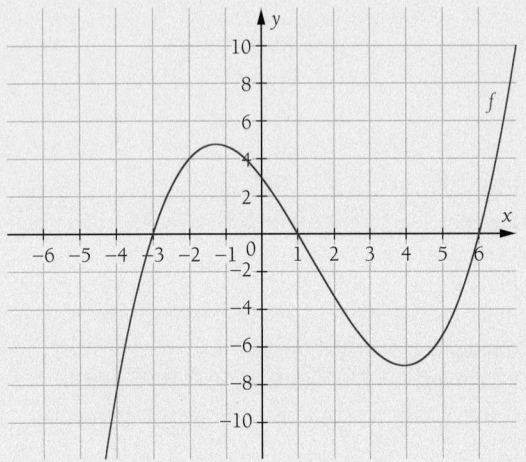

7. Gegeben ist der Graph einer Funktion f mit $f(x) = 0,25x^4 + 1,5x^3 - 13,5x - 1$.

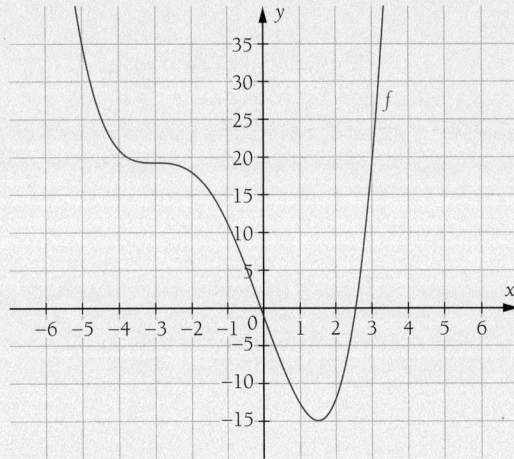

a) Zeichnen Sie die Graphen von f, f' und f'' in ein Koordinatensystem.

b) Welche der folgenden Aussagen sind wahr oder falsch? Begründen Sie Ihre Entscheidung mit dem Verlauf des Graphen von f.

1. $f(-2) = 2,75$ 4. $f'(-1) = 2$ 7. $f(0) = -1$

2. $f(-1) = 0$ 5. $f'(-3) = 0$ 8. $f''(-3) = 0$

3. $f'(2) > 0$ 6. $f''(1,5) < 0$ 9. $f'(1,5) = 0$

8. Untersuchen Sie die folgenden Funktionen auf Achsenschnittpunkte, Symmetrieverhalten, Globalverhalten sowie Extrem- und Wendepunkte. Skizzieren Sie die Graphen der Funktionen in ein Koordinatensystem.

a) $f(x) = 0,01x^5 - 0,05x^4 - 0,35x^3 + 1,25x^2$
$ + 1,94x - 2,8$

b) $f(x) = 0,1x^4 - 0,4x^3 - 10,8x^2 + 44,8x + 128$

c) $f(x) = 0,1x^6 - 4,8x^5 + 64,8x^4 - 3499x^2$

d) $f(x) = -0,2x^6 + 22,8x^4 - 765x^2 + 8000$

9. Die Konzentration eines Medikamentenwirkstoffs im Blut in Abhängigkeit von der Zeit kann durch die Funktion f mit der Gleichung
$f(t) = -0,001t^4 + 0,03t^3 - 0,3t^2 + t$ beschrieben werden.
Dabei gibt t die Zeit in Stunden und $f(t)$ die Konzentration in $\frac{mg}{ml}$ an.

a) Zeichnen Sie die Funktion in ein geeignetes Koordinatensystem.

b) Beschreiben Sie den Verlauf des Graphen im Sachzusammenhang.

c) Berechnen Sie, zu welchem Zeitpunkt die Wirkstoffkonzentration am höchsten ist und wie hoch diese dann ist.

d) Erläutern Sie, was eine positive bzw. negative Steigung über die Wirkstoffkonzentration im Blut aussagt.

e) Berechnen Sie die Steigung an der Stelle $t = 1$ und interpretieren Sie das Ergebnis im Sachzusammenhang.

f) Beurteilen Sie, in welchem Zeitraum die Funktion f die Wirkstoffkonzentration des Medikaments sinnvoll beschreibt.

g) Um eine Wirkung zu erzielen, muss die Konzentration des Medikaments mindestens $0,3\frac{mg}{ml}$ betragen. Bestimmen Sie den Zeitraum, in dem das Medikament wirkt.

10. Beschreiben Sie den Verlauf der auf Seite 239 dargestellten Absatzkurve.

a) Ermitteln Sie dazu, in welchen Zeitabschnitten der Absatz zu- bzw. abnimmt. Berechnen Sie die relativen und absoluten Absatzmaxima und -minima.

b) Bestimmen Sie die Zeitpunkte, an denen der Absatz am stärksten steigt bzw. zurückgeht. Geben Sie an diesen Zeitpunkten auch die Zu- bzw. Abnahme pro Woche an.

Ich kann ...

... das **Monotonieverhalten** einer Funktion bestimmen. ▶ Test-Aufgaben 1, 4	z.B.: $M_1 =]-\infty; -2[$: $f'(-1) = -9 \; (< 0)$ $\Rightarrow f$ streng monoton fallend in M_1	$f'(x) \geq 0$ in $M \Leftrightarrow f$ monoton steigend in M $f'(x) > 0$ in $M \Rightarrow f$ streng monoton steigend in M $f'(x) \leq 0$ in $M \Leftrightarrow f$ monoton fallend in M $f'(x) < 0$ in $M \Rightarrow f$ streng monoton fallend in M
... **Extrempunkte** ermitteln. ▶ Test-Aufgaben 1, 2, 3, 4	$f(x) = x^3 - 12x$; $f'(x) = 3x^2 - 12$ $f'(x_E) = 0 \Rightarrow x_{E_1} = -2; x_{E_2} = 2$	**Notwendige Bedingung:** $f'(x_E) = 0$
... das **Vorzeichenwechsel-kriterium mit f'** anwenden. ▶ Test-Aufgabe 1	$x_{E_1} = -2$: $f'(-3) = 15 \; (> 0)$; $f'(-1) = -9 \; (< 0)$ $f'(x)$ wechselt bei $x_E = -2$ das Vorzeichen von „+" nach „−" $\Rightarrow x_E$ lokale Maximalstelle	**Hinreichende Bedingung** (VZW-Kriterium für f'): $f'(x)$ wechselt bei x_E Vorzeichen von „+" nach „−" $\Rightarrow x_E$ lokale Maximalstelle $f'(x)$ wechselt bei x_E Vorzeichen von „−" nach „+" $\Rightarrow x_E$ lokale Minimalstelle
... das **Krümmungsverhalten** des Graphen einer Funktion bestimmen. ▶ Test-Aufgabe 1	$K_1 =]-\infty; 0[$: $f''(-1) = -6 \; (< 0)$ $\Rightarrow G_f$ ist rechtsgekrümmt in K_1	$f''(x) > 0$ in $K \Rightarrow G_f$ linksgekrümmt in K $f''(x) < 0$ in $K \Rightarrow G_f$ rechtsgekrümmt in K
... **Wendepunkte** bestimmen. ▶ Test-Aufgaben 1, 2, 3, 4	$f''(x) = 6x$ $f''(x_W) = 0 \Rightarrow x_W = 0$	**Notwendige Bedingung:** $f''(x_W) = 0$
... das **Vorzeichenwechsel-kriterium mit f''** anwenden. ▶ Test-Aufgabe 1	$x_W = 0$: $f''(-1) = -6 \; (< 0)$; $f''(1) = 6 \; (> 0)$ $f''(x)$ wechselt bei $x_W = 0$ das Vorzeichen von „−" nach „+" $\Rightarrow x_W$ ist Wendestelle mit RL-KW	**Hinreichende Bedingung** (VZW-Kriterium für f''): $f''(x)$ wechselt bei x_W das Vorzeichen von „+" nach „−" $\Rightarrow x_W$ Wendestelle mit Links-Rechts-Krümmungswechsel $f''(x)$ wechselt bei x_W das Vorzeichen von „−" nach „+" $\Rightarrow x_W$ Wendestelle mit Rechts-Links-Krümmungswechsel
... den **Graphen** von f anhand der berechneten Eigenschaften **zeichnen.** ▶ Test-Aufgaben 1, 3		Achsenschnittpunkte: N_1, N_2, S_y Extrempunkte: T, H Wendepunkt: W Monotonie- und Krümmungsverhalten

Test zu 3.2

1. Untersuchen Sie das Monotonie- und das Krümmungsverhalten der Funktion f mit
$f(x) = 0,5x^3 + 2,5x^2 - 0,5x - 2,5$.
Geben Sie die Wende- und Extrempunkte an und zeichnen Sie den Graphen von f.

2. Die untenstehenden Schaubilder zeigen jeweils den Graphen einer Funktion f sowie die zugehörigen Graphen von f' und f''.
Ordnen Sie den Graphen die Bezeichnungen G_f, $G_{f'}$ sowie $G_{f''}$ zu und begründen Sie Ihre Entscheidung.

a)

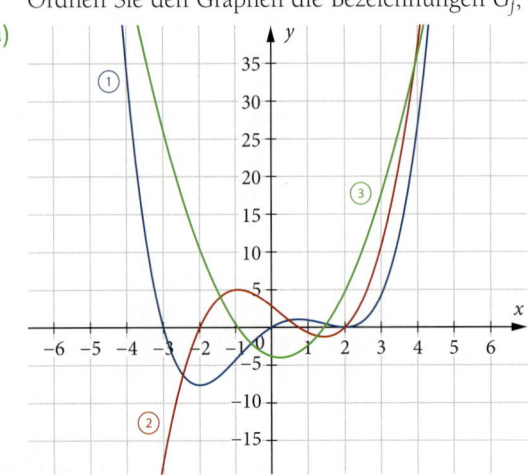

b)

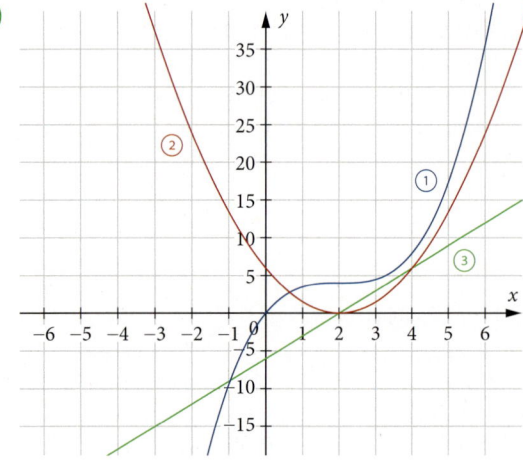

3. Der Absatz von Sonnenschutzkappen verläuft bei der JoRo GmbH in den ersten 8 Monaten des Jahres 2014 gemäß der Funktion A mit $A(t) = 0,5t^3 - 9,5t^2 + 56t - 96$. Dabei steht t für die Monate und $A(t)$ für den Absatz in ME (1 ME = 1000 Stück).
Schon ab Anfang September werden keine Sonnenschutzkappen mehr verkauft.
a) Bestimmen Sie den Absatzbeginn der Sonnenschutzkappen.
b) Ermitteln Sie rechnerisch, in welchem Monat der maximale Absatz für die Sonnenschutzkappen erreicht wird und beziffern Sie ihn.
c) Ermitteln Sie rechnerisch den Zeitpunkt des maximalen Absatzrückgangs und berechnen Sie diesen Rückgang pro Monat.
d) Zeichnen Sie den Graphen von A im Intervall $[0; 8]$.

4. Das nebenstehende Schaubild zeigt die Graphen von drei Kostenfunktionen.
a) Bestimmen Sie, von welchem Grad die drei Funktionen sind.
b) Beschreiben Sie die unterschiedlichen Verläufe der Graphen beider nicht-linearer Funktionen und entscheiden Sie begründet, welche Funktion keine Kostenfunktion sein kann.

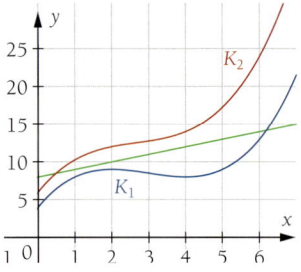

Lösungen der „Alles klar?"-Aufgaben

Lösungen zu 1.1

Seite 27
a) Grundgesamtheit: 1000 Passanten
Merkmalsträger: jeder Passant
Merkmale (Ausprägungen): Nutzungszeit (in Stunden/Minuten);
Nutzungstyp (privat, beruflich); Zugang (ja, nein)
b) Nutzungstyp und Zugang sind nominalskaliert, also qualitative Merkmale, Nutzungszeit ist metrisch skaliert, also ein quantitatives Merkmal.

Seite 28

Geschlecht	m	w	Summe
abs. Häuf.	9	11	20
rel. Häuf.	0,45	0,55	1

Note	1	2	3	4	5	Summe
abs. Häuf.	2	4	7	5	2	20
rel. Häuf.	0,1	0,2	0,35	0,25	0,1	1

Alter	15	16	17	18	19	Summe
abs. Häuf.	4	8	5	2	1	20
rel. Häuf.	0,2	0,4	0,25	0,1	0,05	1

Seite 29
1. Montags häufen sich die Störungen, die dann im Wochenverlauf stark zurückgehen. Zum Wochenende nehmen die Störungen wieder leicht zu.
Mögliche Ursachen sind darin zu sehen, dass die Produktion am Wochenende steht und der Anlauf der Produktion besonders fehleranfällig ist. Zum Wochenende können die lange Betriebsdauer und zunehmende Unkonzentriertheit der Arbeiter eine mögliche Ursache sein.

2.
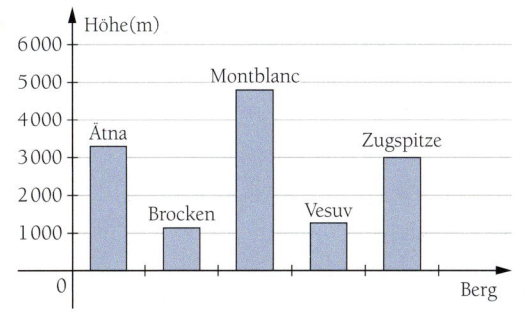

Seite 31

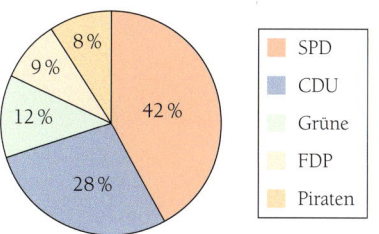

Seite 33
a) Histogramm

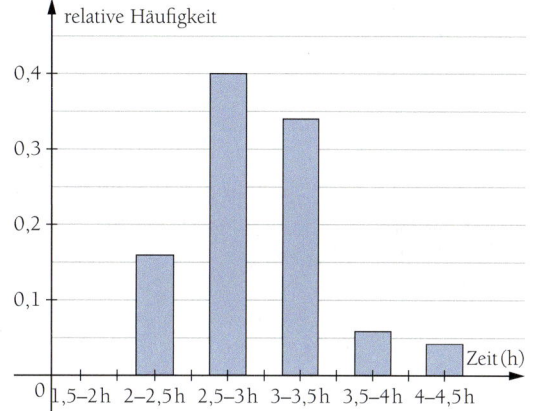

b) 2,5 h: 16 %
3 h: 56 %
3,5 h: 90 %
4 h: 96 %
4,5 h: 100 %

Lösungen zu 1.2

Seite 42
Arithmetisches Mittel: 2475 €
Median: 2500 €
Modalwert: 2650 €
Interpretation: Der Umsatz ist fast jede Woche angestiegen, die Geschäftsidee scheint erfolgreich zu sein.

Seite 44
$x_{gM} \approx \sqrt[7]{0{,}950177151} \approx 0{,}9927$
$\Rightarrow p\% = -0{,}73\%$
$0{,}9927^3 \cdot 256\,652 \approx 251\,072$
Die Einwohnerzahl sank im Durchschnitt um 0,73 % und könnte damit bis Ende 2014 auf 251 072 Einwohner gesunken sein.

Seite 48

Arithmetisches Mittel:
Mädchen: 3,4;
Jungen: 3,6

Standardabweichung:
Mädchen: 1,25;
Jungen: 1,2

Die Mädchen sind im Mittel erfolgreicher. Ihre Leistungen streuen aber stärker um dieses Mittel.

Lösungen zu 1.3

Seite 60

a)

Menge (ME)	1	2	3	4
Preis (GE/ME)	9	8	7	6

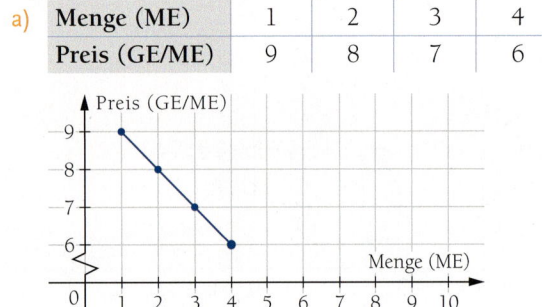

b) Eine geeignete Zuordnungsvorschrift ist $f(x) = -x + 10$. Da der Produzent für mehr verkaufte Ware auch einen größeren Erlös erwarten sollte, ist ein Verkauf von mehr als 5 ME nach diesem Rabattsystem für ihn nicht sinnvoll ($5 \cdot 5 = 25$ GE beim Verkauf von 5 ME, aber $6 \cdot 4 = 24$ GE beim Verkauf von 6 ME).
Der Großhändler wiederum möchte sein Geld nicht verschenken und mindestens eine ME Ware erhalten, so dass eine sinnvolle Ausgangsmenge $A = \{1; 2; 3; 4; 5\}$ darstellt. Die Zielmenge ist dann entsprechend $A = \{5; 6; 7; 8; 9\}$.

Seite 65

$x_{aM} = 1390; \quad y_{aM} = 101,95$
$y \approx 0,11628x - 59,675$
$r \approx 0,97$
Die Regressionsgerade gibt den linearen Zusammenhang zwischen Gewinn und Umsatz sehr gut wieder, da der Korrelationskoeffizient größer als 0,9 ist.

Seite 70

a) Da zum Beispiel 1 und 2 größer gleich 0 sind, kann es sich nicht um eine eindeutige Zuordnung handeln, es ist keine Funktion.
b) Jedem x wird genau ein y-Wert zugeordnet, es handelt sich um eine Funktion.
c) Auch hier ist die Zuordnung eindeutig. Jeder y-Wert berechnet sich eindeutig als Quadrat eines x-Wertes, es ist eine Funktion.
d) Sowohl $y = 1$ als auch $y = -1$ erfüllen zum Beispiel die Gleichung für $x = 1$, eine eindeutige Zuordnung ist also nicht möglich.

Lösungen zu 2.1

Seite 82

1.

a) $m = -2,5; \; n = 5$ Die Gerade fällt.
b) $m = 0,5; \; n = -2$ Die Gerade steigt.
c) $m = \frac{1}{3}; \; n = -5$ Die Gerade steigt.
d) $m = -0,25; \; n = 0$ Die Gerade fällt.
e) $m = 0; \; n = -40$ Die Gerade verläuft parallel zur x-Achse.

2.

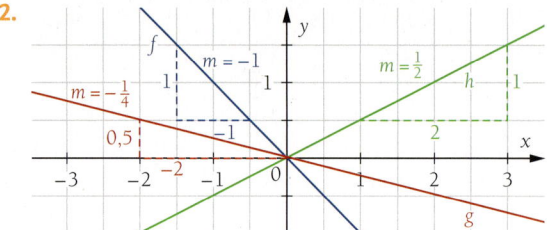

3.

a) $m = \dfrac{6 - (-4)}{1 - 3} = -5$

b) $m = \dfrac{1 - 1}{-6 - 4} = 0$

c) $m = \dfrac{3 - (-2)}{-1 - 9} = -\dfrac{1}{2}$

Seite 83

1.

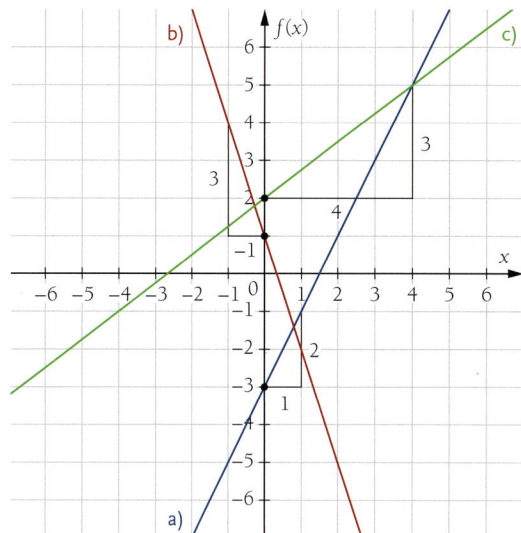

a) Die Punkte $P(1|-1)$ und $Q(-1|-5)$ müssen zum Beispiel zum Graphen der Funktion gehören.

b) Die Punkte $P(-1|4)$ und $Q(1|-2)$ müssen zum Beispiel zum Graphen der Funktion gehören.

c) Die Punkte $P\left(\frac{4}{3}|3\right)$ und $Q\left(\frac{8}{3}|4\right)$ müssen zum Beispiel zum Graphen der Funktion gehören.

2.

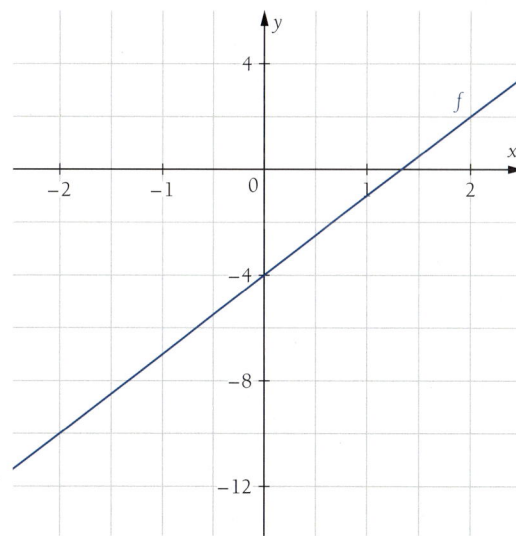

Die Steigung der Geraden ist 3 und der Schnittpunkt mit der y-Achse ist $(0|-4)$.

3.

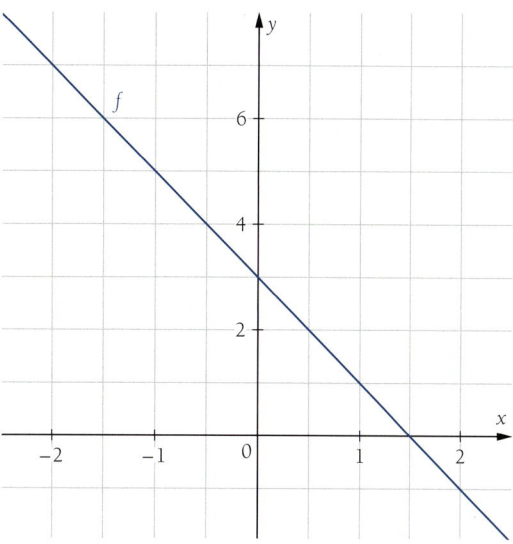

Seite 85

1. $f_1(x) = \frac{1}{3}x + 6$ $f_2(x) = -2x + 4$

     $f_3(x) = 3$ $f_4(x) = 3x - 1$

2.

a) $f(x) = x - 3$ b) $f(x) = -2x + 1$

3.

a) $f(x) = -1{,}5x + 6$ b) $f(x) = 0{,}25x$

Seite 90

$-3x_N - 12 = 0 \Leftrightarrow x_N = -4$

$0{,}25x_N + 3 = 0 \Leftrightarrow x_N = -12$

Seite 92

1. $f(0) = -12 \Rightarrow S_y(0|-12)$

$\quad f(x_N) = 0 \Leftrightarrow 3{,}5x_N - 12 = 0$

$\quad \Leftrightarrow x_N = \frac{24}{7} \Rightarrow N\left(\frac{24}{7}|0\right)$

$\quad g(0) = 7 \Rightarrow S_y(0|7)$

$\quad g(x_N) = 0 \Leftrightarrow -6x_N + 7 = 0$

$\quad \Leftrightarrow x_N = \frac{7}{6} \Rightarrow S_x\left(\frac{7}{6}|0\right)$

$\quad f(x_S) = g(x_S) \Leftrightarrow 3{,}5x_S - 12 = -6x_S + 7 \Leftrightarrow x_S = 2;$

$\quad \Rightarrow y_S = -6 \cdot 2 + 7 = -5 \Rightarrow S(2|-5)$

2. $p_N(x) = p_A(x)$

$-2x_G + 80 = 0{,}5x_G + 35$

$x_G = 18; y_G = 44; MGG(18|44)$

Marktgleichgewicht liegt vor, wenn 18 ME zu einem Preis von 44 GE verkauft werden.

3. $f(x) = 20$; $g(x) = 0{,}06x + 3{,}95$

$f(x_S) = g(x_S) \Leftrightarrow 20 = 0{,}06x_S + 3{,}95$

$\Leftrightarrow x_S = 267{,}5$

Die Flatrate von Maria lohnt sich ab 268 Gesprächsminuten.

Lösungen zu 2.2

Seite 105

Scheitelpunkt in Quadrant I: Verschiebung um 2 Einheiten nach rechts und eine nach oben.

$f(x) = (x - 2)^2 + 1$

Scheitelpunkt in Quadrant II: Verschiebung um 3 Einheiten nach links und 3 nach oben.

$f(x) = (x + 3)^2 + 3$

Scheitelpunkt in Quadrant III: Verschiebung um 4 Einheiten nach links und eine nach unten.

$f(x) = (x + 4)^2 - 1$

Scheitelpunkt in Quadrant IV: Verschiebung um 3 Einheiten nach rechts und 3 nach unten.

$f(x) = (x - 3)^2 - 3$

Seite 107

Gegenüber der Normalparabel ist der Graph von …

a) … f_1 gestreckt.

b) … f_2 gestaucht und nach unten geöffnet.

c) … f_3 gestaucht.

d) … f_4 gestreckt und nach unten geöffnet.

e) … f_5 gestaucht und um drei Einheiten nach oben verschoben.

f) … f_6 gestreckt und um fünf Einheiten nach unten verschoben.

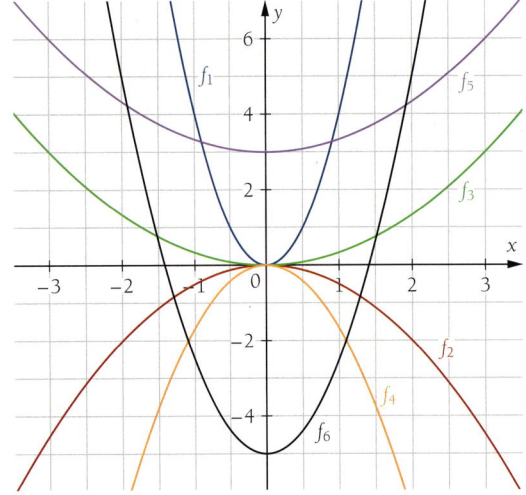

Seite 111

a) $f(x) = 0{,}5x^2 + 4x - 10 = 0{,}5 \cdot (x^2 + 8x - 20)$

$= 0{,}5 \cdot \left((x^2 + 8x + 4^2) - 4^2 - 20\right)$

$= 0{,}5 \cdot \left((x + 4)^2 - 36\right)$

$= 0{,}5 \cdot (x + 4)^2 - 18 \Rightarrow S(-4|-18)$

b) $f(x) = -3x^2 + 9x + 12 = -3 \cdot (x^2 - 3x - 4)$

$= -3 \cdot (x - 1{,}5)^2 + 18{,}75 \Rightarrow S(1{,}5|18{,}75)$

Seite 114

a) $f(x_N) = 0 \Leftrightarrow 2x_N^2 + 6x_N - 8 = 0$

$\Leftrightarrow x_N^2 + 3x_N - 4 = 0$

$\Rightarrow x_{N_{1,2}} = -1{,}5 \pm \sqrt{1{,}5^2 + 4}$

$\Rightarrow x_{N_1} = -4$; $x_{N_2} = 1$

Der Graph schneidet die x-Achse zwei Mal.

b) $f(x_N) = 0 \Leftrightarrow -0{,}25x_N^2 + 11x_N = 0$

$\Leftrightarrow -0{,}25x_N \cdot (x_N - 44) = 0$

$\Rightarrow x_{N_1} = 0$; $x_{N_2} = 44$

Der Graph schneidet die x-Achse zwei Mal.

c) $f(x_N) = 0 \Leftrightarrow 0{,}5x_N^2 + 2x_N + 7 = 0$

$\Leftrightarrow x_N^2 + 4x_N + 14 = 0$

$\Rightarrow x_{N_{1,2}} = -2 \pm \sqrt{2^2 - 14}$

Es gibt keine Nullstellen, der Graph schneidet die x-Achse nicht.

Seite 116

a) $f(x_S) = g(x_S) \Leftrightarrow x_S^2 - 3x_S - 10 = x_S + 2$

$\Leftrightarrow x_S^2 - 4x_S - 12 = 0$

$\Rightarrow x_{S_{1,2}} = 2 \pm \sqrt{(-2)^2 + 12}$

$\Rightarrow x_{S_1} = -2$ und $x_{S_2} = 6$

$x_{S_1} = -2 \Rightarrow y_{S_1} = -2 + 2 = 0$

$\Rightarrow S_1 (-2|0)$

$x_{S_2} = 6 \Rightarrow y_{S_2} = 6 + 2 = 8$

$\Rightarrow S_2 (6|8)$

b) $f(x_S) = g(x_S) \Leftrightarrow 0{,}25x_S^2 - 1 = 2x_S^2 + 2x_S - 12$

$\Leftrightarrow 1{,}75x_S^2 + 2x_S - 11 = 0$

$\Leftrightarrow x_S^2 + \frac{8}{7}x_S - \frac{44}{7} = 0$

$\Rightarrow x_{S_{1,2}} = -\frac{4}{7} \pm \sqrt{\left(\frac{4}{7}\right)^2 + \frac{44}{7}}$

$\Rightarrow x_{S_1} = -\frac{22}{7}$ und $x_{S_2} = 2$

$x_{S_1} = -\frac{22}{7} \Rightarrow y_{S_1} = \frac{1}{4} \cdot \left(-\frac{22}{7}\right)^2 - 1 = \frac{72}{49}$

$\Rightarrow S_1 \left(-\frac{22}{7}\Big|\frac{72}{49}\right)$

$x_{S_2} = 2 \Rightarrow y_{S_2} = 0{,}25 \cdot 2^2 - 1 = 0$

$\Rightarrow S_2 (2|0)$

c) $f(x_S) = g(x_S) \Leftrightarrow -2x_S^2 + 4x_S + 6 = -0,5x_S - 8$

$\Leftrightarrow -2x_S^2 + 4,5x_S + 14 = 0 \Leftrightarrow x_S^2 - 2,25x_S - 7 = 0$

$\Rightarrow x_{S_{1,2}} = 1,125 \pm \sqrt{(-1,125)^2 + 7}$

$\Rightarrow x_{S_1} = -1,75$ und $x_{S_2} = 4$

$x_{S_1} = -1,75 \Rightarrow y_{S_1} = -7,125$

$\Rightarrow S_1 (-1,75 | -7,125)$

$x_{S_2} = 4 \Rightarrow y_{S_2} = -10$

$\Rightarrow S_2 (4 | -10)$

d) $f(x_S) = g(x_S)$

$\Leftrightarrow -x_S^2 + 3x_S + 10 = 0,5x_S^2 + 3x_S - 3,5$

$\Leftrightarrow 1,5x_S^2 - 13,5 = 0 \Leftrightarrow x_S^2 - 9 = 0$

$\Rightarrow x_{S_1} = -3$ und $x_{S_2} = 3$

$x_{S_1} = -3 \Rightarrow y_{S_1} = -(-3)^2 + 3 \cdot (-3) + 10 = -8$

$\Rightarrow S_1 (-3 | -8)$

$x_{S_2} = 3 \Rightarrow y_{S_2} = -3^2 + 3 \cdot 3 + 10 = 10$

$\Rightarrow S_2 (3 | 10)$

Seite 122

Einsetzen der Punkte in die allgemeine Parabelform liefert die drei Gleichungen.

a	b	c	
4	−2	1	18
1	1	1	3
9	3	1	13
3	−3	0	15
1	1	1	3
8	2	0	10
1	−1	0	5
1	1	1	3
4	1	0	5
5	0	0	10
−3	0	1	−2
4	1	0	5
1	0	0	2
0	0	1	4
0	1	0	−3

Die Funktionsgleichung der gesuchten Parabel lautet:
$f(x) = 2x^2 - 3x + 4$.

Lösungen zu 2.3

Seite 131

1.

a) $n = 7$; $a_7 = 7$; $a_3 = 13$; $a_1 = 11$
$a_0 = a_2 = a_4 = a_5 = a_6 = 0$

b) $n = 3$; $a_3 = 1$; $a_2 = 7$; $a_1 = 8$; $a_0 = -16$

c) $n = 0$; $a_0 = 5$

d) Keine ganzrationale Funktion, weil eine Potenz von x im Nenner auftritt.

e) Keine ganzrationale Funktion, weil eine Potenz von x ein Bruch ist ($\sqrt{x} = x^{\frac{1}{2}}$).

f) $n = 3$; $a_3 = \frac{1}{3}$; $a_2 = 37$; $a_1 = 0$; $a_0 = -6$

2.

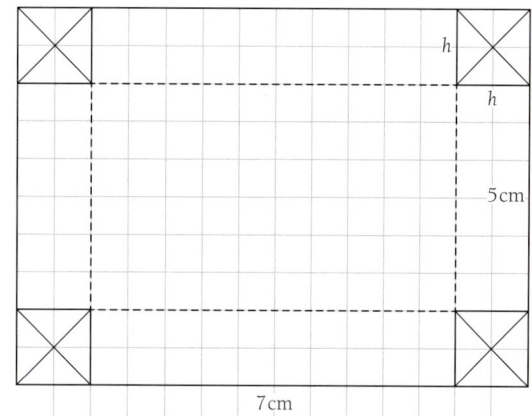

$V(h) = (7 - 2h) \cdot (5 - 2h) \cdot h$
$= 4h^3 - 24h^2 + 35h$

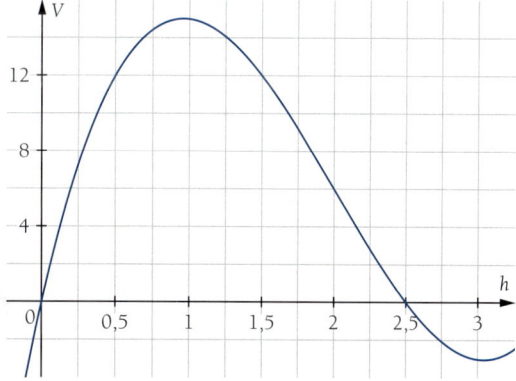

$V(h) = 4h^3 - 24h^2 + 35h$
Aus der Zeichnung lässt sich $h \approx 0,9$ ablesen.
$\Rightarrow h^2 \approx 0,81 \, cm^2$

257

Seite 134

a) Keine Symmetrie zur y-Achse.

b) Symmetrie zur y-Achse vorhanden (gerade Funktion).

c) Symmetrie zur y-Achse vorhanden (gerade Funktion).

Seite 135

a) Keine Punktsymmetrie zum Ursprung.

b) Punktsymmetrie zum Ursprung vorhanden (ungerade Funktion).

c) Keine Punktsymmetrie zum Ursprung.

Seite 136

a) $x_N^4 + 6x_N^3 + 8x_N^2 = 0 \Leftrightarrow x_N^2 \cdot (x_N^2 + 6x_N + 8) = 0$

$\Leftrightarrow x_N^2 = 0$ oder $x_N^2 + 6x_N + 8 = 0$

$\Rightarrow x_{N_1} = 0; x_{N_2} = 0; x_{N_3} = -4; x_{N_4} = -2$

b) $-0{,}25x_N^3 - 5{,}5x_N = 0 \Leftrightarrow -0{,}25x_N \cdot (x_N^2 + 22) = 0$

$\Rightarrow x_N = 0$

Seite 138

$f(x) = 2 \cdot (x + 2)^2 \cdot (x - 1)$

$= 2x^3 + 6x^2 - 8$

Seite 139

1.

a) $x_N^3 + 4x_N^2 + x_N - 6 = 0$ ▶ $x_{N_1} = 1$ durch Probieren

$(x^3 + 4x^2 + x - 6) : (x - 1) = x^2 + 5x + 6$

$\underline{-(x^3 - x^2)}$

$\qquad 5x^2 + x$

$\qquad \underline{-(5x^2 - 5x)}$

$\qquad\qquad 6x - 6$

$\qquad\qquad \underline{-(6x - 6)}$

$\qquad\qquad\qquad 0$

$x_N^2 + 5x_N + 6 = 0$

$\Rightarrow x_{N_{2,3}} = -2{,}5 \pm \sqrt{2{,}5^2 - 6}$

$\Rightarrow x_{N_2} = -3$ und $x_{N_3} = -2$

b) $x_N^4 + 3x_N^3 - 15x_N^2 - 19x_N + 30 = 0;$

$\qquad\qquad$ ▶ $x_{N_1} = 1$ durch Probieren

$(x^4 + 3x^3 - 15x^2 - 19x + 30) : (x - 1)$

$\underline{-(x^4 - x^3)} \qquad\qquad = x^3 + 4x^2 - 11x - 30$

$\qquad 4x^3 - 15x^2$

$\qquad \underline{-(4x^3 - 4x^2)}$

$\qquad\qquad -11x^2 - 19x$

$\qquad\qquad \underline{-(-11x^2 + 11x)}$

$\qquad\qquad\qquad -30x + 30$

$\qquad\qquad\qquad \underline{-(-30x + 30)}$

$\qquad\qquad\qquad\qquad 0$

$x_N^3 + 4x_N^2 - 11x_N - 30 = 0$

$\qquad\qquad$ ▶ $x_{N_2} = -2$ durch Probieren

$(x^3 + 4x^2 - 11x - 30) : (x + 2) = x^2 + 2x - 15$

$\underline{-(x^3 + 2x^2)}$

$\qquad 2x^2 - 11x$

$\qquad \underline{-(2x^2 + 4x)}$

$\qquad\qquad -15x - 30$

$\qquad\qquad \underline{-(-15x - 30)}$

$\qquad\qquad\qquad 0$

$x_N^2 + 2x_N - 15 = 0$

$\Rightarrow x_{N_{3,4}} = -1 \pm \sqrt{1^2 + 15}$

$\Rightarrow x_{N_3} = -5$ und $x_{N_4} = 3$

2.

a) $x_{N_1} \approx -2{,}69; x_{N_2} = -1; x_{N_3} \approx 6{,}69$

b) $x_N \approx -4{,}2$

Seite 140

1.

a) $f(x_N) = 0 \Leftrightarrow x_N^4 - 2x_N^2 - 8 = 0$ ▶ $x_N^2 = z$

$\Rightarrow z^2 - 2z - 8 = 0$

$\Rightarrow z_1 = 4; z_2 = -2$ ▶ $z = x_N^2$

$\Rightarrow x_N^2 = 4$

$\Rightarrow x_{N_1} = -2; x_{N_2} = 2$

b) $f(x_N) = 0 \Leftrightarrow 2x_N^4 + 8x_N^2 - 90 = 0$

$\Leftrightarrow x_N^4 + 4x_N^2 - 45 = 0$ ▶ $x_N^2 = z$

$\Rightarrow z^2 + 4z - 45 = 0$

$\Rightarrow z_1 = 5; z_2 = -9$ ▶ $z = x_N^2$

$\Rightarrow x_N^2 = 5$

$\Rightarrow x_{N_1} = -\sqrt{5}; x_{N_2} = \sqrt{5}$

2. $f(x_N) = 0 \Leftrightarrow 0{,}5x_N^5 + 2x_N^3 - 2{,}5x_N = 0$

$\Leftrightarrow 0{,}5x_N \cdot (x_N^4 + 4x_N^2 - 5) = 0$

$\Leftrightarrow x_{N_1} = 0$ oder $x_N^4 + 4x_N^2 - 5 = 0$ ▶ $x_N^2 = z$

$\Rightarrow z^2 + 4z - 5 = 0$

$\Rightarrow z_1 = 1; z_2 = -5$ ▶ $z = x_N^2$

$\Rightarrow x_N^2 = 1$

$\Rightarrow x_{N_2} = -1; x_{N_3} = 1$

3. $0{,}05x^6 - 5x^4 - 15x^2 + 1500 = 0 \qquad | x^2 = z$

$0{,}05z^3 - 5z^2 - 15z + 1500 = 0 \qquad | z_1 = 100$

$(0{,}05z^3 - 5z^2 - 15z + 1500) : (z - 100) = 0{,}05z^2 - 15$

$0{,}05z^2 - 15 = 0 \Leftrightarrow z_2 = \sqrt{300}; z_3 = -\sqrt{300}$

$x_N^2 = 100 \Leftrightarrow x_{N_1} = -10; x_{N_2} = 10$

$x_N^2 = \pm\sqrt{300} \ (\Leftrightarrow x_{N_3} \approx -4{,}16; x_{N_4} \approx 4{,}16)$

Seite 144

a) Für $x \to \infty$ gilt: $f(x) \to \infty$.
Für $x \to -\infty$ gilt: $f(x) \to -\infty$.

b) Für $x \to \infty$ gilt: $f(x) \to -\infty$.
Für $x \to -\infty$ gilt: $f(x) \to \infty$.

c) Für $x \to \infty$ gilt: $f(x) \to \infty$.
Für $x \to -\infty$ gilt: $f(x) \to \infty$.

Seite 145

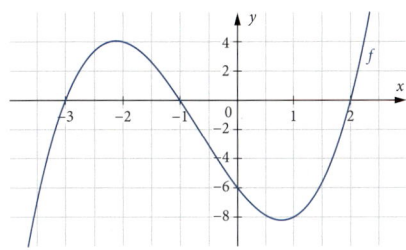

$M_1 = \,]-\infty;\, -2,1[$; $M_2 = \,]-2,1;\, 0,8[$; $M_3 = \,]0,8;\, \infty[$
G_f steigt streng monoton in M_1, fällt streng monoton in M_2 und steigt streng monoton in M_3.
G_f hat etwa bis an die Stelle $0,7$ eine Rechtskrümmung und dann eine Linkskrümmung.

Seite 146

Blauer Graph f: Keine Symmetrie; $S_y(0|0)$
$x_{N_1} = -4$; $x_{N_2} = 0$; $x_{N_3} = 2$
$T(-2,5|-8,25)$; $H(1,2|2,25)$
$M_1 = \,]-\infty;\, -2,5[$: G_f fällt.
$M_2 = \,]-2,5;\, 1,2[$: G_f steigt.
$M_3 = \,]1,2;\, \infty[$: G_f fällt.
$K_1 = \,]-\infty;\, -0,5[$: G_f ist linksgekrümmt.
$K_2 = \,]-0,5;\, \infty[$: G_f ist rechtsgekrümmt.
$x \to -\infty \;\Rightarrow\; f(x) \to \infty$
$x \to \infty \;\Rightarrow\; f(x) \to -\infty$
Grüner Graph g: Achsensymmetrie; $S_y(0|-5)$
$x_{N_1} = -2,7$; $x_{N_2} = 2,7$
$T(-1,4|-6)$; $H(0|-5)$; $T(1,4|-6)$
$M_1 = \,]-\infty;\, -1,4[$: G_f fällt.
$M_2 = \,]-1,4;\, 0[$: G_f steigt.
$M_3 = \,]0;\, 1,4[$: G_f fällt.
$M_4 = \,]1,4;\, \infty[$: G_f steigt.
$K_1 = \,]-\infty;\, -0,5[$: G_f ist linksgekrümmt.
$K_2 = \,]-0,5;\, 0,5[$: G_f ist rechtsgekrümmt.
$K_3 = \,]-0,5;\, \infty[$: G_f ist rechtsgekrümmt.
$x \to -\infty \;\Rightarrow\; f(x) \to \infty$
$x \to \infty \;\Rightarrow\; f(x) \to \infty$

Seite 148

$f(x) = ax^3 + bx^2 + cx + d$
(1) $f(-4) = 14 \;\Leftrightarrow\; -64a + 16b - 4c + d = 14$
(2) $f(-1) = 8 \;\Leftrightarrow\; -a + b - c + d = 8$
(3) $f(0) = 18 \;\Leftrightarrow\; d = 18$ ▶ $d = 18$ in (1), (2), (4) setzen
(4) $f(2) = 20 \;\Leftrightarrow\; 8a + 4b + 2c + d = 20$

a	b	c	
-64	16	-4	-4
-1	1	-1	-10
8	4	2	2
1	0	0	-1 ▶ $a = -1$
0	0	1	9 ▶ $c = 9$
0	1	0	-2 ▶ $b = -2$

$f(x) = -x^3 - 2x^2 + 9x + 18$

Lösungen zu 2.4

Seite 157

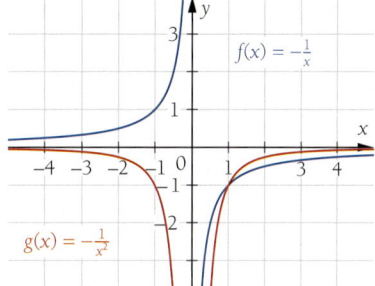

Der Graph G_f verläuft punktsymmetrisch zum Ursprung im II. und IV. Quadranten, durch die Punkte $(-1|1)$ und $(1|-1)$. $D_f = \mathbb{R}\setminus\{0\}$ und $W_f = \mathbb{R}\setminus\{0\}$.
Der Graph G_g verläuft achsensymmetrisch zur y-Achse im III. und IV. Quadranten, durch die Punkte $(-1|-1)$ und $(1|-1)$. $D_g = \mathbb{R}\setminus\{0\}$ und $W_g = \mathbb{R}^-$.

Seite 158

a) $D_f = \mathbb{R}\setminus\{-3\}$
b) $D_f = \mathbb{R}\setminus\{4\}$
c) $D_f = \mathbb{R}\setminus\{-4;\, 2\}$
d) $D_f = \mathbb{R}\setminus\{-3;\, 0;\, 3\}$

Seite 160

a) $D_f = \mathbb{R}\setminus\{-5; 0\}$

keine Nullstelle; kein S_y

$f(x) = \frac{x}{x(x+5)}$

behebbare Lücke bei $x = 0$

Pol bei $x = -5$

b) $D_f = \mathbb{R}\setminus\{2; 3\}$

$x_N = 0$; $S_y(0|0)$

$f(x) = \frac{x(x^2+4)}{(x-2)(x-3)}$

keine behebbare Lücke

Pole bei $x_1 = 2$ und $x_2 = 3$

c) $D_f = \mathbb{R}\setminus\{-3; 3\}$

$x_N = 6$; $S_y\left(0\middle|\frac{2}{3}\right)$

$f(x) = \frac{(x-6)}{(x-3)(x+3)}$

keine behebbare Lücke

Pole bei $x_1 = -3$ und $x_2 = 3$

d) $D_f = \mathbb{R}\setminus\{-3; 2\}$

keine Nullstelle; $S_y(0|-1)$

$f(x) = \frac{2(x+3)}{(x+3)(x-2)}$

behebbare Lücke bei $x = -3$

Pol bei $x = 2$

Seite 161

a) $x = 4$ Polstelle

$\lim\limits_{x \to 4^-} f(x) = -\infty$, $\lim\limits_{x \to 4^+} f(x) = +\infty$

Pol mit VZW

b) $x = -3$ Polstelle

$\lim\limits_{x \to -3^-} f(x) = +\infty$, $\lim\limits_{x \to -3^+} f(x) = +\infty$

Pol ohne VZW

c) $x = -4$ Polstelle

$\lim\limits_{x \to 4^-} f(x) = -\infty$, $\lim\limits_{x \to 4^+} f(x) = +\infty$

Pol mit VZW

d) $x_1 = -3$ und $x_2 = 3$ Polstellen

$\lim\limits_{x \to -3^-} f(x) = -\infty$, $\lim\limits_{x \to -3^+} f(x) = +\infty$

$\lim\limits_{x \to 3^-} f(x) = -\infty$, $\lim\limits_{x \to 3^+} f(x) = +\infty$

Beide Pole mit VZW

Seite 163

a) $(3x - 5) : x^2 = 0 + \frac{3x-5}{x^2}$

$y_A(x) = 0$ (x-Achse)

$x \to -\infty$: $R(x) < 0$, also Annäherung von unten

$x \to +\infty$: $R(x) > 0$, also Annäherung von oben

b) $(4x - 3) : (2x + 5) = 2 + \frac{-13}{2x+5}$

$y_A(x) = 2$ (Parallele zur x-Achse)

$x \to -\infty$: $R(x) > 0$, also Annäherung von oben

$x \to +\infty$: $R(x) < 0$, also Annäherung von unten

c) $(x^2 - 2x + 1) : (2x + 3) = 0,5x - 1,75 + \frac{6,25}{2x+3}$

$y_A(x) = 0,5x - 1,75$

$x \to -\infty$: $R(x) < 0$, also Annäherung von unten

$x \to +\infty$: $R(x) > 0$, also Annäherung von oben

Seite 164

$D_f = \mathbb{R}\setminus\{1; 2\}$; $x_N = -1$; $S_y(0|-0,5)$

$x = 1$ behebbare Lücke; Ersatzfunktion $f^*(x) = \frac{x+1}{x-2}$;

Pol bei $x = 2$ mit VZW von $-\infty$ nach $+\infty$;

Asymptote $y_A(x) = 1$;

$x \to -\infty$ von unten; $x \to +\infty$ von oben;

keine Symmetrie

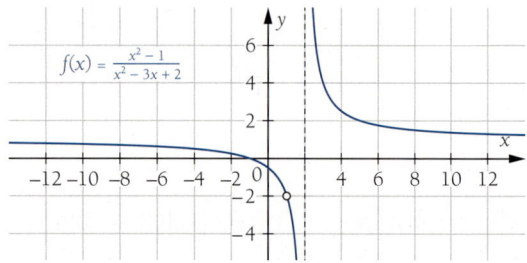

Seite 165

Einsetzen von $x_1 = 3$ (Nullstelle), $x_2 = -2$ (Pol) und

$x_3 = -1$ (behebbare Lücke) in

$f(x) = k \cdot \frac{(x - \text{Nullstelle}) \cdot (x - \text{behebbare Lücke})}{(x - \text{Polstelle}) \cdot (x - \text{behebbare Lücke})}$

liefert

$f(x) = k \cdot \frac{(x-3)(x+1)}{(x+2)(x+1)}$

Einsetzen der Punktkoordinaten $x = 2$ und $y = -0,25$

liefert $k = 1$. Die gesuchte Gleichung lautet

$f(x) = \frac{x^2 - 2x - 3}{x^2 + 3x + 2}$

Seite 167

$k(x) = x^2 - 8x + 24 + \frac{50}{x}$

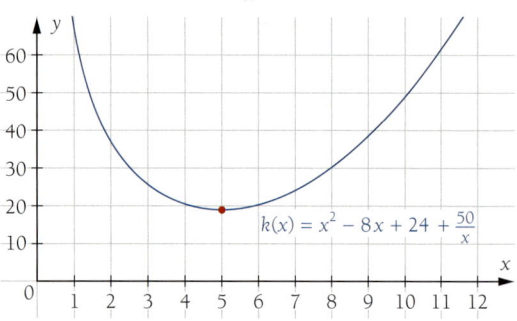

L

Der Graph fällt mit einer Linkskrümmung bis in ein Minimum an der Stelle 5. Dort produziert der Betrieb mit Durchschnittskosten von 19 GE am kostengünstigsten. Rechts vom Minimum steigen die Stückkosten progressiv an (Linkskrümmung).

Seite 168

$$W(x) = \frac{48x}{x^3 - 8x^2 + 24x + 50}$$

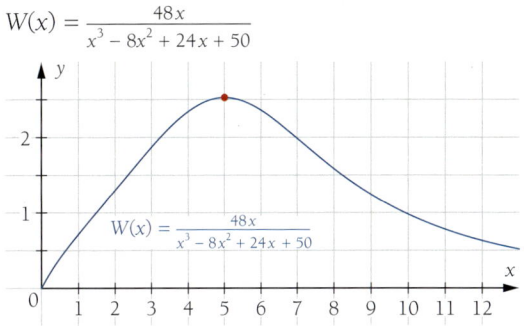

Der Graph der Wirtschaftlichkeitsfunktion beginnt im Koordinatenursprung, steigt streng monoton bis zu seinem Maximum an der Stelle 5. Dort beträgt die Wirtschaftlichkeit etwa 2,5; d.h., dass dort der Ertrag 2,5-mal so hoch ist wie die Kosten. Danach fällt die Wirtschaftlichkeit, zuerst progressiv mit einer Rechtskrümmung und dann degressiv (Linkskrümmung), indem sie sich dem Wert 0 nähert. Die größte Wirtschaftlichkeit liegt im Betriebsoptimum ($x = 5$).

Seite 169

a) $U(x) = \dfrac{-x^3 + 8x^2 + 24x - 50}{48x}$

b)

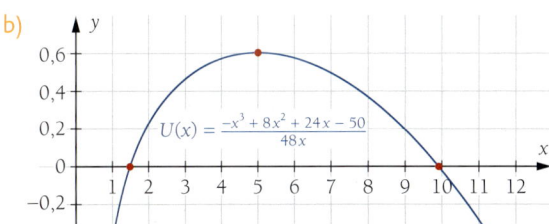

c) Der Graph der Umsatzrentabilitätsfunktion besitzt zwei Nullstellen, ungefähr bei 1,5 und 10. Zwischen diesen beiden Nullstellen ist die Umsatzrentabilität positiv, weil der Betrieb sich dort in der Gewinnzone befindet. Außerhalb der Gewinnzone sind die Kosten größer als der Ertrag und deshalb die Umsatzrentabilität negativ. Innerhalb der Gewinnzone erreicht die Umsatzrentabilität an der Stelle 5 mit etwa 0,6 ihren höchsten Wert; d.h., dass der Gewinn etwa 60 % des Ertrags ausmacht.

Die größte Wirtschaftlichkeit und die größte Umsatzrentabilität befinden sich im Betriebsoptimum ($x = 5$).

Seite 171

$$K_G(x) = K_B(x) + K_L(x)$$
$$= 40x + \frac{\frac{2880}{x}}{2} \cdot 1 = 40x + \frac{1440}{x}$$

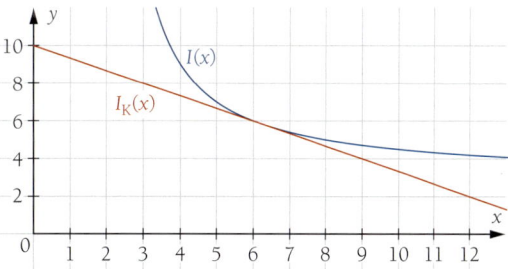

Für sehr kleine und sehr große x-Werte sind die Gesamtkosten sehr hoch. Sie fallen zuerst monoton bis zu ihrem Minimum und steigen dann wieder monoton.
Das Minimum liegt an der Stelle 6; d.h., dass mit 6 Bestellungen die Gesamtkosten am niedrigsten sind. 6 Bestellungen bedeuten eine **optimale Bestellmenge** von $\frac{2880}{6} = 480$ Stück bei Kosten von $K_G(6) = 480\,€$.

Seite 173

(I) $k + 5b - ab = 35 - 7a$
(II) $k + 6b - ab = 36 - 6a$
(III) $k + 8b - ab = 40 - 5a$
$\Rightarrow a = 2;\ b = 3;\ k = 12$
$\Rightarrow I(x) = \dfrac{12}{x - 2} + 3$

Seite 174

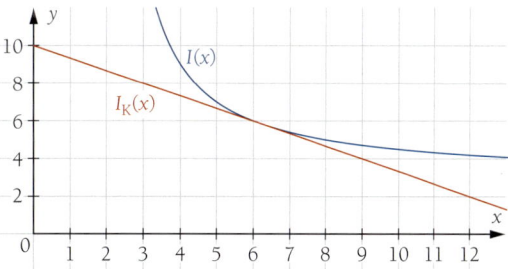

An der Stelle 6,24 berühren sich die beiden Graphen.
Mit $I(6,24) = 5,83$ ergibt sich $MKK(6,24\,|\,5,83)$.

Lösungen zu 2.5

1.

a) Für sehr kleine Werte für x nähert sich G_f der x-Achse. G_f schneidet die y-Achse bei 2. Die Kurve steigt streng monoton (Linkskrümmung mit progressiver Zunahme).

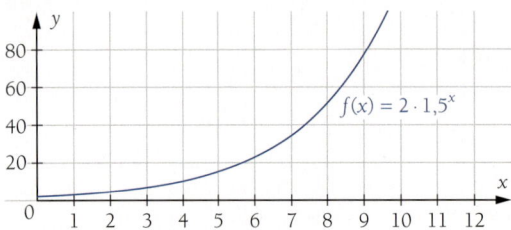

b) G_f fällt streng monoton (Linkskrümmung mit degressiver Abnahme) und schneidet die y-Achse bei 5. Für sehr große Werte für x nähert sich G_f der x-Achse.

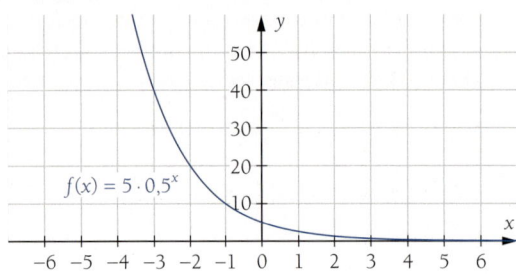

c) Für sehr kleine Werte für x nähert sich G_f der x-Achse. G_f schneidet die y-Achse bei 0,5. Die Kurve steigt streng monoton (Linkskrümmung mit progressiver Zunahme).

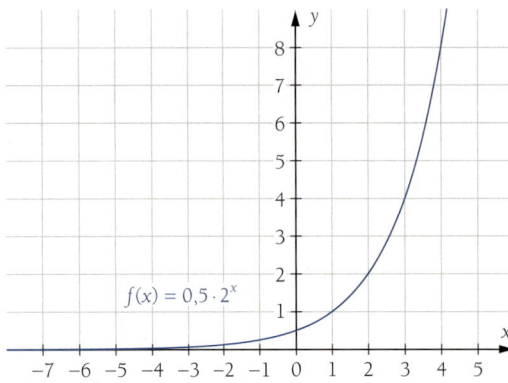

2. 1. Graph: G_g, 2. Graph: G_h, 3. Graph: G_f

1.

a) Graph liegt oberhalb der x-Achse und steigt (wegen $a > 1$ und $c > 0$).
Graph schneidet die y-Achse in $S_y(0|1)$ (wegen $c = 1$).
Graph geht durch $P(1|4)$ (wegen $c = 1$ und $a = 4$).

b) Graph liegt oberhalb der x-Achse und fällt (wegen $0 < a < 1$ und $c > 0$).
Graph schneidet die y-Achse in $S_y(0|1)$ (wegen $c = 1$).
Graph geht durch $P(1|0{,}75)$ (wegen $c = 1$ und $a = 0{,}75$).

c) Graph liegt oberhalb der x-Achse und steigt (wegen $a > 1$ und $c > 0$).
Graph schneidet die y-Achse in $S_y(0|2)$ (wegen $c = 2$).
Graph geht durch $P(1|3)$ (wegen $c = 2$ und $a = 1{,}5$).

d) Graph liegt oberhalb der x-Achse und fällt (wegen $0 < a < 1$ und $c > 0$).
Graph schneidet die y-Achse in $S_y(0|5)$ (wegen $c = 5$).
Graph geht durch $P(1|3)$ (wegen $c = 5$ und $a = 0{,}6$).

e) Graph liegt unterhalb der x-Achse und fällt (wegen $a > 0$ und $c < 0$).
Graph schneidet die y-Achse in $S_y(0|-3)$ (wegen $c = -3$).
Graph geht durch $P(1|-6)$ (wegen $c = -3$ und $a = 2$).

2. Funktionsgleichung: $f(x) = 2 \cdot 0{,}75^x$
Definitionsmenge: $D_f = \mathbb{N}$
Nach dem 4. Aufprall:
$f(4) = 0{,}6328125 \;\rightarrow\;$ Höhe beträgt $\approx 63\,\text{cm}$.
$f(5) \approx 0{,}47$ und $f(6) \approx 0{,}36 \;\rightarrow\;$ Der Ball springt 5-mal höher als $40\,\text{cm}$.

a)

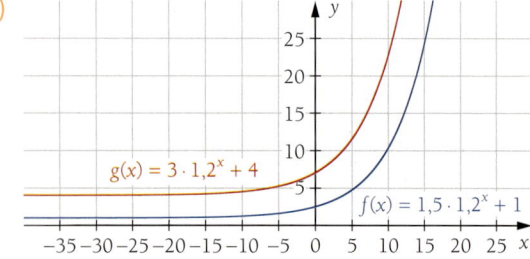

Beide Graphen sind streng monoton steigend (Linkskrümmung mit progressiver Zunahme) und nähern sich für sehr kleine Werte für x immer mehr der x-Achse. G_f schneidet die y-Achse bei 2,5 und G_g schneidet die y-Achse bei 7. G_f verläuft immer unterhalb von G_g.

b)

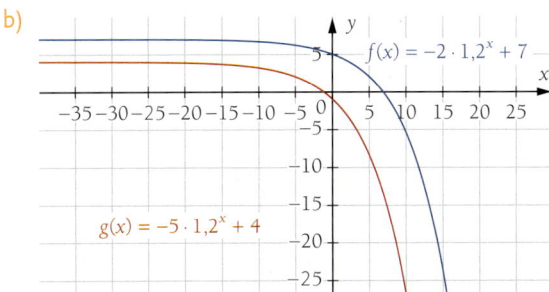

Beide Graphen sind streng monoton fallend (Rechtskrümmung mit progressiver Abnahme). G_f nähert sich für sehr kleine Werte für x immer mehr der Asymptote $y = 7$ und G_g seiner Asymptote $y = 4$. G_f schneidet die y-Achse bei 5 und G_g schneidet die y-Achse bei -1. G_f verläuft immer oberhalb von G_g.

c)

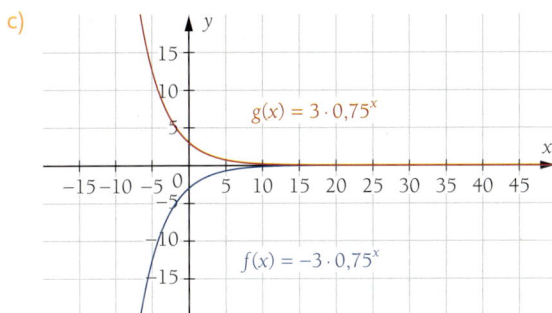

G_g ist streng monoton fallend (Linkskrümmung mit degressiver Abnahme) und G_f streng monoton steigend (Rechtskrümmung mit degressiver Zunahme). Beide Graphen nähern sich für sehr große Werte für x immer mehr der x-Achse, G_f von unten und G_g von oben. G_f schneidet die y-Achse bei -3 und G_g schneidet die y-Achse bei 3. G_f verläuft spiegelbildlich zu G_g; die Symmetrieachse ist die x-Achse.

Seite 190
a) $B(t) = 240\,000 \cdot 0,8^t$
b) $A(5) = 0,2 \cdot B(4) = 19\,660,80$
$\quad B(5) = 240\,000 \cdot 0,8^5 = 78\,643,20$
c) $B(10) = 240\,000 \cdot 0,8^{10} \approx 25\,769,80$

Seite 193
1.
a) $x = \log_2 32 = \dfrac{\lg 32}{\lg 2} = 5$

b) $x = \log_4 \dfrac{50}{3} = \dfrac{\lg \frac{50}{3}}{\lg 4} \approx 2,03$

c) $x = \log_{25} 5 = \dfrac{\lg 5}{\lg 25} = 0,5$

d) $x = \log_{216} \sqrt{6} = \dfrac{\lg \sqrt{6}}{\lg 216} = \dfrac{1}{6}$

e) $x = \log_{0,25} 16 = \dfrac{\lg 16}{\lg 0,25} = -2$

f) $x = \log_3 7 = \dfrac{\lg 7}{\lg 3} \approx 1,77$

g) $x = \log_{0,125} 2 = \dfrac{\lg 2}{\lg 0,125} = -\dfrac{1}{3}$

h) $x = \log_3 0,375 \cdot \sqrt{81} = \dfrac{\lg 3,375}{\lg 3} \approx 1,11$

2.
a) $3^x = 81 \Leftrightarrow x = 4$
b) $10^x = 0,0001 \Leftrightarrow x = -4$
c) $2^x = 64 \Leftrightarrow x = 6$
d) $2^x = 0,03125 \Leftrightarrow x = -5$
e) $5^x = 3,125 \Leftrightarrow x = \dfrac{\lg 3,125}{\lg 5} \approx 0,71$

f) $0,25^x = 8 \Leftrightarrow x = \dfrac{\lg 8}{\lg 0,25} = -\dfrac{3}{2}$

g) $10^x = 10^3 \Leftrightarrow x = 3$

h) $10^x = 25 \Leftrightarrow x = \dfrac{\lg 25}{\lg 10} \approx 1,40$

Seite 195

Oben
$K_n = 1234\,€ \left(1 + \dfrac{2,75}{100}\right)^8 \approx 1533,10\,€$

Mitte
$8100,18\,€ = 6500\,€ \left(1 + \dfrac{p}{100}\right)^5$
$p = \left(\sqrt[5]{\dfrac{8100,18\,€}{6500\,€}} - 1\right) \cdot 100 \approx 4,5\,\%$

Unten
$14\,343,63\,€ = K_0 \cdot 1,018^{10} \Leftrightarrow K_0 \approx 12\,000\,€$

Seite 196
1. $K_0 = \dfrac{2680,19}{1,05^6} \approx 2000$

$\quad p = \sqrt[6]{\dfrac{2680,19}{2000}} - 1 \approx 0,05 \Rightarrow p\,\% = 5\,\%$

$\quad n = \dfrac{\lg\left(\frac{2680,19}{2000}\right)}{\lg 1,05} \approx 6$

$\quad K_6 = 2000 \cdot 1,05^6 \approx 2680,19$

263

2. Anfangskapital:

$$K_n = K_0 \cdot q^n \qquad | : q^n$$

$$K_0 = \frac{K_n}{q^n}$$

Zinssatz:

$$K_n = K_0 \cdot q^n \qquad | : K_0$$

$$q^n = \frac{K_n}{K_0} \qquad | \sqrt[n]{}$$

$$q = \sqrt[n]{\frac{K_n}{K_0}} \qquad | -1$$

$$p = \sqrt[n]{\frac{K_n}{K_0}} - 1$$

Zeit (Jahre):

$$K_n = K_0 \cdot q^n \qquad | : K_0$$

$$q^n = \frac{K_n}{K_0}$$

$$n = \frac{\lg \frac{K_n}{K_0}}{\lg q}$$

Seite 198

a) $R_{10} = 1234 \cdot \frac{1{,}035^{10} - 1}{0{,}035} \approx 14\,476{,}54$

b) $R_{v10} = R_{10} \cdot 1{,}035 \approx 14\,983{,}22$

Seite 199

1. $R_{v0} = \frac{R_{v10}}{q^{10}} = \frac{r \cdot \frac{q^{10}-1}{q-1} \cdot q}{q^{10}}$

$$= 14\,000 \cdot \frac{\frac{1{,}045^{10}-1}{0{,}045} \cdot 1{,}045}{1{,}045^{10}}$$

$$\approx 115\,763{,}07$$

Die Barauszahlung der 120 000 € ist günstiger.

2. $\dfrac{20\,000 \cdot \frac{1{,}05^3 - 1}{0{,}05}}{1{,}05^3} \approx 54\,464{,}96$

Die Anschaffungskosten sollten nicht über 54 465 € liegen.

Lösungen zu 3.1

Seite 214

Besonders steil ist der Weg auf den ersten und den letzten 400 Metern. Besonders flach ist er zwischen 600 und 900 Metern Entfernung von Homberg.

Seite 215

1. Durchschnittliche Steigung:

P_2 zu P_3: $\frac{3}{70}$

P_3 zu P_4: $\frac{1}{15}$

Die Streckenabschnitte P_1 zu P_2 und P_2 zu P_3 werden durch die durchschnittliche Steigung recht gut charakterisiert, der Abschnitt P_3 zu P_4 weniger gut.

2. Differenzenquotient:

$[-1; 2]$: $\frac{f(2) - f(-1)}{2 - (-1)} = \frac{4 - 1}{3} = 1$

$[-1; 0]$: $\frac{f(0) - f(-1)}{0 - (-1)} = \frac{0 - 1}{1} = -1$

$[0; 2]$: $\frac{f(2) - f(0)}{2 - 0} = \frac{4 - 0}{2} = 2$

$[1; 1{,}1]$: $\frac{f(1{,}1) - f(1)}{1{,}1 - 1} = \frac{1{,}21 - 1}{0{,}1} = 2{,}1$

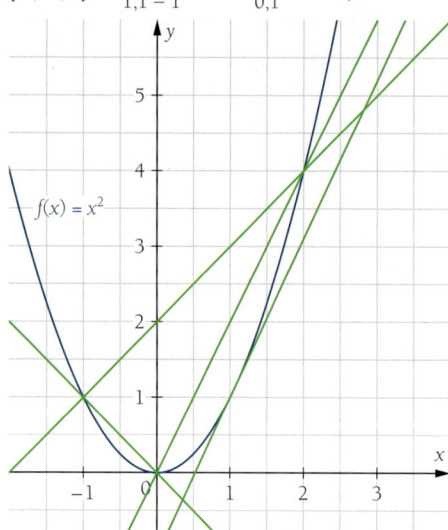

Die Geraden zu $[-1; 0]$ und $[1; 1{,}1]$ spiegeln den Verlauf von G_f im jeweiligen Bereich am besten wider.

Seite 217

1. $\lim\limits_{x \to 2} \frac{f(x) - f(2)}{x - 2} = \lim\limits_{x \to 2} \frac{x^2 - 3 - 1}{x - 2} = \lim\limits_{x \to 2} \frac{x^2 - 4}{x - 2}$

$= \lim\limits_{x \to 2} \frac{(x - 2) \cdot (x + 2)}{x - 2} = \lim\limits_{x \to 2} (x + 2) = 4$

Die Steigung von f bei $x_0 = 2$ ist 4.

$\lim\limits_{x \to 2} \frac{g(x) - g(2)}{x - 2} = \lim\limits_{x \to 2} \frac{2x^3 - 5x - 6}{x - 2}$ ▶ Polynomdivision

$= \lim\limits_{x \to 2} (2x^2 + 4x + 3) = 19$

Die Steigung von g bei $x_0 = 2$ ist 19.

2. $\lim\limits_{x \to 1} \dfrac{f(x) - f(1)}{x - 1}$ ► Polynomdivision

a) $\lim\limits_{x \to 1} \dfrac{x^3 - 1}{x - 1} = \lim\limits_{x \to 1} (x^2 + x + 1) = 3$

b) $\lim\limits_{x \to 1} \dfrac{x^4 - 1}{x - 1} = \lim\limits_{x \to 1} (x^3 + x^2 + x + 1) = 4$

c) $\lim\limits_{x \to 1} \dfrac{x^5 - 1}{x - 1} = \lim\limits_{x \to 1} (x^4 + x^3 + x^2 + x + 1) = 5$

Seite 220

1. $\lim\limits_{x \to -2} \dfrac{f(x) - f(-2)}{x - (-2)} = \lim\limits_{x \to -2} \dfrac{2x^2 - 8}{x + 2}$

$= \lim\limits_{x \to -2} \dfrac{2 \cdot (x - 2) \cdot (x + 2)}{x + 2} = \lim\limits_{x \to -2} 2 \cdot (x - 2)$

$= -8$ (Steigung)

$\lim\limits_{x \to 3} \dfrac{f(x) - f(3)}{x - 3} = \lim\limits_{x \to 3} \dfrac{2x^2 - 18}{x - 3}$

$= \lim\limits_{x \to 3} \dfrac{2 \cdot (x - 3) \cdot (x + 3)}{x - 3} = \lim\limits_{x \to 3} 2 \cdot (x + 3)$

$= 12$ (Steigung)

$\lim\limits_{x \to 0} \dfrac{f(x) - f(0)}{x - 0} = \lim\limits_{x \to 0} \dfrac{2x^2 - 0}{x - 0} = \lim\limits_{x \to 0} 2x$

$= 0$ (Steigung)

2.

a) Graph von $s(t) = 20t$

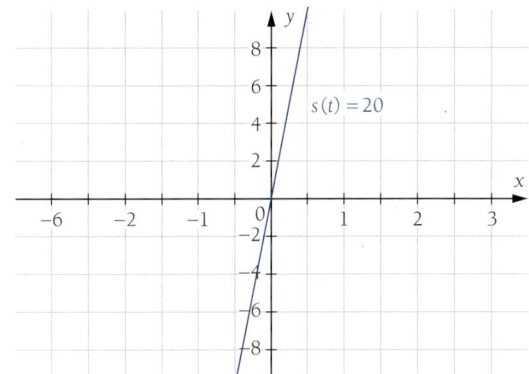

b) $\lim\limits_{t \to 3} \dfrac{s(t) - s(3)}{t - 3} = \lim\limits_{t \to 3} \dfrac{20t - 60}{t - 3} = \lim\limits_{t \to 3} 20 = 20$

$\lim\limits_{t \to 10} \dfrac{s(t) - s(10)}{t - 10} = \lim\limits_{t \to 10} \dfrac{20t - 200}{t - 10} = \lim\limits_{t \to 10} 20 = 20$

Die Momentangeschwindigkeit nach 3 Sekunden und nach 10 Sekunden beträgt $20 \frac{m}{s}$.

c) Es handelt sich um eine geradlinige Bewegung mit konstanter Geschwindigkeit.

Seite 223

a), c)

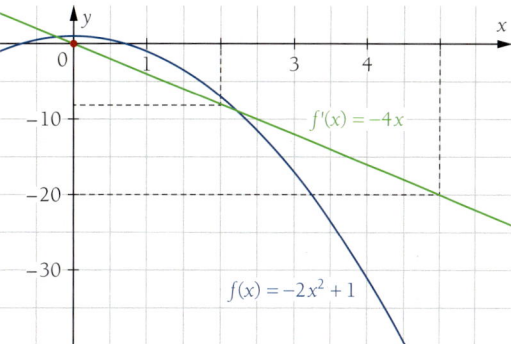

b), d) $f'(2) = -\dfrac{16}{2} = -8$; $f'(0) = 0$; $f'(5) = -\dfrac{15}{0{,}75} = -20$

Seite 227

1.

a) $f'(x) = 6x^2 + 4$

b) $f'(x) = -x$

c) $f'(x) = 0{,}25x^4 - 1{,}2x^3$

d) $f'(x) = \frac{1}{6}x^6 - \frac{1}{5}x^5 + \frac{1}{4}x^4$

e) $f'(x) = x^3 + x^2$

f) $f'(x) = 0$

g) $f'(x) = -\dfrac{1}{2x^2}$

h) $f'(x) = -\dfrac{1}{x^3}$

2.

a) $f'(x) = 2$

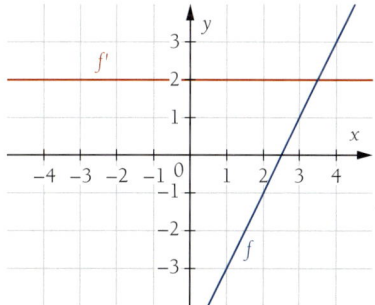

L

b) $f'(x) = -0.5x + 4$

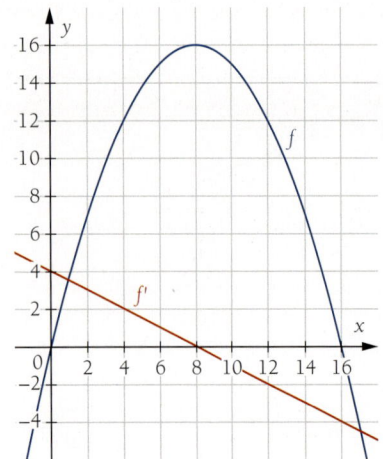

c) $f'(x) = \frac{3}{2}x^2 - 3$

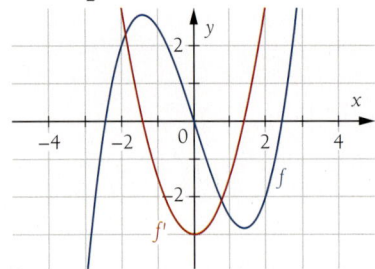

Seite 228

a) $f'(x) = 10x^3 + 6x$
$f''(x) = 30x^2 + 6$
$f'''(x) = 60x$
$f^{(4)}(x) = 60$
$f^{(5)}(x) = 0$

b) $f'(x) = 0.75x^2 - 5$
$f''(x) = 1.5x$
$f'''(x) = 1.5$
$f^{(4)}(x) = 0$

c) $f'(x) = -5x^4 + 0.8x^3 - 18x^2$
$f''(x) = -20x^3 + 2.4x^2 - 36x$
$f'''(x) = -60x^2 + 4.8x - 36$
$f^{(4)}(x) = -120x + 4.8$
$f^{(5)}(x) = -120$
$f^{(6)}(x) = 0$

d) $f'(x) = -\frac{2}{3}x^3 + \frac{5}{2}x^2 - \frac{2}{3}x - \frac{4}{3}$
$f''(x) = -2x^2 + 5x - \frac{2}{3}$
$f'''(x) = -4x + 5$
$f^{(4)}(x) = -4$
$f^{(5)}(x) = 0$

Seite 230

$f(-3) = -20.7 = t(-3); f'(x) = 0.3x^2 - 4x$
$\Rightarrow f'(-3) = 14.7$
$t(x) = 14.7x + b \Rightarrow -20.7 = 14.7 \cdot (-3) + b$
$\Leftrightarrow b = 23.4 \Rightarrow t(x) = 14.7x + 23.4$

Seite 231

$f'(x) = 6x - 5; f'(x) = 1 \Leftrightarrow 6x - 5 = 1 \Leftrightarrow x = 1$
$f(1) = 2 \Rightarrow P(1|2)$
$g'(x) = 3x^2 - 11; g'(x) = 1 \Leftrightarrow 3x^2 - 11 = 1$
$\Leftrightarrow x^2 = 4 \Rightarrow x_1 = -2; x_2 = 2$
$f(-2) = 14 \Rightarrow P_1(-2|14); f(2) = -14$
$\Rightarrow P_2(2|-14)$

Seite 233

Grenzkostenfunktion:
$K'(x) = -0.375x^2 + 5.65x - 5$
Grenzkosten für 6 ME: $K'(6) = 15.4$

Lösungen zu 3.2

Seite 240

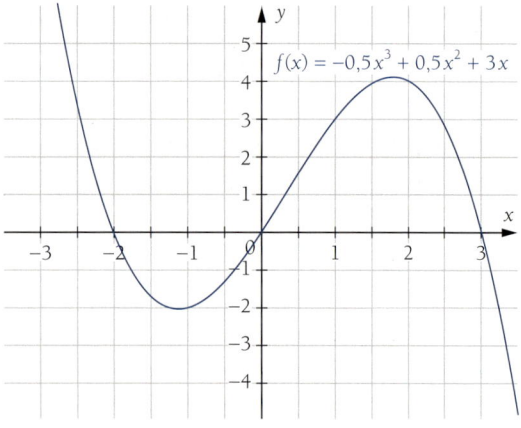

$M_1 = \,]{-\infty}; -1.12[$: Tangentensteigung in M_1 negativ
$\Rightarrow f$ fällt in M_1 streng monoton.
$M_2 = \,]{-1.12}; 1.79[$: Tangentensteigung in M_2 positiv
$\Rightarrow f$ steigt in M_2 streng monoton.
$M_3 = \,]1.79; \infty[$: Tangentensteigung in M_3 negativ
$\Rightarrow f$ fällt in M_3 streng monoton.

Seite 241

$f'(x) = -1,5x^2 + x + 3; f'(x_E) = 0$

$\Rightarrow x_{E_1} \approx -1,12; x_{E_2} \approx 1,79$

$M_1 =]-\infty; -1,12[: f'(-2) = -5$

$(< 0$, monoton fallend$)$

$M_2 =]-1,12; 1,79[: f'(0) = 3$

$(> 0$, monoton steigend$)$

$M_3 =]1,79; \infty[: f'(2) = -1$

$(< 0$, monoton fallend$)$

Seite 244

1. $f'(x) = 3x^2 - 12; f'(x_E) = 0 \Rightarrow x_{E_1} = -2; x_{E_2} = 2$

$f'(-3) = 15 (> 0); f'(-1) = -9 (< 0)$

$\Rightarrow H(-2|16) \blacktriangleright f(-2) = 16$

$f'(1) = -9 (< 0); f'(3) = 15 (> 0)$

$\Rightarrow T(2|-16) \blacktriangleright f(2) = -16$

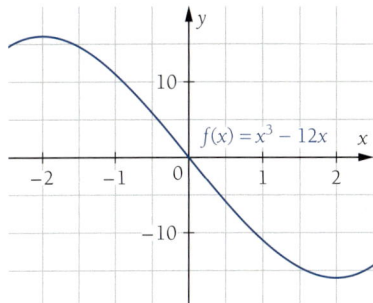

2.

a) $G'(x_E) = 0 \Leftrightarrow -0,03x_E^2 + 18x_E - 150 = 0$

$\Leftrightarrow x_E^2 - 600x_E + 5000 = 0 \Rightarrow x_{E_1} \approx 8; x_{E_2} \approx 592$

$G'(590) = 27 (> 0); G'(595) = -60,75 (< 0)$

$(G'$ hat bei 592 einen VZW von „+ nach –")

$\Rightarrow G_{max}(592|740\,629);$ max. Gewinn $740\,629\,€.$

b)

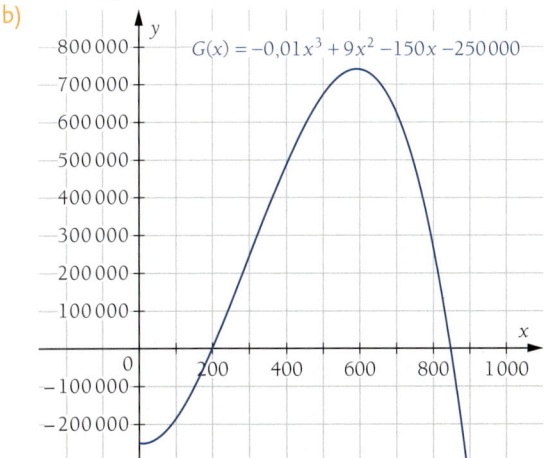

Bei einer Ausbringungsmenge von 200 ME wird die Gewinnschwelle erreicht. Der Gewinn ist bei etwa 592 ME maximal. Werden mehr ME ausgebracht, sinkt der Gewinn wieder, bis bei etwa 848 ME die Gewinngrenze erreicht ist.

3.

a)

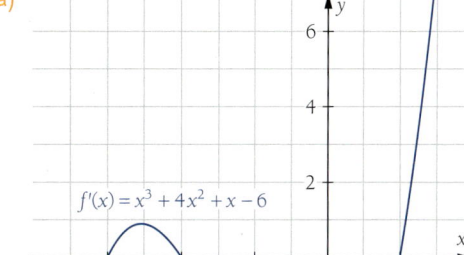

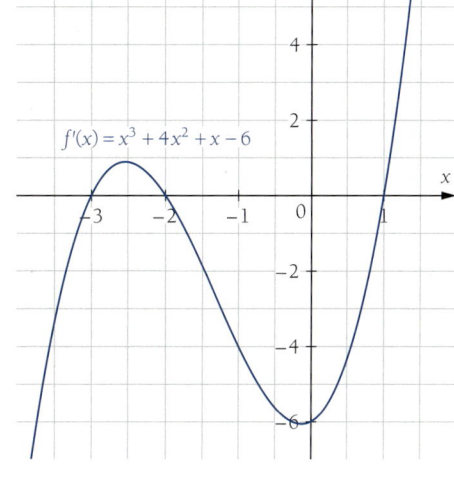

b) Der Graph von f muss bei $x_{E_1} = -3$, $x_{E_2} = -2$ und $x_{E_3} = 1$ je eine Extremstelle besitzen, da f' an diesen Stellen null wird und außerdem ein Vorzeichenwechsel in der ersten Ableitung stattfindet.

c) $f'(x) = (x-1)(x+3)(x+2)$ bestätigt die Nullstellen der ersten Ableitung. An diesen Stellen findet außerdem ein Vorzeichenwechsel statt, also handelt es sich um Extremstellen der Ausgangsfunktion.

d)

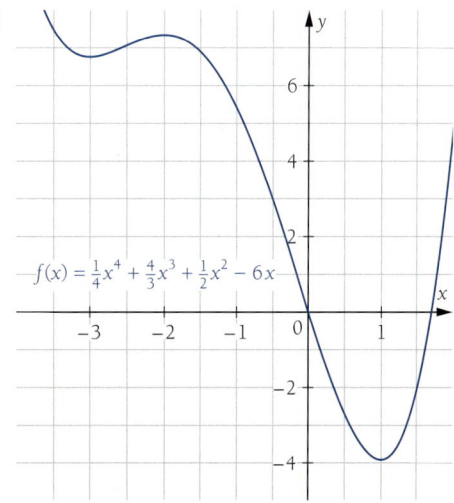

Seite 247

$f'(x) = 3x^2 - 12;\ f''(x) = 6x$

$f''(x_W) = 0 \Rightarrow x_W = 0$

$f''(-1) = -6\ (< 0);\ f''(1) = 6\ (> 0)$

$\Rightarrow W(0|0)$ mit RL-KW $\blacktriangleright f(0) = 0$

Die Funktion hat eine Wendestelle bei $W(0|0)$. Dort ändert sich das Krümmungsverhalten von Rechts- auf Linkskrümmung. In Wendepunkten ist das Steigungsverhalten extremal, Wendepunkte der Ausgangsfunktion sind deshalb Extrema der ersten Ableitung.

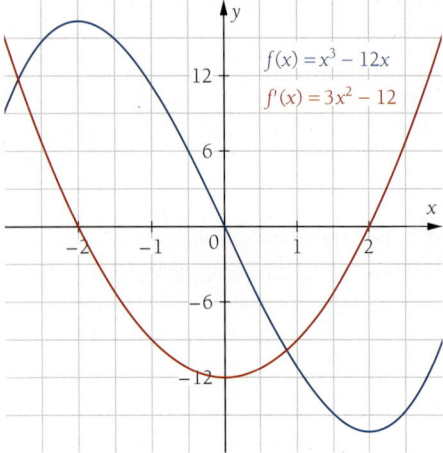

Glossar

Hinweis: Die folgenden Begriffe werden so erklärt, wie sie in diesem Lehrbuch verwendet werden. Die Erklärungen erheben nicht den Anspruch einer exakten Definition im volks- oder betriebswirtschaftlichen Sinn.

Absatz (*sales*) ist die in einem bestimmten Zeitraum verkaufte (abgesetzte) Menge eines Produkts.

Abschreibung (*depreciation*) erfasst planmäßige und außerplanmäßige Wertminderungen von Vermögensgegenständen.

Amortisation (*amortization*) ist der Prozess, in dem die Anschaffungskosten einer Investition durch die Einzahlungen gedeckt werden, die durch die Investition entstehen.

Angebot (*supply*) ist die Bereitschaft zum Verkauf eines Gutes.

Angebotsmonopol (*supply monopoly*) ist eine Marktform, bei der nur ein einziger Anbieter eines bestimmten Gutes existiert.

Angebotsüberschuss (*excess supply*) besteht, wenn das Angebot größer ist als die Nachfrage. Das kann dann der Fall sein, wenn der Verkaufspreis über dem Gleichgewichtspreis liegt.

Annuität (*annuity*) ist eine gleichbleibend hohe jährliche Zahlung, die sich aus Zinsen und Tilgung zusammensetzt.

Aufwand (*expenses*) ist der wertmäßige Einsatz von Gütern und Dienstleistungen, um einen Ertrag zu erzielen.

Ausbringungsmenge (*output*) ist die Menge eines Gutes, die in einer Produktionsperiode hergestellt wird.

Barwert (*cash value*) ist der Wert, den zukünftige Zahlungen in der Gegenwart besitzen.

Betriebsminimum ist die Ausbringungsmenge, bei der die geringsten variablen Stückkosten entstehen.

Betriebsoptimum ist die Ausbringungsmenge, bei der die geringsten Stückkosten entstehen (kostengünstigste Produktionsmenge).

Break-even-Punkt (*Break-even-Point*) siehe **Gewinnschwelle**

Cournot'scher Punkt gibt die gewinnmaximale Menge und den zugehörigen Preis beim Monopol an.

Deckungsbeitrag (*contribution margin*) ist der Betrag, der vom Erlös übrig bleibt, wenn die variablen Kosten bereits gedeckt sind. Er dient zur Deckung der fixen Kosten.

Degressiver Kostenverlauf (*degressive cost schedule*) siehe **ertragsgesetzlicher Kostenverlauf**

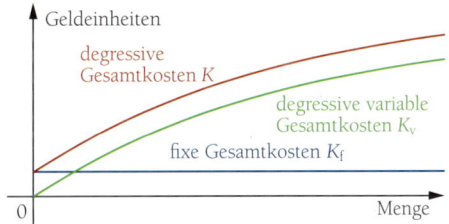

Durchschnittlicher Lagerbestand (*average stock*) gibt Auskunft darüber, wie groß die Vorräte im Durchschnitt sind.

Erlös (*revenue*) ist der Wert des Absatzes.

Erlösgrenze (*revenue limit*) ist die Absatzmenge, bei der der Preis null ist.

Erlöszone (*revenue area*) liegt zwischen der Erlösschwelle und der Erlösgrenze.

Ertrag (*revenue*) siehe **Erlös**

Ertragsgesetzlicher Kostenverlauf (*costs in the law of diminishing returns*) ist der Kostenverlauf, bei dem der Anstieg der Kosten bis zu einem bestimmten Punkt immer schwächer wird (**degressiver Verlauf**) und danach immer stärker (**progressiver Verlauf**).

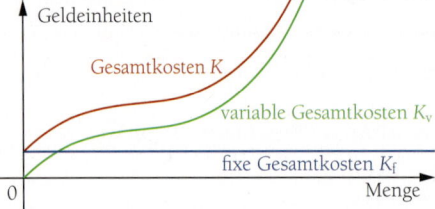

Fixe Kosten (*fixed costs*) sind der Bestandteil der Gesamtkosten, der unabhängig von der Produktionsmenge in einem bestimmten Zeitraum anfällt, z.B. Miete, Lohnkosten.

Gesamtdeckungsbeitrag (*contribution margin*) siehe **Deckungsbeitrag**

Gesamtkosten (*total costs*) sind die Summe aus variablen und fixen Kosten.

Gewinn (*profit*) ist die Differenz zwischen Ertrag (Erlös/Umsatz) und Aufwand (Kosten).

Gewinngrenze (*profit limit*) ist der Absatz am Übergang von einem positiven Gewinn zu einem negativen Gewinn (Verlust).

Gewinnschwelle (*Break-even-Point*) ist der Absatz am Übergang vom Verlust (negativer Gewinn) zu einem (positiven) Gewinn.

Gewinnzone (*profit area*) ist der Bereich zwischen Gewinnschwelle und Gewinngrenze.

Grenzkosten (*marginal costs*) sind Mehrkosten, die bei der Produktion einer zusätzlichen Mengeneinheit eines Produkts entstehen.

Höchstpreis (*maximum price*) ist der Preis, bei dem die Käufer nicht mehr bereit sind, ein Gut zu kaufen. Die Nachfrage ist also null. Der Höchstpreis befindet sich im Schnittpunkt der Nachfragekurve mit der y-Achse.

Kapazitätsgrenze (*capacity limit*) ist die größtmögliche Ausbringungsmenge in einem bestimmten Zeitraum. Sie ist technisch oder organisatorisch bedingt.

Kapitalwert (*cash value*) bezeichnet den Barwert aller Ein- und Auszahlungen einer Investition. Der Berechnung des Barwertes wird ein Kalkulationszinssatz zugrunde gelegt.

Kapitalwertmethode (*Net Present Value method*) dient der Beurteilung der Vorteilhaftigkeit einer Investition. Eine Investition wird als vorteilhaft angesehen, wenn ihr Kapitalwert mindestens null ist.

Kurzfristige Preisuntergrenze (*short-term lower price limit*) ist der Preis, unterhalb dessen die variablen Kosten nicht mehr gedeckt sind (unabhängig von der Ausbringungsmenge). Sie ist so hoch wie die geringsten variablen Stückkosten im Betriebsminimum.

Lagerkosten (*inventory costs*) setzen sich zusammen u. a. aus den Bestellkosten und den Zinsen für das im Lager gebundene Kapital.

Langfristige Preisuntergrenze (*long-term lower price limit*) ist der Preis, unterhalb dessen die gesamten Kosten nicht mehr gedeckt sind (unabhängig von der Ausbringungsmenge). Sie ist so hoch wie die geringsten durchschnittlichen Gesamtkosten im Betriebsoptimum.

Losgröße (*batch size*) bezeichnet die Menge einer Produktionsserie, die hintereinander ohne Umrüstung der Fertigungsanlagen hergestellt werden kann. Sie ist so zu planen, dass die relevanten Stückkosten minimiert werden (optimale Losgröße).

Marktgleichgewicht (*market equilibrium*) stellt sich ein, wenn Angebot und Nachfrage nach einem Gut übereinstimmen. Es wird bestimmt durch die Gleichgewichtsmenge und den Gleichgewichtspreis.

Materialeinsatz (*input*) oder **Input** ist der mengenmäßige Einsatz von Produktionsfaktoren, wie Rohstoffe.

Mengenanpassung (*quantity adjustment*) bedeutet, dass der Gewinn nicht durch den Preis eines angebotenen Gutes beeinflusst werden kann, sondern nur durch die Höhe des Absatzes.

Nachfrage (*demand*) ist die Bereitschaft zum Kauf eines Gutes.

Nachfrageüberschuss (*excess demand*) besteht, wenn die Nachfrage größer ist als das Angebot. Das kann dann der Fall sein, wenn der Verkaufspreis unter dem Gleichgewichtspreis liegt.

Optimale Bestellmenge (*optimal order quantity*) ist dann erreicht, wenn die Lagerkosten minimal sind.

Output (*output*) siehe **Ausbringungsmenge**

Preis-Absatz-Funktion (*price-sales function*) gibt an, welche Menge eines Gutes ein Unternehmen in Abhängigkeit vom Preis absetzen kann. Die Preis-Absatz-Funktion eines Angebotsmonopolisten ist die Nachfragefunktion der Käufer.

Produktionsmenge (*output*) siehe **Ausbringungsmenge**

Produktlebenszyklus (*product life cycle*)
Einführungsphase: geringe Nachfrage, hohe Stückkosten.
Wachstumsphase: höherer Absatz, geringere Stückkosten; etwa ab Gewinnschwelle steigt der Gewinn bis zum Gewinnmaximum.
Reifephase: Konkurrenten treten auf, Preise fallen, Nachfrage sinkt.
Sättigungsphase: Gewinne sinken, Marktsättigung ist erreicht.

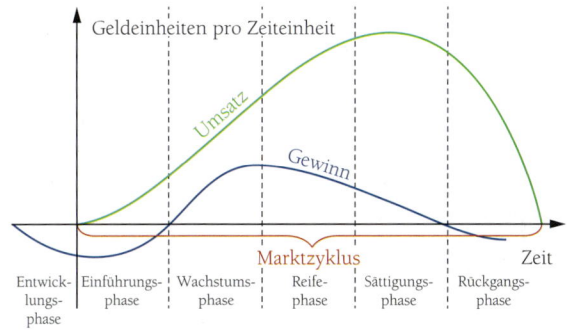

Progressiver Kostenverlauf (*progressive cost schedule*) siehe **ertragsgesetzlicher Kostenverlauf**

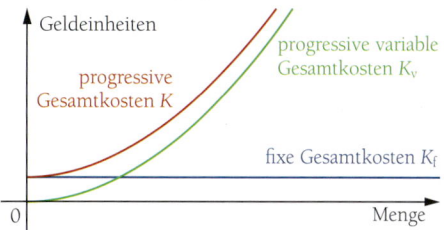

Prohibitivpreis (*prohibitive price*) siehe **Höchstpreis**

Rüstkosten (*preproduction costs*) sind die Kosten, die bei der Umrüstung einer Fertigungsanlage anfallen.

Sättigungsmenge (*saturation quantity*) ist die Menge, bei der keine weiteren Mengen mehr nachgefragt werden, obwohl der Preis schon bei null liegt (Nullstelle der Nachfragefunktion).

Stückdeckungsbeitrag (*unit contribution margin*) gibt an, wie viele Geldeinheiten **eine** Mengeneinheit eines Produkts zur Deckung der Fixkosten beiträgt.

Stückkosten (*unit costs*) sind die Kosten pro Mengeneinheit.

Tilgung (*redemption*) ist der Betrag, um den die Restschuld eines Darlehens verringert wird.

Umsatz (*revenue*) siehe **Erlös**

Umsatzrendite (*return on sales*) ist eine Kennzahl, die den prozentualen Anteil des Gewinns am Umsatz wiedergibt (Gewinn/Umsatz).

Variable Kosten (*variable costs*) sind der Bestandteil der Gesamtkosten, dessen Höhe von der produzierten Menge abhängt.

Vollständige Konkurrenz (*perfect competition*) ist eine idealisierte Marktsituation. Sie ist u. a. dadurch gekennzeichnet, dass sehr viele Anbieter sehr vielen Nachfragern gegenüberstehen.

Wirtschaftlichkeit (*economic efficiency*) ist eine Kennzahl, die das Verhältnis von Ertrag (Erlös) und Aufwand (Kosten) angibt (Ertrag/Aufwand).

Arbeiten mit dem GTR/CAS

CA **Casio fx-CG20**

Darstellung statistischer Daten

① Säulen- und Kreisdiagramm ▸ Seite 31

Die JoRo GmbH ist in Produktionssparten gegliedert, die selbstverantwortlich wirtschaften. Die Tabelle gibt den Umsatz jeder Sparte im Jahr 2014 in Tausend € an.

Sparte	Verkehrstechnik (1)	Medizintechnik (2)	Haushaltstechnik (3)	Kommunikations- technik (4)	Anlagentechnik (5)
Umsatz	24 832	33 861	8335	10 589	35 749

Stellen Sie die Umsatzzahlen der Sparten jeweils in einem Säulen- und Kreisdiagramm dar.

Wir verwenden die Anwendung **Statistik** ([MENU], [2]) und geben die Umsatzdaten ein.

Dann wählen wir den Menüpunkt **Graph** ([F1]) und anschließend **Set** ([F6]).

Der erste Graph **GRAPH1** ([F1]) soll aus den Daten in der ersten Liste (**List 1**) ein Säulendiagramm (**Bar**) erstellen.
Im Eingabefenster bewegen Sie sich mit den Cursor-Tasten.

Im zweiten Graph **GRAPH2** ([F2]) soll als **Graph Type** das Kreisdiagramm (**Pie**) ausgewählt werden. **Data** ist auch hier **List 1** und für Display wird die Anzeige in Prozentzahlen (**%**) ausgewählt. Das Fenster wird mit [EXIT] verlassen.

Die Auswahl von **GRAPH1** erstellt ein Säulendiagramm und **GRAPH2** ein Kreisdiagramm der eingegebenen Umsatzzahlen. Mit [EXIT] verlassen wir das Diagrammfenster.

▸ Die Zahlen können in Listen eingegeben und durch ihre Listennummer angesprochen werden.

▸ Zur Auswahl einer Liste für **Data1** muss der Menüpunkt **List** ([F1]) angewählt und die Nummer der Liste eingegeben werden.

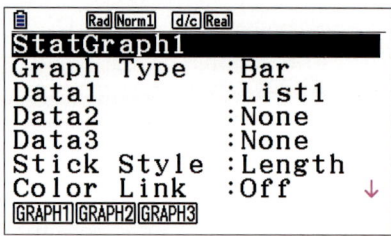

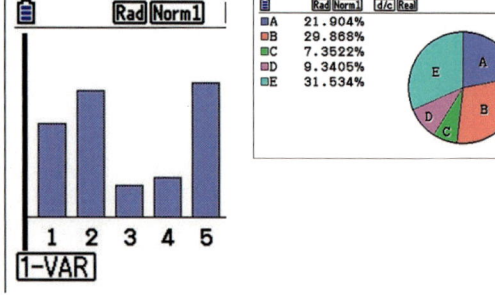

Histogramm ▶ Seite 32

▶ Seite 32

In einer Rechtsanwaltskanzlei sind 15 Rechtsanwälte verschiedenen Alters beschäftigt:

Anwalt	A	B	C	D	E	F	G	H	I	J	K	L	M	N	O
Alter	28	55	29	47	53	38	40	42	67	63	61	35	70	43	55

Erstellen Sie ein Histogramm mit einer Klassenbreite von 10 Jahren.

Wir verwenden die Anwendung **Statistik** ([MENU], [2]) und geben die Daten als Liste ein.
Dann wählen wir das Untermenü **Graph** ([F1]) und anschließend **Set** ([F6]).
Zur Darstellung eines Histogramms benötigen wir den **Graph Type: Hist**. Das Fenster wird mit [EXIT] verlassen.

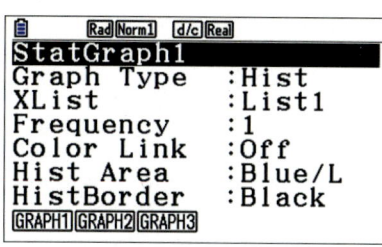

GRAPH1 stellt das Histogramm dann dar.
Beim erscheinenden Fenster stellen wir für das Histogramm den Startwert **Start: 25.01** und die Klassenbreite **Width: 10** ein. [EXE] erstellt das gesuchte Histogramm.

Deutung und Bewertung von Daten

Statistische Kennzahlen und Boxplots ▶ Seite 51

▶ Seite 51

Ein Landwirt möchte seinen Bestand an Milchvieh erhöhen und hat dazu den Fettgehalt der niedersächsischen Kuh „Schwarz-Bunte" (SB) und der „Steirischen Milchkuh" (SM) untersucht. Dabei wurde die Milch von 20 zufällig ausgewählten Kühen beider Rassen analysiert. Die Ergebnisse sind:

	1	2	3	4	5	6	7	8	9	10	11	12	13	14	15	16	17	18	19	20
SB	3,6	3,6	3,6	3,6	3,6	3,7	3,7	3,7	3,9	4,0	4,0	4,3	4,3	4,3	4,4	4,5	4,8	4,8	4,9	4,9
SM	3,4	3,4	3,4	3,6	3,8	3,8	3,8	3,8	3,9	3,9	3,9	4,0	4,4	4,5	4,6	4,6	4,6	4,6	4,6	5,2

▶ Angaben des Fettgehalts in Prozent

Berechnen Sie geeignete Lage- und Streuungsmaße und erstellen Sie einen Boxplot.

Wir übertragen den Fettgehalt der Rasse SB in die Liste 1 und den der Rasse SM in die Liste 2 der Anwendung **Statistik** ([MENU], [2]).

Wesentliche Lage- und Streuungsmaße berechnet der Befehl **1-VAR** ([F1]) im Untermenü **CALC** ([F2]).
Das arithmetische Mittel des Fettgehalts der Milch bei der Rasse SB liegt bei 4,11 % und die Standardabweichung bei rund 0,47 %.

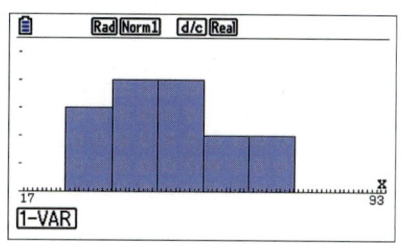

▶ Standardmäßig werden die statistischen Kennzahlen für die Liste 1 (hier Rasse SB) berechnet. Zur Berechnung der statistischen Kennzahlen für die Rasse SM ist im Untermenü **CALC** ([F2]), **SET** ([F6]) für 1Var XList die Liste 2 zu wählen. **1-VAR** ([F1]) liefert dann die Werte für die Rasse SM.

GTR CAS

- Die einzelnen statistischen Kennzahlen können auch direkt in der Anwendung Run-Matrix ([MENU], [1]) berechnet werden. Die Standardabweichung von 0,496 % der Rasse SM berechnet sich z.B. durch [OPTN], STAT ([F5]), StdDev ([F4]), σ([F2]).

Boxplots werden mit der Anwendung Statistik ([MENU], [2]) erstellt.
Dazu wählen wir das Untermenü Graph ([F1]) und anschließend Set ([F6]).

Bei GRAPH1 ([F1]) geben wir MedBox als Graph Type und List1 als XList an, entsprechend MedBox und List2 für GRAPH2 ([F2]). Wir verlassen das Fenster mit [EXIT]. GRAPH1 stellt das Histogramm dann für die Rasse SB dar und GRAPH2 das Histogramm für die Rasse SM.

Mit dem Befehl 1-VAR erhält man jeweils einen Überblick über die statistischen Kennzahlen.

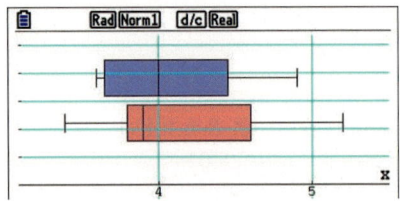

▶ Die Auswahl der Liste erfolgt durch [OPTN], List, ([F1]), List ([F1]) gefolgt von einer Zahl.

```
StatGraph1    :DrawOn
StatGraph2    :DrawOn
StatGraph3    :DrawOff
```

▶ Im Untermenü SELECT ([F4]) können auch mehrere Graphen ausgewählt werden. Der Befehl DRAW ([F6]) erstellt dann die Boxplots mit denen die Fettgehalte beider Kuh-Rassen verglichen werden können.

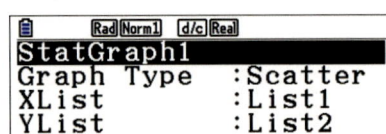

④ Lineare Regression ▶ Seite 62

In einem Sportverein werden die Körpergröße und das Körpergewicht von 10 Mädchen gemessen und aufsteigend nach Größe in einer Tabelle festgehalten. Veranschaulichen Sie den Zusammenhang zwischen Größe und Gewicht und bestimmen Sie die Gleichung der Geraden, die den Zusammenhang am besten beschreibt.

Name	Größe x	Gewicht y
Frieda	157 cm	48 kg
Aysun	157 cm	50 kg
Dana	159 cm	50 kg
Britta	163 cm	55 kg
Annika	165 cm	56 kg
Sarah	167 cm	55 kg
Laura	169 cm	59 kg
Pia	174 cm	64 kg
Marie	180 cm	68 kg
Hanna	181 cm	70 kg

Wir übertragen die gemessenen Werte in zwei Listen der Anwendung Statistik ([MENU], [2]).

Dann wählen wir das Untermenü GRAPH ([F1]) und anschließend SET ([F6]).

Bei GRAPH1 ([F1]) geben wir Scatter als Graph Type an. Die Größe (List1) soll auf der x-Achse und das Gewicht (List2) auf der y-Achse aufgetragen werden. Das Fenster wird mit [EXIT] verlassen.

```
StatGraph1
Graph Type    :Scatter
XList         :List1
YList         :List2
```

▶ Die Körpergröße wurde in der Liste 1 und das Gewicht in der Liste 2 eingetragen.

Der Befehl **GRAPH1** (F1) visualisiert den Zusammenhang zwischen dem Gewicht und der Größe als Punktdiagramm.

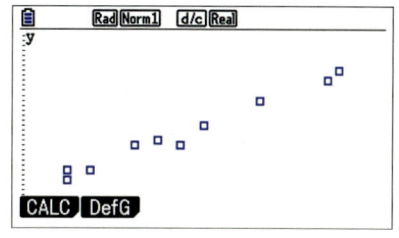

Um die Gleichung der Regressionsgeraden zu erhalten, wählen wir im Untermenü **CALC** (F1), **X** (F2) den Befehl **ax+b** (F1). Wir erhalten die Gleichung $y = 0{,}86x - 86{,}20$. ▸ Werte gerundet
Der Korrelationskoeffizient r wird mit rund 0,99 angegeben.

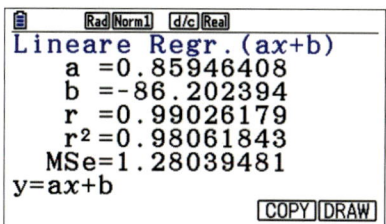

▸ **COPY** (F5) ermöglicht das Speichern der Regressionsgeraden in eine Funktionsvariable. Diese kann in anderen Anwendungen über **VARS** verwendet werden.

Der Befehl **DRAW** (F6) zeichnet die Regressionsgerade in das Punktdiagramm ein.
Mit **ax+b** (F1) wird wieder das Fenster mit den Werten der linearen Regression eingeblendet.

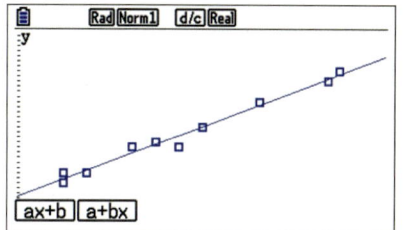

Kubische Regression ▸ Seite 133

Der folgende Zusammenhang zwischen dem Ertrag x und den Gesamtkosten $K(x)$ ist bekannt:

x	0	2,5	8	13,5	16
$K(x)$	400	429,7	459,4	489,1	518,8

Ermitteln Sie einen Term für $K(x)$, welcher den Zusammenhang möglichst gut beschreibt.

Wir geben die Werte in die Anwendung **Statistik** (MENU, 2) ein. Im Untermenü **Graph** (F1), **Set** (F6) stellen wir den **Graph Type: Scatter** ein und lassen uns den Graph (Punktdiagramm) ausgeben.

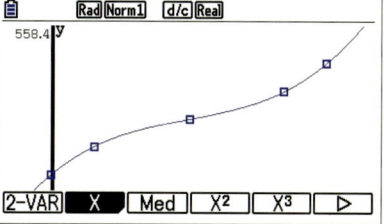

Um den Zusammenhang als Gleichung zu beschreiben, wählen wir den Befehl **CALC** (F1) und **X³** (F5). Wir erhalten als Ergebnis
$K(x) = 0{,}06x^3 - 1{,}44x^2 + 15{,}1x + 400$. Mit dem Befehl **DRAW** (F6) können wir den zugehörigen Graphen einzeichnen lassen.

GTR
CAS

Darstellung und Untersuchung von Funktionen

Die Darstellung von Funktionen übernimmt die Anwendung Graph ($\boxed{\text{MENU}}$, $\boxed{5}$).

6 Untersuchung ökonomischer Funktionen ► Seite 116

Der Produzent einer Spezialkamera ist Monopolist. Für die Produktionskosten K gilt $K(x) = 0{,}2\,x + 1{,}6$; wobei x für die produzierten Mengeneinheiten steht. Die Preispolitik erfolgt auf der Grundlage einer linearen Preis-Absatz-Funktion: Bei einem Angebot von x ME kann ein Preis von $p_N(x) = -0{,}2\,x + 2$ GE pro ME erzielt werden. Zeichnen Sie die Graphen der Kosten-, Erlös- und Gewinnfunktion. Bestimmen Sie die Gewinnschwelle und -grenze sowie den maximalen Gewinn.

Die Funktionen $K(x)$, $E(x) = p_N(x) \cdot x$ und $G(x) = E(x) - K(x)$ geben wir nacheinander in das Eingabefenster ein und bestätigen mit $\boxed{\text{EXE}}$.

► Die Variable x muss mit der Taste $\boxed{\text{X,θ,T}}$ eingegeben werden.

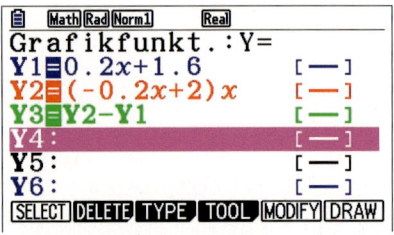

DRAW ($\boxed{\text{F6}}$) zeichnet die Funktionsgraphen.

Für eine geeignete Darstellung kann das Betrachtungsfenster mit dem Befehl V-Window ($\boxed{\text{F3}}$) eingestellt werden.

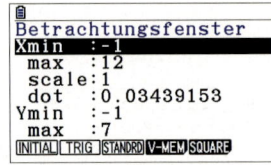

Das Einstellungsfenster wird mit $\boxed{\text{EXIT}}$ wieder verlassen. DRAW ($\boxed{\text{F6}}$) führt zu der abgebildeten Darstellung.

► Der Fensterausschnitt kann auch mit dem Untermenü Zoom ($\boxed{\text{F2}}$) angepasst werden.

Durch den Befehl INTSECT ($\boxed{\text{F5}}$) im Untermenü G-Solv ($\boxed{\text{F5}}$) können die Stellen, an denen die Kosten (blau) mit dem Erlös (rot) übereinstimmen, ermittelt werden.

► Die Auswahl der Funktionen und der Wechsel zwischen den Punkten erfolgt mit den Cursortasten $\boxed{\blacktriangle}$ $\boxed{\blacktriangledown}$ $\boxed{\blacktriangleleft}$ $\boxed{\blacktriangleright}$ und $\boxed{\text{EXE}}$ zur Bestätigung.

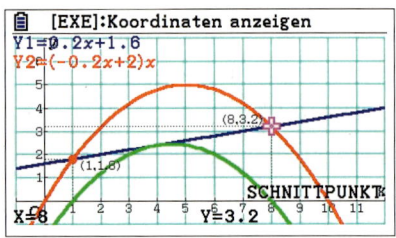

Wir erhalten die Gewinnschwelle $x_{GS} = 1$ und die Gewinngrenze $x_{GG} = 8$.

Durch „Abfahren" des Graphen mit dem Befehl Trace ($\boxed{\text{F1}}$) kann der maximale Gewinn von 2,45 GE bei einer Ausbringungsmenge von 4,5 ME abgeschätzt werden. Eine exakte Berechnung durch den Befehl MAX ($\boxed{\text{F2}}$) im Untermenü G-Solv ($\boxed{\text{F5}}$) bestätigt diese Abschätzung.

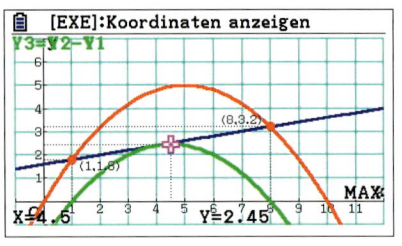

GTR
CAS

Funktionen mit Parametern ▶ Seite 80

▶ Seite 80

Untersuchen Sie die Bedeutung des Parameters m bei einer linearen Funktion f der Form $f(x) = mx + 1$.

Wir geben den Funktionsterm $f(x)$ in das Eingabefenster der Anwendung **DynaGraph** (MENU, 6) ein.

▶ Die Variable x muss mit der Taste X,θ,T eingegeben werden. Für den Parameter kann der Buchstabe **M** verwendet werden.

Im Untermenü **VAR** (F4) kann die Dynamikvariable (hier **M**) eingestellt werden und unter **SET** (F2) werden sinnvolle Werte für **M** vorgegeben. Im Beispiel sind dies **Start: −3**, **End: 3** und **Step: 1**. Wir schließen die Eingabe mit EXIT und starten die dynamische Ausgabe des Funktionsgraphen mit **DYNA** (F6). Wir erkennen, dass der Parameter m die Steigung der Geraden bestimmt.

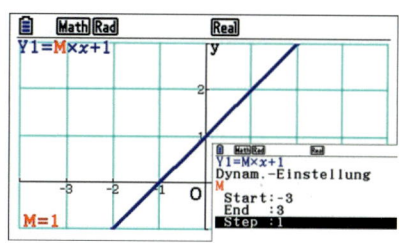

▶ Die Animation wird mit der Taste AC/ON beendet.

Lösen von Gleichungen

Quadratische Gleichung lösen

Lösen Sie die Gleichung $x^2 - 5 = 2x$.

In der Anwendung **Gleichung** (MENU, A) wählen wir den allgemeinen Gleichungslöser **SOLVER** (F3), geben die Gleichung ein und bestätigen diese mit EXE.

▶ Die Variable x muss mit der Taste X,θ,T eingegeben werden.

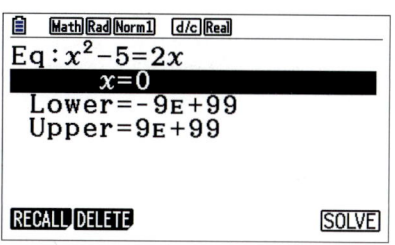

Nach der Eingabe der Gleichung wird der letzte Wert für x (im Beispiel $x = 0$) angegeben. Dies ist noch **keine** Lösung der Gleichung. Durch **Lower** und **Upper** geben wir ein Intervall ein, in dem wir eine Lösung vermuten. Mit **Lower = 0** und **Upper = 5** erhalten wir über **SOLVE** (F6) die erste Lösung $x_1 \approx 3{,}45$. **REPEAT** F1 ermöglicht die Eingabe eines zweiten Intervalls [−5; 0]. Die zweite Lösung $x_2 \approx -1{,}45$ wird wieder mit **SOLVE** (F6) berechnet.

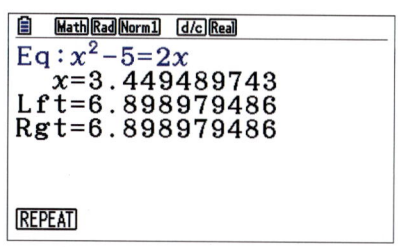

▶ Um ein geeignetes Intervall zu finden, hilft oft die grafische Darstellung des Problems. Man sucht hier z.B. die Schnittpunkte der Graphen zu $f(x) = x^2 - 5$ und $g(x) = 2x$.

Der allgemeine Gleichungslöser SOLVER berechnet numerische Näherungslösungen für jede beliebige Gleichung. Der Nutzer muss jedoch mit der Wahl der Intervalle dafür sorgen, dass alle relevanten Lösungen berechnet werden.

GTR CAS

- Für **Polynomgleichungen** (wie hier: $x^2 - 5 = 2x$)
- bietet die Anwendung **Gleichung** (MENU, A) den Be-
- fehl **POLY** (F2) als Alternative an. Dieser Befehl liefert alle Lösungen der Polynomgleichung in einem
Schritt.
Dazu stellen wir die Polynomgleichung um:
$x^2 - 2x - 5 = 0$.
Bei **Grad** wählen wir 2 (F1) aus. Im Fenster können
wir dann die Koeffizienten der Polynomgleichung
2. Grades eingeben.
Der Befehl **SOLVE** (F1) berechnet die beiden
Lösungen der Gleichung und stellt sie nicht nur
numerisch sondern auch algebraisch exakt dar
($x_{1,2} = 1 \pm \sqrt{6}$).

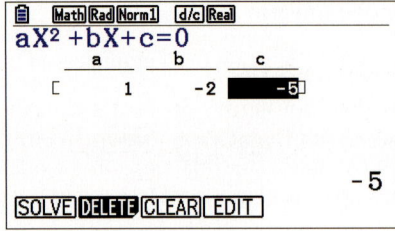

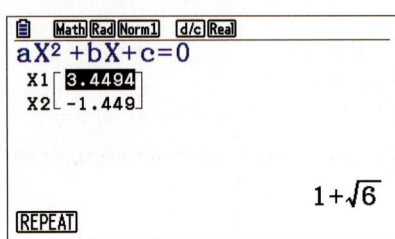

Lineare Gleichungssysteme

 9 Bestimmen einer quadratischen Erlösfunktion ► Seite 120

Ein Betrieb erzielt beim Absatz von 2 ME einen Erlös von 14 GE, bei einem Absatz von 4 ME einen Erlös von
20 GE und bei einem Absatz von 6 ME einen Erlös von 18 GE.
Ermitteln Sie den Term der quadratischen Erlösfunktion E.

Der Ansatz für E lautet: $E(x) = ax^2 + bx + c$.

$E(2) = 14$;	$4a + 2b + c = 14$
$E(4) = 20$;	$16a + 4b + c = 20$
$E(6) = 18$;	$36a + 6b + c = 18$

In der Anwendung **Gleichung** (MENU, A) wählen
wir den Eintrag **SIMUL** (F1) und für die Anzahl der
Unbekannten 3 (F2).
In der Eingabemaske können die Koeffizienten des
Gleichungssystems als Matrix eingegeben werden.

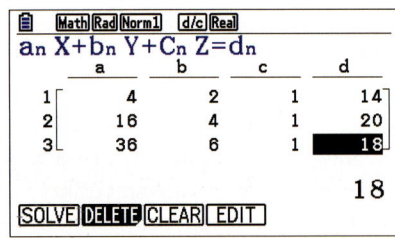

► Die Bezeichnung der Koeffizienten (a, b, c, d) und deren
Reihenfolge sind vorgegeben.

Der Befehl **SOLVE** (F1) berechnet das Ergebnis -1
für a, 9 für b und 0 für c. Ersetzen wir a, b und c im
allgemeinen Term $E(x) = ax^2 + bx + c$ durch die
berechneten Werte, so erhalten wir die gesuchte
Gleichung $E(x) = -x^2 + 9x$.

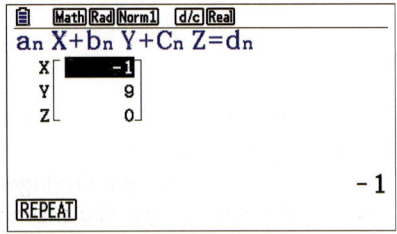

 *Lineare Gleichungssysteme mit Parametern*
können vom GTR nicht verarbeitet werden.

► Die Bezeichnung der Unbekannten (X, Y, Z) ist vorgegeben. Der Anwender muss das Ergebnis für sein Problem
interpretieren. Bei uns steht z.B. X für die Variable a.

TI **TI-*n*spire CX und TI-*n*spire CX CAS**

Darstellung statistischer Daten

Säulen- und Kreisdiagramm ► Seite 31

Die JoRo GmbH ist in Produktionssparten gegliedert, die selbstverantwortlich wirtschaften. Die Tabelle gibt den Umsatz jeder Sparte im Jahr 2014 in Tausend € an.

Sparte	Verkehrstechnik (V)	Medizintechnik (M)	Haushaltstechnik (H)	Kommunikations-technik (K)	Anlagentechnik (A)
Umsatz	24 832	33 861	8335	10 589	35 749

Stellen Sie die Umsatzzahlen der Sparten jeweils in einem Säulen- und Kreisdiagramm dar.

Wir geben die Umsatzdaten in die Anwendung **Lists & Spreadsheet** (⌈+page⌉) ein und beschriften die Spalten. Dann wählen wir mit ⌈menu⌉: **Daten** und **Ergebnisdiagramm**.
Die Sparten sollen auf der *x*-Achse, der Umsatz auf der *y*-Achse aufgetragen werden und die Anzeige soll auf einer neuen Seite erfolgen.
Wir erhalten ein Säulendiagramm der Umsatzzahlen je Sparte. Über ⌈menu⌉, **Plot-Typ**, **Tortendiagramm** werden die Zahlen in einem Kreisdiagramm dargestellt. Legen wir die Sparten auf die *y*-Achse (Zeiger über *x*-Achse bewegen und die Achsenvariable mit ⌈enter⌉ neu wählen), kann über ⌈menu⌉, **Plot-Typ**, **Balkendiagramm** auch ein Balkendiagramm dargestellt werden.

► Spaltennamen werden als Variablen betrachtet und werden daher immer in Kleinbuchstaben dargestellt
Die Variablen **sparte** und **umsatz** stehen dem gesamten Dokument zur Verfügung

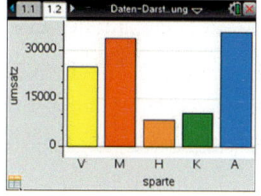
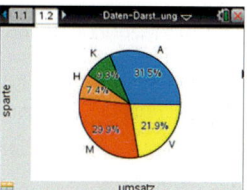

Histogramm ► Seite 32

In einer Rechtsanwaltskanzlei sind 15 Rechtsanwälte verschiedenen Alters beschäftigt:

Anwalt	A	B	C	D	E	F	G	H	I	J	K	L	M	N	O
Alter	28	55	29	47	53	38	40	42	67	63	61	35	70	43	55

Erstellen Sie ein Histogramm mit einer Klassenbreite von 10 Jahren.

Wir geben die Daten in die Anwendung **Lists & Spreadsheet** ein und fügen die Anwendung **Data & Statistics** dem aktuellen Dokument hinzu (⌈+page⌉).
Bei der *x*-Achse wählen wir die Variable **alter**.
► Wird die *y*-Achse mit keiner Variablen belegt, wird die absolute Häufigkeit der *x*-Werte angezeigt.

Die Darstellung der Daten als Histogramm erfolgt durch ⌈menu⌉, **Plot-Typ** und **Histogramm**.
Über ⌈menu⌉, **Plot-Eigenschaften**, **Histogramm-Eigenschaften**, **Säuleneinstellungen**, **gleiche Säulenbreite** kann eine geeignetere Klassenbreite von 10 (Jahren) und eine Ausrichtung von etwas mehr als 25 (≈ 25,01) eingestellt werden.
Das Darstellungsfenster können wir mittels ⌈menu⌉, **Fenster/Zoom**, **Fenstereinstellungen** anpassen.

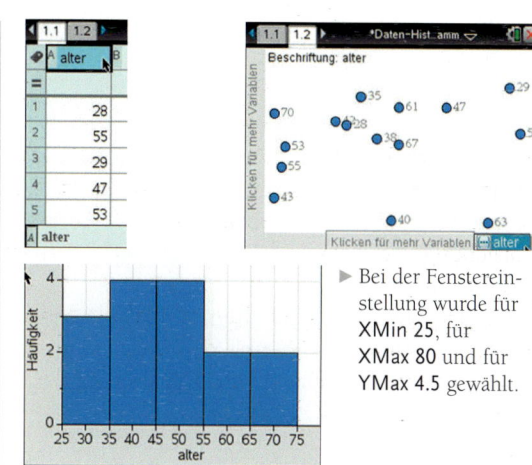

► Bei der Fenstereinstellung wurde für **XMin** 25, für **XMax** 80 und für **YMax 4.5** gewählt.

Deutung und Bewertung von Daten

3 Statistische Kennzahlen und Boxplots ▶ Seite 51

Ein Landwirt möchte seinen Bestand an Milchvieh erhöhen und hat dazu den Fettgehalt der niedersächsischen Kuh „Schwarz-Bunte" (SB) und der „Steirischen Milchkuh" (SM) untersucht. Dabei wurde die Milch von 20 zufällig ausgewählten Kühen beider Rassen analysiert. Die Ergebnisse sind:

	1	2	3	4	5	6	7	8	9	10	11	12	13	14	15	16	17	18	19	20
SB	3,6	3,6	3,6	3,6	3,6	3,7	3,7	3,7	3,9	4,0	4,0	4,3	4,3	4,3	4,4	4,5	4,8	4,8	4,9	4,9
SM	3,4	3,4	3,4	3,6	3,8	3,8	3,8	3,8	3,9	3,9	3,9	4,0	4,4	4,5	4,6	4,6	4,6	4,6	4,6	5,2

▶ Angaben des Fettgehalts in Prozent

GTR CAS

Berechnen Sie geeignete Lage- und Streuungsmaße und erstellen Sie einen Boxplot.

Wir geben den Fettgehalt beider Rassen in je eine Spalte der Anwendung **Lists & Spreadsheet** ein.
Einen Überblick über wesentliche Lage- und Streuungsmaße erhalten wir mit dem Befehl menu, **Statistik**, **Statistische Berechnungen** und **Statistik mit einer Variable**.

Das arithmetische Mittel des Fettgehalts der Milch bei der Rasse SB liegt bei 4,11 % und die Standardabweichung bei rund 0,47 %.

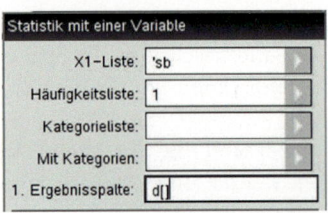

▶ Entsprechend den Einstellungen werden hier statistische Kennzahlen für die Rasse SB dargestellt.

Die einzelnen statistischen Kennzahlen können auch direkt in der Anwendung **Calculator** (⌃+page) berechnet werden. Das arithmetische Mittel des Fettgehalts der Milch bei der Rasse SM liegt bei 4,09 %, die Standardabweichung bei rund 0,496 %. Statistische Kennzahlen wie der Median und die Varianz werden ebenfalls in der Anwendung **Calculator** berechnet.

▶ Sämtliche Befehle finden Sie unter menu, **Statistik**, **Listen Mathematik**. Verwenden Sie für die Varianz und die Standardabweichung die „**Populations**"-Varianten.

Boxplots werden mit der Anwendung **Data & Statistics** (⌃+page) erstellt. Zunächst fügen wir der x-Achse die Variable **sb** hinzu.
Der Wechsel zur Boxplot-Darstellung erfolgt über menu, **Plot-Typ** und **Box Plot**.
Über menu, **Plot-Eigenschaften**, **X-Variable hinzufügen** können wir die Variable der Rasse SM hinzufügen, um die Fettgehalte beider Kuh-Rassen miteinander vergleichen zu können.

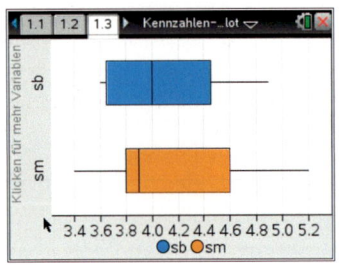

Lineare Regression ▶ Seite 62

In einem Sportverein werden die Körpergröße und das Körpergewicht von 10 Mädchen gemessen und aufsteigend nach Größe in einer Tabelle festgehalten. Veranschaulichen Sie den Zusammenhang zwischen Größe und Gewicht und bestimmen Sie die Gleichung der Geraden, die den Zusammenhang am besten beschreibt.

Name	Größe x	Gewicht y
Frieda	157 cm	48 kg
Aysun	157 cm	50 kg
Dana	159 cm	50 kg
Britta	163 cm	55 kg
Annika	165 cm	56 kg
Sarah	167 cm	55 kg
Laura	169 cm	59 kg
Pia	174 cm	64 kg
Marie	180 cm	68 kg
Hanna	181 cm	70 kg

Wir übertragen die gegebene Tabelle in die Anwendung **Lists & Spreadsheet** und fügen dem Dokument die Anwendung **Data & Statistics** (⌈+page⌉) hinzu. Auf der *x*-Achse tragen wir die Größe und auf der *y*-Achse das Gewicht auf.

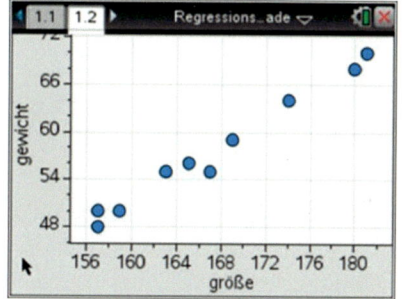

Der offensichtliche Trend zwischen Größe und Gewicht kann „nach Augenmaß" beschrieben werden, indem dem Punktdiagramm eine verschiebbare Gerade hinzugefügt wird: menu, Analysieren, **Verschiebbare Gerade hinzufügen**.
Die Güte Ihrer Annäherung können Sie messen, indem Sie unter menu, Analysieren, Residuen, **Residuenquadrate anzeigen** die quadratischen Abweichungen berechnen lassen.

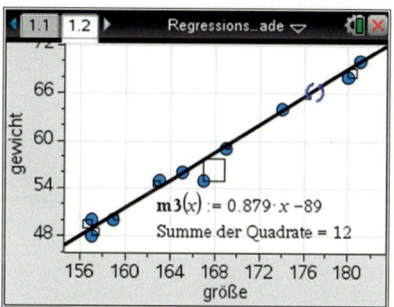

▶ Bewegen Sie den Zeiger über die Gerade und greifen Sie zu 🖑, um diese zu drehen und zu verschieben. Je kleiner die Summe der Quadrate wird, desto besser ist Ihre Beschreibung des Trends.

Das mathematische Verfahren zur Bestimmung der Gleichung der Regressionsgeraden berechnet die Gerade mit den geringsten quadratischen Abweichungen. Die Regressionsgerade blenden wir über menu, Analysieren, Regression, **Lineare Regression (mx + b) anzeigen** ein.

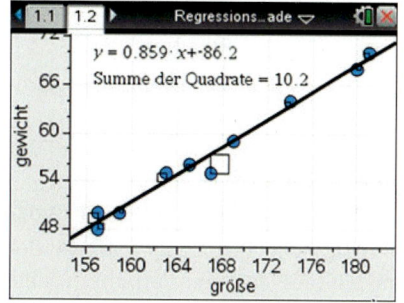

5 Kubische Regression ▶ Seite 133

Der folgende Zusammenhang zwischen dem Ertrag x und den Gesamtkosten $K(x)$ ist bekannt:

x	0	2,5	8	13,5	16
$K(x)$	400	429,7	459,4	489,1	518,8

Ermitteln Sie einen Term für $K(x)$, welcher den Zusammenhang möglichst gut beschreibt.

Wir geben die Werte in die Anwendung **Lists & Spreadsheet** ein und stellen sie in der Anwendung **Data & Statistics** dar.
Die Daten können am besten mit einer kubischen Regression: **menu**, **Analysieren, Regression, Kubische Regression anzeigen** beschrieben werden:
$K(x) = 0{,}06x^3 - 1{,}44x^2 + 15{,}1x + 400$.

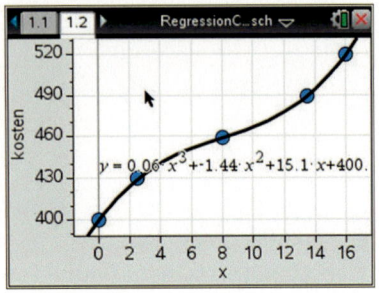

Darstellung und Untersuchung von Funktionen

Die Darstellung von Funktionen übernimmt die Anwendung **Graphs**.

6 Untersuchung ökonomischer Funktionen ▶ Seite 116

Der Produzent einer Spezialkamera ist Monopolist. Für die Produktionskosten K gilt $K(x) = 0{,}2x + 1{,}6$; wobei x für die produzierten Mengeneinheiten steht. Die Preispolitik erfolgt auf der Grundlage einer linearen Preis-Absatz-Funktion: Bei einem Angebot von x ME kann ein Preis von $p_N(x) = -0{,}2x + 2$ GE pro ME erzielt werden. Zeichnen Sie die Graphen der Kosten-, Erlös- und Gewinnfunktion. Bestimmen Sie die Gewinnschwelle und -grenze sowie den maximalen Gewinn.

Den Graphen der Kostenfunktion $K(x)$ erhalten wir durch die Eingabe des Funktionsterms in die Eingabezeile (bei **f1(x)**) und einer Bestätigung mit **enter**.

Mit **tab** wird die Eingabezeile eingeblendet und wir können die zusätzlichen Funktionsterme für $E(x) = p_N(x) \cdot x$ (mit der Bezeichnung **f2(x)**) und $G(x) = E(x) - K(x)$ (hier: **f3(x) = f2(x)-f1(x)**) eingeben.

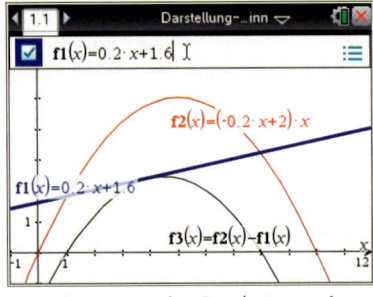

▶ Funktionen in der **Graph**-Anwendung werden immer mit f1(x), f2(x) usw. bezeichnet.

Einen geeigneten Fensterausschnitt stellen wir über **menu**, **Fenster/Zoom, Fenstereinstellungen** ein.
Im Beispiel ist dies für die x-Achse von -1 bis 12 und für die y-Achse von -1 bis 7.

Mit **menu**, **Graph analysieren, Schnittpunkt** bestimmen wir die Stellen, an denen die Kosten (**f1(x)**) mit dem Erlös (**f2(x)**) übereinstimmen.
Dabei müssen zwei Funktionen, eine untere Schranke links, sowie eine obere Schranke rechts vom
- Schnittpunkt mit 🔽 oder **enter** ausgewählt werden.
- Dieser Vorgang wird für jeden Schnittpunkt wiederholt.

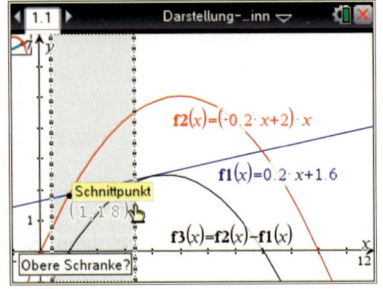

▶ Im markierten Bereich zwischen der unteren und der oberen Schranke sollte sich nur ein Schnittpunkt befinden.

Wir erhalten die Gewinnschwelle $x_{GS} = 1$ und die Gewinngrenze $x_{GG} = 8$.

Durch „Abfahren" des Graphen: menu, Spur, Grafikspur können wir den maximalen Gewinn von 2,45 GE bei einer Ausbringungsmenge von 4,5 ME abschätzen.

▶ Die Pfeiltasten ▲ ▼ wechseln zwischen den Funktionen. Der Spur-Modus kann mit esc verlassen werden.

Eine exakte Berechnung durch menu, Graph analysieren, Maximum bestätigt diese Abschätzung.

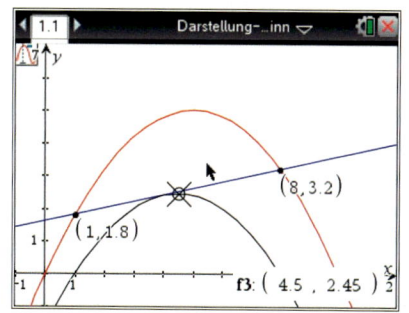

Funktionen mit Parametern ▶ Seite 80

⑦

Untersuchen Sie die Bedeutung des Parameters m bei einer linearen Funktion f der Form $f(x) = mx + 1$.

Wir geben den Funktionsterm $f(x)$ in die Anwendung Graphs ein. Erst nachdem für den Parameter m ein Schieberegler (menu, Aktionen, Schieberegler einfügen) erstellt wurde, wird der Graph von f eingezeichnet.
Durch Betätigen des Schiebereglers erkennen wir, dass m die Steigung der Geraden bestimmt.

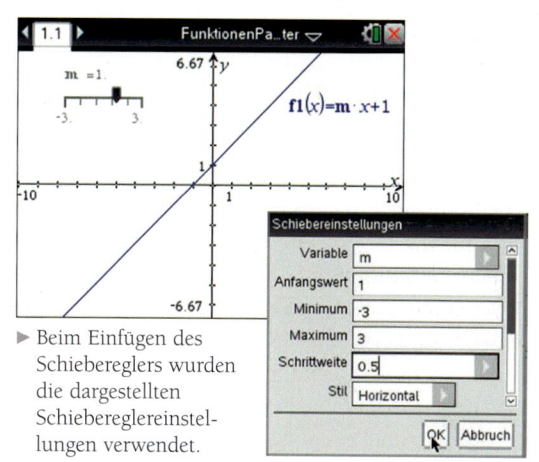

▶ Beim Einfügen des Schiebereglers wurden die dargestellten Schiebereglereinstellungen verwendet.

Grenzwertberechnungen

Verhalten einer gebrochenrationalen Funktion (CAS) ▶ Seite 167

⑧

Beschreiben Sie das Verhalten der Stückkostenfunktion k mit $\frac{3x^3 - 27x^2 + 81x + 75}{x}$ für $x \to \infty$ und für $x \to 0$.

Wir geben die Gleichung der Stückkostenfunktion in die Anwendung Calculator ein.
▶ Für die Definition einer Funktion wird hier das Symbol := verwendet.

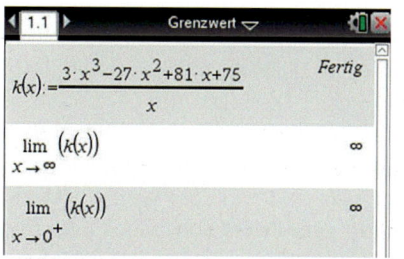

Mit menu, Analysis und Limes berechnen wir die Grenzwerte. Wir erkennen, dass für sehr kleine und sehr große Produktionsmengen die Stückkosten sehr hoch werden.
▶ Das Zeichen ∞ befindet sich auf der Taste ∞β°.

Die Annäherung an 0 soll von rechts erfolgen, was durch das Zeichen + über der 0 dem CAS mitgeteilt wird.

▶ Zur Eingabe kann auch die Vorlage der Taste verwendet werden.

GTR
CAS

Lösen von Gleichungen

9 Quadratische Gleichung lösen

Lösen Sie die Gleichung $x^2 - 5 = 2x$.

Die Anwendung **Calculator** (`+page`) bietet den Befehl **nSolve** zum **numerischen** Lösen von Gleichungen an.
Wir geben den Befehl **nSolve**, die Gleichung und – durch Komma getrennt – die Variable x ein. Die erste numerische Lösung $x_1 = -1{,}45$ wird berechnet und angezeigt.

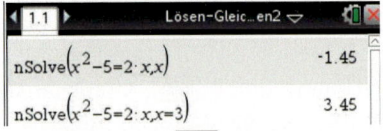

► **nSolve** ist unter menu, Algebra, Numerisch Lösen zu finden.

Die zweite Lösung erhält man erst durch die Eingabe eines geeigneten Startwertes (hier 3).

► Der Befehl **nSolve** berechnet numerische Näherungslösungen für jede beliebige Gleichung. Der Nutzer muss jedoch geeignete Startwerte wählen. Bei der Suche nach einem Startwert hilft die Darstellung der Graphen der beteiligten Funktionen.

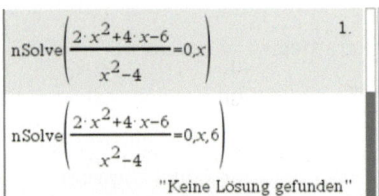

► Ein ungeeigneter Startwert kann auch zu keiner Lösung führen, obwohl eine Lösung existiert.

Für **Polynomgleichungen** (wie hier: $x^2 - 5 = 2x$) bietet der Befehl **polyRoots** eine Alternative zu **nSolve** an.
Dazu stellen wir die Polynomgleichung um: $x^2 - 2x - 5 = 0$.
Dann wählen wir menu, Algebra, Polynomwerkzeuge, Wurzeln eines Polynoms finden und für den **Grad 2** und **Reell** für **Wurzeln**.
Wir tragen die Koeffizienten des Polynoms in das Fenster ein und bestätigen die Eingabe.

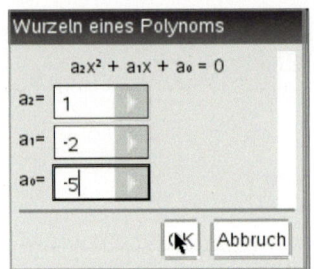

Der Befehl **polyRoots** berechnet in einem Schritt alle Lösungen der Polynomgleichung.

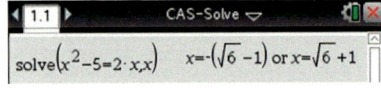

► Der Befehl **polyRoots** kann auch direkt eingegeben werden.

Hinweis zum CAS

Die CAS-Variante bietet zusätzlich den Befehl **solve** an, der Gleichungen algebraisch lösen kann. Dabei werden alle möglichen Lösungen der Gleichung berechnet und ausgegeben. Wir geben den Befehl **solve** über die Tastatur oder über menu, Algebra, Löse ein.

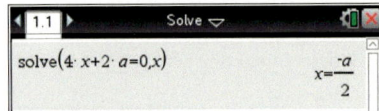

Das CAS kann mit dem Befehl **solve** auch Gleichungen mit Parameter lösen, z.B. die Gleichung $4x + 2a = 0$, in der der Parameter $a \in \mathbb{R}$ vorkommt.

► Die Lösungen werden in Abhängigkeit des Parameters dargestellt.

Lineare Gleichungssysteme

Bestimmen einer quadratischen Erlösfunktion ▶ Seite 120

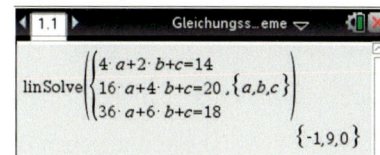

Ein Betrieb erzielt beim Absatz von 2 ME einen Erlös von 14 GE, bei einem Absatz von 4 ME einen Erlös von 20 GE und bei einem Absatz von 6 ME einen Erlös von 18 GE.
Ermitteln Sie den Term der quadratischen Erlösfunktion E.

Der Ansatz für E lautet: $E(x) = ax^2 + bx + c$.

$$E(2) = 14; \qquad 4a + 2b + c = 14$$
$$E(4) = 20; \qquad 16a + 4b + c = 20$$
$$E(6) = 18; \qquad 36a + 6b + c = 18$$

Wir wählen die Anwendung **Calculator** (⌈+page⌉).
Der Befehl **linSolve** (⌈menu⌉, Algebra, Gleichungssystem lösen, System linearer Gleichungen lösen) löst lineare Gleichungssysteme. Für unsere Aufgabe wählen wir 3 Gleichungen und benutzen die Variablen a, b, c. Das Gleichungssystem kann wie gewohnt eingegeben werden.
Wir erhalten als Ergebnis $a = -1$, $b = 9$ und $c = 0$.

Die Angaben der Aufgabenstellung können auch direkt ohne zusätzliche Rechenschritte in ein Gleichungssystem übertragen werden.

Auch mit dieser kompakten Schreibweise erhalten wir den gesuchten Term der Erlösfunktion $E(x) = -x^2 + 9x$.

▶ Der Befehl **linSolve** kann auch direkt eingegeben werden. Die Taste ⌈▦⌉ liefert die benötigten Vorlagen zur Eingabe.

▶ Durch die Definition der Erlösfunktion in ihrer allgemeinen Form können die Angaben der Aufgabenstellung direkt verwendet werden.

Hinweis zum CAS

Das CAS bietet neben dem **linSolve**-Befehl auch den universellen **solve**-Befehl (⌈menu⌉, Algebra, Gleichungssystem lösen, Gleichungssystem lösen).
Wir wählen 3 Gleichungen und die Variablen a, b, c. Die Lösung $a = -1$, $b = 9$ und $c = 0$ wird berechnet.

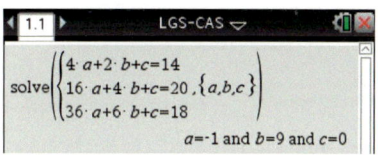

▶ Die Eingabe unterscheidet sich nicht von der Eingabe beim Befehl **linSolve**.

Der **solve**-Befehl ist nicht auf lineare Gleichungssysteme beschränkt und kann auch Gleichungssysteme mit Parameter lösen. Im Beispiel sind x und y die Unbekannten und a ist ein Parameter. Die Lösungen von x und y werden in Abhängigkeit von a dargestellt.

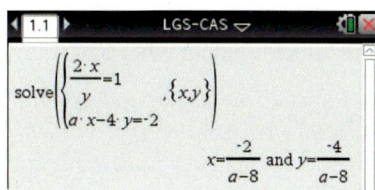

Lineare Gleichungssysteme mit Parametern können vom GTR nicht verarbeitet werden.

GTR CAS

GTR CAS

GG **GeoGebra**

Darstellung statistischer Daten

 1 Säulendiagramm ▸ Seite 31

Die JoRo GmbH ist in Produktionssparten gegliedert, die selbstverantwortlich wirtschaften. Die Tabelle gibt den Umsatz jeder Sparte im Jahr 2014 in Tausend € an.

Sparte	Verkehrstechnik (1)	Medizintechnik (2)	Haushaltstechnik (3)	Kommunikations- technik (4)	Anlagentechnik (5)
Umsatz	24 832	33 861	8335	10 589	35 749

Stellen Sie die Umsatzzahlen der Sparten in einem Säulendiagamm dar.

Wir wählen die Perspektive **Tabelle** und geben die Umsatzdaten ein.
Dann markieren wir die Spalte **A** und wählen das Werkzeug 📊 **Analyse einer Variablen**. In den Einstellungen des Fensters **Datenquelle** stellen wir auf **Daten mit Häufigkeiten** um, markieren anschließend die Spalte **B** und übernehmen die Umsatzzahlen mit dem Hand-Symbol ✋.

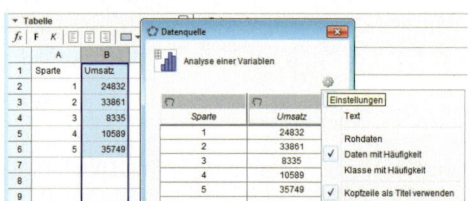

▸ Es können nur numerische Werte dargestellt werden.

Die Bestätigung mit **Analyse** erstellt ein Säulendiagramm der Umsatzzahlen je Sparte.

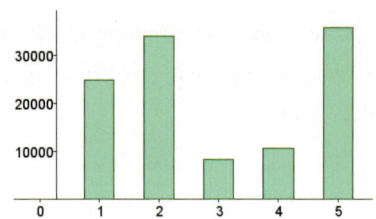

 2 Histogramm ▸ Seite 32

In einer Rechtsanwaltskanzlei sind 15 Rechtsanwälte verschiedenen Alters beschäftigt:

Anwalt	A	B	C	D	E	F	G	H	I	J	K	L	M	N	O
Alter	28	55	29	47	53	38	40	42	67	63	61	35	70	43	55

Erstellen Sie ein Histogramm mit einer Klassenbreite von 10 Jahren.

Wir wählen die Perspektive **Tabelle** und geben die Altersdaten in das Tabellen-Fenster ein.
Dann markieren wir die Spalte **A** und wählen das Werkzeug 📊 **Analyse einer Variablen**.
Die Bestätigung mit **Analyse** erstellt ein erstes Histogramm mit einer automatisch bestimmten Klassenbreite.

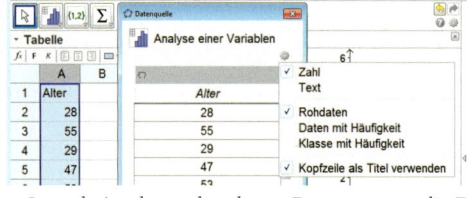

▸ Je nach Art der vorhandenen Daten müssen die Einstellungen angepasst werden. In unserem Beispiel ist die Option „**Kopfzeile als Titel verwenden**" zu aktivieren.

Wir blenden die Einstellungen des Histogramms ein und passen sie entsprechend der Vorgaben an.

▶ Einstellungen können mit dem Symbol ◀ eingeblendet und mit ▶ wieder ausgeblendet werden.

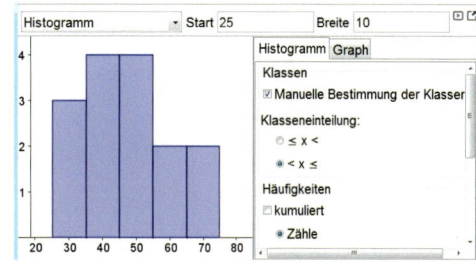

Deutung und Bewertung von Daten

Statistische Kennzahlen und Boxplots ▶ Seite 51

③ GTR CAS

Ein Landwirt möchte seinen Bestand an Milchvieh erhöhen und hat dazu den Fettgehalt der niedersächsischen Kuh „Schwarz-Bunte" (SB) und der „Steirischen Milchkuh" (SM) untersucht. Dabei wurde die Milch von 20 zufällig ausgewählten Kühen beider Rassen analysiert. Die Ergebnisse sind:

	1	2	3	4	5	6	7	8	9	10	11	12	13	14	15	16	17	18	19	20
SB	3,6	3,6	3,6	3,6	3,6	3,7	3,7	3,7	3,9	4,0	4,0	4,3	4,3	4,3	4,4	4,5	4,8	4,8	4,9	4,9
SM	3,4	3,4	3,4	3,6	3,8	3,8	3,8	3,8	3,9	3,9	3,9	4,0	4,4	4,5	4,6	4,6	4,6	4,6	4,6	5,2

▶ Angaben des Fettgehalts in Prozent

Berechnen Sie geeignete Lage- und Streuungsmaße und erstellen Sie einen Boxplot.

Wir wählen die Perspektive **Tabelle** und geben den Fettgehalt beider Rassen ein.

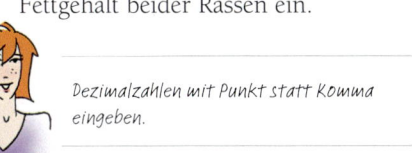

Dezimalzahlen mit Punkt statt Komma eingeben.

Über den Menüeintrag **Ansicht** aktivieren wir die Ansicht **CAS** und schließen die Ansicht **Grafik**.

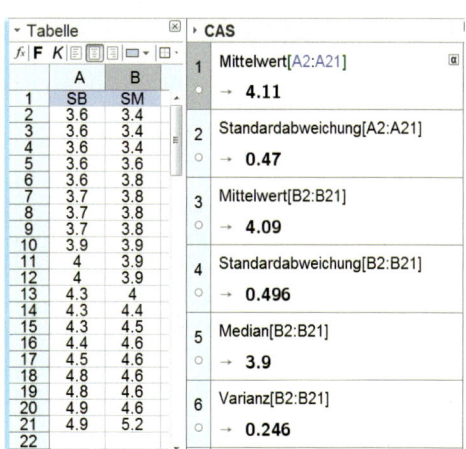

Die einzelnen statistischen Kennzahlen können direkt im **CAS**-Fenster berechnet werden. Das arithmetische Mittel des Fettgehalts der Milch bei der Rasse SB liegt z.B. bei 4,11 %, das der Rasse SM bei 4,09 %.

▶ Zellenbereiche können durch ein Doppelpunkt eingegeben werden. **A2:A21** beschreibt z.B. alle Zellen von **A2** bis **A21**.

Um einen Boxplot zu erstellen, markieren wir die Spalten **A** und **B**. Dann wählen wir das Werkzeug ▦ **Analyse mehrerer Variablen**.

▶ Bei den Einstellungen „Kopfzeile als Titel verwenden" aktivieren.

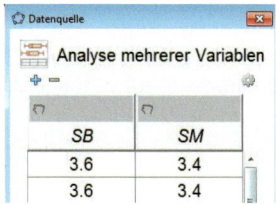

- Die Eingabebestätigung mit **Analyse** erstellt einen gestapelten Boxplot, der sofort einen anschaulichen Vergleich der Fettgehalte beider Kuh-Rassen ermöglicht.

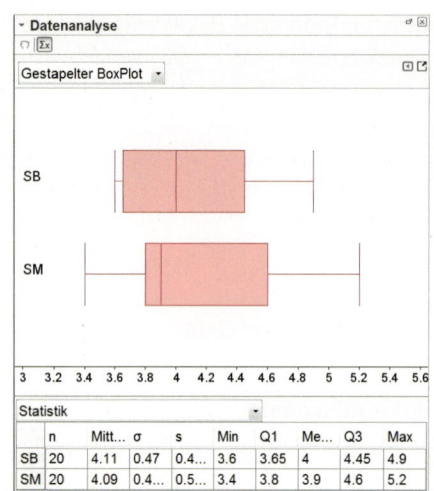

Ein Klick auf das Symbol **Σx** des **Datenanalyse**-Fensters blendet einen Überblick über wesentliche Lage- und Streuungsmaße in einer zusätzlichen Tabelle ein.

(4) Lineare Regression ▶ Seite 62

In einem Sportverein werden die Körpergröße und das Körpergewicht von 10 Mädchen gemessen und aufsteigend nach Größe in einer Tabelle festgehalten. Veranschaulichen Sie den Zusammenhang zwischen Größe und Gewicht und bestimmen Sie die Gleichung der Geraden, die den Zusammenhang am besten beschreibt.

Name	Größe x	Gewicht y
Frieda	157 cm	48 kg
Aysun	157 cm	50 kg
Dana	159 cm	50 kg
Britta	163 cm	55 kg
Annika	165 cm	56 kg
Sarah	167 cm	55 kg
Laura	169 cm	59 kg
Pia	174 cm	64 kg
Marie	180 cm	68 kg
Hanna	181 cm	70 kg

Wir wählen die Perspektive **Tabelle** und übertragen die gemessenen Werte.
Anschließend markieren wir die Spalten **B** und **C** und wählen das Werkzeug 🗠 **Analyse zweier Variablen**

▶ Bei den Einstellungen „Kopfzeile als Titel verwenden" aktivieren.

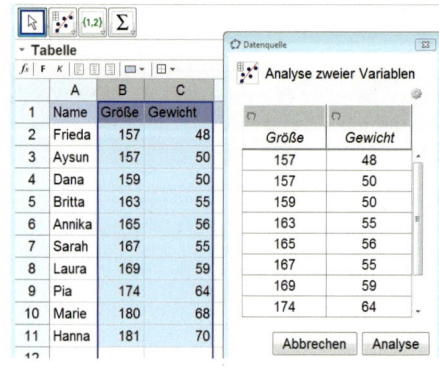

Die Eingabebestätigung mit **Analyse** erstellt ein Streudiagramm, welches den Zusammenhang zwischen der Körpergröße und dem Gewicht darstellt. Auf der x-Achse ist die Größe, auf der y-Achse das Gewicht aufgetragen.
Die Achsenzuordnung kann mit dem Symbol **X ⇆ Y** gewechselt werden.

GTR CAS

Durch die Wahl eines Regressionsmodells (hier **Linear** für eine lineare Regression) wird die Gleichung der Regressionsgeraden: $f(x) = 0{,}86x - 86{,}2$ berechnet und der Graph eingezeichnet.

▸ Bei **Berechne** werden Werte in die Gleichung der Regressionsgeraden eingesetzt. Im Beispiel wird bei einer Größe von 175 cm ein Körpergewicht von rund 64,2 kg erwartet.

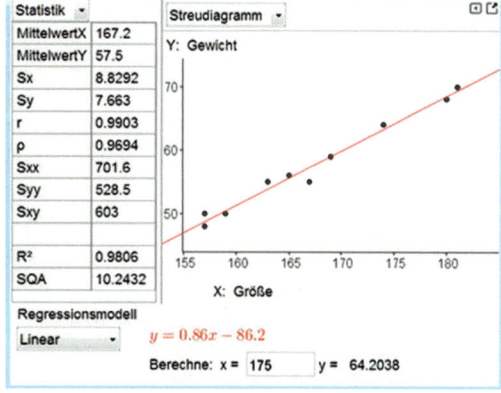

Über das Symbol Σx werden weitere Informationen wie die Korrelation *r* angezeigt.

▸ In den Fenster-Einstellungen (mit ◀ einblenden) kann unter **Graph** das Koordinatensystem an die Bedürfnisse der Aufgabe angepasst werden.

GTR
CAS

Kubische Regression ▸ Seite 133
⑤

Der folgende Zusammenhang zwischen dem Ertrag *x* und den Gesamtkosten $K(x)$ ist bekannt:

x	0	2,5	8	13,5	16
$K(x)$	400	429,7	459,4	489,1	518,8

Ermitteln Sie einen Term für $K(x)$, welcher den Zusammenhang möglichst gut beschreibt.

Wir geben die Werte in die Ansicht **Tabelle** ein und wählen das Werkzeug ⠿ **Analyse zweier Variablen**. Die Daten können am besten mit einer kubischen Regression (Regressionsmodell **Polynom 3. Grades**) beschrieben werden. Wir erhalten das Ergebnis $K(x) = 0{,}06x^3 - 1{,}44x^2 + 15{,}1x + 400$.

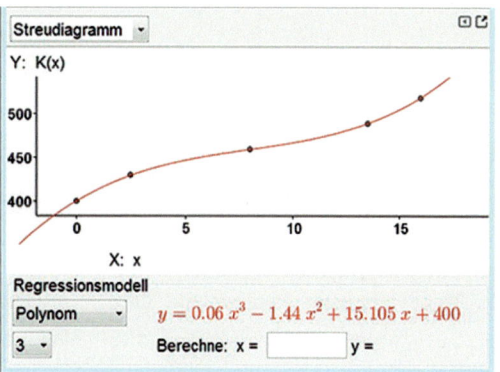

Darstellung und Untersuchung von Funktionen

Für die Darstellung und zur Untersuchung von Funktionen ist die Perspektive **Algebra** zu empfehlen.

6 Untersuchung ökonomischer Funktionen ▶ Seite 116

Der Produzent einer Spezialkamera ist Monopolist. Für die Produktionskosten K gilt $K(x) = 0{,}2x + 1{,}6$; wobei x für die produzierten Mengeneinheiten steht. Die Preispolitik erfolgt auf der Grundlage einer linearen Preis-Absatz-Funktion: Bei einem Angebot von x ME kann ein Preis von $p_N(x) = -0{,}2x + 2$ GE pro ME erzielt werden. Zeichnen Sie die Graphen der Kosten-, Erlös- und Gewinnfunktion. Bestimmen Sie die Gewinnschwelle und -grenze sowie den maximalen Gewinn.

Die Funktionen $K(x)$, $E(x) = p_N(x) \cdot x$ und $G(x) = E(x) - K(x)$ geben wir nacheinander in die Eingabezeile ein und bestätigen mit ⏎.

▶ Die Farbe der Graphen sowie die Art und Stärke der Linien können über die Eigenschaften der Funktion eingestellt werden. Dazu wählt man eine Funktion aus und öffnet mit der rechten Maustaste das Kontextmenü.

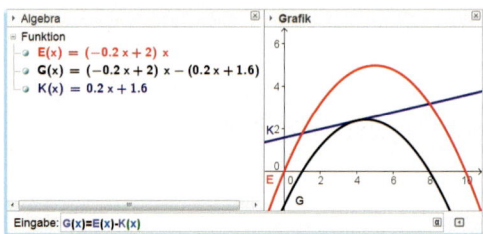

▶ Der Funktionsname kann einfach vorgegeben werden. Im Beispiel wird die Funktion **G(x)** definiert.

Der dargestellte Fensterausschnitt kann intuitiv mit dem Werkzeug ⊕ **Verschiebe Zeichenblatt** angepasst werden.

▶ Vergrößern und verkleinern (zoomen) ist auch mit dem Mausrad möglich.

Mit dem Befehl **Schneide** bestimmen wir die Stellen, an denen die Kosten mit dem Erlös übereinstimmen: $K(x) = E(x)$. Die Eingabe erfolgt in der Eingabezeile.
Die berechneten Schnittpunkte werden mit **A** und **B** bezeichnet.

▶ Die Namen werden fortlaufend vergeben.

Im **Algebra**-Fenster können die Gewinnschwelle $x_{GS} = 1$ und die Gewinngrenze $x_{GG} = 8$ abgelesen werden.

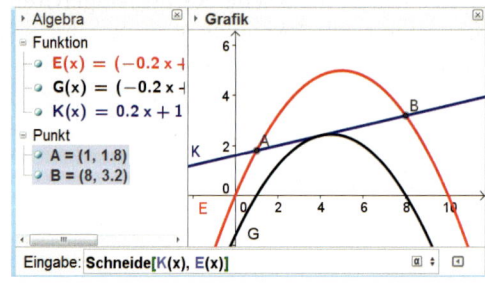

▶ Im Menüpunkt **Einstellungen-Runden** wird die Anzahl der bei Berechnungen angezeigten Dezimalstellen eingestellt.

Durch die Wahl des Punkt-Werkzeugs ⊙ kann der Punkt **C** auf den Graphen der Gewinnfunktion gesetzt und entlang des Graphen geschoben werden. Dabei kann der maximale Gewinn von 2,45 GE bei einer Ausbringungsmenge von 4,5 ME abgeschätzt werden.
Eine exakte Berechnung durch den Befehl **Extremum** bestätigt diese Abschätzung.

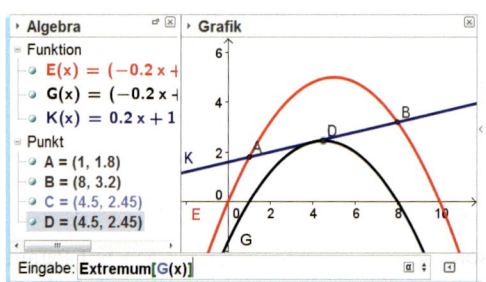

Funktionen mit Parametern ▸ Seite 80

Untersuchen Sie die Bedeutung des Parameters m bei einer linearen Funktion f der Form $f(x) = mx + 1$.

Wir geben den Funktionsterm $f(x)$ in der Eingabezeile ein. Bei der Eingabe des Parameters m kann automatisch ein Schieberegler für m erstellt werden. Wir bestätigen dies und ändern in den Eigenschaften des Schiebereglers das Intervall von **min: −3** bis **max: 3** bei einer Schrittweite von **0.5**.

Durch Betätigen des Schiebereglers erkennen wir, dass m die Steigung der Geraden bestimmt.

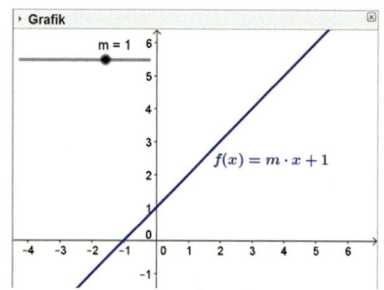

▸ Im Kontextmenü des Schiebereglers (Rechtsklick auf den Schieberegler) sind dessen **Eigenschaften** zu finden.

GTR
CAS

Grenzwertberechnungen

Verhalten einer gebrochenrationalen Funktion ▸ Seite 167

Beschreiben Sie das Verhalten der Stückkostenfunktion k mit $\frac{3x^3 - 27x^2 + 81x + 75}{x}$ für $x \to \infty$ und für $x \to 0$.

Wir geben die Gleichung der Stückkostenfunktion in die Ansicht **CAS** ein.
▸ Im CAS-Fenster werden Funktionen mit := definiert.

Der Befehl **Grenzwert [k(x),+∞]** berechnet das Verhalten von $k(x)$ für $x \to \infty$.
Die Annäherung an die 0 soll von rechts erfolgen, was durch die Eingabe des Befehls **RechtsseitigerGrenzwert** festgelegt wird. Wir erkennen, dass für sehr kleine und sehr große Produktionsmengen die Stückkosten sehr hoch werden.

2	$k(x) := (3x^3 - 27x^2 + 81x + 75)/x$
$\circ$	$\to\ k(x) := \dfrac{3\,x^3 - 27\,x^2 + 81\,x + 75}{x}$
3	Grenzwert[k(x), +∞]
$\circ$	$\to\ \infty$
4	RechtsseitigerGrenzwert[k(x), 0]
$\circ$	$\to\ \infty$

▸ Das Zeichen ∞ ist bei der Eingabehilfe zu finden.

Lösen von Gleichungen

Gleichungen ohne und mit Parametern

Gegeben sind die Gleichungen $x^2 - 5 = 2x$ und $4x + 2a = 0$; $a \in \mathbb{R}$. Bestimmen Sie x.

Wir wählen die Perspektive **CAS**. In das **CAS**-Fenster geben wir den Befehl **solve** und dahinter in Klammern durch ein Komma getrennt die Gleichung und Variable, nach der die Gleichung aufgelöst werden soll (hier: x), ein. Alle Lösungen der Gleichung werden berechnet und algebraisch exakt dargestellt.

▸ Mit dem **Numerisch**-Werkzeug ≈ wird die Lösung der Gleichung als gerundete Dezimalzahl dargestellt.

Der **solve**-Befehl löst auch Gleichungen mit Parameter (hier a). Die Lösung wird in Abhängigkeit des Parameters dargestellt.

1	solve(x²-5=2x,x)
$\circ$	$\to\ \left\{ x = -\sqrt{6} + 1, x = \sqrt{6} + 1 \right\}$
2	solve(x²-5=2x,x)
$\circ$	$\approx\ \{ x = -1.45, x = 3.45 \}$

▸ Im Menü unter **Einstellungen**, **Runden** kann die Anzahl der dargestellten Nachkommastellen eingestellt werden.

| 3 | solve(4x+2a=0,x) |
| $\circ$ | $\to\ \left\{ x = -\dfrac{1}{2}\,a \right\}$ |

Nicht immer können Gleichungen algebraisch gelöst werden. Beispielsweise hat die rechts abgebildete Funktion f mit $f(x) = 2^x - x^2$ drei Nullstellen, der solve-Befehl kann aber keine Lösung der Gleichung $2^x - x^2 = 0$ berechnen.

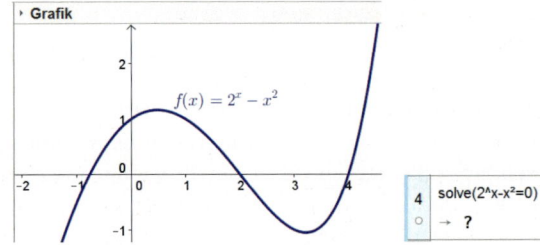

In diesen Fällen muss auf die weniger komfortable numerische Näherungslösung **nsolve** zurückgegriffen werden.

 GTR CAS

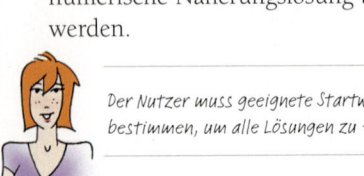
Der Nutzer muss geeignete Startwerte bestimmen, um alle Lösungen zu finden.

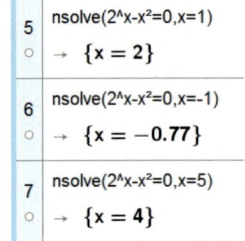

▶ Wird kein Startwert gesetzt, werden automatisch Standardwerte durchprobiert, was nicht immer zum Erfolg führt.

Im Allgemeinen bietet es sich bei einem GTR/CAS an, Gleichungen auch grafisch zu lösen. Dafür werden die Graphen der beteiligten Funktionen dargestellt und die Schnittpunkte berechnet.

Lineare Gleichungssysteme

(10) Bestimmen einer quadratischen Erlösfunktion ▶ Seite 120

Ein Betrieb erzielt beim Absatz von 2 ME einen Erlös von 14 GE, bei einem Absatz von 4 ME einen Erlös von 20 GE und bei einem Absatz von 6 ME einen Erlös von 18 GE.
Ermitteln Sie den Term der quadratischen Erlösfunktion E.

Der Ansatz für E lautet: $E(x) = ax^2 + bx + c$.
In der **CAS**-Ansicht kann der **SOLVE**-Befehl auch zur Lösung von Gleichungssystemen verwendet werden. Dafür werden die Gleichungen innerhalb einer geschwungenen Klammer, getrennt durch Kommata, eingegeben und mit ⏎ ausgewertet.
Ersetzen wir a, b und c im allgemeinen Term $E(x) = ax^2 + bx + c$ durch die berechneten Werte, so erhalten wir die gesuchte Gleichung $E(x) = -x^2 + 9x$.

Die Angaben der Aufgabenstellung können auch direkt ohne zusätzliche Rechenschritte in ein Gleichungssystem übertragen werden.

$$E(2) = 14; \qquad 4a + 2b + c = 14$$
$$E(4) = 20; \qquad 16a + 4b + c = 20$$
$$E(6) = 18; \qquad 36a + 6b + c = 18$$

> **CAS**
>
> 1 solve({4a+2b+c=14,16a+4b+c=20,36a+6b+c=18},{a,b,c})
>
> ○ → {{a = −1, b = 9, c = 0}}

▶ Auf eine explizite Angabe der Unbekannten kann oftmals verzichtet werden.

> **CAS**
>
> E(x):=a*x^2+b*x+c
>
> 1 → E(x) := a x² + b x + c
>
> 2 solve({E(2)=14,E(4)=20,E(6)=18})
>
> ○ → {{a = −1, b = 9, c = 0}}

▶ Die Erlösfunktion $E(x)$ muss in der allgemeinen Form definiert werden.

Der **SOLVE**-Befehl ist nicht auf **lineare** Gleichungssysteme beschränkt und kann auch Gleichungssysteme mit Parameter lösen. Im Beispiel sind x und y die Unbekannten. Die Lösungen von x und y werden in Abhängigkeit von a dargestellt.

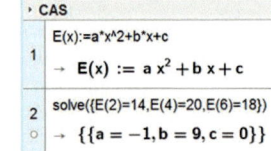

▶ Achtung: Die Eingabe von **ax** wird als eine neue Unbekannte interpretiert und ist daher nicht gleichwertig mit der Eingabe von **a*x**.

Stichwortverzeichnis

Arbeiten mit dem Buch

Jeder thematische Abschnitt beginnt mit einer Einstiegsseite, die in die Thematik einführt. Neben den mathematischen Inhalten sind unten auf der Seite auch die wirtschaftlichen Anwendungen aufgeführt.

Sprechblasen liefern Tipps, Faustregeln und weiterführende Denkanstöße.

Die Erarbeitung der Inhalte erfolgt in der Regel anhand von **Beispielen**. Meistens wird dort zweispaltig gearbeitet: Rechts finden Sie den mathematischen Lösungsgang in Rechenschritten, links die dazugehörige Erläuterung.

Das Symbol „▶" gibt besondere Hinweise, zeigt benutzte Formeln an oder verweist auf andere Stellen des Buches.

Merkboxen fassen wesentliche Begriffe, Sätze, Regeln und Lösungsstrategien zusammen.

---

1 Von Daten zu Funktionen
1.3 Einführung in die Funktionen

Die Fly Bike Werke GmbH verwendet bei der Produktion des Mountainbikes *Unlimited* Federgabeln eines fremden Herstellers. Die Federgabeln werden über die Fahrradteile International GmbH bezogen. In den letzten Jahren hat die Fahrradteile International GmbH die Preise ständig erhöht.
Der Geschäftsführer der Fly Bike Werke GmbH, Herr Peters, möchte daher prüfen, ob er die Federgabeln günstiger beziehen kann. Er beauftragt Frau Nemitz-Müller, sich für die Federgabel „Race V" verschiedene Angebote einzuholen. Frau Nemitz-Müller erhält folgende Angebote:

Frau Nemitz-Müller bereitet die Angebote für Herrn Peters auf und möchte ihm eine Empfehlung für verschiedene Produktionsmengen aussprechen.

▶ Aufgabe 7 auf Seite 74

Kompetenzen
- Zuordnungen beschreiben und darstellen sowie Funktionen erkennen
- Realitätsbezogene Zusammenhänge mathematisch beschreiben

Anwendungen
- Aufstellen von Trendgeraden sowie Kosten- und Preis-Absatz-Funktionen

---

1.1.2 Häufigkeiten und ihre Darstellungen

Absolute und relative Häufigkeiten

Der erste Schritt bei der Aufbereitung der Daten besteht darin, die **Häufigkeit** festzustellen, mit der ein Merkmal eine bestimmte Ausprägung annimmt. Die Häufigkeit kann in absoluten Zahlen angegeben werden oder als relativer Anteil am Umfang der Stichprobe.

② Absolute und relative Häufigkeit

Der Vertriebsleiter einer Einzelhandelskette ließ in zwei Essener Filialen A und B die Kunden befragen, wie zufrieden sie mit dem Warenangebot sind. Um die Kosten der Umfrage niedrig zu halten, wurden lediglich Stichproben gemacht: Während einer Stunde wurde jeder zweite Kunde gefragt, ob er „sehr zufrieden (☺☺)", „zufrieden (☺)", „unzufrieden (☹)" oder „sehr unzufrieden (☹☹)" sei.

Die Gesamtzahl der befragten Kunden, der sogenannte Stichprobenumfang, fiel dabei in beiden Filialen verschieden groß aus: In Filiale A wurden 180 Kunden, in Filiale B hingegen 270 Kunden nach ihrer Meinung gefragt. ▶ Tabelle

absolute Häufigkeit H	☺☺	☺	☹	☹☹	Summe
A	90	54	25	11	180
B	108	72	63	27	270

Untersuchen Sie das Ergebnis im Hinblick auf den unterschiedlichen Stichprobenumfang.

In Filiale B waren deutlich mehr Kunden (108) „sehr zufrieden" mit dem Warenangebot als in Filiale A (90). Der Vergleich dieser beiden **absoluten Häufigkeiten** H lässt aber außer Betracht, dass in den Filialen unterschiedlich viele Personen befragt wurden. In A waren 90 von 180 befragten Kunden sehr zufrieden, in B waren es 108 von 270 Kunden.

Die **relativen Häufigkeiten** h, bei denen man die absoluten Häufigkeiten ins Verhältnis zum Stichprobenumfang n setzt, eignen sich für einen Vergleich besser. Deshalb ist die Tabelle der relativen Häufigkeiten aussagekräftiger.

$A: h(☺☺) = \frac{H(☺☺)}{n} = \frac{90}{180} = 0{,}50 = 50\%$

$B: h(☺☺) = \frac{H(☺☺)}{n} = \frac{108}{270} = 0{,}40 = 40\%$

relative Häufigkeit h	☺☺	☺	☹	☹☹	Summe
A	0,50	0,30	≈ 0,14	≈ 0,06	1
B	0,40	≈ 0,27	≈ 0,23	0,10	1

Die relative Häufigkeit ist höchstens 1.

Die **Summe der absoluten Häufigkeiten** jeder einzelnen Filiale ist immer gleich der Anzahl aller Merkmalsträger, also gleich dem Stichprobenumfang.
Die **Summe der relativen Häufigkeiten** jeder einzelnen Filiale ist immer 1, also 100 %.

- **Absolute Häufigkeit** $H(x_i)$ einer Merkmalsausprägung x_i:
  Anzahl der Merkmalsträger mit dieser Merkmalsausprägung.
- **Relative Häufigkeit** $h(x_i)$ einer Merkmalsausprägung x_i:
  Anteil der Merkmalsträger mit dieser Merkmalsausprägung am Umfang der Stichprobe:
  $h(x_i) = \frac{H(x_i)}{n} = \frac{\text{absolute Häufigkeit der Merkmalsausprägung } x_i}{\text{Stichprobenumfang}}$

Fertigen Sie für die Merkmale Geschlecht, Note und Alter aus Beispiel 1 von Seite 26 jeweils eine Tabelle an, in der die absoluten und relativen Häufigkeiten der Merkmalsausprägungen aufgelistet sind.

28

Grafische Darstellungen

Mit Grafiken lassen sich Häufigkeiten in vielfältiger Weise veranschaulichen. Jede Darstellungsart hat ihre speziellen Vorteile.

Stab- und Säulendiagramm

In der JoRo GmbH werden von Montag bis Freitag Displays für Handys produziert. Der Betriebsleiter vermutet, dass sich Störungen im Produktionsablauf montags besonders häufen. Deshalb erfasst er vier Wochen lang täglich die Anzahl der Störungen.

Woche	1. Woche					2. Woche					3. Woche					4. Woche				
Wochentag	Mo	Di	Mi	Do	Fr	Mo	Di	Mi	Do	Fr	Mo	Di	Mi	Do	Fr	Mo	Di	Mi	Do	Fr
Anzahl	2	0	0	1	3	1	1	0	1	2	1	1	0	1	2	1	0	1	0	1

Stellen Sie das Ergebnis übersichtlich dar.

Zunächst zählen wir die Anzahlen der Störungen an den einzelnen Wochentagen zusammen.
▶ absolute Häufigkeit

Stellt man die Häufigkeiten z. B. durch senkrechte Stäbe oder Säulen dar, erhält man ein **Stabdiagramm** bzw. **Säulendiagramm**.

Tag	Anzahl (absolute Häufigkeit)
Mo	9
Di	3
Mi	2
Do	2
Fr	4

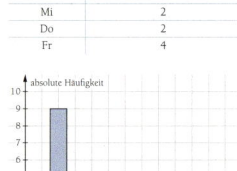

▶ Stabdiagramm   ▶ Säulendiagramm

Die Grafiken belegen, dass der Betriebsleiter Recht hat. Die Störungen häufen sich montags.

1. Beschreiben Sie, wie sich in Beispiel 3 die Anzahl der Störungen im Laufe der Woche verändert und nennen Sie mögliche Ursachen dafür.

2. Veranschaulichen Sie die Höhen folgender Berge durch ein geeignetes Säulendiagramm:
Brocken 1140 m, Vesuv 1270 m, Zugspitze 3000 m, Ätna 3300 m, Montblanc 4800 m.

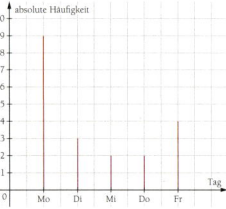

29

Die kurze Abfolge von **„Alles klar?"-Aufgaben** bietet die unmittelbare Möglichkeit zum Üben. Zur Selbstüberprüfung stehen die Lösungen am Ende des Buches.